Negociações econômicas internacionais

LUIS FERNANDO AYERBE
E NEUSA MARIA PEREIRA BOJIKIAN
(Orgs.)

Negociações econômicas internacionais

Abordagens, atores e perspectivas desde o Brasil

editora
unesp

Programa de Pós-Graduação
em Relações Internacionais
UNESP - UNICAMP - PUC/SP

Direitos de publicação reservados à:
Fundação Editora da UNESP (FEU)
Praça da Sé, 108
01001-900 – São Paulo – SP
Tel.: (0xx11) 3242-7171
Fax: (0xx11) 3242-7172
www.editoraunesp.com.br
www.livrariaunesp.com.br
feu@editora.unesp.br

Programa San Tiago Dantas de Pós-Graduação em Relações Internacionais
Praça da Sé, 108 – 3º andar
01001-900 – São Paulo – SP
Tel.: (0xx11) 3101-0027
www.unesp.br/santiagodantassp
www.pucsp.br/santiagodantassp
www.ifch.br/unicamp.br/pos
relinter@reitoria.unesp.br

CIP – Brasil. Catalogação na fonte
Sindicato Nacional dos Editores de Livros, RJ

N293

Negociações econômicas internacionais : abordagens, atores e perspectivas desde o Brasil / Luis Fernando Ayerbe e Neusa Maria Pereira Bojikian (orgs.). – São Paulo : Editora Unesp : Programa San Tiago Dantas de Pós-Graduação, 2011.

478 p.

ISBN 978-85-393-0181-2

1. Relações internacionais. 2. Relações econômicas internacionais. 3. Comércio internacional. 4. Tratados comerciais. I. Ayerbe, Luís Fernando. II. Bojikian, Neusa Maria Pereira. III. Programa de Pós-Graduação em Relações Internacionais San Tiago Dantas.

11-6709. CDD: 337.1
CDU: 339.1

Editora afiliada:

Asociación de Editoriales Universitarias de América Latina y el Caribe

Associação Brasileira de Editoras Universitárias

Este livro é dedicado à memória de Ana Maria Stuart, Gilberto Dupas e Mário Ferreira Presser, professores cuja presença abrilhantou o curso de Especialização em Negociações Econômicas Internacionais e que deixaram enorme saudade.

Agradecimentos

Agradecemos ao Instituto de Estudos Econômicos e Internacionais (IEEI-Unesp), ao Programa San Tiago Dantas de Pós-Graduação em Relações Internacionais da Unesp, Unicamp e PUC/SP, à Pró-Reitoria de Pós-Graduação da Unesp e à Editora Unesp, pelo apoio essencial à publicação do livro.

SUMÁRIO

Apresentação

O livro *Negociações econômicas internacionais: abordagens, atores e perspectivas desde o Brasil* é o resultado de uma rica e extensa experiência de pesquisa e formação iniciada em 2003 como parte do processo de instituição do Programa San Tiago Dantas de Pós-Graduação em Relações Internacionais da Universidade Estadual Paulista (Unesp), da Universidade Estadual de Campinas (Unicamp) e da Pontifícia Universidade Católica de São Paulo (PUC-SP). Com a consolidação do mestrado acadêmico, começou-se a discutir a necessidade de avançar em uma linha diferenciada para atender à crescente demanda por conhecimento combinando pesquisa básica e aplicada, envolvendo docentes e pesquisadores, profissionais vinculados ao setor privado, organismos internacionais, assessorias empresariais, sindicais e parlamentares e agentes de mídia, entre outros. O resultado foi a criação do Curso de Especialização em Negociações Econômicas Internacionais, atualmente em seu oitavo oferecimento consecutivo.

Além da formação, o curso representou uma oportunidade de interlocução entre as linhas de pesquisa do Programa San Tiago Dantas e a demanda por conhecimento, autonomia reflexiva e capacidade executiva de profissionais que interagem com o meio internacional. Como resultado, foram delimitados os objetivos que sintetizam o diálogo entre a pesquisa na universidade e o mundo das negociações internacionais, os quais se tornaram uma marca distintiva do curso e do livro que agora apresentamos:

- elaborar, avaliar e combinar informações sobre a conjuntura internacional por meio da construção de cenários;
- gerar capacidade técnica, comunicativa e de liderança para estabelecer contatos entre empresas, câmaras de comércio, embaixadas, associações, organismos internacionais e órgãos governamentais;
- avaliar processos políticos, econômicos, sociais, culturais e jurídicos em países e/ou regiões;

- identificar e avaliar consequências de crises econômicas e conflitos na comunidade internacional;
- elaborar estratégias de ação que visem a cooperação, integração, e interação dos mais variados tipos, no contexto internacional;
- identificar objetivos, métodos de operação, padrões e regras de procedimento de organizações internacionais (governamentais e não governamentais);
- analisar os principais tratados e acordos internacionais;
- compreender, propor e intervir em negociações que envolvam empresas, estados, instituições, organizações e associações transnacionais.

Tais objetivos são traduzidos nas três partes e correspondentes capítulos que compõem este livro cujos autores, além de especialistas nas respectivas áreas, são também docentes do Curso de Especialização.

A Primeira Parte aborda as negociações internacionais, entendidas como processos interativos sociais que envolvem partes autônomas e de diferentes nacionalidades, tendo em vista conformar acordos que atendam aos interesses dessas partes. Em contextos de maior internacionalização econômica, esses processos praticamente se tornam parte do cotidiano dos profissionais que defendem interesses de organizações econômicas, estatais e não governamentais. Essa Primeira Parte é composta por capítulos que abordam os modelos teóricos, as técnicas e os processos e as variáveis condicionantes e intervenientes dessas negociações.

O Capítulo 1, "Negociações internacionais – teoria e técnicas", de Amâncio Jorge Silva Nunes de Oliveira e Janina Onuki, aborda os aspectos teóricos do processo negociador. Inicialmente, destaca-se o campo de aplicação da teoria e da técnica por trás do processo em referência, identificando-se as diferenças básicas entre o setor público e o privado. Em seguida, são explorados os modelos explicativos nos quais se baseiam os teóricos, mostrando-se o comportamento dos negociadores no processo de tomada de decisão (e na própria tomada de decisão em si), detendo-se em duas grandes linhas teóricas as quais reúnem diversas abordagens que procuram explicar os processos de negociação: as da escolha racional ou *utilitaristas* e as que enfatizam os fatores subjetivos ou *subjetivistas*.

O Capítulo 2, "As variáveis condicionantes dos processos de negociação", de Neusa Maria P. Bojikian, analisa a negociação internacional da perspectiva das variáveis *poder*, *interesse*, *tempo* e *informação*. Nas observações da autora, a primeira variável revela-se crítica na etapa de preparação do processo negociador, em que se destacam os pressupostos de simetria e assimetria de poder, as diferentes fontes de poder, fundamentalmente a Best Alternative to a Negotiated Agreement (Batna) e fontes de poder brando e de caráter mais subjetivo, além daquele que surge das coalizões. A variável destacada em seguida são os interesses, caracterizados por necessidades –

materiais e psicológicas – desejos e receios. Sobre a variável informação, a autora observa que tem impacto em como se avalia a realidade e, portanto, nas decisões que se tomam. Por fim, é abordada a variável tempo, que resulta em diferentes tipos de pressão: pressão de custo em decorrência da passagem do tempo e pressão de prazo final, que deve pôr um fim no processo negociador para qualquer uma das partes envolvidas. Identificar corretamente qual o caráter dessa pressão ajuda na escolha da melhor abordagem para se lidar com a situação.

O Capítulo 3, "Emoções: elementos para uma negociação mais cooperativa", de Monica Simionato, discute a competência emocional nas negociações, a harmonização de sensações experimentadas pelos negociadores e seus correspondentes comportamentos, destacando quão difícil é negociar quando as partes ficam reféns de emoções. A autora aborda as variáveis intervenientes da negociação: percepção, emoção e comunicação. Por que são chamadas de intervenientes? Porque elas vêm no meio de todo e qualquer processo de negociação. Trabalhos nessa linha têm sido de significativa contribuição para a teoria e prática da negociação. Cabe destacar que a autora, assim com outros especialistas, não distingue *negociação* de *negociação internacional*, levando em conta que os aspectos psicológicos presentes em ambos contextos se revelam equivalentes.

O Capítulo 4, "O fator intercultural e as negociações internacionais: desafios e particularidades da cultura brasileira", de Mariana de Oliveira Barros e Kelly Ribeiro França, examina a competência intercultural no contexto de maior liberalização econômica e mobilidade das organizações empresariais, em que as partes envolvidas na negociação devem buscar saber como amenizar problemas gerados pelo choque cultural e pelas dificuldades de comunicação e interação com o diferente. Destaca-se que os negociadores internacionais precisam estar cientes da necessidade de se compreender o outro, o diferente, a partir de uma visão mais abrangente, livre de preconceitos, esteriotipificações e filtros. Isso diminuiria o potencial para dissonâncias e diálogos distorcidos em situações de comunicação intercultural. A ideia que está por trás dessa abordagem é que as diferenças entre culturas e modos de se comunicar não são questões estilísticas e superficiais. A análise toma como base a cultura brasileira, caracterizada como uma cultura consideravelmente complexa. Conhecer essas particularidades permite ao negociador brasileiro que atua em nível internacional maior autoconhecimento.

O Capítulo 5, "Riscos em negócios internacionais: proposições para uma análise preliminar", de Moisés da Silva Marques, assume como premissa que praticamente todo negócio e toda negociação envolvem risco. No entanto, quando se trata de um negócio que ultrapassa fronteiras nacionais, esse risco aumenta, pois os envolvidos estão sujeitos às instabilidades econômicas, políticas, regulatórias e de segurança de seu próprio país e do da outra parte, em que o planejamento, as análises e os mecanismos de segurança parecem insuficientes. O autor propõe uma estrutura que envolve a contextualização do ambiente internacional, o aspecto conceitual, em que define o que é risco, como este é percebido no mundo corporativo e a necessidade de gestão de riscos. O capítulo examina também os riscos político e soberano e o papel das agências classificadoras de risco. No final, propõe um modelo de análise que pode contribuir para diminuir o desvio-padrão da percepção dos riscos em negócios internacionais.

O Capítulo 6, "Decisões de investimento e análise de conflitos em áreas de baixa governabilidade", de Luis Fernando Ayerbe, examina as abordagens que orientam organizações privadas, multilaterais e estatais com agendas centradas na desobstrução de obstáculos aos investimentos de empresas multinacionais e na assistência ao desenvolvimento em países e regiões de alta conflitividade. Na medida em que suas análises de risco objetivam orientar a alocação de capitais e recursos com base em rigorosa contabilidade econômica de custo-benefício, torna-se uma referência importante da percepção de desafios e oportunidades ao ordenamento global por parte relevante dos seus atores-chave. Dois aspectos são destacados pelo autor: por um lado, o grau de sofisticação dos modelos analíticos elaborados para caracterizar situações que comprometam os interesses em jogo, paralelamente a algumas limitações dos programas de prevenção operacional, especialmente de diagnóstico e de interlocução junto a atores com poder decisório, com consequências problemáticas no alerta e na resposta antecipada aos conflitos.

A Segunda Parte do livro se debruça sobre a Diplomacia econômica, buscando contribuir para a análise das grandes questões colocadas pelos atores e estudiosos dessa temática: como os países conduzem suas relações econômicas e financeiras no contexto atual? Como tomam decisões de política comercial? Como definem interesses nas negociações internacionais sobre temas comerciais – propriamente, comércio de serviços, regras sobre investimentos estrangeiros, acordos sobre direito de propriedade intelectual, cláusulas ambientais, a relação entre comércio e direitos trabalhistas –, questões acerca das finanças internacionais? Como tomam decisões nos níveis doméstico e internacional e como articulam essas duas políticas?

Essas perguntas decorrem de o intenso movimento de liberalização econômico-financeira verificado principalmente a partir de década de 1990 ter afetado a organização das relações econômicas, impactando também as dimensões política e social dos países.

Diferentemente de outros períodos, hoje há uma preocupação maior com as consequências distributivas internas das negociações internacionais. Esse impacto é caracterizado por uma interdependência complexa, na medida em que se verifica um aumento no número de atores que observam atentamente a estrutura de ganho das negociações e tentam influenciar seus resultados. Nesse contexto, os diferentes grupos de interesse competem por recursos, mercados e legitimidade e se veem engajados em atividades que tradicionalmente pertencem ao domínio da diplomacia estatal. Os capítulos dessa seção buscam responder a essas questões.

O Capítulo 7, "Diplomacia comercial: aspectos conceituais e o papel da diplomacia comercial", de Saulo P. L. Nogueira, aborda os diversos desafios que envolvem a política comercial. Dessa perspectiva, o autor ressalta o papel da sociedade de um modo geral e do setor privado em especial de subsidiar o governo com análises e estudos que retratem mais detidamente as condições econômicas do País e as possíveis implicações das negociações internacionais de comércio. O texto analisa a importância de se abrir espaço à participação de especialistas em diplomacia comercial por parte dos governos, o que permite que estes possam calcular com maior precisão a estrutura de ganho no âmbito doméstico decorrente de um possível acordo internacional e, com base nisso, adotar estratégias de negociação mais eficazes. Dentre as funções da diplomacia comercial, merece destaque a capacidade em formar coalizões nas instâncias governamentais, entre os agentes econômicos ou entre grupos de interesse com influência política, que possam contribuir para que se alcance os resultados desejados.

O Capítulo 8, "As negociações comerciais internacionais e a Organização Mundial do Comércio: surgimento, princípios e o Órgão de Solução de Controvérsias", de Fátima Cristina Bonassa Bucker, aborda o tema da perspectiva do Direito Internacional Público, destacando as instituições internacionais que surgiram desde os tratados de Bretton Woods, com destaque para o Acordo Geral sobre Tarifas e Comércio (Gatt), que serviu de fórum para uma série de rodadas multilaterais de negociações internacionais e para a criação da Organização Mundial do Comércio (OMC). Segundo a autora, a OMC impõe uma nova lógica nas relações comerciais internacionais, caracterizando o arcabouço jurídico pelo qual se orienta o sistema multilateral de comércio. O capítulo também aborda os desafios de se fazer cumprir as decisões do Órgão de Solução de Controvérsias (OSC), questão que, segundo a autora, está no centro dos debates sobre a cooperação internacional e sobre o papel de coordenação exercido pela OMC e sua contribuição para a governança mundial.

O Capítulo 9, "Diplomacia comercial agrícola: as posições do Brasil na Rodada Doha da OMC", de Haroldo Ramanzini Júnior e Thiago Lima, examina as negociações agrícolas na OMC iniciadas em 2001, destacando o papel do Brasil, sua posição e seus interesses nessas negociações. O capítulo se detém nas motivações políticas e econômicas da atuação brasileira de modo a entender a razão de a OMC ser considerada o centro definidor da estratégia de negociações econômicas internacionais do País, particularmente no que toca à agricultura. Na análise dos autores, a política externa brasileira centra sua atuação nos fóruns multilaterais como estratégia de negociação. O pressuposto é de que nas instituições multilaterais, como a

OMC, é possível alcançar a cooperação, além da possibilidade de formação de coalizões com vistas a equilibrar as relações de poder entre as partes envolvidas. Outro forte apelo da OMC é o mecanismo do OSC, que a reveste de força jurisdicional para fazer valer termos e condições previamente acordados entre as partes.

O Capítulo 10, "A negociação de Nama da Rodada Doha da OMC", de Frederico Arana Meira, examina a questão de bens não agrícolas (Nama) da perspectiva dos interesses brasileiros. O capítulo aborda o contexto das relações comerciais externas do Brasil, o histórico da negociação de Nama na Rodada Doha e as diversas modalidades envolvidas, apresentando as perspectivas de conclusão de um acordo sobre essa questão. A análise do autor permite verificar que, por causa de o Brasil concentrar suas exportações em *commodities* e por causa do crescente *déficit* em produtos manufaturados, o interesse do setor privado brasileiro em fechar um acordo nessa Rodada tem diminuído. No setor industrial, a crescente preocupação com a estrutura interna de juros, câmbio e tributos aumenta a aversão sobre as iniciativas de abertura do mercado doméstico.

O Capítulo 11, "Princípios e regras do Acordo Geral sobre o Comércio de Serviços e do Acordo sobre Medidas de Investimento Relacionadas ao Comércio da OMC", de Umberto Celli Junior, visa contribuir para a compreensão das principais características do setor de serviços e de suas regras no Gats. Além disso, é analisado o marco regulatório multilateral dos investimentos internacionais, com destaque para sua estreita relação com o Modo 3 de serviços, referente à presença comercial de empresas estrangeiras. Na perspectiva do autor, ao contrário do setor de serviços, ainda não se conseguiu definir regras multilaterais para os investimentos internacionais. Isso se deve ao fato de que as regras propostas são muito restritivas, pois comprometem a autonomia dos países-membros em introduzir políticas industriais. O capítulo também põe em discussão os Acordos Bilaterais de Investimentos (Bits), destacando a importância do tema para o Brasil.

O Capítulo 12, "Negociações internacionais e propriedade intelectual", de Ricardo Camargo Mendes e Gabriel Kohlmann, examina o tema da propriedade intelectual e sua importância na agenda de negociações a partir dos anos 1980, destacando as posições confrontacionais entre países desenvolvidos e países em desenvolvimento. Na medida em que produtos e serviços que agregam alta tecnologia, conhecimento e informação passaram a responder significativamente pela pauta exportadora dos países desenvolvidos, estes passaram a defender a necessidade de se conformar um acordo multilateral sobre Aspectos dos Direitos de Propriedade Intelectual Relacionados ao Comércio (Trips). Os autores abordam o tema em referência, desde a Organização Mundial para Propriedade Intelectual (Ompi), passando pelo Trips da OMC até as discussões mais recentes em torno do Trips, as questões de saúde pública e os mecanismos de Trips Plus.

Os autores ainda apresentam dois estudos de casos brasileiros – Kaletra e Efavirenz – em que o regime Trips foi posto à prova.

O Capítulo 13, "Meio ambiente nas negociações comerciais internacionais", de Luciana Togeiro de Almeida, desenvolve uma análise do contexto da Rodada Uruguai do Gatt e da transição para a OMC. No caso do mandato de Doha, a autora considera que as negociações sobre a liberalização do comércio de bens e serviços ambientais e a compatilibização entre as regras da OMC e de Acordos Ambientais Multilaterais são dois temas com caráter vinculante. O capítulo conclui com uma síntese das negociações em torno do tema em referência e, em especial, sobre a posição e os interesses do Brasil nessa questão.

O Capítulo 14, "A formação do regime internacional de trabalho", de Kjeld Aagaard Jakobsen, aborda a questão trabalhista da perspectiva da conformação de um regime internacional e a participação de diferentes atores sindicais nas negociações para a sua formulação. O capítulo descreve os diferentes arranjos desse regime, destacando princípios, regras, normas, funcionamento e atores, tendo em vista verificar seus limites e suas possibilidades diante da flexibilização de direitos trabalhistas e instabilidade do mercado de trabalho em um contexto de redução da presença do Estado na economia. O autor ainda trata da relação entre comércio e direitos trabalhistas em vários fóruns de negociações comerciais internacionais, como nos acordos regionais e na OMC. Sua conclusão é a de que, apesar da resistência da maioria dos países e das divergências entre membros do movimento sindical e social, a questão das cláusulas trabalhistas tem conquistado espaço nas agendas de negociação dos fóruns internacionais.

O Capítulo 15, "Finanças internacionais e regimes cambiais", de Luiz Afonso Simoens da Silva, aborda o tema da eventual reforma do sistema financeiro internacional, destacando a mais recente crise financeira, os esforços de coordenação internacional para sua superação, destacando também seus impactos no Brasil. No capítulo, verifica-se que, embora os países emergentes também tenham sido afetados pela crise, sua recuperação tem se dado de maneira mais rápida, comparada à dos países desenvolvidos. Para o autor, esses países cumprem, atualmente, um papel novo, o de demanda efetiva para as velhas economias em recessão. Esse novo *status* permite que se reivindique mais firmemente, no âmbito do G-20, questões não exatamente novas, como: mais recursos para aplacar efeitos de crises; regulação financeira mais efetiva; maior coordenação nas relações econômicas internacionais, em especial quanto aos níveis e volatilidade das taxas de câmbio. Esse momento de protagonismo do G-20, no entanto, ainda não permite concluir que a governança internacional estaria se dando de forma mais representativa.

Os capítulos da Terceira Parte do livro, "Articulações políticas e promoção de negócios", analisam a inserção internacional do Brasil tomando como referência os quatro principais espaços de atuação do País: América do Sul, Estados Unidos, União Europeia e China.

O Capítulo 16, "As mudanças na inserção brasileira na América Latina nos anos 1990 e no início do século XXI", de Tullo Vigevani, examina as questões políticas e econômicas internacionais que influenciam as posições brasileiras nos processos de integração regional na América do Sul, especificamente em relação ao Mercosul, entre os anos 1990 e início do século XXI. Para o autor, a dinâmica do sistema internacional e a evolução que produziu na percepção das elites a respeito do papel que o País deveria desempenhar no mundo são variáveis importantes para a compreensão dessas posições.

O Capítulo 17, "Negociando com os Estados Unidos", de Diego Zancan Bonomo, busca familiarizar os leitores com o *mundo do lobby* existente nesse país e a experiência recente de empresas e entidades empresariais brasileiras. Após uma apresentação sobre o sistema político estadunidense, com destaque para o Congresso, e dos principais atores da sua política comercial, o capítulo se detém na análise da atuação do governo e do setor privado brasileiro nas negociações com os Estados Unidos.

O Capítulo 18, "Negociando com a União Europeia", de Christian Lohbauer e Marília Rangel Ribas Martins, aborda as características desse sistema de integração regional, que mantêm importantes barreiras às exportações brasileiras. Os autores apresentam uma análise da estrutura institucional da União Europeia, seguido de dois estudos de caso representativos dos desafios enfrentados no comércio com esse mercado: o caso dos subsídios para a exportação de açúcar e o das carnes de aves brasileiros, especificamente frango e peru, produtos submetidos a diversos tipos de barreiras comerciais no mercado europeu.

O Capítulo 19, "Negócios na China", de Luís Antonio Paulino e Marcos Cordeiro Pires, encerra o livro e chama a atenção para as lacunas existentes no Brasil em termos de conhecimento da história e da realidade chinesa, em um contexto de crescente projeção desse país na economia mundial e nas relações comerciais brasileiras. Os autores apresentam aos leitores uma visão da estrutura política e econômica da China, além de prover informações úteis para aqueles que, de alguma maneira, poderão ser afetados por essa nova condição do país, tanto pelas oportunidades que se abrem como pelos riscos que dela possam surgir.

Primeira parte

NEGOCIAÇÕES INTERNACIONAIS

1
NEGOCIAÇÕES INTERNACIONAIS – TEORIA E TÉCNICAS

Amâncio Jorge Silva Nunes de Oliveira e Janina Onuki

TEORIA DE NEGOCIAÇÕES: APLICAÇÕES NOS SETORES PÚBLICO E PRIVADO

São muitos os usos e as aplicações da teoria das negociações, tanto para administradores públicos quanto para executivos do setor privado. No âmbito governamental, as teorias de negociações são as mais usadas no processo de concepção de regulamentações do setor e nas estratégias destinadas ao cumprimento das normas. Servem como exemplo a teoria dos leilões, acordos de leniência para desbaratar cartéis, políticas de concorrência, políticas de distribuição de renda, decisões de investimentos públicos, definição de políticas de agendas regulatórias e competição comercial entre nações, entre tantas outras.

No setor privado, a teoria de negociações é também uma ferramenta de grande aplicabilidade. A base do mundo dos negócios é o contrato, e o contrato é o produto de um processo de negociação, geralmente complexo, que envolve muitas etapas e muitos atores. Com a crescente internacionalização da economia, os negócios são feitos mais e mais em um ambiente que envolve diferentes culturas (nacionais, regionais, burocráticas, institucionais e interpessoais).

Nesse quadro, a habilidade de negociar surge como pré-requisito fundamental ao administrador público e privado, sobretudo àquele que exerce ou pretende exercer um papel de liderança. Mesmo em um cargo de comando, o líder de instituições complexas não pode administrar pela imposição constante, pois esta é politicamente custosa e, em sua maioria, impraticável. Assim, desenvolver o poder de persuasão e a capacidade de diálogo torna-se uma exigência aos novos líderes institucionais.

Além da habilidade individual dos líderes, o recurso das negociações importa tanto para o setor privado quanto público por um conjunto de fatores, entre os quais estão o fato de as negociações ajudarem a: (1) reduzir o tempo necessário para se firmar contratos ou, no sentido mais amplo, reduzir os custos da transação, na medida que o tempo dos funcionários é um dos mais caros recursos da administração; (2) aumentar a qualidade dos contratos, o que ajuda a gerar eficiência administrativa; e (3) evitar ou resolver conflitos, uma vez que exercem função tanto preventiva quanto curativa em atividades com elevado risco de conflito.

Em linhas gerais, os fundamentos conceituais e teóricos das negociações no âmbito da administração pública e privada são os mesmos, e, sendo assim, os instrumentos e as técnicas mais amplos servem para ambas as arenas. Em determinadas situações, contudo, é preciso levar em consideração as especificidades da barganha nos âmbitos público e privado. Podemos destacar algumas dessas diferenças.

A primeira, e mais relevante, deriva das especificidades desses setores quanto a seus objetivos e públicos-alvo. Enquanto o setor privado visa à maximização de lucros e tem como público-alvo os consumidores, o setor público visa prover serviços sem fins lucrativos (*not profit driven*) e tem a população como público-alvo. Em certo sentido, ambos têm seus *clientes*. Porém, é comum que o cliente do setor privado seja de nichos específicos, enquanto o do setor público seja a população no sentido mais amplo.

Associada a essa primeira diferença, uma segunda distinção merece menção, qual seja, as especificidades dos setores público e privado no que tange ao comando das instituições. Enquanto no setor público as instituições atendem, geralmente, a diretrizes traçadas por políticos eleitos, no setor privado elas são traçadas pelos proprietários. Como resultado, pode-se dizer que o setor público é mais marcado pela dimensão política, ao passo que o setor privado convive com interesses mais pragmáticos de obtenção de lucro.

Tempo, prioridades e poder de barganha são outros elementos que distinguem as negociações no âmbito dos setores público e privado. Em geral, o tempo é um fator de pressão muito mais forte nas negociações privadas que nas negociações públicas. A gestão no setor público requer uma pesada carga de controle e auditoria, o que faz a tramitação burocrática causar mais demora nas transações intragovernamentais que nas negociações do setor privado.

No mundo corporativo, a prioridade fundamental é obter lucro, e este pode ser considerado um indicador essencial de desempenho. No setor público, ao contrário, o lucro não é indicador de eficiência e a qualidade de prestação de serviços à sociedade tende a ser posta como prioridade máxima nas decisões e negociações.

No que tange ao poder de barganha, a diferença fundamental entre os setores reside na relação entre a hierarquia superior e o funcionário. Como o funcionário público tem um grau de estabilidade muito maior que o do setor privado, a correlação de força nos processos de barganha coletiva, por exemplo, é bastante distinta em ambos os setores. Esta talvez seja a razão para haver ampla literatura sobre a barganha coletiva na administração pública.

Essas diferenças entre setor público e privado, em todos os níveis, acabam por gerar diferenças na própria cultura administrativa e burocrática das duas esferas. A propensão ao risco[1] é um exemplo, entre outros, a discriminar ambas culturas administrativas. Enquanto o negociador do setor privado tende a ser mais amante do risco e arrojado, o negociador do setor público tende a ser mais conservador e avesso ao risco.

Como veremos adiante, as estratégias de negociação são definidas em função de um conjunto de fatores. Ora, se há diferenças entre os setores público e privado, essas diferenças devem ser levadas em consideração pelos negociadores. Se metas, público-alvo, cultura e poder de barganha os distinguem, então as estratégias definidas pelos negociadores também devem considerar esses aspectos.

OBJETIVIDADE E SUBJETIVIDADE: A MOTIVAÇÃO DOS NEGOCIADORES

Um dos grandes desafios da teoria de negociações é desvendar o que motiva os negociadores no momento da tomada de decisão. Cada abordagem teórica prestigia determinado fator como central e, assim, contrapõe distintos modelos explicativos. O papel da cultura, dos aspectos morais e éticos e o peso dos interesses materiais são alguns dos fatores que formam a base do comportamento dos negociadores, a depender da abordagem dos estudiosos.

Antes de descer aos detalhes das abordagens específicas, é importante que saibamos que a teoria das negociações está dividida em dois grandes campos, quais sejam, o campo que congrega as abordagens da escolha racional e aquele que destaca o peso dos fatores subjetivos dos negociadores na tomada de decisão. Chamemos, a título de simplificação, o primeiro grupo de *abordagens utilitárias* e o segundo, de *abordagens subjetivistas*.

O termo *abordagem utilitária* vem da ideia de utilidade, de algo útil, de um benefício qualquer. Essa abordagem é adotada por negociadores racionais, que buscam, com o processo de negociação, maximizar benefícios

[1] No que tange à propensão ao risco, existem três tipos de negociador: o avesso, o neutro e o amante. Uma definição mais pormenorizada desses tipos será apresentada em seção adiante.

(maximizadores de utilidades) e reduzir custos. Ou seja, os negociadores fazem cálculos de custo e benefício, exatamente nos termos que estamos acostumados a ouvir em Economia.

Se a negociação gerar um benefício líquido positivo, caso em que os benefícios trazidos pelo acordo superam os custos, o negociador tende a aceitar o acordo. Caso contrário, situação em que os benefícios líquidos são negativos, o negociador tende a rejeitá-lo. A negociação é, então, fruto de um cálculo objetivo dos tomadores de decisão.

A principal representante dessa abordagem (objetiva) de negociação é a Teoria da Utilidade Esperada (TUE), filiada à linhagem da escolha racional. Pela ótica da TUE, os negociadores defrontam-se com um conjunto de ações possíveis e precisam fazer uma escolha entre tantas ações. Qual delas escolherão? Ora, isso depende, do ponto de vista da TUE, fundamentalmente, do retorno esperado, dado que o objetivo é maximizar a utilidade. A seguir, veremos como calcular a utilidade esperada ou o valor esperado.

Mas nem só de interesses objetivos vivem os negociadores. Tem crescido o número de abordagens alternativas à TUE, cada uma delas conferindo centralidade a determinado fator ou a alguns fatores específicos como base da motivação dos negociadores. A *utilidade esperada* está para a escolha racional na teoria das negociações assim como *cultura* e *identidade* estão para a abordagem *culturalista*; *cognição* e *emoção*, para a abordagem *psicológica*; *valores morais*, para a teoria normativa; e assim por diante.

Um bom exemplo de abordagem cognitiva das negociações é a teoria do prospecto (*prospect theory*), que nasce como crítica à TUE. Com base em experimentos, os fundadores da teoria do prospecto (Kahneman; Tversky, 1979) procuram mostrar que, muitas vezes, as decisões são tomadas com base em cálculo de valor esperado; muitas vezes, na tomada de decisões, prevalecem outros fatores, como estereótipos e intuição. Os tomadores de decisão atuam com base em racionalidade limitada, o que traz limitações à TUE.

Outro exemplo de abordagem alternativa é proposta pelo historiador Malcolm Gladwell (2005) que, em um livro criativo e sedutor, lida com a situação de incerteza e com aquelas em que os tomadores de decisão têm de fazer escolhas em um tempo curtíssimo – situações que demandam, segundo ele, cognições rápidas. Gladwell valoriza, em situações como esta, o peso da intuição, da "capacidade de identificar padrões e fazer julgamentos instantâneos" (ibid, p.27). Mobilizar a intuição significa, na prática, *fatiar fino* ou, em outros termos, mobilizar a "capacidade do nosso consciente para encontrar padrões, situação e comportamento com base em fatias finas, muito finas de experiência" (ibid, p.39).

Em situações como estas, conclui o autor, de nada adianta uma torrente de informações, pois a profusão de informações só gera paralisia e mais incerteza. A tomada de decisão depende de frugalidade, da capacidade dos indivíduos de reduzir muitas em poucas e essenciais dimensões. É a capacidade de editar a informações e tomar decisões corretas. Infelizmente, do mesmo modo que a Arte, não parece factível ensinar intuição aos negociadores; esta depende, sobretudo, das experiências vividas pelos negociadores, de seus acervos de imagens e estereótipos.

PLANEJAMENTO E PREPARAÇÃO

O poder de negociação de um negociador habilidoso está diretamente relacionado a sua capacidade de planejamento e de preparação, e a razão para isso é muito simples. Um negociador preparado diminui sensivelmente as chances de ser pego de surpresa, de ser obrigado a tomar decisões difíceis, muitas vezes sem parâmetros para fazê-lo. Exatamente pela mesma razão, o negociador preparado consegue surpreender a outra parte envolvida com mais facilidade.

Na prática, preparar-se para uma negociação significa ter capacidade de antecipação, capacidade de antever a evolução da negociação e as possíveis consequências da tomada de decisão. Para tanto, o expediente de que o negociador deve lançar mão no processo de preparação é o de cercar-se de informação de boa qualidade e estruturá-la para poder usá-la com rapidez e eficiência.

Uma grande quantidade de providências deve ser tomada durante o planejamento de uma negociação. Comecemos por aquilo que é mais essencial, tomando como exemplo uma negociação envolvendo dois negociadores e um objeto ou tema. Em uma estrutura de negociação como esta, o fundamental é se concentrar no que podemos chamar de *triângulo fundamental da negociação*.

Em dois vértices desse triângulo estão os negociadores, digamos negociadores A e B, e no terceiro vértice (C) está o objeto da negociação. Feito isso, o esforço de preparação dos negociadores reside em fazer uma boa caracterização tanto dos vértices quando dos lados do triângulo.

Ora, os vértices A e B representam os negociadores envolvidos na barganha e fazer uma boa caracterização significa traçar o perfil desses participantes. O negociador A deve ter clareza do próprio perfil como negociador, assim como do perfil do negociador B, e vice-versa. Veremos nas próximas seções o que estamos considerando quando falamos em perfil. Além disso, é preciso caracterizar bem o objeto em jogo, ou seja, o vértice C do triângulo. Saberemos, também adiante, como caracterizar de maneira mais detalhada a natureza do objeto.

Feito isso, a tarefa agora será caracterizar os lados do triângulo. Os lados A e B indicam o perfil de relacionamento entre os negociadores, o qual pode ser novo, por ser uma história de conflito, profissional e assim por diante. Esse lado do triângulo negociador pode ser decisivo no resultado final da negociação, daí a necessidade de levá-lo em consideração na fase preparatória.

O lado que liga os vértices A e C indica a relação entre o negociador A e o objeto da negociação, assim como ocorre com os lados B e C. O fundamental aqui é saber quais interesses ligam os negociadores e o objeto em negociação. O termo interesses é propositalmente amplo.

Entende-se por interesse não apenas aquilo que o negociador, A ou B, quer em uma negociação. O interesse representa também aquilo que o negociador não quer em uma negociação ou aquilo que lhe é indiferente. Coloquemos isso em termos mais técnicos. Os interesses que o negociador quer são os *ofensivos*; os que ele não quer, os *defensivos*; e os indiferentes, os *neutros*.

Então, na medida do possível, o negociador precisa, ao preparar uma negociação, mapear interesses defensivos, ofensivos e neutros – tanto os dele quanto os do outro envolvido. É complemente intuitivo entender o porquê de mapear os interesses defensivos, uma vez que consistem naquilo que será pedido pelas partes; bem como antecipar os defensivos, pois são aquilo em que os negociadores não vão querer ceder.

Mas, afinal, por que os negociadores, quando se preparam para uma negociação, devem também tentar antever os interesses neutros de ambas as partes? A razão é muito simples: se barganhar significa estabelecer trocas, os interesses neutros devem ser elencados para que possam entrar na troca sem custo para a parte que faz a concessão. Em um lance de sorte, um negociador pode estar interessado justamente nos temas que, para o outro, são neutros e, portanto, pouco custosos em ceder. Veremos essa dinâmica de forma mais detalhada na seção sobre técnicas e táticas de negociações.

No mapeamento dos interesses envolvidos na negociação, os negociadores precisam ainda mapear outra dimensão, também fundamental: as alternativas disponíveis a cada um dos negociadores caso a negociação não se concretize. Trata-se de descobrir o que, na linguagem da negociação, é conhecido como Batna (Best Alternative to a Negociated Agreement), ou melhor alternativa a um acordo negociado, apresentada em mais detalhe em seção futura.

A boa caracterização do triângulo negociador nos dá o essencial para a fase de preparação. Outras dimensões também devem ser lavadas em conta, tais como o contexto em que a negociação pode se desenrolar, as regras que regerão a negociação e assim por diante.

SOBRE A NATUREZA DO OBJETO DA NEGOCIAÇÃO

Dois componentes são fundamentais para construir estratégias de negociações. Em primeiro lugar, a natureza do objeto (ou *stake*, na linguagem corrente de negociações) – de acordo com o tipo de objetivo da negociação, negociadores tendem a optar por estratégias competitivas ou cooperativas. Um segundo aspecto fundamental para definir as estratégias negociadoras diz respeito ao perfil dos envolvidos, que também determina se serão adotadas perspectivas de cooperação ou competição. O perfil dos negociadores pode ser observado sob várias dimensões, as quais serão apresentadas a seguir.

Sobre o primeiro aspecto, os negociadores necessitam fazer uma boa caracterização da natureza daquilo que será negociado, o que implica compreender os vários atributos do bem negociável. A tangibilidade é um exemplo desses atributos. Uma negociação pode dizer respeito a um objeto tangível, palpável, como a venda de um bem qualquer, mas também pode referir-se a algo intangível, de difícil mensuração, como a definição de uma campanha educacional de saúde ou um aspecto ético qualquer.

Normalmente, os negociadores têm clareza sobre o que está na mesa de negociações e, portanto, conseguem delimitar bem o objeto da barganha. Por vezes, contudo, existe uma negociação sobreposta à outra, e a mais importante pode ser aquela que está oculta. Quanto mais intangível, mais sofisticada e complexa a negociação se torna, pois a alocação de recursos extrapola uma decisão de mercado, mais facilmente mensurável.

Um negociador sempre se pergunta sobre o padrão de ganhos mútuos num processo de negociação. Isso para identificar quanto os parceiros vão ganhar em comparação ao próprio ganho. Esse critério é denominado mutualidade dos ganhos. A partir da identificação dos resultados, as negociações podem ser classificadas em dois tipos: ganha-ganha e ganha-perde. No primeiro caso, um negociador ganha à medida que o outro também ganha e, no segundo, um ganha à medida que o outro perde.

As negociações ganha-ganha são sinérgicas e tendem, como esperado, a gerar posturas condizentes com o processo de cooperação. Uma vez que o sucesso de uma das partes está ligado ao sucesso de outra, a tendência é que os negociadores adotem posturas cooperativas. As negociações ganha-perde são, na direção oposta, dissinérgicas. Ou seja, para que uma das partes ganhe, a outra precisa perder e, assim, é natural que preponderem posturas competitivas ou não cooperativas.

Um terceiro tipo de barganha, menos comuns, são as negociações de tipo perde-perde, que também podem ser denominadas *predatórias*, pois resultam em perdas simultâneas para ambas as partes. Não é natural que os negociadores adotem estratégias do tipo perde-perde intencionalmente e, muito provavelmente, quando o fazem é por visão míope, imediatista, irracional ou fundamentada em erros de cálculo. Embora pouco comum, esse tipo de barganha também ocorre.

O Quadro 1.1, a seguir, resume os tipos de objetos de negociações em função do atributo *mutualidade* e traz os resultados de cada uma das partes dispostos na forma de matriz. A barganha de tipo ganha-ganha, tipo I, é o oposto exato da barganha de tipo perde-perde, tipo IV. As barganhas de tipos II e III são as dissinérgicas, apenas invertendo-se a posição de ganhador e perdedor em cada um dos casos.

Quadro 1.1 Objeto das negociações em função da mutualidade dos ganhos

	ganha	perde
ganha	ganha-ganha I. estratégia cooperativa	ganha-perde II. estratégia competitiva
perde	perde-ganha III. estratégia competitiva	perde-perde IV. estratégia predatória

No tipo ganha-perde, há uma situação específica, bastante conhecida no campo das negociações, chamada *negociação de soma-zero*. Trata-se da situação em que o ganho de um negociador representa exatamente a perda do outro, e em que cada unidade de ganho de um representa uma unidade subtraída de outro.

É possível que o leitor estranhe o fato de essas negociações serem denominadas soma-zero – é muito comum o termo ser confundido com a ideia de que uma das parte ganha mais que a outra, ou leva a melhor. Na verdade, a expressão remete a uma situação mais precisa, na qual há transferência ou distribuição de utilidade de um negociador para outro, como veremos na próxima seção.

NEGOCIADORES E SEUS PERFIS

Sobre os perfis dos jogadores

Além de conhecer a natureza do objeto, os negociadores precisam conhecer bem o perfil dos negociadores envolvidos nos processos de negociação, tanto o dele próprio quanto o dos demais negociadores. Em suma, é necessário saber o que e com quem está negociando. Esses dois elementos, natureza do objeto e perfil dos jogadores, são essenciais na escolha das estratégias dos negociadores e, de acordo com sua combinação, uma ou outra estratégia é escolhida.

Existem muitos modos de caracterizar o perfil dos negociadores. Tantos, que é praticamente impossível apresentar todos os tipos de negociador existentes, uma vez que inúmeras classificações podem ser feitas. Além de não ser exequível, é pouco útil para o negociador ter uma gama muito extensa de perfis de negociadores para basear-se ao tomar uma decisão. O melhor é que os negociadores tenham em mente quais as dimensões ou os parâmetros que caracterizam os perfis negociadores e saibam como usar essa informação.

Os seis parâmetros mais importantes que caracterizam os perfis negociadores são: (1) papel – distribuição funcional dos negociadores em cada uma das equipes de negociação; (2) flexibilidade cognitiva – maleabilidade do tomador de decisão no momento da negociação; (3) tolerância ao risco – propensão dos decisores a correr ou não riscos no processo de negociação; (4) padrão cultural – carga cultural levada pelos negociadores à negociação; (5) padrão normativo – conjunto de crenças e ideias que influenciam a percepção sobre o objeto e o processo de negociação; e (6) gênero – diferenças entre o sexo masculino e feminino que possam impactar os processos de negociação. Vejamos então alguns desses parâmetros.

Distribuição funcional de papéis

A distribuição funcional de uma equipe de negociações pode ser pensada como uma pirâmide em que, no topo, estão os líderes e, na base, os liderados. Contudo, as equipes têm uma distribuição funcional bem mais complexa que esta, pois existe, por assim dizer, uma camada média que comporta diversos outros papéis. Mais próximos dos líderes estão os colíderes, guardiões e antilíderes. Os dois primeiros são voltados a ajudar o líder a conduzir a equipe: a tarefa dos colíderes é ajudar na gestão, ou seja, atuam como cogestores, gerenciando os subgrupos em que a equipe é dividida, em uma relação semelhante à de um presidente da república com seus ministros; enquanto os guardiões têm como função principal proteger o líder, evitar que, de alguma forma, ele seja atingido.

As equipes têm ainda, em sua camada média, mediadores e facilitadores. O mediador, como o próprio nome sugere, tem a função de encontrar posições medianas entre as partes negociadoras e, para isso, conta com mecanismos tais como sugerir uma proposta equilibrada, aproximar politicamente as partes, ser o vetor de comunicação entre elas e sugerir soluções para os impasses (construir um ponto focal para o acordo), entre tantas outras.

Para que tenha legitimidade, o mediador precisa ser neutro, ou seja, não pode ter interesse no objeto em negociação e deve ter posição equidistante aos demais. Caso contrário, tende a enviesar o acordo na direção de interesses próprios ou a favorecer uma das partes, o que deturparia suas funções.

Observe que estamos falando de um mediador no interior de determinada equipe de negociação, não de um mediador responsável por aproximar duas equipes distintas. É natural que se pergunte como é possível haver um mediador dentro de uma equipe, pois, se ele está em uma equipe, já está de *um lado*. Mas o papel do mediador é juntar os interesses divergentes dentro da própria equipe, e não é incomum que membros da própria equipe negociadora tenham interesses divergentes, os quais, às vezes, são sérios e até irreconciliáveis.

O facilitador tem papel semelhante ao do mediador, ou seja, de ponte, de funcionar como uma terceira parte no interior de uma equipe negociadora. A diferença fundamental entre o mediador e o facilitador é que, enquanto aquele tem papel político ou técnico, este tende a um papel mais burocrático. Sua função é circular documentos, informações, zelar pelo respeito ao regimento e assim sucessivamente.

Pode acontecer de essas duas figuras, mediadores e facilitadores, extrapolarem suas funções e atuarem como partes interessadas. Caso isso seja percebido, a tendência é que percam a legitimidade e a condição de seguirem desempenhando seus papéis. Suas imagens podem ficar arranhadas. E a imagem é aspecto muito importante, porque a principal motivação dos indivíduos como terceira parte é justamente serem vistos como construtores de pontes, ou seja, é justamente o prestígio derivado da função de mediação e facilitação.

Ainda nesse grupo mediano, existe a figura do corretor (*broker*) ou lobista. Diferentemente do mediador, o corretor representa os interesses de uma parcela da equipe. Seu papel é fazer *lobby*, influenciar a tomada de decisão em determinada direção, a favor do grupo que representa. Em vez de ser neutro e equidistante, o corretor é parte interessada.

O líder detém o mais importante papel em uma equipe negociadora. Liderar é, antes de tudo, conduzir. Por conduzir entende-se levar *um grupo* a *determinada direção* para atingir *um objetivo* utilizando dado *meio*. A liderança requer, portanto, legitimidade, sentido de direção, meta e estratégia.

Para Underdal (1997), são três os principais tipos de liderança, a saber: a *instrumental*, a *coercitiva* e a *unilateral*. A primeira baseia-se no poder de persuasão, de convencimento; a segunda, na ameaça, e, nesse caso, o líder precisa ter poder de fogo, capacidade material ou legal de cumprir a ameaça caso necessário; e a terceira, na unilateralidade, sem o líder contar com a interação com as outras partes para tomar suas decisões, sem usar do convencimento ou da ameaça.

Cada uma dessas três lideranças requerem habilidades ou capacidades distintas. Diferentemente das outras duas, a liderança instrumental é positiva, na medida que se constrói a partir do consenso em vez da imposição, seja com base em ameaça (coercitiva) ou na ação direta (unilateral). Boa capacidade de diagnosticar a situação, propor formas eficientes para encaminhar os problemas, elaborar mecanismos de superação de impasses, comunicar-se bem, aclamar e demonstrar carisma são algumas das habilidades do líder instrumental.

O líder coercitivo, em vez do convencimento, usa de seu poder para coagir seus liderados. Supõe, assim, a existência de claro diferencial de poder entre as partes, a qual pode ser derivada de recursos material, como recursos financeiros ou militares, ou de prerrogativas institucionais, como na relação entre chefe e subordinado. É essa diferença de poder que torna crível a ameaça do líder coercitivo.

A liderança unilateral prescinde da ameaça e toma medidas imediatas a fim de mudar o curso da ação do outro, sem aviso prévio. Quando há o uso de liderança unilateral, não se pode sequer dizer que houve negociação: a decisão e sua introdução ocorrem de maneira unilateral. Contudo, é possível que, uma vez tomadas as medidas, as negociações sejam reabertas, mas em outro patamar. É como se o líder tivesse agido para colocar a outra parte em seu devido lugar.

Não se pode dizer que uma liderança é mais importante que a outra. O líder completo é aquele que tem os três tipos de liderança e as usa conforme o contexto. A liderança instrumental demanda mais tempo, pois diálogo e convencimento requerem mais tempo que ameaça ou ação unilateral. Mas, uma vez conquistado o apoio dos liderados, ela tende a ser mais estável e menos custosa. O líder pode, contudo, em última instância, necessitar de recursos tangíveis para fazer valer sua liderança – daí a liderança instrumental não ser completa.

Há muitas outras tipologias. Um estudioso chamado Oran Young (1989), por exemplo, menciona três outros tipos de liderança: intelectual, empresarial e estrutural. A fonte de reconhecimento da liderança intelectual é o peso das ideias no curso das negociações, enquanto na liderança empresarial, deriva da capacidade de o líder encontrar soluções de encaminhamento e resoluções de problemas. Já liderança instrumental tem a legitimidade forjada pela dotação de recursos materiais. Vale lembrar que esses recursos podem ser utilizados tanto para coerção quanto para provisão dos bens necessários para o outro.

Seria possível apresentar outras tantas tipologias conhecidas, mas melhor que isso é a forma como determinados parâmetros e determinadas dimensões podem ser combinados para gerar tipos específicos de liderança. É importante pensar qual o impacto dos perfis de liderança no processo de negociação, pensar exaustivas formas de liderança e seus impactos potenciais.

Nessa linha, uma boa forma de construir uma tipologia exaustiva de liderança é cruzar duas importantes dimensões: a *tangibilidade* das fontes de poder e a *coercitividade* no uso de tais fontes. Enquanto as fontes de poder podem ser tangíveis ou intangíveis, o uso de tais fontes pode ocorrer por meio de persuasão ou coerção. A combinação desses elementos gera, então, quatro tipos de lideranças, conforme apresentado no Quadro 1.2.

Quadro 1.2 Tipologia derivada do cruzamento tangibilidade *versus* coercitividade

Bens	Persuasão/Benefício	Coerção/Custo
Intangíveis (recursos não materiais)	I. Liderança Persuasiva Instrumental (Lipi)	II. Liderança Coercitiva Instrumental (Lici)
Tangíveis (recursos materiais)	III. Liderança Persuasiva Estrutural (Lipe)	IV. Liderança Coercitiva Estrutural (Lice)

De acordo com essa tipologia, o exercício da liderança pode mobilizar os recursos de poder disponíveis (tangíveis ou intangíveis), prestigiando o benefício e o custo por outra parte. Um líder pode usar seus recursos para prover benefícios aos liderados ou impingir custos a eles.

Assim sendo, o líder mais completo é aquele que detém as duas fontes de poder (tangível e intangível) e destreza o suficiente para usar a coerção ou persuasão de maneira eficiente e de acordo com a situação. O líder completo, portanto, é a aquele que tem fontes diversificadas de poder e versatilidade para usá-las.

É raro um indivíduo que reúna diversidade de fontes de poder e versatilidades na maneira de usá-la. O mais comum é encontrar líderes que se restrinjam a uma fonte de poder e a utilizem recorrentemente. Em partes, isso ocorre por causa daquilo que podemos chamar de *paradoxo do poder duro*. Quem tem muito poder material tende a ficar arrogante e a perder a sensibilidade política, um pré-requisito para o bom exercício da liderança instrumental persuasiva.

O negociador posicional

O negociador posicional é inflexível, se apega a uma posição fixa e não arreda pé. Ele não se dispõe a enxergar as negociações sob diferentes ângulos ou pontos de vista e, por vezes, não consegue perceber que um acordo, de outra perspectiva, pode lhe ser vantajoso.

Esse negociador tende a barganhar com base em posições e não em interesses. O oposto do negociador posicional é o negociador flexível e pragmático, que negocia com base em interesses e não em posições. É sempre mais fácil negociar com o negociador flexível que com o posicional, por razões evidentes.

Negociação: uma questão de gênero?

O gênero tem peso específico nos processos de negociações? Eis uma questão intrigante, objeto de intenso debate e de inúmeros estudos entre especialistas e pesquisadores. Entre os leigos, prevalece a impressão de que o gênero importa. É quase intuitiva a ideia de que homens e mulheres negociam de forma diferente. Entre os pesquisadores, contudo, a questão se mostra mais complexa; ou seja, as evidências das diferenças entre os gêneros nas negociações são menos nítidas do que poderíamos supor.

Em vez de nos posicionarmos, até porque não teríamos condições para tanto, o melhor será apresentar, de forma muito breve, em quais aspectos os estudos entendem haver diferenças de gênero no processo de negociação. Pouca ou nenhuma menção faremos aos estudos que rejeitam a ideia de que o gênero possa ser tomado como fator específico nas negociações; o propósito aqui é identificar, no caso dos estudos que aceitam a ideia, em quais aspectos as diferenças se revelam.

Um primeiro estudo que vale à pena ser mencionado, nessa linha, é o de Candece Herman (2005). Embora atentando para as dificuldades de comprovação empírica definitiva, a autora procura observar as diferenças entre homens e mulheres do ponto de vista da propensão à cooperação nas negociações. Nessa perspectiva, os homens tenderiam mais a adotar posturas competitivas, táticas distributivas (perde-ganha) e posicionamento mais inflexível ou duro (*tought*). As mulheres, por outro lado, tenderiam a adotar estratégias cooperativas, táticas integrativas (ganha-ganha) e posicionamento mais flexível ou suave (*soft*).

Três outras características contribuem, nessa argumentação, para um viés mais cooperativo por parte das mulheres: uma ênfase mais acentuada no relacionamento interpessoal que nos aspectos substantivos das negociações; maior propensão para compartilhar informações pessoais; e maior propensão em evitar conflitos em situações de incerteza. Todos esses aspectos contribuem para que as mulheres, ainda segundo Herman (op. cit.), tenham vantagens em barganhas cooperativas, ao passo que os homens tenham vantagens em barganhas competitivas.

Um estudo experimental desenvolvido por Kimmel et al. (2003) reforçou a ideia de que mulheres e homens tenham abordagens distintas na hora de negociar. Os autores formaram uma série de pares de negociações do mesmo gênero para negociar determinado projeto[2] e concluíram que os homens usam, com frequência significativamente maior, táticas confrontativas – tais como uso de ameaças, ultimatos, insultos e posicionamentos inflexíveis – que as mulheres. Elas, em oposição, tendem a adotar posturas mais criativas e voltadas para a solução de problemas, além de terem maior propensão em enfatizar os aspectos relacionais.

Além das características inerentes ao gênero nas negociações, o estudo de Kimmel et al. (op. cit.) chama a atenção para o tema do pareamento, ou seja, para a questão de as negociações serem feitas por negociadores do mesmo gênero ou entre gêneros diferentes.

Um estudo sobre pares de negociadores formados em função do gênero, desenvolvido por Roderick Swaab (2005), leva a conclusões semelhantes: homens e mulheres comportam-se de maneira diferente quando negociam com pessoas do mesmo sexo, especialmente quando estão diante de pes-

[2] Tratava-se da negociação a respeito da alocação de recursos públicos para a criação de um *playground* infantil. Um membro da negociação era representante de uma organização comunitária e outro era representante do departamento governamental responsável pela concessão de licença.

soas desconhecidas. A principal diferença reside no fato de que, enquanto as mulheres sentem-se confortáveis em negociar com estranhos independentemente do gênero, os homens sentem mais dificuldade de negociar diretamente com outros homens. Em situações como esta, segundo o autor, é melhor colocar uma terceira pessoa ou desenvolver um sistema de negociação indireta, por exemplo, por meio eletrônico.

PRINCIPAIS TÉCNICAS E TÁTICAS

Como vimos no início deste capítulo, a negociação é também uma técnica. Assim, é possível melhorar a capacidade de negociar por meio de treinamento e pela aplicação de técnicas adequadas. Aliás, o simples fato de tratar a negociação como uma habilidade treinável é, *per si*, uma importante mudança de paradigma, pois estamos acostumados a pensar a capacidade de negociação como sinônimo de capacidade de improviso.

O fato é que, assim como muitas outras habilidades humanas, a capacidade de negociar depende de treinamento, o qual é composto por três elementos principais. O primeiro deles reside na capacidade de fazer um bom diagnóstico sobre os tipos de negociação, com base nos elementos definidos nas seções anteriores; o segundo depende da capacidade de conhecer bem as técnicas disponíveis; o terceiro, e último componente, depende de saber juntar precisamente as duas habilidades anteriores, ou seja, aplicar as técnicas mais adequadas em função do tipo de negociação em curso.

Entre tantas técnicas e métodos de negociação existentes, o modelo PON (*The Program On Negotiation*) é o mais conhecido, desenvolvido por pesquisadores da Universidade de Harvard. A proposta do modelo é simples, mas também muito poderosa em determinadas situações. Fundamentalmente, preconiza que os negociadores procurem, sempre que possível, transformar uma barganha distributiva em barganha integrativa.

Não custa lembrar, neste ponto, a diferença entre barganha distributiva e integrativa. A primeira modalidade é aquela em que o objeto das negociações é de tamanho fixo, ou seja, seu montante não se altera em função das negociações. Com isso, a única forma de mudar a situação presente (o *status quo*) é havendo uma redistribuição de valores, ou seja, alguém ganha o que o outro perde. A barganha distributiva, ao contrário, é aquela em que as negociações geram novo valor ao objeto, ou seja, integra-se valor novo, daí a expressão barganha *integrativa*. Nesse caso, as partes ganham mais sem que, para isso, tenham de tirar do outro.

As diferenças de características entre barganha distributiva e integrativa são todas derivadas desse aspecto fundamental, dessa capacidade (ou não) de as negociações gerarem valor novo. O Quadro 1.3, a seguir, resume as diferenças fundamentais desses dois tipos de barganha.

Quadro 1.3 Barganha distributiva *versus* barganha integrativa

Parâmetro	Barganha distributiva	Barganha integrativa
objeto da negociação	soma-constante (zero)	soma-variável (positiva)
interesses	conflitantes	convergentes
táticas usadas	confrontativas	cooperativas
padrão de ganhos	ganhos relativos	ganhos absolutos
flexibilidade	baseada em posições	baseada em interesses

Se o objeto das negociações e a postura dos negociadores favorecem uma barganha integrativa, isto é, favorecem a uma postura mais cooperativa por parte dos negociadores, maior será a probabilidade de que as negociações transcorram em um ambiente cooperativo cujos resultados esperados sejam mais positivos. O grande desafio do negociador habilidoso e experiente é transformar uma negociação cujas características sejam de tipo distributivo em barganha integrativa. Para tanto, o modelo PON preconiza a adoção de quatro princípios fundamentais.

P1. Separação de pessoas e problemas. Negociadores devem tentar separar os aspectos pessoais dos interesses envolvidos em uma negociação para evitar que aspectos pessoais possam contaminar a negociação e gerar impasses insuperáveis.

P2. Ênfase nos interesses e não em posições. A flexibilidade é a alma da negociação. Ser inflexível, ou posicional, significa fechar-se para alternativas que possam ser interessantes para ambas as partes. Priorizar interesses e não posições significa estar disposto a prospectar alternativas criativas que gerem ganhos para ambas as partes.

P3. Criação de opções de ganhos mútuos. A preocupação exclusiva com ganhos individuais, benefícios unilaterais, é o principal fator que gera impasse na negociação. Se o negociador tem, de fato, interesse em um acordo, ele deve se preocupar em visualizar não apenas os próprios ganhos, mas também o ganho da outra parte. Ou seja, é necessário se esforçar para descobrir uma fórmula negociadora que crie ganhos mútuos. Uma vez visualizada essa fórmula, é preciso esclarecê-la à outra parte, a fim de persuadi-la.

P4. Insistência em critérios objetivos. A apresentação de critérios objetivos nos acordos firmados evitam conflitos potenciais futuros. Tais critérios são usados para verificar se os acordos estão ou não sendo cumpridos. Por vezes, é mais fácil fechar acordos sem critérios bem especificados, mas isso significa jogar o problema para adiante. Estabelecer critérios objetivos é uma importante medida preventiva preconizada pelo modelo.

Você já deve ter percebido que a aplicabilidade desses quatro princípios do modelo PON depende muito das condições da negociação. Nem sempre é possível encontrar uma fórmula que gere ganhos mútuos, assim como nem sempre a outra parte tem disposição para ser convencida. O fato é que o negociador não saberá transformar uma negociação distributiva em integrativa se não o tentar. O modelo insta os negociadores a expandir ao máximo as perspectivas de que a barganha se estabeleça em bases integrativas.

Outras técnicas podem ser complementares às do modelo PON, de forma a aumentar o potencial cooperativo de uma negociação. Entre as mais importantes, vale citar: a técnica do meio termo; a antecipação da agenda (controle da agenda); a criação de incentivos seletivos positivos; e as táticas destinadas a engajar a outra parte negociadora.

Em situações em que o impasse já se instaurou, a abordagem deve ser distinta; utilizando técnicas capazes de superá-lo. Nesse contexto, as quatro técnicas mais utilizadas são, respectivamente: (1) incrementalismo (incrementar valor no objeto da negociação); (2) fragmentação/fatiamento seguido de faseamento (quebrar o objeto em partes e estabelecer fases para a negociação dessas partes); (3) construção de pontos (por meio da utilização de mediadores e facilitadores); e (4) trocas intertemáticas (mobilizar outros assuntos fora da pauta como objetos de trocas).

Essas técnicas dão conta de manter o processo de negociação, buscando superar os impasses frequentes, e distribuir os ganhos de forma satisfatória. Cada uma dessas técnicas tem o objetivo de incrementar a negociação, dando a possibilidade de acomodar os interesses diversos.

PODER E SUAS FONTES NAS NEGOCIAÇÕES

Estrutura, poder e o Batna nas negociações

"Manda quem pode, obedece quem tem juízo." Esse dito popular, repetido com muita frequência, não expressa exatamente uma barganha. Afinal, se alguém manda e o outro obedece, trata-se de imposição e não negociação, geralmente entendida como tentativa de convencimento.

O dito popular faz chamar a atenção, contudo, para uma dimensão central presente na maior parte dos processos de negociações: a diferença de poder entre os negociadores. É mais comum que um negociador tenha mais poder que o outro, ou que os outros, do que situações em que ambos tenham exatamente a mesma quantidade de poder. No primeiro caso, dizemos que as negociações são assimétricas (negociadores com diferencial de poder), enquanto no segundo as negociações são simétricas (negociadores com poder equivalente).

Contudo, as situações em que um manda e o outro obedece são situações extremas de assimetria de poder. Em casos assim, a margem de manobra do negociador menos poderoso é muito pequena, quando não inexistente. Em situações menos extremas, o mais poderoso não tem tanto poder a ponto de impor sua vontade ou o menos poderoso não tem tanto juízo.

Antes de tratarmos como as diferenças de poder afetam as negociações, vale perguntar: afinal, o que é poder? No sentido mais forte, poder deve ser entendido como a capacidade que um indivíduo tem de impor sua vontade sobre a dos demais indivíduos; ou seja, é a capacidade de determinar o comportamento dos outros. No sentido mais brando, entendemos poder como a capacidade de influenciar o comportamento dos outros, mas não necessariamente determinar (o que faz muita diferença).

É fácil perceber que essas definições de poder, como capacidade de determinação ou de influência, assentam-se na noção de resultados ou dos impactos na ação do outro. Essa definição é oportuna, pois evita uma confusão recorrente entre o exercício de poder e as fontes de poder. Talvez facilite dizer que são muitas as fontes do poder, expressas na forma de capacidade de controle.

Recursos materiais são identificados como a mais tradicional fonte de poder e, assim, a assimetria de poder seria tão somente a diferença em termos de poder material. Ora, em contrariedade a essa ideia, podemos dizer que os recursos materiais não são a única fonte de poder. Além do poder material, existem o poder moral, o simbólico, o institucional, o de persuasão e assim sucessivamente.

Embora intuitiva, a posse de recursos materiais não é condição suficiente para o exercício do poder, pois, por mais que uma pessoa tenha poder material, para exercer o poder é necessário que se tenha vontade de fazê-lo. Em outras palavras, a ativação do poder material depende de vontade. Matéria sem ânimo não é poder. Poderíamos ir mais longe e afirmar que os recursos materiais sequer são necessários para o exercício de poder.

Três afirmações dão conta de resumir a relação entre poder e recursos materiais: (1) a capacidade material é uma fonte de poder, mas não é a única; (2) o poder material facilita o exercício de poder, mas não é uma condição necessária; e (3) o poder material permite o exercício do poder, mas não é uma condição suficiente.

A essa altura corremos o risco de passar a impressão de que o poder material é algo desprezível. Longe disso. Estamos apenas qualificando e não suprimindo essa forma de poder. Os recursos materiais são, na realidade, uma fonte muito importante de poder, uma vez que a posse indica o nível de dependência dos negociadores.

Para que essa ideia fique mais clara, pensemos na condição dos negociadores que não detêm determinado recurso, mas, por alguma razão, precisam dele. Mais grave ainda é se o que esse negociador precisa depender apenas de outra pessoa ou do que outro fornecedor possui. Ora, a situação confere enorme poder de barganha poderão possuidor do recurso e um baixíssimo poder de barganha a quem dele precisa.

Eis o fato de um negociador que tem recurso não possuir, *per si*, poder sobre outros negociadores. É necessário que a outra parte precise do recurso e, de preferência, não tenha outra forma de obtê-lo. Daí a ideia de poder como algo relacional e não estático. Da ótica dos recursos materiais, um negociador tem mais poder se tiver mais recursos e fontes alternativas para obtê-los, na mesma medida que um negociador tem pouco poder se tiver poucos (ou nenhum) recursos e poucas alternativas para obtê-lo.

Mas, como dissemos, nem só de recursos materiais vive o poder. A fonte de poder de um negociador pode ser institucional e, nesse caso, sua autoridade deriva da função que exerce. Devido a sua função, um negociador pode, por exemplo, ter a prerrogativa de dizer o que deve ou não ser objeto de negociação. Chamamos o indivíduo com essa função de *definidor da agenda* (*agenda setter*).

Do mesmo modo, como vimos nos tipos de liderança, a fonte de poder pode ser a mera capacidade de persuasão, quando o exercício da autoridade não deriva de o negociador deter um bem imprescindível para o outro, mas sim de sua capacidade de influenciar o outro por causa de seu poder de argumentação.

O peso da cultura

Os fatores que afetam os resultados de uma negociação podem, como dissemos anteriormente, ser agrupados em fatores objetivos e fatores subjetivos. São muitos os fatores subjetivos envolvidos em uma negociação, mas a *cultura* é, sem sombra de dúvida, um dos mais importantes, além de ser o mais estudado.

O peso da cultura nos resultados dos processos de negociação está relacionado com as abordagens interpretativas sobre tais processos. Para os *objetivistas*, a cultura teria peso nulo ou, quando muito, marginal em um processo de negociação; para os *subjetivistas* ou, mais especificamente, os *culturalistas*, o fator cultural teria peso determinante em uma negociação.

Sinteticamente, diríamos que, para o objetivistas, a cultura é insignificante ou pouco influente, enquanto para o culturalistas, seria muito influente no limite determinante de uma negociação. Para alguns, como Latour (2004), a associação entre cultura e negociações é tão forte que um antropólogo pode ser definido, acima de tudo, como um diplomata responsável por decifrar e mediar códigos e valores distintos.

Sobre o primeiro grupo, o dos objetivistas, não há muito mais a dizer. Um negociador indiano ou norte-americano faz cálculos similares de custo-

-benefício em um processo de negociação e suas bagagens culturais pouco altera esse cálculo. Resta saber, então, quais traços dos negociadores são moldados pela cultura. A literatura aponta os seguintes dez traços:

1) **Moral**: baseada em valores ou interesses.
2) **Estilo de comunicação**: direta ou indireta.
3) **Coletividade**: culturas coletivistas *versus* individualistas.
4) **Distância de poder**: relações verticais *versus* horizontais.
5) **Ritmo decisório**: lento ou acelerado.
6) **Relacionamento**: interpessoal ou profissional.
7) **Delegação**: negociador com autonomia ou sem autonomia.
8) **Linguagem**: vaga/ambígua ou clara.
9) **Contratualismo**: formal ou informal
10) **Gradualismo**: demandas e concessões graduais ou conjuntas.

A identidade das culturas negociadoras é formada a partir da combinação desses dez traços apontados. Uma cultura pode ser próxima à outra em determinado traço e totalmente distante em outro. Quanto maior o número de traços negociadores entre duas culturas, mais próximas as identidades dos negociadores.

Não é difícil imaginar que a dificuldade de um processo negociador seja diretamente proporcional à distância de identidade entre os negociadores. A heterogeneidade de valores, estilos de comunicação e padrões de condutas demandam esforços mais intensos na construção de consensos e promoção de acordos, sejam eles comerciais ou de outro tema qualquer.

Como exemplo, duas grandes negociações internacionais podem ser lembradas. A primeira foi a negociação da Google com o governo chinês. A diferença entre norte-americanos e chineses com relação à definição sobre democracia e liberdades civis por pouco não inviabiliza a introdução da mais moderna ferramenta de busca no maior mercado consumidor mundial, a China.

A segunda negociação, relatada por Blaker (1999), envolveu norte-americanos e japoneses em um acordo comercial bilateral amplo, ou seja, envolvendo uma gama extensa de produtos. O impasse, em todo o processo negociador, surgiu em função das tarifas de importação do arroz no Japão que, aos olhos dos ocidentais, não deveria ser um problema maior. Ocorre que, para os japoneses, o arroz é um produto sagrado, símbolo de sobrevivência. Para eles, pouco importa se há um substituto alimentar perfeito: o arroz tem um significado simbólico e, portanto, sua liberalização comercial não é negociável.

Esses dois exemplos mostram quanto o primeiro traço indicado em nossa lista pode, na perspectiva das abordagens culturalistas, impactar um processo de negociação. Toda cultura tem, ao lado de interesses negociáveis, um conjunto de assuntos que não são passíveis de negociação por conta da dimensão moral. Aqueles que tocam aspectos morais e simbólicos mais profundos, os tabus, sob nenhuma circunstância são aceitos pelos membros de determinada comunidade ou país na mesa de negociações.

Outros tantos exemplos poderiam ser lembrados para ilustrar o peso dos demais traços culturais nos resultados de uma negociação. Em vez disso, vamos apresentar os traços de três identidades culturais bens definidas e diferentes entre si: o perfil dos negociadores norte-americano, japonês e indiano.

Perfil negociador: japonês, norte-americano e indiano

Assim como com outros asiáticos, a cultura negociadora dos japoneses é fortemente baseada em valores e costumes tradicionais, e o negociador nipônico traz com ele esses valores para a mesa de negociações. O zelo pela formalidade, deferência e hierarquia são, em grande medida, frutos da ligação dos japoneses com esses valores tradicionais.

O peso das tradições impacta também o estilo de comunicação do processo decisório do negociador japonês. Os negociadores japoneses evitam posturas agressivas e confrontantes, adotam um ritmo lento e gradual de barganha e utilizam linguagem vaga e ambígua. Em vez de resolver tudo em tacada única, os negociadores japoneses fazem concessões de forma gradual e apresentam demandas de forma agrupada. A calma é um recurso importante para o negociador japonês.

O estilo do negociador norte-americano é, em grande medida, a antítese do negociador japonês. Os interesses, para os negociadores ocidentais, sobrepujam valores derivados tradições antigas. Isso não quer dizer, evidentemente, que a negociação para um típico negociador norte-americano prescinda de elementos morais e de valores. É legítimo afirmar, contudo, que os negociadores norte-americanos tendem a ser mais pragmáticos e focados em interesses materiais.

O perfil pragmático se ajusta às outras características dos negociadores norte-americanos: de sua ótica, a linguagem é direta e franca; as abordagens são combativa e assertiva; o ritmo é acelerado; o relacionamento profissional tem proeminência sobre o inter-pessoal; e os fatores contratuais formais sobrepujam acordos informais.

Já o senso de coletividade e de comunidade do indiano aproxima o negociador dessa nacionalidade mais do negociador japonês que do norte-americano. O negociador indiano tem singularidades que se confundem com a dos negociadores asiáticos como um todo.

A principal fonte de singularidade do negociador indiano está relacionada ao hinduísmo e à estrutura de castas sob a qual a sociedade indiana foi tradicionalmente baseada. A noção de carma e fatalismo são dois traços culturais que embutem dimensão espiritual nas decisões do negociador indiano, mesmo quando as negociações se tratam de negócios privados.

CONSIDERAÇÕES FINAIS

São raras as profissões que têm as negociações como atividades-fim. Nesses casos, o profissional é um negociador por excelência, a exemplo do diplomata, do *trader*, do vendedor. Mais raras ainda são, se é que existem, as profissões que não têm as negociações como atividades-meio, ou seja, como instrumento para conquistar os objetivos essenciais da atividade.

Seja fim ou meio, a capacidade de negociar acaba sendo uma habilidade imprescindível para todo profissional e, como outras habilidades, as pessoas têm capacidades de negociação distintas. O ponto positivo, sobre esse aspecto, é que, por meio de treinamento, é possível melhorar o desempenho dos negociadores.

O objetivo deste capítulo foi apresentar um quadro completo dos processos de negociações, mostrar os fatores constitutivos de uma negociação e como esses fatores interagem para condicionar o resultado das negociações e, por conseguinte, as estratégias dos negociadores. O aprimoramento em negociações demanda treinamento continuado e muita prática. Tem-se, nessa base, um ponto de partida.

2
AS VARIÁVEIS CONDICIONANTES DOS PROCESSOS DE NEGOCIAÇÃO

Neusa Maria Pereira Bojikian

AS VARIÁVEIS CONDICIONANTES DA NEGOCIAÇÃO

É interessante iniciar esta discussão sobre negociação sugerindo aos interlocutores que reflitam sobre a real oportunidade de levar determinado processo de negociação em frente, isto é, refletir se determinada negociação é oportuna ou não. Qualquer negociação, seja internacional ou local, pode ser avaliada como oportuna se apresentar três elementos: interdependência de resultados, conflito de interesses e interesses mútuos.

A interdependência de resultado está relacionada ao efeito mútuo e, em especial, ao poder. Entretanto, não podemos concluir que a relação de dependência mútua ou de poder seja simétrica, ou seja, que as proporções sejam correspondentes iguais (Bojikian, 2010). Na verdade, muitas vezes, a negociação é caracterizada por assimetria de poder.

Cabe citar dois autores especialistas no conceito de interdependência – Robert Keohane e Joseph Nye –, os quais observam que essas relações variam em grau de assimetria. Nos termos dos autores,

> nós usamos o termo da "interdependência" para indicar algum grau de efeito mútuo; cabe ao pesquisador determinar a intensidade de um relacionamento em particular e seu grau de assimetria. (Keohane; Nye, 1993, p.388-9)

O poder é uma das variáveis condicionantes da negociação, e diversas áreas do conhecimento trouxeram contribuições significativas para a abordagem conceitual dessa variável da perspectiva da negociação. Em primeiro lugar, cabe observar que se trata de uma variável complexa em termos de natureza conceitual e que é de fundamental importância analisar os pressupostos de simetria e assimetria das relações de poder e seus respectivos resultados.

Outra variável condicionante da negociação é o interesse, que compõe os elementos básicos da negociação. O interesse deve ser aqui entendido em seu sentido amplo, o qual envolve necessidades – sejam psicológicas ou materiais. Duas outras importantes variáveis são o tempo e a informação. Podemos dizer que a parte que dispõe de tempo (quando este é um fator de custo para apenas uma ou algumas das partes) e de informação acaba tendo mais poder. A informação e seu processo de troca requerem cuidados únicos. De acordo com Herb Cohen (Cohen, 2000), não prevemos a necessidade de informações normalmente, até que ocorram crises e episódios marcados por deixarem uma série de consequências.

Este capítulo tem por objetivo destacar essas variáveis, discutir seus conceitos e buscar exemplos que possam facilitar sua compreensão. Pode-se questionar: mas se o livro está relacionado à negociação internacional, onde entra uma série de outros fatores próprios das negociações internacionais, como diferenças entre culturas, ideologias, idiomas, sistemas monetários e econômicos, que configuram barreiras, muitas vezes, quase intransponíveis? Esses fatores, que traduzem a essência e a dinâmica da negociação internacional de forma bem específica, estão detalhados em outra abordagem analítica desenvolvida pela autora.[1] Cabe destacar que uma leitura conjugada dessas duas abordagens dá uma boa noção dos aspectos mais relevantes da negociação internacional.

O QUE VEM NO MEIO

Há outras variáveis igualmente importantes da perspectiva da negociação internacional, como as variáveis intervenintes: percepção, emoção e comunicação no âmbito do comportamento verbal ou não verbal.

A percepção está relacionada ao processo do pensamento, um dos eixos da Psicologia, e envolve o modo como selecionamos, organizamos e atribuímos significado às informações obtidas a partir dos sentidos. Podemos dizer que a percepção é o processo de enquadramento dos fatos para as partes em uma negociação e que tem a ver com as vivências e crenças de cada uma delas. Nas análises de Robert Jervis (1993, p.298), "é frequentemente impossível explicar decisões cruciais e políticas sem considerar as crenças dos tomadores de decisão sobre o mundo e suas imagens dos outros". O autor também afirma que:

[1] Ver Bojikian, op. cit.

> as raízes de muitas disputas importantes sobre as políticas estão nas diferentes percepções. E nos casos frequentes em que os atores não percebem isso, eles não compreendem o desacordo e se envolvem em um debate que não leva ao esclarecimento. (Ibid., p.300)

O problema de uma negociação reside na *realidade* que cada parte vê e não nos fatos propriamente ditos. As partes de uma negociação tendem a selecionar os dados e as informações que corroboram suas percepções e se concentrar neles. Compreender isso pode ser a chave para uma solução a esse problema (Fisher; Ury; Patton, 2005).

Em uma situação hipotética em que duas empresas negociam um contrato de *joint venture* e em que, para uma das partes, a transferência de tecnologia é condição *sine qua non*, enquanto para a outra, a questão mais importante é manter o controle acionário; se a primeira desconfia de que a transferência de tecnologia possa não ocorrer e de que possa haver algum tipo de manipulação, o fato de a segunda não demonstrar interesse imediato em detalhar na minuta do contrato como isso se daria pode reforçar a percepção daquela. Em última instância, essa parte pode ficar extremamente receosa e retirar-se da negociação. Por outro lado, se houver uma exposição de motivos, pode-se dizer assim, e as partes compreenderem a importância das questões e percepções que acabam configurando as respectivas ações, é bem possível que o problema seja resolvido de maneira adequada.

A propósito, os significados que se atribuem aos fatos e às informações despertam emoções, que constituem o processo do sentimento, outro eixo da Psicologia.[2] O problema é que, dependendo da intensidade desses sentimentos, a negociação pode vir a não ocorrer e, portanto, qualquer acordo se torna inviável. Diferentemente de um processo de negociação baseado em princípios e respeito mútuo, as rodadas de negociação acabam sendo *rounds* de lutas. Se as partes entram tensas em uma negociação e, principalmente, sentindo-se ameaçadas, esses sentimentos acabam sendo transferidos para os outros, provocando uma escalada irracional, na medida que uma parte reaje ao sentimento do outro. Fisher, Ury e Patton (ibid., p.48) fazem a seguinte afirmação:

> Ao lidar com negociadores que representam organizações, é fácil tratá-los como meros porta-vozes desprovidos de emoções. E é importante lembrar que também eles, como você, têm sentimentos pessoais, medos, esperanças e sonhos. Talvez haja questões com respeito às quais eles sejam particularmente sensíveis, e outras de que se sintam especialmente orgulhosos.

---

2 Sobre emoções, ver Goleman (1995) e o Capítulo 3, "Emoções: elementos para uma negociação mais cooperativa", de Monica Simionato.

Diante dessa variável interveniente, os especialistas recomendam que reconheçamos e compreendamos as emoções, que quebremos o ciclo da retaliação, que ajamos estrategicamente durante as negociações e resoluções de conflitos, em vez de fazê-lo de maneira reflexiva e defensiva (Fisher; Ury; Patton, ibid.; Dana, 2001). William Ury (2008) sugere que se vá para a *galeria*, no sentido de sair do palco e ir para a galeria (em referência ao teatro) para se acalmar, refletir e criar outra perspectiva. Nos termos do autor: "galeria é um lugar mental de perspectiva, calmo e de autocontrole. Ir para a galeria te permite manter os olhos na recompensa" (Ury, ibid. p.174).

Outra variável interveniente da negociação que merece ser observada é a comunicação no sentido de processo comportamental, mais um eixo da Psicologia. Se o estímulo externo causa percepção de ameaça, isso pode gerar sentimento de medo e pode despertar uma reação defensiva, traduzida na ação de ataque ou fuga. Essas ações são a forma como uma parte comunica à outra. Como observa Dana (op. cit., p.119-20),

> apenas a parte comportamental é visível para os outros. Apenas os comportamentos verbais ou não verbais são observáveis. Você não pode ver meus pensamentos e meus sentimentos. Você pode apenas inferi-los indiretamente ao interpretar meu comportamento observável.

Essas variáveis comportamentais são de fundamental importância para desenvolver a habilidade de negociação e, justamente por isso, serão abordadas em um capítulo próprio (o Capítulo 3, "Emoções: elementos para uma negociação mais cooperativa").

AS VARIÁVEIS CONDICIONANTES

Poder

Abordar a variável poder da perspectiva da negociação é uma tarefa difícil. É especialmente difícil, em um espaço retativamente reduzido, abranger todo seu espectro conceitual.

Para William Zartman (2002), o poder é uma variável causal com natureza conceitual inexplicável. Entretanto, mais que fazer uma revisão conceitual abrangente, a proposta aqui é observar que a análise da relação de poder entre as partes é uma etapa crítica na preparação da negociação.

Em termos concretos, é possível verificar o poder de determinada nação em sua capacidade econômico-financeira, tecnológica e militar. De forma mais abstrata, também é possível verificar o poder de uma nação na extensão de seu idioma, de seus produtos de cultura de massa e de seus valores e princípios em geral. Nos termos de Joseph Nye (op. cit., p.30), poder

> é a capacidade de obter os resultados desejados e, se necessário, mudar o comportamento dos outros para obtê-los. Poder significa estar com as cartas altas no jogo de pôquer internacional. Se você mostrar essas cartas, é bem provável que os outros "passem".

Joseph Nye cunhou os temos poder brando (*soft power*) e poder duro (*hard power*). Poder brando é o poder de atração, de influenciar por meios que os outros admiram e, por isso, escolhem acompanhar. Poder duro, cujos exemplos são o poder econômico e o poder militar, é empregado a fim de induzir ou mesmo de ameaçar os outros a mudar de posição (Nye, ibid.).

No contexto empresarial, Richard Shell (2001, p.109) também sugere uma definição para poder e, para isso, usa o termo *poder de influência*: "O poder de influência é a sua capacidade de não apenas realizar acordos, mas realizá-los dentro de suas próprias condições". Para Leigh Thompson (2009), as partes em uma negociação devem analisar suas vantagens da perspectiva de quatro dimensões de poder: (1) o poder potencial; (2) o poder percebido; (3) o poder tático; e (4) o poder exercido. Nos termos da autora:

> - Poder potencial é a capacidade subjacente do negociador de obter benefícios de um acordo... Quanto alguém depende de você em uma negociação é baseado no quanto ele ou ela valoriza os recursos que você fornecerá.
> - Poder percebido é uma avaliação do negociador sobre o poder potencial de cada parte que pode ou não condizer com a realidade.
> - Poder tático compreende o que normalmente é estudado em termos comportamentais em negociação e refere-se aos comportamentos destinados a usar ou mudar a relação de poder.
> - Poder exercido é o grau em que os negociadores reivindicam benefícios da interação. (Ibid., p.161-2)

No que concerne aos poderes tático e exercido, muitos exemplos sugerem que os negociadores frequentemente tentam ficar com a maior parcela possível do resultado, adotando uma estratégia fundamentalmente competitiva.

Cabe fazer menção às estratégias de negociação de caráter predominantemente competitivo, em que se usa a prova de força ou a tática do ultimato – "esta é nossa proposta, é pegar ou largar". Entretanto, também vale chamar a atenção, como destaca Shell (op. cit., p.117), "utilizar ameaças, na maioria das negociações, é como brincar com fogo – perigoso para todos os envolvidos". Leigh Thompson (op. cit.) cita um exemplo envolvendo a Google, empresa de tecnologia da informação, negociando sua instalação em uma pequena cidade da Carolina do Norte, Estados Unidos, a qual estava sofrendo com uma brutal queda no nível de emprego. Por causa dessa fragilidade, as autoridades municipais fizeram enormes concessões (incentivos fiscais, melhorias na infraestrutura e outros benefícios) em favor da empresa. No entanto, muitas pessoas se sentiram desrespeitadas pelas táticas usadas pela *gigante da tecnologia*. Nos termos de um procurador e membro do conselho da cidade que votou contra o acordo final: "estas são decisões de negócios tomadas pelos executivos mais inteligentes do mundo, e que estão simplesmente explorando uma cidade desesperada" (ibid., p.159). Outro aspecto referente à prova de força ou à tática do ultimato que deve ser destacado é que essas ameaças precisam ser convincentes – a outra parte precisa acreditar que a ameaça pode ser, de fato, efetivada para que não se torne vazia.

Pressupostos de simetria e assimetria

Para William Zartman (op. cit.), a investigação sobre poder é pega entre os pressupostos de simetria e assimetria, duas condições que, apesar de contraditórias, são ambas corretas, segundo o autor. A simetria natural, podemos assim dizer, decorre da interdependência dos resultados: todas as partes têm poder de vetar o acordo e, sendo assim, há equilíbrio de poder. No entanto, justamente por terem o poder de vetar o acordo, podem levar a negociação ao impasse e, na tentativa de superar esse impasse, buscam alternativas à negociação. Esses esforços acabam refutando a ideia de igualdade (ibid.), configurando, portanto, uma relação assimétrica de poder entre as partes na negociação.

Isso posto, devemos observar que a dinâmica deve se dar pelo princípio da reciprocidade, a qual é extremamente importante no processo da negociação. Nos termos de Zartman, "com base na igualdade inicial, as partes praticam e são esperadas a praticar uma igualdade processual das concessões para chegar a uma solução justa" (ibid., p.73). O autor, ainda, assinala que, mesmo para a parte que não tem mais que o poder de veto básico, a expectativa da igualdade dinâmica pela reciprocidade se faz presente. Nas análises do autor, a noção de equidade é importante para o resultado satisfatório da negociação. "As partes negociam mais produtivamente quando elas se setem iguais, e elas alcançam o resultado mais satisfatório quando veem essa relação e o processo como justo" (ibid., p.73).

Fontes de poder

Os especialistas costumam relacionar uma série de fontes de poder. Em comum, duas merecem destaque: as alternativas ao acordo e o valor adicional.

Alternativas ao acordo: Batna

Segundo Roger Fisher e Danny Ertel, "alternativas, como o nome sugere, são outras maneiras de realizar algo" (Fisher; Ertel, 1995, p.45). David Lax e James Sebenius (2006) chamam de *no-deal options* e citam uma fala de Robert Rubin, ex-secretário do Tesouro dos Estados Unidos: "quando os outros sentem vontade de ir embora, seu lado é reforçado... Algumas vezes é melhor não chegar ao sim" (ibid., p.85).

Deepak Malhotra e Max Bazerman (op. cit.) afirmam que talvez não exista nada que possa deixar os negociadores mais ansiosos que a sensação de despreparo, a qual, para os autores, decorre da falta de boas alternativas. Saber que o *no-deal* será um desastre coloca uma pressão enorme sobre o negociador.

A melhor entre as alternativas é chamada Batna (Best Alternative to a Negotiated Agreement) (Fisher; Ertel, op. cit. e Fisher; Ury; Patton, op. cit.). Traduzindo, Batna significa a *melhor alternativa à negociação de um acordo*. De forma simples, Batna é o que você vai fazer caso não chegue a um acordo, o que inclui manter o *status quo*, ou seja, manter a atual situação.

Se Batna é uma questão de poder, então, a prescrição seria: tenha uma boa Batna durante a negociação e conheça a Batna da outra parte. Ter uma boa Batna traz uma série de benefícios: (1) traz confiança e, consequentemente, diminui o grau de estresse; (2) serve como um padrão para que se possa avaliar a proposta sobre a mesa; e (3) serve para despertar um senso de urgência na outra parte, que poderá flexibilizar suas exigências ou fazer concessões mais interessantes (Fisher; Ertel, op. cit., Fisher; Ury; Patton, op. cit., Thompson, op. cit. e Brett, 2001).

Ter poder ou uma boa Batna não é uma panaceia, entretanto. Há circunstâncias em que o negociador não pode simplesmente deixar a negociação, mesmo tendo uma boa Batna. Em primeiro lugar estão as situações que envolvem parcerias e relacionamentos importantes,[3] e, em seguida, aquelas em que outros interesses são determinantes, o que exploraremos adiante.

Valor adicional

O valor adicional é aquilo que uma parte agrega à negociação, em outras palavras, é a contribuição que uma parte traz para a negociação. Nos termos de Leigh Thompson (op. cit., p.161) "quando você traz recursos para uma negociação e a outra parte atribui alto valor a esses recursos, sua contribuição é alta". Portanto, a balança do poder está pendendo para seu lado.

Deepak Malhotra e Max Bazerman (op. cit., p.240) relacionam o conceito de valor adicional com a Batna. Na análise dos autores, "se a Batna deles é fraca , isso significa que você traz um grande valor para a negociação".

Poder brando

Retomando a ideia de Nye (2002) sobre poder brando, podemos pensar que esse conceito pode compor mais uma fonte de poder, que englobaria, na verdade, uma série de subtipos sugerido por outros autores, como Herb

[3] A propósito, o fator relacionamento é igualmente importante para as negociações. As estratégias de negociação devem ser escolhidas em função da importância do relacionamento para as partes. Ver, principalmente: Fisher; Ury; Patton, op. cit. e Shell, op. cit.

Cohen (2000). Sob o guarda-chuva do poder brando, portanto, poderíamos colocar, além é claro da força da atração e da força da capacidade persuasiva, a força da legitimidade, a da moralidade, a da identificação, isto é, de partilhar aquilo que o outro sente ou pensa.

Uma negociação que ilustra essa fonte de poder é o conflito envolvendo o Brasil, os Estados Unidos e os laboratórios farmacêuticos sobre a questão do licenciamento compulsório das patentes de medicamentos para o HIV-Aids. Esse conflito foi objeto de estudo do autor Gabriel Cepaluni, que o descreveu minunciosamente no livro *Regime de Patentes:* Brasil x Estados Unidos no tabuleiro internacional (Cepaluni, 2005) e também foi do Capítulo 12, "Negociações internacionais e propriedade intelectual", de Ricardo C. Mendes e Gabriel Kohlmann, aqui neste livro.

Em 1999, diante da variação cambial que encareceu significativamente os medicamentos importados e tornou insustentável o Programa Nacional de Doenças Sexualmente Transmissíveis e Aids (PN DST/Aids), criado em 1997, o governo brasileiro regulamentou o licenciamento compulsório (Decreto n.3.201, de 6 out. 1999) nos casos de emergência nacional e interesse público. Segundo o entendimento do governo brasileiro, essa regulamentação estava de acordo com o Código de Propriedade Industrial (CPI) e em harmonia com o Acordo sobre Aspectos dos Direitos de Propriedade Intelectual Relacionados ao Comércio (Trips – *Trade-Related Aspects of Intellectual Property Rights*). O governo dos Estados Unidos, baseando-se em outro artigo do CPI, contestou a legitimidade da regulamentação e entrou com um pedido de consultas no Órgão de Solução de Controvérsias (OSC) da Organização Mundial do Comércio (OMC), além de incluir o Brasil em uma lista de observação prioritária de uma lei norte-americana chamada Special 301. A alegação dos Estados Unidos era de que a nova regulamentação brasileira era protecionista e discriminatória. O Brasil, entretanto, alegava que a nova regulamentação visava combater uma emergência relacionada à questão de saúde pública. Esta seria uma medida necessária para dar continuidade ao legítimo programa anti-Aids nacional, pois poderia fornecer lincenças compulsórias para a produção de medicamentos antirretrovirais.

Em 2001, no entanto, Brasil e Estados Unidos chegaram a um acordo *out-of-court* em que os Estados Unidos retiraram a queixa, encerrando o painel da OMC, e o Brasil se comprometeu a avisar os Estados Unidos nos casos em que pretendesse emitir licenças compulsórios para produtos de laboratórios norte-americanos (Cepaluni, op. cit., p.67). Apesar da assimetria de poder, que favorecia evidentemente os Estados Unidos, o autor avalia que o resultado foi mais benéfico para o Brasil em função de seu poder brando. Nos termos do autor:

> Segundo nossa interpretação, os Estados Unidos aceitaram um acordo desfavorável, apesar da forte relação de interdependência assimétrica entre os dois países,

> porque o Brasil conseguiu aumentar seu *soft power*, tornando sua causa moralmente correta ante a opinião pública internacional. O apoio de ONGs, como os Médicos sem Fronteiras e a Oxfam; as declarações favoráveis das Nações Unidas e da imprensa internacional, como o *The New York Times Magazine*; e o alinhamento com propostas de países em desenvolvimento, como Índia e África do Sul, ajudaram na defesa de interesses brasileiros. (Ibid., p.68)

Poder das coalizões

Outra fonte de poder que pode ser destacada é a decorrente das coalizões. Construir coalizões com outras partes fracas pode aumentar o poder de negociação de determinada parte, na medida em que haja alinhamento de interesses entre elas (Malhotra; Bazerman, op. cit.). Nas análises de Christophe Dupont (op. cit.), a literatura organizacional tem crescentemente usado o conceito de coalizão em conexão com questões como processos organizacionais, cooperação, conflitos, coações e metas. A propósito, para o autor, "coalizões podem ser definidas como esforços de cooperação para realização de objetivos sobre questões específicas e de curto alcance" (ibid., p.148).

A emergência dessas coalizões é muito comum nas negociações multilaterais. Nas negociações da OMC durante a Conferência Ministerial de Cancún, México, em 2003, os países em desenvolvimento se reuniram em uma coalizão – que ficou conhecida como G-20 –, com o objetivo de barrar a imposição de um texto proposto pelos Estados Unidos e pela União Europeia para servir de base ao acordo sobre a questão agrícola (Bojikian, 2009). Alguns capítulos da Segunda Parte deste livro também fazem referência a essa coalizão.

No âmbito empresarial, podemos pensar hipoteticamente nos casos de competição entre as companhias aéreas e seus respectivos programas de milhagem. Dependendo da situação financeira das empresas, esses programas podem colocá-las em uma posição desfavorável *vis-à-vis* os consumidores. Mesmo que determinada empresa não queira ou não possa sustentar esse programa, ela se vê obrigada a fazê-lo, pois, do contrário, estaria sujeita à perda de fidelidade do cliente. Uma forma de resolver esse problema seria a *coalizão tácita* entre as empresas, visando ao término do programa.

Interesses

Há uma tendência em se afirmar que, em negociação, o que realmente move as partes são os interesses, aquilo que as pessoas realmente querem ou de que precisam. Quando se fala em interesses, deve-se pensar em seu sentido mais amplo, o que inclui necessidades, desejos e receios de todas as partes envolvidas. Também não se deve confundir com posições, que normalmente é aquilo que se afirma – posição é um meio, não um fim (Fisher; Ertel, op. cit. e Fisher; Ury; Patton, op. cit.).

Ter poder pode não beneficiar em nada, se a parte que o detiver querer ou precisar muito do acordo. Em casos como este, a lógica tradicional de poder não surtirá os efeitos esperados, mas sim o desejo intenso de se conseguir algo importante. É recorrente citar o acordo de Camp David de 1978, que envolveu Israel e Egito na disputa pela Península do Sinai, para ilustrar também a importância da variável *interesse* nas negociações. O dois países, a princípio, não abriam mão de suas posições diretamente confrontacionais: manter-se no controle do Sinai. No entanto, segundo os especialistas, o acordo foi se configurando à medida que as partes começaram a compreender melhor seus principais interesses: preservar a soberania, para o Egito, e zelar pela segurança, para Israel (Pruitt; Rubin, 1986, Bazerman; Neale, 2000 e Fisher; Ury; Patton, op. cit.).

Richard Shell traça uma relação direta entre poder, necessidades e receios. Nos termos do autor:

> o poder de influência é gerado a partir do balanço entre as necessidades e receios que existem em uma negociação.[...] a parte que possui a maior necessidade comercial normalmente está em desvantagem. (Shell, 2001, p.110-3)

Shell ilustra esses conceitos com uma série de casos, entre os quais merece destaque o ocorrido envolvendo uma companhia aérea norte-americana endividada que precisava adquir novas aeronaves no mercado e a Airbus, consórcio europeu fabricante de aviões comerciais, que possuía um novo avião jumbo e queria colocá-lo no mercado norte-americano. A Boeing e a McDonnell Douglas já detinham uma carteira de clientes consolidada e não tinham interesse em fazer negócios com um cliente especialmente endividado. As chances da companhia aérea norte-americana, que a princípio pareciam mínimas, de adquirir novos aviões em um momento de grande endividamento alargaram-se substancialmente na medida em que encontrou um fornecedor especialmente interessado em efetuar a venda. O negócio – a compra de cinquenta aviões de última geração da Airbus – foi efetuado por um acordo de *leasing*, que envolvia empréstimos da própria Airbus, de bancos e de fornecedores da Airbus (General Electric) e concessão de créditos de exportação do governo francês.

Outra negociação que pode ser destacada nessa perspectiva envolveu o México, os Estados Unidos e o Canadá. A forma como o México negociou sua participação no Tratado de Livre-Comércio da América do Norte (Nafta – *North American Free Trade Agreement*) revela a força dos interesses. O México era o verdadeiro *demandeur* nas negociações e, por isso, fez concessões muito significativas para chegar ao acordo, ao passo que as outras partes (Estados Unidos e Canadá) ficaram em uma posição mais favorável (Bojikian, op. cit.).

O que poderia explicar a contrariedade de produtores rurais no Japão e na França em relação a construções respectivamente de uma rodovia nas proximidades do aeroporto de Narita (próximo a Tóquio) e da Euro-Disney (próximo a Paris)? Apesar dos ganhos econômicos com as compensações por desapropriação de terras e com a valorização das demais propriedades mais próximas, a preocupação desses produtores era com a preservação dos costumes e com a herança cultural de seus descendentes (Brett, 2001). Entender isso era fundamental para se chegar a um acordo e não simplesmente oferecer vantagens econômicas. A lógica dos interesses pode ser traduzida por uma das afirmações de Richard Shell (op. cit., p.95):

> você tem de colocar de lado os próprios desejos e suas necessidades e aprender tudo o que puder sobre o que é importante para a outra parte, o que nem sempre é mais um bilhão de dólares.

O processo de negociação envolvendo os governos brasileiro e boliviano e a Petrobras, entre 2006-7, a respeito do aumento do preço do gás fornecido pela Bolívia revelou que os interesses do governo boliviano iam além do aspecto econômico. Muitos grupos de interesse brasileiros, presumindo que se tratasse de uma negociação sobre valores, foram contra a concessão de qualquer aumento. Na verdade, desde a nacionalização do gás posta em prática pelo governo da Bolívia, ficou evidente sua preocupação com a questão da soberania. O governo boliviano, em cumprimento a promessas de campanha eleitoral, estava preocupado em ser tratado em bases de igualdade e respeito. Demandar, em seguida, o aumento de preço era também uma forma de exercitar essa soberania e testar sua efetivação. O governo brasileiro reconheceu legitimidade nesses interesses e demonstrou cooperação na negociação; entretanto, chamou a atenção do governo boliviano para os riscos de sua postura confrontacional. Depois disso, concedeu parte do aumento, com base em um critério de precificar o gás que levava em conta a proporcionalidade da composição química e os respectivos padrões internacionais de precificação de tais componentes (Agência Câmara, 6 dez. 2006; UOL Economia, [s.d.]).

Jeanne Brett (op. cit.) também cita uma disputa envolvendo a High Tech – fabricante de computadores norte-americano – e a Prosando – distribuidor argentino. A disputa surgiu quando a High Tech quebrou o contrato, alegando que a Prosando não estava gerando as vendas esperadas. Esta, entretanto, reclamou que a rescisão contratual era ilegal, de acordo com os termos do contrato anterior, e processou a High Tech exigindo uma recompensa de US$ 10 milhões por perdas. No fim, a High Tech pagou determinada quantia pelas perdas alegadas, e também propôs um novo acordo de parceria com a Prosando com base em um relacionamento mais *realista*. Pode parecer estranho fazer negócios com alguém que abriu um processo contra você, mas, certamente, as duas partes ponderaram sobre as possibilidades de ganhos mútuos e de realização de seus respectivos interesses.

Se uma empresa pensa em investir no exterior, seus executivos devem pensar não só em que país poderia ser feito esse investimento, mas também se o governo desse país teria interesse em recebê-lo. Normalmente, os interesses dos governos vão além da geração de empregos diretos que um investimento poderia proporcionar. Um interesse, por exemplo, poderia ser estabelecer um precedente exemplar, o que atrairia novos investimentos; outro poderia ser a transferência de tecnologia de produtos e processos. Além dos interesses dos governos, há que se pensar nos grupos de interesses dentro dos países hospedeiros.

A Companhia Siderúrgica Nacional enfrentou forte oposição do United Steel Works (sindicato norte-americano de metalúrgicos) por sua proposta de aquisição de 49,5% da siderúrgica norte-americana Wheeling-Pittsburgh. O sindicato preferia que a empresa fosse vendida à Esmark, outra companhia norte-americana interessada na aquisição (*Isto é dinheiro*, 30 ago. 2006). Pode-se dizer que o interesse do sindicato, que estava por trás dessa oposição, era o de reconquistar o espaço perdido da indústria siderúrgica dos Estados Unidos diante dos agentes econômicos estrangeiros. Por problema similar, isto é, pela oposição de grupos de interesses, já passou a Inbev ao tentar adquirir a Anheuser-Busch Co., fabricante da marca de cerveja Budweiser. Os executivos da Inbev, ao perceberem a preocupação dos moradores de Saint Louis, Missouri, Estados Unidos, e a possível campanha contrária à efetivação do negócio por parte desses grupos, prometeram reconhecer concretamente a importância histórica da Anheuser e do papel que representava na cidade de Saint Louis (Bojikian, 2010).

Cabe frisar que, a despeito dos diversos interesses das partes em uma negociação, não é comum que avaliem a relativa importância de cada um. Estudos sugerem que é necessário identificar as prioridades. Segundo Max Bazerman e Margaret Neale (2000, p.91), "trocas eficazes podem ser feitas ao cederem em questões menos importantes para ganhar em outras, mais importantes".

Ainda no âmbito dessa variável, cabe destacar que as necessidades psicológicas são tão importantes quanto as comerciais, e as necessidades de autoestima de muitos negociadores podem fornecer toda a energia necessária para a realização de um acordo (Shell, 2001).

Informação

Falar em poder e em interesses leva à ideia de informação. A informação é uma variável central nas negociações, pois tem impacto na maneira como se avalia a realidade e na tomada de decisões (Cohen, 2000).

No âmbito dessa análise, será feita uma abordagem mais ampla da variável informação, levando-se em conta também o processo de troca de informações, processo este que vai além da transmissão de mensagens, abarcando a comunicação do compromisso, a transmissão das evidências.

Nas análises de Bazerman e Neale (op. cit.), as informações apresentadas de maneira destacada e dramática geram um impacto muito maior nas decisões a serem tomadas que aquelas apresentadas de maneira generalizada ou meramente informativa. Os autores chamam a atenção para a importância do poder e da influência do controle de informações. Além disso, alertam para o perigo de se cair na armadilha da informação fácil, ou seja, daquilo que está disponível facilmente, "é necessário distinguir entre o que é emocionalmente familiar e aquilo que é confiável e relevante" (ibid., p.66).

Normalmente, as partes na negociação não possuem informações suficientes para definir as preferências da contraparte. Segundo Shell (op. cit., p.164), é por meio da etapa de troca de informações que se exploram os fundamentos da negociação: demonstração do perfil do negociador, exposição de metas, investigação dos interesses da outra parte, verificação dos padrões aplicáveis, relacionamentos e poder de influência.

No entanto, em muitas tentativas encontra-se certa resistência, pois as partes diretamente envolvidas se fecham com medo de revelar informação estratégica (vale lembrar que nem tudo é estratégico) ou mesmo por falta de confiança.

Uma das formas de obter informação é pelas pessoas associadas às partes. Sempre existe uma rede de relacionamento; a propósito, hoje, com as redes sociais, isso se tornou muito mais fácil. Os compradores normalmente tentam buscar informações sobre custos de vendedores acessando os concorrentes destes ou os membros da cadeia de suprimentos. Quanto mais informações tivermos sobre determinada parte, como situação financeira, capacidade produtiva, custos, prazos, carteira de clientes, aquisições, vendas ou fusões recentes, parcerias, necessidades e limites reais, maior será a capacidade de fazer uma proposta dentro da zona de possível acordo.

Mas é mesmo por meio da negociação que se pode melhorar, tanto em termos quantitativos quanto qualitativos, a informação existente. O que verificamos, no entanto, é que essa oportunidade não é devidamente aproveitada. Conforme observam Bazerman e Neale (op.cit, p.91), "de maneira geral, a negociação não é usada como uma oportunidade ímpar de melhorar a qualidade e quantidade da informação existente sobre o adversário da negociação".

Princípio da reciprocidade

Segundo Bazerman e Neale (ibid., p.111), em negociações os comportamentos são "comumente espelhados". Isso vale, inclusive, para o processo de troca de informações, "simplesmente ao dar algum conhecimento é possível estimular a troca de informações necessárias para criar acordos mutuamente benéficos". Mais do que verificamos no âmbito do processo comportamental da Psicologia, podemos falar na existência do princípio da reciprocidade no processo de troca de informações. Nesse sentido, se uma parte revela algo, é de esperar que receba uma contrapartida.

Nos termos de Richard Shell (op. cit., p.164), "à medida que compartilhamos informações, testamos o comprometimento do nosso oponente com a norma de reciprocidade..." O autor também chama isso de "código do comportameto justo" e destaca que "as pessoas são sensíveis às noções de equidade e justiça em seus relacionamentos de negociação" (ibid., p.75). Esta é a mesma ideia defendida por William Zartman, conforme abordado anteriormente, no que diz respeito à dinâmica das concessões no âmbito da variável poder e dos pressupostos de simetria e assimetria.

Mentiras

Na busca por esclarecimentos, Herb Cohen (op. cit.) observa que as pessoas tendem a não mentir propriamente, inclusive motivadas por seguirem um padrão ético esperado dos negociadores, mas tendem a distorcer. O autor destaca a importância de observarmos as *deixas* que, segundo ele, se classificam em:

> - Deixas não intencionais, o comportamento ou as palavras transmitem uma mensagem involuntária (por exemplo, o ato falho).
> - Deixas verbais, a entonação ou ênfase transmite uma mensagem que parece contradizer o que está sendo dito.
> - Deixas comportamentais, a linguagem do corpo, ou seja, a postura, as expressões faciais, os olhares e os gestos, o lugar que cada um ocupa à mesa de conferência, quem cutuca quem (em nossa cultura – *a norte-americana* – é de esperar que o cutucador tenha mais poder que o cutucado). (Ibid., p.106-7, grifo meu)

Afinidade

Para Shell (2001, p.164), o processo de troca de informações visa a alguns objetivos extremamente caros à negociação:

> desenvolvimento da harmonia entre os negociadores individuais, revelação de interesses, questões e percepções básicas que afetam as partes e o teste de expectativas inicial, baseado no poder de influência relativo das partes.

Esse processo de troca de informações, cabe destacar, é influenciado pelas diferenças culturais. Algumas culturas são mais orientadas às tarefas, o que significa que a etapa dedicada à construção de relacionamentos é abreviada em nome de uma orientação mais objetiva, como os norte-americanos preferem.[4]

Segundo Shell (ibid., p.165), "a troca de informações depende da comunicação interpessoal efetiva, que se torna mais fácil quando existe harmonia". O autor ilustra essa questão com uma iniciativa bem-sucedida tendo em vista o desenvolvimento de harmonia:

> Quando Armand Hammer, o agressivo CEO da Occidental Petroleum fez sua primeira oferta para a compra da valiosa concessão de óleo da Líbia, em meados de 1960, ele diferenciou essa oferta apresentando-a de acordo com o costume árabe, em vez de ocidental. Ele enfrentou as dificuldades e assumiu as despesas de transcrever toda oferta em um pergaminho feito de couro de carneiro, enrolado e amarrado com fitas que continham as cores nacionais da Líbia, o verde e o preto. Ele estava mostrando aos líbios que havia pesquisado e respeitava a cultura árabe. (Ibid., p.167)

O que está envolvido nessa construção de harmonia ou de abertura de um canal de comunicação é o que autor chama de "regra da afinidade". Para ele,

> estudos conduzidos nos últimos 35 anos revelaram que há maior afinidade entre as pessoas que possuem aparência, atitudes, crenças e disposições similares umas das outras, desde que essas similaridades sejam consideradas positivas por elas. (Ibid., p.168)

Poderia haver um questionamento a respeito da validade do esforço despendido na construção dessa harmonia, uma vez que a outra parte da negociação poderia ignorar essa ação, temendo vir a ser vítima de tática manipulativa. O autor diz:

> sou um especialista em negociação e, mesmo assim, não resisto às informações de similaridade quando alguém diplomaticamente inicia uma discussão comigo contando coisas a respeito de alguma experiência compartilhada, associações ou conquistas em comum. (Ibid., p.168)

Por outro lado, ressalta: "comportamento manipuladores e de adulação com frequência não funcionam e podem sair muito caro em termos de credibilidade" (ibid.).

Revelar interesses, questões e percepções básicas que afetam as partes – outro objetivo do processo de troca de informações, como apontado antes –,

---

[4] As diferenças culturais e suas implicações na comunicação interpessoal serão abordadas no Capítulo 4, "O fator intercultural e as negociações internacionais: desafios e particularidades da cultura brasileira", de Mariana de Oliveira Barros e Kelly Ribeiro França.

é crucial para a elaboração de propostas realistas e a consecução de um acordo sustentável.

Por último, sobre o objetivo de sinalizar suas expectativas e seu poder de influência por meio do processo de troca de informações, cabe enfatizar que é na troca de informações que a boa Batna pode ser revelada. Conforme sugere Shell (ibid., p.184):

> você deve descobrir um caminho para dar ao outro lado uma ideia de sua capacidade de sustentar determinado nível de aspiração e sua disposição de oferecer certo grau de flexibilidade.

A troca de informações e os dilemas sociais

Nas análises de Leigh Thompson (op. cit., p.312), "se as pessoas são capazes de se comunicar com os membros do grupo antes de tomar decisões, a cooperação aumenta dramaticamente". As razões para isso estariam no fato de a comunicação aumentar o fator de identidade e solidariedade, senso de pertencimeto dos membros do grupo; permitir aos membros se comprometerem publicamente, o que revela a intenção de cooperação.

Podemos dizer que, no dilema do prisioneiro tradicional,[5] um dos fatores que contribuem para a não cooperação é o isolamento dos presos. Eles estão impossibilitados de se comunicar, e a falta de troca de informação contribui para a desconfiança mútua e, consequentemente, para a não cooperação. Nos termos de Thomas Schelling (1980, p.146), "quando o resultado depende da coordenação, a destruição oportuna da comunicação pode ser uma tática vencedora".

Nas negociações não cooperativas, as pessoas negociam por meio de atitudes e ações, em vez de promessas explícitas, enquanto nas negociações cooperativas, elas negociam por meio de propostas e contrapropostas, além de procurarem esclarecer e justificar os termos e as condições dessas (Thompson, op. cit.).

Leigh Thompson sugere os seguintes princípios para encorajar a cooperação em dilemas sociais quando, inclusive, as empresas não podem *e não devem* (grifo meu) conspirar: (1) mantenha sua estratégia simples, isso ajuda a minimizar as incertezas para os competidores; (2) sinalize por meio de ações; (3) não seja o primeiro a não cooperar, pois é difícil quebrar a escalada da não cooperação; (4) foque nos seus resultados e não nos seus resultados em comparação com os resultados das outras partes, não se deixe

[5] No dilema do prisioneiro, duas pessoas podem cooperar ou não cooperar. A opção egoísta de não cooperar se dá, porque há uma recompensa maior que a prevista na cooperação. Entretanto, se ambas não cooperarem, o resultado individual é pior do que se ambas tivessem cooperado (Axelrod, 2004).

atrair pela motivação competitiva (derrotar a outra parte); (5) seja sensível ao viés egocêntrico, isso quer dizer que as pessoas tendem a se ver menos competitivas do que as outras as veem (Thompson, op. cit.).

Tempo

Como a passagem do tempo afeta as negociações? Qual das partes tem o tempo a seu favor? Demonstrações de urgência enfraquecem o poder de influência?

Há uma tendência em afirmarmos que as concessões mais significativas ocorrem, normalmente, próximas ao prazo final da negociação (Cohen, op. cit.) e que, portanto, é melhor manter seu prazo final sob segredo (Brodt, 1994). No entanto, há outros estudos que contrariam essa tese, afirmando que pode haver benefícios estratégicos da pressão do tempo, inclusive se os prazos forem revelados às contrapartes (Moore, 2000).

Tipos de pressão de tempo

Custos do tempo

Moore (2000) argumenta que há uma distinção entre os tipos de pressão de tempo. A primeira é chamada *custos do tempo* (*time costs*). A parte que tem de arcar com custos para dar continuidade à negociação está em desvantagem, a princípio. Imagine a situação de uma empresa que está negociando a compra de uma instalação fabril pronta para entrar em operação. Sua Batna seria construir, ela mesma, uma nova instalação, com tempo previsto para o início das operações de, no mínimo, doze meses. Para essa empresa, a passagem do tempo na negociação da compra impõe custos significativos, enquanto, para a outra, que apenas quer se desfazer de um ativo, não. Cada mês que passa é um a menos no faturamento da empresa compradora. O custo do tempo encarece o atraso. Nesse caso, a variável tempo e seu custo é determinante para fechar o acordo.

Poderíamos pensar também em outros tipos de custos, como o custo com honorários advocatícios em longos processos ou perdas de rendimentos no caso de longas greves. A Vale enfrentou uma greve de dezessete meses em sua mina de níquel em Voisey´s Bay, província canadense (UOL Economia, 7 jan. 2011 e *Notícias Terra*, 1º fev. 2011). Apesar das medidas paliativas, como a contratação de trabalhadores terceirizados, a Vale deve ter sido afetada significativamente pelo custo do tempo. Podemos pensar que os trabalhadores também o foram. Como diz Thomas Schelling, "uma greve de trabalhadores 'bem-sucedida' não é aquela que destrói o empregador financeiramente, pode até ser aquela que nunca ocorra" (Schelling, op. cit., p.6).

Importa destacar que, normalmente, no caso de pressão em função do custo do tempo, a parte que se encontra em desvantagem tem menos poder e, portanto, não deveria revelar essa condição. A outra parte pode querer criar dificuldades ou estabelecer demandas pouco realistas diante dessa circunstância.

Prazo final

O segundo tipo de pressão de tempo destacada pelo autor é o que ele chama de prazo final (*final deadline*), a qual resulta de um limite de tempo fixo que, caso ultrapassado, impossibilitará o acordo. Cronogramas inflexíveis, termos oficiais, calendários orçamentários, anos fiscais e eleições podem impor um prazo final à negociação como um todo. Portanto, as consequências serão impostas a todas as partes envolvidas. Podemos dizer que o prazo final se caracteriza pelo elemento de interdependência de resultado, é uma circunstância que traz implicações para ambos os lados. Moore (op. cit.) destaca o impasse das negociações entre os jogadores e os proprietários de times da Liga Nacional de Basquete norte-americana (NBA – National Basketball Association) para a temporada de 1998-9. Os dois lados travaram uma competição acirrada para ficar com uma porção maior dos US$ 2 bilhões em receitas da NBA e negociaram por sete meses até que chegaram a um acordo. No entanto, o autor chama atenção para o fato de que o impasse traria mais perdas para os proprietários de times a partir da segunda metade da temporada – justamente quando esses anunciaram que, se os dois lados não chegassem a um acordo até o dia 5 de janeiro de 1999, a temporada seria cancelada. A data marcava a perda de metade da temporada, mas se uma temporada de cinquenta jogos fosse possível, por que não uma temporada de 49 jogos? O fato é que os proprietários de times impuseram um prazo final para as negociaçoes, comprometendo-se eles próprios com esse prazo ao anunciar publicamente tal intenção. Os dois lados chegaram a um acordo nas últimas horas do dia 4 de janeiro. Os termos e condições foram expressivamente mais favoráveis aos donos dos times, mas aos jogadores restava ganhar nada ou uma parte da receita naquela temporada.

Retomando os pressupostos de simetria e assimetria, um prazo final não pode ser estruturalmente assimétrico, uma vez que o término do prazo previamente estipulado porá um fim na negociação para todas as partes envolvidas. Em contrapartida, os resultados podem ou não ser assimétricos.

Para a questão sobre revelar ou não o prazo final, a resposta é sim. Se a outra parte vem a saber o prazo final, talvez flexibilize seus termos e suas condições a fim de não perder uma negociação oportuna. Contudo, como observado no processo de troca de informações, o prazo final deve ser comunicado como indício de que será cumprido.

A diferença entre essas duas variáveis relacionadas à pressão de tempo é que o prazo final marca o encerramento de uma atividade, enquanto o custo de tempo não necessariamente marca um final em qualquer ponto. A importância de diferenciar esses dois tipos de pressão de tempo é importante, pois servem de orientação aos negociadores para lidar com tais variáveis – por exemplo, saber quando impor a pressão do tempo sobre si próprio (no caso de custo de tempo sobre si) e quando revelar a pressão do tempo às contrapartes (no caso de prazo final).

Cabe destacar, ainda sobre a variável tempo, a observação feita por Howard Raiffa (2000, p.78-9):

> É verdade que durante as negociações, penalidades reais podem ser impostas por uma parte ou outra com a passagem do tempo; entretanto, muitos negociadores inexperientes colocam um prêmio disfuncional na velocidade. Suas preocupações não são apenas com a ansiedade ao longo do processo, ou com o medo de que a outra parte vá optar por sair ou com a preocupação com que um evento totalmente inesperado intervirá ou ainda apenas com a polidez, mas sim um mal-estar psicológico sobre o desperdício de tempo. Certamente o tempo é valioso, e algumas vezes alguém pode desejar trocar dinheiro por tempo, mas a maioria das pessoas é muito impaciente para ver um acordo consumado.

CONSIDERAÇÕES FINAIS

Este capítulo procurou examinar as variáveis condicionantes da negociação, versar sobre os conceitos e as abordagens analíticas relacionadas a ela e dar exemplos que pudessem contribuir para melhor compreensão dos processos de negociação.

Verificou que, em negociação, para conseguir um bom resultado, a análise deve ser feita à luz das variáveis: poder, interesse, informação e tempo. É claro que muitos outros fatores influenciam no meio do processo de negociação, e é de fundamental importância observar o conjunto dos fatores. No entanto, as variáveis aqui destacadas são decisivas, e podemos dizer que são elementos constituintes do quadro estrutural da negociação. Por meio dessas variáveis, é possível identificar barreiras e oportunidades para o propósito de alcançar os resultados esperados.

Sobre poder, vale destacar que, apesar de alguns autores sugerirem que os resultados da negociação não são, necessariamente, razão direta das relações de simetria e assimetria de poder (Pfetsch; Landau, 2000), outros afirmam que as partes negociam melhor quando se sentem iguais (Zartman, op. cit.). Como verificamos neste capítulo, o poder transcende as aparências materiais, opera com qualidades e relações além da realidade concreta. A frase de Henry Ford (apud Cohen, op. cit., p.51) traduz a dimensão de percepção do conceito de poder: "quer você ache que seja capaz ou não, você está sempre certo".

No espectro da variável interesse, uma consideração final fica por conta dos três princípios sugeridos por Michael Watkins para criar valor em negociações: (1) procurar identificar interesses mútuos (sobre esse princípio, o autor recomenda manter o foco naqueles interesses que poderão ser atingidos pela combinação de recursos disponíveis pelas partes); (2) propor trocas mutuamente vantajosas (o autor sugere que as concessões podem ser feitas em função da utilidade e dos valores atribuídos pelas partes aos objetos de troca); (3) garantir contratos inseguros (a ideia do autor é minimizar a vulnerabilidade para evitar atitudes defensivas e a consequente limitação no processo de criação de valor) (Watkins, 2002).

No que se refere à informação e ao processo de troca de informações, verificamos que a comunicação interpessoal efetiva é decisiva, pois tende a gerar significativa cooperação até mesmo entre negociadores que demonstram forte predisposição a defender fundamentalmente interesses próprios (Brett, op. cit., Usinier, 2003 e Thompson, op. cit.).

Por fim, sobre a variável tempo na negociação, verificamos que esta resulta em diferentes tipos de pressão, dois dos quais foram destacados no texto: pressão de custo e pressão de prazo final. A parte na negociação que sofre maior impacto da passagem do tempo, na medida que isso impõe custo, está em desvantagem. No entanto, a pressão decorrente de prazo final, seja este estabelecido unilateralmente ou em função de condicionalidades externas, estabelece um ponto final para o processo de negociação ou estabelece novos termos e novas condições propostas.

Quando o tempo se esgota, a negociação fracassa ou resta uma oferta menos interessante sobre a mesa. O prazo final pode ser uma tática que se baseia no "efeito da escassez" (Shell, 2001). Para Shell, este é um fator psicológico bastante explorado nas negociações; outro fator também psicológico relacionado à pressão do tempo é "o excesso de comprometimento" (ibid., p.231). Na tentativa de evitar o reconhecimento do fracasso depois de um expressivo investimento de tempo em um curso de ação ou em uma decisão, gera-se o excesso de comprometimento.

3
EMOÇÕES: ELEMENTOS PARA UMA NEGOCIAÇÃO MAIS COOPERATIVA

Monica Simionato

EQUILIBRIUM

Existe um filme bem interessante sobre as emoções cujo título é *Equilibrium*. A historia é simples: em um futuro próximo, uma ditadura *iluminada* impõe que todos os seres humanos tomem cotidianamente um comprimido para neutralizar o sistema emocional e nunca mais serem vítimas de picos de emoções.

> Nunca mais o gênero humano chegará nos abismos da depressão ou da raiva, nunca mais experimentará a euforia louca... mas sempre estará *finalmente livre*, num equilíbrio perfeito.

Assim fala, no filme *Equilibrium*. o ditador ante à população sentada em uma grande praça, todos escutando com um semblante apático. Obviamente, há um herói que quer combater esse mundo sem alegria e que vencerá. Mas o que nos importa é que essa película, rodada em 2002, é ótima para começar nossa reflexão sobre a topografia das emoções.

O cenário pintado no filme poderia aportar alguma vantagem para os humanos? Ter somente o cérebro, ser apenas racional nos ajudaria ou atrapalharia? Seria possível ter *mais equilíbrio* em relação às emoções e ao comportamento? Quais emoções são mais úteis em uma negociação? É possível ter sangue frio mesmo diante de situações críticas? Como enfrentar imprevistos sem tirar "os pés do chão"?

O MUNDO DAS EMOÇÕES

A palavra *emoção* deriva do latim *ex-movere*, ou seja "movimentar de um lugar para outro" (LeDoux, 1996, p.176). É literalmente isso que acontece em nosso organismo: os neurotransmissores e os hormônios viajam no cérebro e em nosso organismo, modificando nossos circuitos nervosos.

Os mais sensíveis podem também perceber calor ou frio em algumas partes do corpo (mãos, pés) quando sentem emoções específicas como raiva, medo ou tristeza. Também o nível de energia no corpo varia bastante com as diversas emoções: por exemplo, apesar de ser catalogada como emoção *negativa*, a raiva, junto com a alegria, é a emoção que produz mais energia em nosso organismo. Ela nos dá uma força física inacreditável e uma força de vontade que nos ajudam a superar barreiras que, em um estado de equilíbrio, não conseguiríamos. A alegria é também uma aliada e nos ajuda a ter a garra necessária para superar situações estagnadas e/ou indesejadas.[1]

Quando experimentamos emoções, portanto, não estamos em equilíbrio. Ao contrário: trata-se de um *desequilíbrio*, porém, um *desequilíbrio saudável*, pois as emoções norteiam nosso bem-estar. Se diante de uma relação amigável ou amorosa experimentamos sentimentos de amor e paz, alegria e tranquilidade, desejo e interesse, isso indica que estamos no caminho certo, que o tempo dedicado ao outro vale à pena; a situação contrária significa que nosso corpo não está em sintonia com a mente, nossos pensamentos e sentimentos não estão alinhados e, por consequência, nosso comportamento será *esquizofrênico*.

Essa falta de harmonia entre nosso mundo interior e aquilo que manifestamos cria mal-estar e desconforto. Se nossa conduta *esquizofrênica* é contínua, o risco de contrair doenças psicossomáticas como úlcera, gastrite, distúrbios intestinais e cardíacos, impotência, insônia e assim por diante tende a aumentar.[2]

Quanto minha vida profissional influencia as negociações da esfera privada? E vice-versa? Quanto a vitória ou a perda do campeonato de futebol de meu time preferido influencia meu humor?

[1] Os estudos científicos sobre as emoções são realizados ainda hoje. Seguindo as indicações de Paul Ekman, existem seis emoções principais: felicidade, tristeza, ira, medo, alegria, desgosto e surpresa (Ekman, 1984). Para o autor desenvolver essa teoria, ele se baseou na observação das expressões faciais que verificou quando estudou as tribos da Papua-Nova Guiné – época em que ainda não estavam globalizadas. De fato, Ekman quis avaliar quais as emoções básicas primárias, sem influências do ambiente social. Outro cientista, Sylvan Tomkins (1962), propõe oito emoções fundamentais: surpresa, interesse, alegria, raiva, medo, desgosto, vergonha e angústia. Um dado a mais para refletir é de Robert Plutchik (1980), que afirma que, quanto mais descemos na escala evolutiva, menos as expressões faciais se tornam raras. Além das emoções mencionadas por Ekman, Plutchik coloca: aceitação, antecipação e surpresa.

[2] Dados da Associação Brasileira de Stress (ABS) indicam que, (1) atualmente, mais de 50% das mortes ocorrem por causa de doenças ligadas ao estresse; (2) existe forte associação entre estresse excessivo e crônico e o desenvolvimento de várias doenças, como câncer, hipertensão, enfarte, úlcera, diabetes, asma, colite, psoríase, herpes; e (3) que entre 75% e 90% das consultas médicas feitas por causa de doenças ligadas ao estresse.

Conheci uma pessoa na Itália que, quando o time para o qual torcia perdia um jogo, ficava tão triste e desanimada que não ia para o trabalho. Ficava na cama, como se afetada por alguma doença, sem se levantar para comer – realmente passava mal! Ficava o dia todo sob os cobertores, em um clima tétrico, e só melhorava à noite. Contava que todos ao redor sabiam desta fraqueza e que, até no trabalho na segunda-feira, seu chefe não lhe atribuía tarefas importantes, porque sabia que não seriam bem desempenhadas. De fato, o jogo de futebol sempre significou uma incógnita emocional: se o time ganhava, a euforia era tamanha que qualquer situação, mesmo a mais séria, era gerenciada como leve e pouco importante.

Aprofundo aqui esse conceito, pois, na maioria das organizações onde trabalho como *coach*, vejo que a falta de harmonia entre pensamentos e sentimentos cria profissionais e seres humanos infelizes e insatisfeitos. Não poder ou não saber explicitar o que estamos vivendo em nosso mundo interior cria um hiato de comunicação do individuo.[3] Se sinto tristeza ou raiva por um colega ou chefe e não sei como comunicar tal sentimento, é grande o risco de que as sensações que poderiam fluir tranquilamente fora de mim fiquem grudadas em meu mundo interior. Dia após dia, camada após camada, o ser humano pode experimentar uma sensação de *sufoco*, de *prisão* que, gradualmente, se transforma em infelicidade, mau humor, fechamento ao diálogo, agressividade, depressão e misantropia. Um ser humano que não consegue harmonizar as sensações que experimenta com um comportamento coerente se torna um infeliz e, pior, transforma a vida de quem esteja a seu redor um inferno!

É nessa situação que as doenças psicossomáticas se desenvolvem, que os profissionais que trabalham a seu redor passam a detestá-lo, que até mesmo a família percebe que há algo errado. Isso pode se tornar um abismo sem fim.

Para ter uma vida emocional saudável, precisamos exercitar a coerência entre o que sentimos (sensações e emoções), o que pensamos, o que falamos e o que atuamos. Fluindo nessa *tetrarquia*, teremos um indivíduo realizado.

É importante lembrar-se sempre desse conceito, pois ele surge como pergunta pessoal ao negociador e será também uma *dúvida amletica*: o negociador deve acreditar no processo de negociação e ser coerente? Deve ser aberto e transparente? Se acreditar demais no tópico da negociação, ele corre o risco de perder a objetividade e a frieza? É melhor a negociação que me deixa como único vencedor?

A leitura deste capítulo proporcionará respostas a essas perguntas.

---

[3] O ambiente onde crescemos influencia a forma como demonstramos aquilo que sentimos. Filhos de pais que, diante de situações desagradáveis, reagem com desespero, têm maior probabilidade de reagir da mesma maneira, assim como filhos criados em ambientes violentos têm maior probabilidade de desenvolver um comportamento imitativo. Se pensarmos no quanto as crianças são permeáveis ao ambiente onde vivem, será mais fácil entender frases como: "é parecido com o pai" ou "tem a mesma reação da mãe".

A INFLUÊNCIA DA CULTURA SOBRE O COMPORTAMENTO EMOCIONAL

Todo e qualquer indivíduo tem emoções![4] O que diferencia os indivíduos que vivem em diferentes países do mundo é *a maneira de expressar* os sentimentos, pois essa forma de expressão é determinada por cultura. A cultura de uma nação tem impacto muito forte no comportamento do indivíduo que dela faz parte. Aliás, é quase imprescindível fugir da cultura do lugar de onde nascemos. Cultura é sinônimo de repetição de gestos, pensamentos e ações; a cultura sedimenta comportamentos e hábitos da sociedade. Por exemplo, levantar a voz nos Estados Unidos pode chamar a atenção de um policial mais comumente do que o mesmo comportamento na África.[5] É uma questão cultural. Se nos países árabes os homens não negociam em uma mesa onde estão sentadas mulheres, é também uma questão de cultura. Outro exemplo é que, até trinta anos, em Cuba ou na Grécia, manifestar a própria condição de homossexualidade abria as portas da cadeia (e ainda em muitas nações do mundo a liberdade sexual ou religiosa é um sonho).

É também uma questão de cultura a maneira de explicitar a raiva, o medo, a tristeza, a alegria, a surpresa e o desgosto. Posso simplesmente apresentar um semblante de desaprovação ou posso gritar, esbravejar, quebrar objetos, cuspir, dançar, chorar e arrancar os cabelos – e ninguém vai achar estranho, caso esse comportamento se encaixe nos padrões aceitos pela cultura daquele do lugar.

A cultura permeia tanto nossos comportamentos que transcende a ética: até os anos 1980, na Itália, o artigo 587 do Código Penal apresentava mais clemência para quem matava o marido (ou a esposa, o que acontecia com mais frequência) por "questões de honra".[6] Se a cultura nos permite apanhar a pessoa amada nos braços de outra pessoa, esse evento pode desencadear uma reação de fúria cega ou simplesmente a britânica fleuma: "Oh dear!".

O que diferencia as pessoas de lugares diferentes é a maneira de expressar os sentimentos. Talvez você se pergunte: mas e no caso das negociações?

---

[4] O indivíduo que não tem emoções é afeto da alexitimia, uma doença grave em que o doente não sabe expressar as emoções que experimenta, não sabe identificar os diferentes estados emotivos no outro, não consegue falar nem tomar decisões com base no que sente. De acordo com LeDoux (op. cit.), uma mente sem emoções é uma alma de gelo, uma criatura fria, parada, sem desejos, anseios, medos, apuros, dores ou prazeres.

[5] A cultura é influenciada pela história que a nação viveu. Um exemplo disso, retomando o caso dos Estados Unidos, seria que, depois de 11 de setembro de 2001, a população no geral se tornou mais sensível a comportamentos agressivos. Também na Europa, nos períodos de ameaça de atentados terroristas, ou logo depois deles, as pessoas experimentam sensações de medo e ficam mais alertas que antes.

[6] Geralmente, os uxoricidas eram condenados a penas de sete a dez anos, no máximo. O artigo 587 foi abrocado nos anos 1980.

Não seria importante esconder as emoções e tentar gerenciar a situação da maneira mais imparcial possível, prescindindo da cultura? Também não seria importante conseguir gerenciar as emoções alheias, mesmo que o adversário esteja perdendo a razão por completo?

A resposta é afirmativa. Mas por que é tão importante manter certo aplomb em uma negociação?

Negociar é uma maneira especial de comunicar. De uma forma abrangente, negociar e comunicar podem ser considerados sinônimos, pois em ambas as ações temos duas partes em jogo, as quais trocam informações, cada um para chegar a seu objetivo específico. As emoções deixam transparecer se estamos ou não satisfeitos com o andamento da tratativa, se temos mais ou menos interesse na proposta formulada, se estamos no limite da paciência ou se ainda podemos tolerar mais contrapropostas. As emoções *falam claramente*, basta a outra parte saber ler nosso comportamento para entender o que está acontecendo.

Para disfarçar o que sentimos e não deixar transparecer indícios fundamentais à boa saída da negociação, veremos o que podemos fazer para nos preparar psicologicamente.

CALMA E SANGUE FRIO NAS NEGOCIAÇÕES

Para negociar com tranquilidade, podemos colher o maior número de informações possível sobre o tema do debate e sobre as pessoas nele envolvidas. Não nos referimos a simplesmente saber quem vai participar da reunião: trata-se de uma atividade de pesquisa mais fina, que abranja o estilo de vida e de negociação da contraparte, suas experiências precedentes em casos análogos, seu gosto e suas paixões. A isso chamamos mapa mental (Buzan, 2009), e um exemplo de sua representação é dado na Figura 3.1. Pôr tais considerações no papel nos ajuda ainda mais a organizá-las para que não sejam esquecidas e, no momento certo, possamos usá-las.

Para construir uma negociação de sucesso, é preciso estar pronto para abraçar diferentes soluções de acordo com o *input* recebido; trata-se de um trabalho ativo de autoconhecimento e de investigação detalhada. Com um plano alternativo, ou ainda com mais opções, será mais fácil conduzir a tratativa com menos desgaste emocional.

Chegamos então a uma regra de ouro: os negociadores mais imparciais, os que não deixam escapar qualquer indício emocional, geralmente não têm qualquer relação com o negócio que estão conduzindo. São *suprapartes*, ou seja, são profissionais que, paradoxalmente, poderiam estar sentados de um lado ou de outro da mesa. Eles utilizam muito a parte racional porque conseguem se distanciar do assunto da negociação, e isso acontece porque não estão diretamente envolvidos. A conclusão é importante: como as emoções

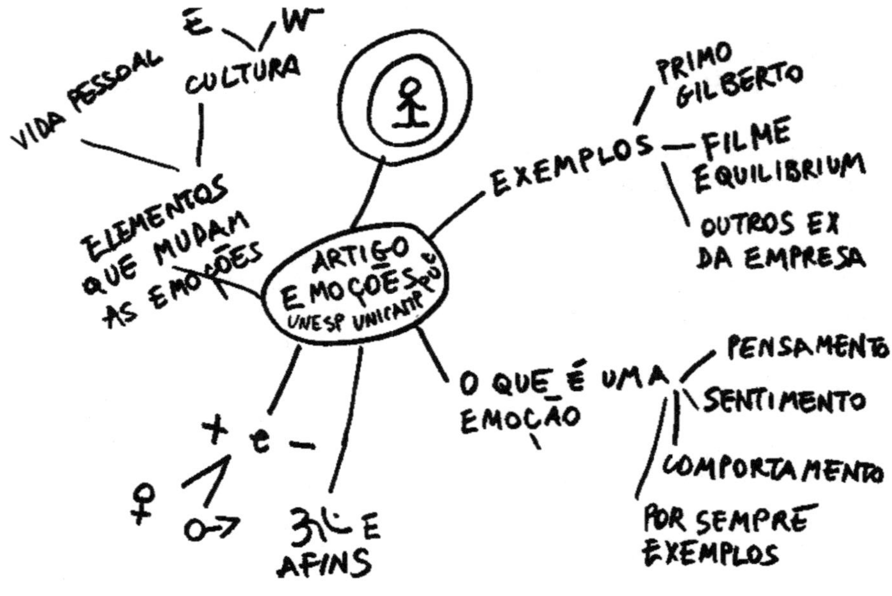

Figura 3.1 Mapa mental

alteram a visão objetiva do negócio, e como nem todos se tornam negociadores profissionais, é melhor negociar em equipe que sozinho.

A vantagem de contar com um time de negociadores é que cada um deles pode gerenciar aspectos emotivos diferentes: por exemplo, o mais calmo pode entrar em jogo quando os outros estiverem perdendo a razão, o mais sensível pode levantar aspectos que ninguém tinha levado à tona e assim diante. Em time, é possível compartilhar sensações, debater soluções, observar de outro ponto de vista e buscar soluções inesperadas. Podemos, ainda, adiar a proposta após ter explorado vias alternativas.

Muitos negociadores jogam com a pressa do adversário. Uma estratégia parecida é utilizada, por exemplo, nas lojas: a placa "somente hoje desconto de 30%" é uma maneira para pôr o potencial cliente na parede: ou compre agora ou arrisque perder o negócio. Certo dia, eu quis comprar uma cômoda para o quarto de meu filho. A vendedora disse o preço, e eu estava em dúvida se o móvel combinava com a decoração do cômodo. Ela estava me apertando, dizia que a cômoda estava em promoção, e como fiquei quieta, diminuiu mais um pouco o preço, com o argumento "só se você comprar agora". É o mesmo roteiro usado pelo vendedor quando ele fala que tal artigo é a última peça: ou compre agora o não terá mais chances. Muitas vezes, quando passamos depois de alguns dias na loja, descobrimos que não era verdade. Trata-se, então, de aguentar a pressão da incerteza do comportamento do outro.

Tomar decisões apressadas pode ser fatal em uma negociação. Porém, há algumas situações em que os pesquisadores mostraram que agir às pressas é quase inevitável se, do outro lado, estiver uma pessoa raivosa.

CONHECER E SE CONHECER DURANTE A NEGOCIAÇÃO

Voltemos ao autoconhecimento e à *tetrarquia*. Daniel Goleman (1997), em seu feliz livro *Emocional Intelligence,*[7] *cita cinco características pertinentes à inteligência emocional.*

- Consciência emotiva: capacidade de distinguir e denominar as emoções em determinadas situações. Capacidade de entender quais causas estão por trás dessas emoções e quais sinais fisiológicos anunciam sua chegada.
- Controle emocional: capacidade de controlar as emoções de acordo com o ambiente e a situação, sobretudo de gerenciar a agressividade orientada em direção aos outros e a si mesmo.
- Capacidade de automotivação: habilidade de canalizar, energizar, harmonizar e, por fim, transformar as emoções em incentivos para alcançar um objetivo. Tendência a reagir de maneira ativa (com otimismo e iniciativa) diante dos fracassos e das frustrações.
- Capacidade de ser empático: capacidade de reconhecer as pistas (os sinais) emocionais dos outros, de ser sensível e de despertar empatia no outro.
- Gestão eficaz das relações pessoais e profissionais: habilidade de negociar conflitos visando à resolução da situação, de comunicar com o outro de forma eficaz.

[7] Para aplicações práticas da inteligência emocional, ver também Goleman (1998). O autor teve a brilhante ideia de transformar em linguagem mais simples muitos estudos e muitas experiências de outros colegas, como Howard Gardner e Peter Salovey. Gardner, por exemplo, no livro *Inteligências múltiplas* (1995), expõe o conceito de inteligências múltiplas (MI – Multiple Intelligence), evidenciando que não podemos falar em inteligência única, aquela matemática (que por muitos anos foi considerada a inteligência, por antonomásia. Em alguns países, os testes de QI eram propedêuticos por entrar em empresas e escolas. Gardner afirma que cada indivíduo possui várias inteligências: musical, naturalística, linguística, espacial, cenestésica (do corpo), interpessoal (com os outros) e intrapessoal (consigo mesmo). As duas últimas são geralmente chamadas inteligência social ou inteligência emocional. Ora, a inteligência matemática é somente uma das variedades da inteligência *lato sensu*. O merecimento de Goleman foi ter levantado um tema que antes dos anos 1990 era discutido principalmente no ambiente acadêmico. Hoje, nas instituições, na mídia e nas empresas, a abordagem é focada no bem-estar psicofísico, incluindo todas as inteligências.

O autoconhecimento emocional é uma grande vantagem competitiva sobre a outra parte, pois com ele sabemos lidar com qualquer situação que deixaria a maior parte dos seres humanos em uma situação complicada, com dúvidas e mal-estar.

Refletindo sobre as cinco competências emocionais, podemos chegar à conclusão de que é fundamental conhecer as situações que nos deixam em desequilíbrio. O que desencadeia nossa raiva? O que desencadeia a alegria? E nosso medo? O que nos deixa desanimados e tristes?

Cada emoção é caraterizada pela intensidade.[8] Pensamos na emoção tristeza: seu grau mais baixo pode ser a melancolia e, o mais alto, a depressão. Entre esses dois extremos há uma nuance ampla de intensidades diferenciadas. Agora, pensamos na emoção raiva: qual seu menor nível? Quando estamos em estado de fúria, já estamos no limite?

Chamo essa prática de medição da raiva de *raivômetro*. Isso também pode ser feito com outras emoções e podemos ter vários termômetros emocionais: o *tristômetro*, o *alegrômetro* e assim diante. Consiste em refletir e pôr em uma escala de intensidade crescente as sensações e a cada uma atrelar o adjetivo correspondente. Ao compartilhar esse exercício com um amigo, provavelmente veremos que as escalas são diferentes, que ao que um pôs como extremo (por exemplo, furioso), o outro pode ter atribuído adjetivo diferente.

Para deixar mais claro, introduzo aqui o conceito de valor do significado que cada um atribui às palavras. Lembro que, muitos anos atrás, visitando uma amiga que tinha uma filha de um ano, fiquei surpresa em escutar exclamações como "Oh meu Deus, que tragédia!" diversas vezes. Ela dizia isso quando a bebê derrubava o iogurte, quando caía um brinquedo no chão ou mesmo quando eu contava sobre a morte de um amigo querido. Por esse simples evento, podemos depreender que é preciso investigar com cuidado as palavras do outro. É preciso investigar o que ele quis dizer, por exemplo, ao falar que "a negociação está difícil" ou que "a contraparte esta fechada".

Um bom negociador não para ao deparar-se com as palavras do outro. Ele faz mais perguntas para verificar o que esconde um "não gosto da proposta". Além de mais perguntas, o bom negociador interpreta expressões faciais, tom de voz e gestos.[9]

---

[8] Uma emoção, além da intensidade, é caracterizada pela qualidade, positiva ou negativa, e pela atividade, ou seja, por aquilo que provoca no indivíduo. A meu ver, avaliar as emoções em positivas e negativas é uma visão limitada do mundo interior. Pessoalmente, prefiro falar em emoções funcionais ao momento vivido. A raiva, que muitos julgam como emoção negativa, tem, dependendo da situação, facetas bem positivas. Minha abordagem é pensar as emoções todas no mesmo nível, e chamar de positivas e negativas as reações por elas provocadas.

[9] Uma pesquisa famosa sobre comunicação, feita nos Estados Unidos para Albert Mehrabian nos anos 1970, demonstra que, no processo comunicativo, o que mais causa impacto é a comunicação não verbal (tudo o que é visual: gestos, expressão facial, vestimenta, olhar),

Afirmamos que um bom negociador lida bem com as emoções, o que leva a imaginar que ele não deixe transparecer evidentes sinais de comunicação não verbal ou paraverbal. Em casos assim, em que lidamos com esses negociadores, algumas perguntas-chave nos auxiliam a ir mais fundo: "de que especificamente o senhor não gosta?", "por favor, pode esclarecer de quais pontos o senhor gostou?", "o que o senhor quis dizer com *a situação está difícil*?" ou "por favor, dê-me um *exemplo nesse sentido*". Perguntas abertas e solicitações de aprofundamento são ótimas para investigar o lado escondido da contraparte. Na verdade, em um processo de negociação, é preciso é aprofundar a competência sobre as emoções do outro, interpretar os sinais que ele, involuntariamente, emite.

NEGOCIAÇÃO E GATILHOS EMOCIONAIS

Voltando às competências emocionais, saber os próprios gatilhos emocionais deixa a pessoa em uma ilha segura. *Gatilho* é aquele argumento que, uma vez enfrentado, torna o indivíduo uma vítima da emoção.

Por exemplo, se o negociador da contraparte sabe que sou ativista dos direitos das crianças, que todas as semanas desempenho uma atividade de voluntariado em uma creche, que participei de ações educativas de meninos de rua e assim em diante, imagine como eu seria facilmente manipulada se o outro me chantageasse dizendo que, caso eu aceite a condição X, ele fará cem órfãos serem ajudados. Dependendo do ponto da negociação, essa informação pode servir como acelerador ou como golpe.

Aquele que sabe ler o comportamento do ser humano pode facilmente manipular as condições do entorno para criar situações que provoquem *sequestros emocionais*.[10] Refiro-me aqui a deixar o outro completamente sem graça, sem chão, tirá-lo do sério. Quando isso acontece, ele perde o controle sobre a fala e as ações. O raciocínio é o seguinte: todos temos a habilidade,

---

depois a comunicação paraverbal (tudo o que está conectado com a voz, como tom, volume, velocidade de fala, pausas e sotaque) e, por fim, a comunicação verbal (o conteúdo das palavras) ocupa o terceiro lugar. Mehrabian, professor na Ucla University de Los Angeles, chegou a falar de porcentagens: 7% (verbal), 38% (paraverbal) e 55% (não verbal). Pessoalmente, acho complicado dividir a comunicação em porcentagem, mas os valores da pesquisa demonstram que, em geral, os seres humanos são mais impressionados por aquilo que observam que pelo conteúdo das palavras. Um rápido exemplo esclarece o conceito: imaginem um capitão de navio que fala "Srs. passageiros, está tudo bem, os senhores não devem se preocupar" e, durante a fala, ele esteja vestindo um colete salva-vidas. O que entendemos? Podemos ficar calmos e tranquilos, saboreando nossa bebida? Que mensagem o capitão está transmitindo?

[10] Todas as emoções têm um grau excessivo: a alegria desmesurada torna-se euforia. A euforia é um estado alterado da consciência que mostra uma situação como algo simples e leve, mesmo que não o seja. Mas, ao final, em termos filosóficos, é uma questão de pontos de vista.

sobretudo com as pessoas queridas, de conhecer bem o outro. Conhecemos nosso companheiro ou nossos pais, por exemplo, a ponto de saber que, ao enfrentar certa discussão, nosso *alvo* será atingido.

Quando o ponto fraco de cada um, seu gatilho emocional, é ativado, em poucos minutos a pessoa deixa de ser dono da situação. Por exemplo, tenho um primo cujo ponto fraco é sentir-se poderoso. Cada vez que alguém alude ao fato de que ele não conseguiria executar uma tarefa, ele *liga o turbo*, perde completamente a razão e faz aquilo que duvidaram que faria. Qualquer um poderia dizer: "Você não vai conseguir comprar esse carro, pois está fora de seu poder aquisitivo", e, logo em seguida, ele demonstraria que consegue – mesmo que, para isso, faça grandes dívidas e prejudique as condições econômicas de toda a família. Imagine alguém cujo gatilho é o ciúme: basta falar que vimos seu companheiro com outra pessoa (alguém lindo!), em uma danceteria ou em um jantar que *parecia romântico* (observe a maldade ao usar frases que sabemos bem podem desencadear uma reação *animal*) que, ouvindo nosso comentário *maldoso* (uma vez que estamos manipulando, soltando os gatilhos que sabemos ativar o sequestro emocional), a pessoa muda de cor, fica pálida, gagueja, fica desanimada e sem energia, em estado de tristeza. É possível, também, que testemunhemos a reação oposta: a pessoa fica vermelha, pois o sangue começa a correr nas veias com maior velocidade, o rosto parece envolvido em chamas, a voz sai poderosa, os gestos são agressivos e amplos, rápidos. Está cheio de energia. Desconfio sobre seu comportamento imediato: quebrar algo; ir direto à casa do *ex-parceiro* e enfrentá-lo com agressividade; ou utilizar violência verbal ou física contra a pessoa. Tudo isso sem ao menos verificar a veracidade dos fatos, apenas acreditando na fala de alguém que poderia ter um escopo sútil e escondido, conhecedor da arte da manipulação.

Apresento agora uma imagem que ajuda a visualizar o que acontece quando o gatilho é ativado: imagine um cavalo enfurecido o qual o cavaleiro não consegue mais segurar. O animal fica tão nervoso que derruba o cavaleiro e foge, não antes de ter provocado uma série de acidentes, alguns *talvez mortais.*

Uma vítima de sequestro emocional precisa *esvaziar* o acúmulo de energia antes de estar novamente disponível para escutar. É como se estivesse com a audição obstruída por camadas de besteiras, bobeiras e malvadezas, a ponto de seu cérebro não processar outras informações.

O esquema apresentado no Quadro 3.1 (Simionato, 2011) ajuda a refletir sobre os sinais das emoções fundamentais. Cada emoção corresponde a gestos, tom de voz, palavras específicos. É interessante prestar a atenção ao que acontece com nossa respiração quando estamos alegres ou a quais palavras utilizamos mais frequentemente nesse mesmo estado. Por outro lado, como é nossa atitude quando estamos presos na tristeza? Que tipo de cenário vemos em nosso presente ou futuro? A cor do rosto é viva ou pálida? Qual nosso grau de energia?

Quadro 3.1 Esquema de identificação das emoções e seus sinais

Emoção	*Cor do rosto*	*Expressão/ gesticulação*	*Tom de voz*	*Palavras*	*Respiração/ velocidade cardíaca*	*Atitude*	*Evento*
Raiva							
Tristeza							
Alegria							
Medo							

Saber reconhecer no outro o que ele está experimentando é um passo adiante para o bom resultado da negociação. O salto de qualidade está na última coluna, nela está o motivo que poderia desencadear tal emoção. Conhecer as respostas da última coluna nos aproxima dos mestres em negociação e em autoconhecimento.

Para treinar como gerar um terreno fértil para as emoções, podemos usar palavras que tenham conotação positiva e persuasiva. Tais termos geralmente formam imagens positivas e estimulam a colaboração em nossa mente. Meu conselho é treinar isso no dia a dia para que esse comportamento se torne natural para todos, sem parecer fingido durante as negociações.

Entre essas palavras positivas estão: sim, segurança, saúde, feliz, correto, melhorar, ganho, curtir, merecer, descobrir, desafio, amor, liberdade, vantagem, valor, resultado, novo, fácil, confiança, poder, garantia, verdade, nós, juntos, vital, bem-estar, investimento, confortável, científico, oportunidade, crescimento, eficaz, pontual, único, importante.

Por outro lado, alguns termos que servem para gerar clima de tensão ou começar uma conversa da forma errada: não, incorreto, injusto, sujo, problema, desconforto, inútil, falta, erro, impossível, nunca, improdutivo, nulo, desperdiçar, explorar, roubar, ou assim ou nada, aceitar ou largar, fala estúpida, insuficiente, enganar.

Se quisermos refinar nossas competências emocionais, podemos focar no grau de intensidade de cada emoção, colocando uma coluna a mais no modelo do Quadro 3.1. Por exemplo, falando em ira, estamos com baixo (chateados) ou alto grau (furiosos)? Quais outras nuances estão entre eles?

Uma pesquisa datada, mas bem estimulante, desenvolvida por Deborah M. Kolb e Gloria G. Coolidge (1998), pela comparação de diversos casos, levou à identificação de diferenças entre a maneira como o homem e a mulher costumam negociar. Veja o Quadro 3.2.

Quadro 3.2 Tendências masculinas e femininas de negociação

Tendências masculinas	Tendências femininas
– Enfrentar a tratativa como se fosse um episódio único – Buscar uma vitória do tipo esportivo, eu ganho, você perde – Evidenciar as regras de jogo, os antecedentes e as posições de poder – Sustentar a lógica da própria posição – Esconder ou expor de forma distorcida as próprias necessidades – Comunicar em modalidade assimétrica: visando ao controle e domínio – Ser intransigente sobre a própria posição – Interromper o outro – Enrolar ou enganar a contraparte.	– Enfrentar a tratativa como parte de uma relação de longo prazo – Buscar a vantagem comum – Evidenciar a equidade e justiça – Conhecer a fundo as necessidades dos outros e focar na pessoa – Ter consciência das próprias necessidades e ser direta ao expressá-las – Comunicar em modalidade simétrica – Estar disposta ao acordo – Evitar táticas que possam danificar as relações futuras.

Fonte: Adaptado de Kolb; Coolidge (1998).

Com as informações apresentadas no Quadro 3.2, parece sábio optar por estilo plástico, que se adapte às circunstâncias, sempre tendo um olhar nos aspectos femininos. Vale esclarecer que o estilo masculino[11] não é típico dos homens e que o feminino não pertence somente às mulheres. A pesquisa fala de tendências, e sabemos que, hoje, temos muitas mulheres que adotam um comportamento competitivo exagerado, por exemplo. O que deve estar sempre muito claro ao negociador é que as propostas devem ser razoáveis – não podemos pedir que a contraparte aceite ser posta na parede, ou soluções *suicidas* ou poucos respeitosas. Por exemplo, imaginamos negociar uma proposta de salário cuja oferta é bem abaixo do mercado. O outro pode aceitar? Talvez sim, de acordo com as condições dele, no curto prazo talvez seja uma alternativa. Mas depois de algum tempo, ele se sentir incomodado, provavelmente surgirá o ressentimento e a relação se desgastará.

[11] Algumas pesquisas conduzidas em penitenciárias mostram que detentos têm um nível de testosterona mais elevado que os demais indivíduos. A testosterona é o hormônio da agressividade e é mais presente em homens que nas mulheres. Para saber mais a esse respeito, ver Goleman (1997). Um recentíssimo experimento conduzido pelas universidades de Utrecht e Cambridge em lares voluntários mostra que a assunção de testosterona diminui a capacidade de ler as intenções do outro e de entrar em empatia com ele, habilidade esta que faz parte do conjunto de características de competências emocionais (Jack van Honk e Simon Baron publicaram esse experimento na revista *Proceedings of the National Academy of Sciences*, fev. 2011).

Uma equipe de negociadores formada por especialistas de vários setores (como tendências do mercado, comparações de faixas salariais, psicologia para avaliação do potencial do sujeito) poderia conduzir melhor a negociação, avaliando múltiplos aspectos, porém teria um custo muito elevado. Sendo mais realistas, a sugestão é de adotar uma postura assertiva, ou seja, devemos considerar nossas exigências importantes, assim como os direitos, os desejos e as necessidades, e lutar por eles sem afetar de maneira negativa as necessidades e os direitos dos outros. Em resumo, é preciso querer que ambos ganhemos. Observe o Quadro 3.3.

Quadro 3.3 Tabela sinótica de comparação entre as possíveis posturas adotáveis durante uma negociação

	Agressivo	Passivo	Assertivo
Gestos e postura	Gestos de corte, peito para fora	Gestos controlados, ombros curvos	Gestos redondos e amplos
Voz e mímica	Voz alta Tensão facial	Voz baixa Mímica quase inexistente	Voz média Mímica natural, controlada
Proximidade (gestão do espaço)	Tendência a se aproximar	Tendência a ficar longe	Respeito ao espaço do outro
Olhar	Olhar fixo e olhos bem abertos	Não olha para o interlocutor	Adapta-se à situação sustentando o olhar do outro

RAIVA E PERDA DE CONTROLE

Em 2007, uma dupla de pesquisadores de Amsterdã e Cambridge conduziu experiências sobre o efeito da raiva e da felicidade nas negociações. O objetivo era encontrar evidências de uma conexão entre o tipo de emoção vivenciada e os fatores tempo e pressão. Maior a pressão, maiores os efeitos da raiva sobre o resultado.

É válido apresentar aqui alguns detalhes do estudo. Os voluntários recebiam, antes do início da experiência, uma informação sobre o estado emocional do outro (raiva, felicidade ou neutra). Confirmando a hipótese dos pesquisadores, os negociadores (1) cediam mais quando sabiam que o outro estava com raiva e (2) abriam mão de menos pontos quando sabiam que outro estava feliz ou neutro, a menos que não se sentissem encurralados pelo limite do fator tempo. Os gráficos evidenciaram que, nos casos em que o tempo para negociar era maior, debater com uma contraparte enraivada ou feliz não afetava o resultado final, porque os participantes estavam confortáveis para recolher e elaborar informações.

Em uma segunda experiência, os pesquisadores introduziram um novo sentimento: o de sentir-se poderoso, a consciência de ocupar o lugar mais interessante na negociação. Também nessa situação, saber que a contraparte está enraivada ou feliz não afetou os resultados finais.

Agora, vejamos o outro lado, o da parte raivosa. Por que ficamos irritados? Trata-se, na verdade, de uma questão de expectativas, daquilo que se espera que aconteça e que será como o desejado.

A Figura 3.2, a seguir, ilustra as atitudes que poderíamos demonstrar (e ter) diante de determinada situação.[12] Se a situação real corresponder positivamente a nossas expectativas (modelo A), está tudo certo. No modelo C, a situação não coincide com as expectativas, então não conseguimos lidar com os acontecimentos e acabamos explodindo (ou talvez implodindo). Em ambos os casos, sofremos uma perda de controle. Ao explodir, a fúria é lançada sobre os outros e, ao implodir, nosso próprio corpo se machuca e as sementes das doenças psicossomáticas são engendradas. Geralmente, na primeira situação a ira explode com o público-alvo mais delicado: as pessoas queridas, sejam elas amigos ou familiares. Desabafamos mais facilmente com pessoas próximas, do ambiente íntimo, pois este é provavelmente um ambiente propício às desculpas, aos álibis e ao hábito.[13]

O modelo B é o ideal, pois incentiva o indivíduo a buscar uma solução ativa e razoável, a considerar diversos cenários e diversas propostas possíveis. Durante uma negociação, deveríamos sempre *nos mexer* emocionalmente dentro dos limites do modelo B. Isso pode ser feito pelas pessoas com boa competência emocional, ou seja, por pessoas que saibam direcionar as emoções e modulá-las a um comportamento mais adequado à situação.

A conclusão é de que, se não conseguimos gerenciar nossas frustrações por a negociação estar assumindo uma postura diferente da imaginada, estamos expostos à fraqueza emocional. Ou seja, no jargão do dia a dia, isso significa que, de repente, seremos tomados pela ira, teremos de desabafar e, se a situação perdurar, seremos tomados pela fúria.

Uma situação de estresse vivida pelos protagonistas da negociação ajuda a perder o controle mais facilmente. Aqui, estresse refere-se tanto

[12] Para aprofundar, *Competências emocionais*, Qualitymark, 2009.

[13] As pessoas queridas desculpam mais facilmente um comportamento agressivo por causa do amor que sentem. Os álibis são desculpas camufladas, ou seja, é dado um desconto ao comportamento agressivo, pois há sempre uma razão plausível (excesso de trabalho, cansaço e assim por diante). O hábito é o pior inimigo, pois ao longo do tempo legitima a situação, mesmo que não haja motivo para ela. Indício disso são falas como: "isso sempre acontece", ou: "desde que o conheço sempre agiu com agressividade". Quando a agressividade estoura, torna-se violência contra objetos ou pessoas. Uma vez aberto um novo comportamento, fica difícil voltar atrás, e o que aconteceu uma vez pode se repetir. As estatísticas sobre violência doméstica atestam que atos de agressividades física e verbal nunca se limitam a um episódio. Uma vez que o *carrasco* experimenta a potência do corpo, dificilmente volta atrás na situação seguinte. Assim, é provável que os atos agressivos cresçam: depois dos pensamentos, surgem as ofensas e, depois, a agressão física. Brigas simples se transformam em tiroteios, se alimentadas em ambientes fecundos.

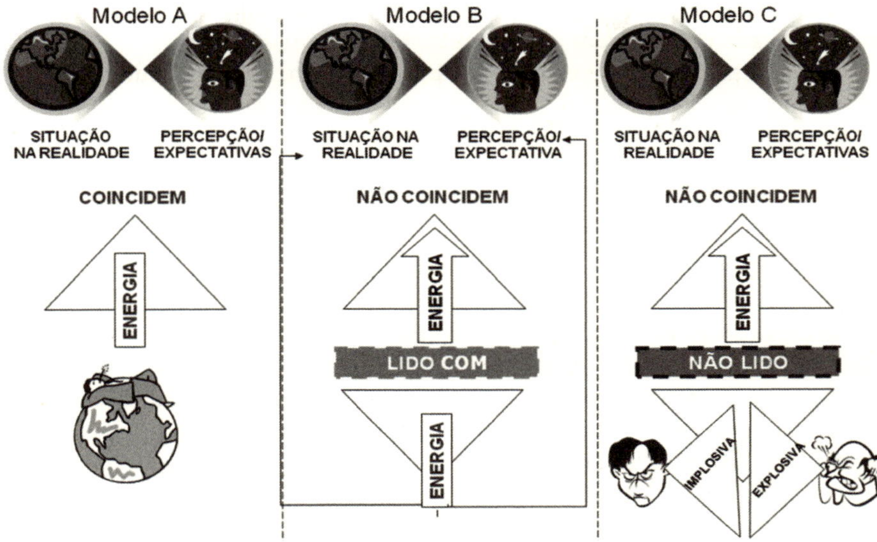

Figura 3.2 Reações ante a um problema

a condições internas quanto externas.[14] O estresse enfraquece as defesas emotivas/mentais e deixa um traço na maneira de interagir com o outro, o que nos deixa mais sensíveis ao que acontece. Uma vez acionado o gatilho, dificilmente conseguimos parar, o que pode explodir como violência física. A imagem que pode ser usada para ilustrar esse mecanismo é a de um copo que, lentamente, se enche, gota após gota – cada gota corresponde a uma maior intensidade de emoção, até que a última gota cai e tudo extravasa, sem controle.

Lendo o jornal, verificamos quantas situações de gradação emocional acontecem a cada semana: pessoas que matam por uma vaga estacionamento, por um olhar mais fixo em uma moça bonita e assim diante. O grau que antecede um assassinato com faca ou revolver é, provavelmente, uma briga de mão e, antes disso, uma briga verbal, antecedida por um simples olhar ou uma fala que desagradam. Pensar que situações assim somente acontecem na rua é um equívoco; elas acontecem também entre pessoas

[14] A poluição visual, o excesso de estímulos, também provoca estresse. Temos, em geral, três tipos de estresse: o físico, o emocional e o mental, sendo os três atrelados entre si. Ter estresse físico significa não passar bem em nível físico, o que pode ser causado por uma noite maldormida, uma enxaqueca, dores nas costas, até mesmo um ambiente muito frio ou muito quente e assim por diante. Os estresses emotivo e mental atingem a vida social: uma briga exasperada pode nos deixar chacoalhados, com pensamentos alterados, desviando a atenção da situação que está sendo vivida. O pensamento volta ao passado, ao ocorrido, e o presente perde um pouco da importância sem que isso seja ao menos percebido.

de cultura e de classe social altas – basta pensar em quantas vezes já vimos nossos parlamentares se pegarem pelo pescoço.[15]

O que fazer diante de uma situação que está se degenerando?

- Diante de agressões verbais, nunca responda com violências física e/ou verbal.
- Peça um momento de recesso, explique à contraparte que a situação está esquentando e que há certa ameaça emocional por causa do comportamento pouco produtivo.

Alguns teóricos de PNL (Programação Neurolinguística) orientam a responder de maneira similar para entrar em um tipo de comportamento de espelho e, depois, baixar o tom, conduzindo o outro ao mesmo comportamento. Pessoalmente, acredito que se trate de um comportamento arriscado, e aconselho que todas as técnicas precedentes sejam postas em prática antes de recorrer a essa alternativa.

A gestão das emoções é tão delicada que, uma vez perdido o controle, torna-se difícil resgatar a situação anterior. Por essa razão, é preciso treinar a prevenção; um bom negociador precisa dominar as competências emotivas.

O OBSERVADOR MUDO

O escopo de um negociador emocionalmente competente é escutar o que acontece dentro de si e, com consciência, decidir como direcionar os sentimentos, escolhendo como explicitá-los (ou não) para o outro. Nesse caso, não se trata de esquizofrenia emocional, pois há um componente a mais: a consciência do que acontece e das possíveis consequências. Há alguns anos, elaborei um modelo para entender passo a passo o que acontece dentro de nós e nos ajudar a gerenciar os eventos. O modelo (Figura 3.3), que nos auxilia a agir em vez de reagir (a reação acontece sem a intervenção do neocórtex cerebral), é chamado Spepac (Situação, Pensamentos, Emoções, Pontos de vista alternativos, Ações a tomar e Consequências).

Para entender essa sequência do Spepac, vamos imaginar uma negociação em que o responsável por uma empresa de serviços esteja discutindo com um cliente insatisfeito, um chatíssimo reclamador, muitas vezes à toa. O cliente, em determinado ponto, chama a equipe da empresa de serviços de

[15] Na Ucrânia, em dezembro de 2010, quatro deputados foram para o hospital após uma briga violenta. Para ver essa história completa, acesse: <http://oglobo.globo.com/mundo/mat/2010/12/17/quatro-deputados-sao-hospitalizados-apos-briga-no-parlamento-da-ucrania-923311517.asp>. Ainda em 2010, no mês de novembro, um deputado italiano apanhou dos colegas do partido oposto, porque instigou uma provocação sobre o imobilismo que circundava a organização da coleta do lixo urbano em Nápoli. Ver: <http://italiadeivalori.antoniodipietro.com/articoli/politica/rifiuti_barbato_ne_porta_un_sa.php>.

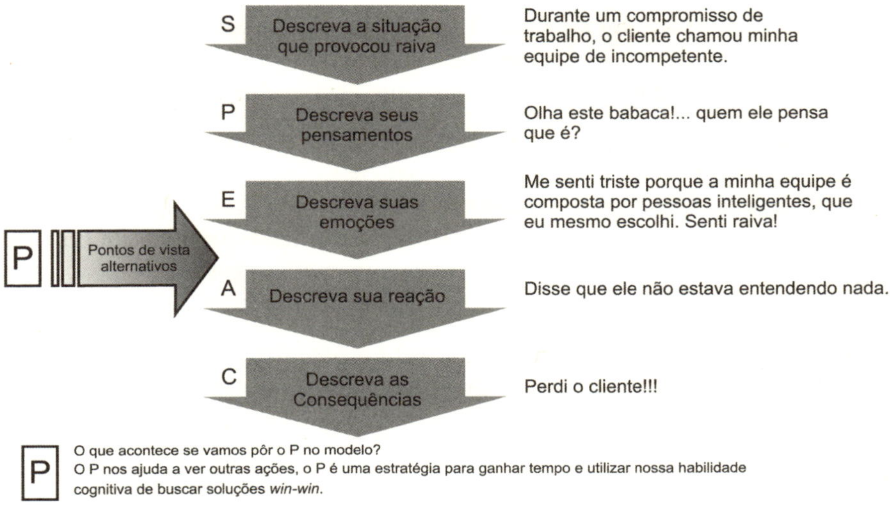

Figura 3.3 Modelo Spepac

incompetente (esta seria a situação inicial). Os pensamentos do fornecedor são de briga: para ele, está de frente com um babaca, estúpido e frustrado que joga a própria infelicidade nos demais. As emoções surgem com a raiva, passam pela tristeza e se voltam à fúria. Ambos ficam com o rosto vermelho, usam um tom de voz alto, falam rapidamente, fazem gestos rápidos e posicionam o corpo mais à frente, uma posição de agressão.

Interrompemos essa cena para imaginar o que aconteceria em seguida: dificilmente os dois voltariam à posição inicial, neutra e aberta, geralmente adotada por todo ser humano. As personagens perderam o equilíbrio, passaram da linha de perigo emocional. Qual poderia ser a fala delas? O fornecedor gritaria sua raiva, traduzindo os pensamentos e as emoções em palavras; diria, literalmente: "você é arrogante, estúpido e babaca, sempre procura briga. Nunca está satisfeito porque tem problemas em sua vida, briga com todos. Você é um pobre coitado que não merece nada!" Sairia da sala reuniões enfurecido, fecharia a porta com tanta energia que quase a quebraria. Dentro da sala, o cliente continuaria gritando que tudo é uma vergonha, que nunca teria visto isso, que o funcionário da empresa não merece nada, que seria um cretino e assim por diante.

A consequência disso tudo seria o fim do negócio para os dois. A carga de energia acumulada ficaria para o dia todo. No escritório do cliente, mesmo depois de horas, seria possível escutar as reclamações e o homem resmungando, ferido, magoado e vindicativo. As emoções passam rapidamente, vão e voltam, sem que haja um fim. O dia de trabalho seria perdido, ele não conseguiria se concentrar, deveria procurar outro fornecedor – mas onde encontrar outro com a mesma qualidade? No fim do dia, iria para casa e contaria tudo à esposa, nervoso mesmo ao encontrar os filhos (aliás, brigaria com eles por não comerem direito, por sempre reclamarem, pelas notas ruins na escola etc.).

O fornecedor também continuaria o resto do dia pensando no ocorrido; ficaria arrependido por perder um ótimo cliente, depois de anos, e pensaria se deveria ter tido mais paciência. Cogitaria pedir desculpas, mas o orgulho é mais forte.

Aqui assistimos ao triste epílogo de uma situação que poderia ter tido outro desfecho – bastava que as duas personagens tivessem inserido uma pausa no *filme* e atuado com as competências emocionais (para fazê-lo, entretanto, deveriam ter desenvolvido tais competências antes).

Voltando ao Spepac e introduzindo o ponto de vista alternativo, eles teriam quebrado a cena, tomando a distância necessária para decidir a melhor ação a tomar. Uma pausa de alguns segundos ajudaria a retomar as ações, os pensamentos e as emoções sem cair no automatismo.

Quando partimos aos pontos de vista alternativos, abrimos uma brecha na reação automática, colocamos variáveis comportamentais e provocamos novas consequências. No mesmo exemplo de antes, o fornecedor poderia ter pensado: "de novo ele está briguento, que vida infeliz"; ou: "ele adora se achar o cliente"; depois teria dito: "parece que o senhor hoje está nervoso"; ou mais: "vamos retomar esse assunto quando os dois estiverem mais calmos, para evitar que nossa discussão seja improdutiva". Qual seria a consequência desse novo roteiro? Certamente não haveria qualquer briga feia ou porta quebrada, e seria estabelecida uma relação de trabalho mais madura e saudável.

Observe que, para dar certo, é necessária ao menos uma pessoa ciente do que está acontecendo em seu interior. A competência emocional rapidamente se estende ao outro se gerenciarmos nossas emoções, e então a negociação é proveitosa. Obviamente, quando duas pessoas que desenvolveram essa inteligência emocional se encontram, as duas saem enriquecidas da experiência de troca. Caso já tenha vivenciado um episódio que teve seu desfecho com base na inteligência emocional, você se recordará da sensação gostosa: um calor que se expande no peito, a expressão relaxada no rosto, as mãos mornas e, sobretudo, uma sensação de bem-estar global.

A lembrança do bem-estar psicofísico se fixa nos neurônios; trata-se de um fenômeno químico (nada de *new age*). Com as sinapses no cérebro, os neurônios produzem um caminho alternativo à irritação, um novo trilho neural é criado. Se continuarmos a desenvolver competências emocionais, aquilo que, a princípio, são simples traços neurais transforma-se em percursos, depois em rodovias neurais e cria novos hábitos de reação (alias, de ação).[16]

[16] Sobre a raiva, ou sobre as emoções em geral, temos várias teorias, entre elas a biológica e a comportamental. Na biológica, os pesquisadores dizem que é inevitável experimentar da raiva e agir de maneira briguenta; na comportamental, os cientistas acreditam que o ambiente onde crescemos influencia os modelos comportamentais que adotamos quando adultos.

Outra sugestão para ajudar a manter uma posição de máxima objetividade e neutralidade é o modelo de Robert Dilts (Figura 3.4), baseado em três ou quatro posições perceptivas. Passar de uma posição para a outra é sinal de grande habilidade emocional e capacidade de respeitar ao outro e a si mesmo. Quem consegue isso se mantém na assertividade sem virar agressor ou vítima.

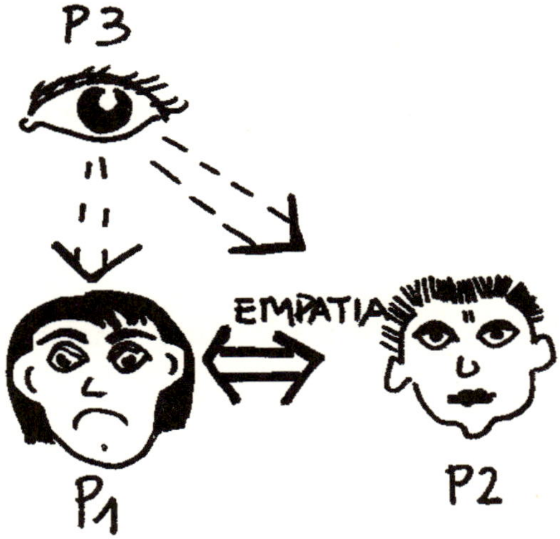

Figura 3.4 Modelo sobre a posição perceptiva

Adotamos a posição perceptiva 1 (P1) quando estamos atentos a nossas necessidades e concentrados em nossas emoções, nos pensamentos ou comportamentos. A posição perceptiva 2 (P2) acontece quando saímos da trincheira e examinamos a situação pelo olhar do outro, visando sentir suas emoções e nos esforçando para analisar a situação do seu ponto de vista (chamado também empatia). A terceira posição (P3) ocorre quando observamos a situação do alto, como se estivéssemos em cima do muro, avaliando os acontecimentos como se os protagonistas fossem pessoas desconhecidas. Representando o esquema pelos pronomes pessoais, na primeira posição está agindo o *eu*; na segunda, o *você*; na terceira, o *eles*. Se pensarmos em uma quarta posição hipotética, reavaliaríamos a situação agindo e falando de nós.

O *nós* seria a posição de conciliação. Não me refiro a uma conciliação simples, mas sim a uma reconciliação fruto de atenta análise e avaliação, seja das emoções e dos pensamentos, seja da situação contingente. Para passar de uma posição perceptiva a outra, são necessários a competência emocional e o destaque necessários para gerenciar a própria vida. Essa posição permite entender o que está acontecendo e quais passos devem ser seguidos para ir adiante, para encontrar uma solução em conjunto que seja compartilhada por ambas as partes.

A habilidade de passar de uma posição para a outra nos ajuda a manter um diálogo entre nossas emoções, nossos pensamentos e comportamentos. Nisso, utilizamos diversas partes do cérebro, entre as quais o neocórtex.

Nessas sugestões de como se tornar mais sereno nas negociações, não poderia faltar a indicação sobre a prática da meditação e do ioga. Por anos tentei meditar (até porque, para alguns professores de ioga, a meditação é parte da aula) e, nessas tentativas, minha mente viajava – eu me pegava pensando em quanto tempo faltava para acabar, no quanto doíam pés e pernas, na lista de atividades que ainda precisava cumprir antes do fim do dia. A meditação parada, na época, não era algo de que gostava. Algum tempo depois, aprendi que existem meditações dinâmicas,[17] e foi como se um mundo novo se abrisse: o corpo realmente fica parado, acompanhado da mente também quieta; os dois estão em harmonia, se escutam, e os momentos de esquizofrenia emocional diminuem.

A meditação ajuda a acalmar a mente, a lidar tranquilamente com situações imprevistas e a sentir sem perder o controle. Dalai Lama (apud Goleman, 1997) afirma que a *vera natura* da mente é a serenidade, ou melhor, a serenidade é um sentimento que normalmente acompanha o estado natural da mente. No começo, também um relaxamento corporal ajuda a restabelecer a atenção no corpo: coloque uma música agradável, feche os olhos e descanse em uma poltrona confortável, mas sem dormir. Preste atenção no pé direito, nos dedos e na planta, no tornozelo, na panturrilha, no joelho e na coxa. O mesmo deve ser feito na perna esquerda, sempre começando com os dedos do pé, a planta e o tornozelo. Depois, a atenção deve se voltar para vísceras, barriga, estômago, pulmões e peito. Tudo isso acompanhado de respiração profunda. Segue-se com a mesma prática para costas, coluna vertebral, pescoço e garganta, até chegar ao rosto, à língua, aos olhos, ao couro cabeludo e à testa. Depois, é hora de voltar aos pés e, delicadamente, respirar mais profundamente e abrir os olhos.

Provavelmente, se um exercício como este for bem executado, a pessoa se sentirá *bem*, mais repousada e tranquila, com mais energia e bom humor, sem comparada ao momento anterior à prática. Atividades desse tipo, bem

---

[17] No Centro de Meditação de Osho, em Puna, na Índia, onde passei cinco meses, aprendi e pratiquei a meditação dinâmica. São práticas que chacoalham o corpo por meio da respiração caótica, profunda e rápida, para gerar modificações no estado de consciência normal. Depois de ativar o corpo, indica-se soltar as emoções, o que nos transforma em uma sorta de loucos, iniciar a fase da ativação da energia e, por fim, partir para a fase da meditação propriamente dita: momento em que tudo para, o corpo fica imóvel e somente a respiração continua livre. Essa última fase é chamada celebração, como uma dança de agradecimento. As meditações de Osho contêm quase todas partes de movimento e dança, o que ajuda a entrar em um estado de tranquilidade e alegria.

como a regularidade em atividades físicas ou disciplinas orientais, reduzem o estresse e alimentam o bem-estar psicofísico, pois ajudam a criar uma conexão mente-corpo, a focar no presente e a manter a calma mesmo durante tempestade emocionais externas.

Estamos chegando ao final de nosso percurso. Ao longo destes parágrafos, vimos quão difícil é negociar, sobretudo quando o emocional se torna refém de emoções desestabilizadoras, como a raiva. Vimos também quanto explicitar as emoções muda de acordo com a cultura e quais estratégias podem ser adotadas para que as partes de uma negociação saiam satisfeitas. Foram apresentados alguns exemplos, a maioria vividos por mim ou relatados por participantes de meus cursos, e partimos da provocação inicial do filme *Equilibrium*.

CONSIDERAÇÕES FINAIS

Podemos concluir que as emoções ajudam na negociação caso tenhamos consciência do que acontece quando as sentimos. Experimentar a alegria em um nível elevado, ou seja, ficar eufórico, pode atrapalhar o andamento de uma negociação. A euforia, de fato, é o grau máximo de nuance da alegria, ela tira o indivíduo *do eixo*. Se estamos eufóricos, mas não temos consciência do que estamos sentindo, podemos ceder mais a um pedido ou então subestimar os acontecimentos.

Isso tudo, entretanto, não significa que, durante uma negociação, seja melhor estar triste. Se estamos perto de uma crise de depressão, e sabemos disso, pois percebemos os sinais psicológicos e físicos (a falta de energia, a visão pessimista de tudo etc.), devemos avaliar as propostas e os pedidos da negociação sabendo que nossa avaliação será viciada pelos sentimentos que experimentamos naquele momento. É uma questão de reconhecer o que estamos sentindo. Como estava escrito no Templo de Apollo a Delfi, na Grécia: "Conheça a ti mesmo e você será dono do céu e da terra". Por que isso? Porque aí ninguém poderá nos manipular, nem mesmo nossas emoções.

Diferentemente do que apresenta o filme *Equilibrium*, negar, reprimir ou eliminar as emoções provoca doenças psicológicas, e o segredo é saber explicitá-las e acompanhá-las de maneira saudável. Se não podemos quebrar a mesa na frente do interlocutor, podemos fazê-lo em casa, retomando o sentimento que provocou tal elã, gritando e xingando o adversário.

Todo comportamento é transitório. É grande a chance de, em um momento de bom humor, aquela pessoa que, em um momento de raiva, definíamos *estúpido*, se torne mais próximo.

4
O FATOR INTERCULTURAL E AS NEGOCIAÇÕES INTERNACIONAIS: DESAFIOS E PARTICULARIDADES DA CULTURA BRASILEIRA

Mariana de Oliveira Barros e Kelly Ribeiro França

INTRODUÇÃO

Podemos pensar a globalização em três grandes subdivisões: a das grandes navegações, a da era colonialista antes da Primeira Guerra Mundial e a globalização atual, de caráter majoritariamente de desenvolvimento tecnológico e de comunicação (Knutsen, 1997). Existe uma diferença fundamental entre os dois primeiros períodos e o terceiro: nos dois primeiros, os empreendimentos eram, em geral, estatais e valorizavam a conquista de território e a colonização de populações locais.

Já no terceiro movimento de globalização, um dos principais atores são empreendimentos privados/empresarias que, apesar de muitas características herdadas dos empreendimentos estatais, têm, em geral, o lucro como meta maior. O mundo moderno, regido pela racionalidade econômica, depara-se agora com a necessidade de se movimentar mais por uma dinâmica de integração e negociação do que por uma dinâmica de colonização. É necessária mais habilidade para lidar com instabilidades e dúvidas, em um cenário mais plural que exige maior flexibilidade por parte dos atores.

O êxito das negociações corporativas internacionais depende, em grande medida, da habilidade dos atores que participam desse processo – seus estilos de negociar, seus conhecimentos sobre o negócio/assunto em questão, seus modos de se relacionar com outras pessoas. Depende, também, das estratégias adotadas, da capacidade de entender diferentes idiomas e da forma de comunicação, além da capacidade de gerar uma interação positiva, compreendendo o outro negociador (que, no caso de negociações internacionais, será de uma cultura distinta) e sendo compreendido por ele.

Neste capítulo, procuramos ressaltar a importância da competência intercultural para uma boa negociação entre atores, sejam eles empresas ou executivos, de nacionalidades e culturas diferentes. Para o negociador, desenvolver essa ferramenta, a competência intercultural ou interculturalidade, é um desafio particular, pois exige que ele reveja conceitos, valores, comportamentos e entendimentos que até o momento poderiam ser considerados naturais. É preciso um esforço crítico por parte do negociador, que passará a pensar a própria cultura, procurará desenvolver alteridade e tolerância ao desconhecido e buscará compreender o outro, o diferente, a partir de uma nova lógica, um novo olhar, com menos preconceitos e estereotipificações. Esse desenvolvimento intercultural passa tanto pelo conhecimento do outro quanto pelo autoconhecimento.

Dessa forma, procuraremos explicar de que se trata o fator intercultural, qual a origem dos estudos interculturais e qual sua importância para os novos processos de globalização e internacionalização das empresas a partir das décadas de 1980-90. Uma vez que o capital humano é atualmente entendido como um dos fatores mais importantes no processo de negociação internacional, as partes envolvidas nessa negociação devem buscar saber como amenizar problemas gerados pelo choque cultural e pelas dificuldades de comunicação e interação com o diferente.

Os diferentes estilos de comunicação entre culturas – com algumas tendendo a um modo mais direto e explícito, distinguindo-se de outro, mais indireto e explícito – acentuam as dificuldades no encontro para a negociação. Problemas ainda maiores podem surgir quando a complexidade dessa outra cultura, sua forma de comunicação ou suas características culturais únicas acabam sendo interpretadas como se o País fosse difícil para as negociações internacionais, ou até mesmo como não confiável; quando, muitas vezes, o maior complicador é o simples desconhecimento dessas diferenças de valores e estilos.

Para ilustrar as dificuldades que podem surgir para o negociador internacional, principalmente quando uma das partes tem um estilo de negociação considerado único no mundo, abordaremos características da cultura brasileira que, internacionalmente, acabam gerando desconforto, dificuldade e má compreensão – o que nem sempre está claro para o agente brasileiro. Muitas vezes, características e comportamentos que, para os brasileiros em geral, são considerados familiares e dentro da lógica são, na verdade, desafios a serem superados por aqueles que estão diante de uma interação ou negociação com atores brasileiros.

Assim como a comunicação do brasileiro é considerada complexa no mundo internacional, também as particularidades de sua cultura singular são de difícil compreensão – e comunicação e cultura, nesse caso, se influenciam e se confundem. Tais particularidades, no entanto, são utilizadas por grande parte dos brasileiros como formas criativas de solucionar problemas, como *um jeito mais fácil* de lidar com situações desfavoráveis, uma maneira mais flexível de se adaptar a situações diversas e adversas, de sanar crises. Aliado a isso, o brasileiro também se orgulha de sua maior empatia, tolerância à diversidade e cordialidade, valores que não são compartilhados da mesma maneira pelas diferentes culturas.

Trazemos neste capítulo a atenção focada nas particularidades da cultura brasileira, a fim de proporcionar maior autoconhecimento. Apesar de nosso objetivo principal ser indicar os pontos de maior dificuldade para, então, suscitar maior compreensão intercultural, já que esta é normalmente despertada pela consciência das diferenças entre nós e os outros, um dos pontos que desejamos levantar é a ideia de que, embora seja um desafio, o estilo cultural brasileiro pode também trazer novas habilidades e competências para os processos de negociações internacionais no mundo contemporâneo.

INTERCULTURALISMO: ORIGEM, DEFINIÇÃO E CONTEXTUALIZAÇÃO

Nas negociações internacionais, sejam elas realizadas por atores políticos/diplomáticos ou corporativos/empresariais, a aprendizagem intercultural é ferramenta essencial para o êxito da interação entre agentes de culturas distintas. É preciso compreender mais claramente como os negociadores são afetados pelos fatores culturais quando passam a agir em um cenário diferente do usual e quais as soluções apontadas pelos estudiosos da área.

Os anteriormente chamados *cross-cultural trainings*, e hoje mais conhecidos como treinamentos interculturais, surgiram no pós-Segunda Guerra Mundial, nos Estados Unidos, com o intuito de melhorar o desempenho dos norte-americanos que começavam a interagir mais intensamente com o mundo exterior bem como a entrar em contato com culturas distintas da deles. Nesse momento, difundia-se o Plano Marshall e os Estados Unidos surgiam como principal potência no cenário internacional. (Pusch, 2004.)

O termo *cultural shock* apareceu pela primeira vez em 1951, cunhado por professores do Research Institute for International Education dos Estados Unidos. Um dos principais trabalhos sobre o tema choque cultural foi escrito em 1958, por Kalervo Oberg, a partir da observação de norte-americanos trabalhando no Brasil (ibid.).

Em 1958, foi publicado também nos Estados Unidos o livro chamado *The Ugly American* (Lederer; Burdick, 1958), que tratava dos insucessos das experiências nacionais no mundo internacional, mais especificamente em um país fictício do sudeste asiático (Pusch, op. cit.). Na obra, um jornalista *nativo* diz sobre a presença de um norte-americano em seu país:

> Por alguma razão, as pessoas [norte-americanas] que encontrei no meu país não são como as que conheci nos Estados Unidos. Uma mudança misteriosa parece acontecer com os norte-americanos quando eles vão para uma terra estrangeira. Eles se isolam socialmente. Eles vivem pretensiosamente. Eles são barulhentos e ostentam. (Lederer; Burdick, op. cit., p.145, tradução nossa)

A expressão *ugly American* passou então a ser definida como:

> o norte-americano estereotipado: barulhento, grosseiro, nacionalista, especialmente quando em uma viagem ao exterior; estereótipo esse que deixa uma má reputação aos norte-americanos.[1]

Dessa forma, percebemos que a década de 1950 foi ao mesmo tempo o momento em que os Estados Unidos emergiram como a esperança democrática e também quando se deram conta de que, ao tentarem aplicar seus valores no exterior, os próprios norte-americanos não eram bem-sucedidos – pelo contrário, acabavam desenvolvendo no restante do mundo um sentimento anti-Estados Unidos. Para tentar entender e solucionar esse problema, o governo do país contratou o antropólogo Edward Hall para comandar o Foreign Service Institute e, por isso, Hall ficou conhecido como o "pai da área do interculturalismo" (Pusch, op. cit.).

Dos fuzileiros navais aos *Peace Corps*,[2] os agentes norte-americanos que representariam seu país no exterior passaram a ser estudados e a estudar. Eram oferecidos a eles treinamentos para capacitá-los a atuar de maneira mais eficiente e sensível às diferenças culturais (ibid.). A maior potência mundial não pretendia ser responsabilizada pelo mau exemplo nas relações internacionais e os treinamentos eram parte das soluções encontradas para melhor desempenho no exterior.

Em seus estudos, os interculturalistas entenderam que sair da própria cultura para viver em outro país faz o agente da interação com a nova cultura passar por um grande desafio, no qual o impacto pessoal pode ser muito forte. Uma metáfora recorrente na área é a da sensação de *peixe fora d'*água: como os peixes, as pessoas viveriam *nadando dentro da própria cultura*

---

1 *Encarta Dictionary* (2011). Ugly *American definition*. NET. Disponível em: <encarta.msn.com/dictionary_1861707375/ugly_American.html>. Acesso em: 28 jan. 2011

2 Em 1961, o presidente norte-americano John F. Kennedy criou o programa de voluntários Peace Corps (Corpo da Paz), para promover, por meio de treinamentos diversos, a interação entre norte-americanos e outras culturas. Objetivam promover melhor compreensão dos norte-americanos por outros povos, bem como promover melhor compreensão de outros povos por parte dos norte-americanos.

durante toda a vida. O peixe não pensa sobre o significado da água. Da mesma maneira, normalmente os indivíduos não pensam sobre o significado da cultura onde foram criados.

Cultura é uma construção social na qual valores são criados em um movimento de coconstituição que determina as atitudes e os comportamentos retificados por tal sociedade. Uma cultura não é melhor nem pior que outra, são apenas diferentes. A cultura de origem modela os indivíduos, criando as atitudes, as habilidades de comunicação – a língua falada, as expressões, as palavras e as gírias usadas e o jeito de falar – e os comportamentos dentro de uma sociedade. O processo de criação dessas habilidades e comportamentos é diferente em estruturas culturais distintas. Com isso, uma das razões que faz os indivíduos se sentirem *peixes fora d'*água quando estão em contato com outra cultura é o desconhecimento de todas as habilidades e dos comportamentos usados pelos outros atores que, naturalmente, possuem essa cultura distinta.

Diferentemente de *peixes fora d'*água, as pessoas são capazes de sobreviver e interagir fora da própria cultura, já que são capazes de aprender, adaptar e tirar proveito dessa nova experiência. Para isso, é importante que o negociador aprenda a interagir com os atores advindos de culturas diferentes da sua. Para desenvolver interculturalidade, é preciso antes entender que a cultura de origem não é algo que nasce com a pessoa, mas sim um conjunto de valores, crenças, símbolos, atitudes e comportamentos que ela foi aprendendo ao interagir com a sociedade em que vive até então.

Os incômodos surgem quando estamos diante de novas realidades e torna-se indispensável entender a complexidade da própria cultura e da cultura dos outros. Vale lembrar que diferenças culturais são fruto de contextos histórico-político-sociais específicos que geram aspectos culturais distintos para os diversos países. Para gerar a alteridade e tolerância necessárias nesses encontros culturais, é preciso saber criticar os próprios graus de etnocentrismo, os preconceitos e a estereotipificação. Adquirindo interculturalidade criamos a possibilidade de gerar entendimentos mútuos, motivação, empatia, além de restabelecer confiança e liderança durante o processo de negociação internacional.

É importante, no entanto, observar que, por causa das diferenças culturais entre os países, nenhum ator em processo de negociação internacional em país distinto do seu está totalmente livre do choque cultural quando entra em contato mais direto com a outra cultura. Isso ocorre, em diferentes graus, com todas as pessoas que saem de seu país para interagir e dialogar em outro.

Vale ressaltar que o choque cultural não é uma má adaptação/interação do agente negociador em outra cultura, pois ele não se torna menos capaz por sofrer com esse choque. Trata-se de algo que acontece com todos aqueles que vão interagir em outro país: por estarem normalmente acostumados com os padrões da própria cultura, com as regras e os símbolos que já conhecem, os negociadores sabem como resolver problemas de uma maneira muito prática, tomando várias decisões automaticamente, sem a necessidade de se pensar muito sobre o assunto. No entanto, quando o agente muda de cultura, mudam-se as tarefas costumeiras, coisas simples tornam-se complicadas e surgem pequenos problemas que não sabem resolver ou situações que causam confusão. Todo esse processo pode causar estresse no agente, estresse esse que faz parte do choque cultural.

Para um negociador, saber como funciona a interação intercultural é importante para diminuir o impacto pessoal. As fases do ciclo de interação intercultural são quatro:

- Fase um: euforia – Fase inicial e curta. Representa o começo da interação com atores de uma nova cultura, quando o agente está entusiasmado e encantado com a nova experiência.
- Fase dois: choque cultural – Fase que começa depois dos primeiros contatos. Nesse período, os novos lugares, sons, odores, sabores, paisagens e comportamentos podem começar a incomodar e a trazer sensações desconhecidas. É preciso aprender a dar respostas apropriadas para as novas situações e, enquanto isso, o sentimento é de não saber o que deve ser feito ou como agir. Isso pode afetar o modo de pensar, de sentir, de se comportar e, inclusive, na qualidade própria saúde.
- Fase três: maior conhecimento cultural – Fase que se inicia quando o agente já tem maior conhecimento cultural, já está se adaptando melhor aos novos padrões. O negociador começa a compreender as diferentes regras, os valores e, às vezes, aprendem o idioma do outro e a se comunicar com as pessoas, compreendendo o que dizem e sendo compreendido dentro do país. As habilidades de resolver problemas aumentam e a pessoa fica mais confiante, positiva e satisfeita, aproveitando melhor a experiência.
- Fase quatro: interação intercultural – Fase final em que a pessoa já consegue lidar melhor com a outra cultura, agindo com mais sensibilidade às diferenças culturais, dando importância a interações mais interculturais e lançando mão dos conhecimentos adquiridos no processo de negociação internacional. Nessa fase, a pessoa se sente mais eficiente, pois conhece melhor a outra cultura.

Para que os estudos de interculturalismo dessem um salto da política às corporações empresariais demorou cerca de duas a três décadas. O conceito de gerenciamento intercultural surgiu no mundo dos negócios nos finais dos anos 1980, com a queda do Muro de Berlim e a acentuação dos processos de internacionalização das empresas norte-americanas, seguidas pelas europeias.

A partir daquela década, começaram a ser feitas transações internacionais de milhões de dólares, além de transferências de capital humano das corporações empresariais. Em decorrência disso, junto com as viagens de negociação para países distintos, as empresas se deram conta dos mesmos problemas detectados anteriormente pelos estudiosos do governo norte-americano: *cultural differences matter* [diferenças culturais são importantes]. Passaram, então, a investir no treinamento de seus funcionários/negociadores.

Ao Brasil, o conceito chegou no fim dos anos 1990 e ganhou importância no mercado principalmente a partir de 2008, quando intensificou-se a internacionalização do País com o recebimento da nota do Investment Gread:

> (...) com esta nota, o País entra no grupo de nações consideradas de pouca possibilidade de inadimplência. Isso significa que o Brasil passa a ser visto como de baixo risco para aplicações financeiras de estrangeiros.[3]

Como em negociações internacionais com atores de culturas diferentes podem surgir diversas dificuldades, uma ferramenta importante a ser desenvolvida pelos agentes é a *competência intercultural*, a qual, além de proporcionar melhor negociação e mais criatividade na busca de soluções, poderá também contribuir para construir uma comunicação positiva nos ambientes multiculturais de negociação.

Segundo definição do *Handbook of Intercultural Training*:

> Treinamento intercultural é uma prática dentro do domínio das relações internacionais. Este novo campo representa um foco interdisciplinar em Antropologia Cultural, Psicologia Intercultural, Sociolinguística, Educação Multicultural, Comunicação Intercultural e Administração de Negócios Internacionais. (Bennett; Bennett; Landis, 2004, p.1, tradução nossa)

Em negociações internacionais, a interculturalidade é uma sensibilidade indispensável que pode ser adquirida por meio de aprendizado e esforço de internalização de novas perspectivas. O objetivo é estimular a abertura do olhar para a diferença, incentivando a inovação e a flexibilidade dos agentes negociadores que precisam interagir em diferentes localidades do mundo.

DESAFIOS PARA A INTERNACIONALIZAÇÃO: AS PARTICULARIDADES DA CULTURA BRASILEIRA

Apesar de o povo brasileiro ser considerado um povo extremamente aberto, caloroso e amigável, a cultura de nosso país foi apontada como uma das de

---

[3] Brasil recebe título de grau de investimento pela agência S&P, *Economia*, UOL, NET. Disponível em: <http://economia.uol.com.br/ultnot/2008/04/30/ult4294u1293.jhtm>. Acesso em: 28 jan. 2011.

mais difícil compreensão e adaptação para estrangeiros. Para ilustrar essa informação, alguns dados são dignos de observação mais atenta.

Os relatórios anuais sobre expatriação de executivos internacionais gerados pela multinacional Gmac servem como uma das melhores referências sobre processos de internacionalização de empresas. Para a elaboração do relatório de 2008 (Global Relocation Trends Survey, 2008), a empresa entrevistou um total de 154 organizações localizadas ao redor do mundo, 50% delas com suas matrizes nas Américas; 48% no eixo Europa, Oriente Médio e África; e 2% no eixo Ásia-Pacífico, cenário que totaliza, segundo dados do próprio relatório, um total de 4,3 milhões de pessoas.

São várias as conclusões que podem ser tecidas a partir dos dados dos relatórios Gmac, mas, por ora, vamos destacar aquelas que nos ajudam a compreender os desafios para a internacionalização do Brasil. Segundo a pesquisa, os cinco países com maior fluxo de expatriação são Estados Unidos, China, Reino Unido, Cingapura e Alemanha e, em um total de 21 países que compõem a lista, o Brasil não aparece. No entanto, quando se trata de principais destinos emergentes, encontramos a seguinte ordem de importância: China, Índia, Rússia e Polônia; o Brasil aparece em 12º lugar.

O dado que chama a atenção é: quando perguntados sobre os destinos de maior desafio e dificuldade de adaptação e negociação, os gerentes de operações de expatriação apontam, respectivamente, China, Índia, Rússia, Estados Unidos e Brasil, enquanto os expatriados apontam China, Índia, Rússia e Brasil. Considerando que China, Índia, Rússia e Estados Unidos estão entre os países de maior fluxo de expatriação, é esperado que eles também apareçam na lista de maiores desafios. Porém, a presença do Brasil em 5º e 4º lugares nessas listas demanda melhor entendimento.

Nesse mesmo relatório estão as respostas dos estrangeiros sobre os porquês das dificuldades de adaptação no Brasil. O primeiro fator apontado é nossa burocracia: o Brasil é um dos países mais burocráticos do mundo, o que torna a vida de um negociador internacional bastante difícil. No Quadro 4.1, a seguir, temos a comparação entre o número de documentos exigidos no Brasil e no exterior para que uma pessoa seja considerada cidadã do país.

Outros dois fatores apresentados pelos estrangeiros são a maneira de comunicação do brasileiro e a informalidade de nossa cultura, considerados únicos pelo restante do mundo. Desde a publicação do quadro de *Cultural Clusters*, lançado por Simcha Ronen e Oded Shenkar (1985), o Brasil já vinha sendo apontado como um dos quatro países que, dadas suas peculiaridades, não poderiam ser enquadrados em qualquer um dos grupos (ver Quadro 4.2) com maneira de negociações culturais semelhantes. Os países com essa mesma dificuldade de agrupamento eram Japão, Índia e Israel.

Quadro 4.1 Documentos exigidos para que um indivíduo se torne cidadão do país

	Certidão de nascimento	Identidade	Titulo de eleitor	Carteira de motorista	Carteira de trabalho	Reservista	Contribuição Fiscal - CPF	Seguro Social	Total
Brasil	✓	✓	✓	✓	✓	✓	✓	✗	7
Espanha	✓	✓	✗	✓	✗	✓	✓	✓	6
França	✓	✓	✓	✓	✗	✓	✗	✓	6
Alemanha	✓	✓	✗	✓	✗	✓	✗	✓	5
Argentina	✓	✓(1)	✗	✓	✗	✗	✓	✗	4
Holanda	✓	✓	✗	✓	✗	✗	✗	✓	4
Líbano	✓	✓	✗	✓	✗	✓	✗	✗	4
Japão	✗(2)	✗	✗	✓	✓	✗	✗	✓	3
EUA	✓	✗	✗	✓	✗	✗	✗	✓	3
Inglaterra	✓	✗	✗	✓	✗	✗	✗	✓	3

(1) Dois tipos diferentes de identidade: a primeira e mais importante tem os números para votar e certificado do Exército. A segunda é apenas um registro na Polícia Federal.

(2) Certidão de nascimento e de óbito são registradas no Registro do Governo, mas os cidadãos não ficam com cópias desses documentos.

Fonte: Baseado em *Veja*, 24 maio 2000.

Quadro 4.2 Agrupamento de países com negociações culturais semelhantes

Estilos semelhantes de negociação internacional

Anglo	Germânico	Nórdico	Europa latina
Austrália	Áustria	Dinamarca	Bélgica
Canadá	Alemanha	Finlândia	França
Irlanda	Suíça	Noruega	Itália
Nova Zelândia		Suécia	Portugal
África do Sul			Espanha
Reino Unido			
Estados Unidos			

América Latina	Árabe	Oriente próximo	Asiático
Argentina	Abu-Dhabi	Grécia	Hong Kong
Chile	Bahrain	Irã	Indonésia
Colômbia	Kuwait	Turquia	Malásia
México	Omã		Filipinas
Peru	Arábia Saudita		Cingapura
Venezuela	Emirados Árabes Unidos		Taiwan
			Tailândia
			Vietnã

Países de estilo de negociação singulares

Brasil	Japão	Israel	Índia

Fonte: Ronen; Shenka, 1985, p.449.

Além de explicações bastante conhecidas pelos interculturalistas para as peculiaridades da cultura brasileira (como o tamanho do território, que faz do Brasil um país-continente, e sua população ter somente um idioma falado em todo o território, o português do Brasil), buscaremos analisar aspectos da cultura que fazem o País ser caracterizado como singular e de comunicação complexa. O brasileiro, internacionalmente conhecido por seu alto grau de adaptabilidade e flexibilidade – herança do homem cordial[4] –, que sabe como lidar com situações adversas, acaba encontrando dificuldades nos cenários de negociações internacionais por outras características específicas dessa mesma cultura.

Comunicação complexa

Podemos considerar, por exemplo, que um dos principais desafios para os negociadores nos encontros entre atores de culturas diferentes é a comunicação. Não estamos falando aqui apenas da dificuldade e do desconhecimento do idioma do outro, mas do desconhecimento dos códigos e das expressões não verbais que influenciam a maneira de comunicar nas diferentes culturas. Ao observar que o simples diálogo acabava não respondendo completamente à questão da comunicação intercultural, ocasionando problemas no entendimento entre negociadores de culturas diferentes, comprometendo resultados, os estudiosos da área propuseram ferramentas para contribuir na conscientização do desafio do diálogo intercultural.

Foram criados padrões de análise das formas de comunicação nas diferentes culturas, pois, para os pesquisadores, culturas possuem comunicações distintas que variam de grau como se estivessem em um espectro

[4] Entendido conforme descrito pelo historiador Sérgio Buarque de Holanda em seu livro *Raízes do Brasil*, de 1936 (p.146-7): "Já se disse, numa expressão feliz, que a contribuição brasileira para a civilização será de cordialidade – daremos ao mundo o "homem cordial". A lhaneza no trato, a hospitalidade, a generosidade, virtudes tão gabadas por estrangeiros que nos visitam, representam, com efeito, um traço definido do caráter brasileiro, na medida, ao menos, em que permanece ativa e fecunda a influência ancestral dos padrões de convívio humano, informados no meio rural e patriarcal. Seria engano supor que essas virtudes possam significar "boas maneiras", civilidade. São antes de tudo expressões legítimas de um fundo emotivo extremamente rico e transbordante. Na civilidade há qualquer coisa de coercitivo – ela pode exprimir-se em mandamentos e em sentenças. [...] Nossa forma ordinária de convívio social é, no fundo, justamente o contrário da polidez. Ela pode iludir na aparência – e isso se explica pelo fato de a atitude polida consistir precisamente em uma espécie de mímica deliberada de manifestações que são espontâneas no "homem cordial": é a forma natural e viva que se converteu em fórmula. Além disso, a polidez é, de algum modo, organização de defesa ante a sociedade. Detém-se na parte exterior, epidérmica do indivíduo, podendo mesmo servir, quando necessário, de peça de resistência. Equivale a um disfarce que permitirá a cada qual preservar intactas sua sensibilidade e suas emoções".

cujas extremidades variam de culturas de comunicação direta e explícita a culturas de comunicação indireta ou implícita.

Culturas que priorizam a comunicação direta são aquelas em que os agentes explicitam suas vontades e necessidades de maneira clara e objetiva durante o diálogo, e muitas vezes o fazem de forma instrumental, sucinta e impessoal. Os atores possuem valores mais individuais e lançam mão de uma lógica mais linear de raciocínio durante a negociação. As palavras escolhidas significam e representam o que de fato o negociador quer dizer.

De forma oposta, os agentes provenientes de culturas de comunicação indireta tendem a deixar implícitos seus desejos e suas verdadeiras intenções durante o diálogo. A comunicação acontece, muitas vezes, de uma maneira mais complexa e elaborada, utilizando mais códigos, expressões não verbais, símbolos e gestos, sendo, então, muito mais rica, expressiva e, frequentemente, afetiva. Nesses casos, muito mais informação é trocada, inclusive sobre família, amigos e clientes. As características dos atores são levadas em conta no momento do diálogo, ou seja, a idade, o sexo, a origem, as vestimentas, os gestos, os títulos, a educação, o *status* social tornam-se parte das variáveis envolvidas no momento da negociação. A lógica de raciocínio acaba sendo mais circular e contextualizada; os valores são menos individualistas.

Exemplos de culturas de comunicação direta, em geral, são encontrados em países de maior horizontalidade, seja ela social, genérica e/ou histórica. Podemos destacar os Estados Unidos, países europeus e países de cultura anglo-saxã. Culturas mais hierárquicas tendem a um estilo de comunicação mais complexa, e entre os exemplos, podemos citar os países latino-americanos, árabes e asiáticos.

No entanto, apesar de serem apenas diferenças socioculturais, de origens históricas distintas, o estilo mais complexo – e também mais diversificado –, muitas vezes também é entendido como mais *difícil* pelas sociedades que possuem a comunicação mais direta.

O Brasil é tido como um país de comunicação bastante complexa, o que significa que, ao comunicarem-se, muitas vezes seus agentes não deixam claro o que querem dizer, cabendo ao interlocutor captar as entrelinhas do discurso. Entre os próprios brasileiros, essa é uma tarefa fácil, pois a comunicação complexa é culturalmente apreendida desde a infância. O desafio se apresenta quando o interlocutor vem de uma cultura diferente, para a qual os símbolos comunicativos do brasileiro pouco ou quase nada querem dizer. Destacaremos aqui as peculiaridades da comunicação complexa do brasileiro de uma perspectiva sociohistórica que, segundo os estrangeiros, tem como principal característica a intimidade.

A sociedade brasileira é relacional, ou seja, a dinâmica entre o público e o privado, o profissional e o pessoal se misturaram. Os colonos portugueses que para cá vieram deixaram suas famílias em Portugal e mantiveram na colônia relacionamentos com as escravas, dos quais se originaram os brasileiros. Filhos bastardos de uma relação escravocrata, esse povo subia à Casa Grande de acordo com sua cordialidade com pais/patrões:

> O desconhecimento de qualquer forma de convívio que não seja ditada por uma ética de fundo emotivo representa um aspecto da vida brasileira que raros estrangeiros chegam a penetrar com facilidade. E é tão característica, entre nós, essa maneira de ser, que não desaparece sequer nos tipos de atividade que devem alimentar-se normalmente da concorrência. Um negociante de Filadélfia manifestou certa vez a André Siegfried seu espanto ao verificar que, no Brasil, como na Argentina, para conquistar um freguês tinha necessidade de fazer dele um amigo. (Buarque de Holanda, 1995, p.149)

Segundo o documentário *O povo brasileiro*, de Darcy Ribeiro (2000), nossa cultura é composta por três principais raízes étnicas – os povos nativos indígenas, os escravos africanos e os colonizadores portugueses –, o que confere e ao mesmo tempo explica suas singularidades. Das raízes indígenas, herdou-se desde o hábito do banho diário e uma maneira diferenciada (não planejada) de integração com a natureza, até o gosto pela beleza (importância da estética na cultura). Herdou-se também – e principalmente – o fato de termos como parte importante da cultura fatores relacionados ao que se pode chamar *dimensão espiritual* da vida.

Para os índios que habitavam o Brasil, não existia diferença de valor entre a realidade vivida e a realidade sonhada, ou seja, os sonhos eram tidos como tão significativos quanto a realidade material. Além disso, é sabido que os chefes das tribos indígenas são sempre os líderes espirituais, que têm por estilo de gerenciamento uma tendência maior a dar conselhos e não ordens – daí podemos entender que é um traço da cultura a preferência por ouvir conselhos a receber ordens e seguir regras.

Sabe-se, no entanto, que a maioria dos índios que viveu no Brasil foi dizimada nos primeiros anos de colonização portuguesa, dando lugar à vinda dos escravos africanos que também construiriam a nação. Não obstante, observa-se que as culturas indígena e africana que existiram no País em sua época colonial apresentaram semelhanças muito importantes, hoje consideradas características da cultura brasileira. Assim como os índios, o africanos que povoaram o Brasil tinham como chefes seus líderes espirituais. Os africanos não separavam, em sua mente, a realidade material da espiritual, sendo grande a crença em espíritos da natureza e de seus antepassados.

Foram os escravos africanos os principais responsáveis pela disseminação do português como língua do Brasil. No entanto, o português que eles falavam não era o português formal, mas sim um português cheio de diminutivos e bastante influenciado por idiomas africanos. Consequentemente, o português falado hoje no Brasil é diferente do português falado em Portugal.

Ao chamar o senhor de *senhozinho* e, depois, *painho*, o escravo tecia outra característica bastante peculiar à cultura brasileira: a rápida conquista de intimidade. Pela doçura e cordialidade nas relações, os escravos conseguiram, muitas vezes, melhorar o tratamento que recebiam dos senhores.

Como a educação formal não foi o foco dos colonizadores, a cultura brasileira é quase toda formada sobre os aspectos da vida relacional cotidiana. Sabemos que nossa cultura é uma cultura muito mais voltada à criatividade, ao futebol, à música e às novelas que à literatura, por exemplo. É comum encontrar brasileiros que prefiram falar de seus dramas particulares/familiares com conhecidos a discutir temas menos pessoais, mais intelectuais e/ou politizados. Essa tendência faz da rápida conquista de intimidade uma característica bastante particular do povo brasileiro.

Como o senhor de um escravo muitas vezes era também seu pai, tornou-se outra característica da cultura brasileira o forte paternalismo nas relações: de presidentes que se autodenominam *pais da Nação* aos relacionamentos no ambiente de trabalho em que os chefes (*bosses*) também exercem função paternal. Ao exercer tal função paternal, o chefe contribui para a construção de uma relação em que seu colaborador tem menos autonomia e, ao mesmo tempo, menos responsabilidade por suas decisões de trabalho. Recorrer ao chefe como socorro se torna uma medida natural, assim como ter menos noção da responsabilidade individual de seu trabalho. Outras culturas chamam de falta de *accountability* essa postura que favorece o *passar a mão na cabeça* em vez de confrontar o agente de maneira direta. Assim como os pais são os responsáveis pelas atitudes de seus filhos, nas relações paternais os chefes costumam ser entendidos como responsáveis pelas atitudes de seus colaboradores.

Por fim, tem-se a raiz lusitana na cultura brasileira, que, segundo Darcy Ribeiro, deu ao Brasil características de uma sociedade já bastante desenvolvida e cosmopolita, uma vez que Portugal, porta da Europa, sempre teve em seu território a presença de diferentes culturas, de gregos a árabes. Para Darcy, Portugal seria um país caracterizado pela *contemporaneidade de milênios*, ou seja, povos milenares teriam convivido em suas terras.

Herança da miscigenação das três raças, a cultura brasileira desenvolveu características únicas para fazer política e negócios. Privilegiando as relações pessoais, tais características favorecem críticas internacionais:

> o descontentamento persiste porque o Brasil é um campo de batalha entre o progresso e a inércia. Desde que a independência foi proclamada pelo filho do rei de Portugal, o Brasil vem acumulando mudanças em vez de varrer o velho e começar de novo. A Constituição de 1988, que restaurou a democracia depois de vinte anos de ditadura militar, não aboliu a cultura da "cordialidade", que em política significa a primazia do âmbito pessoal sobre as regras. Liberdades e direitos eleitorais estão arraigados, diz o ex-presidente Fernando Henrique Cardoso, "mas há uma falta de

cidadania, de respeito pela lei. Democracia significa isso também". (*The Economist*, 2007a, tradução nossa)

Outra característica singular da cultura brasileira é o destaque que a emoção e a fé adquirem no comportamento e na comunicação dos indivíduos. Sabemos que, embora tenhamos um Estado laico, a maioria da população professa alguma forma de fé. Para esta discussão, esse fator resulta que, em uma negociação, o agente brasileiro muitas vezes carregará consigo a crença de que *tudo dará certo no final*, mesmo quando o processo de negociação ainda não tenha começado a se desenrolar.

Ou seja, pensar o negociador brasileiro sem considerar suas características emocionais e espirituais é fazer uma análise incompleta desse ator. Os clichês da cultura brasileira de que *tudo dará certo no final*, *se Deus quiser* e *Deus é brasileiro*, ainda que existentes também em outras culturas, chamam a atenção como característica do ator brasileiro na negociação.

Não se trata apenas de uma questão religiosa – podemos entender esse traço cultural como resultado histórico de uma singular abundância de recursos naturais e uma relativa ausência de desastres naturais. Disso resulta que o negociador brasileiro desenvolveu, sobretudo, habilidades ligadas à criatividade e à solução de crises e pouca necessidade de planejamento e utilização de métodos e regras para sua sobrevivência e enriquecimento. Os brasileiros acabaram mais acostumados a viver o dia a dia que a fazer planejamentos de longo prazo, apreciando o *trabalhar para viver* em vez de *viver para trabalhar*. Foi esse estilo que levou a revista *The Economist* a publicar, em 2007, a crítica "Nature has been almost too kind to Brazil" [Talvez a natureza tenha sido generosa demais com o Brasil]:

> Um pinheiro na Finlândia leva cinquenta anos para poder ser transformada em papel. Uma árvore de eucalipto no Espírito Santo, na costa do Brasil, está pronta em sete anos. Cultivadores de uva em Petrolina, no Nordeste do Brasil, fazem a colheita duas vezes por ano, o dobro de seus concorrentes na França. A Sadia, produtora de carnes, não precisa de eletricidade para aquecer suas granjas, ao contrário de seus concorrentes em climas mais frios. O Brasil tem mais que uma parte justa do Sol, do solo e da água do mundo, e da produção de soja, açúcar e carne, o que é notável. (*The Economist*, 2007b, tradução nossa)[5]

[5] A Pine tree in a Finnish forest takes 50 years before it can be pulped and milled into paper. A eucalyptus tree in Espírito Santo, on Brazil's coast, is ready in seven. Growers in Petrolina, in Brazil's north-east, harvest grapes twice a year, twice as often as their competitors in France. Sadia, a meat producer, needs no electricity to heat its chicken houses, unlike its competitors in colder climates. Brazil has more than its fair share of the world's sun, soil, and water, and in many of the products based on those ingredients, including soya, sugar and beef, it may become pre-eminent.

Informalidade

Assim como os japoneses são complexos por comunicarem-se pelo silêncio, os brasileiros são complexos também por seu grau de informalidade. Exemplos dessa prática são: o uso do primeiro nome no lugar dos pronomes de tratamento *senhor* e *senhora* acompanhados do sobrenome; a forma fácil como geramos apelidos para heróis e políticos; maior uso do contato visual e físico, o falar da vida particular no ambiente profissional; o chamar conhecidos e superiores de amigos; e o uso mais casual das vestimentas.

Podemos pensar a informalidade na cultura brasileira também pela comparação com o desenvolvimento da educação nas sociedades latino-americanas. Enquanto os colonizadores espanhóis se preocuparam, em alguma medida, com a educação da população latino-americana, fundando universidades no início da colonização – a Universidade Nacional de São Marcos, fundada em 1551, em Lima, Peru, foi a primeira e uma das mais famosas de toda a América do Sul –, os portugueses trabalhavam sob uma mentalidade exclusivamente escravagista.

No âmbito das negociações internacionais, a informalidade brasileira pode despontar na facilidade para alterar datas, horários e compromissos em cima da hora – o que pode gerar estresse e a ideia de falta de comprometimento –; na linguagem corporal, por meio dos fortes apertos de mãos, possíveis abraços e pequenos toques, muitas vezes inesperados; e no tratamento personalista quando, das cordialidades de um começo de reunião, aspectos da vida privada (família, fim de semana etc.) são trazidos à tona, podendo até mesmo constranger interlocutores de culturas em que a intimidade é mais preservada.

Para o negociador brasileiro, isso significa estabelecer relações, princípio básico de uma sociedade relacional. No entanto, para alguns estrangeiros, tal informalidade pode ser entendida como perda de tempo, invasão de privacidade, excesso de intimidade ou mesmo falta de seriedade com a negociação.

Aversão a conflitos

Intimidade, paternalismo e informalidade: essas características levam a uma forma de comunicação em que se tem por valor cultural a aversão a conflitos abertos, discussões e, sobretudo, a transmissão de uma resposta negativa ou uma crítica a outra pessoa.

É historicamente notável o fato de, no Brasil, os conflitos serem evitados ou minimizados para que sejam mantidas relações mais cordiais. Diferentemente de tantos outros países, o Brasil não passou por grandes guerras, sejam elas de independência ou revoluções. A vizinha Argentina, por exemplo, conta com números muito mais dramáticos de mortos e desaparecidos em seu período de ditadura militar, ao passo que, no Brasil, tais números para o mesmo período foram menores, provavelmente porque grande parte da população brasileira que sofreu com o regime militar não tenha buscado o enfrentamento direto contra o governo. Entre tantos outros exemplos, o que podemos entender é que o povo brasileiro não vê discussões e conflitos como a melhor maneira de solucionar problemas.

Essa característica pode ser considerada positiva quando são observados números e existências de guerras e ditaduras. No entanto, em situações de negociação internacional com parceiros que não entendam uma discussão como problema, mas sim como forma de negociação, o choque cultural pode aparecer, gerando altos níveis de frustração e mesmo insucesso na concretização do negócio.

Incidentes de comunicação causados pela aversão a conflitos podem ocorrer em situações muito típicas do dia a dia. Um exemplo que talvez pareça distante, mas que quando analisado se aproxima dessa situação, é o fato de o agente brasileiro, diante da dificuldade de dar respostas diretas com a palavra *não*, preferir palavras como *talvez* e *provavelmente* para amenizar o tom da resposta. Assim, ele acredita estar evitando desagradar o interlocutor.

Outro exemplo seria a situação em que um agente brasileiro, em vez de apenas dizer um adeus no final de um encontro, prefere deixar a situação um pouco mais amigável, *sugerindo* que um novo encontro informal aconteça em breve. Em situações como esta, muitas vezes acontece de o interlocutor estrangeiro, futuro parceiro de negócios, esperar que o encontro realmente aconteça; entretanto, se isso não acontece – já que a sugestão seria apenas uma maneira cordial de finalizar o encontro –, pode causar no negociador estrangeiro uma sensação de desconfiança, levando até mesmo à desistência do negócio.

Como evitar o conflito acaba sendo um dos principais valores da cultura brasileira, uma crítica apresentada de maneira direta pode parecer uma ofensa. Considerando, ainda, que o brasileiro não separa facilmente o pessoal do profissional, frases como *não leve para o pessoal*, após uma crítica, não amenizam o mal-estar: *tudo é pessoal*, já que o negociador brasileiro pode reagir de maneira emotiva nas discussões.

CONSIDERAÇÕES FINAIS

Buscamos mostrar neste artigo a relevância dos fatores interculturais nas negociações internacionais. Sabe-se que os estudos sobre cultura têm ganhado relevância considerável na área de Relações Internacionais desde, sobretudo, o final da Guerra Fria. Com a intensa internacionalização de empresas, característica marcante dos últimos vinte anos, os fatores culturais também passaram a ser considerados de fundamental importância nos sucessos ou insucessos da iniciativa privada, tornando-se foco de atenção.

Não deixa de ser um desafio para os negociadores internacionais contemporâneos vencer séculos de existência de um padrão de valores *colonizadores* para que se consiga a integração pela aceitação da diferença. Dados os anos de moral colonizadora, é uma prática nova a dinâmica de lidar com a ideia do desconhecido em um processo de negociação e interação.

Tomamos a cultura brasileira como exemplo de como a cultura de um país ou de uma região pode afetar as negociações internacionais contemporâneas entre agentes de diferentes culturas. Vimos que características culturais originadas na construção identitária brasileira afetam diretamente a maneira como seu brasileiro atua e como ele é visto no cenário internacional. Tendo por principal característica ser uma sociedade relacional, logo, de comunicação complexa, a interação com a cultura brasileira é vista por muitos estrangeiros como um grande desafio.

Não obstante as singularidades apresentadas neste capítulo que são apontadas como de difícil entendimento na interação dos agentes estrangeiros, por fim, considerando de grande importância, gostaríamos de paradoxalmente ressaltar que essas mesmas características culturais podem contribuir de maneira significativa para a qualidade dos encontros, a solução de conflitos e os resultados das negociações internacionais. Ou seja, existem aspectos do estilo brasileiro que não só são cada vez mais valorizados, como também passam a ser buscados. Exemplos desses aspectos são as formas de negociação mais criativas e cooperativas no cenário internacional contemporâneo.

É importante destacar ao menos cinco pontos favoráveis das características do negociador brasileiro: (1) ao trazer emoção para o âmbito de negociação, ele pode contribuir para gerar novos sentimentos e novas variáveis que influenciam nas discussões e tomada de decisões, pois, mesmo no ambiente profissional, cenário no qual são esperadas impessoalidade, formalidade e racionalidade, o agente brasileiro traz personalismo, informalidade e emoção, dado que sua cultura orientada para relacionamentos não separa facilmente o privado do público ou o pessoal do profissional – do que concluímos que, para fazer negócios no Brasil, é também necessário *fazer amigos*, o que possibilita um clima de cooperação com mais facilidade; (2) comparados com agentes de outras culturas, ele é muito flexível e tem grande capacidade de adaptação a situações diversas e adversas – mudanças de datas, horários e compromissos em cima da hora acabam sendo entendidas com menor grau de estresse, o que contribui para diminuir a tensão; (3) por sua cultura formada pela miscigenação, ele aprendeu muito com a diversidade e tornou-se comparativamente mais tolerante às diferenças; (4) por ser de uma cultura que valoriza a cordialidade, em vez do conflito direto, o brasileiro busca parecer mais amigável e prestativo, o que pode ajudar para *quebrar o gelo*; e (5) a arte e a criatividade o acompanham desde os primórdios de sua construção identitária, o que desenvolveu a habilidade singular de encontrar maneiras criativas de superar problemas aparentemente insuperáveis, o que ficou conhecido como o *jeitinho*, em sua forma mais positiva.

Mais relevante ainda é relembrar que a interculturalidade discutida neste capítulo como a competência essencial para uma boa interação entre agentes de culturas distintas, depende da capacidade e habilidade das pessoas de gerarem alteridade, de desenvolverem empatia em relação ao outro, ao diferente, ao novo. A capacidade brasileira de gerar empatia de forma mais rápida e fácil é, então, um traço marcante dessa cultura.

Com mais facilidade para desenvolver empatia e flexibilidade, entre outros pontos favoráveis já mencionados, a aquisição de características importantes de interculturalidade pelos negociadores brasileiros pode até, muitas vezes, ser um exercício mais simples e familiar do que seria para negociadores de outras culturas. Entretanto, se essa vantagem comparativa da cultura brasileira será usada pelos profissionais e contribuirá para que o País possa se destacar no atual cenário de internacionalização, é uma questão que está para ser verificada.

5
RISCOS EM NEGÓCIOS INTERNACIONAIS: PROPOSIÇÕES PARA UMA ANÁLISE PRELIMINAR

Moisés da Silva Marques

O PROBLEMA EM PERSPECTIVA

Discutir a análise e mensuração de riscos em negociações internacionais é tratar de uma realidade complexa e multifacetada, que passa pela própria conceituação dos riscos e pela análise da dinâmica das relações internacionais. Por isso, qualquer tentativa de discutir aspectos relacionados aos riscos oriundos de negócios em nível internacional é apenas parcial e introdutória.

Imagine a seguinte situação, aparentemente corriqueira: um brasileiro comum, querendo complementar a renda mensal, faz viagens a cada quinzena a Foz do Iguaçu, atravessando para o lado argentino (Puerto Iguazú) ou para o lado paraguaio (Ciudad del Este) para fazer compras e revender no Brasil.

Na região da Tríplice Fronteira, simbólica por si só para a integração sul-americana, abrigo da maior usina hidrelétrica do planeta, em termos de capacidade de geração de energia, nosso conterrâneo busca obter alguma perspectiva de lucro com suas aquisições.

Suponhamos ainda que ele compre no *duty free* argentino bebidas e perfumes e, do outro lado da Ponte da Amizade, eletroeletrônicos. Munido de seus perfumes, vinhos, uísques, *pendrives*, iPods e aparelhos celulares, ele retorna satisfeito, certo de que o esforço vale à pena, pois a clientela está ávida por novidades, e a economia de sua terra natal, aquecida. Ele sequer toma conhecimento da paridade entre o peso, o guarani e o real. Compra dólares aqui e os gasta lá, posteriormente vendendo em reais.

O que poderia pôr em risco a estratégia vencedora de nosso pequeno empreendedor do Mercosul? Ele não vê nada que possa atrapalhar seus negócios internacionais – o mundo é efetivamente róseo e o futuro está garantido pela travessia periódica das fronteiras.

É certo que ele saiba que corre pequenos *riscos*. Por exemplo, nem sempre ele cumpre a cota estabelecida para compras, mas conta com o controle por *amostragem* nas aduanas para continuar passando ileso e tocando seu pequeno negócio. Ironicamente, podemos dizer que, às vezes, as estatísticas são sócias das pequenas contravenções.

Repentinamente, a paridade entre as moedas muda (dólar *versus* real), e nossa personagem está com grande estoque de mercadorias vendidas em reais, tendo de adquirir novos produtos em dólares. Os controles de aduanas tornam-se mais rígidos. O governo brasileiro decide criar uma lei para que pessoas como ele se formalizem e passem a pagar impostos. Alguns de seus *clientes* fiéis perdem os respectivos empregos e deixam de pagá-lo, por trabalharem em setores que foram *invadidos* por produtos chineses. A qualidade dos produtos começa a cair e o nível de reclamações cresce substancialmente. Uma das regiões de compra deixa de ser *zona franca*. O índice de assaltos para quem faz essa travessia de fronteiras cresce, e ele precisa ficar mais atento. Há uma reação dos moradores dos países vizinhos, desconfortáveis com a exploração dos mercados locais, sem grandes contrapartidas, gerando a necessidade de novos acordos entre os governos. Por fim, uma nova lei nacional entra em vigor, proibindo ou restringindo muito esse tipo de operação.

Guardadas as devidas proporções, isso poderia acontecer em uma empresa transnacional, com *traders* experientes, acostumados a negócios em várias partes do mundo. Diversos são os exemplos de empresas que construíram estratégias vencedoras em alguns países e fracassaram rotundamente em outros. Avaliar os riscos em negócios internacionais é primordial e ainda, incrivelmente, pouco estudado.

Claro que, no exemplo de nosso pequeno empreendedor, há alguma análise intuitiva feita por ele, baseada na experiência. Empiria e intuição são bons conselheiros, sem dúvida, mas, aos poucos, é preciso mais que isso para não ser surpreendido no mundo dos negócios globalizados.

Os riscos de investir, comprar ou vender em outro país começam pela capacidade de solvência do próprio país, que vem sendo objeto de avaliação contínua das chamadas agências classificadoras de risco (*rating agencies*). No entanto, sabemos de antemão que tais agências cometem erros críticos, não somente com as dívidas e com a capacidade de solvência dos países propriamente ditos, mas também com as empresas neles sediadas. Para isso, basta lembrarmos que, na mais recente crise econômico-financeira iniciada no mercado de *subprime* norte-americano (2008-10), alguns dos títulos das instituições que foram à bancarrota tinham acabado de receber classificação AAA dessas mesmas agências. Como sabiamente indagaria Platão: afinal, quem custodia os custódios?

O propósito deste capítulo, de caráter meramente exploratório, é mapear o *estado da arte* das questões relacionadas a riscos em negócios internacionais, sem aprofundar-se no tema, dada sua real complexidade. Entretanto, alguns conceitos mal formulados e utilizados de forma pouco parcimoniosa pela mídia acabaram por banalizar a amplitude do estudo que precisa ser empreendido para compreender o universo em jogo. Por exemplo, quem nunca ouviu falar que tal empresa não investe aqui em função do *risco Brasil*?

Uma frase bastante conhecida, do jornalista Thomas Friedman (1995), talvez sintetize como são percebidas essas tentativas de sistematização dos riscos da internacionalização. Diz ele:

> Na verdade, você poderia quase dizer que vivemos novamente em um mundo de duas superpotências. Há os Estados Unidos e há a Moody's. Os Estados Unidos podem destruir um país com bombas. A Moody's pode destruir um país desclassificando suas obrigações.

Se as agências de classificação de risco podem pôr a perder todos os esforços das políticas públicas dos países, como podemos ter certeza sobre os riscos incorridos em nossos negócios ao redor do mundo? Devemos confiar apenas na sorte? Lembremos que Maquiavel nos ensina que o príncipe depende do momento maquiaveliano, ou seja, da conjunção entre a *virtù* e a *fortuna*.

Este capítulo vai trilhar o seguinte caminho: na primeira parte, faremos uma breve análise sobre o atual ambiente internacional, uma vez que o mundo ainda sente os resquícios da mais recente crise. Em seguida, conceituaremos risco e verificaremos como se dá sua percepção nos negócios, além de discutir de forma ainda que superficial a necessidade de gestão de riscos. Logo depois, teceremos uma breve análise sobre os chamados *riscos político* e *soberano* e sobre o papel das agências classificadoras de risco. Por fim, buscaremos uma forma simples para que qualquer analista iniciante consiga chegar a uma análise que, apesar de ainda subjetiva, possa diminuir o desvio-padrão da percepção dos riscos em negócios internacionais.

A importância desse tema não se restringe a sua *novidade*, mas também à pouca bibliografia existente, principalmente em língua portuguesa, justamente no momento em que um país como o Brasil desempenha papel tão relevante na cena internacional.

O AMBIENTE INTERNACIONAL

Em negócios, qualquer análise de risco começa pela análise do ambiente em que eles são realizados. Sabemos, de antemão, que a realização de negócios com o exterior é permeada de riscos, os quais começam no próprio ambiente no país com que vamos nos relacionar.

Ao avaliar as estratégias de entrada e operação em mercados internacionais, principalmente das empresas brasileiras, Rocha e Almeida (2006, p.7) ressaltam:

> A entrada em mercados internacionais envolve incerteza, riscos e complexidade. A incerteza resulta da necessidade de operar em mercados bastante distintos do doméstico, isto é, em ambientes cujos sistemas político, social e econômico e cujo marco legal podem ter características bastante diferenciadas. Defronta-se, por exemplo, com costumes exóticos em relação aos conhecidos e com práticas pouco familiares de negócios. Os riscos derivam da própria incerteza e do fato de a empresa ter de comprometer recursos materiais, financeiros e gerenciais. A complexidade, por fim, decorre do grande número de operações envolvidas na transposição de fronteiras nacionais, o que gera novas necessidades de controle.

É por essa conjunção dos sistemas político, cultural, social e econômico que devemos começar nossa análise para ter uma noção dos riscos envolvidos em uma negociação internacional. As mutações ocorridas no sistema internacional, nos últimos trinta anos, não permitem modelos estáticos para avaliar riscos em relação ao ambiente.

Se, de um lado, a democracia parece ser o sistema de governo adotado pela maioria dos países, do outro, a qualidade dessa democracia pode ser muito diferente, bem como os meios pelos quais se canalizam e vocalizam as demandas. Ademais, um ator global como a China não é, de fato, uma democracia, e outros *players* importantes, como Índia e Rússia, possuem sistemas político-sociais complexos de serem entendidos – no caso hindu, pelo sistema de castas, e no caso russo, pela mistura entre mercado, Estado, máfia e dificuldades federativas.

O risco político continua sendo, talvez, o primeiro parâmetro a ser avaliado em uma operação internacional. É seguro fazer negócio com determinado país? O governo não vai mudar as regras no meio do jogo? Existe o risco de uma nova legislação aparecer e proibir ou restringir uma operação como a que quero realizar? E se as regras do comércio internacional mudarem, no âmbito da OMC?

Na vertente econômica, o risco deve ser analisado da maneira mais pormenorizada possível. O ambiente econômico internacional é, por princípio, pouco estável e a criação de instituições financeiras internacionais, desde Bretton Woods, em 1944, para tentar proporcionar-lhe maior previsibilidade parece ter fracassado.

A sucessão de crises econômico-financeiras, a partir do final da década de 1960, é um sinal inequívoco da instabilidade econômica global. Na mais recente crise, iniciada no mercado do crédito hipotecário norte-americano, países considerados exemplos de solidez e economia de mercado, como a pequena Irlanda, por exemplo, ruíram rapidamente como um castelo de cartas.

O socorro europeu a países como a Grécia, por exemplo, demonstrou que tradição e integração nem sempre são sinônimos ou garantia de estabilidade.

Para empresas que operam em países árabes, a garantia governamental dada por longas dominações autoritárias, como no Egito, na Líbia, na Tunísia, na Arábia Saudita e na Jordânia, começa a ser posta em xeque, na medida em que movimentos da população questionam a falta de democracia, no início de 2011.

A previsibilidade da época da Guerra Fria, do mundo bipolar – em que a ameaça de guerra nuclear vinha necessariamente da correlação de forças entre as grandes potências –, foi substituída pela imprevisibilidade dos conflitos étnicos, religiosos e econômicos, pela descentralização estabelecida nas grandes empresas, pelos arranjos políticos *ad hoc*, pelas convulsões sociais que ultrapassam fronteiras e pelo próprio dinamismo estabelecido pela questão ambiental.

O ambiente internacional atual é muito mais complexo. Operações financeiras são estruturadas a milhares de quilômetros de distância, muitas vezes sem que os operadores se conheçam ou tenham qualquer certeza sobre suas reais condições de garantia (Wolf, 2010). Em palestras recentes, o editor econômico do *Financial Times* fala em trabalhos persistentes de formiguinhas, que foram duramente atacados, nos tempos de crise, pelos gafanhotos.

As chamadas *empresas transnacionais* operam de forma descentralizada, tirando proveito do que for *vantagem competitiva* em outro país. Essa vantagem pode, por exemplo, ser algo impensável em seus países de origem, como a utilização de mão de obra infantil. Há uma espécie de apropriação indébita de conceitos próprios às Ciências Sociais, no que hoje conhecemos como responsabilidade socioambiental empresarial. Muitas vezes, fazer a obrigação, principalmente se contando com incentivos fiscais diversos, é considerado a vanguarda da sensibilidade social.

Com a entrada da China e da Índia nos negócios globais, principalmente nas últimas duas décadas, países cuja soma populacional chega à casa dos 2,5 bilhões de pessoas começam a inflar a sociedade de consumo e produzir tecnologia e serviços com baixo custo. Fazer negócios com culturas *diferentes* das do padrão ocidental tradicional é mais um dos desafios e riscos para os profissionais que atuam com negócios internacionais.

O alerta sobre Brasil, Rússia, Índia, China (Brics) e suas potencialidades foi dado pela Goldman Sachs, em 2001 – portanto, já há uma década. Apesar de diferentes, eles respondem por cerca de 45% da população, 25% do território e 15% do PIB mundiais, além de, com exceção da Rússia, terem passado quase incólumes pela mais recente crise econômico-financeira.[1] Em comum, têm o fato de valorizarem o papel das organizações internacionais,

---

[1] O crescimento da China, em 2010, superior à casa de 10%, é prova inconteste da surpresa constante causada por esses países.

terem mercados em franco crescimento, possuírem estratégias de não atrelamento à política externa norte-americana e perceberem que é possível construir um caminho conjunto apenas sobre aquilo que realmente os une, ou seja, a capacidade de influenciar a política e economia mundiais. Entretanto, vale à pena lembrar que dois deles (Índia e Brasil) são democracias, enquanto a Rússia é uma nação difícil de classificar politicamente e a China, definitivamente, ainda não promoveu abertura política.

Outra questão complexa é a dimensão do que podemos denominar como uma *nova ordem global*. Para Hurrell (2007), os mecanismos de governança global podem ser frequentemente construídos em torno de redes complexas, tanto transnacionais quanto transgovernamentais. Tais redes (*networks*) contribuem para o desenvolvimento, a difusão e a introdução de incrementado número de normas, regras e regulações, cobrindo questões cuja faixa abarca regulação bancária, regulação de títulos públicos, regulação antitruste e políticas de saúde. As redes trocam informações e podem rapidamente condenar certas práticas e louvar outras, para mudar logo em seguida, em uma espécie de *metamorfose ambulante*.

A sociedade internacional contemporânea é caracterizada por uma pluralidade complexa de ideias, visões e valores. A análise construtivista das relações internacionais, há cerca de duas décadas, já havia captado essa dinâmica. A construção social das relações entre Estados e seus correlatos deve ser considerada. A realidade global atual é caracterizada pela pluralidade de identidades políticas em busca de reconhecimento, alguma segurança relativa nos Estados já estabelecidos, mas certa instabilidade institucional, que não pode ser compensada pelo anacronismo das organizações internacionais – Organização das Nações Unidas (ONU), Organização Mundial do Comércio (OMC), Fundo Monetário Internacional (FMI) etc. –, quase todas construídas na década de 1940.

A conciliação dos negócios corriqueiramente realizados entre países com a imensa complexidade do sistema global, com sua multiplicidade de lógicas – de poder, de interesses e de identidade –, é muito mais complexa do que imaginávamos há poucos anos.

O próprio poder dos Estados é determinado, muitas vezes, pela capacidade de os governos articularem-se de forma bem-sucedida, em torno da sociedade civil, para explorar as coalizões transgovernamentais e transnacionais, de maneira a conseguir apoio para propostas próprias, como nos lembra Hurrell (2007).

Neste mundo difícil de catalogar, destaca-se o aumento da irrelevância do poder militar na solvência de questões-chave na agenda internacional, por exemplo, a promoção da estabilidade financeira global ou os acordos que tangenciam as mudanças climáticas. Alguns falam em mundo multipolar, outros em unimultipolar, outros ainda em pluripolar, e continuamos sem saber como obter alguma dose de previsibilidade no período pós-Guerra Fria. Para Godinho e Macioski (2005, p.144):

> Os negócios internacionais envolvem muito mais riscos que as transações domésticas, especialmente porque a moeda de denominação, as leis, normas e regulamentos, não se resumem aos limites das visões nacionais dos dois países envolvidos. Entretanto, o maior risco nas negociações é o da falta de entendimento com os negociadores internacionais, o risco imposto pela diversidade cultural, pelo conflito dos métodos de negociações, de personalidades, ou de estilos de negociação.

Aspectos até pouco tempo quase negligenciados pelas empresas, como a cultura de outros países, passam a ser determinantes, na realização de negócios. Desconhecê-los é um risco que pode fazer a diferença para conseguir realizar um negócio internacional. Profissionais tarimbados em negócios internacionais sabem que ignorar aspectos culturais, em uma negociação, é um passaporte para o fracasso. De acordo com (Tanure; Duarte, 2006, p.193):

> No atual contexto da internacionalização da economia, ganha corpo nos meios acadêmicos e empresariais a discussão sobre o impacto que a cultura dos países e das organizações exerce nos negócios das Empresas Multinacionais (EMNs). No entanto, o início da discussão sobre esse assunto remonta a algumas décadas. O debate sobre a relação entre cultura nacional e práticas organizacionais foi, inicialmente, determinado pela tese *culture-free*, ou seja, a relação entre o contexto e as práticas organizacionais e gerenciais era similar entre os países. Havia a crença de que a gestão era algo universal, independente dos contextos culturais e nacionais. Nos anos 1970, o caráter universalista dessa relação foi posto em xeque quando os autores se deram conta de que tanto as práticas quanto as teorias organizacionais não eram facilmente transferíveis para ambientes não ocidentais e/ou países em desenvolvimento.

Nesse ambiente internacional, muitas vezes as empresas se confundem com os próprios países, razão pela qual a análise é feita inicialmente pela análise do risco do próprio país, normalmente efetuada pelas agências classificadoras. Não é possível entender a Petrobras, por exemplo, sem ligá-la ao país de origem – no caso, o Brasil. Assim acontece com grandes empresas japonesas, norte-americanas, alemãs e, mais recentemente, chinesas.

Começa a ser cada vez mais necessária, nesse ambiente complexo e conturbado, a realização de testes de estresse (*stress tests*) que funcionam como se um engenheiro estivesse pré-testando sua estrutura de concreto para funcionar nas condições mais extremas, evidentemente na fase dos projetos e cálculos estruturais. Procura-se verificar quais os possíveis riscos em uma negociação e avaliá-los isolada e conjuntamente, para verificar os efeitos que poderiam causar, se de fato ocorressem.

Mas, afinal, como podemos definir os riscos? É possível percebê-los com antecedência? Aos serem percebidos, é possível geri-los? medi-los?

PERCEPÇÃO E GESTÃO DE RISCO NOS NEGÓCIOS

Qualquer negociação envolve riscos. Uma das contrapartes pode simplesmente não honrar o negócio realizado, por exemplo. Portanto, os riscos são necessariamente inerentes aos negócios e, a princípio, há uma relação entre o risco envolvido em uma operação e seu retorno. Por exemplo, aplicar dinheiro em uma caderneta de poupança tem um risco baixo, mas também não envolve qualquer grande retorno. Aplicar no mercado de capitais, particularmente em ações, entretanto, pode trazer um retorno inesperadamente alto, mas também envolve grande risco. Estão em jogo, aí, a percepção de outros atores, o desempenho de bolsas em outros países, o desempenho da empresa, o volume de compra de ações, as legislações a que a empresa se submete, entre outras variáveis.

Desde um negócio simples até um mais sofisticado, há risco envolvido. Para que as empresas consigam dar conta desse ambiente, são introduzidos controles que mitiguem os riscos envolvidos. Portanto, é natural que os controles sejam coerentes com os riscos envolvidos nos negócios. Caso introduzamos controles para quaisquer tipos de risco, o custo do controle pode ser maior que o risco em si.

O que, então, viria a ser risco? Seria apenas uma incerteza envolvida nos negócios? De acordo com Assaf Neto (1999, p.226), "Na prática, as decisões... não são tomadas em ambiente de total certeza com relação a seus resultados". Dessa forma, decisões negociais são necessariamente permeadas por riscos. Beck (2010), um dos primeiros pensadores a avaliar a chamada *sociedade de risco*, lembra-nos o tempo todo que a incerteza teórica leva necessariamente à incerteza prática.

Os riscos dizem respeito, por conseguinte, a alguma medida que remeta à incerteza, sem dúvida; mas, só passam a ser riscos na medida em que representem uma probabilidade futura de que algo aconteça de uma maneira diferente da que se espera. Ou seja, a possibilidade de que uma negociação internacional não dê certo por fatores monetários, cambiais, creditícios, culturais, ambientais, legais ou operacionais representa, de fato, um risco para um negócio internacional.

Entretanto, a percepção dos riscos, nas várias sociedades e culturas, também é diferenciada. O que é risco em uma sociedade pode simplesmente ser um fator cultural de demonstração de força em outra.

Todos somos *treinados* a gerenciar riscos. Desde a infância, somos movidos por processos de *tentativa e erro*. É muito comum a postura: não vá por esse caminho, pois já tentei antes e não deu certo. No entanto, se alguém quiser *arriscar*, precisa estar preparado para arcar com as consequências. As reações diante dos riscos são também diferenciadas, entre culturas e pessoas. Utilizando definições de Adams (2009), podemos dizer que os fatalistas acreditam que o risco sempre vai ocorrer. Os hierárquicos procuram classificá-los e ordená-los. Os individualistas buscam encontrar vantagens ainda não percebidas pelos outros, na situação de risco, e alavancar determinadas rentabilidades. Os igualitários acreditam que o correto é distribuir as responsabilidades inerentes aos riscos entre todos os envolvidos nas negociações. Por fim, os eremitas nem tomam conhecimento dos riscos, em função do distanciamento que normalmente mantêm do problema, o que gera certa alienação.

Como nos recorda Adams (ibid.), normalmente, os *heróis* são pessoas fora do comum, que lutaram e venceram situações de incerteza. A *sociedade* valoriza quem corre riscos. Na maioria das vezes, as pessoas muito valorizadas não passaram de mártires. Correram riscos e os venceram, por muito tempo, mas, muitas vezes, sucumbiram em operações excessivamente arriscadas para qualquer mortal. De qualquer forma, tornaram-se heróis por suas façanhas. Seus grandes méritos foram bater de frente com os riscos – a prudência não era algo valorizado. O poeta britânico William Blake (apud Adams, op. cit., p.51) dizia que a "prudência é uma velha solteirona rica e feia cortejada pela incapacidade".

Mais que dizer sobre heroísmos e situações arriscadas, os riscos envolvem análises de suas causas e de seus efeitos, bem como da real chance de ocorrerem. Citado por Adams, Knight dizia que "se você não sabe ao certo o que acontecerá, mas conhece as probabilidades, isso é risco, e, se você não conhece nem mesmo as probabilidades, é incerteza" (Knight, 1921 apud Adams, op. cit., p.70). Portanto, o risco já traz certa margem de certeza, ou seja, traz consigo uma probabilidade de ocorrer. A magnitude (o impacto) do risco incorrido depende, muitas vezes, da história pregressa na área e da percepção de quem o está avaliando, em mais uma daquelas situações em que o tamanho de um objeto depende do ponto de vista do mensurador. Adams acredita, ainda, que as ameaças não são necessariamente riscos. Riscos são, de fato, as ameaças acrescidas de suas respectivas probabilidades.

Em síntese, falar de riscos diz respeito a avaliar os impactos possíveis de certos eventos e as probabilidades de ocorrência de certos resultados em relação a valores médios esperados. Portanto, não estamos tratando diretamente de perdas, mas das chances de estas ocorrerem. É o chamado risco potencial. Eles podem ser acelerados ou freados por direcionadores comuns em negócios como a competição, as inovações mercadológicas (aliás, Schumpeter [1997] já percebia as inovações como grandes direcionadores de risco), as mudanças de padrões industriais e os avanços tecnológicos em geral.

Imagine que você trabalha na indústria de segurança e defesa e acaba de convencer seu governo a adquirir um equipamento militar de última geração, fabricado em outro país. Depois de intrincadas negociações entre os governos, o equipamento é finalmente adquirido. Quando ele chega a seu país, outra nação anuncia que chegou a um modelo do mesmo equipamento muito mais sofisticado tecnologicamente, com preço, inclusive, mais convidativo. Na prática, as vantagens competitivas de seu negócio simplesmente ruíram.

As situações de percepção de riscos também podem ser diferenciadas. Se estamos acostumados com eles, em situações cotidianas, temos uma percepção; caso os riscos sejam para nós algo apenas adstrito ao mundo virtual, talvez tenhamos outro modo de vê-los. Por fim, se os estudamos cientificamente, devemos, inclusive, classificá-los e evitar, por exemplo, em uma amostra para única vez que podem contaminar a modelagem.

Existe, de fato, algo de intuitivo nos riscos. Por exemplo, olhamos para eles de acordo com seus agrupamentos estatísticos ou diretamente pela relação risco/retorno. Podemos ter uma aversão ao risco ou uma propensão ao retorno, e essas percepções podem mudar de acordo com o ponto de vista cultural. Por outro lado, as recompensas podem ser tão interessantes, que temos um verdadeiro interesse pelo ambiente de riscos. Por que, afinal, as pessoas se *arriscam* em cassinos?

Todas as situações de negócios, como já vimos, envolvem riscos, os quais podem ser sistemáticos (inerentes a todos os ativos negociados no mercado) ou não sistemáticos (próprios de cada investimento realizado). Os primeiros dizem respeito propriamente à natureza política, econômica e social, de cada negócio, e os não sistemáticos estão diretamente embutidos no tipo de ativo negociado. Ambos devem ser criteriosamente verificados pelos analistas de riscos em negociações internacionais. Já o risco total será dado pela expressão:

Risco total = Risco sistemático + Risco não sistemático.

A Figura 5.1, a seguir, mostra algumas situações que envolvem riscos e suas percepções. As duas representações gráficas das curvas normais mostram situações diferentes de risco: na primeira, há menor dispersão, ou seja, pontos mais distantes de medidas de tendência central são mais raros, enquanto, na segunda, há maior dispersão e, portanto, mais chances de encontrar situações de risco.

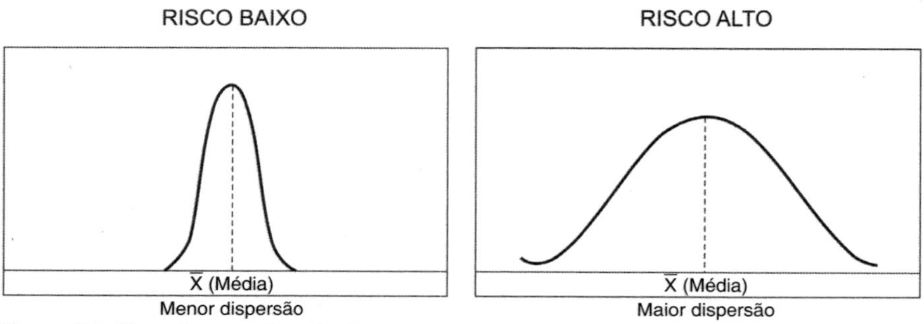

Figura 5.1 Situações envolvendo riscos

Fonte: Assaf Neto (1999).

Racionalmente, qualquer agente avaliador seleciona um ativo pela relação risco/retorno, como demonstrado na Figura 5.2. Com base na figura, é natural que um agente econômico racional selecione o ativo D, na carteira de negociação que contenha as possibilidades A, B, C e D. De forma simples e objetiva, ele representa o maior retorno esperado com o menor risco possível.

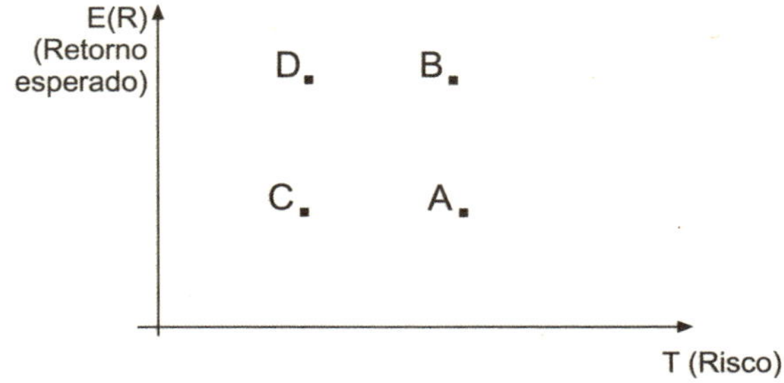

Figura 5.2 Seleção racional de um ativo

Fonte: Adaptado de Assaf Neto (1999).

Para gerir riscos adequadamente, é necessário isolar os eventos que os causam e separar, necessariamente, suas causas de seus efeitos – só assim é possível buscar controles adequados. As previsões de risco se baseiam em suposições relativas ao histórico: de maneira similar à usada pelas seguradoras, que concedem descontos para quem nunca se envolveu em acidentes, ou para determinadas faixas etárias que, comumente, são mais prudentes. O passado ajuda a determinar o futuro quando tratamos do ambiente de riscos.

Em negócios internacionais, o histórico do relacionamento entre os países envolvidos pode ser um bom início de predição de riscos, e os documentos diplomáticos podem ajudar a esclarecer algo sobre as possibilidades do negócio.

Ademais, é necessário que a avaliação de riscos seja bastante imparcial. O analista deve, ao avaliar um país e as possibilidades de negócios com ele, livrar-se das verdades preestabelecidas e dos preconceitos. Caso contrário, corre-se o risco de avaliar os riscos de modo etnocêntrico e de acreditar que, o que vale para um país, vale necessariamente para o outro.

As técnicas de avaliação são variadas e dependem um pouco da significância estatística dos riscos. Aqueles de altíssimo impacto e baixa probabilidade de ocorrência são os chamados *riscos catastróficos* e devem ser tratados como tais, avaliando as chamadas *caudas largas* (*fat tails*).[2] De nada adianta

[2] Em uma curva normal, as caudas, em geral, representam os desvios-padrão em relação a determinada média. Quando essas caudas são mais expressivas do que deveriam, merecem uma análise particular, a das chamadas causas da largura das caudas.

criar controles enormes para tais riscos, mas sim utilizar técnicas estatísticas escorreitas que melhorem a capacidade de predição. Para os demais casos, denominados por Bremmer e Keat (2009) como *riscos significantes* e *insignificantes*, dependendo novamente da relação entre impacto e probabilidade (Figura 5.3), devem ser tratados com as chamadas *técnicas estatísticas padrão* e seus dados armazenados em tipos de software já existentes no mercado.

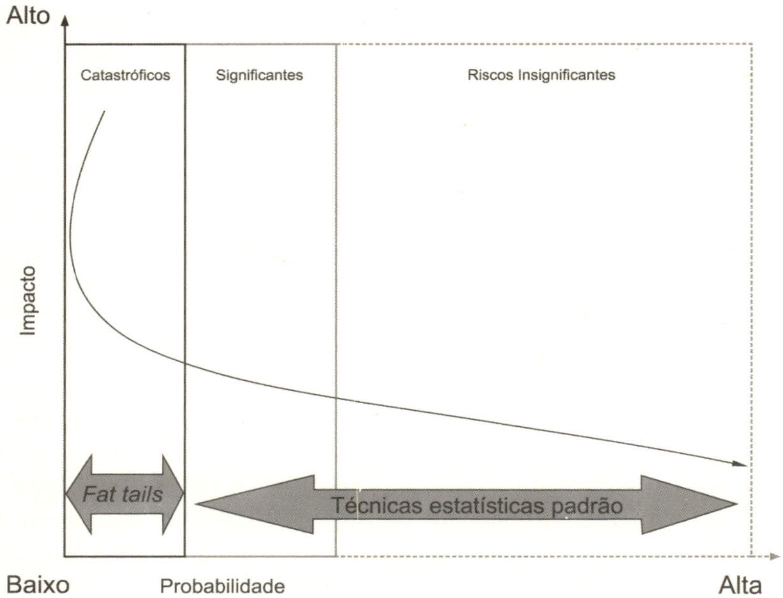

Figura 5.3 Classificação de riscos de acordo com seu impacto e probabilidade
Fonte: Adaptado de Bremmer; Keat (2009)

A utilização de técnicas estatísticas para avaliar as possibilidades de riscos, analisando as chamadas séries temporais, permite antecipá-los e, assim, preparar planos de contingência. Para algumas empresas e em alguns setores específicos, como o financeiro, as organizações constituem provisões contábeis para riscos de negócios, de modo a preparar os resultados e torná-los de fato reais, não apenas escriturais.

Um dos maiores desafios enfrentados pelas empresas durante as negociações é obter uma visão integrada dos riscos, gerindo-os também de maneira integrada. Muitas vezes, por exemplo, a incorrência em um risco pode levar a outro, como veremos nas definições a seguir. O mundo do risco zero simplesmente não existe em negócios; portanto, mitigar os riscos é fundamental. Essa mitigação, como mostra a Figura 5.3, passa pela separação dos riscos entre *ordinários* e *catastróficos*. Furacões Katrina não ocorrem todos os dias nem se derruba um governo há trinta anos no poder a cada semana.

Gerir riscos não significa, de forma alguma, eliminá-los, mas sim conviver com eles. É preciso buscar a possibilidade de monitoração adequada do nível aceitável de riscos. Para isso, governos e empresas devem chegar a consensos internos e, entre si, sobre quais níveis de riscos estão dispostos a suportar. Muitas vezes, como ocorre entre as instituições financeiras, por exemplo, os organismos reguladores requerem que os riscos sejam enfrentados e os resultados desse enfrentamento sejam divulgados publicamente.[3]

O processo de gestão passa, em primeiro lugar, pela aceitação ou rejeição dos níveis de risco. Após aceito, um risco pode ser retido, reduzido, transferido, gerenciado ou evitado. O importante é conhecer os riscos incorridos e potenciais e avaliar a necessidade de mais ou menos controle.

Os riscos mais comuns, em quaisquer situações, também nos negócios internacionais, são: risco de mercado, risco de crédito, risco de liquidez, risco operacional, risco reputacional/de imagem, risco legal, risco estratégico, risco patrimonial, risco de tecnologia, risco cultural e risco político. Esse último, por envolver direta e necessariamente qualquer operação internacional, em qualquer situação, e também por ser o mais difundido, será tratado aqui de forma mais detida. Os demais são brevemente definidos a seguir:

- Risco de mercado: é constituído pelas oscilações dos ativos nos mercados em que são negociados. Por exemplo, compro em dólar, mas vendo em reais. Qualquer oscilação na paridade das moedas afeta diretamente meu negócio. Aplico em títulos de outros países, mas preciso ficar atento às movimentações das taxas de juros. Vendo determinado produto que é *commodity* e tem, portanto, seu preço internacionalizado. Há uma superoferta desse produto não correspondida por uma demanda, o que pode fazer seu preço declinar no mercado internacional.
- Risco de crédito: é o risco de uma contraparte não honrar empréstimos contratualmente garantidos. Na verdade, em uma operação de crédito, há uma relação assimétrica. Apesar da existência de modelos sofisticados de *credit scoring*, apenas uma das partes tem certeza sobre a capacidade de solvência da operação: aquela que é tomadora. Portanto, há sempre o risco de não pagamento, o qual pode ser agravado por condições econômicas ou políticas pouco amistosas no país da contraparte. Isso dá uma ideia da interligação entre os riscos.
- Risco de liquidez: é aquele cujo surgimento se dá em função de políticas financeiras arriscadas, adotadas por uma das partes, e causadas, principalmente, por descasamentos de prazos entre compras e vendas, ou captações e aplicações, dependendo da natureza das empresas. Em

[3] A esse respeito, ver o caso dos acordos de Basileia I e II, tratados por mim em Marques (2005). Atualmente, encontra-se em fase de negociação entre o Bank for International Settlements (BIS) e os bancos centrais nacionais o chamado Acordo de Basileia III.

determinado momento, uma das partes pode ficar desprovida de *caixa*. Esse risco pode ser potencializado por condições adversas de mercado.

- Risco operacional: é bastante comum, mas de difícil catalogação e mensuração. Muitas vezes, por falta de registro de eventos ou pela existência de situações muito incomuns, é necessário recorrer a avaliações estatísticas mais sofisticadas como análises causais e utilização de teorias de valores extremos. Diz respeito a falhas humanas, erros, fraudes, desempenho inadequado em tempo hábil, problemas oriundos da natureza, enfim, tudo o que diz respeito necessariamente à operação realizada, propriamente dita. Muitos desses eventos são simplesmente muito difíceis de coletar.
- Risco reputacional/de imagem: é qualquer ação que ponha em risco a imagem/reputação da empresa ou das partes em negociação que pode ser nocivas para o negócio. Por exemplo, se estou negociando com empresas pouco idôneas em seu país de origem e essa reputação vaza internacionalmente, meu negócio pode ficar absolutamente comprometido.
- Risco legal: às vezes, a variação de ativos e passivos ocorre em função de aconselhamento legal inadequado, problemas em documentação, ou pior, interpretações e mesmo tradições jurídicas diferentes. Por exemplo, atuo em um país de tradição jurídica oriunda do Direito Romano e vou fazer negócios em um país com tradição diferente. Isso deve ser verificado de antemão.
- Risco estratégico: as estratégias válidas em um país não são necessariamente aquelas que podem ser utilizadas em outro. Isso fica muito evidente em empresas que fizeram um tremendo sucesso em seus países de origem e que fracassaram rotundamente quando tentaram dar saltos mais elevados, levando suas estratégias além das fronteiras. Estratégias necessitam de análises de cenários, conjunturas, liderança e demais fatores, que podem ser encontrados em alguns locais e em outros não. Estratégias adotadas de forma errônea, para certos produtos e serviços, são garantia de fracasso.
- Risco patrimonial: em eventos que caracterizam o risco operacional, tais como greves, desordens civis, problemas ligados à meteorologia e outros, o patrimônio físico da empresa em outro país pode sofrer danos que, necessariamente, geram perdas. Por exemplo, um arroubo nacionalista no país hospedeiro pode gerar ataques à empresa e seu patrimônio, quando não o risco maior, que é o de expropriação.
- Risco cultural: é quando a diferença cultural, seja dos países entre os quais está sendo feito o negócio ou mesmo das organizações, acaba por colocar em risco o próprio negócio. Como afirmamos, muitas vezes, a própria percepção do que vem a ser risco pode ter um viés cultural: o que é risco em uma cultura é considerado fato corriqueiro em outra. Como argumentam Tanure; Duarte (op. cit., p.195):

> Essa dimensão diz respeito ao modo como os membros de determinada cultura se sentem ameaçados por situações desconhecidas, isto é, como lidam com as incertezas relacionadas ao futuro. É um sentimento que se expressa pelo estresse e pela necessidade de controlar tais incertezas, utilizando, por exemplo, regras e procedimentos que tenham o objetivo de prever como os outros se comportarão em cada circunstância.

Apesar de mostrarmos aqui toda a tipologia de riscos mais comum, cabe ressaltar que os *riscos políticos* e *soberanos* são, de fato, os mais discutidos, quando tratamos de negociações internacionais. Por isso, merecem um estudo à parte, para que tenhamos uma ideia geral sobre o universo dos riscos envolvidos nessas negociações.

RISCO POLÍTICO E RISCO SOBERANO

Como já observamos, em um ambiente internacional de negócios, na maioria das vezes, a análise do risco começa por uma avaliação sobre as condições efetivas nos países envolvidos. Por exemplo, se estou pensando em comprar tabaco de empresas cubanas, preciso lembrar que elas são necessariamente atreladas ao Estado e que, portanto, alterações na atual configuração do Estado ou do governo de Cuba podem vir a afetar seriamente meus negócios. Isso, geralmente, é chamado risco político, mas, como veremos, as noções e os conceitos variam muito no tempo e no espaço.

A princípio, aparentemente, os riscos político e soberano são utilizados como sinônimos; entretanto, não estamos falando rigorosamente dos mesmos conceitos. A análise do risco político é necessária e vem sendo feita há alguns anos de maneira mais sistematizada. Era muito comum, por exemplo, em tempos não muito remotos, os telejornais fazerem menções reiteradas ao chamado *risco Brasil*. Na verdade, vamos estabelecer aqui uma distinção básica entre o *risco país* e o *risco soberano*. De qualquer forma, o guarda-chuva que engloba tudo isso pode tranquilamente ser denominado *risco político*.

É muito importante, por exemplo, perceber como governos classificam certos movimentos políticos. Como ilustração, podemos tomar países como Estados Unidos, organizações como a Al Qaeda, as Farc, o Hamas, o Hezbollah e o ETA podem ser todas classificadas como terroristas. Para outros países, pode haver distinção entre movimentos armados de libertação política e o próprio terrorismo.

Por outro lado, alguns casos clássicos de risco político ocorreram no mundo, como a *quebra* da Indonésia, em 1998. O país foi atingido por uma onda de ataques especulativos a moedas asiáticas, que começou com o ataque ao baht, moeda tailandesa, em 1997. Com um governo autoritário, liderado pelo General Suharto, o país recorreu ao FMI, Banco Mundial,

Tesouro norte-americano e BIS, e todos divergiam sobre qual método mais apropriado para salvar a combalida economia do país. Nas palavras de Paul Blustein, que escreveu um livro sobre o tema, denominado *O vexame*, o doente estava morrendo enquanto os médicos gabaritados discutiam de forma intensa o melhor método para tratá-lo. O governo se viu compelido a impor medidas austeras e impopulares, que trouxeram como consequências, principalmente, o aumento do desemprego e o crescimento do preço do arroz, alimento de primeira necessidade no país. A população reagiu enfurecida e derrubou um governo há 31 anos no poder. Se, pelo lado da democracia, a crise foi fundamental, claramente a economia do país sofreu sérios percalços e, com ela, os investidores que apostavam em suas empresas ou nos títulos da dívida daquele país.

A avaliação do risco político diz respeito, assim, à possibilidade de que uma ação política qualquer possa produzir resultados inesperados para o negócio em si, sejam eles econômicos, sociais, estratégicos ou quaisquer outros. Portanto, a análise desse risco requer conhecimento prévio sobre a história do país, um pouco de criatividade e flexibilidade para não interpretar tudo *ao pé da letra* e com um olhar etnocêntrico e, principalmente, uma boa dose de imparcialidade, para não tentar impingir aqui ou acolá opiniões próprias sobre qualidade da democracia ou condições de governabilidade. Isso quer dizer que os analistas de risco político devem ser ao mesmo tempo bastante preparados tanto técnica quanto psicologicamente, de modo a não contaminarem suas análises com conceitos pessoais e juízos de valor. Infelizmente, pelas sucessivas falhas que vemos acontecendo, em tempos recentes, ou por algumas *injustiças* com países que já poderiam ter uma classificação melhor e que são condenados por seu passado mais longínquo, posturas como essas esperadas são exceções e não regras.

Nas palavras de Carneiro (2005, p.5):

> No Brasil, o monitoramento e a avaliação do comportamento dos partidos políticos e dos próprios representantes, no Congresso Nacional, são cruciais para uma predição acurada dos resultados políticos. Na China, a análise da dinâmica de poder pessoal dentro da opacidade do partido comunista e entre as facções das elites é vitalmente importante. Mas as ferramentas que mais ajudam na avaliação do risco político no Brasil e na China são quase dispensáveis na Arábia Saudita, onde a política é uma questão familiar.

Talvez seja por conta dessas peculiaridades que muitos executivos de gestão de risco (*chief risk officers*) considerem o risco político como o menos provável de ser gerido. Os registros de eventos não são contumazes para esse risco e, muitas vezes, ele passa do *ordinário* ao *catastrófico* com imensa facilidade. Portanto, são variáveis de difícil tratamento estatístico. Além disso, não existe regulação a qual exija que as companhias passem a gerir necessariamente o risco político, como existem, por exemplo, para riscos de mercado, de crédito, de liquidez e operacional.

Além disso, os riscos políticos importam tanto em níveis nacionais e transnacionais, como em níveis locais e mesmo regionais. Por exemplo, em 1999, um posicionamento do então governador de Minas Gerais, Itamar Franco, contrário ao pagamento da dívida estadual com a União, apesar de não ter efeito prático, pois isso estava amarrado ao repasse de verbas, influenciou a análise das agências classificadoras de risco sobre o país.

Claro que isso não acontece somente com países não plenamente desenvolvidos. Muitas vezes, decisões de governos estaduais nos Estados Unidos acabam afetando o negócio de empresas de outros países que por lá transacionam ou mesmo estão estabelecidas.

Fundamentalmente, se pensarmos apenas nos aspectos técnicos da gestão de riscos, o risco político não é assim tão diferente dos riscos relacionados anteriormente. O problema está basicamente em sua mensuração e na dificuldade de decupá-lo em termos de causas, impactos e probabilidades de ocorrência. Fatores ideológicos, geopolíticos, militares ou mesmo de relacionamento exterior podem engatilhá-lo, assim como causas naturais podem gerar um problema político posterior. Por exemplo, o recente terremoto haitiano coincidiu com uma crise política naquele país já frágil, não resolvida até o momento em que este texto foi escrito.

Analisar apenas a estabilidade de um regime político pode não ser a melhor forma de garantir a uma empresa que ela fará os melhores negócios naquele país. Estabilidade de regime não significa estabilidade de políticas públicas. Aliás, um mesmo governo, em momentos diferentes, pode avaliar de forma diversa a eficácia de certas políticas. A própria coordenação entre governo e entidades privadas pode ter efeitos práticos que dizem respeito ao risco político.

Podemos, por exemplo, relacionar como eventos de risco político acontecimentos dos últimos cinquenta anos que levaram a grandes transformações no ambiente econômico-financeiro internacional: a Guerra dos Seis Dias, em 1967, opondo árabes e israelenses; a resposta, em 1973, com a Guerra do Yom Kippur, que gerou a primeira grande crise do petróleo; a moratória mexicana, de 1982; a invasão do Kwait pelo Iraque, com o pretexto de que a saída do invasor para o Golfo era artificialmente estabelecida; os *arroubos* nacionalistas do presidente Chávez, na Venezuela, afetando seu relacionamento com empresas estrangeiras; os problemas políticos da gestão Salinas de Gortari, no México, entre 1988 e 1994, que geraram a desvalorização do peso e a fuga de capitais; a Guerra da Água, na Bolívia, logo no início do século XXI; os atritos entre Argentina e Uruguai, no famoso episódio das *papeleras* e, por fim, o próprio episódio do 11 de setembro de 2001.

Aí estão exemplos claros de questões políticas que se transformaram rapidamente em problemas econômicos e sociais, quando não em conflitos abertos. Convém agora explicitar um pouco melhor a avaliação diária da negociação dos papéis de um país, colocados no mercado internacional, com a inclusão de perspectivas para os países designada pelas agências de classificação de risco. Essa análise que vamos proceder será breve e, portanto, não exaustiva, haja vista não ser este o tema principal do capítulo.

O risco-país passa a ser uma espécie de piso para o custo de capital das empresas que operam naquela nação. Explicando melhor: se os títulos da dívida brasileira estão avaliados na casa dos 200 pontos-base pelo Emerging Market Bond Index (Embi)[4] do JPMorgan, isso significa que uma empresa nacional, ao captar recursos no exterior, terá de pagar algo em torno de 2% a mais que a taxa norte-americana (que é considerada o *benchmarking*) para fechar o negócio.

Portanto, o que chamamos de risco-país nada mais é que um parâmetro (*benchmark*) criado em 1992 pelo banco JPMorgan para medir o desempenho diário dos títulos das dívidas dos países que hoje denominamos emergentes. É, portanto, um índice objetivo, pois parte da negociação dos papéis das dívidas de países ranqueados abaixo de certo patamar pelas agências classificadoras de risco. Pondera os papéis pelos prazos e valores de negociação e chega a um índice diário.

Pelo exemplo apresentado, percebemos que o Embi mostra a diferença entre o retorno médio diário desses papéis em relação aos títulos do Tesouro norte-americano. Assim, quanto maior essa diferença, maior o risco-país. O problema, se considerarmos a crise recente e seu epicentro, é justamente o fato de o *benchmarking* partir dos Estados Unidos.

No fim do século passado e início deste, o índice se tornou referência global para a solvência dos países listados. Basta lembrar que, na eleição de 2002, o índice brasileiro chegou ao recorde de cerca de 2.400 pontos-base, revelando quanto o *mercado* precificava negativamente a eleição de Luiz Inácio Lula da Silva, naquele momento. Tratava-se de uma percepção, pelas próprias posições políticas anteriormente assumidas pelo Partido dos Trabalhadores (PT) – partido de Lula –, de que a dívida tinha grande probabilidade de sofrer algum tipo de moratória.

Toda a metodologia e os diversos índices que compõem o Embi estão disponíveis para consulta, lembrando apenas que o que ficou conhecido como risco-país não passa de um cálculo dos retornos financeiros diários de uma seleta carteira de títulos de países não plenamente desenvolvidos, em relação ao desempenho de similares da potência hegemônica.

Entretanto, existe algo aí que precisa ser mais detidamente analisado: o desempenho desses títulos influencia os humores do mercado ou são os humores do mercado que ditam o desempenho dos títulos?

---

[4] Fazem parte, atualmente, do Embi os seguintes países: África do Sul, Argentina, Brasil, Bulgária, Colômbia, Egito, Salvador, Equador, Filipinas, Malásia, Marrocos, Venezuela, Turquia e Ucrânia.

Ademais, um índice desse tipo revela que algo vai mal ou bem, mas nada nos diz sobre as causas disso. Por isso, buscou-se algo mais subjetivo, que ficou conhecido como *risco soberano*. O risco soberano é então uma espécie de análise de capacidade de solvência de um país, avaliando-se os títulos das dívidas emitidos nas esferas públicas. Trata-se de uma nota atribuída às capacidades dos países para honrar suas dívidas, no curto e no mais longo prazos.

A ideia de previamente avaliar sistematicamente a capacidade de solvência dos países nasceu por volta ainda da década de 1970, ocasião na qual as empresas de países em crescimento começaram a aparecer nos mercados de capitais de países desenvolvidos, lançando papéis a serem comercializados. Como o prêmio de risco era alto, os investidores se viam tentados a comprar, mas careciam de informações mais precisas sobre as empresas e, principalmente, sobre os países.

Foi aí que as grandes agências classificadoras de risco (Moody's; Standard & Poors e Fitch IBCA) foram paulatinamente se legitimando no mercado, criando times de especialistas em análise de países e das respectivas dívidas. Apesar de existirem diversos organismos como Organizações Não Governamentais (ONGs), ou mesmo o World Economic Forum, que fazem trabalhos semelhantes, o mercado optou por adotar a *imparcialidade* das agências privadas. A ideia básica era algo como: qualquer nota é melhor que nenhuma. Portanto, neste momento entendemos o que afirma Friedman na introdução deste capítulo: essas agências ganharam *status* e poder capazes de enfrentar Estados, com a vantagem de não serem necessariamente fiscalizadas.

Atualmente, existem muitas dúvidas sobre elas influenciarem ou seguirem o mercado. Alguns autores se especializaram em analisar os muitos erros, os exageros e as injustiças cometidos por essas agências especializadas. A respeito dos critérios de avaliação de cada agência, apesar de serem de conhecimento público, de alguma forma, não se sabe na verdade a ponderação utilizada, bem como o papel desempenhado pelo analista ou pelo time de analistas, na atribuição das notas. Sabemos, por exemplo, que todas olham para mudanças de governo, episódios de moratória, relação do endividamento com o PIB, evidências de austeridade fiscal etc. Mas pouco se sabe como tais informações são coletadas e como se chega às notas finais.

É evidente que, em países com ambientes políticos mais estáveis, regras claras, respeito a contratos, histórico de pagamento de dívidas, governantes comprometidos ideologicamente com o *mercado*, tratados de livre-comércio, boas relações com os vizinhos e histórico de participação ativa nas organizações internacionais tendem a ser mais bem avaliados que outros que não preencham esses pré-requisitos.

Além disso, a equipe responsável visita o país em questão, para emitir uma opinião baseada em observação. O problema é que, qualquer análise parcial ou desconectada da real situação, por mais permeada de boa-fé que seja, pode influenciar decisivamente no fechamento das contas governamentais, mas, principalmente, pode afugentar investidores levando ao fenômeno conhecido como fuga de capitais (*capital flight*).

No Quadro 5.1, a seguir, podemos verificar como é codificado e pontuado o sistema de avaliação das agências classificadoras de risco.

Podemos notar que, a despeito das notações diferentes e da própria utilização de elementos que as notabilize, há certa convergência entre

Quadro 5.1 Sistema de avaliação das agências classificadoras de risco

Investment grade

Escala de Equival.	Agência de Rating				Significado
	Moody's	S&P	Fitch IBCA	SR Rating	
100,0	Aaa	AAA	AAA	AAA	Prime, Maximum Safety
95,6	Aa1	AA+	AA+	AA+	High Grade, High Quality
91,3	Aa2	AA	AA	AA	
87,0	Aa3	AA–	AA–	AA–	
82,6	A1	A+	A+	A+	Upper Medium Grade
78,3	A2	A	A	A	
73,9	A3	A–	A–	A–	
69,6	Baa1	BBB+	BBB+	BBB+	Lower Medium Grade
65,2	Baa2	BBB	BBB	BBB	
60,9	Baa3	BBB-	BBB-	BBB-	

Non investment grade

Escala de Equival.	Agência de Rating				Significado
	Moody's	S&P	Fitch IBCA	SR Rating	
56,5	Ba1	BB+	BB+	BB+	Non Investment Grade
52,2	Ba2	BB	BB	BB	Speculative
47,8	Ba3	BB–	BB–	BB–	
43,5	B1	B+	B+	B+	Highly Speculative
39,0	B2	B	B	B	
34,8	B3	B–	B–	B–	
30,4	Caa1	CCC+	CCC+	CCC	Substantial Risk
26,0	Caa2	CCC	CCC		In Poor Standing
21,7	Caa3	CCC–	CCC–		
17,4	Ca	CC	CC	CC	Extremely Speculative
13,0	C	C	C	C	May be in Default
8,7			DDD		Default
4,3			DD		
–		D	D		

as agências de critérios, e as ponderações podem variar aqui ou acolá. O problema está em quando elas erram e colocam todo um trabalho feito seriamente por gestores públicos *ladeira abaixo*.

Ser recomendável para investimento (*investment grade*) é o que garante, aparentemente a convergência dos investidores em relação ao país. O problema é que isso não garante que o país não tenha sérios problemas econômico-financeiros. Como sabemos, na crise recente, os principais problemas ocorreram nos Estados Unidos, na Europa e no Japão, justamente países cujas empresas e dívidas são classificadas entre os recomendáveis para investimento.

O risco soberano seria então uma aglutinação entre partes dos riscos político, financeiro e econômico. Devemos lembrar que, apesar de serem calculados a partir de agências privadas, o uso desses dados tem estatura praticamente global, fazendo mesmo convergências em direção à diminuição do risco, como o Acordo de Basileia II, chegarem a propor a utilização das classificações dessas agências como parâmetros.

Os impactos dessas classificações podem atingir governos e populações inteiras, como no caso da avaliação negativa sobre a vitória de Lula na eleição brasileira de 2002. Recuperar a credibilidade perdida parece uma tarefa hercúlea.

Para que não tenhamos de confiar apenas na opinião de agências profissionais nesse tipo de trabalho, proponho a seguir um modelo bastante primário, que deve ser posteriormente mais bem desenvolvido, para articular os diversos riscos envolvidos em uma negociação internacional.

SUGESTÃO PRÁTICA DE MODELO PRELIMINAR DE AVALIAÇÃO DE RISCO

Em várias áreas das finanças, por exemplo, existem modelos já consagrados para avaliar e mesmo mensurar o risco. Por exemplo, no chamado risco de mercado, as instituições financeiras utilizam o *Value at Risk* (VaR), que se trata do resultado de modelagens matemático-estatísticas baseadas em *gap* de moedas, duração real da carteira, volatilidade e outras variáveis, permitindo, assim, que chegue a o valor que está efetivamente sob risco. Entretanto, foram muitos anos de estudos do objeto para se chegar até aí e, muitas vezes, os modelos de fato variam de uma instituição para outra.

No âmbito deste capítulo, vamos nos ater apenas a uma primeira aproximação de um pequeno modelo, quase intuitivo, apenas para que o futuro analista de risco possa ter uma primeira magnitude, mesmo que baseada em critérios ainda subjetivos, sobre o risco incorrido. É uma espécie de autoavaliação de riscos.

No Quadro 5.2, Torre e Neckar (1988) indicam alguns fatores políticos que podem gerar riscos em operações internacionais.

Quadro 5.2 Fatores políticos nas operações internacionais

Fatores Políticos
Composição da População: – Etnolinguística, religiosa, tribal ou heterogeneidade de classes – Posições relativas de poder político e econômico – Imigracão e êxodo
Cultura: – Crenças e valores culturais subjacentes – Valores morais e religiosos – Senso de alienação no que concerne a influências modernas ou externas
Governo e Instituições: – Princípios e conflitos constitucionais – Resistência das instituições nacionais – Papel e relevância das Forças Armadas, Igreja, Partidos, Imprensa, Nível Educacional etc.
Poder: – Atitudes e ideologia dos líderes relevantes – Principais beneficiários do *status quo* – Papel e Poder dos aparatos internos de seguranca
Oposição: – Força fontes de apoio e eficiência/eficácia
Indicadores Gerais: – Nível e frequência de greves – Atos terroristas e distúrbios violentos – Número e tratamento dos prisioneiros políticos – Extensão da corrupcão oficial
Alianças/Alinhamentos: – Tratados e Alianças Internacionais – Posicionamento nas questões internacionais e registros de votações na ONU
Apoio Financeiro: – Ajuda financeira, alimentícia e assistência militar – Encadeamentos comerciais e econômicos prioritários
Arranjos Regionais: – Disputas de fronteiras – Ameaças militares externas e atividades de guerrilha – Revoluções recentes e refugiados políticos
Atitudes quanto ao capital e investimento externo: – Códigos de investimento nacionais – Pesquisas de atitudes/comportamentos locais quanto aos investidores externos – Jurisprudência das disputas
Outros Indicadores Gerais: – Registros da atitude frente aos Direitos Humanos – Grupos de Oposição formalmente exilados – Atos terroristas em outros países – Conflitos comerciais ou diplomáticos com o país origem

Fonte: Torre; Neckar (1988, tradução minha).

Certamente, tais fatores são extremamente importantes de serem conhecidos, em caso de realização de negócios com empresas ou mesmo governo de determinados países. Portanto, os riscos políticos são fundamentais nas análises das perspectivas de negociações internacionais.

Em geral, tão importante quanto o risco incorrido em uma operação é a própria percepção sobre seus riscos. Fatores de ordem psicológica existentes *a priori* podem levar ao risco oriundo da própria percepção. Algo que pode atingir o inconsciente coletivo e funcionar como uma profecia que se autorrealiza.

Entretanto, o que vamos propor aqui é bastante simples. Imagine-se tendo de analisar uma possibilidade de *joint venture*, no setor petrolífero, entre uma empresa brasileira e outra chinesa. Pode ser um *negócio da China* ou um *negócio com a China*. O importante é saber, afinal, que tipo de risco e qual sua possibilidade e real capacidade destrutiva sobre o negócio.

A matriz apresentada no Quadro 5.3 é bastante utilizada em análises do tipo autoavaliação de riscos (*risk self assessment*) e muito simples. Deve-se, a partir de uma análise baseada em fatos e informações precisas, mensurar, mesmo que intuitivamente, o verdadeiro *estrago* que o risco pode causar (impacto), caso ocorra, e sua real possibilidade de ocorrência (probabilidade). A forma mais comum é pontuar cada uma dessas possibilidades, cruzá-las e criar zonas de conforto similares às cores de um semáforo. Portanto, a classificação dos riscos das regiões em verde seriam aceitáveis, em amarelo deveriam ser avaliadas com atenção e, em vermelho, deveriam ser evitadas.

Em nosso caso específico (*joint venture* na área de petróleo na China), deveríamos listar os agrupamentos de informações relevantes para nossa análise. Por exemplo, vamos imaginar que precisemos de informações nos

Quadro 5.3 Matriz de análise de riscos (impacto *versus* probabilidade)

Matriz de análise de riscos (impacto *vs.* probabilidade)					
Impacto / Probabilidade	Muito baixo	Baixo	Médio	Alto	Muito alto
Muito baixa	(1,1) 1	(2,1) 2	(3,1) 3	(4,1) 4	(5,1) 5
Baixa	(1,2) 2	(2,2) 4	(3,2) 6	(4,2) 8	(5,2) 10
Média	(1,3) 3	(2,3) 6	(3,3) 9	(4,3) 12	(5,3) 15
Alta	(1,4) 4	(2,4) 8	(3,4) 12	(4,4) 16	(5,4) 20
Muito alta	(1,5) 5	(2,5) 10	(3,5) 15	(4,5) 20	(5,5) 25

seguintes agrupamentos: história do país; condições econômicas estruturais e conjunturais; situação política e governamental; relações entre sociedade e Estado; geografia e geoeconomia; condições relativas à comunicação; relações exteriores; aspectos culturais; ambiente jurídico e detalhes sobre o setor e atividade prospectados.

Imaginemos ainda que essas informações, em nossa escala de prioridades e de decisão, tenham pesos (ponderações) diferenciadas. Por exemplo, em um total de cem pontos, vamos supor que: história do país (5 pontos); condições econômicas estruturais e conjunturais (15); situação política e governamental (15); relações entre sociedade e Estado (10); geografia e geoeconomia (5); condições relativas à comunicação (5); relações exteriores (10); aspectos culturais (5); ambiente jurídico (10) e detalhes sobre o setor e atividade prospectados (20). Somando, temos os cem pontos e, portanto, uma ideia de importância ponderada de cada um deles para nossa análise.

O segundo passo diz respeito a analisar cada um desses agrupamentos de maneira isolada. Por exemplo, suponhamos que, para a situação política e governamental, nos interessem os seguintes aspectos: tipo de governo; regime; partidos políticos; chances da oposição; alinhamentos; confiança nas instituições; atitudes em relação aos direitos humanos, entre outros. Bem, consideraríamos o agrupamento como 100% e passaríamos a distribuir os percentuais entre tais aspectos, do mais ao menos importante, de modo a perfazer esse total.

A partir daí, passada essa etapa para todos os agrupamentos, teria de fazer a análise preliminar de risco propriamente dita. Para cada um dos aspectos, em cada agrupamento, deveríamos tentar entender como eles poderiam gerar riscos a nosso negócio e pontuar, de acordo com o quadro chamado de matriz de riscos, em termos de impacto que podem causar e probabilidade.

Essas pontuações deveriam ser multiplicadas pelos respectivos percentuais e, depois, relacionadas às ponderações de cada agrupamento. Então, por exemplo, suponhamos que os riscos embutidos na situação política e governamental reduzam o total possível de 15 pontos para 10. No final, para a operação, já não teríamos uma situação de cem pontos, mas sim de 95, caso todos os outros agrupamentos não gerassem risco, o que parece impossível.

Caso chegássemos a uma pontuação oriunda do somatório de todos os agrupamentos de 75,5 pontos, entraríamos na tabela das agências classificadoras de risco e chegaríamos à conclusão de que a operação estaria no patamar de grau médio superior (*upper medium grade*). Ou seja, a operação seria recomendável, em um nível intermediário.

Aqui, pela exiguidade do espaço de um capítulo, temos tudo simplificado, mas a sofisticação do modelo de análise vai depender da quantidade e qualidade das informações obtidas e do nível de ajuste que o analista quer para a validade de seu veredicto. Claro está, ainda, que se trata de uma análise preliminar, haja vista, para alguns aspectos mais técnicos, como os jurídicos e setoriais, análises mais profundas, em um segundo momento.

O modelo proposto aqui é apenas uma forma de conseguir fazer o conhecimento acumulado de internacionalistas, economistas, cientistas políticos, historiadores, sociólogos, profissionais da área jurídica e estatísticos ser colocado em uma matriz e analisado de maneira conjunta.

Riscos, em negócios internacionais, sempre estarão presentes, e seria impossível fugir dessa lógica em um mundo globalizado. A questão de fundo é: como fazer para avaliá-los e, se possível, mitigá-los. Essa proposta passa por uma breve análise, ainda que subjetiva, mas baseada em uma quantidade de dados e informações diretamente proporcional à magnitude dos negócios e que permite classificar as possibilidades por sua relação risco/retorno. A partir daí, os profissionais que fazem análises internacionais podem prover as empresas e os governos com algo relativamente confiável e útil que ajude na consecução (ou não) das operações.

Existem modelagens bastante complexas, mas não serão objeto de uma análise preliminar como esta, que se presta somente a demonstrar que é possível considerar o trabalho das agências classificadoras de risco como um padrão de partida para a realização de negócios com determinados países ou blocos, mas que a análise, muitas vezes, precisa ser um pouco ampliada, para se ter uma ideia de nuances que podem ser decisivos nas negociações internacionais.

CONSIDERAÇÕES FINAIS

Todo bom negócio, do ponto de vista estratégico, começa com uma adequada análise de cenários e de conjuntura. No plano internacional, essa análise precisa ser ainda mais acurada, pois envolve países, culturas, geografias, leis, percepções sociais, religiões e economias diferenciadas.

Por outro lado, a expansão desenfreada do universo dos dados, nos últimos vinte anos, além da difusão da tecnologia e da movimentação de pessoas de forma transfronteiriça, bem como do crescimento de atores como os Brics tornou ainda mais complexa a gestão de riscos pelas empresas, particularmente para aquelas que realizam negócios internacionais.

Riscos são, portanto, inerentes aos negócios em geral e ainda mais relevantes quando estes atravessam fronteiras.

Beck (op. cit.) finaliza seu trabalho seminal, sobre a sociedade de risco, ressaltando algo que não poderia ficar de fora de uma primeira aproximação para a análise da existência e da gestão do risco nas negociações internacionais. Diz ele, após afirmar que, na modernidade tardia, a produção da riqueza seja inerentemente acompanhada da produção social de riscos:

> (...) Na reflexividade dos processos de modernização, as forças produtivas perderam sua inocência. O acúmulo de poder do "progresso" tecnológico-econômico é cada vez mais ofuscado pela produção de riscos. (Ibid, 2010, p.15)

Ou seja, se, de um lado, os riscos nas negociações internacionais nascem da incerteza inerente ao próprio ambiente internacional e de negócios, do outro, a única certeza que teremos, em uma negociação dessa envergadura, é a de que lidaremos com o risco.

Por fim, devemos lembrar que riscos continuaram existindo nos negócios domésticos e internacionais simplesmente pelo fato de serem (e sempre serão) inerentes a eles. Entretanto, devem ser avaliados, geridos e, se possível, mitigados. Caso contrário, Beck (ibid, p.27) arremata brilhantemente "...cedo ou tarde acabam alcançando aqueles que os produziram ou lucraram com eles".

6
Decisões de investimento e análise de conflitos em áreas de baixa governabilidade

Luis Fernando Ayerbe

INTRODUÇÃO

Nas décadas recentes, os conflitos violentos de natureza intraestatal têm adquirido proeminência nas análises sobre os desafios mais importantes à estabilidade internacional. A avaliação de suas consequências negativas em termos de crises humanitárias, perdas materiais e geração de situações de ingovernabilidade se traduz em empreendimentos de governos, organizações multilaterais e não governamentais para a criação de mecanismos de prevenção. Se a premissa geral das diversas iniciativas parte da valorização positiva da paz como bem público universal, a definição de objetivos e prioridades responde aos imperativos da missão original de cada instituição.

Neste capítulo, iremos nos deter nas abordagens que orientam organizações privadas, multilaterais e estatais com agendas centradas na desobstrução de obstáculos aos investimentos de empresas multinacionais e na assistência ao desenvolvimento em países e regiões de alta conflitividade. Na medida em que suas análises de risco objetivam orientar a alocação de capitais e recursos com base em rigorosa contabilidade econômica de custo-benefício, tornam-se referência importante da percepção de riscos e oportunidades ao ordenamento global por parte relevante de seus atores-chave.

A análise desenvolvida evidencia três aspectos da linha de atuação das organizações selecionadas. Em primeiro lugar, a convergência de diagnóstico sobre a natureza das ameaças, em que os conflitos perdem a dimensão sistêmica e existencial da disputa capitalismo-socialismo da Guerra Fria, ganhando espaço a emergência de atores não estatais, com destaque para redes terroristas e do crime organizado, em países com déficits de governabilidade em função da fragilidade de seus Estados ou cujos governos favorecem ou até promovem sua atuação.

Em segundo lugar, revela-se o grau de sofisticação dos modelos analíticos elaborados para caracterizar situações que comprometam os interesses em jogo, compreendendo indicadores de prevenção *estrutural* dos conflitos, reveladores de suas causas profundas, e *operacional*, que buscam desvendar na conjuntura os fatores capazes de deflagrar situações de violência.

Por fim, são apontadas algumas limitações dos programas de prevenção operacional, especialmente de diagnóstico e de interlocução junto a atores com poder decisório, com consequências problemáticas no alerta e na resposta antecipada aos conflitos. Entre os exemplos das décadas recentes, destacamos as crises humanitárias desatadas por processos de limpeza étnica na África e nos Bálcãs, e a explosão de movimentos da sociedade civil que em pouco tempo derrubam regimes aparentemente estáveis no norte da África, em uma onda similar à que arrasou o bloco liderado pela ex-União Soviética no leste europeu.

GOVERNABILIDADE E CONFLITO NA ORDEM GLOBAL

No início dos anos 1990, uma convergência se estabelece entre analistas, lideranças políticas e empresariais identificadas com o capitalismo liberal em caracterizar o momento como marco de mudança estrutural de alcances históricos inéditos, cuja configuração responderia à interconexão de dois processos: 1) o fim da Guerra Fria encerra a etapa de conflitos sistêmicos com Estados não capitalistas, marcada pelo desaparecimento de um grupo de nações promotoras de um modelo econômico que questionava a propriedade privada dos meios de produção; 2) a globalização da economia acentua a expansão do mercado em detrimento do Estado, inclusive nos países governados por partidos comunistas, marcadamente a China, gerando crescente autonomia dos atores privados (Ayerbe, 2003).

O posicionamento dos Estados em função de sua proximidade e atitude em relação aos países do capitalismo avançado, apresentados como uma combinação bem-sucedida entre democracia representativa, liberdade de mercado e império da lei, passa a ser incorporado pelos governos norte-americanos de Bill Clinton e George W. Bush como parâmetro da divisão e hierarquia que acompanham a construção da nova ordem internacional.

Como assinalava Madeleine Albright (2000) na época em que dirigia o Departamento de Estado norte-americano, o mundo estaria composto por quatro categorias de países: (1) um núcleo central que congrega as nações com regimes consolidados de democracia representativa e economia de mercado cuja ampliação ou retração tornam-se indicadores da estabilidade política mundial; (2) os Estados em transição, que se esforçam por adotar o capitalismo liberal, com ganhos significativos na institucionalização de marcos formais fundamentais a seu funcionamento, mas ainda presos ao peso do passado de autoritarismo e populismo econômico; (3) os Estados fora da lei, que renegam e boicotam a ordem mundial, promovendo ações desestabilizadoras, como o suporte ao terrorismo; e (4) os Estados falidos, em que o subdesenvolvimento se apresenta como marca insuperável, colocando-os sob constante ameaça de colapso em itens básicos da sobrevivência como alimentação, saúde e segurança física.

Os atentados de 11 de setembro de 2001 orientam o foco principal da política externa norte-americana na direção dos Estados *falidos* e *fora da lei*, alvos destacados da chamada *Guerra Global contra o Terrorismo*, que assume o norte da doutrina de segurança formulada por Bush em 2002 (id., 2006).

Apesar do impacto doméstico dos ataques inéditos dentro do território do país, que instauram um estado de alerta permanente contra o risco de novas agressões, os dados disponibilizados pelo relatório do Departamento de Estado de 2004 mostram uma média anual declinante de incidentes no mundo após a Guerra Fria, variando de 544,44 entre 1982 e 1990, para 352,61 entre 1991 e 2003 (USDS, 2004).

Com base em indicadores diferentes, mas complementares aos do governo norte-americano, estudos independentes de instituições não governamentais compartilham a visão de que o mundo se tornou menos perigoso. De acordo com o Stockholm International Peace Research Institut,[1] uma das tendências, a partir dos anos 1990, é a diminuição na escala da conflitividade entre Estados. Entre 1997 e 2006, apenas três dos 34 maiores confrontos foram interestatais – o restante correspondeu a disputas por território ou poder governamental no interior dos Estados. O Human Security Centre (HSC), com base na análise da evolução do número de mortos em batalhas a cada conflito armado desde a Guerra da Coreia, mostra um declínio constante na letalidade da guerra, que passa de uma média anual de 10 mil na década de 1950, 5 mil na década de 1980, 2 mil na década de 1990 e mil entre 2000 e 2007 (HSC, 2009).

Na configuração dessa trajetória, pesam as mudanças na natureza das guerras, contrariamente ao envolvimento das grandes potências, a alta mobilização de tropas e o uso de armamento pesado típicos da Guerra Fria, predominam os conflitos em países pobres, protagonizados por organizações militares relativamente pequenas e maior utilização de armamento leve.

---

[1] SIPRI. *Yearbook*. 2007. Disponível em: <http://www.sipri.org/yearbook/2007>. Acesso em: 10 mar. 2011.

> O tamanho das forças armadas rebeldes, sua desinclinação – ou incapacidade – para se engajar em combates prolongados de alto nível, ou projetar seu poder a longas distâncias, significa que geralmente matam relativamente poucas pessoas. (Ibid., p.25)

No âmbito dos atores estatais, a União Europeia e a China, os dois polos de poder econômico e militar que secundam os Estados Unidos, também visualizam um mundo menos conflitivo. De acordo com a Estratégia Europeia de Segurança (EES) formulada em 2003,

> Europa nunca há sido tão próspera, tão segura nem tão livre. A violência da primeira metade do século XX deu lugar a um período de paz e estabilidade sem precedentes na história europeia. (CE, 2003, p.1)

Apesar desse cenário favorável, o documento considera que as ameaças são mais numerosas que no passado, e adquirem uma dimensão global, destacando cinco ameaças cuja incidência conjunta pode trazer consequências perigosas: o terrorismo, a proliferação de armas de destruição massiva, os conflitos regionais, a decomposição do Estado e a delinquência organizada.

Em dezembro de 2008, o Conselho Europeu apresentou um documento de avaliação e atualização da EES em que demonstra maior preocupação com a proliferação de armas de destruição massiva, com destaque para o Irã e a Coreia do Norte; com o terrorismo, exemplificado nos atentados em Madri (2004) e Londres (2005); com a expansão das redes do crime organizado; com a segurança energética, dada a crescente dependência externa do fornecimento de gás e petróleo, e com a mudança climática, multiplicadora de ameaças.

Em uma direção convergente, a República Popular da China enfatiza princípios de convivência internacional baseados no multilateralismo, o desenvolvimento e a cooperação entre as nações como melhor garantia da construção de um mundo pacífico, ressaltando a natureza global das novas oportunidades e ameaças. O documento do Ministério das Relações Exteriores *A paz, o desenvolvimento e a cooperação: bandeira da diplomacia chinesa na nova época* (Zhaoxing, 2005) coloca esses temas como tendência irreversível dos novos tempos, ante aos quais o país busca promover um novo conceito de segurança que tem como conteúdo principal a confiança mútua, o benefício recíproco, a igualdade e a colaboração.

A chegada ao governo do democrata Barack Obama traz como consequência uma revisão da Doutrina Bush, aproximando a perspectiva do país das posições apontadas nos documentos da União Europeia e da China.

Na estratégia norte-americana de segurança nacional de 2010, o fenômeno do terrorismo passa a ser contemplado como parte de uma agenda mais ampla, relativizando sua magnitude. Se a aceleração da globalização teria implicado avanços na disseminação da democracia, da liberdade e da paz entre as nações, aumentou a incidência de ameaças transnacionais:

> O terrorismo é uma das muitas ameaças consequentes com uma era global. O mais grave perigo para o povo americano e para a segurança global continua a vir de armas de destruição em massa, particularmente armas nucleares. A capacidade do espaço e do ciberespaço que empoderam nossas vidas diárias e as operações militares são vulneráveis a perturbações e ataques. A dependência de combustíveis fósseis restringe nossas opções e polui nosso ambiente. As alterações climáticas e pandemias ameaçam a segurança das regiões, a saúde e a segurança do povo americano. Estados falidos geram conflito e põem em perigo a segurança regional e global. Redes criminosas globais fomentam a insegurança no exterior e trazem pessoas e mercadorias através das nossas próprias fronteiras que ameaçam nosso povo.[2]

O *Quadrennial defense report* (QDR) de 2010, do Departamento da Defesa, reforça a importância de lidar com essas ameaças, especialmente em áreas de baixa governabilidade que favoreçam a atuação de atores não estatais:

> Os grupos terroristas buscam fugir das forças de segurança através da exploração de áreas sem governo e de baixa governabilidade como refúgio para recrutar, doutrinar e treinar combatentes, bem como para planejar ataques contra os interesses dos Estados Unidos e seus aliados".[3]

Pautando-se nesse relatório, o secretário da defesa Robert Gates, em artigo na revista *Foreign Affairs*, considera que lidar com "Estados fraturados ou falidos é, em muitos aspectos, o principal desafio para a segurança do nosso tempo" (Gates, 2010, p.2). A abordagem privilegiada passa pela capacitação dos parceiros para assumirem a própria defesa ou, em caso de necessidade, "lutar ao lado das forças dos Estados Unidos, fornecendo-lhes equipamentos, treinamento ou outras formas de assistência à segurança" (ibid.).

CONFLITIVIDADE E DECISÕES DE INVESTIMENTO

A percepção de ameaças à segurança do governo dos Estados Unidos em Estados *falidos* ou *fora da lei* não significa necessariamente a condenação desses atores ao isolamento internacional, especialmente quando detiverem recursos

---

[2] NSS. 2010. Disponível em: <www.whitehouse.gov/sites/default/files/rss.../national_security_strategy.pdf>. Acesso em: 5 abr. 2011.

[3] USDD (U.S. Department of Defense) *Quadrennial Defense Review Report*. 2010. Disponível em: <www.defense.gov/qdr/qdr%20as%20of%2029jan10%201600.pdf>. Acesso em: 10 mar. 2011.

econômicos estratégicos, tornando-se áreas de expansão de países e empresas cujas decisões de investimento coloquem em primeiro plano a diversificação de fontes de acesso a matérias-primas e novas oportunidades de lucro.

Um exemplo é o Sudão, que, apesar das sanções econômicas decretadas pelos Estados Unidos em 1997 contra o regime de Omar al Bashir e de enfrentar em Darfur um conflito interno de amplas proporções, mantém um sustentado crescimento econômico alimentado por investimentos de capitais em infraestrutura e petróleo liderados pela Líbia, China e Turquia (Rusiñol, 2007).

A atuação das empresas em territórios que combinam a violência com a fragilidade do Estado leva em consideração a necessidade de adaptação à realidade, adotando medidas que garantam a viabilidade permanente do empreendimento. No caso de setores como turismo, manufaturas ou distribuição de bens de consumo, a decisão de se retirar, dependendo da escala do conflito, é menos problemática. Já na indústria extrativa e de processamento de recursos naturais, a tendência a conviver com os riscos assumindo políticas de prevenção e resolução de conflitos se torna uma opção mais usual.

Em situações dessa natureza, é frequente a convivência pragmática entre empresas, grupos insurgentes, senhores da guerra e governos que controlam parte dos territórios de Estados frágeis, dado o interesse comum em viabilizar a distribuição de dividendos advindos de exportações e pagamento de pedágios por transporte de mercadorias, entre outros.

O pragmatismo na convivência de Empresas Transnacionais (ETs) e de atores nacionais tem sido um comportamento predominante também em países que, embora não estejam enfrentando conflitos armados, tenham governos com origem em movimentos sociais e organizações políticas críticas do capitalismo liberal e da política externa dos Estados Unidos, marcadamente na América do Sul. Despontam como tal a Venezuela, a Bolívia e o Equador cujas trajetórias no exercício do poder mostram que a ruptura com o passado é seletiva (Ayerbe, 2008). Analisando a valorização da economia baseada na extração e exportação de recursos naturais e como se reorientam as relações entre o Estado e as empresas do setor nesses países, Carmelo Ruiz Marrero (2011, p.1) cita o ex-ministro de minas e ambiente do Equador, Alberto Acosta, que, de uma perspectiva de esquerda ambientalista, critica as continuidades com o passado do modelo vigente:

> [...] Não podemos falar em mudança estrutural, o que foi feito é uma reconversão do velho extrativismo a um neoextrativismo ou o extrativismo do século XXI, onde o Estado tem maior participação na renda mineiro-petroleira, onde o Estado controla de alguma maneira a atividade das empresas transnacionais, onde há maior distribuição dos ingressos provenientes dessas exportações através de uma política social bastante sustentável, mas que não deixa de ser paternalista e clientelar, e aí

> chegamos a outro elemento importante: tem se melhorado o investimento social mas não se está mudando o padrão de acumulação e a concentração da riqueza, mas estão se distribuindo, através da política social, os excedentes disponíveis em tanto países produtores e exportadores de matérias-primas.

O pragmatismo que marca a interlocução entre atores cuja relação responde a conveniências impostas pelas circunstâncias é corrente em países com autonomia limitada na exploração e comercialização de seus recursos econômicos, tornando-se, em parte ou totalmente dependentes do *know-how* das ETs.

A Rand Corporation, instituição privada que desenvolve projetos de pesquisa para o setor de defesa dos Estados Unidos, tem dado ênfase ao tema da presença das ETs em áreas não governadas cuja definição inclui

> Estados falidos ou em processo de falência; baixo controle da terra, das fronteiras marítimas ou do espaço aéreo; ou áreas dentro dos Estados onde a autoridade do governo central não se efetiva e prevalescem outras formas viáveis de autoridade (Rabasa, 2007, p.1),

situando entre os principais exemplos a fronteira Afeganistão-Paquistão; a península Arábica; Sulawesi-Mindanao, nas Filipinas; Leste da África; Oeste da África; Norte do Cáucaso; fronteira Colômbia-Venezuela e fronteira Guatemala-Chiapas.

Nas situações mais sensíveis enfrentadas pelos Estados Unidos nessas regiões, a Rand busca identificar combinações mais eficientes no uso da força e no estabelecimento de formas permanentes de governabilidade. Nesse último aspecto, destacamos o estudo *Corporations and Counterinsurgency* (Rosenau et al., 2009) que atribui às empresas um importante papel estabilizador.

Embora reconhecendo o pragmatismo de circunstâncias a que nos referimos anteriormente, o estudo da Rand procura despertar nas empresas um pragmatismo estratégico, evidenciando as vantagens da prevenção estrutural da conflitividade a partir do engajamento permanente com os desafios políticos, sociais e econômicos do desenvolvimento da nação receptora do investimento. Tomando como referência a atuação da Royal Dutch Shell na Nigéria, da Firestone na Libéria e da Placer Dome na Papua-Nova Guiné, é proposto um conjunto de recomendações, sistematizadas no Quadro 6.1, a seguir.

O estudo da Rand concentra-se no aspecto estabilizador das ETs já estabelecidas em regiões conflitivas, e sua preocupação central é contribuir com o governo dos Estados Unidos para a introdução de sua agenda de política externa. No momento prévio ao investimento, quando as empresas ou as organizações multilaterais e governamentais têm de tomar a decisão sobre onde colocar seus recursos, a análise de conflitos envolve um grau maior de incerteza. Para tratar dessa dimensão da avaliação de risco, tomaremos

Quadro 6.1 Formas possíveis de resposta das corporações em zonas de conflito

Tema	Parceiros	Decisões	Raciocínio
Segurança	Companhias militares privadas Governo da nação anfitriã Missão dos Estados Unidos no país	Estabelecer as próprias forças de segurança Subsidiar as forças de segurança governamentais Pagar contratistas privados	Proteger instalações e trabalhadores
Relações com os locais	ONGs Grupos de ajuda internacional	Investir no desenvolvimento social e comunitário Construir casas, escolas, hospitais, estradas Fornecer empréstimos de microcrédito	Apoiar a economia local e conquistar corações e mentes
Construção da nação	Nação anfitriã	Reforçar a capacidade das autoridades governamentais Financiar a educação e a capacitação da polícia e das forças paramilitares Contratar instrutores para trabalhar com os funcionários	Reduzir os conflitos e aliviar encargos das empresas por meio da boa governança Estabelecer segurança e estabilidade
Operações de informação, assessoria de imprensa, relações públicas	Companhias privadas	Designar funcionários para assuntos de direitos humanos Determinar quanto tempo, dinheiro e ênfase serão dedicados a isso	Mostrar uma boa imagem das corporações
Programas de relação com a comunidade	Elites locais.	Ajudar a tornar difusos os conflitos por terra Promover passeios e conhecimento sobre como ser um bom vizinho	Ajudar a promover um ambiente mais harmonioso Construir confiança local
Migração interna	Elites locais Empresa de gestão de risco	Abraçar abordagens localizadas Compreender as consequências não intencionais das atividades empresariais	

Fonte: Rosenau et al., 2009, p.37.

como referência a abordagem de organizações privadas – como a Carleton University e o Political Risk Service Group –, multilaterais – como o Banco Mundial – e estatais – como a Agência dos Estados Unidos para o Desenvolvimento Internacional (USAID – United States Agency for International Development).

A Carleton University, do Canadá, desenvolve um programa dirigido ao setor de negócios. Conforme ressalta Ashley Campbell (2002, p.5), diretor do projeto The Private Sector and Conflict Prevention Mainstreaming, várias economias emergentes, como Colômbia, Indonésia, Argélia e as Filipinas, têm conseguido atrair altos níveis de investimento direto, apesar da ocorrência de conflitos violentos.

Com base em entrevistas realizadas pelo Political & Economic Link Consulting com 25 operadores de Empresas Multinacionais (EMNs), Campbell apresenta cinco fatores que orientam decisões de investimento em áreas conflitivas: 1) impacto geográfico do conflito; 2) gravidade do conflito; 3) atitudes e políticas do governo e da oposição; 4) setor industrial; e 5) estrutura do investimento (ibid.). O Quadro 6.2 apresenta os indicadores associados a esses cinco aspectos.

Quadro 6.2 Fatores que afetam a tomada de decisão de empresas multinacionais em países vulneráveis a conflitos

Fatores influentes	Como esses fatores afetam os investimentos das multinacionais	Indicadores possíveis para medir esses fatores
Impacto geográfico do conflito	Se o conflito for contido na área específica do país, as empresas estão menos preocupadas com os riscos do investimento, enquanto a violência incontida representa um risco maior para as operações multinacionais.	Localização dos grupos armados e das áreas de conflito.
Gravidade do conflito	Apenas EMNs com capacidades militares próprias vão investir em país que enfrenta um conflito territorial (grupos de oposição controlam eficazmente o país). EMNs toleram amplamente os riscos colocados pela incursão dos conflitos (o governo no controle, mas oposicionistas armados se envolvem em ataques frequentes) e pelo conflito terrorista (o governo no controle, mas grupos da oposição participam em atos isolados de violência).	Número de mortes por causa de conflito violento, indicadores que medem o império da lei e a legitimidade do governo, gastos militares do governo.
Atitudes e políticas do governo e da oposição	EMNs são sensíveis aos governos e vão investir se tiverem confiança no ambiente regulatório favorável a elas, receber estreita comunicação das políticas e apoio por ações do governo (incluindo os tradicionais incentivos econômicos, bem como as atividades militares). EMNs também prestam atenção à ideologia dos grupos de oposição (algumas ideologias são mais ameaçadoras para o setor privado) e monitoram os ataques da oposição à infraestrutura específica (em especial, as operações das multinacionais serão significativamente afetadas por ataques que interrompam viagens, transporte, telecomunicações, serviços públicos ou a disponibilidade de insumos essenciais, como o trabalho).	Estruturas tarifárias, regulamentações sobre os negócios, leis trabalhistas, atividades sindicais, nível de corrupção. Falta de energia elétrica, interrupções das telecomunicações, greves dos trabalhadores, fundamentos ideológicos de grupos de oposição.

Continua

Quadro 6.2 *Continuação*

Fatores influentes	Como esses fatores afetam os investimentos das multinacionais	Indicadores possíveis para medir esses fatores
Setor da indústria	EMNs são menos vulneráveis ao conflito se produzirem produtos essenciais à economia doméstica. Se o conflito resultar em transferência de regime de governo, EMNs baseadas em tecnologias estáveis correm maior risco que companhias baseadas em tecnologias que evoluem constantemente. EMNs podem ignorar o risco de conflitos se o potencial de fornecimento de insumos (principalmente os recursos naturais) for especialmente significativo ou se o mercado interno for fundamental para suas operações de maior envergadura.	Tamanho do mercado, disponibilidade de recursos naturais, direitos de propriedade intelectual.
Estrutura do investimento	Se as multinacionais forem capazes de estruturar seus investimentos de modo que minimize o risco de perdas por conflito, elas não poderão ser avessas ao investimento em países vulneráveis a conflitos. Uma estratégia comum é a *progressão de risco,* pela qual as EMNs se movem de investimentos de menor risco (como os acordos de licença de fabricação por contrato) para investimentos de maior risco (como a montagem pós-produção, empresas mistas, pequenos investimentos integrais) Outra ferramenta de mitigação de risco é o seguro de risco político e segurança adicional (agências de crédito à exportação podem prestar tais serviços a um custo subsidiado).	Disposição das seguradoras para cobrir riscos políticos nas apólices de seguros das EMNs no país anfitrião, flexibilidade das leis referentes ao investimento estrangeiro.

Fonte: Campbell, 2002.

Paralelamente à análise de risco de conflitos, a Carleton conta com um programa de prevenção operacional, o Country Indicators for Foreign Policy (Cifp). A referência metodológica do Cifp é o *Conflict and Peace Analysis and Response Manual* elaborado pelo Forum on Early Warning and Early Response Fewer), instituição de natureza humanitária e sem fins lucrativos, fundada em 1997, que define o alerta e a resposta antecipada como a

> coleta e análise sistemáticos da informação originária de áreas de crise com a finalidade de: a) antecipar a escalada de conflitos violentos; b) o desenvolvimento de respostas estratégicas a estas crises; e c) a apresentação de opções aos atores críticos para os propósitos da toma de decisão. (Fewer, 1999, p.17)

Partindo dessa definição inicial, Troy Joseph (2000), coordenador do estudo metodológico preliminar do Cifp, apresenta os três tipos de indicadores que orientam o monitoramento de situações de crise, sendo eles os:

1) *estruturais*, que delimitam as condições prévias do conflito

> tais como exclusão política sistemática, injustiças econômicas inerentes, carência de instituições adequadas e com capacidade de resposta, a presença de minorias étnicas, exaustão de recursos, dependência excessiva do comércio internacional (ibid., p.7);

2) *aceleradores*, que revelam

> acontecimentos que se retroalimentam e aumentam rapidamente o grau de importância de situações com maior grau de volatilidade, mas que também podem expressar a decomposição do sistema ou mudanças fundamentais nas motivações políticas (ibid.); e

3) *disparadores*, "acontecimentos imediatos que aceleram o brotar de um conflito (exemplo o assassinato de um líder, fraude eleitoral, um escândalo político" (ibid., p.7).

Apresentamos a seguir, no Quadro 6.3, uma lista de indicadores vinculados a essas três modalidades.

Quadro 6.3 Fatores estruturais e aceleradores de conflitos violentos

Estruturais	Aceleradores	Disparadores
Desempenho político	**Políticos**	**Políticos**
Pouca disposição para governar de maneira eficaz Abusos nos direitos humanos Abusos constitucionais Abusos de poder *Incapacidade para governar de maneira eficaz* Instabilidade sistêmica Ilegitimidade Poder não consolidado Controle territorial incompleto *Má gestão* Corrupção *Estrutura social instável* Mudança de elites Estratificação social pronunciada **Desempenho econômico** *Estabilidade econômica* Predomínio da pobreza Nível de desemprego Inflação/estabilidade de preços *Desigualdade econômica* Disparidade e desigualdade	*Insegurança doméstica* Incapacidade do Estado de prover segurança e estabilidade Forças de segurança nas ruas Incapacidade para manter o controle territorial Imposição de toques de recolher *Movimentos de população* Movimentos de civis pelas fronteiras Restrições a movimentos dentro ou para fora do país Pessoas que se deslocam e refugiados *Oposição política/Opressão governamental* Proliferação de grupos oposicionistas Frequência de arrestos políticos Miniaturização da oposição Problemas de processos contra dissidentes	*Direitos humanos* Liberdade de expressão Liberdade de movimento Liberdade de religião Liberdade de reunião *Integridade das eleições* Fraude eleitoral Intimidação de eleitores *Instabilidade política interna* Mudança de alianças Purga de pessoas de lealdade duvidosa Arrestos por motivos políticos Posições políticas dominantes/ideologias e impacto da paz e da estabilidade *Política governamental* Novas políticas discriminatórias Aumento da tensão entre os que apoiam

Continua

Quadro 6.3 *Continuação*

Estruturais	Aceleradores	Disparadores
Distribuição da terra Acesso à seguridade social e ao sistema de bem-estar social **Militares e segurança** Gastos com segurança Crescimento do comércio ilegal de armas Número de empresas privadas de segurança **Meio ambiente e gestão de recursos** Falência agrícola Poluição Desastre ambiental **Fatores socioculturais** Meios e propaganda Declarações inflamadas Exploração das divisões/tensões **Instituições e eventos** *Institucional* Carência de instituições civis Vínculo entre população e governo *Instituições religiosas* Comportamentos antagônicos Propaganda *Polícia e Poder Judiciário* Polarização institucional	Decepção com relação ao aparato de segurança Insatisfação com a gestão dos assuntos de Estado Expectativas insatisfeitas *Consolidação da oposição* Incremento da atividade oposicionista Incremento do tamanho e da coesão dos grupos de oposição **Econômicos** *Confiança internacional* Fluxo de capitais Dívida externa Estabilidade cambiária Reservas em moeda estrangeira *Declínio econômico* Incremento da pobreza/disparidade econômica Escassez de alimentos **Socioculturais** *Etnicidade* Tensões/violência étnica Rivalidades históricas Disputas territoriais Comportamento antagônico Perseguição institucionalizada Leis de linguagem	o regime e os que se opõem a ele Violação em massa dos direitos humanos *Intervenção externa* Apoio externo a grupos de oposição Ameaças de intervenção *Atividade fronteiriça* Concentrações militares Troca de tiros fronteiriços *Níveis de violência* Assassinatos políticos Violência política Violência étnica

Fonte: Joseph, 2000, p.13-4.

Com base na metodologia desenvolvida, o Cifp promove a análise e o monitoramento, atuando em conjunto com o governo canadense no treinamento de funcionários e na elaboração de estudos que deem suporte a políticas de promoção do desenvolvimento e da segurança, especialmente em Estados frágeis e falidos (Cifp, 2011).

Outra iniciativa importante na análise de risco de conflito é o Political Risk Service Group, com sede nos Estados Unidos, que conta com duas modalidades: o Political Risk Service (PRS), que identifica cenários sobre o futuro dos regimes políticos de países considerando dois períodos temporais (dezoito meses e cinco anos), e o International Country Risk Guide (ICRG), que estabelece um *ranking* de países fundado em 22 variáveis de risco político, financeiro e econômico, conforme apresentamos no Quadro 6.4, a seguir.

Quadro 6.4 Fatores de risco definidos pelo PRS e o ICRG

PRS		ICRG
Dezoito meses	Cinco anos	Variáveis
Turbulências*	**Restrições ao investimento**	**Componentes políticos do risco**
Desordens e manifestações Greves com motivação política Disputas com outros países que podem afetar os negócios Atividades terroristas e de guerrilha Guerra civil ou internacional Criminalidade nas ruas capaz de afetar o pessoal internacional de negócios Crime organizado com impacto na estabilidade política e nos negócios com o exterior **Restrições à equidade** Limitações aos negócios de propriedade estrangeira **Restrições a operações** Restrições ao pessoal estrangeiro para empregar, localizar atividades econômicas, assim como a eficácia e a honradez de funcionários públicos **Impostos discriminatórios para os negócios estrangeiros** Restrições à repatriação de capitais e dividendos de investimentos Controles cambiários Barreiras tarifárias e outros obstáculos para a importação Atraso nos pagamentos Pontualidade com a qual o governo e os importadores privados pagam seus credores externos **Expansão fiscal e monetária** **Políticas trabalhistas** Políticas do governo, atividades dos sindicatos e produtividade da mão de obra que criam altos ou baixos custos para os negócios **Dívida externa** Magnitude de toda a dívida com relação ao tamanho da economia e da capacidade do setor público e das instituições privadas de compensar pontualmente as obrigações do serviço da dívida	Situação atual e prováveis mudanças no clima geral para restringir investimentos estrangeiros **Restrições comerciais** Situação atual e prováveis mudanças no clima geral para restringir o comércio exterior **Problemas econômicos domésticos** Classificação do país de acordo com seu desempenho nos últimos cinco anos de crescimento do Produto Nacional Bruto (PNB) e do PNB *per capita*, da inflação, do desemprego, do investimento de capitais e das contas públicas **Problemas econômicos internacionais** Classificação do país de acordo com seu desempenho nos últimos cinco anos da conta corrente (como porcentagem do PNB), o coeficiente do serviço da dívida com relação às exportações e a mudança de porcentagem anual no valor da moeda	Estabilidade do governo Condições socioeconômicas Perfil do investimento Conflito interno Conflito externo Corrupção Militares na política Tensões religiosas Lei e ordem Tensões étnicas Responsabilidade democrática Qualidade da burocracia **Componentes financeiros do risco** Dívida externa como porcentagem do PNB Serviço da dívida externa como porcentagem da exportação de bens e serviços Conta-corrente como porcentagem da exportação de bens e serviços Liquidez em número de meses de cobertura das importações Estabilidade do câmbio **Componentes econômicos do risco** PNB *per capita* Crescimento real do PNB Taxa de inflação anual Balanço do orçamento como porcentagem do PNB Balanço da conta corrente como porcentagem do PNB

* As turbulências não incluem greves e movimentos de trabalhadores de natureza legal que não conduzam à violência.

Fonte: PRS Group, 2006.

Com base nessas duas metodologias, o PRS desenvolve estudos direcionados a diversos públicos. No caso do setor de negócios, publica periodicamente *A Business Guide to Political Risk for International Decisions* e presta consultoria para demandas específicas envolvendo avaliações sobre o clima para investimentos em países ou em determinados setores econômicos no interior de tais países.

De uma perspectiva mais ampla, embora complementar à lógica de apoio aos investimentos privados como parte do desenvolvimento econômico, o Banco Mundial conta com o Conflict Assessment Framework (CAF) cujo objetivo é "identificar e analisar conflitos no contexto da assistência ao país, redução da pobreza e outras estratégias de desenvolvimento apoiadas pelo Banco" (World Bank, 2002, p.1).

O CAF tem sua base em seis categorias de fatores, a saber: 1) as relações étnicas e sociais; 2) a governabilidade e as instituições políticas; 3) os direitos humanos e a segurança; 4) a estrutura e o desempenho econômicos; 5) o ambiente e os recursos naturais; e 6) os fatores externos. A cada categoria corresponde um conjunto de variáveis com seus respectivos indicadores, determinando três níveis de intensidade em relação ao conflito violento: advertência, intensidade incrementada e escalada.

Para determinar se é conveniente levar a cabo análises de conflito em um país, o CAF conta com um processo de filtragem de risco, o qual considera nove indicadores principais: 1) história do conflito; 2) renda *per capita*; 3) Exportação de bens primários; 4) instabilidade política; 5) direito civil e direito político; 6) militarização; 7) dominação étnica; 8) número de conflitos regionais ativos; e 9) desemprego juvenil (ibid.)

Na mesma linha do Banco Mundial, mas focada nos interesses associados à política externa norte-americana, a Usaid tem na análise de conflitos uma variável fundamental na avaliação dos países receptores de seus programas de assistência. Partindo da perspectiva de que a "estabilidade já não caracteriza nosso ambiente operacional, e que nossa ajuda tem de se adaptar a essa mudança", torna-se necessário "incorporar a sensibilidade ao conflito em seu desenho e execução". (Usaid, 2005, p.7). De acordo com a agência,

> nos últimos quarenta anos os Estados Unidos gastaram bilhões de dólares em programas de desenvolvimento, muitos dos quais nunca virão a ser concretizados devido ao conflito. (Ibid.)

Além dos aspectos humanitários, o conflito violento

> desencoraja o investimento, destrói capital humano e físico, mina as instituições necessárias para a reforma política e econômica, redireciona recursos para utilizações improdutivas, e provoca uma drástica deterioração na qualidade de vida. (Ibid.)

Como resposta a esse desafio, em 2002 foi criado o Office of Conflict Management and Mitigation, que conta com o programa Conducting a Conflict Assessment (CCA): a Framework for Strategy and Program Development, destinado a ajudar as missões da agência a

> 1) identificar e priorizar as causas e consequências da violência e instabilidade que são mais importantes em um contexto de determinado país; 2) compreender como os programas de desenvolvimento interagem com estes fatores; e 3) determinar onde o desenvolvimento e a ajuda humanitária podem apoiar mais efetivamente os esforços locais para gerir conflitos e construir a paz. (Usaid, op. cit. p.8)

Em termos metodológicos, o CCA estabelece quatro categorias de causas cuja presença conjunta pode atuar como fator acelerador ou disparador de um conflito: 1) as que motivam a violência, entre as quais se destacam as tensões étnicas ou religiosas, a pobreza, a disputa por acesso a recursos naturais e as pressões demográficas; 2) as que facilitam a mobilização e a expansão da violência, especialmente a existência de indivíduos ou grupos com capacidade organizativa e recursos materiais adequados para transformar o descontentamento em enfrentamento aberto; 3) as que se vinculam à capacidade de resposta do Estado, com instituições capazes de administrar a diversidade de interesses e reivindicações, ademais de instrumentos legais e repressivos para a manutenção da ordem; 4) as de origem regional ou internacional, a partir da atuação de redes transnacionais de natureza econômica, étnica, religiosa ou criminal. Paralelamente a essas causas, alguns eventos tendem a agir como disparadores da violência, tais como processos eleitorais controvertidos e desastres naturais, entre outros.

Nos países em desenvolvimento, a Usaid valoriza os fatores estruturais como elemento prévio a ser levado em consideração.

> Compreender as linhas de ruptura de uma sociedade e as pressões que levam pessoas a considerar a violência como um meio para promover seus interesses é uma primeira etapa necessária para avaliar o grau de risco num país. (Usaid, op. cit., p.15)

O CCA, assim como o CAF do Banco Mundial, foi desenhado para subsidiar a tomada de decisões de investimento em programas de assistência para determinados países, e não é propriamente um sistema de alerta antecipado. No âmbito do governo dos Estados Unidos, o maior empreendimento nesse sentido está sendo realizado pelo Departamento da Defesa, que desde 2008 tem destinado US$ 90 milhões à criação de um programa capaz de servir eficientemente às forças armadas, convocando mais de cinquenta laboratórios para conduzir pesquisas e produzir modelos operacionais. Um desses modelos tem sido apontado como mais promissor pelo Pentágono; trata-se do Integrated Crisis Early Warning System (Icews), desenvolvido pelo Lockheed Martin's Advanced Technology Laboratories, ainda em fase de teste e sem avaliação conclusiva sobre sua eficácia (O'Brien, 2010; Shachtman, 2011).

OPERACIONALIDADE DOS MECANISMOS DE ANÁLISE PREVENTIVA DE CONFLITOS

Os diversos sistemas abordados na seção anterior dimensionam aspectos quantitativos e qualitativos que diferenciam situações de estabilidade e de crise, podendo evolucionar para um cenário de conflito violento. Anna Marveeva (2006), em estudo preparado para a organização não governamental Global Partership for the Prevention of Armed Conflicts (GPPAC), apresenta uma reflexão crítica sobre os modelos existentes, estabelecendo uma relação entre alerta e resposta antecipada.

Entre os métodos convencionais, Marveeva destaca os que valorizam a análise quantitativa, com base no levantamento de informações de caráter estrutural, eventos e processos que levam a situações de conflito, e qualitativos, que valorizam a pesquisa de campo e a compreensão de elementos subjetivos. Sem assumir uma posição categórica com relação ao *método correto*, na medida em que considera importante resgatar as contribuições da diversidade de experiências existentes, Marveeva aponta algumas complicações inerentes à adoção irrestrita de um ou de outro. No caso dos métodos quantitativos, destaca as dificuldades operativas decorrentes do excesso de informação, o que pode dificultar o processo de construção de significados e elaboração de conclusões. Os mesmos indicadores, em contextos políticos diversos, podem levar a avaliações diferenciadas. Por outro lado, a carga potencial de subjetividade incorporada aos dados qualitativos abre espaço a eventuais confusões entre realidade e ideologia (ibid., p.14). Nesse aspecto,

> as séries de dados quantitativos podem ser úteis para obter resultados que sintetizem a realidade, proporcionando a visualização de saídas, correlações e a estandardização. Ao mesmo tempo, os dados qualitativos permitem o recurso de abastecer com informação profunda do contexto e dos atores sensíveis. O problema com dados quantitativos se relaciona com sua classificação, difícil e com frequência politicamente sensível, e as decisões baseadas na classificação influenciam a predição. Portanto, os projetos de detecção antecipada poderiam optar por se conter na quantificação. (Ibid., p.16)

Além da utilização muitas vezes inadequada de métodos convencionais, Marveeva considera preocupante a escassa confiabilidade atribuída pelos atores com poder de intervenção às organizações internacionais quando se trata de desencadear ações baseadas nesse tipo de alerta, pondo dúvidas sobre o valor agregado que os sistemas de alerta e resposta antecipada trazem para o processo de prevenção de conflitos armados.

Essas limitações não eliminam a relevância de gerar novas iniciativas, mas apontam obstáculos a serem superados. Dessa perspectiva, Marveeva sintetiza como aspectos positivos de consenso nas abordagens sobre alerta e resposta antecipada: "identificar as causas do conflito, predizer o brote de violência e atenuar o conflito" (ibid., p.12), para o qual sugere seis mecanismos centrais: 1) o levantamento de dados; 2) a análise de dados; 3) avaliações para o alerta ou a identificação de diferentes cenários; 4) a formulação de propostas de ação; 5) a transmissão das recomendações; e 6) as avaliações para a resposta antecipada.

> É importante evitar a tentação de ver o alerta e a resposta como ações separadas, senão como duas caras da mesma moeda. Se bem a resposta antecipada é o objetivo, o alerta antecipado é uma ferramenta para atingi-lo. As medidas de resposta poderiam ser pensadas como um duplo processo: ação antecipada/intervenção em situações de crise (prevenção operacional) e prevenção estrutural de longo prazo. (Ibid., p.45)

As ponderações de Marveeva revelam um hiato de difícil transposição entre a detecção de ameaças latentes e a geração de respostas, em que, para além dos problemas metodológicos, pesa o grau de confiança nas informações apresentadas pelas organizações não governamentais por parte dos atores com capacidade efetiva de ação preventiva, especialmente os Estados. Na perspectiva de abordar com maior profundidade os limites apontados, introduziremos na próxima seção alguns dos pressupostos teóricos que consideramos comuns aos programas de prevenção estrutural e operacional apresentados, concluindo com um balanço sobre o valor agregado das análises de risco de investimento em áreas de baixa governabilidade.

O INACEITÁVEL E O INSUPORTÁVEL

A elucidação dos diversos fatores que desencadeiam conflitos no interior das sociedades é um desafio permanente dos cientistas sociais e atores políticos que acompanham as transformações do sistema econômico, das relações entre Estado e sociedade e entre Estados-nação no âmbito internacional, gerando uma extensa produção com variadas interpretações. Seja com o objetivo de explicar esse tipo de fenômeno, ou de atuar como parte interessada em sua prevenção, resolução ou desencadeamento, o avanço do conhecimento é significativo.

A despeito da grande diversidade de estudos existentes, não diferem, no essencial, as principais perguntas que orientam o caminho do desvendamento da dinâmica oculta de antigos ou novos processos: quais as mudanças que se operam fora da esfera de poder decisório dos setores que se revoltam e que afetam negativamente sua vida cotidiana? Quais as mudanças de percepção desses setores em relação a sua realidade, que os torna inconformados com a continuidade dessa realidade?

Karl Marx e Max Weber forneceram respostas consistentes às questões colocadas. Por caminhos diversos, mas que muitas vezes se complementam, construíram duas abordagens que se tornaram clássicas, influenciando boa parte das análises posteriores.

Na perspectiva marxista, o conflito fundamental é aquele que leva à revolução social cuja base responde a desigualdades de classe institucionalizadas em estruturas de poder que legalizam a exploração no processo de trabalho. Nos fatores desencadeadores de um processo revolucionário, são consideradas as relações de produção, entre a estrutura social e a distribuição da riqueza e do poder, e o papel do Estado na reprodução das relações sociais dominantes. Alterações no equilíbrio de poder associadas à ascensão ou ao declínio de determinados setores, ocasionadas por transformações na forma de produção e apropriação da riqueza, ou por mudanças nas regras do jogo político, podem provocar reações violentas, constituindo campo fértil para a ação das organizações revolucionárias, capazes de dar condução e organicidade às mobilizações (Marx, 1971).

Nas análises marxistas, os conflitos que levam à revolução são essencialmente classistas, desencadeados pela tomada de consciência em relação a uma condição de exploração considerada intrínseca ao sistema, independentemente de situações conjunturais mais ou menos críticas. Diferentemente, a perspectiva weberiana valoriza a política e a subjetividade na regulação da vida social. Sua abordagem do conflito parte da noção de *fechamento*, determinante na caracterização da desigualdade que o desencadeia. De acordo com Weber (1991, p.231-2),

> Uma forma muito frequente de condicionamento econômico, verificada em todos os tipos de comunidade, é criada pela competição por oportunidades econômicas: cargos públicos, clientela, ensejos de ganhos mediante ocupação ou trabalho etc. Com o crescente número de concorrentes em proporção à margem de ação aquisitiva aumenta o interesse dos participantes na concorrência em limitar esse número de alguma maneira. A forma como isso costuma ocorrer é aquela em que se toma alguma característica exteriormente comprovável de uma parte dos concorrentes (efetivos ou potenciais) – raça, idioma, religião, origem local ou social, descendência, domicílio etc. – como base para conseguir sua exclusão da concorrência. [...] Esse processo de "fechamento" de uma comunidade, como o denominaremos, repete-se de modo típico, constituindo a origem da "propriedade" de terras, bem como todos os monopólios estamentais e de outros grupos.

Quando ocorre fechamento, explicitam-se formas de dominação, culturalmente construídas, com desdobramentos em termos de acesso diferenciado a bens e capacidade decisória. O exercício abusivo do poder em ações que tornam visível a discriminação e a percepção de afinidades entre setores que se consideram vítimas dessas ações pode desencadear um processo de conflito. As premissas dessa abordagem são as mudanças que desequilibram uma situação considerada estável e a percepção subjetiva de perda de poder político e/ou econômico. O problema central está associado à exclusão.

Analisando as razões sociais que ocasionam as guerras civis e entre Estados, Raymond Aron acompanha os argumentos weberianos sobre o processo de concentração e exclusão que resulta da competição por bens que não podem ser compartilhados, como o poder e a glória. A disputa se torna violenta "quando um dos adversários recorre à força física para forçar o outro à submissão" (Aron, 2002, p.442).

No âmbito intraestatal, Aron (ibid., p.444) estabelece três condições que coíbem a escalada da violência:

> as relações entre os membros da mesma coletividade estão sujeitas a normas, costumeiras ou legais; há uma autoridade legítima, reconhecida por todos, e certa consciência de solidariedade, a despeito do que separa os adversários; uma força superior – o exército ou a polícia – impõe-se irresistivelmente, em caso de necessidade.

A ausência de uma dessas condições poderá ser suficiente para o desencadeamento de um conflito violento. Passando da dimensão social para uma discussão de caráter essencialista sobre as ameaças à paz, Aron remete a comportamentos inerentes à natureza humana, que tornam instável qualquer relação de dominação-submissão. "O homem é o único ser capaz de preferir a revolta à humilhação e a verdade à vida. Por isso, a hierarquia dos senhores e dos escravos nunca poderá ser estável" (ibid., p.466).

Adotando uma perspectiva teórica similar, Jean-Baptiste Duroselle (1998) considera a guerra uma das regularidades da história do *homo sapiens* em cujo desencadeamento percebe a intervenção de quatro elementos constantes: 1) a criação de sistemas fechados, que embora se proponham como universais, implicam como condição de seu sucesso a exclusão de atores e valores vistos como contraditórios ao seu avanço; 2) as diferenças de poder que levam os poderosos a ampliar a ocupação de territórios, agravadas nos momentos em que o maior número de atores com poderio aumenta as possibilidades de disputa; 3) a desconfiança estrutural entre os Estados em sistemas multipolares; 4) a constante reaparição do *insuportável*, que favorece a aceitação da possibilidade da morte como componente da luta contra a opressão.

O quarto elemento está também presente em sua análise sobre o ocaso dos impérios. Entre os fatores capazes de dar término ao sistema de dominação imposto por uma grande potência, Duroselle destaca a violência, predominantemente ocasionada por derrotas militares perante a coalizões de potências inimigas; o nacionalismo, caso mais frequente da dominação colonial, confrontada por movimentos libertadores originários das populações autóctones e a desagregação interna cujo caso típico seria a Roma antiga.

Nos casos vinculados ao nacionalismo e à desagregação interna, o sentimento do insuportável aparece como fenômeno cultural próprio das comunidades que se percebem como vítimas do *status quo*. Para Duroselle, a tomada de consciência do insuportável poderia ser desencadeada por diversos motivos, entre os quais destaca a degradação de uma situação econômica, decorrente de mudanças que afetam diretamente o modo de vida, como a rápida deterioração das condições de trabalho; evolução do sistema de valores, pelo surgimento de uma consciência de opressão em relação a uma situação anteriormente percebida como componente inevitável da existência; maturação de um fenômeno demográfico, provocando reações contra a presença de *estrangeiros* associados a outras etnias, raças ou nacionalidades; ação do estrangeiro contra uma comunidade pacífica, gerando resistência contra os invasores do território.

> O limiar do insuportável [...] varia com a história, com as civilizações. O problema consiste em conhecer até que extremo se pretende ir para rejeitar o inaceitável: A resistência passiva? A perda momentânea de um salário? A morte? É nesse último caso quando o "inaceitável" se converte em "insuportável". (Duroselle, ibid., p.182-3)

Comparando dois momentos da História da França, Duroselle enfatiza a dimensão socioeconômica como indicador do grau de violência entre as partes em conflito:

> Quanto mais alto seja o nível médio de vida de uma coletividade, mais reduzida será a distância entre os níveis extremos de vida, e menos alto será o nível de risco admitido. A "revolta estudantil" de 1968 na França, apesar do seu caráter espetacular, apenas provocou três mortes violentas em dois meses, e as três foram acidentais; não se fez um só disparo. A começos (do século XX), algumas greves importantes provocavam [...] derramamentos de sangue muito mais graves. (Ibid., p.184-5)

Elucidar os fatores potenciais de transformação de uma consciência pautada pela ideia do *inaceitável*, geradora de movimentos reivindicatórios, em um antagonismo motivado pelo sentimento do *insuportável*, que aceita a possibilidade da morte como componente da luta política, implica uma caracterização do equilíbrio e da crise que, como veremos a seguir, carece de resposta efetiva por parte dos sistemas de prevenção operacional.

ANÁLISE DE CONFLITO EM ÁREAS DE BAIXA GOVERNABILIDADE

A profusão de instituições que, nas décadas recentes, passam a se ocupar da análise e prevenção de conflitos, algumas das quais abordamos nas seções anteriores, busca responder a desafios colocados por uma realidade que adquire notoriedade com a queda do muro de Berlim e o desaparecimento da ex-União Soviética, que surpreendeu o custoso sistema de inteligência norte-americana. Nos anos subsequentes, a eclosão de crises humanitárias na África e nos Bálcãs eleva o estado de alerta. De forma abrupta, diversidades preexistentes (hutus e tutsis em Ruanda, sérvios, croatas e bósnios na ex-Iugoslávia) tornam-se linhas divisórias irreconciliáveis, gerando uma percepção de que a convivência tenha se tornado insuportável e a limpeza étnica, o remédio definitivo.

Auscultar as variantes de subjetividade que intervêm na irrupção desse tipo de conflito, com o objetivo de antecipar uma resposta efetiva, tornou-se um exercício teórico-metodológico com ainda escassos resultados operacionais. As crises no início de 2011, na Tunísia e no Egito, com repercussões regionais que ameaçam uma mudança no mundo árabe e muçulmano comparável às transições políticas na América Latina e no Leste Europeu dos anos 1980-90, também surpreenderam o sistema de inteligência dos Estados Unidos, mesmo tendo incorporado em suas variáveis analíticas as novas realidades emergentes do pós-Guerra Fria e de ter seu orçamento dobrado desde 2001, chegando a US$ 80 bilhões em 2010 (Dilanian, 2010).

Questionada pelo Comitê de Inteligência do Senado dos Estados Unidos sobre o nível de informação que a Casa Branca detinha sobre a situação no Egito, a vice-diretora da Central Intelligence Agency (CIA), Stephanie O'Sullivan, coloca em evidência os limites que acompanham a passagem da identificação de indicadores estruturais e aceleradores para a percepção dos possíveis disparadores de uma rebelião popular: "Nós temos advertido sobre a instabilidade [...] Nós não sabíamos qual seria o mecanismo de disparo para isso" (Ryan, 2011).

Na Tunísia, o disparador da revolta que levou ao rápido colapso de um regime de 23 anos foi o ato suicida de Mohamed Bouazizi, jovem desempregado que ajudava no sustento da família vendendo frutas e verduras na rua. Segundo relatos de testemunhas, além de esbofeteado e cuspido por fiscais do governo, ele teve sua balança confiscada e sua mercadoria jogada fora, sob o argumento de que não tinha autorização de comércio. Após recorrer à administração local para que revisse sua situação e receber nova negativa, ateou fogo em si mesmo. A condição social preexistente predispunha o jovem tunesino ao descontentamento, mas a humilhação pública a que o submeteram as autoridades ultrapassou um limiar em sua subjetividade, gerando o sentimento do insuportável que culmina na autoimolação.

Dificilmente, sistemas de prevenção adivinharão decisões individuais dessa natureza, já que sua finalidade responde a outro pressuposto: o alerta antecipado com base na geração de conhecimento sobre a realidade, combinando análise e trabalho de campo que permitam captar níveis de descontentamento prestes a explodir em violência a partir de fatos como o protagonizado pelo jovem tunesino.

Em entrevista à seção Danger Room do site Wire, Mark Abdollahian, executivo do Sentia Group, empresa privada que dá consultoria ao governo dos Estados Unidos sobre previsão comportamental de indivíduos e grupos, concorda com as deficiências na detecção antecipada das crises na Tunísia e no Egito, reconhecendo que

> Todos os nossos modelos são ruins, alguns são menos ruins que os outros [...] Nós fazemos melhor que os cálculos humanos, mas não muito [...] Mas pense nisto como Las Vegas. No blackjack, se você pode fazer quatro por cento melhor do que a média, você está ganhando dinheiro real. (Shachtman, 2011)

O drástico diagnóstico de Abdollahian não tem como objetivo caracterizar um impasse, mas apontar desafios a serem superados pelas organizações estatais e privadas envolvidas na criação de sistemas de alerta antecipada, em que o investimento do Pentágono assinalado anteriormente desponta como o mais ambicioso.

Mesmo com os limites assinalados, a análise de conflitos não se resume à fase operacional, envolve também o componente estrutural. Como vimos, a combinação dessas duas dimensões é um valor agregado explicitamente reconhecido no auxílio da tomada de decisões de empresas, agências e organizações não governamentais com atuação internacional. Nessa perspectiva, concluímos o capítulo retomando as abordagens apresentadas, tendo em vista responder aos desafios metodológicos e estratégicos apontados na Introdução.

Do ponto de vista metodológico, o desafio das análises de risco é orientar satisfatoriamente as decisões dos investidores. Contemplar a contabilidade custo-benefício e a ponderação do equilíbrio e da crise no país receptor requer abordagens heterodoxas. As referências de normalidade se orientam por variáveis que captam um contexto em que o *status quo* se apresenta estável, independentemente de valorações políticas e/ou ideológicas favoráveis ou críticas.

No entanto, o aconselhamento sobre a aplicação de recursos é acompanhada pelo dimensionamento do potencial desencadeante de violência das clivagens sociais, políticas e culturais existentes. Aqui ganha relevância a utilização integrada de categorias marxistas e weberianas no exame da estrutura social, diferenças étnicas, religiosas, de nacionalidade e outras, com suas implicações na distribuição da riqueza e o acesso à representação na esfera do Estado, como bem exemplificam os indicadores da Carleton University detalhados nos quadros 6.2 e 6.3.

Em situações de instabilidade, a orientação de decisões que envolvem a destinação (ou retirada) de investimentos adiciona à caracterização do equilíbrio e da crise um leque variado de elementos de subjetividade. Nesse momento, a noção weberiana de fechamento representa um bom ponto de partida para compreender as situações capazes de transformar a insatisfação com a realidade em consciência do *inaceitável* e oposição aberta ao *status quo*. Os indicadores de aceleração da Carleton e do Political Risk Service Group, expostos, respectivamente, nos quadros 6.3 e 6.4, buscam captar o momento de alteração do equilíbrio com potencial de deflagrar uma crise.

A orientação de decisões de investimento em conjunturas mais críticas, incluindo situações em que o conflito já esteja instalado e se acumulem os pontos de interrogação sobre o futuro do país, envolve considerações que vão além da capacidade de previsão dos sistemas de alerta antecipada. Conforme o estudo da Rand sobre as corporações e a contrainsurgência, na aferição de relações custo-benefício há componentes decisivos de pragmatismo, embora com alcances estratégicos diferenciados. De fato, há a efetiva possibilidade de negociar condições favoráveis de convívio com os diversos atores interessados nos lucros advindos de empreendimentos que só as empresas têm competência para viabilizar, independentemente do regime político vigente, do grau de autoridade do Estado no território nacional e da escala dos conflitos. Em situações extremas, o isolamento da área ocupada pela empresa, contratando a própria segurança, é um dos expedientes apontado nos diversos estudos.

Na prática, trata-se de estar preparado para lidar com os custos imediatos preservando os interesses permanentes. Nesse sentido, as recomendações da Rand sintetizadas no Quadro 6.1 ressaltam a importância de conciliar a presença no país com a prevenção estrutural de conflitos, investindo no desenvolvimento socioeconômico. Além de contribuir para a construção de um cenário de estabilidade, esse tipo de prática posiciona melhor as empresas para enfrentar situações de crise, seja pelo convívio estabelecido com os diversos atores políticos, com os quais poderá manter a interlocução e favorecer a adaptação a diferentes contextos.

Do ponto de vista estratégico, a análise desenvolvida neste capítulo é reveladora da percepção de atores-chave da globalização sobre os desafios e as oportunidades para seus interesses. Relações pautadas pelo convívio, pela interlocução e pela adaptação entre ETs, movimentos insurrecionais e nacionalismos críticos do liberalismo (seja pelo lado socialista, árabe e/ou islâmico), revelam um ordenamento global fortemente pautado no pragmatismo, sem os antagonismos ideológicos da Guerra Fria e das clivagens dos discursos de promoção da Democracia, livre mercado e império da lei das administrações de Clinton e Bush. Na perspectiva das organizações analisadas, trata-se fundamentalmente de desobstruir obstáculos à internacionalização do capital, seja em contextos de estabilidade como de crise nos locais em que se identificam interesses estratégicos, sejam coincidentes ou não com as classificações de países na política de segurança da maior potência econômica e militar.

SEGUNDA PARTE

DIPLOMACIA ECONÔMICA

7
DIPLOMACIA COMERCIAL: ASPECTOS CONCEITUAIS E O PAPEL DO DIPLOMATA COMERCIAL

Saulo P. L. Nogueira

CONCEITO E EVOLUÇÃO DA DIPLOMACIA COMERCIAL

A relação comercial entre países existe há muito tempo e tem crescido tanto em quantidade quanto em diversidade de produtos. Entre alguns países, essa relação dependia fortemente da troca comercial, o que realçava uma relação pacífica, enquanto, entre outros, não havia troca comercial e os envolvidos eram mais propensos a lutarem entre si. Na maioria das vezes, a troca comercial visava adquirir produtos inexistentes no próprio país ou suprir uma queda na oferta nacional do produto. Em ambos os casos, entretanto, a importação tinha um papel importante para o país e, por isso, os governantes evitavam conflitos bélicos com seus parceiros comerciais (Feketekuty, 1997).

Seguindo tal raciocínio, ao negociar o acordo de Bretton Woods,[1] os países insistiram em criar uma organização de comércio internacional, a fim de aumentar o comércio entre eles e reduzir as guerras. Como isso aconteceu logo após a Segunda Guerra Mundial, esse desejo de criar tal organização é compreensível. De um lado, a ideia original não decolou – por causa da

[1] As conferências de Bretton Woods, definindo o Sistema Bretton Woods de gerenciamento econômico internacional, estabeleceram, em julho de 1944, as regras para as relações comerciais e financeiras entre os países mais industrializados. Foi definido um sistema de regras, instituições e procedimentos para regular a política econômica internacional, criando o Banco Internacional para a Reconstrução e o Desenvolvimento (posteriormente transformado no Banco Mundial e no Banco para Investimentos Internacionais) e o Fundo Monetário Internacional (FMI).

discordância dos Estados Unidos – e, do outro, foram estabelecidas regras básicas com o *General Agreement on Tariff and Trade* (Gatt), em 1947.[2]

Apesar de cumprir com a intenção original de evitar conflitos entre países, as regras em si e suas aplicações têm gerado discussão entre os diplomatas dos países-membros do referido acordo, principalmente porque o comércio internacional evoluiu e agora engloba questões complexas como propriedade intelectual, serviços e impacto ambiental.

No passado, o comércio exterior tratava somente das cotas e tarifas aplicadas aos produtos comercializados entre fronteiras, o que tornou relativamente fácil o estabelecimento de regras, como podemos pelo texto do Gatt. Na época, foram estabelecidas as questões básicas do comércio internacional, como a forma de cobrar alíquotas tarifárias nas fronteiras e como classificar os produtos e cadastrá-los na documentação que acompanha o comércio exterior nas alfândegas dos países. Com o passar do tempo, novas questões foram levantadas, como os métodos de combate à prática de *dumping* (precificação abaixo do preço de mercado do país exportador) ou ao subfaturamento de produtos importados (Júnior, 2002). Desde a década de 1990, vários novos temas foram incluídos nas negociações comerciais, entre eles o comércio de serviços, a propriedade intelectual, as regras de investimentos, o comércio e o meio ambiente.

À medida que o comércio exterior se torna mais complexo, mais sensível e difícil se torna a política entre os países – fato que chama cada vez mais a atenção de ONGs e instituições da sociedade civil. Por terem sido incluídos no acordo há pouco tempo, tais temas continuam a gerar debate e desentendimento entre negociadores e diplomatas (Montgomery, 2009). Certamente, por mais que polêmica, essa situação é mais interessante a todos os países do que a inexistência do acordo, o qual hoje envolve 153 países-membros da Organização Mundial do Comércio (OMC) e cujas decisões são tomadas com base em consenso (o que significa que os textos e as cláusulas assinados representam uma estrutura razoavelmente universal de aceitação e cobertura diplomática).

COMÉRCIO INTERNACIONAL APÓS A CRIAÇÃO DO GATT

O comércio internacional sempre existiu por causa da necessidade que certos países tinham de produtos que não existiam em sua região. Assim, precisavam trocar tais produtos por outros de interesse do parceiro comercial. Esse comércio tradicional continua crescendo em escala cada vez maior e de uma maneira mais abrangente; entretanto, crescem também outros tipos

[2] WTO. Disponível em: <www.wto.org>. Acesso em: 8 nov. 2005.

de comércio, como os de serviços e de produtos que envolvem questões complexas como propriedade intelectual. Essa mudança indica que os diplomatas e políticos responsáveis pelo comércio de seus países necessitam de mais conhecimento sobre como lidar com as questões complexas desse comércio.

Desde a criação do Gatt, em 1947, o comércio tem sido facilitado pelas regras estabelecidas no acordo que, na época, foi assinado por cerca de cinquenta países. O consenso na preparação do texto do Gatt foi fácil, pois tratava, principalmente, de produtos físicos cujo comércio englobava questões básicas como alíquotas de importação, a cláusula Nação-Mais-Favorecida (MFN; *Most-Favored-Nation Clause*), subsídios, cotas e outras questões dessa natureza.

Como vimos, o problema surgiu quando começou-se a buscar consenso sobre questões surgidas recentemente nas áreas de serviços, propriedade intelectual e meio ambiente. O trabalho de diplomatas e outros representantes tornou-se difícil e complicado, a ponto de eles chegarem aos encontros da OMC sem a preparação ou a informação necessárias para tratar do assunto adequadamente. A solução da maioria dos governos, especialmente as dos países em desenvolvimento e do Itamaraty, foi a criação de departamentos em seus ministérios de relações exteriores dedicados especificamente aos novos temas e acordos comerciais.

Esses departamentos costumam se preparar da melhor maneira possível para os encontros, diferentemente do que acontecia anteriormente, quando um único diplomata tratava de vários temas – em outras palavras, é possível afirmar que a especialização dos diplomatas foi um passo certeiro. Entretanto, por mais que fossem especializados, tais departamentos governamentais não tinham todo o conhecimento de que precisavam para acompanhar as discussões internacionais, tendo, então, de contratar especialistas ou advogados a cada novo projeto.

Apesar de os países desenvolvidos geralmente estarem mais bem preparados por terem mais recursos e funcionários nesses departamentos de seus ministérios, eles também necessitavam de ajuda do setor privado, ou seja, das informações *de campo* fornecidas por intermédio de associações, *think-tanks* (centros de pesquisa econômica e política visando apoiar a tomada de decisões do governo) e outras instituições (Feketekuty, 2004).

Os países em desenvolvimento estavam (e continuam) em desvantagem nas negociações internacionais de comércio, pois participavam das discussões com equipes limitadas e, muitas vezes, sem especialistas do setor privado, enquanto representantes dos Estados Unidos, da União Europeia e do Japão contavam com uma delegação numerosa formada por economistas, especialistas e advogados.

Esse desnível entre nações desenvolvidas e em desenvolvimento torna ainda mais importante a participação e colaboração do setor privado nas discussões e na preparação de estratégias de negociações internacionais de comércio (Nogueira, 2006). Embora a responsabilidade esteja nas mãos do governo, não se deve apenas criticar as decisões tomadas pelo Itamaraty após elas terem sido tomadas, como têm feito certos setores da economia brasileira – tanto a sociedade quanto o setor privado têm o importante papel de contribuir com o Itamaraty para que este tenha um retrato mais realista das condições econômicas brasileiras e para que a posição do governo satisfaça aos interesses de importadores e exportadores. Quanto mais a sociedade e as empresas tomarem consciência da importância e das implicações das negociações internacionais de comércio, mais entenderão a necessidade de estudar seu mercado e tomar posições.

FUNÇÕES DA DIPLOMACIA COMERCIAL

A diplomacia comercial visa atuar em defesa dos interesses econômicos de um país, o que requer abordar as questões não econômicas relacionadas a eles (Feketekuty, op. cit.). Além disso, cada país tem seu governo para elaborar leis e tomar medidas que objetivem promover o desenvolvimento econômico de sua população.

Tratando-se de comércio internacional, é comum perceber entre os governos o principal objetivo de aumentar as exportações e evitar as importações. Porém, tal percepção é enganosa, uma vez que todos os países precisam importar certos produtos. Em linha com as teorias de economia internacional, como o modelo Ricardiano, o modelo de gravitação e o de Heckscher-Ohlin, nenhum país é autossuficiente em todos os produtos e serviços. Mesmo se uma nação o fosse, certamente não seria eficiente na produção. Portanto, a importação serve para abastecer a demanda nacional, seja ela por produtos básicos como *commodities* ou eletrônicos de alta tecnologia. O dever da diplomacia comercial é identificar quais setores são mais competitivos – e precisam de novos mercados no exterior como forma de apoio – e quais são menos competitivos – e precisam de certo apoio, temporário, durante o período de transição ao livre-comércio (Feketekuty, 1997).

Essa tarefa é complicada para um único ministério e requer ajuda de diversos agentes, sejam eles dos setores público ou privado: os demais ministérios têm o trabalho de analisar o impacto de propostas comerciais; os representantes do setor privado precisam informar quais os problemas e as oportunidades existentes nessas propostas; e as instituições (tanto as públicas quanto as privadas nas áreas sociais, econômicas e ambientais), como universidades, devem analisar o que esses acordos representam para a sociedade. O especialista em diplomacia comercial reúne todos esses atores, coleta as informações e as analisa, tentando sempre obter a informação mais objetiva possível para não prejudicar seu trabalho. Feito isso, ele deve formular propostas ou soluções para impasses nos acordos comerciais, atendendo a interesses políticos, sociais e empresariais. Essas propostas devem ser apoiadas pelas várias entidades envolvidas ou, pelo menos, ter o apoio de boa parte desse grupo.

A comunicação entre a comunidade empresarial, as instituições e o governo é imprescindível. Sem essa troca de informações, a sociedade corre o risco de o governo entrar em um acordo sem o apoio da população e, com isso, sofrer perdas econômicas. Portanto, é cada vez mais importante as organizações e os governos contarem com especialistas em diplomacia comercial para facilitar o diálogo, entender melhor a questão comercial e negociar com mais clareza, organizando os argumentos, para satisfazer todas as partes envolvidas.

O termo *diplomacia comercial* tem uma conotação governamental, como se fosse uma atividade exclusiva do governo. Porém, esse profissional pode trabalhar tanto no governo como no setor privado ou em ONGs e instituições presentes na sociedade. O cargo de representante comercial de um país tornou-se mais exigente e por isso o diplomata comercial precisa analisar as relações entre os três grupos que influenciam a política de comércio exterior: governo, setor privado, instituições e ONGs. Justamente pela importância dos acordos comerciais entre países, estes necessitam de uma análise com representantes da sociedade, uma vez que o diplomata comercial atuará em diversos ambientes.

A função tradicional da diplomacia – a de aprimorar as relações internacionais de uma nação – continua sendo exercida pelos Ministérios de Relações Exteriores. No entanto, ao tratar de acordos ou disputas comerciais, os diplomatas comerciais presentes na sociedade, no setor privado e no governo precisam agir juntos, como representado pela Figura 7.1.

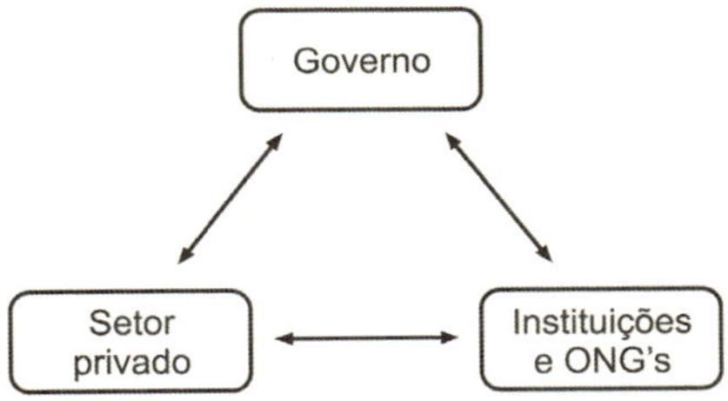

Figura 7.1 Principais grupos envolvidos em diplomacia comercial

Uma boa gerência das relações entre esses três grupos requer que entendamos os interesses, as funções, os valores e os objetivos de cada um. A dificuldade maior está em compreender esses grupos em conjunto – levando em conta suas referências e prioridades –, a qual aumenta em um país com costumes, cultura e meios de organização bastante diferentes dos nossos. Entretanto, podemos verificar que existem muitas semelhanças nas funções dos grupos (ver Figura 7.2), independentemente da sociedade em que estejam (ibid.).

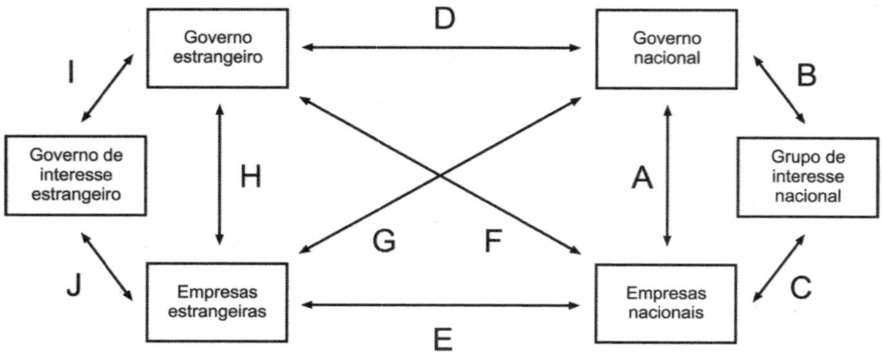

A – Relações governo–empresa (nacional)
B – Relações grupo de interesse–governo (nacional)
C – Relações grupo de interesse–empresa (nacional)
D – Relações governo (nacional)–governo (exterior) *[diplomacia]*
E – Relações empresa (nacional)–empresa (exterior) *[mercado internacional]*
F – Relações empresa (nacional)–governo (exterior)
G – Relações empresa (exterior)–governo (nacional)
H – Relações empresa–governo (exterior)
I – Relações grupo de interesse–governo (exterior)
J – Relações grupo de interesse–empresa (exterior) B

Figura 7.2 Campo da diplomacia comercial

Fonte: Feketekuty, 2004.

Saber quais os objetivos e interesses do governo, das empresas e das instituições em uma sociedade nos ajuda a entender sua situação e o tipo de resultado de que necessitam para que saiam satisfeitos das negociações políticas do comércio exterior. Somente assim poderemos propor soluções interessantes para todos os integrantes da negociação.

A CONTESTAÇÃO DE POLÍTICAS COMERCIAIS

Profissionais do comércio exterior devem ter percebido os inúmeros casos de disputa na OMC e em outros fóruns nos últimos anos e, certamente, devem ter indagado a razão para tantos conflitos. Em primeiro lugar, considerando as inúmeras legislações dos mais de 150 países-membros da OMC, é compreensível a existência de leis incompatíveis com as regras estabelecidas pelo Gatt/pela OMC. Cada país tem seu interesse econômico e comercial e elaborou regras a favor da indústria e dos setores nacionais.

Mesmo que os países-membros tenham assinando sua entrada à OMC e alterado suas políticas para adequarem-se às novas leis, estabelecidas em 1995, algumas delas passaram despercebidas pelo corpo técnico da OMC. Além disso, muitas políticas comerciais de diversos países foram criadas antes da formação da OMC, podendo então não estar compatíveis às regras internacionais de comércio.

Apesar de a OMC pesquisar todas as políticas de cada país-membro a cada quatro anos, elaborando os relatórios *Trade Policy Reviews*, muitos países ainda não põem em prática as mudanças requeridas por esses relatórios dos especialistas da organização. Aos poucos, essas protuberâncias que fogem à caixa de regras da OMC são percebidas ou expostas por empresas e diplomatas. Além disso, novas políticas comerciais são introduzidas mesmo que incompatíveis com as regras da organização, sob o argumento do governo de fazerem parte de uma política de desenvolvimento, ou algo parecido (ibid.). Exemplo disso é o *Buy American Provision*, incluído no *American Recovery and Reinvestment Act of 2009*, em que uma margem preferencial nos preços é dada a empresas norte-americanas nas compras governamentais feitas nos Estados Unidos, medida essa que visa ajudar a economia nacional a se recuperar da crise financeira de 2008 (Montgomery, 2009).

Existem ainda muitas outras políticas que simplesmente servem de barreira comercial, sem qualquer justificativa fundamentada. Casos assim necessitam de intensa análise para provar que a política trava o comércio internacional e, portanto, atua contra os ideais da OMC. Apesar de todas elas sempre terem suas justificativas escritas pelo Ministério ou pelo político que promoveu a lei, essa explicação não deve ser simplesmente aceita, pois uma análise cuidadosa pode revelar informações e dados do verdadeiro efeito da política sobre a economia nacional e sobre o comércio internacional.

A ANÁLISE DA POLÍTICA COMERCIAL

Independentemente de como a questão de certa política comercial tenha sido levantada, ela precisa ser analisada da maneira mais objetiva possível. Se o problema tiver sido levantado por uma associação de classe representante da indústria afetada pela política comercial, o diplomata comercial precisa buscar informações de outras fontes, além das fornecidas pela associação. Repetir os apelos do grupo não vai agregar qualquer informação adicional e colocará os diplomatas do Itamaraty, casos eles precisem tratar do assunto com o país estrangeiro que adota tal medida, em uma situação complicada, sem as informações necessárias.

Normalmente, os primeiros a perceberam problemas com medidas ou políticas comerciais, sejam do próprio governo ou do estrangeiro, são as empresas exportadoras ou importadoras. Elas percebem como a medida está reduzindo o comércio exterior de seu produto ou serviço e, assim, apelam para o governo. Descartando os problemas considerados insignificantes, em termos de volume comercial, o governo precisa de certas informações antes de dialogar com o país estrangeiro sobre a política comercial. Para isso, o diplomata comercial precisa checar se: (1) o problema comercial é causado por uma política identificável; (2) o impacto no comércio é significativo;

e (3) o tema consiste em uma violação das leis de comércio internacional. (Feketekuty, op. cit.)

Em seguida, o diplomata precisa identificar e definir claramente o problema que está prejudicando o comércio internacional. Uma definição que abranja o tamanho do problema, sua causa e os grupos prejudicados permite começar a análise, a qual deve ser escrita de maneira concisa e clara para qualquer pessoa envolvida, seja o diretor da empresa ou o assessor de um deputado, compreenda o problema e seus impactos. Esse exercício, por si só, pode esclarecer algumas questões do problema, podem revelar outras de suas causas.

Identificado o problema comercial, a questão precisa ser analisada de várias perspectivas, como a comercial, econômica, institucional, jurídica, legislativa, política e de relações públicas (ibid.), como representado pela Figura 7.3.

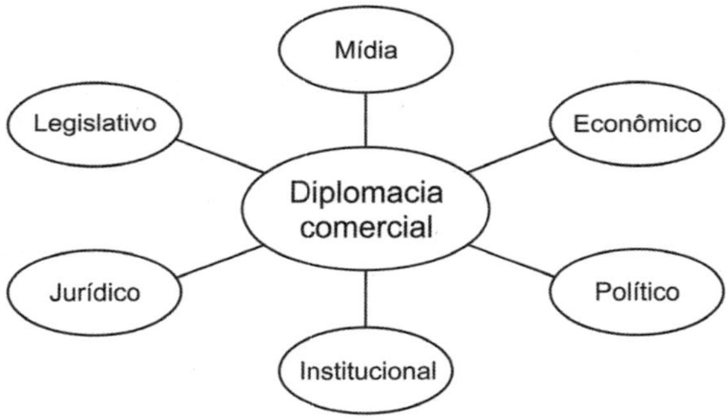

Figura 7.3 As dimensões da diplomacia comercial
Fonte: Feketekuty, 2004.

Análise comercial

O objetivo da diplomacia comercial é criar uma política de comércio exterior que proteja os interesses sociais da política nacional sem diminuir o comércio dos produtos ou serviços envolvidos. Sendo assim, o diplomata comercial tem de entender os impactos econômicos e sociais das políticas comerciais para atingir esse objetivo.

A análise comercial visa a medir a mudança do comércio exterior causada pela introdução de uma medida ou política comercial. Usando dados do comércio exterior de um período recente e o custo adicional do produto importado ou exportado por causa da medida, podemos chegar a uma estimativa do comércio incrementado ou desestimulado. Apesar de simples, esse cálculo pode exigir o apoio de um economista e seu resultado será útil para formular posteriores argumentos a favor ou contra a medida (Nogueira, op. cit.).

Outro dado – mais fácil de obter – é a mudança no faturamento das empresas envolvidas, o que gera impactos diretos nos impostos pagos por elas. Usando o conceito de elasticidade, é possível verificar a mudança na demanda pelo produto importado ou exportado causada pela política comercial que altera seu preço. Considerando que o comércio exterior gera empregos e paga impostos, essa estimativa também permite chegar a números aproximados a respeito desses itens importantes.

Análise econômica

O comércio internacional afeta a economia dos países e, por isso, é importante entender os impactos econômicos das medidas que vem sendo tomadas no âmbito comercial. Além dos impactos diretos de geração de emprego e pagamento de tributos, a análise pode também determinar os reflexos sobre a eficiência de um setor e, referindo-se a grandes volumes, o impacto sobre o câmbio e a balança comercial.

O aumento de comércio exterior melhora a eficiência dos setores com os quais o país tem uma vantagem competitiva e, por outro lado, causa mudanças, pois o movimento de mão de obra para esses setores prejudica os demais setores do país considerados menos eficientes. O político deve saber como uma política de comércio exterior influencia a economia e a distribuição de renda da nação.

Um importante papel do diplomata comercial é o de aproximar os economistas dos demais profissionais – relação essa costuma ser conflituosa: o economista reclama que os outros profissionais não entendem a situação econômica e simplificam muito as informações, enquanto os demais profissionais reclamam que os economistas usam uma linguagem própria e incompreensível. Aliviar esses desentendimentos pode ajudar enormemente no uso de estatísticas nas análises de problemas no comércio internacional, o que traz mais legitimidade aos dados divulgados.

Análise jurídica

Leis nacionais ligadas ao comércio exterior determinam as regras sobre como atuar na área de exportação e importação, e uma análise dessas leis nos permite saber se serão necessárias mudanças nas leis para resolver o problema, e, caso sim, quais tipos de mudanças.

Para tal, é necessário fazer uma leitura das leis, normas e cláusulas pertinentes, e interpretá-las como em casos anteriores. A maneira como a legislação foi redigida precisa ser analisada, a fim de obter interpretações jurídicas que possam estar em conflito com a ideia da política comercial desejada pelo governo. Esse trabalho deve ser feito por advogados especialistas no assunto em questão.

Em primeiro lugar, deve ser feita uma análise de compatibilidade da política comercial com os acordos nacionais e internacionais. Levando em conta a hierarquia das leis internacionais e nacionais, chegamos à conclusão de quais leis têm superioridade sobre as demais e, portanto, precisam ou não ser alteradas. Dependendo do caso, o apoio de um advogado especialista em legislação internacional de comércio será necessário (ibid.).

As regras básicas do Gatt/da OMC determinam como as legislações internacionais podem ou não interferir no comércio internacional, sempre visando a incentivá-lo. Uma leitura rápida das regras do Gatt esclarece os conceitos básicos a serem seguidos pelas políticas comerciais dos países-membros. Por exemplo, o artigo 1, da MFN, diz que qualquer benefício oferecido para outro país-membro precisa também ser oferecido para todos os outros países-membros. O artigo 3, de Tratamento Nacional, diz que uma empresa estrangeira será tratada igual a uma empresa nacional e não será discriminada de qualquer forma. Cada um dos 38 artigos tem regras de como ser aplicado e suas exceções (ibid.). Para outros temas relacionados ao comércio, porém de outras esferas, as regras de outras instituições são usadas, como as leis trabalhistas da International Labour Organization.

Análise institucional

Além da análise jurídica, cabe também fazer uma análise institucional das entidades envolvidas. Todo departamento, ministério ou agência governamental tem um método para a tomada de decisões sobre mudanças nas leis. Esse processo pode se tornar bastante complicado quando envolve mais de um departamento ou quando um político quer influenciar discretamente uma decisão.

Muitas vezes, entretanto, a medida ou alteração na política não é feita por causa de disputas entre departamentos ou agências de uma instituição (Mack, 1997). É comum haver disputa por poder entre funcionários públicos, cada um defendendo seu território; e, por isso, é importante compreender exatamente o que vai mudar do *status quo*. Sem essa informação, o esforço do diplomata comercial pode ser em vão, a não ser que ele receba ordens superiores para introduzir o mesmo. Da mesma forma, é importante entender todos os passos burocráticos necessários para a introdução da medida desejada.

Análise política

Considerado por muitos (Feketekuty, op. cit.) como um território mais complicado de compreender, a análise política visa mapear os grupos políticos que participaram da elaboração ou alteração da política comercial, assim como identificar os políticos-chave para efetivar a mudança na legislação. Identificando os políticos e os partidos aos quais eles pertencem, é possível compreender como será sua postura perante a proposta de alterar a legislação comercial.

Tal análise pode demandar um estudo de como cada político, no passado, votou em matérias de comércio exterior, assim como suas tendências para cada assunto relacionado ao tema (Feketekuty, op. cit.). Cabe também analisar a viabilidade de eles formarem coalizões.

Ademais, é essencial entender como propostas de leis e regras deixam de ser sugestões e são ratificadas, ou seja, entender as etapas pelas quais passam dentro do Congresso Nacional. Com esse conhecimento, podemos estimar o tempo até que a proposta seja aprovada ou rejeitada, bem como identificar quais políticos poderão apoiar ou não na votação da medida (Mack, op. cit.).

Análise da mídia e opinião pública

Por ser um tema pouco interessante para o público geral, muitos assuntos de comércio exterior não são publicados na mídia, com exceção de quando envolvem uma rixa entre países ou podem causar grande impacto nos empregos nacionais ou no meio ambiente (Nogueira, op. cit.). Normalmente, o tema é debatido apenas em revistas especializadas ou em pequenos círculos dos grupos envolvidos.

Quando um assunto é bastante técnico, a mídia não costuma lhe dar muita importância. Partindo da ideia de que a mídia é uma faca de dois gumes, ela pode ajudar na aprovação de certa política comercial ou prejudicar todo o esforço do setor privado defendido pelo diplomata comercial. Assim, este deve compreender se e como a mídia deve ser envolvida: o uso da opinião pública a favor da causa do diplomata comercial pode ser uma ferramenta útil, desde que a informação seja apresentada da maneira correta.

Trabalhar com a mídia requer um esforço de passar as informações para jornalistas, sem tentar enganá-los e esmiuçando alguns tópicos para que sejam mais bem compreendidos pelos profissionais da mídia cujo tempo é bastante escasso (Mack, op. cit.).

A análise completa

O processo de análise deve seguir a lógica do método de *negociação baseada nos interesses*, uma técnica desenvolvida pelo Roger Fisher e William Ury (1994). Entre as demais técnicas, esta apresenta a maior praticidade, pois, com ela, o negociador tenta compreender os interesses de cada ator envolvido no problema comercial. Trata-se de uma técnica alternativa ao método comum de negociar ou resolver conflitos, no qual as partes costumam brigar e uma delas (se não ambas) acaba perdendo.

A ideia principal de Fisher e Ury é de que primeiro devemos compreender os verdadeiros interesses do ator sentado do outro lado da mesa, para então nos aproximarmos de propor uma solução que possa satisfazer a todas as partes. Essa técnica é também conhecida como *negociação objetiva*: nela, o negociador busca se ausentar de emoções e sentimentos ligados ao tema abordado e tenta adotar um ponto de vista de afastamento, para que consiga enxergar mais claramente o que realmente está em jogo e o que está atrapalhando a vida (ou o comércio) dos dois lados.

Sabendo das funções dos diversos atores em uma disputa comercial, podemos identificar seus interesses mais comuns, conforme descritos na Tabela 7.1. Percebemos quão complicada pode se tornar uma situação por causa dos diversos interesses de cada parte.

Tabela 7.1 Os diversos interesses dos grupos envolvidos

Grupo	Interesse n.1	Interesse n.2	Interesse n.3	Interesse n.4
Funcionário público de comércio exterior	Negociar um bom acordo	Satisfazer aos superiores	Satisfazer aos legisladores	Satisfazer aos principais grupos de pressão
Representante de uma organização	Trazer novos sócios	Satisfazer aos associados existentes	Satisfazer aos superiores	Conseguir a aprovação das políticas
Jornalista	Vender jornais	Desenvolver sua reputação	Ser o primeiro a descobrir as novidades	Obter informações exatas
Político	Conseguir votos	Conseguir doações de campanha	Manter o apoio dos principais eleitores	Conseguir acordos defensivos
Burocrata	Proteger seu território	Subir na carreira	Satisfazer aos superiores	Facilitar o trabalho
Lobista	Estabelecer sua reputação	Promover os interesses da empresa	Promover os interesses da indústria	Promover os interesses da coalizão
Ativista de uma ONG	Promover os ideais da ONG	Atrair novos sócios ou doadores	Promover a visibilidade da ONG	Conseguir um *bom* acordo
Sindicalista	Promover a agenda trabalhista	Atrair novos sócios	Conseguir visibilidade na mídia	Satisfazer aos chefes das uniões

Fonte: Nogueira, 2006.

O método dessa análise conta com uma tabela formada por cinco colunas (ver Tabela 7.2), as quais devem ser preenchidas (Feketekuty, op. cit.), como apresentado a seguir:

1) A primeira coluna lista as pessoas e as entidades envolvidas no problema comercial. Todos os envolvidos na questão ou os que possam influenciar o resultado das negociações devem constar da lista.
2) Os interesses das pessoas e entidades envolvidas são identificados, e isso requer muita análise sobre os verdadeiros interesses individuais, procurando interpretar desejos e receios por trás de suas atividades. É importante listar os interesses que vão além daqueles ligados diretamente ao problema. Por exemplo, uma empresa que vende comida tem interesse em manter uma boa imagem geral da empresa e, para tal, busca atividades que reforcem a imagem de empresa generosa, com responsabilidade social e preocupação com a alimentação do povo.
3) São apontadas as opções de cada pessoa e entidade dentro das negociações do problema comercial. Precisam ser reconhecidas todas as alternativas, inclusive aquelas em que as partes saem da negociação sem ganhar nada, isto é, voltam à situação inicial.
4) Identifica-se qual seria um critério objetivo de cada pessoa ou entidade para julgar a questão comercial. Por exemplo, para uma disputa comercial sobre embalagem de medicamentos, um critério objetivo para um fabricante norte-americano seria o estabelecido por uma entidade norte-americana que regulamenta as embalagens de remédios nos Estados Unidos, ou talvez os de uma entidade reconhecida pela maioria das empresas dos países desenvolvidos.
5) É definida a segunda melhor alternativa para a entidade, a Batna (*Best Alternative to a Negotiated Agreement*). Esta será a alternativa eleita por uma parte caso ela nota que não conseguirá a solução ideal para o problema. Se um país está tentando eliminar o sistema de cotas para importação de carnes, mas vê que será praticamente impossível, a Batna seria aumentar o volume dessa cota de exportações de seu país.

Tabela 7.2 Modelo de tabela de análise do problema comercial

Entidade	Interesses	Opções	Critério objetivo	Batna
Empresa A				
Empresa B				
Governo X				
Governo Y				

Fonte: Feketekuty, 2004.

ELABORAÇÃO DE UMA ESTRATÉGIA NACIONAL E INTERNACIONAL

Feita a análise completa do problema comercial, o diplomata terá de elaborar uma estratégia nacional e internacional para conseguir resolver a situação. Para isso, a primeira etapa é esclarecer as informações e a estratégia a ser adotada com os atores que defendem a proposta. No caso de uma empresa, os diretores e gerentes precisam ser informados; no caso de um ministério, o ministro, seus assessores e a equipe de deputados e senadores que apoiam a proposta.

Em seguida, se ficar decidido que sua entidade sozinha não será capaz de fazer o trabalho, o diplomata comercial terá de formar uma coalizão que lhe agregue força. Deve haver clareza no potencial da coalizão de apoiar a proposta e, então, identificar o desafio de todos, mesmo se uma empresa ou entidade estiver liderando o trabalho. Todos os membros da coalizão precisam ser claramente informados sobre aquilo que estão pleiteando, assim como de todos os dados e das informações que defendem o pleito. É preciso também que se esclareça quem pode falar com a mídia sobre o pleito, pois sempre há o risco de a mídia interpretar mal qualquer depoimento (Nogueira, 2006).

Se o pleito envolver diálogo com governo estrangeiro, o Itamaraty precisa ser comunicado, pois é responsabilidade dele dialogar com qualquer governo alheio. A primeira tarefa é, então, convencer os diplomatas do Itamaraty de que seu pleito merece tal diálogo; para isso, é preciso repassar todas as informações aos diplomatas e apresentar-lhes uma proposta que os convença da ideia, baseada em fatos ou argumentos embasados.

Memorando decisório

O primeiro documento a ser elaborado refere-se a um texto que deve ser distribuído aos colegas e superiores na entidade, chamado *memorando decisório* (Feketekuty, op. cit.). Trata-se de um documento bem resumido com todas as informações necessárias para os envolvidos compreenderem o problema e apoiarem a decisão de seguir com o pleito.

O gerente ou diretor sênior, capacitado para tomar a decisão pela organização, costuma estar extremamente ocupado, sem tempo de ler documentos volumosos. Por isso, o memorando decisório precisa ser relativamente curto, bem organizado e objetivo. Um documento mais longo pode ser anexado ao memorando para dar maiores informações aos funcionários do gerente sênior.

É necessário que o autor do memorando seja muito seletivo na escolha das informações que serão incluídas e tenha certeza de que o documento não ultrapasse algumas páginas, ou somente uma página. O anexo deve ser apresentado de maneira clara, com gráficos e outros documentos em apêndice.

Um bom memorando decisório precisa conter a seguinte estrutura:

- Parágrafo introdutório, que descreve o problema ou a oportunidade do ponto de vista da organização, o porquê de o assunto ser importante para a organização, as principais barreiras que precisam ser tratadas para que se obtenha um resultado favorável, e uma recomendação.
- *Background*, que apresenta as informações mais importantes.
- Seção analítica, que aborda uma análise dos temas que provavelmente serão significativamente influenciadores da decisão.
- Seção de opção e recomendação, que descreve as opções e uma recomendação de política com sua respectiva justificativa.
- Seção de estratégia, que recomenda as ações necessárias para alcançar o resultado desejado.

Introdução da estratégia

Finalizado um estudo analítico completo do problema comercial, o diplomata está pronto para desenhar a estratégia de introdução, composta por uma estratégia nacional e outra internacional (Feketekuty, op. cit.). É importante lembrar que as duas estratégias são necessárias, pois um problema tem dimensões internacionais, mesmo que pareça que a resolução será feita inteiramente pelo Itamaraty.

Pode haver casos nos quais uma empresa de grande porte tente resolver o problema comercial diretamente com o rival estrangeiro sem a intervenção governamental. Até em casos assim, porém, uma estratégia nacional é necessária, nem que seja apenas para obter apoio de todas as divisões da empresa, ou dos fornecedores e demais *stakeholders*.

Estratégia nacional

As decisões referentes à estratégia a ser seguida incluem: quantos recursos e quanto tempo dedicar ao caso; quantos eventos devem ser feitos para chamar a atenção ao problema; e quantas reuniões devem se realizadas com os parceiros da coalizão, com os rivais estrangeiros e com o governo (Nogueira, op. cit.).

A estratégia escolhida depender do problema comercial, mas cabe lembrar sempre de duas coisas. Primeiro: independentemente do porte de sua empresa, criar alianças para confrontar o problema é sempre uma boa opção. É necessário ter certeza absoluta de que outras empresas concordam com sua estratégia, pois, em caso de discordância no meio da campanha, o rompimento da aliança pode dissolver todos os esforços e também prejudicar a imagem da empresa.

Segundo: a mídia é um parceiro difícil de manter fiel a seu lado, que demanda grande esforço para mantê-la bem informada, sem enganação ou mentiras. Sua utilidade está na capacidade de formar e influenciar a opinião pública. Podemos, então, usar a mídia para ajudar a agilizar decisões políticas do Congresso, dos ministérios ou das empresas e instituições envolvidas no caso. Convencer os políticos a defender sua causa requer, além de clareza na comunicação, muita paciência. O sistema político brasileiro, assim como em muitos países, é lento e complexo; portanto, não se deve esperar uma resolução rápida (Nogueira, op. cit.).

Estratégia internacional

As ações internacionais podem envolver a criação de parcerias com instituições ou empresas estrangeiras como parte da solução; talvez também seja necessário estabelecer um diálogo para convencer um órgão estrangeiro ou internacional a mudar suas regras, de modo a resolver ou aliviar o problema em questão. Às vezes, também é preciso formar um grupo de apoio de entidades e ONGs estrangeiras que pressionem o governo daquele país, ou daqueles países, a mudar o sistema em uso que levou à disputa comercial.

Dependendo do caso, a estratégia internacional pode envolver várias atuações com pessoas no exterior, ou somente uma entidade (ibid.). Para entender melhor quais atividades são mais apropriadas, devemos nos lembrar das seguintes informações:

- Apesar de o diálogo com um governo estrangeiro sempre ser pelo Itamaraty, outras ações podem ser tomadas. Como os governos agem e reagem de acordo com a pressão que recebem de seus cidadãos, podemos entrar em contato com instituições sociais do país para que haja essa pressão local.
- Várias ONGs internacionais podem ajudar sua campanha – elas estão sempre à procura de causas para defender, então informá-las pode ser de grande interesse para ambas as partes, especialmente se o problema impactar as pessoas ou o meio ambiente de múltiplos países.
- Uma política comercial sempre terá um ou alguns políticos que a promovam e defendam mais ardentemente. Após a análise de quem criou a lei e lhe deu apoio, podemos atuar mais precisamente, pois a pressão política será direcionada a essas pessoas. Em vez de fazer uma campanha que aponte o problema geral da regra ou legislação que causou o problema comercial, podemos formular uma campanha direcionada às pessoas que votam nesse político, e este estará mais disposto a discutir emendas à lei se souber que seus principais eleitores também querem tais mudanças.

- Muitas vezes, as disputas polêmicas entre países ou empresas prejudicam a autoimagem, e uma proposta de parceria ou acordo que resolva a questão o mais rápido possível é melhor que a prolongação da disputa.

Ao introduzir a estratégia, o diplomata comercial precisa sempre ter em mãos os custos do pleito, a lista de pessoas e entidades parceiras da coalizão, a estimativa da duração e as ações a serem tomadas. O plano de introdução inclui cada etapa, com detalhes de cada ação, e deve ser distribuído aos parceiros da coalizão. Manter todos informados e organizar reuniões periódicas ajuda a manter o embalo e a motivação dos envolvidos, sejam eles colegas da empresa, ONGs ou políticos.

DIPLOMACIA COMERCIAL E SEUS ASPECTOS

No mundo convergente em que vivemos atualmente, a diplomacia comercial se torna importante para o desempenho das economias e para a resolução de conflitos entre nações. Sabendo que os países se tornaram altamente dependentes uns dos outros, conflitos de políticas comerciais podem causar uma tremenda interrupção no comércio e nas relações entre países. Ao mesmo tempo, a resolução de conflitos comerciais requer maior atenção aos aspectos sociais e ambientais das políticas comerciais, o que certamente dificulta o trabalho de um diplomata comercial.

É justamente a necessidade de o diplomata comercial entender de vários assuntos e ter diversas habilidades que explica a ausência desses profissionais em vários países, inclusive no Brasil. O diplomata comercial precisa ter habilidades de negociação, discurso, consultoria e advocacia, além do conhecimento em economia, política, direito, política pública e relações públicas. A diplomacia comercial como profissão é algo novo e somente nos últimos anos percebemos alguns profissionais atuando com essa função nas empresas ou nos governos (Feketekuty, op. cit.). Como novos acordos comerciais começaram a ser negociados pelo governo brasileiro, a demanda por esses profissionais cresce no País.

No Brasil, existem poucas instituições que atuam nessa área e, normalmente, alguns profissionais acabam atuando como diplomatas comerciais, mesmo sem terem essa denominação. Entre os exemplos estão as associações empresariais dos setores de algodão e açúcar, a Associação Brasileira dos Produtores de Algodão (Abrapa), e a União da Indústria de Cana-de-Açúcar (Unica) do Estado de São Paulo. Essas duas entidades fizeram um grande esforço para ajudar o Itamaraty em disputas na OMC contra os subsídios à exportação concedidos pela União Europeia e pelos Estados Unidos. Em ambos os casos, a vitória foi brasileira.

Houve grande organização nos dois setores e o apoio dos melhores advogados, tanto brasileiros quanto estrangeiros contratados, assim como do Instituto de Estudos do Comércio e Negociações Internacionais (Icone), o qual teve um papel importante na elaboração de uma estratégia de negociação do Itamaraty na Rodada Doha pelo G-20 (grupo de países em desenvolvimento atuando contra os subsídios agrícolas dos países desenvolvidos). O Icone elaborou vários estudos econômicos que mostraram o custo, para agricultores no mundo todo, gerados pelos enormes subsídios ilegais oferecidos no Japão, nos Estados Unidos e na União Europeia. Esse trabalho foi utilizado pelo Itamaraty em várias ocasiões, justamente pela falta de capacidade de análise econômica da equipe do Itamaraty tratando dessas negociações multilaterais.

Prevê-se também o crescimento, nos próximos anos, da quantidade de políticas nacionais dos países-membros da OMC submetidas a questionamentos e análises. O fato de somente um terço dos casos apresentados no âmbito de disputa comercial da OMC terem sido resolvidos ou estarem sendo analisados indica não só a falta de recursos humanos desse departamento, como também a existência de muitas políticas nacionais que serão questionadas perante as regras da organização (Nogueira, op. cit.).

Os novos acordos comerciais devem também incluir novos assuntos, como proteção ambiental ou propriedade intelectual, criando, assim, uma demanda ainda maior por profissionais de diplomacia comercial.

Por estar engajados em diversos acordos comerciais, o Brasil está envolvido em vários desafios, nos mais diversos setores que participam desses diálogos internacionais. Cada tema exige um bom entendimento daquilo que está em jogo e a capacidade de prever os resultados de cada proposta de um acordo bilateral ou multilateral envolvendo o País, assim como uma boa avaliação da melhor opção para a economia e sociedade brasileira (Thorstensen; Jank, 2005).

O Brasil já se envolveu em vários casos em fóruns internacionais nos quais esses novos temas estavam em debate. Na maioria, nossos representantes do Itamaraty tiveram bom desempenho, tantos em temas tradicionais como nos novos. Em algumas situações, o País agiu como árbitro ou *ponte* entre os países desenvolvidos e os em desenvolvimento. Em outros, foi identificado como representante dos países em desenvolvimento – no caso da Rodada Doha, por exemplo, como líder do G-20.

Ainda assim, existem vários novos temas a respeito dos quais o Brasil ainda não conseguiu definir uma posição clara nem mesmo compreender tudo o que envolvem para a nação. Tais temas exigirão ainda mais trabalho dos diplomatas, do setor privado e das instituições sociais para que se chegue a propostas interessantes a todos os grupos envolvidos. O capítulo seguinte aborda a OMC, seu surgimento, suas características e seu caráter jurídico. Nos capítulos posteriores, veremos os temas de maior destaque no âmbito das negociações econômicas internacionais.

8
As negociações comerciais internacionais e a Organização Mundial do Comércio: surgimento, princípios e o Órgão de Solução de Controvérsias

Fátima Cristina Bonassa Bucker

A expressão *comércio internacional*, intuitivamente, conota as relações de compra e venda entre empresas (comerciantes) de diferentes países ou, ainda, as relações de comércio entre diferentes países. Entretanto, carrega diversas outras relações, a começar pela designação *internacional*. Yasuaki, em conferência pronunciada na Academia de Direito Internacional da Haia, em 2007, recém-publicada (Yasuaki, 2010), indica a oposição daquele termo com o conceito de *nacional*, calcado na estrutura de Estados-nação concebidos no alvorecer do sistema de estados modernos, da ordem internacional clássica derivada do Tratado de Paz de Vestfália.

Muito embora possa parecer uma óbvia colocação, as conclusões de Yasuaki acerca da influência desse sistema de estados nacionais na formação do direito internacional e das instituições internacionais da atualidade são bastante instigantes,[1] inclusive porque, de fato, os pilares da ordem

[1] O autor discute o impacto do sistema de Estados-nação na ordem internacional contemporânea. "A sociedade internacional no século XX foi, antes de mais nada, uma sociedade moldada pelos poderes "Ocidentais". Antes da Segunda Guerra Mundial, eram principalmente as nações ocidentais tais como o Reino Unido, Alemanha e França, assim como os Estados Unidos que construíram, reconstruíram e mantiveram a ordem mundial. Quase todas as regras, instituições e sistemas foram criados, interpretados, administrados e implementados por esses poderes de liderança Ocidentais e algumas outras nações europeias. [...] Segundo, a sociedade internacional no século XX foi estruturada na forma Estado-cêntrica. O sistema de estados soberanos, nascido e desenvolvido na Europa moderna, foi firmemente estabelecido numa escala global no século vinte [...] Terceiro, a sociedade internacional do século vinte foi estruturada sob a forma capitalista e calcada na inovação tecnológica. [...] Esse aspecto, embora simbiótico com o sistema de estados soberanos – porque a economia capitalista e as atividades de inovação tecnológica requerem lei e ordem, que podem ser fornecidas apenas por estados soberanos – frequentemente contradiz a regulação estatal. Portanto, com o crescimento incessante da economia capitalista e das inovação tecnológica, o sistema de

econômica mundial estão suportados pelo arranjo dos estados nacionais, soberanos, formalmente iguais[2] e, desde o fim do século XX, na atuação de agentes transnacionais, entidades não governamentais, dentre as quais as próprias empresas, com raízes nacionais:

> As pessoas ao redor do mundo são consideradas membros de Estados-nação independentes e regidas e controladas por tais Estados-nação. O Estado-nação independente, soberano, era uma instituição global comum, adotada e aceita pela humanidade como um todo. [...] Vislumbrar, interpretar e julgar o fenômeno transfronteiriço ou global que ocorre entre nações – a partir da perspectiva que devemos considerar "internacional" – passou a ser admitida. As atividades econômicas do pós-guerra eram suportadas por incessante inovação tecnológica, pelo capitalismo global predominante e pela paz entre os países desenvolvidos perdurando por mais de meio século. [...] A sociedade internacional move-se para um mundo ou uma sociedade global em que os atores mais importantes são não somente os Estados-nação, mas os atores não estatais, como corporações multinacionais, grupos de mídia e ONGs. (Ibid., tradução do autor)[3]

---

estados soberanos foi gradualmente sofrendo erosão. A sociedade internacional moveu-se para um mundo ou uma sociedade global onde os atores mais importantes não são somente os estados, mas os atores não estatais como as corporações multinacionais, a mídia e as ONGs." ["International society in the twentieth century was, first of all, a society featured by 'Western' powers. Before the Second World War, it was mainly the West European nations such as United Kingdom, Germany and France as well as the United States that construed, reconstrued and mantained the world order. Almost all rules, institutions and systems were created, interpreted, managed and implemented by these leading Western powers and some other European nations.[...] Second, international society in the twentieth century was structured as State-centric. The sovereign State system, born and developed in modern Europe, was firmly established on a global scale in the twentieth century. [...] Third, international society in the twentieth century was structured as capitalist and technologically innovative. [...] This aspect, although symbiotic with the sovereign States system – because the capitalist economy and technologically oriented activities require law and order, which can be provided only by sovereign States, for their functioning –, often contradicts the regulation by States. Therefore, with the incessant increase of the capitalistic economic and technologically oriented activities, the sovereign States system was gradually eroded. International society has been moving to a world or global society where major actors are not only states but non-State actors such as multinational corporations, media institutions and NGOs"] (ibid., p.47-51).

2 Não se pretende discutir aqui o conceito de Direito Internacional Econômico. Relações comerciais e relações econômicas internacionais são expressões adotadas indistintamente.

3 "People all over the world were supposed to be member of independent nation States, and to be ruled and controlled by them. The independent, sovereign, nation State was a common, global institution which was adopted and taken for granted by the humanity as a whole. [...] To see, interpret and judge trans boundary or global phenomena as occurring between nations – from the perspective which we may call the 'international' perspective – came to be taken for granted. [...] Post-economic war activities were generated and supported by incessant technological innovation, the globally predominant capitalist economy and a peace among developed countries lasting more than a half century. [...] International society has been moving to a world or global society where major actors are not only states but non-State actors such as multinational corporations, media institutions and NGOs."

Diversas são as faces do fenômeno comercial internacional. De um lado, as relações comerciais financeiras entre agentes ligados a estados nacionais ou submetidos à legislação doméstica do país onde estejam sediados ou a termos de contratos regidos por regras internacionais aplicáveis a contratos, tal como as do Uncitral, sujeitos ou à jurisdição estatal de determinado país ou a métodos alternativos de solução de controvérsias, os ADR (*Alternative Dispute Resolution*). Do outro, relações econômicas internacionais entre estados nacionais, reguladas pelo Direito Internacional e cujos processos de negociação e elaboração submetem-se ao regime jurídico do Direito Internacional Público de formação, observância e reconhecimento de uma jurisdição internacional quando da violação da obrigação internacional do estado.

A atual conformação das relações comerciais multilaterais é derivada do regime estabelecido no pós-guerra pelos países vitoriosos, com o objetivo preciso de, por meio de relações comerciais estáveis e sem entraves, evitar a repetição de conflitos armados.

Ainda durante a Segunda Guerra, mas já vislumbrando o cenário que se formaria após seu término e afetados pelas consequências econômicas e políticas da Crise de 1929, dentre tais o próprio conflito mundial, Inglaterra e Estados Unidos encetaram negociações e celebraram o Tratado do Atlântico, visando assegurar o acesso de todos os países a insumos e matérias-primas e o direito à igualdade de tratamento nas relações comerciais.

A diplomacia norte-americana avaliava que a liberalização do comércio, a extinção de barreiras, protecionismos e entraves comerciais poderia propagar a cadeia de bem-estar e desenvolvimento, e ainda promover condições duradouras para a paz mundial (Lafer, 1971). Os temores de um novo conflito haviam se intensificado em virtude do desenvolvimento tecnológico alcançado durante a guerra, em especial com relação às novas armas com imenso potencial destrutivo, como ficou logo comprovado quando detonadas as bombas atômicas sobre as cidades de Hiroshima e de Nagasaki.

A Carta do Atlântico, de 1941, foi precursora dos tratados de Bretton Woods que viriam a ser celebrados em julho de 1944. Preparando a reconstrução do sistema econômico mundial do pós-guerra, 44 países se fizeram representar por delegações em uma conferência negociadora para a construção de um arcabouço institucional de sustentação da economia e do desenvolvimento mundiais, a fim de, com a estabilidade econômica, alcançar e manter aqueles objetivos já buscados pelos signatários do pacto internacional de 1941. Além disso, encetavam elaborar um código substantivo de comércio para reger as relações comerciais internacionais. Um tripé de instituições internacionais seria, então, formado.

O tripé seria composto por, primeiro, uma organização encarregada de disciplinar e controlar as variações monetárias, o Fundo Monetário Nacional (FMI); segundo, uma organização incumbida de prover fundos e recursos para a reconstrução dos países devassados pela guerra e para a provisão de condições de desenvolvimento aos países subdesenvolvidos, o Banco Internacional para a Reconstrução e o Desenvolvimento (Bird), também referido por Banco Mundial; e, por fim, o terceiro organismo, com atribuições de fomentar as relações internacionais de comércio e liberalizar as práticas alfandegárias, a Organização Internacional do Comércio (OIC).

Essas três organizações internacionais eram concebidas para, por meio da estabilização das moedas, de financiamentos mundiais para o desenvolvimento e de garantia de acesso a mercados e produtos, estabelecer um parâmetro de convivência mundial pautado na cooperação entre todos os estados e evitar a repetição de cenários de crise econômico-financeira que fossem estopim para outro conflito mundial armado. Do tripé institucional originalmente planejado, foram criados, em Breton Woods, o FMI e o Banco Mundial.

A principal característica do sistema de Bretton Woods era a obrigação de cada estado de adotar padrões monetários que garantissem a paridade das moedas com uma variação percentual admitida a fim de assegurar a estabilidade monetária, a conversibilidade das moedas e, com isso, a liberdade comercial. A paridade em ouro foi substituída pela paridade em dólar e as reservas monetárias deveriam ser mantidas em dólar. A paridade dólar-ouro foi fixada, e o dólar se tornou a moeda internacional.

As negociações para criar a OIC iniciaram-se em Londres, no ano de 1946, com o principal objetivo de estabelecer regras liberalizantes para o comércio internacional que, além de promover a intensificação das relações comerciais entre os estados, lançasse alicerces para a construção da paz duradoura (Matsushita et al., 2009). As tratativas prosseguiram em Nova York, Genebra e, finalmente, em Havana em 1948.

Os esforços para a criação da OIC não vingaram. Entretanto, entre os documentos integrantes do conjunto de tratados a serem celebrados em Havana para a constituição da OIC, elaborou-se um acordo tarifário para eliminação de barreiras comerciais internacionais, bem como posterior e sucessiva redução de tarifas alfandegárias, mediante rodadas sucessivas de negociações. Era o Acordo Geral de Tarifas e Comércio, conhecido como Gatt-47 (*General Agreement on Tariff and Trade*).

O acordo tarifário, este sim, ratificado por todos os 23 signatários originais – Austrália, Bélgica, Brasil, Burma, Canadá, Ceilão, Chile, China, Cuba, República Tcheca, França, Índia, Líbano, Luxemburgo, Países Baixos, Nova Zelândia, Noruega, Paquistão, Rodésia, Síria, África do Sul, Reino Unido e Estados Unidos – entrou em vigor em 1º de janeiro de 1948, por força de um protocolo provisório.[4] O Gatt-47 permaneceu vigente até a celebração do

[4] Matsushita et al. (op. cit., p.2) esclarece que "Os governos dos países envolvidos nas negociações foram deixados com uma problema: como colocar em vigor os cortes tarifários e o Gatt sem aguardar o fim das rodadas de negociação da OIC [Organização Internacional

Tratado de Marrakesh, quando foram introduzidas modificações para sua incorporação àquele Tratado e à OMC, passando, então, a ser designado como Gatt-94.

O Gatt, um acordo de tarifas e comércio, embora não se caracterizasse como uma organização internacional e não dispusesse de personalidade jurídica de direito internacional, dispunha de uma sede em Genebra e se firmou, ao longo dos anos, como uma organização *de fato* (ibid.).[5]

A prática do Gatt, por quase meio século – de 1947 a 1995 –, ofereceu a base institucional para toda a série de rodadas multilaterais de negociações internacionais sobre comércio e para a solução de controvérsias entre as partes contratantes,[6] que culminou com a criação da Organização Mundial do Comércio (OMC). Embora tenha entrado em vigor sob um protocolo "de aplicação provisória para evitar delongas no funcionamento" (Lafer, op. cit., p.45), o sistema do Gatt permanece em vigor até hoje, incorporado pelo Tratado de Marrakesh.

Ainda que sob críticas quanto a sua eficiência em assegurar foro de negociação para os países menos desenvolvidos, o Gatt caracterizou um amadurecimento institucional de rodadas multilaterais[7] de negociações

---

do Comércio, nunca criada]. A solução era adotar um Protocolo de Aplicação Provisória para aplicar ao Gatt provisoriamente a partir de janeiro de 1948 ["The governments of the countries engaged in the negotiations were left with a problem: how to bring the tariff cuts and the Gatt into force right away without waiting on the final round of negotiations to form the ITO. The solution was to adopt a Protocol of Provisional Application to apply the Gatt provisionally on and after January 1948."]

5 De acordo com Matsushita (op. cit.), "o Gatt evoluiu para uma organização internacional sediada em Genebra, assumindo sua carta da prática do Gatt sob a égide do Gatt e entendimentos e acordos. Entretanto, o Gatt sempre sofreu do que o professor Jackson denominou "defeitos de nascença", fraqueza inerente que amputou suas operações. Os defeitos de nascença incluem: 1. Ausência de uma carta garantindo personalidade jurídica ao Gatt e estabelecendo seus procedimentos e estrutura organizacional; 2. O fato de que o Gatt era de aplicação provisória; 3. O fato de que o Protocolo de Aplicação Provisória continha provisões habilitando as partes contratantes a manter a legislação que estava em vigor quando da acessão ao Gatt mesmo se inconsistente com o Gatt (a assim designada cláusula do avô); e 4. Ambiguidade e confusão sobre a autoridade do Gatt, sua capacidade de produzir decisões e seu status legal". ["The Gatt evolved into an international organization based in Geneva, taking its charter the Gatt, practice under the Gatt and additional understandings and agreements. Nevertheless, the Gatt always suffered from what Professor Jackson has termed 'birth defects', inherent weakness that handicapped its operations. This birth effects included: 1. The lack of a charter granting the Gatt legal personality and establishing its procedure and organizational structure; 2. The fact that the Gatt had only 'provisional' application; 3. The fact that the protocol of Provisional Application contained provisions enabling the contracting parties to maintain legislation that was in force on accession to the Gatt and was inconsistent with the Gatt (the so-called grandfather clause); and 4. Ambiguity and confusion about the Gatt's authority, decision making ability and legal status."].

6 Por não ser uma organização internacional e sim um tratado, o estados signatários do Gatt-47 vêm designados como partes contratantes e não como membros.

7 O termo multilateral não pressupõe analiticamente um número particular de países da forma como unilateral, bilateral e universal. Esses termos descrevem pontos específicos numa

internacionais objetivando a liberalização do comércio e um importante instrumento de desenvolvimento do direito internacional de cooperação, em especial a partir da chamada Rodada Kennedy, de 1964 a 1967, quando, de fato, as negociações deixaram de ter caráter bilateral (Lafer, op. cit.).

> A Rodada Kennedy produziu um dramático esforço entre as forças de liberalização e de protecionismo. O resultado é que a Rodada Kennedy assumiu grande importância como um símbolo do compromisso de liberalizar o comércio que se iniciou no período imediatamente pós-guerra. [...] Pouco tempo após a Rodada Kennedy, o diretor geral (DG) do Gatt, Sr. Eric Wyndhan-White, encorajou as maiores potências comerciais para estender a liberalização para a área de barreiras não tarifárias ao comércio. [...] A negociação que se seguiu à Rodada Kennedy, chamada Rodada Tóquio, cumpriu o desafio de tratar das BNTs e produzir seis documentos legais com padrões técnicos para produtos, subsídios e medidas compensatórias, compras governamentais e medidas *antidumping*. [...] Os códigos elaborados durante a Rodada Tóquio estabeleceu um firme precedente para as negociações de regras (legislativas) que foram características da Rodada Uruguai de 1986 a 1993. (Bethelehen; McRae et al., 2009, p.17, tradução minha)[8]

---

linha contínua que vai desde todos sozinhos até todos participantes. Multilateral sugere vários atores, mas não é específico quanto ao número de integrantes. Vários poderia referir a qualquer coisa ente um mínimo de três até o máximo de todos. Multilateral refere a uma região em vez de um ponto na linha contínua e, assim, pode ser analisado em termos de gradação. Quando conceituado dessa maneira, a atuação multilateral é compatível com as teorias relativas às várias posições em grupos que não cheguem a ser universais. Segundo, a dfinição do termo multilateral pressupõe cooperação. Nem toda cooperação é multilateral, mas toda atividade multilateral inclui cooperação. ["The term multilateral does not analytically presuppose any particular number of countries in the way that unilateral, bilateral trilateral and universal do. These terms now describe specific points on an underlying continuum from everyone going it alone to everyone participating. Multilateral suggests many actors, but it is unspecific as to what number constitutes many. Many could refer to anything from a minimum of three to a maximum of all. Multilateral refers to a region, rather than a point, on the continuum and thus can be analyzed in terms of gradations. When conceptualized in this manner, multilateral action is compatible with theories concerning thresholds in groups or less than universal membership. Second, the definition of the term multilateral presumes cooperation. Not all cooperation is multilateral, but all multilateral activities include cooperation."] (Caporaso, 1992, p.599-632)

8 "The Kennedy Round produced a dramatic struggle between liberalizing and protectionist forces. The result is that the Kennedy Round took on importance as a symbol of the commitment to freer trade that was initiated in the immediate post war period.[...] Shortly after the Kennedy Round, the Gatt Director Geral (DG), Sir. Eric Wyndhan-White, encouraged the major trading nations to extend liberalization into the area of non tariff barriers to trade. [...] The negotiation that followed the Kennedy Round, called the Tokyo Round, met the challenge of handling NTBs and produced six legal technical standards for products, import licensing practices, technical standards for products, subsidies and countervailing measures, government procurement, and anti-dumping practices. [...] The Tokyo Round codes established a firm precedent for regulatory (or legislative) negotiations that were characteristic of the Uruguay Round of 1986-1993."

Alguns fatos provocaram modificações na estrutura do sistema normativo internacional. O primeiro deles data do início da década de 1970 – a ruptura do sistema de conversibilidade de moedas e do padrão monetário estabelecido pelo tratado de Bretton Woods, por iniciativa dos Estados Unidos. A consequência, de fato, do fim da paridade dólar-ouro foi o rompimento da estabilidade de câmbio, que passou a ser flutuante de acordo com as regras de mercado de oferta-procura e, com isso, afetou toda a estrutura monetária internacional vinculada ao dólar.

O segundo evento foi a superação da divisão capitalismo/socialismo–Ocidente/Oriente. Dois eventos determinaram essa superação: a queda do muro de Berlim, em 1989, e, dois anos depois, a súbita desintegração da União Soviética.

> Tenho dito, com frequência, que a queda do muro de Berlin foi um evento-matriz que configurou uma mudança do paradigma de funcionamento do sistema internacional. Com efeito, o mundo da Guerra Fria era um mundo de polaridades definido subtítulo que está na sequência: [...] O mundo pós-Guerra Fria, ao contrário, é um mundo de polaridades indefinidas... (Lafer, op. cit., p.87)

Um terceiro evento foi a criação da OMC, em 1995, a qual impõe uma nova lógica nas relações internacionais comerciais, aprofundando e aperfeiçoando os mecanismos do Acordo Geral de Tarifas e Comércio pactuado em 1947. Assim, o arcabouço jurídico em que se pauta o sistema multilateral de comércio deriva daquela estrutura do Gatt-47, que, aditado, foi incorporado aos tratados da OMC.

PRINCÍPIOS NORTEADORES DO COMÉRCIO INTERNACIONAL

O Gatt é pautado no princípio da liberdade de comércio internacional e da igualdade soberana entre os países, calcado na transparência e no banimento de mecanismos não tarifários para concessão de privilégios ou imposição de barreiras.

O princípio da Cláusula de Nação-Mais-Favorecida (MFN – *Most Favored Nation Clause*), que se encontra na cláusula primeira do acordo, associado ao princípio do Tratamento Nacional, constitui o arcabouço da igualdade entre todos os membros e a pedra de toque da sistemática do Gatt. Esses princípios conferem nítido caráter de multilateralidade – de cooperação[9] – ao acordo.

[9] Ver, sobre um conceito de multilateralidade como cooperação, Lafer, op. cit., p.45.

> A função multilateral positiva da cláusula, na extensão automática e incondicional das reduções tarifárias negociadas no Gatt, está interligada com outros princípios dentro da sistemática do acordo. Aqui, cabe mencionar o princípio da não discriminação, o princípio do tratamento nacional e o princípio da reciprocidade. (Lafer, op. cit., p.47)

Por força da cláusula da MFN, todas as vantagens conferidas bilateralmente entre países, que possam afetar direitos aduaneiros ou caracterizar tratamento privilegiado, devem ser automaticamente deferidas a todos os produtos similares comercializados por quaisquer outros membros. Esse princípio evita a discriminação entre produtos similares de procedências diversas e, aliado a ele, o do tratamento nacional determina que um membro deva garantir a produtos importados o mesmo tratamento fiscal estabelecido para os produtos nacionais, ressalvadas apenas as hipóteses de proteção da indústria local expressamente excepcionada no acordo (Thorstensen, 2003). Ao conjunto se agrega o princípio da reciprocidade, ou seja, todas as vantagens conferidas presumem-se recíprocas, o que

> explica por que a cláusula no acordo é incondicional e introduz uma noção de equilíbrio material que se contrapõe ao princípio puramente formal de igualdade. (Lafer, op. cit., p.47)

O caráter multilateral dos princípios contemplados no acordo, bem como as rodadas de negociações multilaterais, foi uma grande conquista do Gatt. Essa característica instituiu um novo paradigma que marca o caráter das relações de comércio internacional que se consolida, depois, com a criação da OMC.

Outra grande inovação do sistema do Gatt são os painéis de solução de controvérsias, que, embora sujeito a severas críticas quanto à ineficácia para os países menos desenvolvidos, foi um sistema que também germinou. A maior crítica à sistemática do Gatt-47 é que somente os países grandes fornecedores ou grandes compradores poderiam, de fato, exercer pressão ou experimentar benefício com a sistemática de retaliação. Os países subdesenvolvidos não teriam esse poder e, por isso, o mecanismo de solução de controvérsias não seria eficaz para eles. Nesse sentido da crítica,

> o sistema de solução de controvérsias do Gatt, que deriva logicamente de seu mecanismo de negociação, só é eficaz para as partes contratantes que sejam principais fornecedores e principais consumidores dos principais produtos transacionados internacionalmente. (Ibid., p.53)

O Gatt, mesmo não tendo sido instituído como uma organização internacional, desempenhou importante função de prover apoio institucional para diversas rodadas de negociações. Sob seus auspícios, foram realizadas oito rodadas de negociações multilaterais com o objetivo de estabelecer reduções tarifárias e práticas comerciais internacionais comuns.

A oitava rodada realizada sob os auspícios do Gatt, ocorrida em 1986 em Punta del Este, no Uruguai, compreendeu várias etapas de negociações, discussões e tratados comerciais internacionais e culminou com a celebração, em Marrakesh, no ano de 1994, do tratado de instituição da OMC.

O Tratado de Marrakesh manteve alguns princípios e práticas informadores do Gatt e introduziu novas sistemáticas de negociação e de estrutura da própria organização. O Gatt, com os aditamentos de 1994, foi incorporado ao Tratado de Marrakesh como anexo, para regular a imposição das tarifas sobre comércio. O termo Gatt designa esse conjunto de regras sobre a disciplina do comércio internacional negociado desde 1947 (Thorstensen, op. cit.) e, com as modificações introduzidas em 1994, é hoje designado por Gatt-94.

ESTRUTURA DA ORGANIZAÇÃO MUNDIAL DO COMÉRCIO

A estrutura da OMC apresenta os traços distintivos de uma organização voltada para a cooperação e coordenação de interesses internacionais. Seu objetivo, declarado no tratado constitutivo, é constituir-se em um foro de negociações multilaterais de comércio internacional.

O órgão máximo é a Conferência Ministerial, composta por representantes de todos os países-membros e que realiza reuniões, no mínimo, bienais. Durante essas reuniões os membros debatem e acordam as condições multilaterais de comércio. As políticas nacionais e a introdução dos acordos negociados são acompanhadas, respectivamente, pelo Órgão de Revisão de Política Comercial e pelos conselhos, estes assessorados pelos comitês. Há ainda um conselho-geral e um secretariado. Por fim, o Órgão de Solução de Controvérsias, criado como um mecanismo para a resolução de disputas comerciais internacionais, que é a grande inovação e o grande instrumento da OMC.

A OMC conta hoje com 153 membros, o que demonstra o grande interesse de todos os estados em aceder a diluição de conflitos ideológicos que pautavam as relações internacionais até o fim da Guerra Fria e a afirmação do sistema multilateral de relações internacionais do comércio.

A estrutura e a prática da OMC são marcadas pela busca e promoção de meios de cooperação internacional e, o mais importante, de coordenação de interesses de seus membros. Essa força de coordenação denota-se tanto dos objetivos perseguidos, dos princípios consagrados, como das práticas instituídas.

A OMC constitui o quadro institucional das relações comerciais internacionais e é, ao mesmo tempo, um foro internacional de negociações tendentes à adoção de regras visando liberalizar as relações comerciais entre os países-membros.

Podem ser identificados cinco objetivos principais da OMC, tal como expressos no Tratado de Marrakesh. Esses objetivos são: (1) manter a paz; (2) promover o desenvolvimento econômico mundial; (3) buscar o desenvolvimento sustentável e a preservação do meio ambiente; (4) reduzir a pobreza; e (5) administrar as crises advindas da globalização (Jackson, 2006).

A OMC procura alcançar esses objetivos pela liberalização das relações comerciais entre os países e o estabelecimento de regras, alcançadas por consenso entre estados diretamente envolvidos, para a redução de barreiras à liberdade de comércio.

> Apesar de não estar explicitamente destacado em textos de comércio internacional, outro objetivo subjacente era a expressão instrumental da política dos líderes políticos de países livres durante a Segunda Guerra. Esse objetivo era manter a paz e evitar outra guerra mundial. [...] manter a paz e expandir o desenvolvimento econômico mundial, e que esses dois objetivos não estavam relacionados entre si. (Jackson, op. cit., p.86, tradução minha)[10]

Os princípios informadores do comércio internacional cristalizados no acordo da OMC são: liberalização das relações comerciais internacionais com base na reciprocidade, redução de tarifas, vedação de barreiras não alfandegárias, proibição à discriminação, seja com relação aos pares internacionais, seja com os agentes nacionais.

> O conceito de não discriminação é uma peça chave nas regras e na política da OMC. [...] há dois princípios fundamentais de não discriminação na OMC: a cláusula geral de tratamento da Nação-mais-favorecida (MFN) e a obrigação de Tratamento Nacional (TN) [...] A importância de se eliminar a discriminação no contexto da OMC é destacada no preâmbulo do Tratado Constitutivo da OMC, em que "a eliminação de tratamento discriminatório em relações de comércio internacional é identificada como uma de duas formas principais de alcance dos objetivos da OMC". (Van Den Bossche, 2008, p.323)[11]

---

[10] "Although not explicitly highlighted in these trade texts, another underlying goal was extremely instrumental in expressions of policy by free world political leaders during the World War II and after. This was the goal to 'keep the peace' and to avoid another world war. [...] keeping the peace, and expanding world economic development and world welfare, and that these two were not unrelated to each other."

[11] "Non discrimination is a key concept in WTO law and policy. [...] there are two main principles of non-discrimination in WTO law: the Most Favoured Nation (MFN) treatment obligation and the National Treatment (NT) obligation. [...] The importance of eliminating

As regras instrumentais para a consecução desses princípios são o tratamento geral de MFN e o tratamento nacional, a vedação de barreiras não alfandegárias e o dever de transparência. A regra do tratamento geral da MFN é a pedra de toque do sistema multilateral da OMC e traduz a regra geral de não discriminação que permeia o ideal das práticas comerciais em foros internacionais baseada na igualdade, reciprocidade e extensão dos benefícios a todos os membros. Na forma dessa cláusula, as concessões tarifárias contempladas em tratados bilaterais celebrados entre estados-membros da OMC estendem-se, automaticamente, aos demais membros.

A progressiva interdependência entre os países em consequência da globalização tem motivado os estados a se aglutinar em relações cooperativas e de coordenação regional para, associados e em bloco, enfrentar as pressões crescentes das demandas globais. Essa regionalização internacional reflete em acordos regionais de comércio que passam a ser cada vez mais numerosos. A proliferação de acordos regionais, que ultrapassam quatro centenas, pode colocar em risco o sistema multilateral da OMC. Por isso, o tema regionalismo *versus* multilateralismo é recorrente na agenda de discussões da organização.[12]

CARACTERÍSTICAS DA ORGANIZAÇÃO MUNDIAL DO COMÉRCIO

A OMC – na sequência e no aperfeiçoamento das práticas adotadas pelo Gatt – apresenta aspectos singulares: o caráter marcadamente multilateral de todas as tratativas; as negociações por rodadas que envolvem todos seus membros; as deliberações por consenso; a prática de notificações e de monitoramento das políticas comerciais e aduaneiras aplicadas no interior dos países-membros, a regra do *single-undertaking* – compromisso ou empreendimento único –, e o órgão de solução de controvérsias, que, definitivamente marcam o perfil da organização.

A OMC se caracteriza pela multilateralidade de acordos, o que se expressa tanto na fase de negociação como na de adoção e acompanhamento. Com a

---

discrimination in the context of WTO is highlighted in the Preamble to the WTO Agreement, where the 'elimination of discriminatory treatment in international trade relations is identified as one of the two main means by which the objectives of the WTO may be attained'."

12 De acordo com Van Den Bossche (op. cit, p.697), "A lei da OMC não deveria ficar no meio do caminho desses processos. Entretanto, deve haver um equilíbrio entre os interesses dos países que buscam maior integração econômica entre um grupo seleto de países e o interesse dos países excluídos desses grupos" ["WTO law should not stand in the way of such processes. However, a balance must be struck between the interest of countries pursuing closer economic integration among a select group of countries and the interest of countries excluded from that group."]

criação da OMC, o sistema multilateral do comércio passou a abranger as áreas de serviços e de propriedade intelectual, antes não contempladas no Gatt.

Embora possa haver alianças, as rodadas de negociações ocorrem em bloco, com a participação de todos os membros. Os temas são igualmente negociados em blocos e relacionados a vários assuntos e setores da economia e do comércio. Essa modalidade de negociação em rodadas propicia o alcance de metas de liberalização para todo o comércio, em uma balança de concessões e vantagens setoriais, ou seja, que não se referem a um setor isolado da economia mundial.

As rodadas de negociações multilaterais regidas por uma geometria dita variável, que se forma e é ditada por interesses comuns sobre determinadas questões específicas, encontra amparo no artigo XXVIII bis do Gatt, conforme a redação de 1957. Esse dispositivo determina que as negociações se deem por procedimentos multilaterais acordados pelas partes contratantes.

O conceito do *single undertaking* está consignado no artigo II, parágrafo 2º do Tratado de Marrakesh: a força vinculante do conjunto de tratados da OMC como um todo indissociável – justamente o que corresponde ao *single undertaking* – está consignada em todas as provisões que tratam da acessão e retirada dos membros. Em conformidade, "Todos os membros da OMC estão vinculados por todos os direitos e obrigações do tratado da OMC e seus anexos 1, 2 e 3" (OMC, [s.d.]).[13]

Esta é uma peculiaridade do sistema da OMC em comparação com o antecessor, do Gatt. Na medida em que a OMC constitui a moldura institucional para as relações de comércio internacional, não se admite aos estados a escolha de uns ou outros tópicos ou temas aos quais concordem em se vincular. A adesão é ao sistema, à instituição, ao empreendimento único, como um bloco monolítico.

A passagem de uma relação jurídica para a dimensão institucional calcada em um *empreendimento único* encontra-se inscrita no artigo II, parágrafo 1º do Acordo de Marrakesh:

> [...] Essas normas circunscrevem a competência discricionária das soberanias nacionais e têm por objetivo promover interesses comuns por meio da expansão da "produção e comércio de bens e serviços". (Lafer, op. cit., p.25)

As rodadas de negociações da OMC obedecem a essa regra do compromisso único para todos os países. O *single undertanking* se aplica, na mesma medida, aos resultados das rodadas de negociações, no sentido de que cada e todo estado-membro deve se comprometer com a totalidade dos acordos e convenções, que, em última instância, buscam concretizar os objetivos da organização, de liberalização do comércio mundial, desenvolvimento e

13 "All WTO Members are bound by all the rights and obligations in the WTO Agreement and its Annexes 1, 2 and 3."

melhora dos padrões econômicos e de vida dos países signatários. Assegura, ainda, a coesão do sistema multilateral de comércio regido pelas normas da OMC, as quais vinculam igualmente a todos os membros.

A sistemática do compromisso único tem sua observância dificultada na medida em que mais estados em diferentes estágios de desenvolvimento e de liberalização política acedem à OMC, portando novas e diferentes necessidades, expectativas, pretensões e objetivos. Os compromissos assumidos e os benefícios auferidos não são necessariamente equivalentes nem bilaterais – os estados assumem compromissos de diversas ordens e, por isso, a aceitação de todo o bloco resultante da rodada de negociação pode se tornar tarefa árdua.

PROCESSO DECISÓRIO DA OMC

O processo decisório da OMC obedece à regra da busca do consenso, já antes observada sob o regimento do Gatt. O acordo somente pode ser formalizado se todos os estados integrantes da organização não apresentarem objeção à aceitação integral dos termos alcançados, aceitação esta que deve ser integral, consoante a regra do *single undertaking*. Muito embora exista também a previsão de votação por maioria para certos casos, a busca do consenso tem prevalecido.

A busca pelo consenso é particularidade relevante no modo de elaboração das regras da OMC, que vem expressa no artigo IX, 1, do Tratado de Marrakesh e cumpre a importante função de conferir confiança e credibilidade à organização, ao aparato institucional e normativo. O consenso exerce importante papel na diplomacia de cooperação (Lafer, op. cit., p.25) e na coordenação de interesses eventualmente contraditórios, os quais findam justapostos em um processo de concessões e vantagens alcançado ao final das rodadas multilaterais de negociações.

Essa prática tem se sujeitado a críticas, as quais se devem, especialmente, pelo caráter cada vez mais universal da organização, com 153 membros que espelham interesses diversos e muitas vezes incompatíveis e impossíveis de serem submetidos a solução única imposta pelo consenso. A regra do consenso tem como pano de fundo o pressuposto de igualdade entre todos os estados, o que não se verifica na realidade mundial globalizada, desigual, fragmentada.

> O problema do consenso e o problema mais geral de votação, coloca em destaque o propagado efeito adverso do princípio geral de direito internacional de igualdade dos estados-nação. (Jackson, op. cit., p.115)[14]

[14] "The problem of consensus, and the more general problem of voting, highlights the arguably dysfunctional effect of a general international law principle of equality of nation-states."

Como contemplar as desigualdades nos processos decisórios da OMC sem implicar um distanciamento ainda maior entre os desenvolvidos e os não completamente desenvolvidos é a grande questão. Por isso mesmo, o papel de coordenação da OMC, de suas regras e instituições, é cada vez mais relevante.

A obrigação geral de notificar – e, por conseguinte, o princípio da transparência – constitui um pressuposto do funcionamento regular do sistema de comércio internacional. A transparência envolve atos dos membros com relação à OMC e reciprocamente, bem como os atos da própria OMC. A transparência no seio da OMC é de crucial importância para que a organização não se transforme em foro privilegiado ou exclusivo de alguns membros: todos devem ter garantido igual acesso às informações. Além disso, outras entidades não governamentais buscam alcançar cada vez mais acesso às informações e participação no âmbito da OMC.

Derivada da regra de transparência, está a função de acompanhamento das políticas adotadas internamente pelos estados-membro. O órgão de revisão de política comercial foi concebido como uma entidade responsável pelo acompanhamento da introdução das regras resultantes das rodadas de negociação da OMC e oferecer uma visão de conjunto das práticas adotadas por todos os membros.

A OMC E O ÓRGÃO DE SOLUÇÃO DE CONTROVÉRSIAS

Ao acederem à OMC, segundo as regras do *single undertaking*, os estados garantem entre si, automaticamente, jurisdição compulsória da organização sobre os litígios e as violações às regras dos tratados integrantes do sistema – os tratados cobertos. A jurisdição da OMC está ao alcance do estado-membro afetado pelo descumprimento, por outro membro, dos tratados cobertos.

A sistemática de solução de controvérsias da OMC tem seu embrião no artigo XXIII do Gatt-47. A prática inicial do Gatt em solução de divergências era baseada em procedimentos diplomáticos. Foi a partir de 1955 que se iniciou a prática de indicação de painéis compostos por três ou cinco membros, indicados pelas partes, mas que deveriam agir imparcialmente na solução da controvérsia. A sistemática do Gatt encontrava seu principal óbice no mecanismo de aprovação do relatório do painel. Uma vez elaborado, o relatório deveria ser encaminhado ao Conselho – composto pelos países-membros – para aprovação. Aprovado, o relatório se tornava vinculante. O procedimento de aprovação – como de resto das decisões do Gatt – submetia-se à regra do consenso, que poderia ser bloqueado pelo estado perdedor.

Com relação à aprovação do relatório do painel ou da decisão do Órgão de Apelação, prevalece hoje a regra do consenso negativo, ou seja, o relatório é adotado a menos que exista consenso sobre sua rejeição, o que impede eventual obstrução por parte exclusivamente do estado perdedor (ibid., p.144).

Os objetivos visados pelos procedimentos de solução de controvérsias são, de um lado, estabelecer um conjunto de entendimentos claros sobre os tratados a fim de conferir previsibilidade e segurança ao sistema e, do outro, alcançar uma resolução rápida para a controvérsia. Além disso, busca reduzir as assimetrias de poder entre os membros e promover a observância dos tratados da OMC. Nesse sentido, é interessante notar que o endereçamento do debate ao Órgão de Solução de Controvérsias (OSC) pode conduzir a um entendimento entre os estados, o qual não seria alcançado sem esse instrumento.

> Em 1995, o Japão reclamou que a aplicação do artigo 301 do US Trade Act constituiria violação do procedimento da OMC, e trouxe o caso à recém-estabelecida OMC. Embora o Japão não tenha obtido vitória total na negociação US-Japão automóveis, teve sucesso em utilizr as regras de comércio internacional pelas quais os Estados Unidos teriam de deixar de aplicar medidas unilaterais. [...] Caso o Japão houvesse prosseguido com as negociações bilaterais, sem se utilizar das regras de direito internacional, não teria alcançado esse resultado promissor. (Yasuaki, 2003, p.105-39, tradução minha)[15]

Em outras palavras, o sistema de solução de controvérsias, embora preveja mecanismos adjudicatórios, pode viabilizar desfechos negociados para as eventuais disputas entre membros.

A solução da controvérsia não conduz, e este nem é o objetivo, à reparação de eventual dano causado pelas práticas não conformes com as regras de liberalização da OMC. Uma característica importante do sistema é fixar para o estado violador um prazo para retificar sua conduta de acordo com os compromissos assumidos. Caso não o faça, o estado prejudicado pode adotar medidas de comércio compensatórias.

Nesse ponto, se de um lado reside uma dificuldade do sistema porque pode ser mais vantajoso para o estado violador suportar as medidas compensatórias a ter de adequar sua conduta às normas da OMC, de outro, cristaliza a possibilidade de imposição de consequências jurídicas ao descumprimento mediante a adoção dos meios disponíveis no próprio sistema – as trocas

[15] "In 1995, Japan claimed that the application of Article 301 of the US Trade Act constituted a violation of the WTO procedure, and brought the case to the newly established WTO. Although Japan could not gain a complete victory in the Japan-US automobile negotiation, it succeeded in utilizing the rule of international law in that the US had to withdraw the unilateral measures.[...] Had Japan continued the bilateral negotiation, without utilizing the rule of international law, Japan could not have attained such an advantageous result."

comerciais e os princípios do comércio internacional –, sem necessidade de recurso a meios externos ou ao uso de força.

O problema do cumprimento das normas de Direito Internacional, por não ser dotado de mecanismo de exercício de força, tem sido bastante discutido. A mesma característica pode ser divisada no sistema da OMC e, em especial, nas decisões do OSC. Cumprir a norma internacional significa conformar a ação aos termos prescritos no regramento. Essa temática está no centro dos debates sobre a cooperação internacional e sobre o papel de coordenação exercido pela OMC e sua contribuição para a governança mundial.

O relatório do OSC, uma vez adotado, estabelece uma obrigação internacional para o estado no sentido de que modifique suas práticas comerciais – as normas nacionais que regem as práticas comerciais – para torná-las consistentes com as regras do comércio internacional. A obrigatoriedade dessa decisão decorre: (1) do regime estabelecido pelos acordos da OMC; (2) da concordância de todos os membros em se submeterem compulsoriamente à jurisdição da OMC; (3) do Entendimento sobre Solução de Controvérsias (ESC); e (4) do Direito Internacional geral, em especial da Convenção de Viena sobre Direito dos Tratados.

As decisões do Órgão de Apelação constituem um importante indicador das práticas a serem adotadas pelos membros e seu cumprimento é obrigatório para eles. Essas decisões conformam o regime do comércio internacional estabelecido pela OMC. A força vinculante direta da decisão é sobre as partes na disputa. Com relação aos demais, a decisão, enquanto cria um precedente, é um vetor do comportamento tanto da própria organização como dos membros.

A institucionalização do sistema de solução de controvérsias da OMC visa, mais que a obter o simples cumprimento de uma decisão específica, a garantir o funcionamento da organização. O *adensamento da juridicidade* contido no ESC constitui, na realidade, uma obrigação de resultado previsto nas normas de organização da OMC. É por isso que o adensamento de juridicidade proveniente da aplicação do ESC é uma medida de construção da confiança (*confidence building measure*), voltada para resultados, tutelando a segurança e previsibilidade do sistema multilateral do comércio (Lafer, op. cit., p.31-2).

Nesse sentido, a solução da controvérsia não tem uma finalidade imediatista, isolada e direcionada a dado caso concreto. Antes, constitui um sistema de calibração do regime, conduzindo as disputas ou inobservâncias das normas para um fim negociado ou decidido por meio dos mecanismos previamente estipulados. A decisão de conflitos por meios institucionalizados evita o confronto direto ou o recurso às vias de fato. "O que se decide é o conflito institucionalizado, o qual não admite escaladas e deve ser tratado dentro do sistema" (Ferraz, 2003, p.321).

A partir dessa perspectiva, denota-se a grande importância do mecanismo de solução de controvérsias da OMC. Os conflitos são tratados no âmbito do sistema multilateral do comércio e os estados não podem recorrer a meios externos de solução ou de reparação. Com isso, ademais de propiciar uma solução baseada em regras previamente estabelecidas e sem a possibilidade de recurso à força, a instituição continua funcionando normalmente mesmo em caso de violação de seu conjunto de regras e ficam assegurados os objetivos perseguidos. Por isso, o encaminhamento do conflito de interesses entre os estados por meio de um procedimento institucionalizado, previsível, transparente, e cujas consequências sejam previstas, fortalece o sistema multilateral e o papel da OMC.

A OMC é uma organização com declarado propósito de coordenação das políticas de comércio mundial e da conseguinte aplicação dessas políticas no interior dos estados-membros. Os estados, no exercício de sua soberania externa, acedem à OMC, participam das rodadas multilaterais de negociações, assumem compromissos, eventualmente auferem vantagens e benefícios. É o atual cenário de relacionamento internacional globalizado, de muitas novas necessidades e pressões não só provindas de outros estados, mas também de agentes não estatais.

O conjunto dessas circunstâncias molda o Direito Internacional contemporâneo. As características de coexistência, cooperação e mesmo de coordenação estiveram presentes em outros momentos; entretanto, a conjugação de todas as características no momento atual confere perfil diferente ao Direito Internacional.

Retomada a função do conceito de soberania de denotar pertencimento à comunidade internacional, o pertencer à organização e integrar as rodadas multilaterais de negociação é uma expressão de soberania. Nesse contexto inovador da globalização, o papel da *soberania operacional* está muito vinculado à inserção mundial e a suas políticas e participação na força criadora do próprio Direito Internacional conforme os interesses plurais dos estados (Lafer, 2004, p.34).

Ademais, assim como os estados, no exercício de poder soberano, têm autonomia para decidir e para se candidatar a aceder à OMC, ao menos em tese, detêm a mesma autonomia para decidir deixar a organização, ainda que essa alternativa, na atualidade global, não pareça válida.

Atualmente, encontra-se em curso a Rodada Doha,[16] iniciada em 2001, mas cujos objetivos não puderam, ainda, ser alcançados e, justamente por

[16] "The 9–13 November 2001 Ministerial Conference in Doha, Qatar, was the fourth meeting of the WTO's topmost decision-making body. The declarations that WTO members adopted in Doha set up a work programme, the Doha Development Agenda, which includes trade negotiations (the Doha Round) and the issues arising from the implementation of the existing agreements." (Disponível em: <www.wto.org>. Acesso em: 2 dez. 2010)

essa razão, põe-se em xeque seu futuro. Para os mais céticos, a OMC teria, já, alcançado seu ápice e desempenhado seu papel e, a partir de agora, dada a impossibilidade de os estados-membros concordarem com compromissos adicionais de liberalização, seria impossível superar a paralisia da rodada de negociações, o que culminaria com o exaurimento da própria instituição.

> Antes de mais nada, a OMC ainda é necessária? Com redução de tarifas a um patamar de 4% e com barreiras não tarifárias sob controle, mesmo nas áreas de agricultura e têxteis, a missão da OMC não foi cumprida? Ademais, com as pessoas apoiando a liberdade de comércio e a globalização no mundo todo, tanto em países desenvolvidos como em países em desenvolvimento, e percebendo os benefícios do comércio internacional, a OMC pode manter autoridade para segurar os legislativos nacionais que, a essa altura, podem ser confiáveis e produzirão regras tendentes a liberalizar ainda mais o comércio internacional? Estaríamos realmente presenciando, como previu Francis Fukuyama, em 1992, o "fim da história", que é o fim das divisões ideológicas entre as economias... (Pauwelyn, 2007)[17]

[17] "First of all, is the WTO still needed? With tariffs down to an average of 4% and non-tariff barriers largely under control, even in the fields of agriculture and textiles, has the WTO's mission been accomplished? In addition, with people across the globe, in both developed and developing countries, largely supporting the free market system and globalization, and realizing the benefits of international trade can the WTO hand back authority to domestic parliaments which, this time, can be trusted and will result in generally free trade policies? Are we really witnessing, as Francis Fukuyama predicted in 1992, the "end of history", that is, the end of ideological divides over how national economies should be run? [...]" Em resposta a sua pergunta, ele mesmo dirá que: "essas 'nova políticas comerciais' estão alçadas numa nova forma de liberalismo, combinando um suporte global à liberdade de mercado e globalização com chamados para políticas par proteção do meio ambiente, trabalhadores, consumidores e preocupações dos cidadãos como um todo, assim como para habilitar as políticas industriais e rurais para fortalecimento do desenvolvimento econômico. Essa nova política comercial deve romper com o sexagenário sistema do Gatt de trocas recíprocas de concessões para acesso a mercados, um sistema dirigido ao produtor, mercantilista e pautado na premissa de descrédito das políticas nacionais. Ao contrário, o sistema de operação da nova política comercial deve ser dirigida ao consumidor/cidadão (não dirigida ao produtos) (baseada no comprovado bem-estar e nos ganhos advindos do livre-comércio (não mercantilista) e ser promovido por mais, em vez de menos, influências de parlamentos nacionais (políticas abertas, em vez de fechadas). Isso significa que o jogo da OMC pode se mover do dilema do prisioneiro para a segurança do jogo do Stag Hunt. Outra consequência é que a OMC pode evoluir gradualmente de um "mecanismo" de liberalização para "estabilizador" da liberdade de comércio (com foco na solução de disputas) e "caixa de compensação" em que a liberdade de comércio alcançada em qualquer lugar se estenda para os demais de maneira vinculante. Por fim, para criar um bem-estar global, a atenção do mundo deve elevar-se da troca de mercadorias (onde enormes ganhos foram auferidos, mas em que os frutos foram todos colhidos) para um terreno de cooperação, com novas regras de proteção ao trabalho e de concorrência, políticas monetárias, para padrões mínimos de proteção ao meio ambiente, trabalho e direitos humanos" ["These 'new trade politics' are grounded in a new form of 'embedded liberalism', combining a world-wide, general support for free markets and globalization with calls for policy space to protect the environment, workers, consumers and citizen concerns at large, as well as to enact industrial and rural policies to

De outra perspectiva, pode-se considerar que a OMC estabelece um regime internacional para as relações comerciais. Esta é outra peculiaridade do sistema internacional da atualidade. Na medida em que a estrutura do Direito Internacional se torna mais complexa e elaborada, embora fragmentada pela crescente multiplicidade e especialização de normas, formam-se os regimes internacionais.

Uma das maneiras de conceituar regime é considerá-lo como o conjunto de regras e princípios especiais que regulamentam certa área de interesse. Também pode ser conceituado como um conjunto de princípios implícitos e explícitos, normas, regras, processos decisórios, em torno dos quais convergem as expectativas em dada área das relações internacionais (Simma; Pulkowski, 2006, p.493, nota 37). O regime confere um padrão e uma previsibilidade de comportamento de todos os estados quanto aos direitos e às obrigações de cada um, visando a alcançar o objetivo desejado por todos, relativo a uma matéria específica (Hasenclever; Mayer; Rittberger, 2002, p.9).

Os regimes traduzem a crescente especialização das regras de Direito Internacional verificada na atualidade e podem se estabelecer por um ou vários tratados, ou mediante prática reiterada, de Direito Internacional costumeiro (OMC, 2004); não dependem, necessariamente, da existência com uma organização internacional, muito embora possam com elas coexistir ou delas derivar (ibid.).

A OMC estabelece o regime jurídico do comércio internacional e se caracteriza como uma *máquina de negociação* (ibid.); essas negociações nem sempre se mostraram simples, tampouco imediatas ou exitosas em sua totalidade (Bethelehen, op. cit., p.28), como, por exemplo, a atual experiência da Rodada Doha, que levou Pascal Lami a conclamar os membros da OMC a fim de que buscassem caminhar para uma conclusão.[18]

---

boost economic development. This 'new trade politics' must break with the Gatt's 60 years old operating system of 'reciprocal exchange of market access concessions', a system that is producer-driven, merchantillistic and premised on a mistrust of domestic politics. Instead, the operating system of 'new trade politics' must be consumer/citizen driven (not producer driven), based on proven welfare gains that come with free trade (not merchantillistic) and be fuelled by more, rather than less, input by domestic parliaments ('open politics' rather than 'closed politics'). This means that the WTO game can move from a Prisoners' Dilemma game to an assurance or Stag Hunt game. Another consequence is that the WTO can gradually evolve from being the 'engine' of trade liberalization to the 'stabiliser' of free trade (focused on dispute settlement) and a 'clearing house' where liberalization achieved elsewhere can be bound. Finally, to create global welfare, the world's attention must shift from merchandise trade (where enormous gains have been made, but where the low hanging fruit has now been picked) to cooperation in other fields, ranging from liberalizing labour flows and new rules on competition and currency policy, to minimum standards to protect the environment, labour and human rights."]

18 "A Rodada de Doha de negociação foi um aprendizado, mas o problema que buscou compreender – desenvolvimento – pode ser do tipo que não se pode ensinar em uma só reunião. Isso ocoreu antes na história do Gatt. Na Rodada Tóquio nos anos 1970, as negociações

A economia internacionalizada caracteriza-se pela integração entre diversos agentes econômicos de distintas procedências, nacionalidades e especializações. Esses agentes, mesmo que operando internacionalmente, seguem vinculados a determinado território nacional. Embora haja um relacionamento intenso entre os agentes econômicos internacionais, mantém-se uma relativa e permanente separação entre o cenário doméstico e o externo.

Os acontecimentos verificados em esfera internacional refletem no cotidiano nacional por meio de políticas e processos essencialmente nacionais, ou seja, os mecanismos institucionais de cada país absorve os impactos do quanto se deu no exterior ou adota mecanismos de proteção para evitar que a economia ou a política locais se subordinem aos eventos mundiais em economia, finanças e políticas. Isso significa que a economia mundial internacionalizada se articula a partir dos agentes nacionais em direção às relações exteriores. Esse novo contexto produtivo internacionalizado, mas ainda com marcada base nacional, tem como colaboradores e articuladores as empresas multinacionais, promotoras desse modo de intercâmbio produtivo mundial (Thompson, [s.d.]).

Com a prática das empresas multinacionais, o relacionamento na esfera internacional passa a se dar não somente entre estados-nação, mas também entre agentes econômicos interligados por diversos vínculos econômicos, de controle, por trânsito de bens ou capital, e de tecnologia. Tal inter-relacionamento é ditado pelos imperativos da competição mundial, da redução de custos, da melhor alocação de investimentos e da conquista de novos mercados. A generalização e a multiplicação de empresas multinacionais se devem à procura de condições mais favoráveis de produção e de mercado.

REGRAS DA OMC E CONTRATOS INTERNACIONAIS

Se, de um lado, as regras da OMC conferem certa homogeneidade às regras de comércio internacional de seus membros e, por consequência, maior

---

tocaram o tema das barreiras não tarifárias, e enquanto a Rodada não resultou em nenhuma liberalização adicional, redefiniu a metodologia de negociação dos acordos regulatórios que definiram as bases de trabalho para o sucesso, mais tarde, da Rodada Uruguai. No mesmo sentido, a Rodada Doha pode ter lançado as bases para a discussão mais efetiva, no futuro, do problema do desenvolvimento no âmbito do sistema mundial do comércio." ["The WTO's Doha Round negotiation has been a learning experience, but the problem it has sought to understand – development – may be one that cannot be mastered in a single sitting. This has occurred before in Gatt history. In the 1970's the Tokyo Round negotiation tackled the conundrum of non-tariff barriers, and while the Round did not produce much in real trade liberalization, it did refine the methodology of negotiating regulatory agreements that laid the groundwork for the latter success of Uruguay Round. In the same way, the Doha Round may have laid the groundwork to address more effectively in the future the problem of the development in the world trade system."] (Bethelehen, op. cit., p.28)

previsibilidade das relações (Denis, [s.d.]),[19] as companhias não se sujeitam diretamente a tais regras, mas ao Direito Nacional. Cada Direito Nacional contempla normas que determinam a aplicação de regras próprias ou as do Direito Alienígena; ou ainda, em caso de conflito de leis ou de omissão do contrato em dispor sobre o Direito a que o contrato se submeterá, as regras de Direito Internacional Privado.

Os contratos internacionais de comércio se submetem a uma legislação nacional definida ou pelas partes contratantes ou determinada pelo Direito Internacional Privado. Tanto quanto as cláusulas sobre as obrigações reciprocamente assumidas, a forma e o local de cumprimento, as consequências pelos descumprimentos, a jurisdição, as garantias podem ser pactuadas pelas partes, de maneira a assegurar o sucesso do contrato (Bortolotti, 2010).[20]

Alguns organismos internacionais têm buscado definir regras uniformes para os contratos internacionais, bem como sobre os mecanismos de solução de controvérsias, os quais podem ter caráter geral ou podem ser elaborados especificamente para atender a um ramo de atividade, como financiamentos e construção civil, por exemplo, mas a adoção dessas regras depende de previsão contratual expressa (Alford, [s.d.]).[21]

---

[19] Segundo o autor, "As empresas estão cada vez mais conscientes do impacto do sistema da OMC em suas atividades em mercados internacionais. Elas certamente sabem que o acesso a mercados depende, em alto grau, do processo de liberalização comercial que ocorre na OMC. Elas são, entretanto, menos cientes sobre as regras da OMC que afetam suas decisões comerciais internacionais, tais como a escolha da modalidade de ingresso em um mercado ou do preço a ser praticado (é necessário...) para extrair das quinhentas páginas de texto impresso que representam os trinta documentos legais que integram o sistema da OMC, (OMC; 1994, OMC, 1999) as regras que darão suporte direto a essas decisões". ["Firms are becoming increasingly aware of the impact the WTO system has on their activities in foreign markets. They certainly know that access to markets is dependent to a large degree on the trade liberalization process that takes place at the WTO. They are, however, generally less knowledgeable about the WTO rules that affect their international marketing decisions such as the choice of an entry mode or the pricing of products [it is necessary...] to extract out of the 500 pages of printed text that represent the 30 legal documents that make up the WTO system (WTO 1994, WTO 1999) the rules that have a direct bearing on these decisions.]

[20] "Dado que a moldura normativa dos contratos internacionais é incerta, as partes vão, tanto quanto possível, trabalhar em soluções contratuais que aumente a certeza e predicabilidade mediante a escolha da lei aplicável, determinando, antecipadamente, a forma de solução de possíveis disputas e definindo, detalhadamente, no contrato, seus direitos e obrigações." ["Since the legal framework of international contracts is uncertain, parties will, as far as possible, work out contractual solutions that can increase certainty and predictability by choosing the applicable law, by determining, in advance the way to solve possible disputes and by defining in detail in the contract their rights and obligations."] (Ibid., p.21)

[21] De acordo com Alford ([s.d.]), "Desde a Segunda Guerra Mundial, o comércio internacional tem crescido exponencialmente e com ele a importância do Direito Internacional. Com o aumento dos negócios entre empresas em diferentes países, a necessidade de maior harmonização das leis comerciais tornou-se evidente. Conhecer o Direito Comercial Internacional tornou-se importante para o advogado transacional, mesmo aquele fora dos grandes áreas metropolitanas [enquanto] a prática da lei é ainda em grande parte doméstica, há conver-

Nesse contexto, a negociação de um contrato internacional se desenrola em duas frentes: uma de natureza jurídico-formal, envolvendo lei aplicável, mecanismo de solução de controvérsias, jurisdição ou foro; e outra de natureza material ou negocial propriamente dita. Entretanto, os aspectos negociais são influenciados pelos aspectos jurídico-formais, já que os riscos a serem assumidos pelas empresas em suas empreitadas internacionais podem variar conforme o regime jurídico a que se submeter a elaboração e o cumprimento do contrato.

Alguns elementos podem ser indicativos da internacionalidade da avença, como o local da proposta – nacionalidade, domicílio, sede, estabelecimento das partes –, a localização das partes ou do objeto – local da assinatura, idioma do documento –, o local de cumprimento das obrigações – local, forma, moeda de pagamento –, os efeitos do inadimplemento e a produção de um fluxo e refluxo de bens, direitos e valores pelas fronteiras. À vista desses elementos indicadores da internacionalidade do contrato, é possível compreender por que é necessário o estabelecimento claro do regime jurídico de regência, bem como a forma e o regime jurídico aplicável à resolução de controvérsias.

MÉTODOS ALTERNATIVOS DE SOLUÇÃO DE CONTROVÉRSIAS: ADR

Caso as partes no contrato internacional não indiquem métodos para a solução de uma eventual disputa, elas serão sujeitas à jurisdição estatal competente definida em consonância com as regras do Direito Internacional Privado, o que pode se revelar desastroso por falhas no funcionamento do sistema judicial estatal, pela obscuridade do ordenamento jurídico, pela burocracia contaminada por corrupção e por outros problemas no país estrangeiro, os quais fogem ao controle do contratante. Por isso, é prática

gência das leis em determinadas áreas, nomeadamente o comércio e o investimento. A grande maioria dos advogados entrevistados acredita que a padronização internacional de comércio e leis de investimento seriam benéficas". ["Since World War II, international trade has grown exponentially and with it the importance of international law. With the increased business between companies in different nations, the need for increased harmonization of commercial laws has become apparent. Knowledge of international commercial law has become important for the transactional lawyer, even those outside major metropolitan areas. [...while] the practice of law is still largely domestic, the convergence of laws in certain areas, particularly trade and investment, is occurring. The vast majority of the attorneys surveyed believed that the international standardization of trade and investment law would be beneficial."] As tentativas de harmonização dos sistemas internacionais vêm sendo empreendidas pela Conferência de Direito Internacional da Haia, pelo Instituto para Unificação do Direito Privado (Unidroit), pela Comissão das Nações Unidas para o Direito do Comércio Internacional (Uncitral).

comum em contratos internacionais a definição de métodos alternativos de solução de controvérsias, referidos por ADR (Alternative Dispute Resolution). Designa-se por ADR o método de resolução de disputas sem o recurso à jurisdição oficial, estatal – por isso chamado *alternativo*.

Os métodos alternativos podem incluir conciliação, mediação, arbitragem, conselhos ou *boards*, que podem funcionar isoladamente ou de maneira escalonada e podem ser adotados em casos nos quais o direito em disputa seja disponível.

A arbitragem é o método pelo qual a solução da disputa é dada por um terceiro, um indivíduo ou um painel, e a decisão arbitral equivale a uma sentença judicial. A instituição da arbitragem depende de cláusula contratual expressa, a cláusula compromissória inserta no instrumento contratual ou o compromisso arbitral, pactuado quando a disputa houver sobrevindo, já que caracteriza uma renúncia à jurisdição estatal.

Os procedimentos a serem adotados para o início e desenrolar da arbitragem devem vir previstos no contrato e podem contemplar a instituição de um tribunal arbitral *ad hoc* ou o recurso a uma corte arbitral formalmente constituída. Os árbitros observarão os procedimentos definidos pelas partes (*ad hoc* ou institucional), mas a vantagem de se optar pela arbitragem institucional é que as regras procedimentais são claras, conhecidas pelos árbitros e, tratando-se de uma corte internacional reputada internacionalmente, a decisão que vier a ser proferida será confiável.

Essa confiabilidade deve ser levada em consideração especialmente porque, embora o próprio painel defina sua competência,[22] no que não sofrerá influência das regras da câmara arbitral escolhida, a execução da sentença arbitral será feita no judiciário no foro do domicílio do devedor, local em que a decisão deve ser respeitada e cumprida, mediante procedimentos de homologação de decisão arbitral estrangeira ou mediante execução direta da sentença, conforme determinar o ordenamento jurídico daquele país.

Vale anotar a possibilidade de serem propostas medidas judiciais que visem impedir a instauração da arbitragem,[23] mas os tribunais nacionais têm evitado dar provimento a tais medidas, visando, justamente, garantir segurança jurídica nos negócios internacionais e credibilidade ao sistema normativo e às instituições do país, em especial se se tratar de receptor de investimentos internacionais.

[22] Trata-se do princípio *competenz/competenz*.

[23] *Anti suit injunctions*.

9
DIPLOMACIA COMERCIAL AGRÍCOLA: AS POSIÇÕES DO BRASIL NA RODADA DOHA DA OMC

Haroldo Ramanzini Júnior e Thiago Lima

INTRODUÇÃO

O objetivo deste capítulo consiste em analisar a posição do Brasil nas negociações agrícolas da Rodada Doha da Organização Mundial do Comércio (OMC). O País tem sido um dos atores mais importantes nessa negociação, principalmente após a reunião ministerial de Cancún, de setembro de 2003, tendo influenciado de modo significativo o andamento do processo negociador e o conteúdo dos textos (*drafts*) produzidos. Pretendemos discutir as motivações políticas e econômicas da atuação do Brasil de forma a entender a razão de a OMC ser considerada o centro definidor da estratégia de negociações econômicas internacionais do País, particularmente no que toca à agricultura.

Tradicionalmente, a política externa brasileira tem interesse no multilateralismo institucionalizado tanto para aumentar sua capacidade de negociação quanto para prevenir o unilateralismo dos Países Desenvolvidos (PD). A participação ativa nos foros multilaterais está relacionada ao objetivo de parte das elites do País de projetar o Brasil como um ator relevante na configuração do sistema internacional (Soares de Lima, 2005).

Acredita-se que as instituições multilaterais, como a OMC, podem propiciar a cooperação e a formação de coalizões entre estados mais fracos, relativizando, em certo sentido, o poder dos mais fortes. Do mesmo modo, existe a possibilidade de utilizar mecanismos institucionais, como o Órgão de Solução de Controvérsias (OSC), para fortalecer posições relativas nas negociações e questionar políticas de terceiros que prejudiquem os interesses do País. Ou seja, mesmo que a negociação multilateral por si só não neutralize as assimetrias de poder de barganha nem anule as disparidades de recursos organizacionais e de informação dos atores, a interação em um ambiente institucionalizado multilateral pode aumentar a margem de manobra dos Países Em Desenvolvimento (PED) e emergentes.

Além disso, em função da cláusula da Nação-Mais-Favorecida (MFN – *Most-Favored-Nation*) e da lógica dos interesses dos diferentes países e blocos comerciais, temas de grande interesse para o Brasil têm possibilidade de serem efetivamente discutidos apenas na OMC, como é o caso das regras agrícolas de subsídio e apoio interno. A política comercial externa brasileira, desde o começo dos anos 1990, procura concentrar a discussão dos chamados temas sistêmicos e das regras de comércio no âmbito da OMC e se volta de forma mais direta ao tema de acesso a mercados nas negociações bilaterais, regionais ou inter-regionais.

Uma característica importante do cenário internacional, no começo do século XXI, é a crise da estrutura existente desde o fim da Segunda Guerra Mundial, mais do que propriamente o surgimento de uma nova ordem. Há movimentos em busca do fortalecimento do multilateralismo por meio da inclusão efetiva de outros atores nos principais centros de gestão do sistema internacional. Em função da natureza dos novos desafios colocados pelas transformações globais e da retomada das discussões sobre os parâmetros de legitimidade internacional, o Brasil busca aumentar seu peso nos órgãos internacionais visando alterar as estruturas que consolidaram hierarquias no sistema internacional. Essa dinâmica é um elemento constitutivo das negociações da Rodada Doha. Do surgimento da Rodada, em novembro de 2001, até hoje, o sistema internacional passou por mudanças que influenciaram o rumo das negociações e a própria configuração de poder dentro da organização.

A articulação da coalizão G-20[1] na reunião de Cancún, em 2003, e o papel de destaque no grupo colocaram o Brasil, juntamente com a Índia, no núcleo decisório da OMC. O ministro das Relações Exteriores durante o governo Lula (2003–10), Celso Amorim, afirmou:

> Diria sem falsa modéstia que o Brasil mudou a dinâmica das negociações da OMC. Não foi o Brasil sozinho. Mas o Brasil lidera o G-20 e é procurado – e diria que quase cortejado – por Estados Unidos, União Europeia e Japão, entre outros países. (*Gazeta Mercantil*, 19 out. 2006)

O prolongamento da Rodada Doha, o gerenciamento do G-20 – ao menos até a reunião ministerial de julho de 2008 – e o questionamento das políticas agrícolas dos Estados Unidos e da União Europeia no OSC,

---

[1] São membros do G-20 comercial: África do Sul, Argentina, Bolívia, Brasil, Chile, China, Cuba, Egito, Filipinas, Guatemala, Índia, Indonésia, México, Nigéria, Paquistão, Paraguai, Tailândia, Tanzânia, Uruguai, Venezuela e Zimbábue.

além do bom crescimento econômico e do desenvolvimento de capacidade técnica para negociar em alto nível, são elementos que, potencializados por um contexto internacional em mudança, contribuíram de maneira significativa para que o Brasil se tornasse um ator central do principal regime de comércio internacional.

Considerando os elementos discutidos anteriormente, o presente capítulo está organizado com a seguinte estrutura: (1) na próxima seção, abordaremos a origem da Rodada Doha, alguns elementos presentes no mandato negociador e as principais fases da negociação, com especial atenção para a participação do Brasil; (2) em seguida, colocaremos a questão agrícola em perspectiva econômica, o que permitirá melhor compreensão da formulação dos objetivos brasileiros e das posições de seus principais interlocutores, tema da quarta seção; (3) posteriormente, serão apresentadas algumas considerações finais.

RODADA DOHA: SURGIMENTO E DINÂMICA NEGOCIADORA

A principal negociação agrícola internacional ocorre no âmbito da Rodada Doha da OMC, e é nela que o Brasil vem depositando seus maiores esforços. A negociação da Área de Livre-Comércio das Américas (Alca) ocupou importante espaço na agenda brasileira, mas a impossibilidade de um acordo, principalmente pela discrepância entre as demandas brasileiras e a oferta de concessões norte-americanas na área de subsídios e acesso a mercados agrícolas, foi um dos fatores que contribuiu para a paralisação desse processo. A negociação inter-regional entre o Mercado Comum do Sul (Mercosul) e a União Europeia, lançada pouco tempo depois do início das negociações da Alca, ainda permanece ativa. Embora esse processo negociador possa resultar em mais acesso ao mercado europeu para determinados produtos brasileiros, a possibilidade de estimular modificações nos programas comunitários de subsídios e de proteção ao setor agrícola é baixa.

O fato é que os acontecimentos da Rodada Doha influenciam todas as outras negociações comerciais, visto que um eventual acordo terá alcance global. Além disso, negociar determinados temas parece viável apenas no âmbito multilateral, como no caso dos apoios e subsídios concedidos à produção e exportação agrícolas. Tais instrumentos afetam estruturalmente a competitividade dos produtores. As barreiras de acesso a mercados podem ser diminuídas em níveis variados, por exemplo, por meio de acordos preferenciais, bilaterais ou inter-regionais, aumentando seletivamente a competição no mercado interno; ao passo que compromissos de diminuição de programas de subsídios à produção e exportação agrícolas têm maiores possibilidades de serem discutidos em nível multilateral, já que os países e blocos comerciais temem perder competitividade no mercado internacional ao diminuírem seus subsídios de modo unilateral.

Em vários momentos da negociação da Rodada Doha, os Estados Unidos condicionaram a diminuição da proteção e do apoio a seu setor agrícola à diminuição da proteção e do apoio da União Europeia e de outros parceiros também, de modo que uma eventual mudança de sua política não implicasse perda de competitividade perante os demais. Tendo em conta que a dinâmica da Rodada Doha influencia todas as outras negociações, para examinar a posição do Brasil nas negociações internacionais é fundamental entender a dinâmica negociadora da OMC.

A atual Rodada de negociações na OMC foi iniciada em novembro de 2001 e enfrenta um impasse: a previsão inicial era de que fosse concluída em 2005, mas as divergências entre os estados-membros não permitiram um acordo. Entre os temas que atravancam as negociações, a agricultura tem grande destaque. Historicamente, o regime multilateral de comércio foi muito menos agressivo na liberalização do setor agrícola, principalmente porque Estados Unidos e países europeus quiseram manter o uso de instrumentos governamentais para proteger e regular o setor. Isso contrastava com o interesse dos PED em aumentar suas exportações agrícolas para os grandes mercados.

Na Rodada Uruguai (1986–94), muito por conta da pressão dos PED, mas também do interesse dos PD em incluir novos temas na agenda, como propriedade intelectual, serviços e compras governamentais, houve certo avanço na regulamentação multilateral do tema agrícola, mas que teve pouco impacto nas medidas protecionistas e nos programas de subsídios dos PD (Wilkinson, 2006, Barton et al., 2006 e Farias, 2009).

O mandato de Doha é uma nova tentativa de liberalizar e estabelecer regras mais estritas para medidas protecionistas e programas de subsídios ao setor agrícola.[2] Ele destaca o compromisso dos países-membros em negociar reduções significativas de: (1) barreiras que impedem o acesso a mercados; (2) subsídios internos com efeitos distorcivos; e (3) subsídios à exportação, neste caso, visando sua extinção – questões de grande interesse para o Brasil e para os PED de modo geral. Mesmo assim, é necessário considerar, como destaca Steinberg (2002), que os documentos preparatórios de lançamento de uma rodada de negociação multilateral baseada no consenso tendem sempre a ser escritos em uma linguagem ambígua o suficiente para que nenhum país possa bloquear o início das negociações. Nesse sentido, a necessidade de viabilidade política para o lançamento de uma rodada se

[2] Documentos sobre a Rodada Doha, incluindo o mandato negociador e as declarações de Cancún e Hong Kong, podem ser obtidos em: <http://www.wto.org/english/tratop_e/dda_e/dohasubjects_e.htm>.

sobrepõe à objetividade técnica, e o fato de um tema ser considerado pelo mandato não garante que seja negociado exatamente da forma prevista.

Ademais, o mandato agrícola razoavelmente ambicioso, assim como outros aspectos da agenda da Rodada, devem ser considerados sob dois aspectos: um mais conjuntural, outro mais estrutural. No que tange ao primeiro, é importante lembrar que o projeto foi lançado meses depois dos atentados de 11 de setembro, em uma conjuntura em que a principal potência, os Estados Unidos, demandava o apoio da comunidade internacional. Na ocasião, como ainda hoje, considerava-se que a pobreza era terreno fértil para o terrorismo. A Rodada Doha, com sua agenda para o desenvolvimento, seria uma maneira de lidar com isso.

O segundo aspecto é a mudança na distribuição internacional de poder (Kupchan, 2002 e Buzan, 2004). A Rodada Doha tem sido caracterizada pelo peso crescente que alguns PED adquiriram no direcionamento do processo negociador, destacadamente Brasil e Índia (Narlikar; Tussie, 2004 e Ismail, 2007). Além disso, o ingresso da China como membro da OMC afetou significativamente a composição interna da organização.

A própria incorporação do termo *desenvolvimento* na declaração de Doha que deu origem à Rodada pode ser um indicativo de maior influência de países que durante boa parte do tempo estiveram à margem do sistema General Agreement on Tariffs and Trade (Gatt)/OMC.[3] Maior influência, sim. Mas talvez não o suficiente. Uma hipótese para o impasse da Rodada pode ser justamente o hiato entre os objetivos inicialmente estabelecidos sob a pressão dos PED em um contexto favorável e o poder desses países para atingi-los ou, por outro ângulo, o menor excedente de poder dos PD para impor a própria agenda.[4]

Na Rodada Doha, os PED – entre eles principalmente o Brasil e a Índia – tiveram um papel fundamental não apenas na definição do mandato negociador, mas também em importantes reuniões subsequentes, como na reunião de Cancún de setembro de 2003, quando impediram a reedição de um acordo de tipo Blair House entre Estados Unidos e União Europeia. Do mesmo modo, participaram ativamente na definição do pacote de julho de 2004, da reunião de Hong Kong de dezembro de 2005, que definiu que os subsídios às exportações agrícolas deveriam acabar em 2013. Nesse mesmo

---

[3] Outro aspecto relevante presente no lançamento da Rodada Doha foi a Declaração de Trips e Saúde Pública de 2001, uma relativização do acordo de Trips, fruto da atuação da coalizão envolvendo Brasil, Índia e África do Sul que, de acordo com alguns estudiosos do assunto (Drahos, 2003 e Cepaluni, 2006) constitui um marco importante no sentido de demonstrar que instituições multilaterais podem propiciar um espaço político onde países mais fracos estão aptos a formar coalizões com atores estatais e não estatais para atingirem determinados interesses na negociação com atores poderosos.

[4] Para implicações teóricas da estrutura de poder em negociações internacionais ver Zartman; Rubin (2002).

sentido, o colapso da reunião do G-4 (Brasil, Índia, União Europeia e Estados Unidos) de Potsdam de 2007, assim como as dificuldades observadas na reunião de julho de 2008, revela que parece pouco provável que os PD conseguirão concluir a Rodada Doha *na sombra do poder*, impondo uma distribuição assimétrica de ganhos aos PED, como ocorria nas Rodadas anteriores (Steinberg, op. cit.).

Em termos gerais, o impasse agrícola é resultado de um triângulo formado principalmente pelas posições do G-20, dos Estados e da União Europeia. Outros atores são relevantes na negociação, seja por seu potencial exportador (Austrália), seja pelo potencial importador (Japão). Contudo, as propostas que balizam a discussão são, grosso modo, as seguintes:

- O G-20 demanda dos PD amplo aumento de acesso a mercados e grande redução de apoios e subsídios a produtores e exportadores. Rejeita oferecer reciprocidade, pede a criação de um mecanismo de salvaguarda diferenciado e da categoria de produtos especiais para os PED.
- Os Estados Unidos buscam mais acesso a mercados, particularmente na União Europeia e em grandes países emergentes como Brasil, Índia e China. Demandam maior reciprocidade dos PED nas negociações de acesso a mercados e se recusam a diminuir consideravelmente seus programas de apoio interno. Rejeitam o mecanismo de salvaguarda especial[5] proposto pelo G-20 aos PED.
- A União Europeia busca manter as restrições de acesso a seu mercado e continuar seu sistema de subsídios. Ao mesmo tempo, relaciona qualquer modificação em suas políticas à diminuição dos apoios domésticos concedidos pelos norte-americanos. Defende tratamento especial e diferenciado aos PED, especialmente para os países de menor desenvolvimento relativo.

Fica claro que há vetos cruzados nas propostas dos principais atores da negociação. Os pontos de resistência estão bem consolidados e a formação de uma zona de acordo possível é difícil. Adicionalmente, a manutenção do *status quo* parece não ser uma condição muito ruim já que a possibilidade de um acordo passa, necessariamente, pela negociação de questões consideradas sensíveis pelos países.

Duas regras de negociação da OMC agravam o cenário. A primeira é a do *single undertaking*, segundo o qual, enquanto não houver definição para todos os temas negociados, nada estará acordado em definitivo. Em outras

[5] O Mecanismo de Salvaguarda Especial estabelece que, quando as importações agrícolas aumentam de forma repentina, causando dano aos produtores locais, o governo pode estabelecer barreiras, incluindo aumento de tarifas e cotas, por determinado período (Carvalho, 2010).

palavras, o fechamento da Rodada ocorrerá a partir de um pacote único composto pelos textos de diversas negociações temáticas, interligando as barganhas sobre bens manufaturados, agricultura, serviços, facilitação do comércio e propriedade intelectual, entre outros. A segunda regra é a tomada de decisão por consenso. Se já é difícil chegar a um entendimento entre os três atores citados, também é complicado produzir um acordo capaz de satisfazer às preferências de 153 membros com as mais diversas disparidades (Wilkinson, op. cit. e Barton et al., op. cit.). Antes de avançarmos nas especificidades da posição do Brasil e dos outros atores principais, é preciso colocar o setor agrícola em perspectiva econômica.

QUESTÃO AGRÍCOLA

Como vimos, a agricultura é uma peça-chave no quebra-cabeça das negociações internacionais. Para entender melhor interesses e embates em torno dela, é preciso pôr esse setor econômico em perspectiva. Para tanto, recorreremos principalmente aos dados de Brasil, China, Índia, Estados Unidos e União Europeia, atores mais relevantes da negociação em análise.

A exportação de produtos agrícolas representou 12% do total das exportações mundiais de mercadorias entre 2000 e 2008, conforme o *International Trade Statistics 2009* da OMC.[6] O Brasil é o terceiro maior exportador mundial de produtos agrícolas, atrás somente da União Europeia e dos Estados Unidos, e à frente de China e Índia, 5ª e 12ª colocadas, respectivamente. Estados Unidos, União Europeia e China são os maiores importadores mundiais de bens agrícolas, enquanto Brasil e Índia não figuram entre os 15 primeiros.

Dos cinco países, o Brasil é aquele em que as exportações agrícolas ocuparam a maior parcela no total das exportações em 2008, 31%. Para China, Índia, Estados Unidos e União Europeia, o percentual foi de 3%, 12%, 10,9% e 6,6%, respectivamente. Com relação às importações, os percentuais são de 5,6% para o Brasil, 7,7% para a China, 4% para a Índia, 5,3% para os Estados Unidos e de 7,6% para a União Europeia. Os principais importadores de produtos agrícolas brasileiros foram: União Europeia, China, Rússia, Estados Unidos e Japão.[7]

---

[6] Por causa da crise econômica internacional de 2009, utilizaremos dados até 2008, embora o relatório *International trade statistics 2010* da OMC já esteja disponível. Dados sobre agricultura em geral e commodities específicas podem ser encontrados na divisão de estatísticas da Organização das Nações Unidas para Agricultura e Alimentação (FAO – Food and Agriculture Organization), em: <http://faostat.fao.org/>.

[7] WTO. *International Trade Statistics 2009*. 2009. Disponível em: <http://www.wto.org/english/res_e/statis_e/its2009_e/its2009_e.pdf>. Acesso em 28 fev. 2011.

Se o elevando percentual da agricultura na pauta de exportações brasileira ajuda a entender a posição demandante do país nesse setor, dados sobre a baixa produtividade e a quantidade de pessoas empregadas no campo denotam a resistência de China e Índia em abrir o setor à competição internacional. O contraste entre Estados Unidos, de um lado, e China e Índia, do outro, ajuda esclarecer o ponto. Como demonstram as tabelas 9.1 e 9.2, a produtividade dos trabalhadores indianos e chineses é muito menor que a dos norte-americanos, e estes, apesar de utilizarem uma quantidade muito menor de mão de obra, produzem mais. Enquanto, no primeiro, a agricultura é altamente mecanizada e ancorada em técnicas e conhecimento científico de ponta, a maior parte da atividade na Índia e na China corresponde à agricultura familiar e de subsistência, notadamente menos capaz de custear meios sofisticados de produção. Cabe notar também que, ao contrário de Brasil e Estados Unidos, o número de trabalhadores agrícolas vem crescendo na Índia.

Tabela 9.1 Valor agregado por trabalhador agrícola (US$ 2 mil)

	1998	1999	2000	2001	2002	2003	2004	2005	2006	2007
Brasil	2.111	2.262	2.351	2.529	2.717	2.926	3.025	3.089	3.293	3.563
China	348	357	364	374	384	393	417	439	461	478
Índia	414	420	415	435	398	433	496	515	527	547
EUA	27.407	31.084	35.565	33.636	33.389	38.205	40.097	47.370	43.067	45.418
UE	10.823	11.642	12.082	12.461	12.995	12.811	14.704	14.383	14.691	15.155
Mundo	872	896	918	921	924	938	989	1.020	1.033	1.053

Fonte: Elaboração própria com dados do Banco Mundial, *World Development Indicators* (WDI). Disponível em: <http://data.worldbank.org/data-catalog/world-development-indicators>. Acesso em: 13 set. 2011.

Tabela 9.2 População economicamente ativa na agricultura (milhares)[8]

	1998	1999	2000	2001	2002	2003	2004	2005	2006	2007
Brasil	13.545	13.466	13.306	13.122	13.016	12.788	12.658	12.431	12.187	11.925
China	495.425	496.473	497.441	498.165	498.584	498.770	498.514	499.018	495.425	496.473
Índia	231.982	234.685	237.360	240.432	243.470	246.461	249.389	252.901	256.519	258.642
EUA	3.251	3.201	3.152	3.083	3.016	2.942	2.883	2.833	2.791	2.728

Fonte: Elaboração própria com dados do Banco Mundial, *World Development Indicators* (WDI). Disponível em: <http://data.worldbank.org/data-catalog/world-development-indicators>. Acesso em: 13 set. 2011.

[8] Não há dados disponíveis para União Europeia.

Isso traz à baila outro elemento muito importante: a cadeia produtiva da agricultura. A atividade agrícola é realizada por meio de ampla cadeia de produtos e serviços, e a sofisticação da produção em termos de tecnologias e bens de capital pode variar muito entre os países, impactando diretamente a qualidade e a produtividade do campo. Entretanto, ajustes decorrentes do aumento da competição internacional sobre produtos específicos poderão causar impactos sobre diversos outros segmentos econômicos relacionados à agricultura, positiva ou negativamente, podendo gerar efeitos colaterais sociais e políticos, o que também entra nos cálculos de formação de posições dos membros da OMC.

O mapeamento da cadeia citrícola do Brasil realizado por Neves et al. (2004), apresentado na Figura 9.1, ilustra bem esse ponto. Embora a produção tenha sido estimada em cerca de US$ 810 milhões, a movimentação econômica que ela enseja é muito maior. Dados da FAO apontam que o Brasil foi o maior produtor mundial de laranjas em 2008, ultrapassando em 100% o segundo colocado, os Estados Unidos, mercado no qual o suco de laranja brasileiro enfrenta barreiras *antidumping* há muito tempo. Se essas barreiras fossem eliminadas, provavelmente as cadeias produtivas dos dois países sofreriam impactos.[9] O mesmo raciocínio poderia ser aplicado à indústria da carne bovina norte-americana. Segundo a FAO, o país é o maior produtor de carne bovina do mundo, mas os exportadores norte-americanos sofrem restrições à entrada no mercado da União Europeia em decorrência da utilização de certos hormônios na produção que são proibidos no bloco europeu.[10]

O agronegócio tem um papel destacado na economia brasileira, particularmente em termos de exportações. O gráfico da Figura 9.2, a seguir, demonstra o desempenho superavitário do setor. Além disso, o setor vem se organizando política e tecnicamente desde os anos 1990, o que pode ter trazido maior influência junto ao processo de formulação da política comercial. Essas condições, em boa medida, explicam o impulso por ampla liberalização internacional do setor (Nassar, 2004; Iglécias, 2007; Rodrigues; de Paula, 2008 e Carvalho, op. cit.).

Os principais compradores de produtos brasileiros adotam amplas práticas protecionistas. Para entender melhor o que está em jogo nas negociações agrícolas internacionais do Brasil, é útil delinear a estrutura de barreiras ao comércio agrícola dos principais atores considerados nesse texto.

---

[9] Em 21 de fevereiro de 2011, o OSC decidiu que o método *zeroing* de cálculo norte-americano para a imposição de medidas *antidumping* é irregular, o que provavelmente eliminaria a barreira ao suco de laranja brasileiro (Pontes, 2011).

[10] Ambos os casos se encontram em disputa no OSC sob os processos DS382 (United States – *Antidumping Administrative Reviews and Other Measures Related to Imports of Certain Orange Juice from Brazil*) e DS26 (European Communities — *Measures Concerning Meat and Meat Products (Hormones)*).

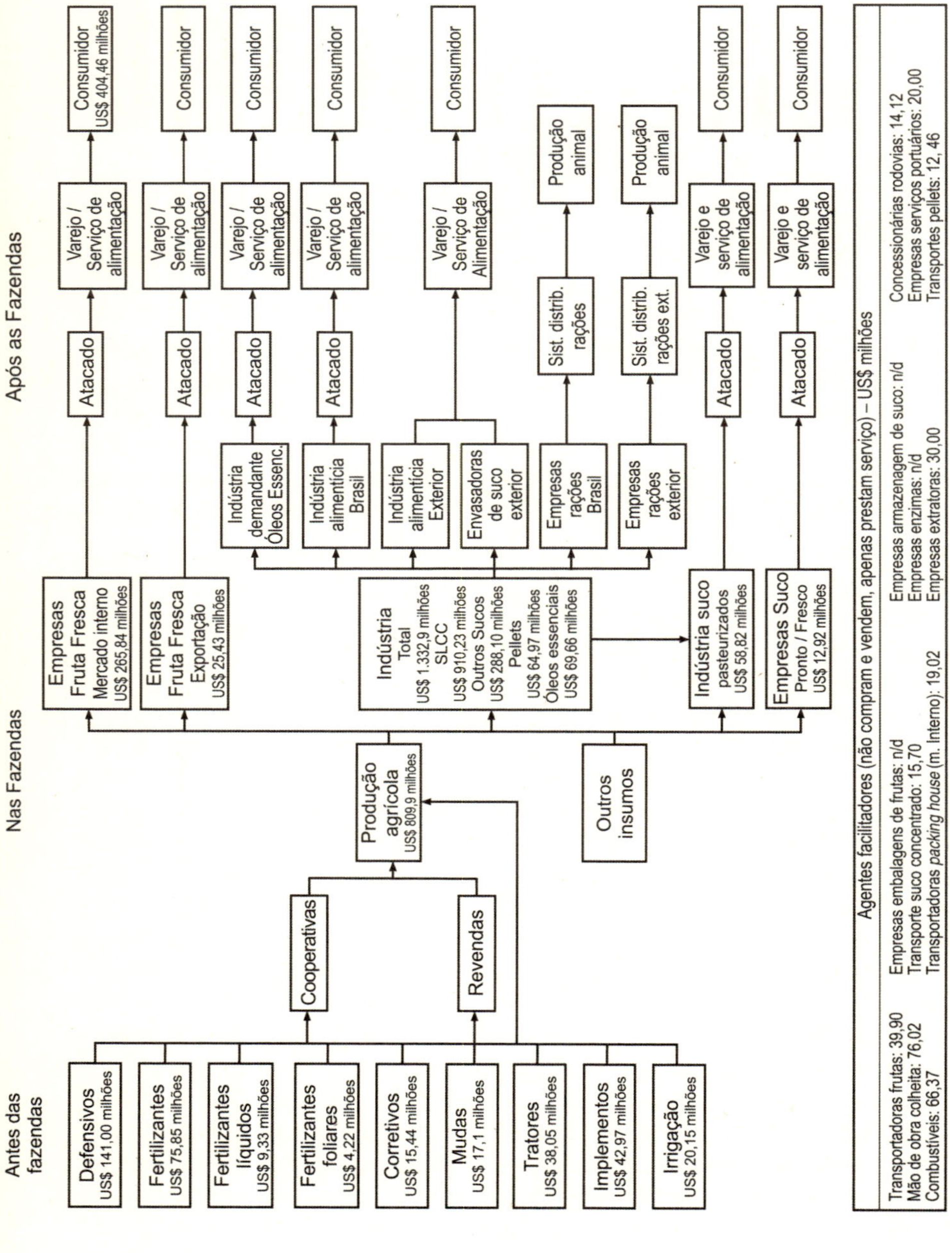

Figura 9.1 Sistema agroindustrial citrícola do Brasil.

Fonte: Neves et al., 2004.

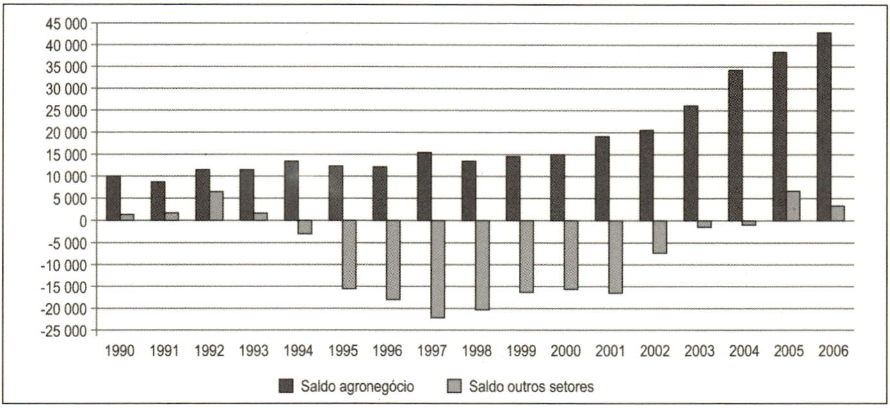

Figura 9.2 Balança comercial brasileira. Saldos comerciais do agronegócio e dos demais setores da economia (US$ milhões).

Fonte: Brasil. Ministério do Desenvolvimento, Indústria e Comércio Exterior, 2007.

Protecionismo no comércio agrícola

O Brasil tem um forte interesse na liberalização dos mercados agrícolas por causa de sua alta competitividade, da importância do setor para o conjunto da economia em geral e para o comércio em particular; na atual conjuntura, a negociação multilateral é a principal maneira de diminuir barreiras e subsídios.

É preciso atentar para o fato de que tanto os Estados Unidos e a União Europeia quanto a Índia possuem elevadas estruturas protecionistas, ainda que diferenciadas. A China também possui barreiras consideráveis em produtos de interesse brasileiro. Isso gera implicações estratégicas para o Brasil em termos de negociação, porque o País demanda o desmantelamento da proteção oferecida pelos PD ao mesmo tempo que sustenta o direito daqueles em desenvolvimento continuarem usufruindo dela por mais tempo. A sustentação dessa posição no plano internacional acaba por gerar desgastes nas relações domésticas entre governo e setores do agronegócio (Carvalho, op. cit.).

As políticas agrícolas de Estados Unidos e União Europeia estão institucionalizadas na *Farm Bill* e na Política Agrícola Comum, respectivamente. Um dos objetivos dessas políticas é garantir a continuidade da forma atual de produção agrícola dessas economias, remediando três problemas graves com a intervenção estatal (ou do bloco). O primeiro problema é o potencial de autodestruição dos produtores em decorrência de sua enorme capacidade produtiva. Sem algum tipo de regulação, a superprodução causaria uma grave queda nos preços, diminuindo, eventualmente, as margens de lucro. O segundo está relacionado aos elevados custos de produção que, se fossem repassados integralmente ao consumidor, resultariam em preços mais altos, gerando inflação e diminuindo a competitividade desses produtores ante a estrangeiros mais eficientes. A incapacidade de competir internacionalmente sem subsídios ou restrição no acesso ao mercado interno é o terceiro problema.

A resposta dada a esses problemas vem, em geral, como subsídios e restrições aduaneiras. Segundo Nassar (op. cit., p.27)

> os Estados Unidos e a União Europeia fazem uso de amplo arsenal de instrumentos de proteção interconectado: picos tarifários, cotas tarifárias, preços de intervenção, preços mínimos, barreiras sanitárias, entre outros, e cada um desses mecanismos tem interface com a estrutura de subsídios domésticos e de competição nas exportações. As proteções impostas pelos Estados Unidos e pela União Europeia, portanto, estão alinhadas com os objetivos mais amplos de suas políticas agrícolas.

Os Estados Unidos e a União Europeia utilizam esses instrumentos em medidas diferentes: os norte-americanos concentram-se mais em subsídios, enquanto os europeus praticam uma mescla mais equilibrada dos dois instrumentos. Dada a complexidade do tema, abordaremos apenas os subsídios e as barreiras tarifárias.

O Acordo sobre Subsídios e Medidas Compensatórias (ASMC) da OMC define subsídio, de forma geral, como "uma contribuição financeira do governo que confere um benefício ao recebedor" (Cross, 2006, p.163). Existem dois tipos de subsídios proibidos por princípio segundo o ASMC, independentemente do impacto no mercado: os de exportação e os de substituição de importação. O ASMC é o acordo que busca disciplinar a concessão de subsídios entre os membros da OMC e suas regras valem para o comércio agrícola, a não ser quando houver regulação explícita no Acordo sobre Agricultura (Jank; Araújo; Diaz, 2004 e Cross, op. cit.). Os subsídios à exportação de produtos agrícolas, por exemplo, são permitidos desde que notificados à OMC e comprometidos com uma redução gradual. Os subsídios à exportação não listados são proibidos.

Já os subsídios domésticos devem ser notificados pelos membros da OMC à instituição e classificados como distorcivos ou não distorcivos/de mínima distorção. Os primeiros são alocados no que se chama de *caixa amarela* e estão sujeitos a compromissos de redução gradual, ou na *caixa azul*, quando vinculados à limitação da produção, mas isentos de compromisso de redução gradual. Os segundos são alocados na chamada *caixa verde* e não têm obrigação de redução (Jank et al., 2005).

O gráfico da Figura 9.2, a seguir, oferece um comparativo dos subsídios desembolsados por PD e emergentes como percentual da receita obtida pelos produtores agrícolas. O gráfico da Figura 9.3 apresenta os desembolsos em dólares de dos Estados Unidos, da União Europeia e dos membros da Organização de Cooperação e de Desenvolvimento Econômico (OCDE). Cabe salientar que o interesse brasileiro e do G-20, conforme apresentado desde o início da Rodada Doha até 2010, é a redução substantiva dos subsídios domésticos (caixas amarela e azul) e a eliminação dos de exportação dos PD.[11]

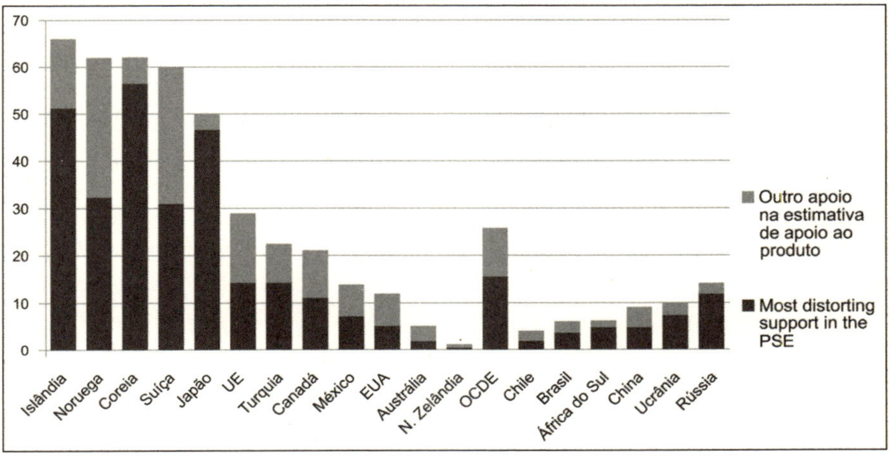

Figura 9.3 Estimativa de apoio ao produto como % da receita agrícola bruta

Fonte: OCDE, *Agricultural Policies in Emerging Economies: Monitoring and Evaluation 2009*. Disponível em: <http://www.oecd.org/document/5/0,3746,en_2649_33797_42294277_1_1_1_1,00.html>. Acesso em: 13 set. 2011.

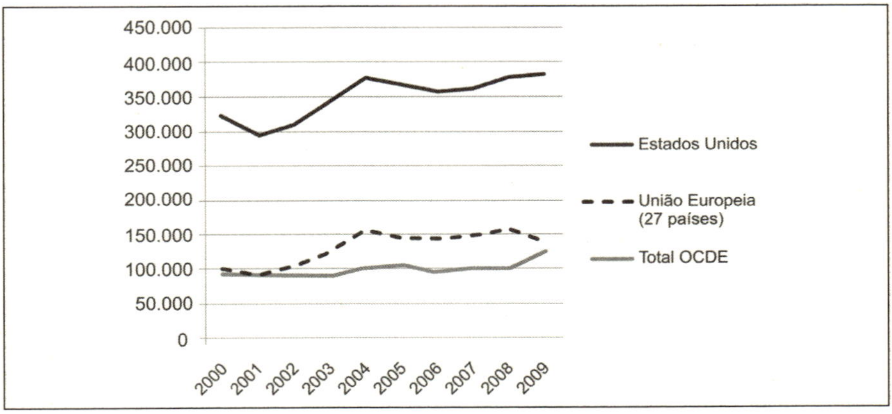

Figura 9.4 Estimativa total de apoio ao produtor (US$ milhões)

Fonte: OCDE.Stat. Disponível em: <http://www.oecd.org/document/0,3746,en_2649_201185_46462759_1_1_1_1,00.html>. Acesso em: 13 set. 2011.

[11] O Brasil também pratica subsídios. "Embora o calor da assistência à agricultura no Brasil seja menor comparado à média dos países da OCDE, as intervenções creditícias e os mercados domésticos são formas distorcivas de apoio. Além disso, como o Brasil é um dos maiores exportadores mundiais de produtos agrícolas, seu apoio à agricultura pode afetar os mercados globais" (WTO. International trade statistics 2009, 2009a. Disponível em: <http://www.wto.org/english/res_e/statis_e/its2009_e/its2009_e.pdf>). Contudo, não parece ter havido questionamento maior à política agrícola brasileira nos foros internacionais.

A demanda brasileira pela ampla diminuição dos subsídios agrícolas foi fortalecida com os desfechos positivos dos contenciosos do algodão, contra os Estados Unidos, e do açúcar, com a União Europeia (Cross, 2006, Hoekman; House, 2007, Iglécias, op. cit., Nassar, op. cit. e Lima, 2008). Nesses embates, o governo brasileiro demonstrou ter capacidade de articular forte argumentação técnica e provar, por meio de processos altamente especializados movidos no OSC da OMC, que programas de subsídios europeus e norte-americanos não correspondiam aos compromissos assumidos por eles mesmos junto à OMC. Isso fortaleceu a posição negociadora brasileira de duas formas gerais. Primeiro, consolidou o País como um líder dos países do Sul, dotado de capacidade de negociação em alto nível, e o Brasil foi amplamente apoiado por países africanos cuja economia depende, em boa medida, do cultivo e comércio de algodão. Segundo, relacionou a demanda de redução de subsídios agrícolas a um argumento de justiça, tornando mais vulnerável o ponto de resistência dos PD.

Com relação às barreiras tarifárias agrícolas, os Estados Unidos apresentam uma média de 5,2% para as tarifas consolidadas e 4,7% para as aplicadas.[12] Apesar de a média ser relativamente muito baixa, há grande variação entre produtos. Açúcar, amendoim, laticínios, carne bovina, algodão e produtos de horticultura contam com altas tarifas, chegando a 350% para algumas linhas tarifárias de tabaco. Além de tarifas, a importação de etanol enfrenta ainda taxa adicional de US$ 0,45 por galão do produto quando misturado à gasolina (Marin, 2010). Das linhas tarifárias agrícolas, 9,5% possuem cotas e 2,9% são reservadas a salvaguardas especiais. Os produtos enquadrados nessas cotas e salvaguardas são, em sua maioria, laticínios, açúcar e produtos que contêm açúcar, algodão e carne bovina.[13]

Já as tarifas consolidadas e aplicadas da União Europeia são de 13,5% na média.[14] Contudo, de toda estrutura tarifária, apenas produtos agrícolas ultrapassam os 100%, denotando o protecionismo do setor.[15] Além disso, a estrutura de tarifas, cotas (15,1% das linhas tarifárias agrícolas) e salvaguardas (23,8%) é muito complexa e restritiva. Entre os produtos mais protegidos estão carnes, laticínios, açúcares, frutas e cereais.

A China é um mercado de grande interesse para o Brasil e a perspectiva de absorção de produtos estrangeiros aumenta, particularmente depois de

---

[12] WTO. *Tariff profiles: United States*. Disponível em: <http://stat.wto.org/TariffProfile/WSDB-TariffPFHome.aspx?Language=E>. Acesso em: 28 fev. 2011.

[13] WTO. *Trade policy review*: United States. WT/TPR/S/235. Trade Policy Review Body, 25 ago. 2010. Disponível em: <http://www.wto.org/english/tratop_e/tpr_e/tp335_e.htm>. Acesso em: 28 fev. 2011.

[14] WTO. *Tariff profiles: European Union*. Disponível em: <http://stat.wto.org/TariffProfile/WSDBTariffPFHome.aspx?Language=E>. Acesso em: 28 fev. 2011.

[15] WTO. Trade policy review: European Union. WT/TPR/S/214. Trade Policy Review Body, 8 jun. 2009. Disponível em: <http://www.wto.org/english/thewto_e/countries_e/european_communities_e.htm>. Acesso em: 28 fev. 2011.

o País se tornar um importador líquido de bens agrícolas em 2004.[16] As médias de tarifas consolidadas e aplicadas são baixas: 15,7% e 15,6%.[17] Entre os produtos agrícolas que apresentam as tarifas mais altas estão açúcar (50%), tabaco (57%), bebidas (65%) e alguns cereais (65%). As cotas tarifárias representam 5% das linhas agrícolas e concentram-se em trigo, milho, açúcar, arroz, lã, algodão e fertilizante químico.

Na Índia, a proteção tarifária é mais elevada. A média das tarifas agrícolas consolidadas é de 113,1%, embora a aplicada seja de 31,8%. De todas as linhas tarifárias agrícolas, apenas 0,7% são reservadas para salvaguardas especiais.[18] As maiores barreiras tarifárias indianas são para oleaginosas, gorduras, grãos, café, chá, coco e açúcar. Bebidas, cereais e tabaco sofrem tarifas aplicadas de até 150%.[19]

No caso brasileiro, a proteção tarifária é baixa e se coaduna com a postura ofensiva nas negociações. A média das tarifas agrícolas consolidadas é de 35,4 %, bem acima da média aplicada, que é de 10,2%.[20] Apenas 0,3% das linhas tarifárias agrícolas contam com cotas. Os produtos que recebem as maiores tarifas (20%) são café, chá, laticínios, açúcar, cereais, bebidas, vinagre, tabaco e produtos de tabaco.[21]

Em suma, observa-se que a estrutura de proteção tarifária dos atores ajuda a entender suas demandas e, particularmente, evidencia a posição singular do Brasil. Como grande aplicadora de barreiras aduaneiras e subsídios, a União Europeia tem dificuldade em fazer concessões nessas áreas, ao passo que os norte-americanos têm mais flexibilidade para negociar diminuição de barreiras de fronteira, mas são mais rígidos quanto aos subsídios. A China apresenta média tarifária baixa, mas alguns produtos de direto interesse para o Brasil contam com barreiras significativas. A Índia possui tarifas maiores, várias das quais incidem sobre produtos de exportação brasileiros, justificadas, em grande medida, pela necessidade de proteger sua agricultura de baixa produtividade, voltada para a subsistência, argumento que o governo brasileiro tem considerado válido.

---

[16] WTO. *Trade policy review:* China. WT/TPR/S/230. Trade Policy Review Body, 26 abr. 2010. Disponível em: <http://www.wto.org/english/tratop_e/tpr_e/tp330_e.htm>. Acesso em: 28 fev. 2011.

[17] WTO. *Tariff profiles: China*. c. Disponível em: <http://stat.wto.org/TariffProfile/WSDBTariffPFHome.aspx?Language=E>. Acesso em: 28 fev. 2011.

[18] WTO. Tariff profiles: India. d. Disponível em: <http://stat.wto.org/TariffProfile/WSDBTariffPFHome.aspx?Language=E>. Acesso em: 28 fev. 2011.

[19] WTO. *Trade policy review*: European Union. WT/TPR/S/182. Trade Policy Review Body, 18 abr. 2007. Disponível em: <http://www.wto.org/english/tratop_e/tpr_e/tp283_e.htm>. Acesso em: 28 fev. 2011.

[20] WTO. *Tariff profiles: Brazil*. e. Disponível em: <http://stat.wto.org/TariffProfile/WSDBTariffPFHome.aspx?Language=E>. Acesso em: 28 fev. 2011.

[21] WTO. *Trade policy review:* Brazil. WT/TPR/S/212. Trade Policy Review Body, 2 fev. 2009a. Disponível em: <http://www.wto.org/english/tratop_e/tpr_e/tp312_e.htm>. Acesso em: 28 fev. 2011.

Ambos os lados possuem restrições em importantes mercados potenciais para produtos brasileiros, mas a opção do governo brasileiro (até o momento) de visualizar a negociação a partir de uma perspectiva Norte-Sul o fez aceitar a manutenção de maior protecionismo de China e Índia. Contudo, as dificuldades de coordenação de posição entre Brasil, Índia e China na reunião ministerial de julho de 2008 demonstraram que esta não era uma condição pétrea.

A POSIÇÃO DO BRASIL

Uma efetiva liberalização do comércio agrícola, com aumento do acesso a mercados e diminuição dos subsídios à exportação e no apoio interno, seria o cenário mais positivo para o Brasil. Os números apresentados na seção anterior sugerem que o País tem um forte potencial exportador que pode ser aproveitado se o protecionismo agrícola for diminuído no exterior. Contudo, a realidade da negociação não caminhou exatamente nessa direção, até o momento, mesmo porque os principais atores, tanto no campo dos desenvolvidos quanto no dos em desenvolvimento, têm sensibilidades importantes em relação a temas da agenda de interesse do Brasil. Encontrar uma zona de acordo possível capaz de atrair interesses tão heterogêneos é uma tarefa hercúlea.

O caminho escolhido pelo Brasil, a partir de 2003, foi a formação da coalizão G-20 e a eleição da China e da Índia como parceiros estratégicos. Antes do surgimento do G-20, em 2003, Brasil, Índia e China não atuavam em conjunto nas negociações agrícolas. Mas, a partir de meados de 2003, quando os negociadores brasileiros perceberam que havia possibilidade de a Índia aceitar a forma como a União Europeia sugeria o direcionamento da negociação, houve amplo esforço do Brasil para trazer a Índia a seu lado da negociação. Além da dinâmica própria da negociação, a busca de maior articulação com outros países emergentes era aspecto definidor da política externa do governo Lula, que se iniciava em 2003. Com essa manobra, o governo brasileiro esperava reforçar o peso da demanda por abertura de mercados dos PD e, ao mesmo tempo, ser capaz de defender tratamento especial e diferenciado para os setores pouco competitivos dos PED (Vigevani; Ramanzini Júnior, 2010).

Antes de abordarmos as principais propostas brasileiras e do G-20, convém observar elementos relativos ao processo de formulação de política comercial no Brasil que permitem melhor compreensão da posição externa adotada pelo País. A posição brasileira era formulada no âmbito de um Grupo Técnico Informal (GTI), no qual estavam presentes representantes do Ministério das Relações Exteriores (MRE), Ministério da Agricultura Pecuária e Abastecimento (Mapa), Ministério do Desenvolvimento Agrário

(MDA), da Confederação Nacional da Agricultura (CNA) e do Instituto de Estudos do Comércio e das Negociações Internacionais (Icone).

A maior parte das reuniões era coordenada pelo chefe da Divisão de Agricultura e Produtos de Base (DPB) do Itamaraty, ministro Flávio Damico. A partir de 2005, representantes da Confederação Nacional dos Trabalhadores na Agricultura (Contag) passaram também a participar das reuniões do GTI. A Câmara de Comércio Exterior (Camex), que seria o órgão *de jure* responsável pela definição das posições do Brasil nas negociações internacionais, não teve peso na formação do G-20 nem na definição das posições brasileiras no grupo.

Analisando a composição dos atores domésticos que participavam da formulação da posição brasileira, é possível afirmar que havia atores que defendiam posições próximas às da Índia e da China (MDA e Contag) e atores com posições mais ligadas às da Argentina e do Chile (Mapa, Icone, CNA). Isso contribuiu para que, durante certo período, as propostas apresentadas pelo Brasil fossem incorporadas pelos outros membros como propostas do G-20.

O Itamaraty, como instituição coordenadora do grupo que formulava as posições do Brasil, tinha também um papel importante, no sentido de tentar configurar o processo decisório de forma a produzir posições que fossem compatíveis com a manutenção do G-20. Por isso é interessante notar que, a partir de 2005, quando os setores mais ligados ao agronegócio começam a criticar a postura do governo de não buscar maior acesso aos mercados agrícolas dos PED, sobretudo da Índia e da China (Jales, [s.d.]), a Contag passa a fazer parte das reuniões do GTI e o Conselho Nacional de Segurança Alimentar e Nutricional (Consea), órgão ligado à Presidência da República, muito voltado à questão da agricultura familiar, e passa também a ter suas preocupações em relação às negociações agrícolas.

Nesse mesmo ano, o MDA ingressa na Camex. Tanto a Contag quanto o MDA sempre foram entusiastas do G-20 e da necessidade de uma proposta brasileira sobre produtos especiais (sujeitos a cortes tarifários menores e cotas para importação) e Mecanismos de Salvaguarda Especial (MSE). Isso convergia com a postura indiana na OMC desde o lançamento da Rodada e, de fato, acabou sendo efetivamente incorporado nas propostas do G-20[22] e no próprio discurso diplomático brasileiro durante certo estágio da negociação. Era uma necessidade objetiva para a manutenção da coalizão. A postura brasileira só mudou na reunião ministerial de julho de 2008, quando se considerou que

[22] Como é possível imaginar, o setor mais ligado ao agronegócio não era entusiasta desse tipo de proposta. Segundo Marcos Jank (2005, p.A2), "Com a vitória em dois contenciosos agrícolas importantes e a liderança do G-20, o Brasil é um dos países que mais têm lutado contra os subsídios e proteções internacionais à agricultura. O País não deveria ter discurso ambíguo na matéria. Principalmente, não tem cabimento pleitearmos o direito de aplicar em casa as piores práticas que estamos solenemente condenando nos outros países".

os termos do acordo que estavam na mesa eram favoráveis aos interesses do País e o Brasil não seguiu as propostas apresentadas pela Índia e pela China. Comentando a postura brasileira na reunião de julho de 2008, o ministro Celso Amorim afirmou que "esse grupo (o G-20) não era um fim em si mesmo. O objetivo é a conclusão da Rodada" (*Estado de S.Paulo*, 27 jul. 2008).

A atuação do Brasil nas negociações agrícolas por meio da coalizão G-20 tinha sintonia com parte das políticas domésticas adotadas internamente pelo governo Lula e com a visão de mundo de parte significativa de seus grupos de sustentação. No processo decisório de definição das posições brasileiras, no G-20, com o apoio ostensivo da presidência, articulando--se estrategicamente com burocracias médias, aproveitando a situação de fragilidade institucional da Camex, a instabilidade de outros ministérios e, apoiando-se em uma coalizão política e social que não desejava que o Brasil se envolvesse em negociações profundas com PD, o Itamaraty teve uma centralidade inquestionável.

O papel dessa instituição no processo decisório de definição das posições brasileiras foi decisivo para a operacionalização do G-20, principalmente a partir de 2005, quando setores ligados ao agronegócio se tornaram mais críticos das posições do País na coalizão. Como afirma Destler (1980), no estudo de um processo decisório que envolve vários atores com interesses divergentes, é necessário avaliar qual o efeito da instituição coordenadora na harmonização do pluralismo presente na sociedade.[23] O coordenador tem a possibilidade de definir qual voz será ouvida, quando e como, além de determinar o peso da posição de cada participante na decisão final. Além disso, muitas vezes, o coordenador pode utilizar sua função visando construir a legitimidade para suas próprias proposições (ibid.).

A composição do processo decisório doméstico buscava subsidiar a atuação do País mediante a coalizão G-20. Essa estratégia foi seguida ao menos até o momento em que parte importante das demandas brasileiras foi, de alguma forma, incorporada em um documento importante da negociação, havendo uma possibilidade concreta de terminar a Rodada, tendo como parâmetro dispositivos que estavam no mandato negociador de Doha. Na perspectiva brasileira, como visto há pouco, a coalizão não era um fim em si mesma, mas um meio para atingir um ou vários fins (Ramanzini Júnior, 2009).

Examinado o cenário doméstico brasileiro, dominado pelo Itamaraty, voltemos às propostas dos atores. A China, embora integre o G-20 na luta pelo fim dos subsídios dos PD, não tem interesse na liberalização comercial de seu setor agrícola, do qual depende um contingente expressivo de sua

[23] Nessa mesma linha, Allison e Zelikow (1999, p.300) consideram que "o poder (ou seja, a efetiva influência nas ações e decisões governamentais) é uma mistura de, ao menos, três elementos: vantagens de barganha, habilidade e vontade de utilizar as vantagens de barganha e a percepção dos outros atores desses dois elementos".

enorme população. Os negociadores chineses entendem que é necessário proteger seu mercado para manter os preços aos produtores.[24]

A Índia também é desfavorável à liberalização de seu mercado agrícola, seja em termos tarifários ou de apoio interno, pois o aumento da competição internacional poria em risco a segurança alimentar de ampla parte de sua população, além de poder causar um grave desequilíbrio social por causa da quantidade de pessoas empregadas no setor.[25] O Brasil buscou aproximar-se da perspectiva original da Índia, que solicitava atenção especial para a questão da segurança alimentar. O País passou a defender, durante o estágio intermediário da negociação, a possibilidade de salvaguardas diferenciadas e a definição de produtos especiais para PED, posição também defendida pelo G-33.[26]

Contudo, o que poderíamos chamar de verdadeiros interesses convergentes entre Brasil, Índia e China são a busca pelo fim dos subsídios à exportação e a ampliação do acesso ao mercado dos PD, ainda que, para a Índia, essa abertura tenha de ser unilateral. A Índia, desde o lançamento da Rodada, em 2001, não estava disposta a abrir seu mercado agrícola e pedia uma liberalização unilateral por parte dos PD. Da mesma maneira, os indianos querem manter 20% de seus produtos agrícolas intocados em um acordo da OMC. A proposta defendida pelos indianos é que produtos como açúcar, cereais e frango sejam considerados sensíveis e que, portanto, não estejam sujeitos à eventual negociação de cortes de tarifas.[27]

Assim, até a reunião ministerial de julho de 2008, documentos do G-20 demandavam a eliminação dos subsídios à exportação e maior disciplinamento do apoio doméstico dos PD, além da criação de um MSE e de uma categoria de produtos especiais a serem excetuados dos maiores compromissos de acesso a mercado pelos PED, e da manutenção dos compromissos atuais de barreiras aduaneiras desses países. Essa posição desagradou

[24] G/AG/N/CHN/3; G/AG/N/CHN/8. Disponíveis em: < http://docsonline.wto.org/GEN_highLightParent.asp?qu=&doc=D%3A%2FDDFDOCUMENTS%2FT%2FG%2FAG%2FNCHN3%2EDOC%2EHTM&curdoc=3&popTitle=G%2FAG%2FN%2FCHN%2F3>. Acesso em: 10 fev. 2011.

[25] G/AG/NG/W/114. Disponível em: http://docsonline.wto.org/GEN_highLightParent.asp?qu=&doc=D%3A%2FDDFDOCUMENTS%2FT%2FG%2FAG%2FNGW114%2EDOC%2EHTM&curdoc=3&popTitle=G%2FAG%2FNG%2FW%2F114. Acesso em: 10 fev. 2011.

[26] A coalizão G-33 reúne países preocupados com os efeitos da liberalização sobre os pequenos agricultores dos PED. São membros da coalizão: República Dominicana, Granada, Guiana, Haiti, Honduras, Índia, Indonésia, Jamaica, Quênia, Coreia do Sul, Madagascar, Ilhas Maurício, Mongólia, Moçambique, Nicarágua, Nigéria, Paquistão, Panamá, Peru, Filipinas, Saint Kitts e Nevis, Saint Lucia, Saint Vincent e Grenadines, Senegal, Sri Lanka, Suriname, Tanzânia, Trinidad e Tobago, Turquia, Uganda, Venezuela, Zâmbia e Zimbábue.

[27] WT/MIN(05)/ST/17; G/AG/NG/W/114; G/AG/NG/W/176. Disponíveis em: <http://docsonline.wto.org/GEN_highLightParent.asp?qu=&doc=D%3A%2FDDFDOCUMENTS%2FT%2FWT%2FMIN05%2FST170%2EDOC%2EHTM&curdoc=3&popTitle=WT%2FMIN%2805%29%2FST%2F170>. Acesso em: 10 fev. 2011.

bastante o agronegócio brasileiro, interessado também em expandir suas vendas para os países em desenvolvimento, sobretudo aos emergentes.

Parte das posições do G-20 tinha dificuldade de avançar porque encontrava resistência na União Europeia e nos Estados Unidos, que afirmavam que somente diminuiriam seus subsídios domésticos ao setor agrícola se houvesse a devida reciprocidade em acesso a mercados, principalmente dos PED. A despeito de essa proposta interessar concretamente a alguns países do grupo – como Brasil e Argentina, que estavam dispostos a oferecer concessões, mas em proporção menor que a desejada pelos norte-americanos –, isso era totalmente contrário aos interesses da Índia e da China. A Tabela 9.3, elaborada por Carvalho (2010), sintetiza as divergências entre os principais atores.

Tabela 9.3 As principais divergências entre Estados Unidos, União Europeia, G-20 e G-33 na agricultura

Agricultura	2006	2007	2008
Acesso a Mercado	Redução média das tarifas da UE: EUA: 60% G-20: 54% UE: 39% PEs e SSM para PEDs. G-33: pelo menos 20% dos produtos agrícolas como PE; destes 50% sem cortes tarifários: PEs elegíveis para SSM; níveis tarifários em SSM além das tarifas consolidadas na Rodada Uruguai. PEDs exportadores: PEs não elegíveis para SSM. Níveis tarifários em SSM abaixo das tarifas consolidadas na Rodada Uruguai.	Redução média das tarifas da UE: EUA: W% G-20: 54% UE: 54% PEs e SSM p.ua PEDs. G-33:20% dos produtos agrícolas, como PE; destes, 50% sem cortes tarifários; PEs elegíveis para SSM; níveis tarifários em SSM além das tarifas consolidadas na Rodada Uruguai. PEDs exportadores: PEs não elegíveis para SSM; níveis tarífarios em SSM abaixo das tarifas consolidadas na Rodada Uruguai.	Redução média das tarifas da UE: EUA, G-20 e UE: 54%, excetuando-se 4% das linhas tarifárias. PEs e SSM para PEDs. G-33: até 20% dos produtos agrícolas como PEs; corte tarifário de PSs para PD não menor que para PE; SSM acionado com 10% de surto importador e com tarifa extra entre 30% e 45%. EUA: SSM acionado com 40% de surto importador e tarifa extra de 15%.
Apoio Doméstico	Redução do teto dos subsídios distorcivos dos EUA: UE e G-20: 12,9 bilhões anuais. EUA: 22 bilhões anuais.	Redução do teto dos subsídios distorcivos dos EUA: UE e G-20: 12,9 bilhões anuais. EUA: 16,4 bilhões anuais.	Redução do teto dos subsídios distorcivos dos EUA: UE e G-20: 12,9 bilhões anuais. EUA: 14,5 bilhões anuais.

Fonte: Carvalho, 2010.

Alguns analistas consideram que a reunião ministerial de julho de 2008[28] tenha sido uma oportunidade concreta de conclusão da Rodada Doha. É relevante observar que nessa reunião, o G-20 não apresentou uma proposta conjunta de negociação. Até então, Brasil e Índia não apresentavam propostas individuais nas negociações agrícolas, a maioria de suas propostas era do G-20, representava a coalizão. A não apresentação de propostas conjuntas em julho de 2008 se explica pela diferença de entendimento entre Brasil e Índia em relação ao critério para a utilização do MSE. O Brasil sempre se preocupou com a discussão do tema MSE, mas, durante o estágio intermediário da negociação, para manter o G-20 unido, o País incorporava a demanda indiana em suas propostas. Contudo, na fase final da negociação, as concessões que o País fazia para manter o G-20 coeso foram parcialmente abandonadas, e o Brasil foi um dos que aceitou os termos do acordo proposto pela OMC, que incluía critérios de aplicação de Salvaguardas Especiais muito abaixo do proposto por Índia e China (ibid.).

No momento em que havia uma chance concreta de encerramento da Rodada, quando as ameaças aos interesses brasileiros que estimularam a formação da coalizão não estavam mais presentes e o acordo que estava sobre a mesa era entendido como favorável aos interesses do País, tendo o Brasil e o G-20 contribuído, significativamente, em sua configuração, optou-se por ter uma posição que, para determinados analistas e observadores, foi entendida como de não solidariedade ao G-20. Ou seja, naquele momento, a percepção era que a atuação em conjunto, sobretudo, com a Índia, no caso das negociações agrícolas na OMC, importante para a manutenção do G-20, já teria cumprido seu objetivo. O que não equivale a dizer que os esforços, buscando maior aproximação com o país asiático em outros temas e agendas da política externa, como no caso do acordo preferencial de comércio entre o Mercosul e a Índia, tenham se arrefecido. Além disso, como a Rodada Doha ainda não terminou, é possível que os países voltem a atuar em conjunto no tema agrícola e no G-20 tendo em conta, sobretudo, os sinais de retrocesso nas posições dos Estados Unidos em relação ao que estava na mesa, em julho de 2008.

CONSIDERAÇÕES FINAIS

Como vimos, a posição do Brasil nas negociações agrícolas da Rodada Doha responde a uma lógica doméstica e internacional. A utilização de mecanismos institucionais para fortalecer posições relativas, bem como a formação de coalizões são elementos importantes da estratégia do País. Nas

[28] Para uma análise detalhada da reunião ministerial de julho de 2008, ver Ismail (2009).

negociações sobre apoio doméstico e subsídio à exportação, o contencioso do algodão e o contencioso do açúcar tiveram papel importante para fortalecer o argumento da necessidade de disciplinas mais estritas; além disso, o papel do Brasil na formação e manutenção da coalizão G-20 contribuiu significativamente para torná-lo um dos principais atores da negociação.

No processo decisório de definição da posição brasileira nas negociações agrícolas e na coalizão G-20, a participação do Mapa e de outros atores e agências governamentais interessados na questão, como o MDA, a CNA e o Icone, no âmbito do GTI, têm importância sobretudo na definição de alguns dos aspectos técnicos, crescentemente significativos nas negociações, em suas fases intermediárias e finais. Entretanto, cumpre considerar que, nas negociações internacionais, as questões técnicas e específicas dos acordos são operacionalizadas ou adotadas a partir da definição de uma estratégia negociadora do País que, por definição, é política.

Na definição da estratégia do Brasil na negociação da Rodada Doha, o Itamaraty teve papel central, e um objetivo definidor do comportamento brasileiro é buscar aumentar seu peso no direcionamento das negociações, valorizando as instituições multilaterais. A avaliação de que o sistema internacional tende à multipolaridade é um dos elementos que estimulam a estratégia do Brasil na OMC. Paralelamente, subsídios e apoios à agricultura são temas considerados sistêmicos e, portanto, viáveis de serem negociados apenas em nível global.

O aperfeiçoamento das estratégias de negociação dos PED e os movimentos profundos do sistema internacional, como o questionamento da centralidade norte-americana e a reestruturação dos eixos de poder, com destaque para o papel da China e da Índia, são fatores que inviabilizaram o término da Rodada Doha nos mesmos moldes como ocorreram o fechamento das Rodadas anteriores, que Steinberg (2002) chamou de "pactuação assimétrica". Para a conclusão da Rodada Doha será necessário que parte dos interesses dos PED seja levada em consideração.

O Brasil fica em uma situação muito difícil e peculiar: possui fortes interesses ofensivos, mas precisa do apoio dos PED, com enormes interesses defensivos, para fazer frente aos PD. Na reunião de 2008, o empenho em sustentar a coalizão do G-20 cedeu lugar à tentativa de obter um acordo com Estados Unidos e União Europeia. A questão é que parte importante das demandas brasileiras nas negociações agrícolas implica modificações nas políticas dos PD, enquanto os PED se mostram mais resistentes a oferecer concessões. Ao mesmo tempo, a posição do governo precisa equacionar a demanda do importante setor do agronegócio com a das bases voltadas para a segurança alimentar. Além disso, coloca-se um desafio importante para a OMC, no sentido de demonstrar sua capacidade em avançar interesses dos PED em questões sensíveis para os PD. Esta não é uma questão simples, e a dificuldade da negociação resulta exatamente disso.

10
A negociação de Nama da Rodada Doha da OMC

Frederico Arana Meira

INTRODUÇÃO

Em 14 de novembro de 2001, os membros da Organização Mundial do Comércio (OMC) decidiram pelo lançamento de uma nova rodada de negociações multilaterais, chamada Rodada Doha. A Agenda de Desenvolvimento de Doha (ADD) previa a conclusão de um programa ambicioso até o prazo de 1º de janeiro de 2005, centrado no objetivo de promover o desenvolvimento com base em negociações em três grupos principais: (1) ampliação do acesso a mercados; (2) revisão dos acordos existentes; e (3) estabelecimento de novas regras.

O objetivo de ampliação do acesso a mercados incorporou negociações em três frentes: agricultura, bens não agrícolas e serviços. O debate sobre o Acesso a Mercado de Bens Não Agrícolas (Nama) foi incorporado à Declaração Ministerial[1] em seu Parágrafo 16, conforme segue:

> Concordamos com negociações que visarão, pela via de modalidades a serem acordadas, reduzir ou, conforme apropriado, eliminar tarifas, incluindo a redução ou eliminação de picos tarifários, tarifas elevadas e escaladas tarifárias, assim como barreiras não tarifárias, em particular sobre produtos de interesse de exportação dos Países em Desenvolvimento. A cobertura de produtos será abrangente e sem exclusões prévias. As negociações levarão plenamente em consideração as

[1] Documento WT/MIN(01)/DEC/1. Todos os documentos oficiais mencionados neste capítulo são da Organização Mundial do Comércio (OMC) e estão disponíveis em: <http://docsonline.wto.org>.

> necessidades especiais e interesses dos Países em Desenvolvimento e dos Países de Menor Desenvolvimento Relativo, incluindo pela reciprocidade menos que total nos compromissos de redução [...]

Este capítulo busca apresentar um panorama atual da negociação de Nama do ponto de vista dos interesses brasileiros. Inicialmente, será abordado o contexto das relações comerciais externas do Brasil e, em seguida, serão apresentados o histórico da negociação de Nama na Rodada Doha e as diversas modalidades envolvidas. Por fim, serão consideradas as perspectivas de conclusão de um acordo no tema.

O principal foco da negociação de Nama se concentra na redução de tarifas de importação. Para diversos países, os compromissos das rodadas anteriores não foram suficientes para estabelecer uma situação próxima ao livre-comércio do universo de bens não agrícolas. No caso do Brasil, por exemplo, enquanto a tarifa consolidada média se encontra em 30,7%, a tarifa aplicada média é de 14,1% (WTO; ITC; UN., 2010).[2]

A negociação de Nama herdou o universo de bens não incorporados ao Acordo de Agricultura da Rodada Uruguai, incluindo produtos com características diversas, como minérios, manufaturas e pesca. Ademais, o universo de bens não agrícolas foi o principal foco das reduções tarifárias das oito rodadas anteriores,[3] desde a constituição do Acordo Geral sobre Tarifas e Comércio (Gatt – *General Agreement on Tariff and Trade*) em 1947. Assim, para a maioria dos países, o nível das tarifas consolidadas de bens não agrícolas está em patamar muito inferior que o do universo agrícola.

Desde o início da negociação da Rodada Doha, o tema de Nama dividiu com a agricultura o centro dos debates sobre o nível de ambição a ser atingido. Do ponto de vista dos maiores atores da negociação, incluindo o Brasil, o principal dilema negociado é a obtenção de um resultado equilibrado entre as concessões e os ganhos nesses dois temas. A importância dessa relação foi expressa na Declaração Ministerial de Hong Kong, de dezembro de 2005, segundo a qual deve haver "alto nível de ambição comparável entre o acesso a mercado em agricultura e Nama" (WT/MIN(05)/DEC).

---

[2] Os conceitos de *tarifa consolidada* e *tarifa aplicada* serão utilizados diversas vezes no texto. Por *tarifa consolidada*, entende-se a tarifa máxima de um país para determinado produto, acordada nas rodadas anteriores ou por ocasião de sua adesão à OMC. Já a *tarifa aplicada* é a alíquota efetivamente imposta pelo país na importação de determinado produto, respeitando o limite da *tarifa consolidada*. As negociações na OMC baseiam-se unicamente na redução da tarifa consolidada.

[3] O Gatt de 1947 aplicava-se também ao universo de bens agrícolas, mas diversas exceções permitiram o desenvolvimento de um comércio distorcido, com restrições quantitativas e subsídios (domésticos e para exportação). O Acordo de Agricultura da Rodada Uruguai foi o primeiro entendimento a contribuir para a redução das diferenças entre o comércio de bens agrícolas e não agrícolas.

O Brasil assumiu posição de destaque na negociação da Rodada Doha, em especial por sua liderança do G-20, grupo de Países Em Desenvolvimento (PED) com o objetivo comum de redução dos subsídios agrícolas nos Países Desenvolvidos (PD). Apesar do engajamento nos diversos temas da negociação, o Brasil concentra sua atuação na busca por um resultado ambicioso em agricultura. Em relação ao tema de Nama, o Brasil é um dos principais demandados para a redução de tarifas consolidadas, sobretudo pelos PD que possuem grande interesse no acesso ao mercado consumidor brasileiro.

No momento de elaboração deste capítulo, a Rodada Doha estava paralisada em função da falta de apoio político para sua conclusão. Consolida-se, então, como a rodada negociadora mais longa da história do sistema multilateral de comércio, tendo superado os oito anos de duração da Rodada Uruguai, que criou a OMC.[4]

CONTEXTO BRASILEIRO

Desde o lançamento da Rodada Doha, o comércio exterior do Brasil atravessou mudanças significativas. O fluxo do comércio passou US$ 114 bilhões, em 2001, para US$ 384 bilhões, em 2010. Os destinos se diversificaram-se e o País ampliou a rede de parceiros em regiões até então pouco tradicionais, como a África. Mas foi a China que assumiu papel preponderante na pauta comercial, passando a representar 14,7% do comércio exterior brasileiro em 2010, antes de 2,8% em 2001. Em 2010, a China superou os Estados Unidos e tornou-se o maior parceiro comercial do Brasil.[5]

As commodities agrícolas e minerais foram as principais responsáveis pelo crescimento acentuado das exportações brasileiras. Entretanto, enquanto o setor mineral é liberalizado em escala internacional, com acesso facilitado aos principais mercados, a competitividade da agricultura brasileira e as estimativas de ganhos de produtividade colocam o País como ameaça para diversas nações que mantêm uma estrutura produtiva relevante no setor.

Segundo o *Relatório perspectivas sobre a agricultura 2010-2019*, elaborado pela Organização de Cooperação e de Desenvolvimento Econômico (OCDE) e pela Organização das Nações Unidas para Agricultura e Alimentação (FAO – Food and Agriculture Organization),

[4] Desde a Rodada Dillon (1962), todas as rodadas superaram suas antecessoras em tempo de duração. Esse efeito se deve, sobretudo, à inclusão de participantes, assim como ao aumento do número e da complexidade dos temas abordados.

[5] Disponível em: <http://www.desenvolvimento.gov.br>. Acesso em: 30 mar. 2011.

> o Brasil apresenta de longe o setor agrícola com o crescimento mais rápido, com projeção de aumento em mais de 40% até 2019, quando comparado ao período base 2007-2009. (OCDE; FAO, 2010)

A participação do comércio exterior no PIB brasileiro ainda é relativamente pequena. Segundo estimativas da OMC,[6] situa-se em 24,8% (dados referentes ao período 2007-9), enquanto países como a China, a Rússia, a Índia e o México contam com participações de 58,6%, 51,4%, 46,2% e 58,1%, respectivamente. A baixa participação do comércio exterior reflete a prioridade concedida ao mercado interno, enquanto outros países com características semelhantes dedicaram mais esforços ao aproveitamento das oportunidades externas.

A atual estrutura tarifária brasileira é resultado do processo de liberalização unilateral empreendido no fim da década de 1980, início da década de 1990, concluído com o fim da Rodada Uruguai e o estabelecimento da Tarifa Externa Comum (TEC) do Mercado Comum do Sul (Mercosul). Nesse contexto, o Brasil teve sua tarifa aplicada média reduzida de 51,3%, em 1986, para 12,6%, em 1995.[7] Ademais, foi criado o sistema de *escaladas tarifárias*, segundo o qual os produtos de maior valor agregado foram mantidos com as maiores tarifas de importação.[8]

Comparado com os principais países da negociação, nosso perfil tarifário de bens não agrícolas é considerado relativamente elevado. A tarifa aplicada média está em 14,1%, enquanto membros como Estados Unidos, União Europeia, China e Índia contam com médias de 3,3%, 4,0%, 8,7% e 10,1%, respectivamente.

Outro fator relevante para a negociação de Nama é a diferença entre a tarifa consolidada e a tarifa aplicada, conhecida como *colchão tarifário*. Diversos PED, inclusive o Brasil, possuem um colchão tarifário significativo, colocando muitos produtos em situação confortável em relação às principais propostas de redução tarifária. Os PD, na maior parte das vezes, mantêm as tarifas aplicadas nos mesmos patamares das tarifas consolidadas, contando com pouco ou nenhum espaço para eventuais elevações de alíquotas.

Por outro lado, o Brasil conta com uma tarifa consolidada máxima relativamente baixa em bens não agrícolas (35%), como apresentado na Tabela 10.1, além de ter consolidado 100% do universo tarifário e de modo *ad valorem*.[9]

---

[6] Disponível em: <http://stat.wto.org>.

[7] Disponível em: < http://www.desenvolvimento.gov.br>.

[8] O setor têxtil é um bom exemplo dessa situação. Atualmente, o algodão não processado conta com tarifa aplicada entre 6% e 8%; o fio de algodão, com tarifa de 18%; o tecido de algodão, com tarifa de 26%; e a confecção de algodão, com tarifa de 35%.

[9] As tarifas *ad valorem* (calculadas como um percentual do valor do comércio) são consideradas mais transparentes e comparáveis.

Tabela 10.1 Tarifas máximas e médias de bens não agrícolas de países selecionados em 2009

Países	Tarifa consolidada máxima	Tarifa consolidada média*	Tarifa aplicada média**	Cobertura da consolidação***
África do Sul	50	15,8	7,5	95,8%
Argentina	35	31,8	13,0	100%
Brasil	**35**	**30,7**	**14,1**	**100%**
China	50	9,2	8,7	100%
Estados Unidos	60	3,3	3,3	100%
Índia	150	34,4	10,1	69,8%
Japão	384	2,5	2,5	100%
México	50	34,9	9,9	100%
União Europeia	26	3,9	4,0[10]	100%

* Baseado no Sistema Harmonizado de 2002.
** Dados de 2009.
*** Linhas tarifárias do país consolidadas na OMC em relação ao total do universo de bens não agrícolas.
Fonte: WTO; ITC; UN, 2010.

O Brasil conta com 65,6% dos 8.779 produtos (linhas tarifárias em oito dígitos da TEC) que compõem o universo de bens não agrícolas consolidados no nível máximo de 35%. Apenas 0,6% dos produtos já se encontram consolidados em nível de 0% (zero).[11] Os principais setores que apresentam tarifas aplicadas elevadas no Brasil são: automotivo, calçadista, confecção e brinquedos. Nos principais produtos desses setores, tanto a tarifa consolidada quanto a aplicada estão em patamar de 35%, como representado na Tabela 10.2. Naturalmente, estes são os principais setores para os quais um acordo no âmbito da negociação de Nama deve trazer impactos relevantes.

Como visto no capítulo anterior, o Brasil é um dos principais atores da negociação da Rodada Doha. Apesar de representar apenas 1,5% do comércio mundial,[12] o País participa, em conjunto com Estados Unidos, União Europeia e Índia, do principal grupo de tomada de decisão, chamado G-4. O Brasil é, ainda, com a Índia, líder do G-20, grupo com interesses comuns na negociação de Agricultura, e membro do Nama-11, voltado para defesa do tratamento especial e diferenciado para PED em Nama.

[10] Excepcionalmente, a tarifa aplicada média da União Europeia está pouco acima da tarifa consolidada média, o que pode ser explicado pelo processo de transformação de uma tarifa *ad rem* (baseada na quantidade) em tarifa *ad valorem* (baseada no valor). Esse processo utiliza dados de comércio do país e pode levar a tarifa aplicada a superar o valor da tarifa consolidada.

[11] Cálculos realizados a partir da lista de tarifas consolidadas pelo Brasil na OMC em Sistema Harmonizado (SH) 2007, elaborada pelo Ministério do Desenvolvimento, Indústria e Comércio Exterior (MDIC) e sujeita a revisão.

[12] Dados referentes a 2009, excluído o comércio intra-União Europeia.

Tabela 10.2 Tarifas máximas e médias do Brasil por setor em 2009

Setores	Tarifas consolidadas		Tarifas aplicadas	
	Média*	Máxima	Média**	Máxima
Peixes e produtos da pesca	33,6	35	10,0	16
Minerais e metais	32,9	35	10,1	20
Petróleo	35,0	35	0,2	6
Químicos	21,1	35	8,3	18
Papel, madeira etc.	28,4	35	10,7	18
Têxteis	34,8	35	22,5	35
Confecção	35,0	35	35,0	35
Couro, calçados etc.	34,6	35	15,7	35
Máquinas não elétricas	32,4	35	12,7	20
Máquinas elétricas	31,9	35	14,2	20
Equipamento de transporte	33,1	35	18,1	35
Outras manufaturas	33,0	35	15,3	20

* Baseado no Sistema Harmonizado (SH) de 2002.
** Dados de 2009.

Fonte: OMC; ITC; UN, 2010.

Diversos argumentos podem ser considerados para justificar o engajamento diferenciado do Brasil na negociação da Rodada Doha, dos quais dois parecem ser de especial importância: (1) a estratégia de priorização do sistema multilateral para a regulamentação do comércio agrícola mundial, o que levou o Brasil à liderança do G-20; e (2) o interesse dos fornecedores internacionais de bens não agrícolas no potencial mercado brasileiro, ainda protegido em diversos setores.

Quadro 10.1 Disputando a negociação técnica

O grande número de temas e a complexidade técnica das propostas são barreiras naturais para o engajamento dos países na negociação da Rodada Doha. Na maioria das vezes, os membros optam por concentrar esforços em poucos temas prioritários para suas respectivas políticas comerciais, acompanhando os demais debates por meio dos relatos de países parceiros ou grupos de interesse. Países de menor desenvolvimento relativo chegam, inclusive, a delegar sua representação diplomática em determinados temas a Organizações Não Governamentais (ONGs) especializadas.

Entre os PED, o Brasil conta com uma das melhores estruturas para um envolvimento ativo na Rodada, resultado da preparação das equipes de negociadores e técnicos do governo brasileiro, com destaque para o Departamento Econômico (DEC) do Ministério das Relações Exteriores (MRE), o Departamento de Negociações Internacionais (Deint) do MDIC e o Departamento de Assuntos Comerciais (DAC) do Ministério da Agricultura, Pecuária e Abastecimento (Mapa), além da Missão Permanente do Brasil em Genebra. Ademais, o setor privado contribuiu ativamente no suporte técnico ao governo brasileiro, sobretudo para os temas de agricultura e Nama.

HISTÓRICO DA NEGOCIAÇÃO

Após a tentativa fracassada de lançamento da Rodada do Milênio, em Seattle, em 1999, os membros da OMC acordaram o início de uma nova rodada de negociações durante a Conferência Ministerial de Doha, em novembro de 2001. O lançamento da Rodada Doha ocorreu dois meses após os ataques de 11 de setembro de 2001, quando diversos países, em especial os Estados Unidos, buscaram reforçar a importância do multilateralismo no combate à ameaça do terrorismo internacional.[13] A nova rodada de negociações foi concebida, então, como um estímulo à economia mundial em um cenário de recessão e incertezas.

Após o lançamento da Rodada Doha, os primeiros momentos foram dedicados a estabelecer o formato da negociação. Logo no primeiro encontro do Comitê de Negociações Comerciais (CNC), em fevereiro de 2002, foi estabelecida a estrutura dos diversos grupos negociadores. A condução da negociação de Nama foi delegada ao Grupo Negociador de Acesso a Mercados (GNAM) criado naquele momento.

Outro episódio importante na definição da estrutura da negociação de Nama ocorreu em março do mesmo ano, quando a Seção Especial do Comitê de Comércio e Meio Ambiente (CTE-SS – Committee on Trade and Environment Special Session delegou ao GNAM a responsabilidade sobre o aspecto de acesso a mercado do parágrafo 31 (iii) da Declaração Ministerial de Doha, acerca da "redução ou, quando apropriado, eliminação das tarifas e barreiras não tarifárias em bens ambientais" (WT/MIN(01)/DEC/1).

O caminho para a próxima Conferencia Ministerial ocorrida em Cancún, em setembro de 2003, foi de crescente divergência. Na fase final da preparação para a reunião, um grupo de 21 PED, liderado pelo Brasil e pela Índia, decidiu pela criação do G-20. Na ocasião, o objetivo do grupo era impedir a adoção de um resultado predeterminado em Cancún e abrir espaço para a negociação em agricultura (MRE; Funag, 2007). O grupo acabou se consolidando como um importante demandante para a redução dos subsídios agrícolas nos PD e contribuiu para elevar a posição negociadora do País.

Durante a Conferência Ministerial de Cancún, PD e PED aprofundaram o antagonismo de suas posições, o que levou ao término da reunião sem a adoção de uma declaração formal. As principais explicações para o fracasso se baseiam em duas áreas: (1) a falta de consenso quanto aos objetivos da negociação de agricultura, em especial no que se refere à redução dos subsídios; e (2) a insistência dos PD, sobretudo da União Europeia, em manter os chamados *temas de Cingapura*. Ao fim do encontro, cresceram as dúvidas

[13] Apenas nove dias após os ataques de 11 de setembro de 2001, o Representante de Comércio dos Estados Unidos (USTR – United States Trade Representative), Robert B. Zoellick, publicou um artigo no *Washington Post* conclamando o Congresso a combater a ameaça do terrorismo por meio de maior integração comercial. Ver: Zoellick (2001).

sobre a possibilidade de chegar a um acordo até o início de 2005, conforme previsto na Declaração Ministerial de Doha.

O impasse foi finalmente superado em julho de 2004, quando as partes negociadoras estabeleceram um acordo-quadro, chamado de *Pacote de Julho de 2004*. Esse conjunto de definições reduziu o escopo da Rodada Doha, excluindo alguns dos temas de Cingapura: (1) compras governamentais; (2) investimentos; e (3) concorrência. O único dos temas de Cingapura a permanecer foi o de facilitação de comércio.

Por outro lado, o Pacote de Julho de 2004 contribuiu para definir as principais modalidades de negociação em cada um dos temas. No que se refere ao debate de Nama, o anexo B do acordo-quadro estabeleceu, entre outras questões: (1) a aplicação de uma fórmula não linear de redução de tarifas; (2) a importância das negociações setoriais; (3) a flexibilidade para PED; e (4) o sistema de notificações de Barreiras Não Tarifárias (BNTs).

Com o Pacote de Julho de 2004, a negociação da Rodada Doha iniciou uma nova fase, mais técnica e objetiva. No período até a Ministerial de Hong Kong, ocorrida em dezembro de 2005, os membros submeteram um grande número de propostas nos diversos temas, com o objetivo de interpretar os termos previstos no Pacote. Havia, na ocasião, a perspectiva de que a futura Ministerial seria crucial na conclusão das modalidades[14] e permitiria a assinatura do acordo até o fim de 2006.

A Conferência Ministerial de Hong Kong ocorreu em dezembro de 2005 e foi precedida em dois meses pela substituição do diretor-geral da OMC, Supachai Panitchpakdi, considerado politicamente fraco e pouco ativo.

O novo executivo da organização, o francês Pascal Lamy, assumiu a posição com a missão de conduzir a Rodada Doha a sua conclusão. Entretanto, logo no início, o caminho se apresentou de difícil execução – a Conferência Ministerial de Hong Kong quase fracassou, sendo finalizada com a adoção de uma declaração mínima, com apenas os seguintes avanços no que se refere à agenda de Nama: (1) definição da fórmula Suíça com mais de um coeficiente como método de redução de tarifas;[15] (2) estabelecimento do prazo de 30 de abril de 2006 para a conclusão das modalidades; e (3) necessidade de equilíbrio na ambição entre o acesso a mercado em agricultura e Nama.

Não obstante, do ponto de vista do engajamento do Brasil na negociação de Nama, o principal marco da Conferência Ministerial de Hong Kong foi a criação do grupo Nama-11. Poucos meses antes do início da reunião, a União Europeia apresentou uma proposta que limitava a utilização das flexibilidades para PED, estabelecidas no parágrafo 8, anexo B, do Pacote de Julho de 2004. África do Sul, Argentina, Brasil, China, Egito, Filipinas,

[14] Modalidades são as formas ou os métodos como uma rodada cumprirá seus objetivos em cada um dos temas. Após a definição das modalidades, os principais dilemas negociadores devem ser resolvidos, permanecendo pendente a introdução dos compromissos e a assinatura do acordo.

[15] O funcionamento da fórmula Suíça e seus coeficientes serão explicados adiante.

Índia, Indonésia, Namíbia, Paquistão e Venezuela então se uniram para defender as flexibilidades existentes e apresentar uma proposta conjunta nesse sentido.[16] A partir de então, o grupo consolidou-se como referência na defesa dos PED na aplicação da fórmula e das flexibilidades na negociação de Nama, contando com a liderança da delegação da África do Sul.

A dificuldade de chegar a consensos em torno das modalidades avançou no início do ano seguinte. Ainda assim, diversos países esforçaram-se para completar as lacunas abertas desde Hong Kong e aproveitar o mandato negociador dos Estados Unidos com vencimento em 1º de julho de 2007.[17] Nesse contexto, uma nova reunião de ministros foi convocada para o período de 28 de junho a 1º de julho de 2006. Após uma nova série de desentendimentos, o diretor-geral optou por convocar um grupo restrito de seis membros (Estados Unidos, União Europeia, Índia, Brasil, Japão e Austrália) para a última tentativa cujo fracasso provocou o anúncio oficial da paralisação das negociações.

As razões para o congelamento das negociações podem ser explicadas pelo chamado *Triângulo do Lamy*: a dificuldade para obter melhores ofertas (1) dos Estados Unidos na redução dos subsídios domésticos à agricultura; (2) da União Europeia na redução de tarifas e ampliação das cotas em agricultura; e (3) do G-20 na redução de tarifas em Nama. A partir disso, ficou claro que Nama e agricultura apresentavam as principais divergências e deveriam concentrar as atenções dos negociadores – os demais temas, como *antidumping*, serviços e facilitação de comércio, seriam agregados eventualmente ao pacote da Rodada.

Durante um ano, as negociações permaneceram paralisadas. A baixa popularidade do presidente dos Estados Unidos, George W. Bush, e a vitória do Partido Democrata[18] nas eleições legislativas de 2006 dificultavam a perspectiva de renovação do mandato negociador pelo Congresso norte-americano. A percepção geral era de que uma importante janela de oportunidade havia sido perdida, mas uma situação ainda mais complica-

[16] Documento TN/MA/W/65, 8 nov. 2005 (Ismail, 2007).

[17] A Constituição dos Estados Unidos concede ao Congresso o mandato para aprovar ou realizar emendas a acordos internacionais negociados pelo Executivo. Diante da dificuldade de se negociar um acordo consensual entre os 153 membros da OMC, o presidente dos Estados Unidos recebe do Congresso um mandato especial e por tempo limitado para conduzir a negociação, chamado inicialmente de *fast-track* e, a partir de 2002, Autoridade de Promoção Comercial (TPA – Trade Promotion Authority). Esse mandato evita a possibilidade de o Congresso realizar emendas ao acordo, e foi aprovado pela última vez em 6 de agosto de 2002, com vigência até 1º de julho de 2007. Diante do tempo necessário para a introdução, revisão dos compromissos e assinatura do acordo, o prazo limite considerado para a adoção das modalidades, beneficiando-se do TPA de 2002, era o meio do ano de 2006.

[18] O Partido Republicando, que controlava a Casa dos Representantes e o Senado por uma vantagem de 11 e 29 assentos, respectivamente, passou a contar com uma desvantagem de 37 assentos na Casa dos Representantes e uma situação de equilíbrio com o Partido Democrata no Senado.

da para a conclusão da Rodada Doha ocorreria caso o Partido Democrata vencesse as eleições à presidência dos Estados Unidos em 2008.

Nesse contexto foi realizada uma reunião do G-4 (Estados Unidos, União Europeia, Índia e Brasil) na cidade de Potsdam, na Alemanha, no mês de junho de 2007. O encontro informal tinha como objetivo chegar a um entendimento mínimo entre os quatro principais líderes da negociação para a retomada dos diálogos. Mais uma vez, entretanto, não foi possível um avanço e o encontro terminou dois dias antes do previsto, com acusações recíprocas entre Brasil e Índia, de um lado, e Estados Unidos e União Europeia, do outro.

No mês seguinte, julho de 2007, os presidentes dos grupos negociadores de Nama e Agricultura decidiram pela divulgação conjunta de minutas de modalidades em seus respectivos temas. Foi a primeira vez que números sugestivos para as principais modalidades da negociação apareceram para debate. Em geral, os principais países apresentaram posição conciliatória em relação aos textos, apontando-os como base para a efetiva retomada das negociações.

Os doze meses que se sucederam foram de debates intensos, com o objetivo de conclusão das modalidades antes do processo eleitoral norte-americano. Nesse período, além da minuta de modalidades de julho de 2007,[19] outras quatro propostas foram apresentadas pelos presidentes dos grupos negociadores de Nama e Agricultura – nos meses de fevereiro, maio, julho e agosto de 2008.[20]

No último encontro em Ministerial realizado sobre a Rodada Doha, no período entre 21 e 29 de julho de 2008, os países-membros da OMC estiveram muito perto de um entendimento. Uma proposta para a definição das modalidades, apresentada pelo diretor-geral da OMC, Pascal Lamy, chegou a ser acatada, de forma provisória, por Brasil, União Europeia, Estados Unidos, Japão, Austrália e China, mas rejeitada pela Índia, Argentina e Indonésia. Após os primeiros desentendimentos, sobretudo no tema de agricultura, o acordo foi novamente descartado e a Rodada, paralisada.

Desde julho de 2008, a Rodada Doha continua fora das prioridades das principais economias do mundo, salvo por declarações isoladas com o objetivo de manter o tema na agenda. Entre outras manifestações, a importância da conclusão da Rodada é tema recorrente nas declarações finais dos encontros do G-20, grupo das maiores economias do mundo que substituiu o G-8 a partir da crise econômica mundial dos anos 2008-9. Os Estados Unidos, principal líder de rodadas negociadoras anteriores, demonstram, na atualidade, pouco interesse em um entendimento. Ademais, em dezembro de 2009 foi realizada uma Conferência Ministerial em Genebra, sem a inclusão da Rodada Doha na agenda – foi a primeira vez que o órgão máximo de tomada de decisão da OMC se reuniu, durante uma rodada negociadora, sem tratar diretamente do tema.

---

[19] JOB(07)/126.

[20] TN/MA/W/103, TN/MA/W/103/Rev.1, TN/MA/W/103/Rev.2 e JOB(08)/96.

Quadro 10.2 As manifestações da sociedade civil nas Conferências Ministeriais da OMC

As Conferências Ministeriais da OMC se consolidaram como eventos de referência para as manifestações de grupos da sociedade civil contra o processo de globalização econômica. Em algumas ocasiões, as manifestações foram suficientes para criar um ambiente de ameaça à integridade física dos delegados e, consequentemente, inviabilizar o processo negociador. A Conferência Ministerial de Seattle, ocorrida entre 30 de novembro e 3 de dezembro de 1999, foi um marco em termos da violência dos protestos. A reunião, que tinha como objetivo lançar uma nova rodada de negociações, chamada Rodada do Milênio, fracassou diante dos mais de 40 mil manifestantes que bloquearam o acesso ao Washington State Convention and Trade Center. O confronto entre manifestantes e policiais no primeiro dia da Ministerial ficou conhecido como a Batalha de Seattle. A partir de então, as quatro Conferências Ministeriais que sucederam Seattle (Doha, Cancún, Hong Kong e Genebra) foram realizadas em locais com segurança reforçada e capacidade de contenção de grandes manifestações. Ainda assim, em Hong Kong (2005) e em Genebra (2009), as Conferências Ministeriais ocorreram em cenários de violência e instabilidade. Ademais, importantes decisões passaram a ser tomadas fora de Conferências Ministeriais, de forma a não atrair a atenção prévia dos grupos da sociedade civil.

MODALIDADES

A redução das tarifas consolidadas de importação é o objetivo mais importante da negociação de Nama e o que tem concentrado os maiores esforços dos países durante a Rodada Doha. Nesse aspecto, três modalidades principais se destacam: (1) a fórmula de redução tarifária; (2) os acordos setoriais; e (3) os bens ambientais. A negociação de BNTs, apesar de apresentar caráter menos central, consiste em uma modalidade que pode trazer impacto relevante por meio da criação de novos acordos em temas específicos.

Conforme estabelecido na ADD, todas as modalidades de Nama devem levar em consideração o princípio da reciprocidade menos que total, ou seja, os PED devem efetuar compromissos menores que os PD. Das propostas para a viabilização desse princípio, a mais importante refere-se à flexibilidade na aplicação da fórmula de redução tarifária, consolidada inicialmente pelo Pacote de Julho de 2004, com base na autorização para os PED designarem um percentual das linhas tarifárias de bens não agrícolas para exclusão do corte pleno da fórmula.

As modalidades apresentadas a seguir são baseadas nos principais grupos de países envolvidos na negociação, com destaque para a participação do Brasil. Nesse aspecto, vale notar que a maior parte dos membros da OMC está em situação de exceção para a negociação de Nama, incluindo os seguintes grupos: (1) Países de Acessão Recente (RAMs – *Recently Acceded Members*); (2) Países de Menor Desenvolvimento Relativo (PMDRs); (3) Economias Pequenas e Vulneráveis (SVEs – Small Vulnerable Economies); (4) economias de baixa renda em transição; e (5) países com baixo nível de consolidação.

Fórmula de redução tarifária

Ao longo da experiência acumulada nas diversas rodadas de negociação do Gatt e da OMC, os membros reconheceram as vantagens na utilização de uma fórmula de redução tarifária em substituição ao modelo tradicional de pedidos e ofertas. Entre essas vantagens, destacam-se:[21] (1) a transparência (todos os membros conhecem como os demais reduzirão suas tarifas); (2) a eficiência (processo mais simples para a aplicação em um grande número de países); (3) a equidade (as concessões são uniformes entre países com as mesmas características); e (4) a previsibilidade (mais simples de antever os resultados).

A fórmula suíça é uma das mais conhecidas metodologias de redução tarifária e foi proposta por esse país na Rodada Tóquio. Seu conteúdo se traduz na seguinte equação matemática para a redução das tarifas consolidadas:

$$TF = \frac{TI * Coeficiente}{TI + Coeficiente}$$

onde TF = Tarifa Final e TI = Tarifa Inicial.

A fórmula suíça tem como característica ser não linear, ou seja, quanto maior a tarifa inicial, maior será o corte decorrente da aplicação da fórmula. Ademais, o nível de ambição do corte é determinado por um coeficiente a ser negociado entre os países – quanto menor o coeficiente, maior o corte resultante da aplicação da fórmula. A Figura 10.1 apresenta um gráfico no qual comparamos os efeitos das fórmulas linear e suíça na redução tarifária.

No âmbito da Rodada Doha, outras fórmulas não lineares foram cogitadas: na negociação da agricultura, trata-se da fórmula *em bandas*, que define o percentual de redução tarifária para cada grupo de tarifas; e, em Nama, Argentina, Brasil e Índia apresentaram uma variação da fórmula suíça chamada *fórmula ABI*, que incorpora no cálculo a média da tarifa consolidada do país.[22]

Por ocasião da Conferência Ministerial de Hong Kong, em 2005, foi decidido o uso da fórmula suíça na negociação de Nama com *coeficientes*, o que significou um reconhecimento de que os países poderiam contar com coeficientes diferenciados, conforme suas características – até então, os

[21] Disponível em: <http://www.wto.org>.

[22] A fórmula ABI é derivada de uma proposta do embaixador Girard, primeiro presidente do GNAM. Sua equação pode ser expressa da seguinte forma:

$$TF = \frac{TI * (Coeficiente * MTC)}{TI + (Coeficiente * MTC)}$$

onde TF é a tarifa final, TI é a tarifa inicial e MTC é a média das tarifas consolidadas do país.

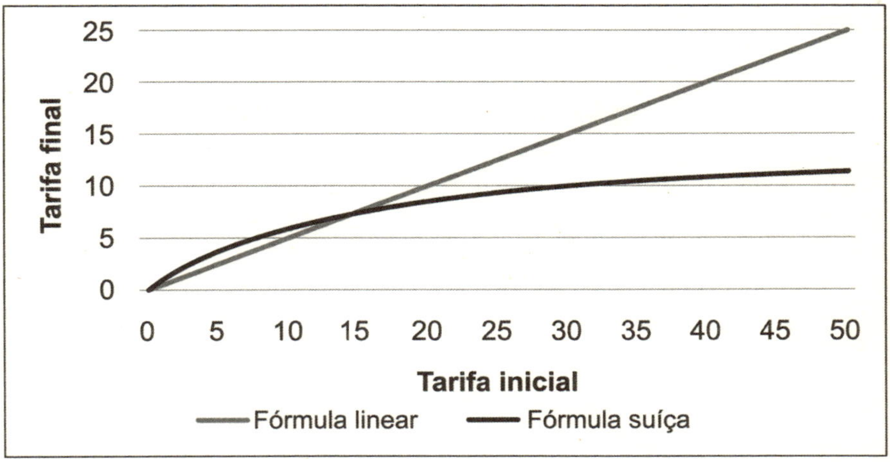

Figura 10.1 Demonstração do efeito das fórmulas linear e suíça para a redução tarifária

Estados Unidos e a União Europeia defendiam a utilização de um único coeficiente na fórmula.

Apenas em julho de 2007 os primeiros coeficientes apareceram, entre colchetes,[23] em uma minuta de modalidades preparada pelo presidente do GNAM, porém não aprovada pelos membros. A proposta sugeriu a aplicação de uma fórmula suíça com coeficientes entre 8 e 9, para PD, e entre 19 e 23 para PED. Os mesmos coeficientes foram mantidos em uma nova minuta divulgada em fevereiro de 2008.

Os coeficientes entre 19 e 23 significaram um relevante avanço em relação à proposta brasileira de utilização do coeficiente 30, mas também foram uma concessão, do ponto de vista dos interesses dos PD, que buscavam a aplicação de um coeficiente 15 entre os PED. Além disso, o Brasil, por meio do Nama-11, defendeu uma diferença de 25 pontos entre os coeficientes aplicados pelos PD e PED – na minuta circulada, as diferenças variavam entre 10 e 15 pontos.

Em maio de 2008, o presidente do GNAM divulgou nova minuta de modalidades com alterações relevantes relacionadas à aplicação da fórmula. Para os PD, o escopo dos coeficientes passou para um valor entre 7 e 9, indicando uma tendência de diminuição. Para os PED, com o objetivo de atender aos países[24] que reivindicavam maiores coeficientes em troca

[23] No processo de negociação de um acordo internacional, um termo entre é mantido entre colchetes quando ainda não foi acordado pelas partes.

[24] O México foi o principal propositor de um sistema de compensação para os PED que abdicassem da utilização das flexibilidades – no caso, a proposta previa a adição de cinco pontos ao coeficiente da fórmula.

de menores flexibilidades, o presidente desenvolveu três opções: (1) a adoção de um coeficiente x, entre 19 e 21; (2) a adoção de um coeficiente y, entre 21 e 23; ou (3) a adoção de um coeficiente z, entre 23 e 26. A opção pelos coeficientes x, y ou z estava vinculada a um benefício inversamente proporcional na utilização das flexibilidades para PED, ou seja, quanto menor o coeficiente escolhido, maior o percentual de bens permitidos para uma redução menor que a da fórmula. Os mesmos coeficientes foram utilizados na minuta proposta em julho de 2008.

A última minuta de modalidade proposta pelo presidente do GNAM (também não aprovada), em agosto de 2008, sugeriu a adoção do coeficiente 8 para os PD e as seguintes alternativas para PED: (1) x igual a 20; (2) y igual a 22; ou (3) z igual a 25.

Para a estrutura tarifária brasileira, a variação de alguns pontos no coeficiente é menos importante que a ampliação das flexibilidades para PED. O governo brasileiro considerou prioritária a utilização da alternativa x e a aplicação de um coeficiente 20, que reduz a tarifa consolidada máxima dos atuais 35% para apenas 12,7%, exceto para os produtos alocados nas flexibilidades. O impacto dessa medida pode ser avaliado a seguir, na Tabela 10.3.

Tabela 10.3 Simulação do impacto da fórmula suíça sobre o perfil tarifário do Brasil

		Situação atual*	Coeficientes da fórmula suíça			
			30	25	20	15
Tarifa Consolidada	Média	29,8	14,7	13,3	11,7	9,8
	Corte médio	–	51%	55%	61%	67%
	Máxima	35,0	16,2	14,6	12,7	10,5
Tarifa aplicada	Média	11,7	9,9	9,4	8,6	7,4
	Corte médio	–	15%	20%	27%	37%
	Máxima	35,0	16,2	14,6	12,7	10,5
Linhas Perfuradas**	Número	–	2.605	3.459	4.894	5.408
	% do total	–	30%	39%	56%	62%

*As médias das tarifas consolidadas e aplicadas nesta tabela apresentam uma pequena diferença em relação aos valores mencionados no início deste capítulo, na Seção "Contexto brasileiro". Essa diferença se deve à utilização de fontes diferentes de dados, as quais se baseiam em períodos e nomenclaturas alternativas.

**Linhas perfuradas referem-se às linhas tarifárias que, após a aplicação da fórmula, apresentam tarifa consolidada final inferior à atual tarifa aplicada. Assim, a adoção do corte tarifário impacta diretamente na concessão de nova oportunidade de acesso a mercado.

Fonte: Elaborado com base na lista de tarifas consolidadas pelo Brasil na OMC em SH 2007, elaborada pelo MDIC e TEC do Brasil em 1º de janeiro de 2011.

Flexibilidade para países em desenvolvimento

O parágrafo 8 do anexo B do Pacote de Julho de 2004[25] estabeleceu os princípios da flexibilidade para os PED na aplicação da fórmula de redução tarifária:

> Concordamos que os países em desenvolvimento participantes devem contar com períodos mais longos para a redução das tarifas. Ademais, eles devem contar com a seguinte flexibilidade:
>
> a) aplicar um corte menor que o da fórmula para até [10] por cento das linhas tarifárias, considerando que este corte representará pelo menos metade do corte da fórmula e que estas linhas tarifárias não excederão [10] por cento do valor total das importações do país; ou
> b) manter, como exceção, linhas não consolidadas, ou não aplicar o corte da fórmula para até [5] por cento das linhas tarifárias, considerando que estas linhas tarifárias não excederão [5] por cento do valor total das importações do país.
>
> Ademais, concordamos que essa flexibilidade não poderá ser utilizada para excluir um capítulo inteiro do Sistema Harmonizado (SH).

Para o Brasil, a alternativa (a) do parágrafo apresentado é a opção mais condizente com a estrutura da TEC, tendo em vista a importância de manutenção de um equilíbrio entre os níveis tarifários. A partir do Pacote de Julho de 2004, então, o Brasil passou a defender a possibilidade de alocação de 10% dos produtos (o que representa 877 linhas tarifárias) com um corte menor que o da fórmula – compreendido como 50% do corte –, desde que o valor das importações de tais produtos não ultrapasse 10% do total do universo de bens não agrícolas.

Do ponto de vista da estratégia negociadora, o Brasil identificou a ampliação das flexibilidades como prioritária em relação ao coeficiente da fórmula.[26] O País engajou-se para a ampliação dos limites percentuais de bens autorizados para o tratamento diferenciado das flexibilidades. Com efeito, a evolução das minutas de modalidades propostas pelos presidentes dos grupos negociadores no último ano de negociação apresenta uma perda relativa para a posição brasileira no que se refere ao coeficiente, porém um ganho de 10% para 14% no número de linhas tarifárias autorizadas para

[25] WT/L/579.

[26] O raciocínio por trás dessa decisão se baseia na constatação de que o adicional de 1 (um) ponto no coeficiente da fórmula suíça traz impacto marginal no resultado, mas pode representar a preservação de diversos produtos quando aplicado às flexibilidades. Como referência, a diferença na aplicação dos coeficientes 20 e 21 para a alíquota máxima brasileira (35%) é de apenas 0,4 ponto percentual de corte, enquanto cada 1% nas flexibilidades representa 87 novos produtos sob proteção.

alocação nas flexibilidades, e de 10% para 16% no valor das importações consideradas.

Outro aspecto relevante interpretado nas minutas de modalidades propostas por esses presidentes refere-se ao limite de alocação das flexibilidades por capítulo do SH.[27] Enquanto o Pacote de Julho de 2004 tratava apenas da impossibilidade de alocação de um capítulo inteiro do SH nas flexibilidades, diversos PD reivindicavam a clarificação desse conceito, preocupados com a exclusão de uma única linha tarifária sem relevância comercial como forma de burlar a mencionada exigência.

Após diversas propostas apresentadas pelos países, a minuta de modalidades do presidente do GNAM, de agosto de 2008, apresentou a sugestão de limitar a alocação de bens ao máximo de 80% das linhas tarifárias ou 91% do valor das importações de determinado capítulo – ou seja, pelo menos 20% dos produtos ou 9% das importações do capítulo deveriam contar com o corte pleno da fórmula de redução tarifária.

Para entender o progresso das minutas de modalidades do ponto de vista brasileiro, a Tabela 10.4 apresenta, de modo reduzido, a evolução ocorrida de julho de 2007 a agosto de 2008.

Tabela 10.4 Evolução das minutas de modalidades para o Brasil

	Julho 2007	Fevereiro 2008	Maio 2008	Julho 2008	Agosto 2008
Coeficientes	19-23	19-23	19-21	19-21	20
Flexibilidade	10% de linhas com ½ corte	[ ]% de linhas com ½ corte	12-14% de linhas com ½ corte	12-14% de linhas com ½ corte	14% linhas com ½ corte
Limites Flexibilidade	Flexilidade não pode incluir capítulos inteiros do SH	Flexilidade não pode incluir capítulos inteiros do SH	Flexilidade não pode incluir capítulos inteiros do SH	Flexibilidade não pode incluir [capítulos inteiros do SH] ou [produtos em seis dígitos que representem + de 50% em quatro dígitos]	Flexibilidade pode incluir, no máximo, 80% do capítulo do SH
Período de introdução	9 anos	9 anos	9-11 anos	11 anos	–

Fonte: Elaboração com base nas minutas de modalidades (WTO). Respectivamente, documentos JOB(07)/126, TN/MA/W/103, TN/MA/W/103/Rev.1, TN/MA/W/103/Rev.2 e JOB(08)/96.

[27] O SH é um sistema internacional de classificação de mercadorias baseado em códigos de seis dígitos e nomenclaturas, desenvolvido pela Organização Mundial de Aduanas (OMA). Ao todo, são 96 capítulos, dos quais 72 podem ser considerados prioritariamente do universo de bens não agrícolas.

Do ponto de vista dos demais PED, as minutas de modalidades de maio, julho e agosto apresentaram o sistema de compensação entre o coeficiente da fórmula e as flexibilidades adotadas mencionado anteriormente. Na última minuta, esse sistema apresentou as seguintes opções: (1) adoção do coeficiente x=20 e 14% de flexibilidade; (2) adoção do coeficiente y=22 e 10% de flexibilidade; ou (3) adoção do coeficiente z=25 sem flexibilidade.

Vale ainda acrescentar que, nas minutas de maio, julho e agosto de 2008, o Mercosul teve sucesso em incluir a preocupação de que uniões aduaneiras sejam consideradas em conjunto do ponto de vista do cálculo das flexibilidades. Esse aspecto foi inicialmente reivindicado pela União Aduaneira da África do Sul (Sacu – Southern Africa Customs Union), mas acabou sendo encampado também pelo próprio Mercosul, em função da importância de preservação da estrutura da TEC.

Acordos setoriais

A negociação para obter acordos setoriais foi estabelecida pelo parágrafo 7 do Pacote de Julho de 2004:[28]

> Concordamos que um componente setorial tarifário, com o objetivo de eliminar ou harmonizar, é outro elemento-chave para o cumprimento dos objetivos do parágrafo 16 da Declaração Ministerial de Doha em relação à redução ou eliminação de tarifas, em particular nos produtos de interesse exportador dos países em desenvolvimento. Reconhecemos que a participação de todos os membros será importante para esse fim. Dessa forma, instruímos o grupo negociador a buscar discussões nesse componente, com o objetivo de definir a cobertura de produtos, participação, e provisões adequadas de flexibilidades para países em desenvolvimento.

Em ocasiões anteriores, acordos setoriais foram concluídos, sendo alguns dos mais importantes o Acordo sobre Produtos Farmacêuticos (1994), o Acordo sobre Harmonização de Tarifas de Químicos (1995) e o Acordo sobre Tecnologia de Informação (1996). O princípio por trás desses acordos é tratar de setores prioritários para a liberalização do comércio e a redução recíproca das tarifas mundiais, o que contribui para manter um equilíbrio entre os países. Ademais, os benefícios do livre-comércio não dependem da participação de todos os membros da OMC, desde que contem com a participação de uma *massa crítica* dos principais atores mundiais do setor.[29]

---

[28] WT/L/579.

[29] O conceito de "massa crítica" é variável de acordo com a negociação setorial, mas normalmente envolve uma participação substancial (entre 80% e 90%) da produção ou comércio mundial.

Como resultado de um acordo setorial, a expectativa é que as tarifas de tal setor sejam reduzidas ou eliminadas. Nesse sentido, a modalidade de tratamento diferenciado para PED normalmente envolvem: (1) a consolidação em nível superior a zero; (2) períodos mais longos de introdução; e (3) a exclusão de poucos produtos do acordo.

O principal dilema do envolvimento dos países nessas negociações está relacionado a seu caráter não mandatório, ou voluntário, explicitado na Declaração Ministerial de Hong Kong.[30] Assim, os principais PED, incluindo o Brasil, relutam em tomar parte em uma modalidade adicional de redução tarifária. Não obstante, alguns países, sobretudo os Estados Unidos, insistem na importância dessas negociações e do envolvimento dos PED como condição de se atingir o nível de ambição necessário na negociação de Nama. Do ponto de vista da troca entre os países, a negociação setorial se assemelha, em muitos aspectos, com a modalidade tradicional de pedidos e ofertas.

No momento da paralisação da negociação da Rodada Doha, catorze iniciativas setoriais estavam sob consideração: (1) automotivo e autopeças; (2) bicicletas e suas partes; (3) químicos; (4) produtos elétricos e eletrônicos; (5) peixes e produtos da pesca; (6) produtos florestais; (7) gemas e joias; (8) produtos minerais; (9) equipamentos esportivos; (10) produtos médicos, para a saúde e farmacêuticos; (11) ferramentas; (12) brinquedos; (13) têxteis, vestuários e calçados; e (14) máquinas industriais. Nenhuma delas foi, até o momento, concluída.

Bens ambientais

Logo no início da Rodada Doha, em março de 2002, a CTE-SS delegou ao GNAM a responsabilidade pelo acesso a mercado de bens do mandato sobre comércio e meio ambiente, tema que estava previsto no parágrafo 31, item (iii) da Declaração Ministerial de Doha,[31] conforme segue:

> Com o objetivo de fortalecer o apoio mútuo do comércio e meio ambiente, concordamos com negociações, sem antever seus resultados, a respeito da:
> [...]
> (iii) redução ou, quando apropriado, eliminação das barreiras tarifárias e não tarifárias para bens e serviços ambientais.

O princípio por trás da negociação de bens ambientais é que a redução ou eliminação das barreiras internacionais ao comércio desses bens e

[30] Parágrafo 16 da Declaração Ministerial de Hong Kong. Documento WT/MIN(05)/DEC, 22 de dezembro de 2005.

[31] WT/MIN(01)/DEC/1.

serviços[32] contribuirão para ampliar seu uso, com impactos positivos ao meio ambiente.

Duas abordagens principais foram sugeridas para lidar com a definição dos bens considerados ambientais (Almeida; Presser, 2006): (1) conceitual, que busca fixar inicialmente os conceitos para posterior identificação dos produtos; e (2) de lista, na qual os países negociam uma lista consensual de produtos sem se preocuparem diretamente com os conceitos. Ambas apresentaram dificuldades para se tornarem viáveis, porém a de lista foi a que melhor prosperou.

A abordagem conceitual, debatida prioritariamente no âmbito do CTE-SS, não conseguiu superar o antagonismo do grupo que buscava uma definição ampla (sobretudo PD), de modo a abranger o maior número de produtos, e o que buscava impedir um consenso. Diversas organizações internacionais, como a OCDE, o fórum Ásia-Pacífico para a Cooperação Econômica (Apec – Asia-Pacific Economic Cooperation) e a Conferência das Nações Unidas sobre o Comércio e o Desenvolvimento (Unctad – United Nations Conference on Trade and Development) cooperaram com os debates, apresentando propostas e conceitos próprios.

Os principais conceitos debatidos foram: (1) uso final ambiental – produtos diretamente relacionados à proteção do meio ambiente, como filtros –; (2) uso dual ou múltiplo – produtos que podem ser utilizados para dois ou mais fins, incluindo o ambiental –; (3) métodos e processos de produção (PPM –Process and Production Methods) – considerações sobre os aspectos ambientais da cadeia de produção de um bem –; e (4) produtos ambientalmente preferíveis (EPP – Environmentally Preferable Products) – produtos que no uso final, produção ou descarte sejam menos danosos ao meio ambiente se comparados a outros similares.

A abordagem de lista mostrou-se mais realista, considerando o viés mercantilista da posição dos países e a lógica das negociações multilaterais desde o advento do Gatt, em 1947. Diversos membros apresentaram listas de produtos, como Estados Unidos, União Europeia, Canadá, Japão, Coreia, Nova Zelândia, Noruega e Suíça. Entretanto, a ausência de conceitos permitiu que os membros apresentassem listas de interesse próprio, sem fundamentos ambientais claros.

Em 2005, Índia e Argentina apresentaram propostas semelhantes, com vistas a estabelecer uma nova abordagem, focada em projetos. Uma autoridade nacional designada aprovaria os projetos específicos para redução

[32] Da mesma maneira como o aspecto de acesso a mercado em bens foi delegado ao GNAM, o acesso a mercado em serviços foi delegado ao Conselho para o Comércio de Serviços em Sessão Especial (CTS-SS – Special Session of the Council for Trade in Services). A negociação sobre serviços ambientais não será tratada, por estar fora do objeto deste capítulo.

de barreiras tarifárias e não tarifárias, conforme os objetivos ambientais estabelecidos em nível nacional, bilateral ou multilateral.

Em 2007, diante do impasse da negociação sobre bens ambientais, o Brasil propôs formalmente a adoção do modelo de pedidos de ofertas para a negociação. A posição do Brasil tinha como objetivo converter a negociação em um processo de barganha explícita entre os membros e, assim, incluir o etanol de cana-de-açúcar no rol de bens ambientais. Nesse aspecto, o Brasil foi prejudicado pela decisão inicial do CTE-SS em delegar ao GNAM a decisão sobre o acesso a mercado de bens ambientais, uma vez que dificultou a inclusão de bens agrícolas (incluindo o etanol) no universo de produtos negociados.

No período entre julho de 2007 e agosto de 2008, o tema foi mantido fora da pauta, tendo em vista a dificuldade em se chegar a um consenso sobre o formato da negociação.

Barreiras não tarifárias

A Declaração Ministerial de Doha, que estabeleceu as bases para as negociação em Nama em seu parágrafo 16, previu também o objetivo de redução ou eliminação das BNTs. O Pacote de Julho de 2004 estabeleceu as modalidades para a condução dessa negociação, sendo elas: (1) pedidos e ofertas; (2) horizontais; ou (3) verticais.

A modalidade de pedidos e ofertas consistiu em elaboração de listas, pelos países, de BNTs às próprias exportações. Tais documentos apresentavam algumas informações sobre a barreira encontrada, incluindo uma breve descrição, os produtos afetados, a categorização da natureza, uma estimativa dos efeitos comerciais e uma sugestão de resolução – o nome do país aplicador da BNT era omitido. A intenção era de que os países afetados por determinada BNT buscassem, de forma voluntária, o país aplicador com o objetivo de iniciar negociações bilaterais. Nessa modalidade, o Brasil apresentou 39 BNTs a suas exportações, em maio de 2006,[33] em produtos como químicos, madeiras, cerâmicas, alumínio, têxteis, farmacêuticos e produtos elétricos.

Não há indicador sobre o sucesso das negociações bilaterais, uma vez que os debates ocorreram à margem do GNAM e os países não tinham obrigação de notificar os resultados.

Já a negociação na modalidade horizontal envolve temas de natureza comum a diversos setores e que podem ser resolvidos pela criação de novos acordos específicos. Entre as propostas apresentadas, duas se destacam:

---

[33] Documento TN/MA/W/46/Add.17, 15 de maio de 2006.

1. **Mecanismo para a resolução facilitada de BNTs.** Conta com o apoio de União Europeia, Grupo Africano, Canadá, Nama-11 e outros países, porém com a oposição dos Estados Unidos. O objetivo da proposta é estabelecer um mecanismo não vinculante de resolução de BNTs, com base no apoio mútuo dos países e no eventual uso de um facilitador.
2. **Comércio de bens remanufaturados.** Proposta de grande interesse dos Estados Unidos, cujo objetivo é estender o tratamento de bens novos aos remanufaturados, compreendidos como aqueles que foram obtidos a partir de bens usados, mas apresentam característica de originais após processo de remanufatura, inclusive garantia.

Por fim, a modalidade vertical compreende as propostas pertinentes a um setor específico. Entre elas, destacam-se:

1. BNTs em substâncias e produtos químicos;
2. Interpretação do Acordo de Barreiras Técnicas ao Comércio (TBT – Technical Barriers to Trade) ao comércio de eletrônicos;
3. BNTs relacionadas à segurança elétrica e Compatibilidade Eletromagnética (EMC – EletroMagnetic Compatibility) para bens eletrônicos;
4. Interpretação do TBT à etiquetagem de têxteis, vestuários, calçados e bens de viagem;
5. BNTs relacionadas a padrões, regulamentos técnicos e procedimentos de verificação de conformidade de produtos automotivos.

A prioridade dada à redução das tarifas de importação acabou por relegar a negociação sobre BNTs a um papel secundário. Dessa forma, assim como bens ambientais, o tema esteve ausente dos principais debates no último ano de negociação.

CONSIDERAÇÕES FINAIS

Durante a elaboração deste capítulo, a Rodada Doha continua paralisada, com improváveis perspectivas de retomada no curto prazo. A crise financeira eclodida ao final de 2008 ainda apresenta consequências negativas para algumas das principais economias mundiais. Em tal contexto, os fóruns multilaterais encontram dificuldade para impedir a escalada no protecionismo internacional – ainda mais para empreender uma nova onda de abertura comercial.

Soma-se a tal cenário o processo de envelhecimento da agenda da Rodada. Desde 2001, diversos temas não incorporadas à negociação assumiram papel preponderante no comércio mundial, incluindo: (1) a manipulação do cambial; (2) a relação entre comércio e mudanças climáticas; (3) a segurança alimentar e energética; e (4) os controles de exportação. Para alguns desses temas, a OMC tem regras relacionadas, mas insuficientes para disciplinar as preocupações atuais. Outros fóruns, como o G-20 financeiro (grupo das maiores economias do mundo) e o Fundo Monetário Internacional (FMI), têm sido considerados mais ágeis para conduzir a agenda econômica, mesmo no que se refere ao comércio.

No Brasil, a concentração das exportações em *commodities* e o crescente déficit em produtos manufaturados têm diminuído também o interesse do setor privado na conclusão de um acordo na Rodada Doha. No setor agrícola, o alto nível dos preços de *commodities* e o crescimento da demanda mundial reduzem a urgência da abertura de novos mercados. No setor industrial, a crescente preocupação com a estrutura interna de juros, câmbio e tributos aumenta a aversão sobre as iniciativas de abertura do mercado doméstico.

Algumas tendências podem ser consideradas para o sistema multilateral de comércio e para a posição do Brasil. Em primeiro lugar, a ausência de um entendimento na Rodada Doha deve fortalecer o papel do Órgão de Solução de Controvérsias (OSC) e do Órgão de Apelação da OMC na interpretação dos acordos existentes. Apesar das limitações previstas para a criação de jurisprudências, a experiência reiterada de alguns casos demonstra que tais órgãos acabam criando regras efetivas não previstas pelos acordos negociados.

Em segundo lugar, o elevado crescimento econômico dos PED e o aumento das trocas Sul-Sul no total do comércio mundial devem dificultar a manutenção das alianças existentes. Para o Brasil, por exemplo, a principal preocupação com o aumento das importações de manufaturados tem sua origem em países como China e Índia, importantes parceiros do G-20. Do mesmo modo, o aumento da demanda por alimentos em diversos PED deve fortalecer o interesse brasileiro na redução das barreiras ao comércio agrícola, setor de alto potencial exportador do Brasil.

Por fim, vale mencionar a crescente diferenciação aplicada aos PED, atualmente tratados como grupo único na adoção da grande maioria dos compromissos da negociação. Isso contribui para fortalecer a percepção sobre as diferenças existentes na consolidação de grupos como os Brics (Brasil, Rússia, Índia, China e África do Sul) e na adesão de membros como Chile, México e Coreia do Sul à OCDE.

11
Princípios e regras do Acordo Geral sobre o Comércio de Serviços e do Acordo sobre Medidas de Investimento Relacionadas ao Comércio da OMC

Umberto Celli Junior

INTRODUÇÃO

Apesar de o setor de serviços representar um percentual cada vez mais elevado do PIB das grandes e médias economias do mundo, as negociações voltadas a sua liberalização no âmbito do Acordo Geral sobre o Comércio de Serviços (Gats – *General Agreement on Trade in Services*) pouco têm avançado. Quando entraram em vigor, em 1995, as regras do Gats, por serem propositadamente vagas e ambíguas, geraram certa insegurança tanto por parte de Países Desenvolvidos (PD) quanto por parte dos Países Em Desenvolvimento (PED), e poucos compromissos foram assumidos.

As rodadas de negociações seguintes não mudaram esse cenário, pois ficaram condicionadas ao consenso entre os membros sobre outros setores, como o de mercados industriais e agrícolas. No entanto, por força mesmo dessa paralisia no plano multilateral, observou-se uma expansão sem precedentes de acordos regionais e bilaterais de comércio que, além da remoção de barreiras ao comércio de bens, incluem em seus objetivos a liberalização do setor de serviços com fundamento no artigo V do Gats.

Assim, no momento em que o Brasil aguarda a desobstrução da Rodada Doha e se prepara com seus parceiros do Mercado Comum do Sul (Mercosul) para engajar-se de forma mais intensa em negociações que celebrem acordos bilaterais, torna-se imprescindível para todos os estudiosos das relações econômicas internacionais o conhecimento das principais características do setor de serviços e de suas regras no Gats. Auxiliar na compreensão desse vasto e interessante universo é um dos objetivos deste capítulo.

O outro objetivo é analisar, em linhas gerais, o quadro regulador dos investimentos internacionais, tema, aliás, que tem grande proximidade com um dos modos de prestação de serviços, o Modo 3, relativo à presença comercial de empresas estrangeiras.

Diferentemente do setor de serviços, não se conseguiu, até o presente, instituir regras multilaterais para os investimentos internacionais. O Acordo sobre Medidas de Investimento Relacionadas ao Comércio (Trims – *Agreement on Trade-Related Investment Measures*) apenas abrange algumas medidas de investimento relacionadas ao comércio. Apesar disso, suas disposições são muito restritivas, pois limitam a capacidade dos membros de adotar políticas industriais, o que atinge principalmente os PED, como o Brasil. Essas disposições têm sido reproduzidas nos aproximadamente 2.500 Acordos Bilaterais de Investimentos (BITs – *Bilateral Investment Agreements*) atualmente em vigor. Pensar sobre ratificar ou não os BITs que já assinou e outros que poderá firmar com seus parceiros do Mercosul é tarefa inadiável para o governo brasileiro.

GATS

Especificidade fundamental do setor de serviços

Durante longo período, as negociações multilaterais no âmbito do Gatt (*General Agreement on Tariff and Trade*) apenas se ocuparam da liberalização do comércio de bens. O comércio de serviços era visto como matéria afeita aos interesses internos dos estados, sujeito, portanto, à regulação no plano doméstico. Isso se deveu, em larga medida, àquilo que Carreau e Juillard (1998, p.313) denominam de "especificidade fundamental" do comércio de serviços, o que o torna profundamente diferente do comércio de bens.

Enquanto um contrato de venda de mercadorias, interno ou internacional, implica transferência de propriedade da coisa vendida ao comprador, a prestação de serviços, por sua natureza frequentemente imaterial ou intangível, revela-se muito mais complexa.[1] O fornecimento ou a prestação de um serviço envolve, geralmente, obrigações de fazer e de não fazer, sem que haja a transferência de propriedade de um bem, por exemplo, um contrato de seguros ou de transporte. O objeto do pertinente contrato é a própria prestação do serviço, o que resulta em obrigações recíprocas que vão se estender no tempo e, por vezes, por longo período.

[1] Como assinalam Aaditya Mattoo e Robert Stern, ao contrário do comércio de bens, serviços são frequentemente intangíveis, invisíveis e perecíveis, além de requererem geralmente a simultaneidade da produção e do consumo. Ver Mattoo; Stern (2006).

Em face dessa natureza não material, os serviços foram, durante bom tempo, considerados não comercializáveis internacionalmente (*non-tradable*), tendência que só começou a ser modificada a partir dos avanços na área de Tecnologia de Informação (TI), que propiciaram um grande aumento do escopo do comércio tradicional de serviços, tais como os serviços financeiros, e o surgimento de novos serviços comercializáveis, com destaque ao desenvolvimento de software e de acesso à internet.

Além disso, o setor de serviços como um todo é extraordinariamente vasto, abrangente e constituído de mais de uma centena de subsetores específicos e variados, tais como intermediação financeira, comunicações, distribuição, hotéis e restaurantes, educação, saúde, construção, entre outros. A complexidade e a especificidade fundamental do setor sempre dificultaram a própria conceituação do comércio de serviços.

Fato é que, assim como no sistema Gatt não existe uma definição de comércio de bens, no Gats tampouco se conceitua o comércio de serviços.[2] No primeiro caso, talvez seja óbvio, pois o comércio internacional ocorre quando uma mercadoria cruza uma fronteira. No caso de serviços, os componentes para uma definição transfronteiriça de comércio talvez estivessem presentes, por exemplo, nos serviços postais e de telefonia. Tal definição, contudo, excluiria uma vasta gama de serviços que, mesmo sem cruzarem fronteiras, constituem operações internacionais.

Serviços são, por sua natureza, perecíveis e, portanto, fornecidos e consumidos *at the time of fabrication* (no momento de sua fabricação/produção) – para usar uma expressão de Gary Sampson –, e exemplos seriam um barbeiro, ao cortar o cabelo de um cliente, ou o consultor de mercado de ações, ao orientar uma empresa. Isso significa que não ocorre o movimento transfronteiriço (Sampson, 2005). Ao contrário, a presença física do prestador de serviço é necessária no país importador ou a presença física do consumidor é necessária no do exportador. Assim, para que uma operação internacional se configure, o prestador tem de se deslocar até o país receptor (por exemplo, o tratamento de esgotos de um país não pode ser realizado em outro lugar) ou o receptor tem de ir ao local de fornecimento para consumir o serviço (o Cristo Redentor não pode ser transportado para Paris nem a Torre Eiffel pode ser transportada para o Rio de Janeiro).

Nos estágios iniciais das negociações da Rodada Uruguai (1986-94), houve dificuldades em demarcar com exatidão uma linha divisória entre o comércio de serviços e investimentos. Vários países em desenvolvimento se opuseram vigorosamente ao lançamento de negociações mais amplas sobre investimentos e manifestaram grande receio de que as negociações sobre o

[2] *Comércio de serviços* ainda é, por sua complexidade, expressão plurívoca.

comércio de serviços pudessem resultar na entrada pela porta dos fundos de um acordo de investimentos (ibid.).

Chegou-se à conclusão de que o critério para uma qualificação de comércio de serviços deveria se basear nos meios pelos quais eles viessem a ser prestados no plano internacional. Foram identificados quatro meios ou modos distintos:[3]

1. prestação transfronteiriça (*cross-border supply*), a mais comum no comércio de bens, também um modo típico do comércio internacional de serviços em que somente o produto do serviço cruza a fronteira, não ocorrendo o deslocamento de qualquer profissional para o exterior (por exemplo, serviços de telecomunicações, pareceres jurídicos e projetos de engenharia);
2. consumo no exterior (*consumption abroad*), que se verifica quando o consumidor de um país vai a outro em busca da prestação do serviço (como acontece com turismo e instituições educacionais);
3. a presença comercial (*commercial presence*) do prestador no país de consumo (o estabelecimento de agências ou filiais de bancos estrangeiros e serviços de telecomunicações serve de exemplo), modo de prestação que mais suscita problemas, tendo em vista as diferentes formas de regulação e regulamentação existentes em cada um dos membros; e
4. movimento de pessoas físicas (*movement of natural persons*) para o país em que o fornecedor do serviço possui presença comercial permanente ou de pessoas físicas independentes para prestar o serviço (por exemplo, um técnico de empresa enviado para o conserto de equipamentos sofisticados ou um especialista em determinado setor que se dirige a outro país para a prestação de serviços temporários).

Essa "ampla definição do comércio de serviços torna o Gats particularmente importante para áreas políticas que não têm sido tradicionalmente objeto de regulamentação em acordos multilaterais" (Sampson, op. cit., p.176).[4]

Natureza flexível do Gats

Constitui o Gats, primeiro, o quadro jurídico abrangente para a liberalização global do comércio de serviços. Além desse quadro jurídico, os países

[3] Talvez a melhor expressão fosse *modalidades*. Optou-se, no entanto, por seguir a tradução oficial do Gats para o Português, a qual se refere a modos de prestação de serviços.

[4] Wide definition of trade in services makes the Gats directly relevant to policy areas that traditionally have not been touched upon by multilateral trade rules.

assumiram compromissos de acesso a mercados em setores e subsetores específicos e de tratamento nacional de serviços e prestadores estrangeiros em seus mercados (Feketekuty, 2000). O mais importante é que as normas contidas no acordo de serviços da Rodada Uruguai ficaram abertas, incompletas e flexíveis o suficiente para permitir uma progressiva liberalização do setor (artigo XIX, 2, do Gats), acordo a ser completado por futuras negociações (*built in agenda*) que poderão ser conduzidas em sintonia com as políticas de desenvolvimento traçadas pelos governos de cada um dos membros da OMC.

A difícil parte de reduzir as barreiras contidas nas regras governamentais existentes foi deixada para futuras rodadas de negociações (artigo XIX, 1, do Gats). Essas negociações também deveriam endereçar a questão das regras do Gats, principalmente as relativas a subsídios, salvaguardas, compras governamentais (licitações públicas), bem como a questão das normas concernentes aos requisitos e procedimentos de qualificação, padrões técnicos e condições para outorga de licenças e autorizações para prestação de serviços – regulamentação doméstica (ibid., p.19-20).

Enfim, ficou claro que o Gats deveria constituir um acordo-quadro ou uma fórmula-compromisso, em que se estabelereciam conceitos, princípios e regras básicas, devendo os compromissos específicos e vinculativos de liberalização constar de listas (as denominadas listas nacionais) apresentadas a critério (isto é, de acordo com as políticas internas) de cada um dos membros – um mecanismo, portanto, bem diferente do previsto para o comércio de bens. Como resultado, muito pouco foi demandado dos países-membros ao subscreverem o Gats.

O acordo é, portanto, um quadro multilateral de princípios e regras para o comércio de serviços, que permite uma liberalização progressiva do setor (negociações *de baixo para cima – bottom up*). Isso se depreende do segundo parágrafo de seu Preâmbulo, em que os membros expressam a intenção de

> estabelecer um quadro de princípios e regras para o comércio de serviços com vistas à expansão do mesmo sob condições de transparência e liberalização progressiva e como forma de promover o crescimento de todos os parceiros comerciais e o desenvolvimento dos países em desenvolvimento.

Concepção e abrangência

Apesar de suas normas serem produto do sistema Gatt (foi feita uma adaptação dos conceitos e princípios do Gatt para o Gats), o Gats tem abrangência muito maior, o que torna sua estrutura bem mais complexa. A começar dos princípios que, muito embora sejam os mesmos do Gatt, assumem significados diferentes no contexto do comércio de serviços. A concepção do comércio de serviços vai muito além da noção de trocas transfronteiriças de mercadorias para incluir movimentos de pessoas e de capital (trabalho e investimento). Além disso, o objetivo das disciplinas contidas no Acordo não se restringe ao tratamento de serviços; compreende, ainda, medidas que afetam prestadores de serviços.

Essa abrangência deve ser analisada no contexto de uma estrutura que, além de complexa, é muito flexível. Tomemos como exemplo a questão das restrições quantitativas e do tratamento nacional: enquanto as normas que regem o comércio de bens proíbem o estabelecimento, pelos países-membros, de restrições quantitativas ao ingresso de mercadorias importadas (a não ser em circunstâncias excepcionais que justifiquem o acionamento do mecanismo de salvaguardas), bem como tratamento mais favorável ao produto nacional com relação ao proveniente de outro membro, no Gats tais medidas não são proibidas *per se*. Elas podem ser previstas nas listas de compromissos específicos negociados e assumidos pelos membros, o que torna praticamente impossível a existência de listas idênticas.

Uma das grandes dificuldades encontradas ao desenhar a estrutura do Gats decorreu (e decorre) do fato de as barreiras ao comércio de serviços estarem normalmente embutidas nas normas internas dos países-membros. Ao contrário do que se verifica no comércio de bens, elas não adquirem a forma de barreiras transparentes impostas na fronteira sobre serviços estrangeiros. Os fluxos transfronteiriços de serviços são, em grande parte, *invisíveis*. Ao tentar proteger os provedores de serviços locais da concorrência estrangeira, os governos inserem medidas de proteção na legislação interna endereçada ao consumo ou ao fornecimento local de serviços. É o caso, por exemplo, de uma norma que estabeleça ser o seguro de automóvel oferecido por uma seguradora local o único a satisfazer as exigências do seguro obrigatório para o efeito de licenciamento anual do veículo.

Outro desafio enfrentado é que, muitas vezes, as normas internas impõem restrições ao comércio sem discriminar explicitamente provedores estrangeiros. Há normas que, ao restringirem o número de operadoras de serviços no mercado, acabam por impedir o ingresso de novos concorrentes, sejam eles nacionais ou estrangeiros. Um pretexto costumeiramente utilizado para justificar esse tipo de norma é o da proteção ao consumidor contra determinadas práticas associadas ao excesso de concorrência (ibid, p.23).

Em síntese, o Gats foi concebido de tal maneira a propiciar a remoção da legislação nacional de qualquer tipo de discriminação contra provedores de serviços estrangeiros; modificar normas que, apesar de não serem explicitamente discriminatórias, acabam por restringir o ingresso no mercado de prestadores estrangeiros; e endereçar os diferentes modos de prestação.

ESTRUTURA BÁSICA

Os conceitos, os princípios, as regras, os direitos e as obrigações do Gats não são ordenados de modo analítico, o que é, sem dúvida, reflexo das dificuldades de seu período de negociação. De qualquer forma, o Gats, essencialmente, dispõe de 29 artigos, divididos em seis partes.

A Parte I (artigo I) trata do escopo do acordo e endereça aspectos institucionais e substanciais de sua abrangência. Apresenta definições ou expressões fundamentais, tais como comércio de serviços, medidas adotadas pelos membros e serviços prestados sob o exercício de autoridade governamental. A Parte II (artigos II-XV) contém as obrigações gerais e as disciplinas, ou seja, regras e obrigações que se aplicam em grande parte (já que existem algumas exceções) a todos os serviços e países-membros, tais como aquelas relativas ao tratamento de nação mais favorecida (artigo II) e transparência (artigo III).

Ao contrário da Parte II, a Parte III (artigos XVI-XVIII) é aplicável apenas nos casos em que os membros assumiram ou venham a assumir compromissos específicos de acesso a mercados (artigo XVI) e de tratamento nacional (artigo XVII) referentes a determinado setor e constantes de sua lista de compromissos específicos. Essa distinção de aplicação geral de algumas obrigações e obrigações específicas decorrentes da lista de compromissos é elemento crucial do Gats, uma vez que determina o impacto das obrigações específicas sobre a legislação nacional.

A Parte IV (artigos XIX-XXI) contém o mandato para futuras negociações de compromissos específicos e modificações das listas, e as partes V (artigos XXII- XXVI) e VI (artigos XXVII-XXIX) tratam das disposições institucionais e finais do Gats.

O Gats é composto, também, de alguns anexos, a saber: (1) Anexo que regula as exceções ao artigo II do Acordo, o princípio de Nação Mais Favorecida (MFN – Most Favored Nation); (2) Anexo sobre Movimento de Pessoas Físicas; (3) Anexo sobre Serviços de Transporte Aéreo; (4) Anexo sobre Serviços Financeiros; (5) Segundo Anexo sobre Serviços Financeiros; (6) Anexo sobre Telecomunicações; e (7) Anexo sobre Negociações de Serviços Básicos de Telecomunicação (Pupo, 2005). As decisões do Conselho do Comércio de Serviços e do Conselho Geral da OMC e as declarações ministeriais relativas a serviços também são partes do Acordo. Por fim, há quatro protocolos assinados após a entrada em vigor do Gats, que passaram a integrar o Acordo.[5]

[5] São eles: Segundo Protocolo sobre Serviços Financeiros, Terceiro Protocolo sobre o movimento de pessoas físicas, Quarto Protocolo sobre Telecomunicações Básicas e Quinto Protocolo sobre Serviços Financeiros. Não existe Primeiro Protocolo no Gats.

Escopo e definições

Dada a diversidade de definições de serviços, nenhuma delas acabou prevalecendo, isso é, não há uma definição de *serviço* no Gats. Os negociadores do Acordo (o secretariado do então Gatt), em vez de se preocuparem com uma terminologia precisa, optaram pela seguinte classificação de serviços: (1) serviços de negócios ou empresariais; (2) serviços de comunicação; (3) serviços de construção; (4) serviços de distribuição; (5) serviços educacionais; (6) serviços ambientais; (7) serviços financeiros; (8) serviços relacionados à saúde e serviços sociais; (9) serviços de turismo e relacionados a viagens; (10) serviços de recreação, culturais e esportivos; (11) serviços de transporte; e (12) outros serviços.

Trata-se, portanto, de onze setores especificados (acrescidos de um residual), subdivididos em aproximadamente 170 subsetores conforme a Lista de Classificação Setorial em Serviços.[6] Os países-membros utilizam também a Lista de Classificação de Produto Central (CPC – Central Product Classification), elaborada pela divisão de estatística da ONU no início da década de 1990. Como o propósito de obter maior clareza nos compromissos assumidos, muitos membros têm acrescido a suas listas os respectivos números CPC aos nomes dos setores. Ambas as classificações são de uso facultativo e servem apenas para orientação, podendo os membros inscrever compromissos em setores e subsetores não mencionados nesses documentos.

Se, de um lado, não há definição de *serviço*, do outro, é bastante ampla a visão sobre *comércio de serviços*. Como assinalado anteriormente, este consiste em quatro diferentes modos de prestação: (1) Modo 1 – prestação transfronteiriça de serviços (*cross-border supply*), (2) Modo 2 – consumo no exterior (*consumption abroad*); (3) Modo 3; e (4) Modo 4 – presença de pessoas físicas (artigo I, 2). (Pupo, op. cit.)

Essa divisão tampouco é precisa, pois, com frequência, dá margem a muitas dúvidas. Um exemplo é o caso de transmissões eletrônicas, em que não fica necessariamente claro se o serviço foi provido do exterior para o território de um membro ou vice-versa, ou ainda, se os consumidores *deslocaram-se para o exterior* via internet. Outro elemento de incerteza é conseguir determinar em que exatamente consiste na prestação de um serviço. De acordo com o artigo XXVIII, b, do Gats, a *prestação de um serviço* "inclui a produção, distribuição, comercialização, venda e entrega de um serviço".

[6] WTO. MTN.GNS/W/120. 10 jul. 1991. Disponível em: <http://www.wto.org/english/tratop_e/serv_e/mtn_gns_w_120_e.doc>. Acesso em: 26 jan. 2008.

De acordo com o artigo I, 1 e 3, a, o Gats se aplica a todas "as medidas adotadas pelos membros que afetem o comércio de serviços" (artigo I, 1). "Medidas adotadas pelos membros" consistem em

> medidas adotadas por: (i) governos e autoridades centrais, regionais e locais; e (ii) órgãos não governamentais no exercício de poderes delegados por governos e autoridades centrais, regionais e locais. (Artigo I, 3, a)

O conceito de *medidas adotadas pelos membros* é complementado pelo artigo XXVIII, a, e refere-se a "qualquer medida adotada por um membro, seja em forma de lei, regulamento, regra, procedimento, decisão, decisão administrativa, ou sob qualquer outra forma"; O artigo XXVIII, c, explicita as medidas "que afetam o comércio de serviços". Tais medidas envolvem: (1) a compra, o pagamento ou a utilização de um serviço; (2) o acesso e a utilização, por ocasião da prestação de um serviço, de serviços que o membro exija que sejam oferecidos ao público em geral; e (3) a presença, inclusive comercial, de pessoas de um membro para a prestação de um serviço no território de outro país. É uma relação meramente indicativa e não propriamente uma definição do significado da expressão *que afetem o comércio de serviços*.

O Gats apenas não se aplica aos serviços, em qualquer setor ou modo, prestados no exercício da autoridade governamental (artigo I, 3, b). Serviço prestado no exercício da autoridade governamental significa qualquer serviço que não seja prestado em bases comerciais (cuja prestação não tenha o lucro como objetivo), nem em concorrência com um ou mais prestadores de serviços (artigo I, 3, c). Entre eles, estariam incluídos praticamente em quase todos os países os serviços do corpo de bombeiros, seguridade social, polícia e operações de bancos centrais. Esses serviços públicos, com certeza, não estariam sujeitos ao Gats. Existe ainda uma exceção setorial prevista no Anexo sobre Serviços de Transporte Aéreo, que afasta a aplicação do Gats sobre os direitos de tráfego aéreo e serviços diretamente relacionados ao exercício desses direitos.[7]

Tratamento de MFN e transparência

Como mencionado anteriormente, muitos dos princípios do sistema Gatt foram adaptados e transplantados para o Gats. Entre eles, destaca-se o da não discriminação, consubstanciado na cláusula de MFN ou obrigação de

[7] O Gats se aplica, no entanto, a todas as medidas que afetem o reparo de aeronaves e o serviço de manutenção, venda ou marketing de serviços de transporte aéreo e sistemas de reservas *on-line*.

tratamento de nação mais favorecida. Trata-se de obrigação geral, aplicável a todas as medidas que afetam o mercado de serviços (artigo II, 1).

Para determinar se os serviços ou os prestadores de serviços de um membro são discriminados com relação aos de outros, é necessário examinar a origem do serviço e/ou do prestador e se eles são similares aos oferecidos pelo primeiro membro. Na prestação de serviços transfronteiriços (Modo 1), a localização do prestador é um ponto relevante para a verificação da origem do serviço. Se o serviço for prestado pela presença comercial do prestador estrangeiro no membro a que o serviço se destina (Modo 3), o fator-chave na indicação da origem do serviço é a origem do prestador.

O Gats, como mencionado, visa propiciar a liberalização de medidas que afetam o comércio de serviços, bem como assegurar que os membros editem normas que respeitem o princípio da não discriminação. No entanto, isso deve ocorrer sem prejuízo de sua liberdade de editar normas e regulamentos que atendam a seus objetivos de políticas nacionais.[8]

A adoção de normas e regulamentos pelos países-membros têm de ser feita com transparência, outra obrigação geral do Gats (artigo III, 1), aplicável a todas as medidas que afetem o mercado de serviços. A transparência das normas e dos regulamentos nacionais facilita o comércio internacional, seja de bens ou de serviços, à medida que ajuda a criar condições de previsibilidade de acesso a mercado.

Um processo transparente de edição e de introdução de normas habilita o comerciante a planejar-se melhor para exportar e importar bens e serviços. Procedimentos transparentes de edição de normas reduzem a probabilidade de discriminação e de imposição de ônus maiores para operadores estrangeiros, impedindo, assim, o surgimento de barreiras comerciais desnecessárias.

Se um sistema normativo transparente já é fundamental para a atração de investidores estrangeiros, no caso de serviços, é ainda mais fundamental. Quando um membro procura outro para solicitar acesso a determinado setor ou subsetor de serviços, ele tem de conhecer as normas e restrições vigentes que, de alguma forma, precisem ser modificadas ou, mesmo, eliminadas. Os critérios de outorga de licenças e autorizações para operar em determinado setor têm de ser transparentes.

Acesso a mercados e tratamento nacional

O processo de liberalização sob o Gats difere do pertinente ao comércio de bens. Enquanto no primeiro os acordos negociados passam a ser aplicados

[8] Para uma análise mais aprofundada da evolução do tratamento da MFN no Gats, ver Celli Júnior (2009).

a todos os segmentos de produtos – negociação de cima para baixo (*top down*) –, no Gats as negociações ocorrem de modo progressivo, por meio da consolidação de cada setor, subsetor e modo de prestação de serviços em listas positivas de compromissos (negociação de baixo para cima).

Essas listas, cujo formato-padrão foi acordado na Rodada Uruguai, contêm compromissos horizontais e específicos. A coluna de compromissos horizontais se refere a limitações ou restrições e/ou compromissos adicionais que se aplicam a todos os serviços – objeto de compromissos específicos. O propósito dessa coluna é evitar a repetição dos mesmos compromissos com relação a cada setor especificado.

Os compromissos específicos constituem obrigações mínimas e vinculativas de acesso a mercados e de tratamento nacional referente a setores, subsetores e modos de prestação de serviços inscritos pelos países-membros em suas listas. Cada membro deverá indicar em sua lista os compromissos específicos por ele consolidados, incluindo: (1) os termos, as limitações e as condições de acesso a mercados; (2) as condições e as qualificações de tratamento nacional; (3) os compromissos adicionais;[9] e (4) os prazos de cumprimento, quando aplicáveis, e a data em que esses compromissos entrarão em vigor.[10]

Os compromissos de acesso a mercados (artigo XVI) e de tratamento nacional (artigo XVII) constituem a espinha dorsal das negociações de liberalização do comércio de serviços. Depreende-se da arquitetura do Gats que o comércio de serviços pode ser dificultado, seja por requisitos regulatórios com alto conteúdo de discriminação impostos apenas a provedores de serviços estrangeiros, seja por medidas regulatórias aplicáveis tanto a prestadores domésticos como estrangeiros.

As restrições quantitativas sobre serviços ou provedores de serviços estão reguladas sob a rubrica *acesso a mercados*, sejam elas impostas sobre provedores estrangeiros de forma discriminatória ou sobre provedores de serviços domésticos e estrangeiros sem discriminação. O tratamento nacional segue a definição tradicional do Gatt ao endereçar a aplicação, sem discriminação, de medidas nacionais a provedores de serviços estrangeiros e locais.

---

[9] O Gats dispõe, em seu artigo XVIII, sobre compromissos adicionais que poderão ser negociados pelos membros (e incluídos em suas listas) relacionados a medidas que afetem o comércio de serviços "não sujeitas à listagem sob os artigos XVI e XVII, inclusive aquelas relativas a qualificações, normas técnicas e questões relativas a licenças".

[10] Artigo XX, 1. O artigo XX, 3, determina que as listas de compromissos específicos sejam anexadas ao Gats e dele formarão parte integrante. Na forma do artigo XXI, 1, um membro poderá modificar ou retirar, a qualquer momento, qualquer compromisso de sua lista depois de transcorridos três anos da data de entrada em vigor daquele compromisso. Se o fizer antes do final desse período, estará sujeito a oferecer compensações aos membros que se julgarem afetados (artigo XXI, 3 e 4).

De acordo com o artigo XVI, 1, no que tange o acesso aos mercados nos quatro modos de prestação de serviços,[11]

> cada membro outorgará aos prestadores de serviços e aos serviços dos demais membros um tratamento não menos favorável que o previsto sob os termos, limitações e condições acordadas e especificadas em sua lista.

O artigo XVI não estabelece uma obrigação explícita de outorga de acesso a mercado; apenas requer que os membros concedam aos serviços e aos prestadores de serviços de outros membros tratamento não menos favorável que o previsto em sua lista de compromissos. Isso demonstra a importância das listas, pois por meio delas é possível perceber o real e efetivo escopo da obrigação de acesso a mercado de cada membro. Também evidencia ser desnecessária uma definição abstrata de *acesso a mercado*, pois o nível de comprometimento do país-membro figura em sua lista específica.

Sob um aspecto muito importante, pelo menos, os compromissos em serviços se assemelham àqueles contidos nas listas do Gatt: eles são vinculativos e estabelecem um tratamento mínimo, isto é, as obrigações mínimas de tratamento que um membro concede aos serviços ou prestadores de serviços de outros membros.

Esses compromissos não afetam o direito do membro de regular seu setor de serviços, podendo, se assim o desejar, não assumir qualquer compromisso. Mas, caso ele opte por assumir certos compromissos, estes se limitam aos setores, subsetores e modos de prestação de serviços devidamente inscritos em sua lista específica.[12] É possível, ainda, aos membros estabelecer restrições de acesso a seus mercados a prestadores de serviços estrangeiros, os quais ficarão sujeitos às condições e qualificações indicadas na coluna relativa a tratamento nacional de sua lista.

Dada a importância das listas, para encerrar esta seção apresentamos, no Quadro 11.1, um modelo de lista para sua visualização. Trata-se de um modelo extraído de uma lista fictícia de compromissos compilados com base em várias listas nacionais.

---

[11] O acesso a mercados sob o Gats vai além da simples importação de um serviço para o mercado de outro membro (serviços transfronteiriços – Modo 1). Por isso, o membro que desejar firmar compromisso de acesso a mercados relativo a determinado setor ou subsetor de serviços tem de identificar a qual modo ou a quais modos de prestação o compromisso se refere.

[12] Ver caso *Mexico:* Measures Affecting Telecommunication Services (WT/DS204), disponível em: <www.wto.org>, acesso em: 20 out. 2004, no qual o Órgão de Solução de Controvérsias (OSC) acatou, em junho de 2004, o relatório do painel e adotou sua primeira decisão relacionada exclusivamente ao comércio de serviços. Segundo o relatório do painel, como o México já havia assumido obrigações específicas com os Estados Unidos para permitir a prestação de serviços de telefonia de longa distância por operadoras norte-americanas em seu território, não poderia criar regras que supostamente tivessem por objetivo incrementar a eficiência e a competitividade de suas operadoras nacionais, o que dificultaria a prestação de serviços das norte-americanas. Para análise mais detalhada do caso, ver Celli Júnior (op. cit., p.131-44).

Quadro 11.1 Modelo de lista de compromissos

Modos de prestação: (1) Prestação transfronteiriça (2) Consumo no exterior (3) Presença Comercial (4) Presença de pessoas físicas		
Setor ou subsetor	Limitações ao acesso a mercados	Limitações ao tratamento nacional
I. COMPROMISSOS HORIZONTAIS		
Todos os Setores incluídos na Lista	(4) Não consolidado, exceto no caso de entrada e saída de altos executivos, especialistas e consultores especializados, com período máximo de permanência de um ano.	(4) Não consolidado, exceto no caso de entrada e de saída de altos executivos, especialistas e consultores especializados, com período máximo de permanência de um ano.
II. COMPROMISSOS EM SETORES ESPECÍFICOS		
1. Serviços Profissionais	(1) Não consolidado (inviável)	(1) Não consolidado (inviável)
F. Outros Serviços Profissionais		
o) Serviços de limpeza de imóveis (CPC 874)		
	(2) Nenhuma	(2) Nenhuma
	(3) Somente por meio de cooperação com capital estrangeiro limitado a 51%	(3) Nenhuma
	(4) Não consolidado, exceto como pelo indicado na coluna horizontal	(4) Não consolidado, exceto como pelo indicado na coluna horizontal
11. Serviços de Transporte	(1) Não consolidado	(1) Não consolidado
F. Serviços de Transporte Rodoviário		
a) Transporte de passageiros (CPC 71213, 7122)		
	(2) Nenhuma	(2) Nenhuma
	(3) Teste de necessidade econômica para serviços de limusine (71222) e autorizações locais para serviços de táxi (71221) Não consolidado para serviços de ônibus interurbanos (71213)	(3) Não consolidado para condutores estabelecidos fora do território
	(4) Não consolidado, exceto como pelo indicado na coluna horizontal	(4) Não consolidado, exceto como pelo indicado na coluna horizontal, sujeito à seguinte restrição específica: requisito de residência

Fonte: Krajewski, 2003, p.199.

Métodos e mecanismos de negociação

Solicitação-oferta

Se, de um lado, é preciso reconhecer a dificuldade em se compreender a técnica ou a forma de inscrição de compromissos nas listas, sobretudo no que se refere à questão de acesso a mercados, do outro, o método de negociação ficou claramente estabelecido. Nos termos do artigo XIX, 4, o

> processo de liberalização progressiva será encaminhado em cada rodada por meio de negociações bilaterais, plurilaterais ou multilaterais orientadas para o aumento do nível de compromissos específicos assumidos pelos membros sob o presente Acordo.

Em complementação ao disposto no artigo XIX, 4, ficou consignado, no parágrafo 11 das Diretrizes 2001, que a liberalização "deverá avançar por meio de negociações bilaterais, plurilaterais ou multilaterais. O principal método de negociação será o de solicitação-oferta".[13,14]

Segundo esse método, o membro demandante envia um pedido para um ou mais países-membros solicitando a abertura de um ou mais setores de serviços, bem como de seus modos de prestação. Em face do pedido inicial, demandante e demandados iniciam consultas para chegar a um acordo acerca dos setores e subsetores e dos modos de prestação de serviços que cada um deles estaria disposto a liberalizar. Os demandados que tiverem interesse em prosseguir nas negociações poderão, a seu exclusivo critério, apresentar suas respectivas listas de compromissos.

Lista positiva versus *lista negativa*

Um dos debates mais acalorados no curso das negociações sobre o formato da lista de serviços envolveu, e até hoje envolve, os conceitos de lista positiva (abordagem de baixo para cima) e de lista negativa (abordagem de cima para baixo) como meios de assunção e identificação de compromissos específicos. Pelo modelo da lista positiva, os membros especificam os setores abrangidos, ou seja, eles apenas assumem o compromisso de liberalizar os setores e os modos de prestação de serviços que desejam e que, claramente, especificam na lista. Na lista negativa, o contrário é feito:

---

[13] "Shall be advanced through bilateral, plurilateral or multilateral negotiations. The main method of negotiation shall be the request-offer approach."

[14] WTO. S/L/93. 29 mar. 2001. Disponível em: <www.wto.org/English/tratop_e/serv_e/sl93.doc>. Acesso em: 23 fev. 2008.

os membros apenas especificam os setores que não serão abrangidos pelos compromissos. Os que não constarem da lista, estarão automaticamente liberalizados, a menos que expressamente excluídos em um anexo.

Em face da liberalização progressiva prevista no artigo XIX, que permite aos membros especificar os setores e subsetores em que pretendem assumir compromissos de acordo com suas condições internas, bem como estabelecer limitações de acesso a mercados e de tratamento nacional, parece não haver dúvidas de que o modelo de lista positiva é o que melhor se molda à estrutura e à lógica do Gats e, de resto, aos interesses dos membros em desenvolvimento.

O modelo de lista negativa tem sido adotado – é verdade – por um grande número de acordos regionais (permitidos pelo artigo V do Gats), que dispõem sobre a liberalização de serviços. Além do Acordo de Livre-Comércio da América do Norte (Nafta – *North American Free Trade Agreement*), podem ser citados, entre outros, os seguintes Acordos: (1) Canadá-Chile; (2) Chile-México; (3) Bolívia-México; (4) Costa Rica-México; (5) Caricom; e (6) México-Nicarágua.

O Mercosul, no entanto, está fora dessa relação, já que o enfoque adotado é o da lista positiva. Nos termos do Protocolo de Montevidéu sobre o Comércio de Serviços do Mercado Comum do Sul, assinado em 15 de dezembro de 1997,[15] o objetivo é a incorporação progressiva de setores, subsetores, atividades e modos de prestação de serviços, por meio de sucessivas rodadas de negociações, em um prazo máximo de dez anos.[16] Tais negociações devem ser voltadas para o aumento do nível de compromissos específicos assumidos pelos estados-membros em suas listas de compromissos específicos, que poderão conter termos, limitações e condições em matéria de acesso a mercados e tratamento nacional.

O Protocolo de Montevidéu sobre o Comércio de Serviços do Mercado Comum do Sul reproduz, em sua essência, o que há de mais favorável no Gats aos países em desenvolvimento: flexibilidade, liberalização progressiva por meio de listas positivas de compromissos específicos e preservação do *policy space* ou do espaço para introduzir políticas públicas por meio da regulação de setores e subsetores de serviços. Assim como no caso do Gats, o essencial de sua arquitetura e estrutura deve ser mantido.

---

[15] Entrou em vigor em 2005, após ratificação por Argentina, Uruguai e Paraguai. O Brasil veio a ratificá-lo apenas em 2008. O Protocolo foi promulgado no Brasil pelo Decreto n.6.480, publicado no Diário Oficial da União (DOU) de 12 jun. 2008.

[16] Contado a partir de 2005. As cinco primeiras rodadas foram realizadas sem que o Protocolo entrasse em vigor. Para mais detalhes sobre o estágio das negociações nos termos do Protocolo de Montevidéu, ver Arslanian Neto (2010).

TRIMS

O fracasso das negociações de um Acordo Multilateral de Investimentos e o avanço dos Tratados Bilaterais

A regulamentação dos investimentos internacionais constitui tema controvertido que tradicionalmente tem dividido PD e PED. Basta lembrar das disposições da Carta de Havana que, em larga medida, contribuíram para o fracasso da criação da Organização Internacional do Comércio na década de 1940. A tentativa de alguns países desenvolvidos de negociar um Acordo Multilateral de Investimentos (MAI) no âmbito da Organização para a Cooperação e o Desenvolvimento Econômico (OCDE) constitui outro exemplo importante.

Entre os temas que, a partir de 1995, têm sido negociados na OCDE com vistas à celebração de um MAI, destacam-se: (1) definição de investimento e alcance geográfico de aplicação do MAI; (2) tratamento da MFN, tratamento nacional e transparência, exceções gerais, derrogações temporárias e reservas; (3) requisitos de desempenho e incentivos aos investimentos, tecnologia, pesquisa e questões de desenvolvimento; e (4) resolução de controvérsias.

Na Rodada Doha da OMC, o assunto introduzido na pauta da Conferência Ministerial de Cingapura, em 1996, foi objeto de intensas negociações sem que se tenha chegado ainda a um consenso. O tema sequer foi incluído na pauta de negociações da Conferência Ministerial de Cancún realizada dois anos mais tarde, em 2003.

Essa dificuldade de se firmarem acordos sobre regras de investimentos tem levado, ao longo dos anos, à conclusão de acordos bilaterais. O número de BITs cresceu significativamente, atingindo um total de 385 no fim de 1989, 2.100 em 2002, e quase 2.500 em 2005.[17] Os BITs, como explica Cláudia Perrone-Moisés (1998, p.24),

> são instrumentos através dos quais dois países, geralmente um país desenvolvido e um país em desenvolvimento, procuram regular relações em matéria de investimentos, com a finalidade de aumentar seu fluxo.

Em linhas gerais, salienta a autora, o BIT

> estipula regras de proteção ao investimento estrangeiro que serão aplicadas após a admissão do investimento e que não constam da legislação interna do país hospedeiro. (Ibid.)

[17] Com exceção do Acordo sobre Garantia de Investimentos firmado com os Estados Unidos, em 6 de fevereiro de 1965, promulgado pelo Decreto n.57.943, de 10 de março de 1966, o Brasil, embora signatário de alguns BITs, não ratificou nenhum deles. A respeito, ver Zampetti; Fredriksson (2003, p.401).

No plano regional, por exemplo, os Estados Unidos firmaram com o Uruguai um BIT em 2004, o qual, como os demais, visa promover e estimular os Investimentos Estrangeiros Diretos (IED), com a estipulação de mecanismos de proteção contra medidas de expropriação e nacionalização.[18]

Se, de um lado, os BITs podem propiciar potencialmente um aumento dos IED em vários países, ao estabelecerem regras mais transparentes e um ambiente mais seguro para as empresas transnacionais, do outro, reduzem a capacidade dos PED de adotar políticas industriais que criem certas contrapartidas aos investidores estrangeiros, tais como o estabelecimento de metas de exportação ou a exigência de que seus produtos tenham algum conteúdo produzido por empresas nacionais.

Como assinala Vera Thorstensen (2001, p.102-3),

> as políticas dos governos normalmente incluem incentivos e fornecimento de bens ou serviços em termos preferenciais. Em troca, exigem o cumprimento de certo número de regras como a de conteúdo local, isto é, a compra de partes e componentes de fabricação doméstica, ou a de desempenho exportador, isto é, o compromisso de exportar parte dos bens produzidos. Podem também exigir transferência de tecnologia, capital mínimo nacional ou *joint ventures*.

Assim, para os PED, o desafio mais importante é, como diz o relatório da Unctad de 2003,

> encontrar um equilíbrio entre a contribuição potencial desses acordos para o aumento dos fluxos de investimento e a preservação da capacidade de perseguir políticas orientadas para o desenvolvimento que lhes permitam tirar mais benefícios deles.[19]

Preocupação semelhante à contida no relatório da Unctad foi manifestada pelo ministro de Comércio e Indústria da Índia, Arun Jaitley (2003), no tocante a um possível acordo multilateral de investimentos na OMC, ao enfatizar que os PED "não deveriam ser coagidos ou compelidos a adotar decisões em um acordo multilateral de investimento na OMC, a menos que eles estejam plenamente convictos de que tal acordo reflita seus interesses".[20] Segundo ele, há um grande receio por parte dos PED de que regras multilaterais de investimentos possam vir a restringir suas opções de

[18] Recentemente, a questão dos BITs veio à tona no Brasil com a decisão do governo boliviano de nacionalizar os ativos da Petrobras naquele país. As discussões poderiam ter tomado um rumo diferente, ou seja, poderiam ter tido um conteúdo mais jurídico e menos político, caso estivesse em vigor um BIT entre o Brasil e a Bolívia.

[19] Unctad. *Relatório de 2003*. 2003. Disponível em: <www.unctad.org>. Acesso em: 15 out. 2006.

[20] "Should not be coerced or compelled to take decisions on a multilateral investment agreement in the WTO unless they are fully convinced it is in their interests."

políticas de desenvolvimento agora e no futuro. "Elas não deveriam servir de obstáculo a que os países em desenvolvimento adotem essas opções de desenvolvimento que os próprios países desenvolvidos utilizaram nos estágios iniciais de seu desenvolvimento" (ibid.).[21]

Abrangência do Trims

O acordo Trims acabou não tendo a abrangência pretendida pelos PD, mas vetou a aplicação, por parte dos membros, de medidas de investimentos inconsistentes com os dispositivos do artigo III (tratamento nacional) e do artigo XI (restrições quantitativas) do Gatt-94.[22] Estendeu, portanto, aos IED o princípio do tratamento nacional (artigo III) e estabeleceu a obrigação de eliminação de restrições quantitativas (artigo XI).

O Trims não define medidas de investimentos relacionadas ao comércio, apenas fornece, no anexo I, uma lista ilustrativa de medidas que, nos termos do parágrafo 2º do artigo 2º, são incompatíveis com a obrigação de conferir tratamento nacional consignada no parágrafo 4º do artigo III e com a obrigação de eliminação geral das restrições quantitativas previstas no parágrafo 1º do artigo XI, do Gatt, a saber: (1) exigência de aquisição pelo investidor de produtos locais na produção (conteúdo local); (2) limitação das importações a um porcentual das exportações; (3) restrições ao acesso de divisas estrangeiras e a importações; e (4) imposição de metas ou compromissos de exportação (desempenho exportador – *performance requirement*).

[21] "They should not foreclose for development countries such development options that the developed countries themselves had utilized at earlier stages of their development."

[22] Prescrevem os artigos III.4 e XI.1 do Gatt, respectivamente: "Os produtos do território de uma parte contratante que entrem no território de outra parte contratante não usufruirão tratamento menos favorável que o concedido a produtos similares de origem nacional, no que diz respeito às leis, regulamento e exigências relacionadas com a venda, oferta para venda, compra, transporte, distribuição e utilização no mercado interno..." "Nenhuma parte contratante instituirá ou manterá, para a importação de produto originário do território de outra parte contratante, ou para a exportação ou venda para exportação de um produto destinado ao território de outra parte contratante, proibições ou restrições a não ser direitos alfandegários, impostos ou outras taxas, quer a sua aplicação seja feita por meio de contingentes, de licenças de importação ou exportação, quer por outro qualquer processo." Como salientado por John H. Jackson (1997, p.316-7), o Trims "limitou-se a endereçar apenas algumas medidas específicas que tinham se revelado um tanto quanto problemáticas em anteriores disputas sobre políticas comerciais. Essencialmente, o acordo reafirma a obrigação de tratamento nacional e a proibição de restrições quantitativas, ambas relacionadas a determinados tipos de medidas de investimento" ["confined its attention to just a few specific measures that had proven somewhat troublesome in past trade policy disputes and discourse. Basically, the agreement reaffirms the national treatment obligation, and the prohibition on quantitative restrictions, as related to particular types of investment measures".]

Carreau e Juillard (op. cit., p.178-9) extraem duas consequências dessa lista ilustrativa. De um lado, dizem eles,

> a escolha de ilustrações apresentadas na lista indicativa parece significar que o acordo apenas condena as medidas de investimento relacionadas ao comércio por ele enumeradas, na medida em que são elas que se revelariam incompatíveis com os artigos III:4 [do Gatt-94] e XI:1 [do Gatt-94]. Do outro lado, essas ilustrações não passam de ilustrações e não prejulgam, portanto, a posição que instâncias superiores da OMC poderiam ter *vis-à-vis* outras medidas de investimento relacionadas ao comércio que poderiam, elas também, se revelar incompatíveis com o artigo III [do Gatt-94] ou artigo XI [Gatt-94].[23]

Fato é que alguns PED, entre os quais o Brasil, têm se oposto ao Trims, visto que as políticas incluídas nessa lista ilustrativa têm sido consideradas importantes instrumentos de fomento ao desenvolvimento. As disposições do Trims limitam substancialmente a capacidade dos estados de exigir conteúdo local e estipular requisitos de desempenho ou de comércio exterior aos investidores estrangeiros (como fazer política industrial), políticas amplamente utilizadas por PD há algumas décadas.[24]

Em várias ocasiões, o Brasil defendeu a necessidade de flexibilização dessas regras do Trims, de forma a poder adotar medidas de investimento relacionadas ao comércio e impulsionar seu desenvolvimento. Em 2002, o País apresentou na OMC, ao lado da Índia, uma proposta de flexibilização dessas regras, a qual contou ainda com o apoio da Argentina, da Colômbia e do Paquistão, entre outros. Brasil e Índia basearam-se em estudos da própria OMC e da Unctad mostrando que as medidas de investimento relacionadas ao comércio foram fundamentais para os países ricos nas fases iniciais de desenvolvimento.

Ao defender a flexibilização do Trims, o então embaixador do Brasil junto à OMC, Felipe Seixas Corrêa, argumentou que o grande problema na introdução do Trims é que suas regras são impostas a todos da mesma maneira, sem distinguir o estágio de desenvolvimento de cada país. Assim, as enormes disparidades tecnológicas, sociais, regionais e ambientais entre

[23] "Le choix des illustrations que donne la liste indicative semble indiquer que l'accord ne condamne que les seules M.I.C. [medidas de investimento relacionadas ao comércio] qu'il énumère, parce que ce sont les seules qui s'avèraient incompatibles avec les Articles III:4 et XI:1. Mais d'autre part, ces illustrations ne sont jamais que des illustrations, et elles ne préjugent donc pas de ce que serait la position des instances de l'O.M.C., vis-à-vis d'autres M.I.C. qui pourraient, elles aussi, s'avèrer incompatibles avec l'Article III: ou avec l'Article XI:1."

[24] Como precedentemente mencionado, o Japão e a Coreia do Sul fizeram uso constante dessas medidas de política industrial. A Coreia do Sul, aliás, pode-se dizer, *abusou* dessas medidas para montar seu parque automotivo. Também o Brasil utilizou essas medidas por meio do Befiex, mecanismo usado nas décadas de 1970-80 para induzir companhias nacionais e estrangeiras a exportar parte de sua produção relativa ao que importavam.

os países "tornam difícil, senão impossível, para o Acordo de Trims gerar benefícios equilibrados para todos".[25]

Essa proposta apresentada por Brasil e Índia tem entre seus objetivos alterar o Trims para: (1) promover a indústria doméstica com alto valor agregado; (2) estimular transferência de tecnologia; (3) aumentar a capacidade de exportação; e (4) promover pequenas e médias empresas e gerar empregos.

Muito embora tenha sido conferida aos PED a possibilidade de deixar de aplicar temporariamente os dispositivos do Trims nos casos relacionados a problemas na balança de pagamentos ou em face da necessidade de proteção a indústrias emergentes, ainda assim não há como negar que o espaço para utilização desse importante instrumento de promoção de desenvolvimento industrial, que são as medidas de investimento relacionadas ao comércio, tenha sido drasticamente reduzido. Além disso, é preciso lembrar que não há no Trims qualquer dispositivo regulamentando a conduta de empresas transnacionais cujas atividades possam, muitas vezes, ferir interesses econômicos locais. Um exemplo é quando a matriz proíbe a subsidiária de exportar porque decide privilegiar fontes de produção em outros países dentro de uma estratégia global de produção, mesmo quando a subsidiária dispõe de todas as vantagens comparativas para exportar.

Para se ter uma ideia concreta de como essas regras do Trims podem afetar políticas industriais, basta examinar um caso em que a política para o setor automobilístico de um membro da OMC, a Indonésia, foi interpretada por um Painel da OMC.[26]

O caso está relacionado ao tratamento fiscal instituído pelo governo daquele país sobre a importação de unidades fabris completas (CBU – *completely built-up units*), ou seja, com todos os equipamentos, as peças e os componentes, de montagem de veículos automotores. Tais unidades estavam sujeitas a imposto de importação, ocorrendo também a incidência de imposto sobre a venda do produto final. A política do governo indonésio consistia em conceder redução e isenção desses impostos para empresas do setor automotivo desde que elas atingissem determinado patamar de conteúdo local. Entre os objetivos do governo com tal programa destacavam-se: (1) aprimorar a competitividade das indústrias locais e fortalecer o setor industrial como um todo; (2) estimular o surgimento de fornecedores locais de peças e componentes; (3) incentivar o desenvolvimento da indústria automotiva e da indústria de componentes e peças; e (4) estimular a transferência de tecnologia e contribuir com a criação de empregos em larga escala.

As comunidades europeias, o Japão e os Estados Unidos se opuseram a tal política e solicitaram à OMC o estabelecimento de um painel. Alegaram,

[25] Ver jornal *Gazeta Mercantil*, de 15 out. 2002, p.A-6.

[26] Documentos da OMC listados como WT/DS54/R; WT/DS55/R; WT/DS59/R e WT/DS64/R.

entre outros aspectos, que a política do governo indonésio configurava discriminação em favor de bens domésticos ou produzidos localmente sobre produtos importados, como também um favorecimento fiscal a indústrias automotivas nacionais. O entendimento do painel foi que essas medidas de conteúdo local, vinculadas a benefícios fiscais, eram inconsistentes com os artigos 2 do Trims (tratamento nacional e restrições quantitativas) e III.4 do Gatt 1994 (tratamento nacional). Como resultado, o governo da Indonésia teve de modificar sua política de forma a adequá-la às disposições do Trims e do Gatt-94.

É certo que instrumentos de política industrial não devem ser adotados visando a neutralizar ou tornar pouco atrativas as vantagens que os investidores esperam. Contudo, como pondera Rabih Nasser – valendo-se de dados empíricos que mostram que a liberalização não diminuiu a desigualdade nos níveis de desenvolvimento –,

> torna-se indefensável a posição de que a renúncia pelos países em desenvolvimento a instrumentos como Trims é mais benéfica a seus interesses do que a manutenção da sua liberdade de aplicar seletivamente tais medidas, de acordo com seu interesse e de forma a não anular os benefícios econômicos buscados pelos investidores. (Nasser, 2003, p.194)

CONSIDERAÇÕES FINAIS

A natureza flexível do Gats, cujo símbolo maior é a liberalização progressiva realizada por meio de listas positivas, tem de ser mantida, pois isso permitirá aos membros assumir compromissos de modo sintonizado com suas políticas específicas para cada setor de serviços. Esse modelo foi reproduzido pelo Protocolo de Montevidéu sobre o Comércio de Serviços do Mercosul e deverá prevalecer nas negociações de acordos comerciais bilaterais a serem firmados pelo Mercosul no contexto Sul/Sul ou com PD.

Por outro lado, as restrições à adoção de políticas industriais contidas no Trims e reproduzidas nos diversos acordos comerciais bilaterais e BITs atualmente em vigor deverão ser objeto de detida reflexão por parte do Brasil e de seus parceiros do Mercosul. Aqui, o desafio mais importante nas negociações de acordos comerciais bilaterais, a serem firmados pelo Mercosul no contexto Sul/Sul ou com PD, será o de encontrar um modelo de equilíbrio entre regras que contribuam para o aumento da atratividade e dos fluxos de investimento para a região e preservem o espaço e a capacidade de seus estados-membros de perseguir políticas industriais orientadas para o desenvolvimento.

12
NEGOCIAÇÕES INTERNACIONAIS E PROPRIEDADE INTELECTUAL

Ricardo Camargo Mendes
Gabriel Kohlmann

INTRODUÇÃO

Os Direitos de Propriedade Intelectual (DPI) tornaram-se importante elemento na agenda de negociações internacionais a partir dos anos 1980. De maneira geral, o tema opõe Países Desenvolvidos (PD) e Países Em Desenvolvimento (PED) e, desde que se tornou parte da agenda internacional, tem sido objeto de intensas disputas e negociações envolvendo esses grupos de países. Assim, para um entendimento macro acerca do ambiente das negociações internacionais e dos novos temas das relações internacionais, o tópico de Propriedade Intelectual (PI) torna-se parte essencial, especialmente na análise das tensões Norte-Sul e também de como mecanismos diversos são utilizados pelos países em suas estratégias.

Por DPI entende-se, conforme Unctad-ICTSD (2003), dispositivos legais e institucionais para proteger criações da mente humana, tais como invenções, artes, literatura e *design*. Esse direito de propriedade garante ao portador ou criador exclusividade de uso e exploração da criação por determinado período. É permitida a comercialização, a concessão ou o licenciamento da propriedade e de seu direito. Os DPI são divididos em diversos tipos, sendo os mais importantes:[1]

- **Patente.** É o direito de exclusividade garantido a uma invenção, que pode ser um produto ou um processo, por um período de vinte anos ao detentor. A proteção garantida ao portador impede terceiros de fazerem uso, comercialização e distribuição sem a devida autorização.

[1] Para conhecer todos os tipos de DPI, ver Unctad-ICTSD (op. cit.).

Para ser concedida uma patente a determinada invenção, é necessário que seja comprovada sua novidade e aplicação industrial.

- **Direito autoral.** É o direito sobre as criações artísticas e literárias. Concede ao detentor a proteção contra uso indevido ou não autorizado, cópia, comercialização, exibição, transmissão, entre outros. Geralmente, o tempo de proteção é de cinquenta anos; no entanto, há países que concedem até setenta anos de validade do direito autoral. São protegidos artistas em geral, produtores de artes e empresas de transmissão de conteúdo (canais de televisão e emissoras de rádio).
- **Marca registrada.** É o reconhecimento de nomes fantasia e logomarcas de produtos, serviços ou empreendimentos; e a proteção garante que terceiros não possam usá-los sem a devida autorização. O tempo de proteção varia conforme o país, mas, geralmente, não há limite de tempo, desde que dada certa periodicidade o detentor faça um pedido de prorrogação do direito.

Os DPI tornaram-se importantes elementos do comércio internacional tão logo produtos e serviços de alta tecnologia, conhecimento e informação passaram a ser comercializados em grande volume pelo mundo; assim, seus desenvolvedores, criadores e autores viram a necessidade de maiores mecanismos de proteção contra *free-riders*, ou seja, aqueles que se beneficiam da tecnologia e do conhecimento gerado por outro sem uma contrapartida ou um esforço próprio.

Investimentos em Pesquisa e Desenvolvimento (P&D), tecnologia, informação e conhecimento demandam alta quantidade de capital e mão de obra qualificada, fatores que possibilitaram aos PD realizar essas atividades de maneira consolidada e em grande volume. Assim, tornam-se o local do estado da arte da Ciência – logo, das inovações tecnológicas e tendências de consumo e cultura.

Brasil Frota (1993) explica que, já na década de 1970, os bens e serviços intangíveis (ou seja, aqueles amparados pelos DPI) respondiam pela maior parte das exportações dos PD, e que esse grupo se frustrou por não incorporar o tema de maneira exitosa na Rodada Tóquio, em 1979, do Gatt.

Por ouro lado, PED – muitas vezes, com o Brasil assumindo protagonismo – assumiam (e assumem) postura defensiva por temer que a discussão em torno da PI confirme uma dependência tecnológica e de conhecimento em relação aos mais ricos. Assim, consolida-se mais um embate no já tenso relacionamento Norte-Sul (desenvolvidos-em desenvolvimento) acerca da regulação internacional sobre comércio, investimentos e finanças.

O objetivo deste capítulo é, portanto, apresentar esse cenário de tensão sobre PI nas relações internacionais, abordando o regime internacional para o tema, desde a Organização Mundial para a Propriedade Intelectual (Ompi) até o Acordo sobre Aspectos dos Direitos de Propriedade Intelectual Relacionados ao Comércio (Trips – *Trade-Related Aspects of Intelectual*

Property Rights) da OMC, o que inclui as discussões mais recentes em torno do Trips e a saúde pública, e os mecanismos de *Trips Plus*.

Ao final, serão apresentados dois casos brasileiros em que o regime Trips foi posto à prova, envolvendo patentes de medicamentos contra o HIV/ Aids: os casos Kaletra e Efavirez.

PROPRIEDADE INTELECTUAL NAS RELAÇÕES INTERNACIONAIS

Como apresentado, o tema PI passou a ser parte relevante da agenda internacional na década de 1980; porém, já no século XIX, eram negociados tratados e regulações entre os países sobre o assunto, embora sem o mesmo ímpeto, a abrangência e a consequência para as relações internacionais como ocorre atualmente.

O tema é abordado em diversos foros e âmbitos, tanto na esfera multilateral, em arranjos regionais e também em relacionamentos bilaterais. São duas as principais organizações internacionais que institucionalizam o regime internacional de PI: a Ompi e a OMC. Assim como em âmbitos regionais e bilaterais, o tema é abordado conforme as necessidades e características dos estados envolvidos.

De maneira geral e conforme ocorrem movimentos ofensivos por parte dos PD, a agenda consiste em disseminar por meio de compromissos assumidos perante a comunidade internacional, legislações nacionais que sejam harmonizadas entre os países (ou seja, de grande semelhança) e garantam rígida e abrangente proteção aos DPI.

Os PED atuam, na maior parte do tempo, de maneira defensiva e recebem grande suporte em sua demanda de um dos chamados *novos atores* das relações internacionais: as Organizações Não Governamentais (ONGs). Estas, por seus amplos canais de mobilização e disseminação de informação, conferem aos PED legitimidade nas demandas defensivas – e principalmente nas ofensivas – ao mesmo tempo que ampliam e dão publicidade aos debates, o que gera sensibilidade das opiniões públicas afetadas pelos temas – imprensa; academia; população dos PED; formuladores de política (*policy-makers*) e tomadores de decisão (*decision-makers*); corpo técnico das organizações multilaterais etc.

Organização Mundial da Propriedade Intelectual

A Ompi foi formada pelo Tratado de Estocolmo de 1967 e seu início funcional data de 1970, sendo uma das agências especializadas das Nações Unidas, com sede em Genebra. Como se autodefine,

> é dedicada à promoção da inovação e criatividade para o desenvolvimento econômico, social e cultural de todos os países por meio de um equilibrado e efetivo sistema internacional de propriedade intelectual. (Wipo, 2010, tradução nossa)

A Ompi possui 184 estados-membros e se relaciona com 68 organizações intergovernamentais e 271 ONGs, considerados membros observadores da agência. Essa grande quantidade de organizações observadoras reflete os diversos interesses e impactos que os debates e as decisões tomadas na Ompi geram. A profusão desses atores pela organização permite a Estados negociadores barganhas de agenda e apoios, ao mesmo tempo que pode significar o fortalecimento ou enfraquecimento de posições e agenda. O Brasil, como será analisado adiante, usa intensamente esse sistema, de maneira eficiente e pragmática.

Uma das principais características da Ompi é ser um tipo de *organização guarda-chuva*, que contempla sob sua administração 24 tratados e acordos internacionais de PI, permitindo flexibilidade de temas, arranjos e participação dos membros. Os tratados são divididos em três categorias, listadas a seguir e exemplificadas na Tabela 12.1.

- Proteção à Proteção Intelectual: estabelece padrões básicos de proteção à PI;
- Sistemas de Proteção Global: estabelecem sistemas internacionais de registro e depósito para a proteção de PI internacionalmente; e
- Classificação: estabelece sistemas de classificação no sentido de gerenciar internacionalmente os tipos, com subdivisões, de PI protegidos.

Além da administração desses acordos, outra importante atividade da agência é ela ser o *locus* dos debates acerca de questões técnicas e econômicas da PI. Assim, a Ompi atua como disseminadora da PI como elemento vital para o desenvolvimento econômico – ou seja, promove modelos de uso da PI para gerar desenvolvimento –, além de prestar serviços de treinamento, tecnologia e aperfeiçoamento do sistema internacional de PI junto com as autoridades nacionais responsáveis pelo tema.[2]

Outra característica marcante da Ompi – e um dos principais motivos que levaram à negociação do Trips – é que a entidade não regula PI como objeto a ser negociado via comércio internacional. Como observado, em meados da década de 1970, ativos intangíveis e serviços trocados pelo comércio internacional começaram a fazer parte efetiva da estratégia de negócios de companhias multinacionais com sede em PD.

Conforme explica Brasil Frota (op. cit.), nessa época grupos de companhias fortemente baseados em marcas pressionavam o governo dos Estados

[2] No Brasil, é o Instituto Nacional de Propriedade Industrial (Inpi), órgão do Ministério do Desenvolvimento, Indústria e Comércio Exterior (MDIC).

Tabela 12.1 Categorias de tratados

Categoria	Tratado	Assunto	Membros	Brasil
Proteção à Propriedade Intelectual	Convenção de Berna (1866)	Proteção de Obras Artísticas e Literárias	164	Signatário
	Convenção de Bruxelas (1974)	Distribuição de conteúdo trasmitido por satélites	34	Não ratificado
	Acordo de Madri (1891)	Reprensão a falsas indicações de origem	35	Signatário
	Tratado de Nairóbi (1981)	Proteção do Símbolo Olímpico	49	Signatário
	Convenção de Paris (1883)	Proteção da Propriedade Industrial	173	Signatário
	Tratado da Lei de Patentes (2000)	Harmonização das Leis de Patentes	27	Não ratificado
	Convenção de Fonogramas (1971)	Proteção aos produtores de fonogramas	77	Signatário
	Convenção de Roma (1961)	Proteção de artistas, produtores de fonogramas e organizações de rádio e teledifusão	91	Signatário
	Tratado de Cingapura (2006)	Harmonização das Leis de Marcas	23	–
	Tratado da Lei de Marcas (1994)	Harmonização das Leis de Marcas	46	–
	Tratado de Washington (1989)	PI de circuitos integrados	–	–
	Tratado Ompi Direito Autoral (1996)	Ampliação da Convenção de Berna – Direitos Autorais	88	–
	Tratado Ompi Artistas e Fonogramas (1996)	Ampliação da Proteção a Artistas e Fonogramas	87	–
	Tratado de Budapeste (1977)	Reconhecimento Internacional dos Depósitos de Patentes de Micro-organismos	73	–
Sistemas de Proteção Global	Acordo de Haia (1925)	Registro Internacional de Desenho Industrial	58	–
	Acordo de Lisboa (1958)	Proteção e Registro Internacional de Origens	27	–
	Protocolo do Acordo de Madri (1989)	Registro Internacional de Marcas	83	–
	Tratado de Cooperação de Patentes – PCT (1970)	Depósitos Internacionais de Patentes	142	Signatário
Classificação	Acordo de Locarno (1968)	Classificação Internacional de Desenho Industrial	52	–
	Acordo de Nice (1957)	Classificação Internacional de Bens e Seviços para o Registro de Marcas	83	–
	Acordo de Estrasburgo (1971)	Classlflcação Internacional de Patentes	61	Signatário
	Acordo de Viena (1973)	Classificação Internacional de Logomarcas	29	Não ratificado

Fonte: Elaborado com base nos dados da Ompi. Disponível em: <www.wipo.int/treaties/en>. Acesso em: 13 set. 2011.

Unidos a incorporar PI na agenda internacional de comércio. Após verem frustradas as expectativas na Rodada Tóquio do Gatt (1979), durante a década de 1980, uma grande coalisão de indústrias norte-americanas envolvidas com PI (indústria audiovisual, farmacêutica, eletrônica e informática) foi formada e, no âmbito internacional, os Estados Unidos incorporaram o Japão e países da Europa com o objetivo de colocar PI nas regras de comércio internacional.

O relatório da Unctad-ICTSD (op. cit.) observa a lógica do movimento de levar PI para o Gatt em três pontos:

1) a possibilidade absorver todos os temas PI em um único instrumento legal a ser adotado por todos os signatários do Gatt – ampliação significativa do escopo e da abrangência em relação aos acordos Ompi;
2) a existência de um mecanismo de solução de controvérsias no sentido de forçar o cumprimento dos acordos por parte dos membros – não existente na Ompi;
3) a possibilidade de barganha cruzada entre os diversos tópicos de negociação do Gatt, ou seja, negociar PI via concessões em agricultura e tarifas.

Brasil Frota (op. cit.) observa que Brasil e Índia foram os países a tomarem a linha de frente nas negociações contra PI no Gatt, assumindo posições de liderança em relação aos demais PED e posição de conflito com os PD, defendendo que PI deve ser discutida na Ompi.[3] Não obstante, a possibilidade de barganha cruzada gerou a sensação entre os PED de que o "Trips foi considerado uma perda, mas o pacote OMC foi percebido como um ganho líquido" (Unctad-ICTSD, op. cit., p.44).[4] Assim, o Trips fez parte do Acordo de Marrakesh de 1994, que criou a OMC, a PI à legislação de comércio internacional.

Com o Trips, o papel da Ompi na coordenação do regime internacional de PI teve de ser alterado, e a organização passou a priorizar ainda mais o serviço de assistência técnica aos países, provendo treinamento, monitoramento e tecnologia para o cumprimento das Trips. Assim, a Ompi passou a ajudar os países a cumprir o acordo da OMC.

Em termos de proteção da propriedade intelectual, o Trips é mais rígido e abrangente que os acordos da Ompi e, por isso, como forma de solidificar esse cenário, os Estados Unidos objetivaram, durante o fim dos anos 1990 e início dos 2000, a incorporação desses avanços nos acordos e no ambiente da Ompi, conforme explicam Musungu e Duntfield (2003). De pronto, encontraram resistência dos PED.

---

[3] Interessante tomar nota dessa posição, já que, como será visto adiante, atualmente ambos os países defendem posições exatamente opostas: Regulação de PI é no Trips/OMC.

[4] "Trips was considered a loss, but the WTO package was perceived as net gain."

Argumentando que o objetivo geral da Ompi é ampliar e encorajar o uso da PI como instrumento vital do desenvolvimento em vez de impor mais uma forma de gerar cumprimento (*enforcement*) das regras internacionais de PI, e que a Ompi tem o dever de ajudar os países a não apenas cumprir o Trips, mas também a fazer um bom uso da PI (via transferência de tecnologia, acesso a conhecimento e possibilidade de inovação) para se desenvolver, Brasil e Argentina lançaram, em 2003, a chamada Agenda do Desenvolvimento da Ompi, com o apoio maciço dos PED.

A agenda só foi incorporada pela organização em 2007, com ampla repercussão pré e pós-incorporação pelas ONGs via opinião pública e organizações multilaterais, recebendo forte oposição de PD. Entretanto, sua introdução vem se mostrando lenta e complicada por causa dos diversos mecanismos burocráticos que o bloco de países opositores encontrou para não pôr a agenda em prática. Para estes, o objetivo geral da agenda – permitir o acesso a conhecimento e tecnologia por parte dos PED por meio de flexibilidades dos DPI – é frontalmente contra o objetivo e existência da organização: manter um regime internacional sólido de proteção aos DPI (IP-Watch, 2010).

Trips/OMC

Como já mencionado, o Trips é fruto da Rodada Uruguai do Gatt (1986) e entrou em vigor junto com o funcionamento da instituição que o administra: a OMC. Sua incorporação ao Sistema Multilateral de Comércio foi objeto de muita contestação por parte de PED (com destaque para a liderança do Brasil e da Índia), que também contrariavam que temas como serviços e investimentos fossem integrados ao compromisso único (*single-undertaking*) da organização que estava sendo criada. No fim, os PED aceitaram a integração desses novos temas ao Sistema Multilateral de Comércio desde que, em contrapartida, os PD aceitassem incluir temas de interesse dos países mais pobres no pacote do *single-undertaking*, com destaque para a agricultura. Dessa negociação ficou ainda o compromisso de avançar mais nos temas relacionados ao desenvolvimento na Rodada Multilateral de Comércio seguinte (daí o nome Rodada Doha do Desenvolvimento).

O Trips está baseado em três princípios, seguindo as regras do Sistema Multilateral de Comércio:

1) *single-undertaking*, que garante que esteja incluso no *pacote OMC* obrigatório aos membros;
2) Tratamento Nacional, que garante que o estrangeiro terá o mesmo tratamento que o nacional; e
3) Nação-Mais-Favorecida (MFN – *Most-Favored-Nation*), que estabelece que o modo de tratamento, as concessões e os privilégios serão iguais

a todos os membros, ou seja, não se pode favorecer a um membro e a outro não.

O acordo estabelece padrões mínimos de proteção aos DPI a serem adotados pelos membros, além de criar mais procedimentos e regras para fazer valer esses direitos. Além disso, compreende, entre os DPI: os direitos autorais e relacionados; o design de circuitos integrados; as indicações geográficas; as marcas; o desenho industrial; e as patentes.

O Trips trabalha direto nas legislações nacionais, impondo uma harmonização de proteção e procedimentos. Em muitos PED, inclusive no Brasil, o Trips alterou de maneira compulsória o regulamento nacional de PI. Por isso, o acordo concedeu um período de até dez anos para a adaptação desses países. O Brasil, por opção do Executivo da época, optou por adaptar-se nos primeiros dois anos, aprovando a Lei de Propriedade Industrial (Lei n.9.279/1996) e exigindo intensa participação do Itamaraty nas discussões e nos ritos no Congresso Nacional.

Como podemos notar pelo relatório da Unctad-ICTSD (op. cit.), o Trips é muito focado em questões de cumprimento da regra, tanto no corpo do texto quanto pela própria estrutura da OMC. É de notar a importância do Sistema de Solução de Controvérsias da entidade, especialmente sua característica de horizontalidade entre os acordos, a qual possibilita disputas e soluções cruzadas, como no caso apresentado no Quadro 12.1.

Por exemplo, um descumprimento de uma norma do Trips poder gerar, após o julgamento e a autorização do Sistema de Soluções de Controvérsias, uma retaliação (contra medidas) da mesma ordem financeira no Gats (serviços), Acordo Agrícola ou Gatt. O mesmo vale vice-versa, ou seja, um descumprimento de qualquer um desses acordos pode gerar retaliação via Trips.

O texto do acordo do Trips é, muitas vezes, ambíguo e genérico, tanto que, ao longo dos anos de vigor, múltiplas interpretações foram dadas a assuntos polêmicos, o que gerou conflitos e litígios. Por exemplo, conforme o artigo 8º, "os membros podem, ao formularem ou modificarem suas leis e regulações, adotar medidas necessárias à proteção da saúde pública e nutrição;[5] ou ainda o artigo 31º sobre as possibilidades de licença compulsória de patentes: "a exigência pode ser dispensada por um membro no caso de emergência nacional ou outras circunstâncias de extrema urgência ou em caso de uso público não comercial" (Gaat, 1994).[6]

Nesses casos, qual seria a definição de *proteção da saúde pública*, *emergência nacional* e *extrema urgência*? Tais ambiguidades, amplificadas por meio de um

[5] "Members may, in formulating or amending their laws and regulations, adopt measures necessary to protect public health and nutrition."

[6] "Requirement may be waived by a member in the case of a national emergency or other circumstances of extreme urgency or in case of public non-commercial use."

Quadro 12.1 O caso do algodão

> O Brasil protagonizou, em um contencioso com os Estados Unidos, uma prévia experiência da possibilidade da retaliação cruzada. Em 2002, o País reclamou ao Órgão de Soluções de Controvérsias (OSC) da OMC que os subsídios que os Estados Unidos concediam a seus produtores de algodão eram usados para facilitar a exportação, ou seja, eram subsídios proibidos pelo Acordo Agrícola da entidade.
>
> Em 2004, o relatório do painel confirmou a tese brasileira e obrigou os Estados Unidos a retirar tais subsídios, o que não ocorreu. Em 2005, o Brasil então requereu o direito de retaliar os Estados Unidos, uma vez que este não estava cumprindo com as determinações da entidade, o que causava danos aos produtores brasileiros. Nesse requerimento, o governo também pediu autorização para usar a retaliação cruzada (entre os acordos da OMC), argumentando que a estrutura da economia e, especialmente, da indústria brasileira eram fortemente amparados por produtos e tecnologias norte-americanos importados – portanto, retaliar ao modo tradicional (por tarifas e restrição ao acesso ao mercado) prejudicaria o próprio País.
>
> No relatório final dos árbitros, em 2009, a OMC confirmou a tese brasileira e autorizou o Brasil a utilizar da retaliação cruzada, perante uma complexa fórmula calculada a partir de determinado valor. Pela decisão, se o Brasil retaliasse em 2009 ou 2010, o valor total seria de US$ 829 milhões; destes, US$ 561 milhões seriam retaliados de modo tradicional (tarifas e não acesso ao mercado), e US$ 268 milhões seriam retaliados de forma cruzada.
>
> O governo brasileiro optou por retaliar via Trips, focando patentes de produtos farmacêuticos e também royalties e direitos de audiovisuais (filmes, seriados etc.). O objetivo principal da retaliação era forçar que esses segmentos pressionassem o Congresso dos Estados Unidos pelo fim dos subsídios aos produtos agrícolas. A partir de um lobby intenso das indústrias norte-americanas afetadas, Brasil e Estados Unidos chegaram a um acordo que evitou a retaliação, baseado em pagamentos compensatórios aos produtores brasileiros; acesso ao mercado norte-americano de carnes; e compromisso do fim dos subsídios na próxima Lei Agrícola dos Estados Unidos (2012). Uma solução criativa (e controversa) a partir da confluência dos diversos interesses envolvidos no caso.

problema global de saúde pública (o HIV/Aids) mobilizou PED e ONGs a considerar essas flexibilidades do Trips uma estratégia para promover maior acesso aos medicamentos contra Aids nos países mais pobres.

A própria legislação brasileira prevê o licenciamento compulsório de patentes de medicamentos perante as necessidades de saúde pública, o que gerou, ao final da década de 2000, uma consulta ao OSC da OMC, por parte dos Estados Unidos, sobre sua legalidade. Outros PED com legislação próxima à do Brasil também eram alvo de questionamentos.

Assim, foi necessária ampla negociação para esclarecer esses pontos indefinidos do Trips, novamente envolvendo, em lados opostos, PD (detentores das patentes de medicamentos) e PED, com apoio de ONGs e organizações internacionais (que tinham como objetivo manter a flexibilidade do Trips para gerar acesso aos medicamentos). Dessa maneira, na Reunião Ministerial da OMC de 2001, no lançamento da Rodada Doha, os países assinaram a Declaração de Doha sobre o Acordo Trips e a Saúde Pública.

A Declaração de Doha confirmou a flexibilidade do Trips e reconheceu o direito dos países de usar o licenciamento compulsório e outras medidas em caso de necessidades de saúde pública e emergência nacional. Não obstante esse avanço, como anotou Unctad-ICTSD (op. cit.), o Trips não está totalmente finalizando, constando ainda lacunas e ambiguidades, o que ainda gera tensões entre os países-membros sobre os diversos aspectos dos DPI.

Ofensiva para o *enforcement* e as medidas Tips Plus

Como vimos, o tema de PI nas relações internacionais não é negociado apenas em âmbito multilateral, mas também regional e bilateralmente. Desde o fim da década de 1990, tanto os Estados Unidos quanto a Europa utilizam dos diversos tratados de livre-comércio para disseminar regras e padrões mais rígidos que os exigidos pelo Trips – sendo, portanto, chamadas de *medidas Trips Plus*. Discutirmos esse tipo de ocorrência mais à frente.

Há, no entanto, um tipo de abordagem mais conflitiva que os Estados Unidos usam desde a década de 1980, o qual gera grande tensão entre os PD, inclusive o Brasil, mas que vem se mostrando, ao longo do tempo, uma estratégia efetiva.

Conforme explica Brasil Frota (op. cit.), na Lei Comercial dos Estados Unidos de 1974 (*Trade Act*) há a *Seção 301*, que trata do cumprimento dos diversos acordos comerciais internacionais assinados pelo país. O capítulo, porém, não trata do cumprimento, por parte dos Estados Unidos, aos acordos, e sim de um monitoramento e da avaliação do cumprimento por parte dos outros países que sejam parte dos acordos. É autorizado, ainda, ao presidente dos Estados Unidos ou a seu Representante de Comércio (USTR – United States Trade Representative) adotar medidas unilaterais de retaliação contra o país que não cumprir os acordos.

Uma emenda a essa lei (*Omnibus Trade and Competitiveness Act of 1988*) adicionou o tema de propriedade intelectual a ser pesquisado pela Seção 301, criando, assim, o *Special 301 Report*, que lista e classifica países que, na visão e metodologia unilateral do USTR, não cumprem os acordos internacionais de PI. Há duas classificações: (1) a *Priority Watch List*, que lista os países com sérias deficiências no sistema de DPI; e (2) a *Watch List*, que indica os países com algumas deficiências nos sistema de DPI. O Brasil, na edição 2010, consta da segunda lista, mas por muitos anos foi classificado na primeira.[7]

Brasil Frota (op. cit.) e Tachinardi (1993) detalham bem um contencioso entre Brasil e Estados Unidos, em 1988, com imposição de sanções comerciais (retaliação) contra o Brasil por parte do outro país por causa do não patenteamento de produtos farmacêuticos (à época, a legislação brasileira de PI não considerava patenteáveis produtos e processos farmacêuticos). O processo teve início no *Special Report 301*.

[7] Ver USTR (2010).

Esse exemplo, atualmente, se desenvolveria no âmbito da OMC, mas os Estados Unidos continuam com a possibilidade de pressionar unilateralmente via o *Special Report 301*. Como observa Correa (2010), os Estados Unidos ameaçam retirar ou reduzir os benefícios tarifários concedidos unilateralmente pelo Sistema Geral de Preferência (SGP) daqueles que estão citados no *Special Report 301*. Esta é uma abordagem muito utilizada com o Brasil, que desde o início dos anos 2000 formou amplo programa de combate e prevenção à pirataria para apresentar aos Estados Unidos e, com isso, evitar ameaças via SGP.

Ainda no âmbito de relações bilaterais – e regionais – estão os Tratados de Livre-Comércio (TLCs) assinados por Estados Unidos e União Europeia, os quais contêm cláusulas do tipo *Trips Plus*. Esse tema, que nos acordos comerciais regionais e bilaterais anteriores à OMC não era nem incluídos, se tornou parte central dos novos arranjos, mobilizando a maior parte das atividades de lobbies e barganhas governamentais. Como observa a El Said (2010), o sucesso da agenda dos PED para flexibilidades do Trips (ver Declaração de Doha) foi um dos fatores determinantes para uma onda de TLCs com Trips Plus.

É importante observar que, quando ocorre uma profusão de acordos do tipo (como está ocorrendo), a agenda defensiva que os PED estabelecem em âmbito multilateral para manter – e ampliar – a flexibilidade do Trips enfraquece substancialmente. Isso porque os PED que assinam esses acordos geram compromissos exatamente opostos à agenda multilateral defendida por seus pares e, por isso, não podem assumir compromissos (ou posições) que retrocedam em rigidez suas leis nacionais de PI.

El Said (ibid.) explica que não há um modelo ou uma legislação universal que possam ser considerados Trips Plus. De fato, toda e qualquer norma nacional ou compromisso internacional que introduza níveis e padrões mais avançados de proteção à PI que aqueles exigidos no Trips, incluindo *enforcement* e combate à pirataria, pode ser considerada Trips Plus. O Brasil, inclusive, tem uma legislação que, em alguns aspectos, é superior ao que Trips requisita como mínimo. Mas, internacionalmente, se opõe ao Trips Plus, como observa Sennes (2009), por causa de um posicionamento estratégico perante os PED.

El Said (op. cit.) lista alguns casos de temas que colocados em TLCs e que representam medidas Trips Plus: patenteamento de plantas e animais (microbiológicos e biológicos); redução da permissão e possibilidade de licenciamento compulsório; extensão de períodos de proteção de determinados DPIs (principalmente direito autoral e patente farmacêutica); entre outros.[8]

[8] El Said (op. cit.) lista outros exemplos, inclusive apresentando os TLCs que contêm essas cláusulas e o mínimo que o Trips determina. O próprio autor pondera que o levantamento não é exaustivo e completo.

Correa (op. cit.) ainda observa que mesmo no âmbito multilateral, os PD desenvolveram estratégias no sentido tornar o regime internacional de PI mais rígido e abrangente. A agenda, conhecida como *Ofensiva para o enforcement*, se intercambia entre várias organizações internacionais, demonstrando uma horizontalização da PI como tema estratégico da comunidade internacional atualmente.

Apenas para listar algumas: International Medical Products Anti-Counterfeiting Taskforce (Impact) na Organização Mundial da Saúde (OMS); The European Union's Strategy for the Enforcement of Intellectual Property Rights in Third Countries; Standards to be Employed by Customs for Uniform Rights Enforcement (Secure) da Organização Mundial das Aduanas (OMA) e Anti-Counterfeiting Trade Agreement (Acta).

Todo esse contexto gera um ambiente extremamente tenso em torno da propriedade intelectual nas relações internacionais, e é fruto de maiores quantidades de contenciosos. Por exemplo, em 2010, Brasil e Índia abriram juntos um painel de consultas na OMC contra a União Europeia e os Países Baixos, questionando a legalidade, perante o Trips, da legislação europeia que permite que detentores de patentes requisitem às autoridades aduaneiras a apreensão de mercadorias que supostamente infrinjam em PI e que estejam em trânsito em portos e aeroportos europeus.

Essa legislação foi usada diversas vezes para realizar a apreensão de versões genéricas de medicamentos que têm patente na União Europeia e que estavam em trânsito da Índia (exportador) para diversos países na África e na América Latina (importadores), onde tais medicamentos não possuem patentes, sendo o comércio, portanto, legal, conforme o Trips. É importante notar que os medicamentos não entraram em território europeu (estavam em trânsito); portanto, não infringiram a lei local de PI.

A colocação, por exemplo, de autoridades aduaneiras para realizar o cumprimento dos acordos internacionais de PI, como o exemplo citado, faz parte ofensiva para o *enforcement* e pode mudar o regime internacional sobre o tema, ampliando ainda mais a tensão e os conflitos sobre o tema.

CASOS: KALETRA E EFAVIRENZ

O tema da propriedade intelectual vem, desde meados dos anos 1990, mobilizando cada vez mais a sociedade civil; o que gera pressão aos governos, *policy-makers* e *decision takers;* já assediados pelos lobbies das indústrias envolvidas. Ao mesmo tempo, um intenso debate se desenvolve na academia e imprensa, via ONGs e *think-tanks*, demonstrando a variedade de interesses a serem cobertos, o que dificulta ainda mais a formação de posicionamento, tanto em âmbito nacional quanto internacional.

Além dos movimentos que questionam os direitos autorais; o tema de PI se torna dramático e sensível quando colocados em questão o tratamento e a sobrevivência do homem e as necessidades de saúde pública dos países, *vis-à-vis* a própria condição da maioria dos países, de dificuldades financeiras em garantir incorporação de novas tecnologias em saúde e amplo acesso aos necessitados dos tratamentos disponíveis. Essa situação é amplificada no caso de doenças de grande prevalência em países mais pobres cujo tratamento é de alto custo financeiro, como no caso do HIV/Aids.

Como já observamos na parte introdutória deste capítulo, nosso objetivo é apresentar os conflitos existentes em negociações internacionais que envolvam termos de PI; suas complexidades, seus atores e as agendas relacionadas. O capítulo visa também a exemplificar o tipo de importância que o tema adquiriu ultimamente, por meio do estudo de dois casos ocorridos no Brasil. Não está no escopo a questão filosófica acerca do conflito existente entre interesses comerciais e financeiros em oposição à saúde pública.

Entendemos que a PI seja necessária para remunerar e garantir segurança ao inventor da tecnologia e do medicamento, gerando novos incentivos para mais pesquisas em novos produtos farmacêuticos; ao mesmo tempo que compreende a questão do acesso como parte fundamental das políticas de saúde pública dos países.

Questão da saúde pública no Brasil

O Brasil é um caso em que o embate entre PI e necessidades de saúde pública se tornou parte integrante da agenda nacional de políticas públicas em saúde, expandindo para outras áreas, como o desenvolvimento industrial e tecnológico do País. Muito se deve ao próprio modelo de sistema de saúde pública adotado.

Como é conhecido, o Sistema Único de Saúde (SUS) deve – constitucionalmente – prover acesso universal, integral e gratuito aos serviços de saúde; independentemente do custo ou se o beneficiário teria condições de acesso via serviços privados. O aumento expressivo do número de contaminados pelo HIV/Aids no começo dos anos 1990, especialmente entre setores da classe média brasileira, colocou holofote na questão, já que essa parte da população acessava o Poder Judiciário para garantir o cumprimento da Constituição – ou seja, o provimento gratuito, pelo Estado, do completo tratamento da doença, além de iniciarem a formação das ONGs e dos debates via imprensa.

Apesar de não necessário – já que a Constituição assim determina –, o governo brasileiro determinou, por meio da Lei n.9.313/1996, a gratuidade e universalidade do acesso ao tratamento da Aids, criando o Programa Brasileiro de HIV/Aids, que obteve sucesso e se tornou referência internacional. Não obstante, o êxito do programa é extremamente custoso aos cofres públicos, que já enfrenta dificuldades de financiar a saúde pública.

Esse é o dilema principal do SUS: como prover acesso universal e integral, mesmo para tratamentos caros, se há um problema crônico de subfinanciamento do sistema, que impede, inclusive, a boa prestação de serviços básicos de saúde a populações mais carentes. Nesse contexto, o preço pago pelos medicamentos (patenteados) do coquetel do HIV/Aids que entraram no mercado brasileiro a partir de 1997 (com a entrada em vigor da Lei de Propriedade Industrial) se tornaram uma fonte constante de atrito entre o governo brasileiro e as empresas farmacêuticas, sobretudo as detentoras de produtos com tecnologia ainda patenteadas.

Ao mesmo tempo, no âmbito internacional, como já mencionado, desenvolviam-se conflitos em torno de flexibilidade do Trips para as necessidades de saúde pública. A legislação brasileira permite o licenciamento compulsório de patentes – o que é popularmente conhecido como quebra de patentes – em caso de necessidade de saúde pública, legislação esta que questionada na OMC pelos Estados Unidos.

A Declaração de Doha sobre o Trips e a Saúde Pública de 2001, apresentada anteriormente, legitimou essa argumentação e autorizou, de fato, o uso da flexibilidade do Trips para esse tipo de problema. A partir de então, o Brasil passou a adotar uma agressiva estratégia de forçar a redução do preço pago pelos medicamentos do coquetel da Aids por meio de ameaças de licenciamento compulsório – estratégia, de fato, muito exitosa, mas que, por ficar só nas ameaças, enfraqueceu.

Em 2005, a estratégia se mostrava saturada, e o governo brasileiro já não conseguia mais os descontos considerados satisfatórios. O então ministro da Saúde, Humberto Costa, declarou publicamente a intenção do governo de licenciar compulsoriamente três medicamentos contra o HIV: Kaletra (lopinavir + ritonavir) do laboratório Abbott; Sustiva e Stocrin (efavirenz) do laboratório Merck Sharp&Dohme (MSD); e Viread (tenofovir) do laboratório Gillead (Ipea, 2005).

Ao fazer tal anúncio, o governo recebeu grande apoio de ONGs, parte da imprensa, organizações internacionais e, inclusive, parte da comunidade médica. Do lado oposto, as empresas – todas norte-americanas – posicionavam-se na defensiva, enquanto pressionavam o governo dos Estados Unidos a interceder e pressionar o Brasil, tanto pela via bilateral quanto multilateral.

As negociações começaram pelo Kaletra e se mostravam insuficientes. Governo e empresa não chegaram a um acordo, e o então presidente Lula assinou um decreto declarando o medicamento de *interesse público*, passo juridicamente anterior à licença compulsória. Foi dado um prazo de dez dias para que a empresa oferecesse uma proposta que o governo brasileiro aceitasse. No último dia – a imprensa chegou a anunciar que aquele seria o dia da primeira *quebra de patente* no Brasil (*Valor Econômico*, 24 jun. 2005) –, a Abbott ofereceu não apenas bons descontos, como também a transferência de tecnologia de produção do medicamento para a Farmanguinhos (laboratório farmacêutico da Fiocruz), oferta esta suficiente para o governo suspender o licenciamento compulsório. Certamente, os possíveis impactos do licenciamento compulsório nas relações bilaterais com os Estados Unidos pesaram na decisão do Brasil.

O caso era simbólico não só por ser a *primeira vez*, mas porque o sucesso da medida poderia disseminar a prática para outros países. Em compensação, era mais um caso que se restringia à ameaça. Em 2007, o alvo foi o Efavirenz da MSD, medicamento que foi objetivo de licença compulsória por parte do governo, muito mais para ser publicitado e reforçar a posição ofensiva nas negociações para redução de preços com os laboratórios, que efetivamente uma grande economia para os cofres públicos.

Após intensas negociações e com a eminência do licenciamento compulsório (já após a decretação de interesse público), a empresa se viu forçada a oferecer um bom desconto e, aos moldes da oferta feita pelo Abbott, a transferir a produção do medicamento da Austrália para o Brasil, tornando o país plataforma de exportação. O governo brasileiro, pelo então ministro da saúde, José Gomes Temporão, não considerou a proposta da MSD e licenciou compulsoriamente a patente do Efavirenz, primeiro e único caso da recente história brasileira.

A partir da licença compulsória, o governo seria capaz de comprar, ou mesmo fabricar, versões genéricas do produto. A intenção era que o Farmanguinhos fosse o responsável pela produção do medicamento, mas o laboratório não estava preparado (tecnologia e *know-how*). Foi então necessário um prazo de três anos para que a Fiocruz pudesse entregar o primeiro lote da versão nacional do medicamento, o que exigiu altos investimentos. Durante o período, a demanda nacional foi abastecida por importações de versões genéricas do medicamento da Índia.

Esse é um ponto interessante: somados os investimentos em Farmanguinhos, mais as importações da Índia, chegamos a um valor que pode ser superior àquele que contemplava a última proposta do MSD ao governo brasileiro, que ainda continha a transferência de produção da Austrália para o Brasil, transformando o país em plataforma de exportação (ABPI, 2007). Ademais, como mostrou *O Estado de S.Paulo* (27 jan. 2009), o preço do medicamento produzido por Farmanguinhos seria de US$ 0,60 a unidade, enquanto a importação da Índia custaria US$ 0,43/unidade.

Estes dois argumentos traduzem uma situação em que a ameaça de licenciamento compulsório (ou mesmo sua efetivação) não está somente condicionada às necessidade de orçamento do sistema de saúde pública, mas também a todo um contexto de conflito com empresas multinacionais farmacêuticas, e a tentativa de forçar o desenvolvimento tecnológico do parque industrial farmacêutico do Brasil. A entrega do primeiro lote do

Efavirenz produzido pela Fiocruz foi objeto de celebração e intensa divulgação governamental, como um ato de soberania e independência do País (Fiocruz, mar. 2009).

O licenciamento compulsório do Efavirenz não foi apenas uma maneira de acomodar pressões internas de ONGs e setores políticos e econômicos à esquerda que defendiam a fabricação local pública do medicamento, mas também um movimento fundamental em âmbito geopolítico internacional, pela reafirmação do posicionamento do Brasil como um dos líderes dos PED na contenção da ofensiva para o *enforcement* e também na defesa das flexibilidades do Trips, como explicam Sennes e Mendes (2008).

CONSIDERAÇÕES FINAIS

Este capítulo procurou contextualizar o tema PI nas relações internacionais contemporâneas e sua importância para as negociações internacionais. Abordamos os regimes em âmbito multilateral, especialmente a Ompi e o Trips da OMC, as medidas tomadas em relacionamentos bilaterais e também a PI como parte dos TLCs.

Procuramos expor a existência de uma clara divisão entre PD e PED sobre o tema, o que gera tensão e conflitos. Também foi apresentada estratégia dos PD para enfraquecer o movimento dos PED, por meio dos TLCs e das medidas do tipo Trips Plus, além de uma ofensiva para o cumprimento da PI perante outras organizações internacionais. Ao mesmo tempo, os PED se utilizam de ONGs para legitimar e amplificar suas demandas.

Foram apresentados três casos de negociação de PI envolvendo o Brasil: a possibilidade da utilização de retaliação via Trips em um contencioso da OMC sobre subsídios agrícolas (a chamada retaliação cruzada); e o uso do licenciamento compulsório de patentes de medicamentos para forçar uma redução de preço, com a exemplificação de dois casos: Kaletra, que não ocorreu; e o Efavirenz, que ocorreu.

A visão do conjunto é que a PI se consolidou como um tema relevante da agenda internacional, mobilizando diversos atores e interesses, e por meio de vários mecanismos e ferramentas. O Brasil é (e foi) parte de alguns conflitos em PI, e utiliza o tema em sua estratégia de inserção internacional como líder dos PED. A grande questão é saber se o País continuará liderando uma coalizão de PED em torno do tema, sobretudo à medida que uma agressiva política de inovação está atrelada a seu crescimento econômico e desenvolvimento. Conforme o país se torna um desenvolvedor de produtos de tecnologia e tendências culturais, é de esperar que passe a defender maior rigor na proteção dos DPI de suas empresas e cidadãos em fóruns internacionais.

13
MEIO AMBIENTE NAS NEGOCIAÇÕES COMERCIAIS INTERNACIONAIS

Luciana Togeiro de Almeida

INTRODUÇÃO[1]

O comércio internacional de mercadorias e serviços pode ter impactos ambientais relacionados à quantidade (escala) e à forma como são produzidos (seus métodos e processos de produção) e também sua destinação (seu uso final). Na base do comércio internacional estão a produção e o consumo, que dependem dos recursos naturais como fonte de energia, matérias-primas e outros insumos, bem como da sua capacidade de absorção dos resíduos gerados. Portanto, o comércio internacional tem impactos ambientais.

Já as políticas ambientais, ao se valerem de normas e regulamentos, podem ter impactos comerciais, sobretudo se fizerem uso de medidas restritivas de comércio para alcançar objetivos ambientais. Logo, há uma relação de mútua causalidade entre comércio e meio ambiente.

As discussões sobre essas relações entre comércio e meio ambiente ganharam projeção nas negociações internacionais a partir de meados dos anos 1980, no contexto de processos históricos de grande envergadura, particularmente a Rodada Uruguai do Gatt (*General Agreement on Tariff and Trade*) e a transição deste para a Organização Mundial do Comércio (OMC), como aqui se descreve, na perspectiva da economia política internacional, no primeiro item deste capítulo.

[1] Este capítulo aproveita trabalhos anteriores da mesma autora e de coautores, em especial Almeida (2002), Almeida; Presser (2005, 2006a) e Almeida; Feix; Miranda (2010), além de suas anotações para as aulas do módulo Aspectos Ambientais das Negociações Econômicas Internacionais do Curso de Especialização em Negociações Econômicas Internacionais, Programa de Pós-Graduação em Relações Internacionais San Tiago Dantas, Unesp-Unicamp-PUC/SP.

A inclusão de temas ambientais no mandato negociador da Rodada Doha veio a confirmar o reconhecimento de sua importância na pauta das negociações internacionais, ainda que se tenha avançado efetivamente muito pouco em matéria de acordos específicos sobre meio ambiente na OMC. As negociações sobre a liberalização do comércio de bens e serviços ambientais e a compatibilização entre as regras das OMC e de Acordos Ambientais Multilaterais são dois temas com caráter vinculante no mandato de Doha, abordados no segundo item deste capítulo.

Por fim, encerramos com uma apreciação geral sobre as negociações de temas ambientais na OMC e, em particular, sobre a posição negociadora do Brasil.

NEGOCIAÇÕES SOBRE MEIO AMBIENTE NA TRANSIÇÃO DO GATT PARA A OMC

> A Rodada Uruguai foi um marco na política de comércio internacional. Transformou o Gatt e seu sucessor, a Organização Mundial do Comércio, num fórum legítimo para regular a interação entre políticas nacionais e interesses internacionais... A harmonização global de práticas nacionais tornou-se uma proposição negociável internacionalmente. (Tussie, 1994, p.1)

Essa colocação sintetiza de maneira precisa que as Barreiras Não Tarifárias (BNTs) – de origem governamental ou privada – passaram a ser o novo foco de atenção do Gatt no momento de sua transição para a OMC. Bhagwati (1996, p.9), firme defensor do livre-comércio, também ressalta a importância dessa mudança de foco:

> Que o livre-comércio exija a harmonização das instituições nacionais (por exemplo, o sistema de distribuição no varejo), das políticas (por exemplo, as normas ambientais e trabalhistas) e das práticas (por exemplo, as relações corporativas como as dos *keiretsus* japoneses) é uma ideia que agora subiu ao centro do palco.

A rigor, não se tratava propriamente de um novo foco de atenção e sim de uma decorrência natural do esforço de liberalização comercial empreendido pelo Gatt em suas sucessivas rodadas de negociação. Depois de aprovada a expressiva redução de barreiras tarifárias na Rodada Kennedy, introduzida em 1972, as negociações de liberalização do comércio internacional se deslocaram para as BNTs.

O desdobramento lógico da atuação do Gatt veio a se confirmar com a Rodada Tóquio, concluída em 1979, em que as BNTs foram um dos temas prioritários.

Essa explicação simplista sobre a mudança de foco do Gatt se torna mais completa da ótica da análise de Sylvia Ostry, que relaciona o deslocamento da arena política internacional das questões fronteiriças para as políticas nacionais às diferentes fases (em natureza e grau) de integração da economia internacional (Ostry, 1992).

A autora identifica três fases no pós-guerra que descrevem a aceleração da interdependência entre os países, culminando com a globalização. A primeira delas foi liderada pelo crescimento do comércio internacional, durante os anos 1950-60, sendo marcada pelo desmantelamento das tarifas e de algumas outras barreiras comerciais nas sucessivas rodadas do Gatt. A segunda fase consistiu na integração das finanças internacionais, incentivada pela reciclagem dos petrodólares, nos anos 1970, e impulsionada nos anos 1980 pelas desregulamentações e privatizações inauguradas por Reagan-Thatcher. A terceira fase – a partir de meados da década de 1980 – é a de globalização, movida pela intensificação do investimento direto internacional e baseada principalmente nos fluxos crescentes de capital e tecnologia, acarretando maiores níveis de comércio intrassetorial e intraempresas.

Na fase de globalização, a batalha por fatias de mercado envolve não somente empresas de diversos países (transnacionais), mas também distintos sistemas de mercado que influenciam a capacidade de suas empresas de concorrer. Isto é, a dimensão sistêmica da competitividade – as vantagens oferecidas pelo ambiente extraempresa, em especial as práticas institucionais e as políticas nacionais – ganha importância maior nesse contexto. No mundo globalizado, a concorrência entre empresas é também uma concorrência entre sistemas, havendo, portanto, pouca tolerância para divergências sistêmicas (ibid.).

Para atenuar essas divergências emerge uma nova prioridade na política internacional: promover a convergência ou harmonização das políticas nacionais que afetam a competitividade das empresas.

Bhagwati (op. cit.), preocupado com as ameaças ao livre-comércio internacional e, por isso mesmo, contrário ao uso de restrições comerciais como instrumento de políticas, identifica e classifica os argumentos em favor da harmonização – filosóficos, econômicos e políticos – para poder criticá-los rigorosamente.

No que diz respeito aos argumentos filosóficos contra a diversidade ou a favor da harmonização, Bhagwati (op. cit.) afirma que envolvem três tipos de questões, e a primeira delas é *um sentido de obrigação que transcende as fronteiras* (*obligation beyond borders*) e tem em sua base o sentimento:

> Que nós, seres humanos, nos pertencemos uns aos outros. Esse sentido de obrigação incita e legitima o uso de poder e dos instrumentos das nações politicamente mais fortes para persuadir e, se necessário, coagir as nações mais fracas para imple-

> mentar políticas que estejam em conformidade com o comportamento moral que a obrigação define e exige de todas as nações em detrimento das suas autoridades sobre seus sujeitos... (Ibid., p.10)

Outra questão compreendida na linha dos argumentos filosóficos é a *justiça distributiva*, que pode ser resumida pelas ameaças ao emprego e aos salários reais dos trabalhadores de um país que adota regulamentos mais rigorosos e passa a sofrer pressões competitivas de parceiros comerciais com regulamentos mais brandos.

A última questão filosófica é a equidade (*fairness*). Os ganhos comerciais são vistos como justos desde que tenham em sua base práticas consideradas justas e legítimas. Segundo Bhagwati, este é um argumento em favor da harmonização baseado em valores tipicamente norte-americanos que visam à equalização das condições de acesso, diferente dos valores europeus que privilegiam a equalização das condições de sucesso:

> O uso de justiça é então uma característica central das demandas dos Estados Unidos por harmonização. Naturalmente, uma vez que os Estados Unidos são o maior agente nas negociações comerciais multilaterais ou bilaterais, segue-se que as demandas norte-americanas visam à reconstrução do mundo segundo a própria imagem. (Ibid., p.18-9)

Quanto aos argumentos econômicos em favor da harmonização, Bhagwati afirma que estão relacionados a mudanças estruturais da economia mundial. Destaca, em primeiro lugar, o que rotula de *a síndrome do gigante encolhido* (*diminished giant syndrome*), a qual se abate sobre os Estados Unidos a partir do momento que esse país acusa sucessivos e crescentes déficits comerciais e passa, então, a reivindicar reciprocidade de acesso a mercados ou *o estabelecimento de condições competitivas iguais* (*level playing field*).

Em relação às outras mudanças da economia mundial, merecem destaque as novas regras do jogo para os Países em Desenvolvimento (PED), que passam a receber novo tratamento nos fóruns multilaterais, sendo considerados parceiros em igualdade de condições e não mais merecedores de tratamento especial e diferenciado, à exceção daqueles que, em número muito menor, são denominados *menos desenvolvidos*.

Por último, Bhagwati comenta os argumentos políticos que favorecem a harmonização. O principal é o risco de ocorrência de competição pelo padrão mínimo (*race to the bottom*) entre estados nacionais ou países com diferenciais regulatórios significativos, notadamente entre Países Desenvolvidos (PD) e PED. Nesses casos, Bhagwati defende a adoção, pelos PD, de uma política que exija das próprias empresas o cumprimento dos regulamentos dos seus países de origem mesmo quando estiverem operando no exterior, principalmente em PED com regulamentos mais brandos:

> Uma vez que as empresas são pessoas jurídicas, as empresas norte-americanas podem ser tratadas (como de fato já são em muitos assuntos) como cidadãs norte-americanas, sujeitas às leis dos Estados Unidos em qualquer lugar onde operem. (Ibid., p.33)

Essas análises de economia política internacional realizadas por Ostry (op. cit.) e Bhagwati (op. cit.) nos ajudam a compreender por que o Gatt, a partir da Rodada Uruguai, se converte em um palco privilegiado para a disputa política entre marcos regulatórios nacionais, muito mais que para discussões técnicas sobre condições de acesso a mercados específicos. A palavra-chave que norteia a ação da OMC, presente em várias passagens do texto final da Rodada Uruguai, é a harmonização das diferenças nacionais.

O tema na ordem do dia passa a ser a regulação global da concorrência internacional, e a OMC se assume como líder dessa missão, a se basear nas declarações de seu ex-diretor-geral, o primeiro a estar em seu comando:

> O sistema multilateral de comércio está se tornando cada vez mais uma questão política. Isso está ocorrendo porque sua evolução volta-se crescentemente para políticas regulatórias nacionais mais do que para barreiras fronteiriças; isso porque os desafios que o sistema enfrenta são crescentemente políticos e não técnicos. Nesse contexto, pode se tornar muito importante considerar a possibilidade de fortalecer a base institucional do sistema – por exemplo, ampliando a dimensão política da sua instituição central, a OMC. (Ruggiero, 1995)

Assim, a harmonização internacional de políticas nacionais é um imperativo da era da globalização, que também é considerada um fenômeno inexorável. Argumentos baseados em soberania nacional são irrelevantes nesse cenário e, por isso mesmo, devem ser reformulados, atesta o ex-diretor-geral da OMC:

> Em termos políticos, globalização significa que os governos devem aprender a cooperar em um número maior de áreas do que no passado. Algumas das distinções que costumávamos fazer entre política internacional e política nacional parecem crescentemente superficiais e irrelevantes. Naturalmente, emergem tensões quando os governos são vistos como tendo uma ingerência cada vez maior nas políticas dos demais, e estas tensões devem ser gerenciadas com destreza e agilidade política. Como se expande o escopo da formação de regras internacionais e da coordenação política, e a noção de política "nacional" encolhe, cuidados adequados devem ser tomados para resguardar a diversidade e preservar a democracia. Ao mesmo tempo, os argumentos defensivos baseados em soberania mostram-se ilusórios. A verdadeira expressão da soberania no mundo de hoje é a capacidade de governos eleitos democraticamente articular os interesses dos seus representados por meio de negociações e compromissos internacionais. (Id., 1996)

Essa orientação expressa da OMC incentivando a harmonização de políticas nacionais, aliada ao intenso debate internacional sobre desenvolvimento sustentável, despertou uma atenção crescente para as políticas ambientais nacionais que resultou na inclusão das questões ambientais na agenda de trabalho da organização, ao lado de outros novos temas como as regulações na área social (legislações trabalhistas).

A controvérsia entre livre-comércio e proteção ambiental reside basicamente na questão de como conciliar o sistema de comércio multilateral e sua contínua liberalização com as preocupações ambientais. Podem ocorrer casos em que o livre-comércio, não contando com políticas ambientais apropriadas, acarrete danos ao meio ambiente, ou casos em que as regulações ambientais prejudiquem o comércio legítimo. Ambientalistas e defensores do livre-comércio polarizam esse debate, em que se mesclam interesses protecionistas diversos.

As questões ambientais, negligenciadas durante grande parte da Rodada Uruguai, emergiram nos seus momentos finais, passando a merecer uma comissão específica na OMC.

Havia o receio de que a inclusão das questões ambientais pudesse prejudicar, ainda mais, as negociações da Rodada, face aos inevitáveis conflitos Norte-Sul suscitados pelo tema (Uimonen, 1995).

Uma série de eventos foi rompendo com essa inércia. O intenso debate sobre os problemas ambientais tendo em vista a realização da Conferência sobre Meio Ambiente e Desenvolvimento das Nações Unidas em junho de 1992, no Rio de Janeiro, obviamente instigou a discussão de temas correlatos na Rodada Uruguai.

O episódio frequentemente citado como catalisador da *reação ambiental* do Gatt foi uma polêmica suscitada por uma resolução de um painel do Gatt em 1991, que ocorreu em paralelo à Rodada e em que se confrontaram Estados Unidos e México, envolvendo o uso de restrições comerciais com propósitos ambientais. Esse caso ficou conhecido como a *controvérsia atum-golfinho* e se estendeu ao longo de 1992. Os Estados Unidos, atendendo ao lobby de seu setor de pesca e às reivindicações de organizações ambientalistas, impuseram restrições às importações de atum cuja técnica de captura implicasse elevada taxa de mortandade acidental de golfinhos, técnica já proibida legalmente no país. Tais medidas prejudicaram o México que, prontamente, acionou o Gatt para a defesa de seus interesses comerciais, obtendo ganho de causa. O Gatt julgou que uma medida interna norte-americana – a regulamentação da pesca de atum – não podia ser imposta fora de sua jurisdição.

Os Estados Unidos não se deram por vencidos e resolveram adotar o selo *inofensivo para golfinhos* (*Dolphin Safe*) nas embalagens de atum nacional, o que fez o México apresentar nova queixa ao Gatt, alegando se tratar de uma medida protecionista disfarçada de selo ecológico. Desta vez, o Gatt deu ganho de causa aos Estados Unidos, considerando que o selo não restringia o comércio de atum, que podia ser comercializado livremente com ou sem o selo, à mercê das preferências dos consumidores (Larach, 1998).

Simultaneamente a essa *controvérsia atum-golfinho*, transcorriam as negociações para o México se juntar ao Acordo de Livre-Comércio da América do Norte (Nafta – *North American Free Trade Agreement*), com o governo Clinton condicionando a conclusão do acordo a concessões na área ambiental, exigências que o México acabou acatando para preservar seus interesses maiores no acordo de integração.

Pressionado pela opinião pública, fortemente influenciada pelas denúncias de grupos ecologistas de que estaria funcionando como um entrave à melhoria das condições ambientais, bem como pelas ações unilaterais de países que, a exemplo dos Estados Unidos, passavam a alegar motivos ecológicos em suas práticas comerciais, o Gatt começou a debater o tema.

A princípio, antes do encerramento da Rodada Uruguai, a reação do Gatt diante desse debate foi de autodefesa, reafirmando seu papel de disciplinador das práticas comerciais restritivas, posicionando-se favoravelmente aos defensores do livre-comércio. Estes, de fato, tentam resistir às pressões dos ambientalistas (vistos como aliados a grupos de interesses protecionistas), alegando que, mesmo nos casos de externalidades ambientais causadas por falha de mercado combinada a falha de governo (a inexistência de políticas ambientais apropriadas), o melhor a fazer é corrigir a falha política e assegurar as condições para o livre-comércio, visto como precondição para se elevar os ganhos de bem-estar geral, inclusive os cuidados com o meio ambiente, que normalmente tendem a crescer com os níveis de renda *per capita*.

Como deve ser corrigida a falha política na opinião de autores favoráveis ao livre-comércio? Tratando-se de problemas ambientais intrinsecamente nacionais – cujos efeitos não ultrapassam as fronteiras nacionais –, a solução política deve ser país-específica e não orientada por um regulamento internacional. Deve ser, assim, não apenas para atender ao princípio de soberania nacional, levando-se em consideração sua particular situação socioeconômica, mas porque a eficácia ecológica (que depende da capacidade de absorção do meio ambiente local) e a eficiência econômica (os custos de reestruturação ambiental) de um mesmo regulamento diferem entre países e regiões (Bhagwati; Srinivasan, 1996).

Na linha da abordagem dos defensores do livre-comércio, regulamentos internacionais somente se aplicam nos casos de problemas ambientais de impacto global, assim mesmo tendo de obedecer a regras de comum acordo firmadas em fóruns multilaterais.

Estudos encomendados pelo Gatt (reunidos em Anderson; Blackhurst, 1992) apontaram uma série de equívocos no debate sobre comércio internacional e regulações ambientais. Um desses estudos frisava que a política de controle ambiental é apenas uma das formas de políticas públicas ou sociais (fundamentadas em legislação) que diferem entre os países. Sendo assim, a justificativa para a adoção de medidas comerciais compensatórias de diferenciais de rigor nas políticas ambientais nacionais (supondo acarretarem diferenciais de custos de produção – *dumping* ecológico), se aceita, poderia levar a uma profusão de barreiras para contrabalançar todo tipo de defasagem competitiva decorrente de qualquer medida legislativa (Snape, 1992).

Outro equívoco estaria em julgar que as causas ambientais poderiam ter ampla cobertura do artigo XX (exceções às regras do Gatt, permitidas com a finalidade de atender a objetivos políticos internos), precisamente os subparágrafos (b) e (g) que, respectivamente, tratam de medidas "necessárias para proteger a vida ou saúde humana, animal ou vegetal" e "relativas à conservação de recursos naturais não renováveis" (Charnovitz, 1993). O julgamento do primeiro painel do atum-golfinho – referente ao veto a importações de atum imposto pelos Estados Unidos – revelou a interpretação privilegiada pelo Gatt para a aplicação do artigo XX: tais exceções dizem respeito apenas à matéria de jurisdição do país que as adota; ou seja, não comportam a extraterritorialidade na aplicação de regulações ambientais. A alegação dos Estados Unidos de prática predatória de pesca no México, no caso atum-golfinho, fugia à competência jurisdicional norte-americana. Os golfinhos eram *mexicanos*, e a escolha e a regulamentação do método de pesca de atum deveriam respeitar as fronteiras nacionais.

Esses esclarecimentos convergiram para um posicionamento conclusivo (pré-encerramento da Rodada Uruguai) do Gatt em relação às restrições comerciais com propósitos ambientais: aquelas baseadas nas características finais dos produtos poderiam encontrar algum respaldo legal no Gatt. Isso é, julgava-se que a adoção por um país de uma política ambiental que restringisse o acesso a seu mercado de um produto importado causador de externalidades ambientais associadas a seu consumo poderia ser compatível com o Gatt. Já as restrições a importações motivadas por políticas ambientais que prescrevem normas específicas para processos produtivos no país exportador não poderiam ser enquadradas do mesmo modo.

Tratar igualmente as barreiras comerciais relativas a produto e processo representaria uma extensão inadequada do alcance das regras do Gatt, previstas para legislar sobre o comércio internacional de produtos (similares) e não sobre as características dos *métodos e processos produtivos* (PPM – *Process and Production Methods*).

A imposição de uma barreira de produto, observados os princípios de Nação-Mais-Favorecida (MFN – *Most-Favored-Nation Clause*, referente à não discriminação por país de origem) e de tratamento nacional (não discriminação em relação ao similar nacional), não se constitui em um instrumento protecionista, sendo obrigatoriamente *multilateralizada*. Isso já não é possível com uma barreira de processo, uma vez que produtos similares (quanto a características, desempenho, função) podem ser discriminados – tanto em relação ao similar nacional quanto ao similar de origem externa distinta – por não atenderem a regulamentos fixados pelo importador. A posição do Gatt, apresentada em seu relatório anual de 1992, assim se resumia:

> Métodos diferentes de produção não tornam os produtos finais diferentes – nenhuma diferenciação internacional é justificável nesta base. Carne é carne, indiferente ao método de morte do boi; atum é atum, indiferente aos tipos de redes usadas para sua captura. Isso significa que os países não podem impor taxas e regulações sobre produtos importados com base nos diferentes métodos produtivos. (Sorsa, 1992, p.121)

O acordo final da Rodada Uruguai, base legal para a ação da OMC, apesar de não ter incorporado as propostas de exceções a suas regras por motivos ambientais, avançou no tratamento dessa temática. A começar pelo preâmbulo do acordo que estabelece a OMC – a provisão fundamental da Rodada –, que se refere ao objetivo da organização de prover, às partes contratantes, o máximo de oportunidades para que:

> As relações no campo do comércio e do desenvolvimento econômico sejam conduzidas visando à elevação dos padrões de vida, assegurando o pleno emprego e um amplo e sustentado crescimento do nível de renda real e de demanda efetiva, e expandindo a produção e o comércio de bens e serviços, *permitindo o uso ótimo dos recursos mundiais de acordo com o objetivo do desenvolvimento sustentável, visando tanto proteger e preservar o meio ambiente quanto oferecer os meios para tanto*, de modo consistente com as respectivas necessidades e preocupações nos diferentes níveis de desenvolvimento econômico. (WTO, 1994, grifo meu)

Afora essa orientação geral pró-desenvolvimento sustentável, há outras referências à questão ambiental no Acordo da Rodada Uruguai, sendo as principais sucintamente descritas a seguir.

Acordos sobre Barreiras Técnicas ao Comércio (TBT – *Technical Barriers to Trade*)[2] e Medidas Sanitárias e Fitossanitárias (SPS – *Sanitary and Phytosanitary Measures*)

Os acordos TBT e SPS, ambos firmados na Rodada Uruguai, revelam um caráter paradoxal: têm por objetivo disciplinar as normas e regulamentos

[2] O TBT não é propriamente uma novidade da Rodada Uruguai, uma vez que a Rodada Tóquio já havia alcançado um Acordo sobre Barreiras Técnicas ao Comércio, mas as diferenças entre eles em matéria de alcance e de capacidade de imposição legal (*enforcement*) são muito significativas (Schlagenhof, 1995).

nacionais para evitar restrições unilaterais desnecessárias (o *unilateralismo agressivo*), mas criam novas restrições ao comércio de produtos que não atendam a suas especificações. Ambos representam uma extensão do alcance das disciplinas legais do Gatt/OMC além das matérias estritamente fronteiriças, em direção às regulações nacionais, especificamente no tocante a normas e regulamentos nacionais para processos e métodos produtivos.

A preocupação com a proteção ambiental é comum aos dois acordos. No caso do TBT, os países-membros da OMC são incentivados a basear as normas e os regulamentos técnicos nacionais em normas internacionalmente aceitas, exceto se estas forem inadequadas para as partes no que se refere à "proteção da segurança e saúde humana, saúde ou vida animal e vegetal, ou do meio ambiente" (Schlagenhof, 1995, p.131). O SPS considera legítimas as medidas de restrições comerciais voltadas para a proteção da vida ou saúde humana ou vegetal dentro do território do país importador contra:

> Os riscos provenientes da introdução, estabelecimento ou difusão de pestes, doenças, organismos portadores ou causadores de doenças, como também contra os riscos provenientes de aditivos, contaminantes, toxinas ou organismos causadores de doenças contidos em alimentos, bebidas ou rações, e os riscos provenientes de doenças provocadas por animais, plantas ou produtos derivados; ou para prevenir ou limitar outros danos ao país importador decorrentes do estabelecimento ou disseminação de pestes. (Ibid., p.132-3)

O TBT e o SPS suscitam diversos questionamentos e conflitos comerciais, pois disciplinam ostensivamente as políticas nacionais em vez das medidas alfandegárias e, uma vez que essas políticas lidam com questões delicadas como saúde, segurança e proteção ambiental, prometem ser fontes de tensão e controvérsia (Uimonen, op. cit.).

Um ponto central de controvérsia é se o TBT e o SPS podem abranger especificações para PPM. Uma vez que estas compreendem especificações relacionadas às características do produto (PPM – *Product Related*)[3] e *não relacionadas às características do produto* (*non-product related PPM*),[4] em princípio, apenas as primeiras estão sob a competência legal da OMC. Essa interpretação legal visa limitar a compatibilidade das regras da OMC à abordagem das externalidades ambientais geradas pelo consumo final dos produtos, o que provoca reação dos ambientalistas, que se preocupam tanto com as ca-

[3] Especificações de PPM que alteram as características finais do produto e, portanto, seu potencial de causar danos ambientais, tais como regulamentos sanitários para a produção de alimentos, regulamentos técnicos para a produção e consequente redução do teor de enxofre nos combustíveis etc.

[4] Especificações de PPM que não alteram as características finais do produto, como os regulamentos técnicos para redes de pesca – caso atum-golfinho.

racterísticas ambientais dos produtos quanto dos seus processos produtivos (as externalidades da produção), tais como eficiência energética, poluição atmosférica, geração de resíduos sólidos, risco de extinção de espécies etc.

Acordo sobre subsídios e medidas compensatórias

O tratamento do Gatt para os subsídios – apontados como mecanismos de distorção da produção global por alterarem as condições de competitividade dos mercados, acarretando má alocação de recursos – sempre o foi de reconhecer o direito das partes contratantes de adotar medidas compensatórias de seus efeitos e disciplinar tais medidas. A novidade da Rodada Uruguai é que, pela primeira vez, uma definição de subsídio no âmbito do Gatt foi alcançada: uma contribuição financeira do governo ou de qualquer órgão público que confere um benefício ao receptor. A contribuição financeira pode envolver uma transferência direta de fundos, transferências diretas potenciais de fundos ou passivos (garantias de empréstimos, por exemplo), isenção fiscal, compra de bens pelo governo ou oferecimento de bens e serviços outros que não constituam infraestrutura geral (Unctad, 1994).

Por essa definição, diferenciais de rigor de políticas ambientais nacionais certamente não caracterizam subsídio *implícito* (ou *subsídio à poluição*) e, portanto, não justificam a imposição de medidas compensatórias (Uimonen, op. cit.). Segundo essa interpretação, um país avançado não pode impor restrições de comércio sobre um PED que apresente uma política ambiental mais branda que a sua.

Do mesmo modo, a alegação de *dumping* ecológico, baseada em diferenciais de custos de produção favoráveis aos produtores de países com padrões ambientais mais brandos, também não encontra cobertura legal nos termos desse acordo. As diferenças de padrão ambiental são difíceis de serem comparadas quantitativamente, o que envolveria conhecer as vantagens de custo da indústria exportadora correspondentes às externalidades ambientais por ela acarretadas.

Assim, o acordo sobre subsídios e medidas compensatórias não oferece abrigo legal para a alegação de que os exportadores, sob uma legislação ambiental mais branda, usufruam de uma vantagem de custo, propiciada pela anuência do governo a práticas produtivas prejudiciais ao meio ambiente.

Outra novidade trazida pelo Acordo de Subsídios da Rodada Uruguai – seguindo a orientação da legislação dos Estados Unidos – é a divisão dos subsídios em categorias, iniciando por duas: subsídios proibidos e outros. Esses últimos são novamente divididos em duas categorias: os acionáveis pelos países importadores e os não acionáveis. Subsídios não específicos – aqueles oferecidos em geral e não exclusivamente para uma empresa, grupo de empresas ou certas indústrias – são considerados não acionáveis.

No geral, os subsídios específicos são acionáveis, mas alguns são permitidos (não acionáveis), particularmente os subsídios ambientais. Por exemplo, aqueles para a introdução de tecnologias ambientais, desde que provado que se trate de um subsídio concedido uma única vez, não ultrapasse 20% do investimento necessário e seja disponível para todas as firmas que possam adotar o novo processo ou equipamento (Uimonen, op. cit.). Também são considerados não acionáveis os subsídios concedidos para o cumprimento de regulações relativas a problemas ambientais no setor agrícola, conforme consta do acordo sobre agricultura.

Após a conclusão da Rodada Uruguai, a preocupação da comunidade internacional com problemas ambientais se tornou ainda mais pronunciada e, diante da ausência de uma organização internacional própria com capacidade de imposição legal de acordos na área ambiental, elevaram-se as pressões para o tratamento desses temas pela OMC.

MEIO AMBIENTE NA RODADA DOHA

A Rodada Doha inclui temas ambientais em seu mandato negociador sob o argumento geral de que a liberalização do comércio deve ser consistente com os objetivos de desenvolvimento sustentável dos países-membros da OMC. A ideia de que o livre-comércio pode avançar *pari passu* com o desenvolvimento sustentável está expressa no preâmbulo do Acordo de Marrakesh, que instituiu a OMC, e reafirmada no parágrafo 6 da Declaração Ministerial de Doha (WTO, 2001), que estabelece o mandato dessa rodada de negociações:

> Reafirmamos fortemente nosso compromisso com o objetivo do desenvolvimento sustentável, como consta no Preâmbulo do Acordo de Marrakesh. Estamos convencidos de que os objetivos de defesa e salvaguarda de um sistema comercial multilateral aberto e não discriminatório e ações para a proteção do meio ambiente e a promoção do desenvolvimento sustentável podem e devem apoiar-se mutuamente.

O debate sobre as relações entre comércio e meio ambiente costuma ser polarizado entre argumentos de ambientalistas e de defensores do livre-comércio internacional. Para os ambientalistas, o livre-comércio potencializa a escala de uso dos recursos naturais de modo não sustentável e se apresenta, portanto, como prejudicial ao meio ambiente. Segundo os argumentos ambientalistas, a OMC é um fórum atraente para avançar compromissos na área ambiental em virtude de seu poder para exigir o *cumprimento* das suas regras (*enforcement*).

Para os defensores do livre-comércio, as soluções para os problemas ambientais devem visar primordialmente a sua fonte causadora por meio de políticas ambientais domésticas adequadas (preferencialmente instrumentos econômicos), à exceção dos problemas com impactos transfronteiriços, cujas soluções devem ser buscadas em âmbito regional ou global. Os defensores do livre-comércio argumentam que as políticas comerciais agem indiretamente sobre os problemas ambientais e acrescentam falhas de governo às falhas de mercado (Bhagwati, 1996).

A agenda de negociações sobre meio ambiente na Declaração Ministerial de Doha (DMD) foi estabelecida em seus parágrafos 31-33, destacando-se dois temas com mandato negociador (WTO, op. cit.):

1. O estabelecimento de critérios e procedimentos para promover uma relação harmônica entre as medidas comerciais prescritas em Acordos Ambientais Multilaterais e as regras do sistema multilateral do comércio: "a relação entre as regras existentes da OMC e obrigações comerciais específicas estabelecidas em Acordos Ambientais Multilaterais" – parágrafo 31(i).
2. A liberalização do comércio de bens e serviços ambientais: "a redução ou, se apropriada, a eliminação de barreiras tarifárias e não tarifárias aos bens e serviços ambientais" – parágrafo 31(iii).

Outros temas com mandato negociador em Doha têm interface com questões ambientais, especialmente subsídios à pesca (parágrafo 28 da DMD) e agricultura (parágrafos 13 e 14 da DMD).

Acordos Ambientais Multilaterais e a OMC

A importância de Acordos Ambientais Multilaterais (MEAs – Multilateral Environmental Agreements) para o combate aos problemas ambientais transfronteiriços, regionais ou globais, é reconhecida por toda a comunidade internacional. Os MEAs, em geral, são colocados em prática pelo Programa de Meio Ambiente das Nações Unidas (Unep – United Nations Environment Programme) e constituem, portanto, acordos de direito internacional em paralelo àqueles firmados no âmbito da OMC.

O número de MEAs cresceu extraordinariamente nas últimas décadas. Atualmente, cerca de duzentos MEAs estão em vigência, dos quais ao menos vinte incorporam medidas comerciais. Dentre estes, destacam-se:

- Convenção sobre o Comércio Internacional de Espécies da Fauna e Flora Selvagens Ameaçadas de Extinção (1973);
- Protocolo de Montreal sobre Substâncias que Destroem a Camada de Ozônio (1987);
- Convenção da Basileia sobre o Controle dos Movimentos Transfronteiriços de Resíduos Perigosos e sua Eliminação (1989);

- Convenção sobre Diversidade Biológica (1992);
- Convenção de Roterdã sobre o Procedimento de Consentimento Prévio Informado para o Comércio Internacional de Determinadas Substâncias Químicas e Pesticidas Perigosos (1998);
- Protocolo de Cartagena sobre Biossegurança – acordo suplementar da Convenção sobre Diversidade Biológica (2000);
- Convenção de Estocolmo sobre Poluentes Orgânicos Persistentes (2001).

Vale notar que, apesar de em número relativamente reduzido, os MEAs que incorporam medidas comerciais são, em sua maioria, de grande relevância em razão da abrangência do número de países signatários e do problema ambiental focalizado, isto é, com impacto global. As medidas comerciais nos MEAs assumem diversas formas, cujas principais são (WTO, 2004):[5]

- exigências de informação sobre o comércio de produtos particulares;
- rotulagem ou outras exigências de identificação;
- proibições de exportações e/ou importações;
- impostos e outras medidas fiscais e não fiscais, tais como restrições para compras governamentais.

O potencial de conflito entre as medidas comerciais dos MEAs e as regras do sistema multilateral de comércio é tema presente na agenda de trabalho do Comitê sobre Comércio e Meio Ambiente (CTE – Committee on Trade and Environment) da OMC desde o momento de sua instalação em 1º de janeiro de 1995.

Até o momento, nenhum conflito referente a inconsistências entre regras dos MEAs e da OMC foi registrado na OMC, ou seja, nenhum país-membro instalou uma disputa oficial sob a alegação de que estaria sofrendo qualquer discriminação comercial de outro membro, este sob o amparo de um MEA. A inexistência de conflitos, após décadas de convivência entre marcos jurídicos concorrentes, serve de argumento para aqueles que defendem a posição negociadora do *deixe como está* sobre essa matéria.

Persiste, entretanto, o potencial de conflito, explicitado em 2000 pela controvérsia entre o Chile e a União Europeia sobre a conservação e exploração sustentável das reservas de peixe-espada no Oceano Pacífico. Esse caso foi resolvido de maneira diplomática pelas duas partes, que concordaram em não levar adiante a controvérsia em nenhuma das duas instâncias inicialmente acionadas – a OMC pela União Europeia e o Tribunal dos Mares (ITLOS – International Tribunal for the Law of the Sea) pelo Chile.[6]

[5] Para uma descrição aprofundada das medidas comerciais de vários MEAs, ver o documento WTO (2003).

[6] Para mais detalhes sobre este caso, ver WTO (2004).

O *caso peixe-espada* reforçou a preocupação com a necessidade de estabelecer critérios ou princípios para dirimir eventuais conflitos entre MEAs e OMC, contribuindo para a inclusão desse tema no mandato negociador da Declaração Ministerial de Doha.

Decorridos dez anos do início dos trabalhos no CTE sobre as *relações entre MEAs e OMC*, inclusive sob o mandato negociador de Doha a partir de 2001, houve pouco avanço no entendimento desse tema no âmbito da OMC.

Nas discussões contidas no parágrafo 31(i), duas abordagens principais são apresentadas: a identificação e a discussão de obrigações comerciais específicas estabelecidas em MEAs; e uma discussão conceitual mais ampla sobre as relações entre a OMC e MEAs.

Com a proximidade da Reunião Ministerial da OMC em Hong Kong, em dezembro de 2005, as discussões sobre esse tema se aceleraram e parecia provável o alcance de um *acordo antecipado* (*early harvest*). A Suíça apresentou uma proposta defendendo a necessidade de estabelecer certos princípios e parâmetros para governar as relações entre OMC e MEAs, quais sejam, princípio de não hierarquia, apoio mútuo e respeito entre os regimes jurídicos comerciais e ambientais.

A proposta da Suíça (WTO, 2005b) recebeu apoio explícito das Comunidades Europeias (União Europeia e outros países europeus). Vários outros países alegaram que o mandato do parágrafo 31(i) era muito mais restrito – sobre regras da OMC e obrigações comerciais específicas constantes em MEAs – e que não cabia estendê-lo para tratar das relações em geral entre esses dois regimes jurídicos. Um ponto ressaltado pelos países que reagiram criticamente à proposta suíça é que o mandato negociador do parágrafo 31(i) não trata dos conflitos que possam surgir entre países-membros e não membros de um MEA, ou seja, está circunscrito a estabelecer critérios para a solução de conflitos entre países-membros da OMC e que, simultaneamente, são membros de algum MEA. Essa delimitação do mandato, já acordada anteriormente pelas delegações negociadoras do parágrafo 31(i), tem por objetivo proteger direitos no âmbito da OMC de qualquer um de seus membros que não seja parte de um MEA.

Para ilustrar essa restrição ao mandato negociador do parágrafo 31(i), pode-se imaginar o caso dos Estados Unidos, país não signatário do Protocolo de Cartagena sobre Biossegurança, alegar inconsistência entre as exigências desse MEA para rotulagem de produtos que contêm organismos geneticamente modificados e as regulamentações sobre rotulagem da OMC, conforme o Acordo sobre Barreiras Técnicas ao Comércio. Nesse caso, o conflito seria julgado dentro das regras estabelecidas exclusivamente pela OMC, desconsiderando o que prescreve o Protocolo de Cartagena, ou seja, sem qualquer amparo do acordo resultante do processo negociador do parágrafo 31(i).

A delegação brasileira participou das discussões sobre o mandato do parágrafo 31(i) ressaltando sua importância, mas sua posição, no geral, foi de não assumir compromissos sobre a matéria em pauta por considerar que "qualquer discussão sobre princípios gerais para reger a relação OMC-MEA seria prematura" (WTO, 2005a). Posição semelhante foi defendida por outros PED, como México e Argentina, e também pelos Estados Unidos:

> Os Estados Unidos também concordaram que as delegações deveriam concentrar o foco na troca de experiências nacionais sobre obrigações comerciais específicas estabelecidas nos MEAs em vez de visar amplos princípios gerais sobre a relação OMC-MEA, o que poderia fugir ao âmbito do mandato do parágrafo 31(i). (WTO, 2005a)

Assim, após longos anos de discussões e inúmeras reuniões negociadoras, o coordenador das reuniões da Sessão Especial do CTE, instância negociadora do parágrafo 31(i), concluiu da seguinte forma os resultados alcançados:

> Apesar do amplo debate realizado nos termos do parágrafo 31 (i), há ainda muito trabalho a ser feito. A fim de obter progressos nas negociações em 2006, os Membros terão de fazer um balanço de suas discussões até o momento e se engajar em trabalho de fundo, com o objetivo de alcançar um resultado desejável e cumprir o mandato. (Ibid.)

Sobre a relação OMC-MEA, o mandato negociador de Doha inclui ainda o parágrafo 31(ii):

> procedimentos para intercâmbio regular de informações entre os Secretariados dos Acordos Ambientais Multilaterais e os comitês pertinentes da OMC, e os critérios para a garantia de *status* de observador. (WTO, 2001)

No tocante ao intercâmbio de informações, várias sugestões foram feitas, tais como: a formalização de sessões de informação dos secretariados dos MEAs nas reuniões do CTE; a organização de eventos conjuntos entre a OMC, o Programa de Meio Ambiente das Nações Unidas (Unep – United Nations Environment Programme) e os secretariados dos MEAs; o incentivo ao intercâmbio regular de documentos etc. Com relação ao *status* de observador, foram sugeridos critérios gerais para garanti-lo a organizações intergovernamentais, tais como a Unep, a Conferência sobre Comércio e Desenvolvimento das Nações Unidas (Unctad – United Nations Conference on Trade and Development) e a Organização para Cooperação e Desenvolvimento Econômico (OCDE).

Tal como se deu com as negociações acerca do parágrafo 31(i), várias sugestões foram feitas, mas nenhuma decisão concreta foi tomada referente ao mandato negociador do parágrafo 31(ii).

Liberalização do comércio de bens e serviços ambientais

O parágrafo 31(iii) da Declaração Ministerial de Doha trata da liberalização do comércio de bens e serviços ambientais: "a redução ou, se apropriada, a eliminação de barreiras tarifárias e não tarifárias aos bens e serviços ambientais" (WTO, 2001).

O mandato negociador sobre bens e serviços ambientais nos termos do parágrafo 31(iii) foi fragmentado em três instâncias negociadoras na OMC: o Grupo de Negociação sobre Acesso a Mercado para Produtos Não Agrícolas (Nama – Non-Agricultural Market Access) encarrega-se da negociação sobre a liberalização do comércio de bens ambientais; o Comitê de Comércio e Meio Ambiente-Sessão Especial (CTE-SS – Committee on Trade and Environment Special Session) discute a definição de bens ambientais; e a Sessão Especial do Conselho de Comércio de Serviços (CTS-SS – Special Session of the Council for Trade in Services) negocia a liberalização do comércio de serviços ambientais.

Os serviços ambientais são negociados da mesma maneira que os demais serviços, ou seja, com base em pedido e oferta dos membros. Essas negociações tomam por base a classificação setorial de serviços do Gats, em que o setor serviços ambientais abrange quatro subsetores: serviços de esgoto; tratamento e disposição de resíduos; serviços de saneamento e similares; e outros. Várias ressalvas foram feitas a essa classificação, mas não se avançou para propostas concretas sobre a definição e o escopo do que se entende por serviços ambientais, tampouco se avançou em pedidos e ofertas de liberalização desses serviços pelos países-membros.[7]

No que diz respeito à definição de bens ambientais, dois enfoques foram inicialmente apresentados ao CTE-SS: o *enfoque conceitual*, que frisa a importância da definição de critérios precisos antes de qualquer tentativa de sugerir uma lista de produtos (abordagem de cima para baixo, *top down approach*); e o *enfoque de lista*, que privilegia a proposição de uma lista de bens, antes mesmo de se esgotarem os esclarecimentos sobre critérios (abordagem de baixo para cima, *bottom up* ou *list-driven approach*). Esse último tem dominado as discussões desde o início dos trabalhos do CTE-SS, por causa do pioneirismo da OCDE em propor uma lista de bens e serviços ambientais para propósitos analíticos, isto é, uma lista ilustrativa para o estudo da indústria ambiental global (OCDE, 2005).

A predominância do enfoque de lista em meio ao processo negociador sobre bens ambientais no âmbito do CTE-SS no primeiro semestre de 2005 fazia crer que os membros alcançariam uma proposta consensual sobre uma lista para ser levada para a Conferência Ministerial de Hong Kong. De fato, até o final de agosto de 2005, sete países ou grupos regionais de países da

[7] Para mais detalhes sobre a negociação em serviços ambientais, ver Almeida; Presser (2006b).

OCDE (Canadá, Comunidades Europeias, Japão, Coreia, Nova Zelândia, Suíça e Estados Unidos) e dois outros membros da OMC (Catar e Taiwan) apresentaram suas propostas de listas ao CTE-SS.

Para os PED, o enfoque de lista estava priorizando os interesses exportadores de bens ambientais dos PD, que são líderes no mercado mundial desses produtos. Os PED são importadores líquidos de bens e serviços ambientais e apresentam um nível de proteção tarifária dos bens ambientais mais elevado do que nos PD.[8]

A proposta da Índia, apresentada em junho de 2005 (WTO, 2005d), identificada como *enfoque de projeto* (*environmental project approach*), veio a alterar completamente a dinâmica das negociações no âmbito do CTE-SS. No enfoque de projeto, somente os bens e serviços ambientais especificados em projetos ambientais – elaborados de acordo com critérios definidos pelo CTE-SS e com o aval das respectivas autoridades nacionais designadas – seriam qualificados para a liberalização de seu comércio, em caráter temporário e conforme o período de duração de cada projeto. A liberalização do comércio dos bens e serviços ambientais ficaria totalmente condicionada a sua vinculação com projetos ambientais nacionais.

Os PD, de modo geral defensores do enfoque de lista e interessados em acelerar o ritmo do processo negociador e obter compromissos de liberalização em Hong Kong, não concordaram com a proposta da Índia, alegando uma série de problemas práticos para sua introdução. As reações que se seguiram à proposta da Índia não foram capazes de construir um novo consenso para definir o escopo das negociações em bens ambientais.

A Argentina apresentou uma proposta ao CTE-SS em outubro de 2005 (WTO, 2005e), identificada como *enfoque integral*, na qual procurava conciliar o enfoque de projeto da Índia com o enfoque de lista privilegiado pelos PD. A lista, nesse caso, compreenderia categorias de projetos ambientais e respectivos bens ambientais envolvidos. As autoridades domésticas nacionais aprovariam a liberalização desses bens. Foi considerada por Estados Unidos, União Europeia e Canadá apenas como uma variante da proposta da Índia, considerada excessivamente burocrática e de difícil introdução, entre outros problemas (Bridges, 2005).

O governo brasileiro, mais preocupado com os impactos comerciais da liberalização, insistiu em melhor definição de bens ambientais (o enfoque conceitual) antes de firmar qualquer compromisso com base em listas.

A proposta do Brasil ao CTE-SS (WTO, 2005f), apresentada em julho de 2005, partiu da constatação de que os PED exportam bens intensivos em recursos naturais, entre os quais bens produzidos por comunidades ricas em conhecimento tradicional. O argumento central desta proposta era que

[8] A assimetria do mercado mundial de bens e serviços ambientais entre PD e PED é abordada em Almeida; Presser (2005), com base em diversas fontes estatísticas.

uma adequada definição de bens ambientais poderia levar a uma situação de ganhos triplos: preservação do meio ambiente, liberalização comercial e redução da pobreza. Defendia, portanto, a inclusão da categoria *produtos ambientalmente preferíveis* para incorporar bens ambientais importantes para PED (com base em Unctad, 2003).

Alguns produtos ambientalmente preferíveis de importância para o Brasil são citados nessa proposta, tais como fibras e corantes naturais, produtos florestais não madeireiros e energia renovável, com destaque para o etanol e o biodiesel. Como não se tratava de uma proposta acabada, mas voltada essencialmente para defender o enfoque conceitual nas negociações de bens ambientais e, adicionalmente, ressaltar a importância de produtos ambientalmente preferíveis, a proposta brasileira veio a defender uma gama muito diversa de produtos como bens ambientais, englobando desde produtos oriundos da agricultura familiar ou de comunidades tradicionais, aos produtos do agronegócio (etanol) e das empresas transnacionais da indústria automobilística (automóveis com motores *flex* – para uso de gasolina ou etanol).

A contribuição ao desenvolvimento sustentável de produtos ambientalmente tão distintos certamente é sujeita a controvérsias. De resto, o procedimento de negociação proposto pelo Brasil baseado em *pedido e oferta* (*request-offer procedure*), justificado como adequado para promover o equilíbrio das concessões levando em consideração os diferentes níveis de desenvolvimento dos países, foi recebido como mera variação da proposta negociadora baseada em lista de bens ambientais.

Impasses nas negociações ambientais na Rodada Doha

A previsão inicial era que as negociações da Rodada Doha, como um todo, fossem concluídas na Conferência Ministerial da OMC em Hong Kong, em 2005. Entretanto, estão suspensas desde julho de 2006 e, no momento, com remotas chances de retomada.

De modo geral, o meio ambiente foi um tema ausente na Conferência Ministerial da OMC em Hong Kong. Algum avanço concreto era esperado sobre a negociação de liberalização de bens e serviços ambientais, único tema ambiental em destaque na Conferência. Apesar da tentativa dos países que vinham liderando o enfoque de lista em se extrair um texto consensual sobre a abordagem a ser privilegiada, ao final, o *acordo* alcançado em Hong Kong foi meramente para instruir os membros a concluir seus trabalhos de acordo com o parágrafo 31(iii), de forma expedita. Esta é a única recomendação que consta da Declaração Ministerial de Hong Kong (WTO, 2005g) para todos os temas dentro do mandato negociador do parágrafo 31.

Uma vitória não esperada pelo movimento ambientalista foi ter assegurado, nessa Conferência Ministerial de Hong Kong, um compromisso referente ao mandato negociador do parágrafo 28 da Declaração Ministerial de Doha sobre Regras – *antidumping*, subsídios e medidas compensatórias, inclusive subsídios à pesca. A Declaração Ministerial de Hong Kong (anexo D) estabelece que os membros devem fortalecer as disciplinas referentes aos subsídios à pesca, inclusive por meio da proibição de subsídios que incentivem a capacidade ociosa da frota pesqueira e a pesca excessiva. Estabelece, ainda, que medidas de tratamento especial e diferenciado, apropriadas e efetivas, devem ser parte integral das negociações sobre subsídios à pesca, levando em consideração a importância desse setor para promover o desenvolvimento, a redução da pobreza, a subsistência e as preocupações com segurança alimentar dos PED.

Essa vitória na OMC, contra as fortes resistências inicialmente apresentadas por Japão e Coreia, resultou do esforço de cooperação de um grupo muito diverso de países-membros. De um lado, um grupo identificado como *Amigos dos peixes* (*Fish Friends Group*), responsável por enfatizar a dimensão ambiental das negociações sobre subsídios à pesca (Austrália, Argentina, Chile, Equador, Nova Zelândia, Filipinas, Peru, Noruega, Islândia e Estados Unidos). Do outro, PED, liderados pelo Brasil, que ressaltaram a necessidade de medidas efetivas de tratamento especial e diferenciado para suprir suas necessidades peculiares.

CONSIDERAÇÕES FINAIS

Essa breve análise das negociações sobre o tema comércio e meio ambiente na Rodada Doha da OMC permite avaliar, primeiro, em que medida essas negociações apresentaram algum avanço. O avanço alcançado desde a instauração da Rodada Doha até sua suspensão ocorreu no plano da realização de estudos e esforços analíticos que fundamentaram as discussões sobre procedimentos para o processo negociador.

Nenhuma decisão concreta foi alcançada sobre os temas ambientais em pauta, à exceção das normativas de sustentabilidade ambiental para os subsídios à pesca que constaram na Declaração Ministerial de Hong Kong de 2005. Ficaram evidentes as limitações para se avançar compromissos ambientais multilaterais na OMC. Mesmo quando parecia haver um *avanço* nas negociações, como ocorreu com as discussões sobre bens ambientais no CTE-SS ao longo de 2005, o que estava em jogo eram interesses comerciais, disfarçados de compromissos com o desenvolvimento sustentável. Quando houve propostas que procuravam assegurar *ex ante* ganhos ambientais da liberalização do comércio de bens e serviços ambientais, como visavam as propostas da Índia e da Argentina, mas que limitavam o *livre* acesso aos mercados, surgiram reações contrárias de PD e PED.

Em segundo lugar, cabe avaliar como os conflitos Norte-Sul se apresentaram nessas negociações sobre temas ambientais na OMC. Maior polarização não se verificou em todas as matérias em pauta. Nas discussões sobre a relação entre MEA-OMC, de modo geral os PED, inclusive o Brasil, se alinharam com os Estados Unidos para barrar a pressão das Comunidades Europeias e da Suíça em favor de compromissos concretos e mais abrangentes sobre o tema. A maior heterogeneidade dos grupos negociadores foi também evidente nas discussões sobre a definição de bens ambientais: os PD não conseguiram apresentar uma proposta minimamente consensual entre eles, tampouco os PED. É bem verdade que as negociações sobre este tema sofreram influência direta da polarização Norte-Sul que ocorreu de modo geral nas negociações em Nama. Na questão de subsídios à pesca, a polarização Norte-Sul evidentemente não se colocou, pois o embate foi, sobretudo, entre os Amigos dos peixes *versus* Japão e Coreia.

As alianças para as negociações dos temas ambientais foram diversas daquelas formadas para os demais temas com mandato negociador na Rodada Doha, para os quais houve maior unidade dos PED, em especial para as negociações sobre acesso a mercado para produtos agrícolas, onde evidentemente se confrontaram com o protecionismo dos PD. Em síntese, a composição de forças nas negociações ambientais se orientaram fundamentalmente pela identificação de *ganhos ou perdas comerciais*, que mudavam conforme o produto ou tema em pauta, e não por propósitos ambientais comuns.

Por fim, resta avaliar se as propostas negociadoras apresentadas pelo Brasil procuraram conciliar interesses comerciais com ambientais. No tocante às negociações sobre bens e serviços ambientais, a posição brasileira foi de não assumir compromissos adiantados (*early commitments*) nas negociações em Nama e Gats. Em particular, considerou mais prudente que a liberalização de bens ambientais ocorresse após se conhecer as posições negociadoras de liberalização sobre todos os bens (*across-the-board liberalization*), visando alcançar um equilíbrio entre a liberalização em agricultura e a liberalização em bens industriais e serviços adequado às necessidades do desenvolvimento.

De modo geral, o Brasil manteve, nas negociações da Rodada Doha, a sua posição negociadora tradicional sobre temas ambientais na OMC: não se comprometer com disciplinas ambientais nesse fórum, uma vez que a percepção é de predomínio de riscos de perdas comerciais sobre possíveis ganhos, comerciais e ambientais, com essas negociações. Esse receio ficou patente mesmo quando da negociação sobre a relação MEA-OMC, tendo o Brasil se aliado aos Estados Unidos, entre outros, para evitar qualquer tentativa de se estabelecer princípios que pudessem subverter o primado das regras da OMC sobre os MEAs. Nesse caso, a posição brasileira revelou-se paradoxal, pois como um forte defensor dos direitos e das obrigações prescritos pela Convenção sobre Diversidade Biológica sobre aqueles assegurados pelo Acordo sobre Propriedade Intelectual da OMC, era ao menos esperado maior protagonismo do Brasil ao tratar das relações MEA-OMC.

14
A FORMAÇÃO DO REGIME INTERNACIONAL DE TRABALHO

Kjeld Aagaard Jakobsen

INTRODUÇÃO

O conteúdo das regras e normas que, em tese, poderiam fomentar ações articuladas do movimento social e sindical internacionalmente emana, sobretudo, de regimes internacionais estado-centrados, a exemplo dos direitos humanos universais, da preservação do meio ambiente e também dos direitos fundamentais do trabalho.

Começaremos pela descrição dos diferentes arranjos do regime internacional de trabalho considerando princípios, regras, normas, modos de direção e atores. Assim, verificaremos seus limites, as possibilidades diante da flexibilização de direitos trabalhistas e a instabilidade do mercado de trabalho em um contexto de redução da presença do Estado na economia, fenômenos que se intensificaram a partir dos anos 1980.

As medidas introduzidas naquele momento para promover o mercado autorregulado provocaram alguns debates sobre a ordem econômica e social desejável, no entanto, sem soluções convincentes. Contudo, a pressão política pela regulação dos negócios e, em particular, das atividades de Empresas Multinacionais (EMNs) cresceu nos anos 1990, inicialmente, por causa das acusações contra algumas grandes empresas mineradoras e petroleiras – por abusos de direitos humanos em suas áreas de operação, bem como pelos rumores de seu envolvimento no fomento de conflitos armados e golpes de Estado para favorecer a aquisição de concessões – e, posteriormente, pela divulgação de que havia abusos de todo tipo também em outros setores produtivos (Rathgeber, 2006).

Os principais regimes de trabalho estado-centrados em consideração no texto são a OIT (Organização Internacional do Trabalho), com destaque a suas Normas de Trabalho Fundamentais; as Diretrizes para Empresas Multinacionais da Organização de Cooperação e de Desenvolvimento Econômico (OCDE) e os arranjos incluídos em alguns tratados de integração regionais.

OIT E AS NORMAS FUNDAMENTAIS DE TRABALHO

Até o fim do século XIX e início do século XX, houve várias tentativas de promover encontros governamentais supranacionais para discutir a aprovação de leis comuns relativas ao trabalho e criar mecanismos para aplicá-las. Por exemplo, em 1900, durante um desses encontros, foi fundada a Associação Internacional de Legislação do Trabalho, que realizou diversas conferências posteriores e, de certa maneira, foi precursora da OIT.

A primeira Revolução Socialista na forma prevista por Marx ocorreu na Rússia, em 1917 – paradoxalmente, em um país onde nem o capitalismo estava tão adiantado nem o proletariado era tão expressivo se comparado com Inglaterra, França ou Estados Unidos. No entanto, a revolução convenceu muitos governantes de que a questão social deveria ser tratada com maior atenção e concerto daí em diante. Inclusive, os dois primeiros países a constitucionalizar direitos trabalhistas foram a URSS e o México, país que também passou por um processo revolucionário entre 1910 e 1918, embora com desdobramentos muito diferentes da Rússia.

A Primeira Guerra Mundial terminou em 1918 com a derrota da Alemanha e seus aliados. No bojo das negociações de paz em Versalhes, também havia preocupações em relação à *questão social*, pois, terminada a guerra, os trabalhadores voltaram a pressionar pelo atendimento de suas reivindicações, e o exemplo da Revolução Russa estava muito presente, além das tentativas revolucionárias debeladas na Alemanha e Hungria logo após o fim da guerra.

Além disso, aos Estados Unidos, que já despontavam como potência mundial, interessava a paz na Europa e a introdução de regras que favorecessem o livre-comércio para expandir sua economia. Isso fazia parte da proposta dos *14 pontos para a paz* apresentados pelo então presidente Woodrow Wilson durante as conversações em Versalhes.

Essa visão liberal favoreceu a criação da OIT como um instrumento para igualar as condições de competitividade entre nações e liberalizar o comércio sem colocar os níveis de vida em perigo (Polanyi, 2009).

Por fim, um setor importante dos socialistas em nível mundial já não era partidário da revolução proposta por Marx e sim a favor de reformas, cujo espírito seria contemplado na Parte XIII do Tratado de Versalhes, a qual aprovou a criação da OIT e uma *Carta de Trabalho*. Esta, apresentou uma série de princípios, entre eles:

> [...] o trabalho não é uma mercadoria; a liberdade de expressão e de associação é essencial para o progresso constante; a pobreza em qualquer lugar constitui um perigo para a prosperidade de todos; a luta contra a necessidade deve prosseguir com energia incessante em cada nação e mediante um esforço internacional, contínuo e concertado, no qual os representantes dos trabalhadores e empregadores, colaborando em pé de igualdade com os representantes dos governos, participem em discussões livres e em discussões de caráter democrático com o fim de promover o bem estar comum. (OIT, 1998; p.7)

Particularmente, o último princípio que propunha o concerto tripartite rompia com o materialismo histórico de transformação social via luta de classes e revolução.

Todo o funcionamento da OIT é tripartite: desde a composição de seu Conselho de Administração – 28 representantes governamentais, 14 dos trabalhadores e 14 dos empresários – passando pelo quadro funcional do escritório sede em Genebra e de outras estruturas regionais ou nacionais, até a composição de reuniões de mera consulta, embora nas votações os governos representem 50% e os trabalhadores e empregadores, 25% cada.

Além de defender seus princípios, o papel da OIT é elaborar normas trabalhistas, estimular sua introdução nos países-membros e promover sua aplicação. Elas se expressam por meio de convenções, recomendações e declarações, e sua figura jurídica mais importante é a convenção que normalmente vem acompanhada por uma ou mais recomendações. Todas são negociadas e aprovadas nas conferências anuais da OIT que, formalmente, são a instância máxima da organização, composta por delegações tripartites de cada estado-membro.

Nessas conferências, são debatidos vários aspectos relacionados ao trabalho, e há um mecanismo para que as convenções e recomendações afins sejam negociadas e aprovadas. Além dessa atividade anual, ocorrem, periodicamente, reuniões especiais sobre temas específicos que também podem aprovar recomendações e declarações.

Uma vez aprovada uma convenção, ela é submetida à apreciação de cada estado nacional-membro da OIT, que decide se a ratifica ou não. Uma vez ratificada, a legislação nacional deve ser adaptada ao conteúdo da convenção da melhor maneira possível para assegurar sua eficácia.

É possível relacionar os temas em discussão nas convenções com aspectos conjunturais de cada momento ao longo deste quase um século. A Convenção número 1, por exemplo, tratou da regulamentação da jornada de trabalho na indústria e das demais, aprovadas entre 1919 e 1939 (início da Segunda Guerra Mundial), que tratavam também de várias reivindicações dos trabalhadores que vinham sendo defendidas desde o século XIX, como a proteção ao desemprego, à maternidade, ao trabalho noturno e aos acidentes de trabalho; a idade mínima para o trabalho na indústria; o descanso semanal; o seguro contra doença, velhice, invalidez e morte etc.

Os temas tratados durante o período da Guerra Fria – 1948-89 – buscavam fortalecer os mecanismos de concerto social do *liberalismo embutido* instituído na maioria dos países industrializados do pós-Segunda Guerra Mundial. As convenções da época tratavam de liberdade sindical, negociação coletiva, trabalhadores migrantes, política de emprego, discriminação, igualdade de pagamento, representação sindical, estatística de trabalho, servidores públicos e trabalho forçado,[1] entre outros, e tratavam também das *modernas* ameaças à saúde no trabalho por causa do contato com radiações, benzeno e amianto, e a possibilidade de adquirir diferentes tipos de câncer.

O novo paradigma de acumulação e o neoliberalismo também influenciaram o mecanismo de formulação de normas e seu conteúdo. Os temas discutidos eram relacionados às novas formas de trabalho, como a convenção sobre trabalho em tempo parcial, o trabalho a domicílio, a intermediação de trabalho, os créditos em caso de falência, entre outros; no entanto, com formulações menos determinativas em comparação com as normas anteriores.

Atualmente, há mais de 170 países-membros da OIT e cerca de duzentas convenções aprovadas. Aproximadamente 25% se referem a normas específicas sobre os direitos de trabalhadores no mar que, justamente por estarem no mar, vivem uma situação particular.

Entre o conjunto de convenções, existe um núcleo com origem em normas internacionais de direitos humanos fundamentais: são as oito convenções e suas recomendações, que tratam da promoção da liberdade sindical e da negociação coletiva, bem como da proteção contra trabalho forçado, trabalho infantil e discriminação de qualquer espécie no mercado de trabalho.

O núcleo também tem sido denominado Normas Fundamentais do Trabalho e é composto pelas convenções 87, de 1948, sobre a liberdade sindical e o direito de sindicalização; 98, de 1949, sobre o direito de sindicalização e negociação coletiva; 29, de 1930, sobre o trabalho forçado; 105, de 1957, sobre a abolição do trabalho forçado; 138, de 1973, sobre idade mínima; 182, de 1999, sobre abolição das piores formas de trabalho infantil; 100, de 1951, sobre igualdade de remuneração; e a 111, de 1958, sobre discriminação no emprego e ocupação.

Essas convenções são consideradas fundamentais, porque pressupomos que, se forem plenamente respeitadas, os trabalhadores serão capazes de defender seus interesses. Se todos puderem se organizar livremente e negociar periodicamente seus contratos de trabalho com os empregadores,

[1] *Trabalho forçado* é um termo espanhol que significa trabalho escravo. Em 1957, aprovou-se a Convenção 105 que proibia o trabalho forçado de prisioneiros de consciência ou por razões político-ideológicas. Era uma medida voltada à condenação dos *Gulags* da União Soviética, dos *campos de reeducação* na China e outros.

sem ter de competir no mercado de trabalho com escravos e crianças ou com grupos sociais discriminados que trabalham por menos, em tese, os contratos seriam justos e firmados de maneira democrática.

As eventuais violações de qualquer norma da OIT podem ser denunciadas por meio da apresentação de queixas que serão analisadas em suas diferentes instâncias. Inicialmente, os comitês que tratam dos diferentes assuntos solicitarão esclarecimentos ao governo do país em questão e, posteriormente, à luz dos fatos emitirão pareceres reconhecendo ou não (ou em parte) a procedência da queixa, fazendo também alguma recomendação para lidar com o problema. Se a queixa for sobre violação da liberdade sindical, será tratada pelo Comitê de Liberdade Sindical do Conselho de Administração, que se reúne três vezes ao ano para analisar os casos apresentados.

Em cada conferência anual, uma Comissão de Aplicação de Normas se reúne para discutir e emitir resoluções sobre o desenvolvimento da aplicação das normas no geral e em países específicos. O segundo caso, normalmente, envolve países onde determinadas normas são violadas costumeiramente e visa a pressioná-los, pelo menos moralmente, para que corrijam o problema. Os casos piores são mencionados em um *parágrafo especial* da resolução. Há, ainda, a possibilidade de ser aprovado um monitoramento direto do problema por meio de comissões de investigação ou da instalação de um representante especial e permanente da OIT no país em questão. No limite, o país acusado pode perder o direito de voto na organização, como prevê o artigo 33 da Constituição da OIT.

O conjunto de normas da OIT forma um arcabouço jurídico de direitos que, pela articulação entre sua formulação em nível internacional e suas ratificações nacionais deveria implicar ampla aceitação e representar um regime eficaz. Porém, isso está longe da realidade, pois falta muito para assegurar que as normas sejam respeitadas universalmente. Além disso, particularmente, ao longo dos últimos anos, ficou claro que a OIT, embora estado-centrada, não possui *dentes* para coagir seus membros a serem mais exigentes em garantir o cumprimento local, pelo menos, das convenções fundamentais.

No entanto, ao longo dos últimos anos, suas Normas Fundamentais de Trabalho se tornaram referência para a criação de novos mecanismos de proteção dos direitos trabalhistas e também para fortalecer o funcionamento da própria organização. Além de referência aos arranjos centrados no Estado, as normas também se tornaram referência aos *arranjos* de *baixo para cima* (*bottom up*) que contam com maior incidência social e sindical.

Como detalharemos adiante, o movimento sindical buscou outros instrumentos internacionais para fortalecer o cumprimento das normas fundamentais de trabalho, em particular sua vinculação com acordos de livre-comércio tentando utilizar seus instrumentos de sanção. Isso acontecia, principalmente, por causa do argumento da falta de poder coercitivo da OIT e, assim, provocou indiretamente a discussão sobre a necessidade de fortalecer o papel da organização.

Desse modo, foram adotadas várias medidas no âmbito da OIT, entre elas:

- uma campanha para ampliar o número de ratificações nacionais das convenções que compõem as normas fundamentais de trabalho;
- a aprovação da Convenção 182, que abole as piores formas de trabalho infantil;
- a revisão e ampliação da Declaração Tripartite de Princípios sobre Empresas Multinacionais e Política Social da OIT;
- a aprovação da Declaração de Princípios e Normas Fundamentais no Trabalho;
- a instalação de um grupo de trabalho *ad hoc* para analisar a Dimensão Social da Globalização; e
- uma campanha mundial pela introdução de uma agenda de Trabalho Decente.

Especificamente em relação às EMNs, havia sido aprovada a Declaração Tripartite de Princípios sobre Empresas Multinacionais e Política Social da OIT, em 1977, que foi revista e ampliada em 2000. A declaração foi uma resposta às reivindicações de governos de Países em Desenvolvimento (PED) e sindicatos que sentiam a necessidade de regulamentar internacionalmente a conduta das EMNs e a relação delas com os países onde se instalavam (IOS, 2004). Estavam, inclusive, sendo estabelecidas zonas francas de exportação em vários desses países, além de haver uma preocupação com a ausência geral de regras (Scherrer; Greven, 2001).

A declaração conta com oito partes que tratam de promoção do emprego, segurança no emprego, formação profissional, condições de trabalho e de vida, segurança e higiene no trabalho, sistema de consultas, exame de reclamações e mecanismo de solução de conflitos.

Em 1998, a direção da OIT lançou uma campanha para ampliar a quantidade de ratificações das Normas Fundamentais de Trabalho. Por exemplo, a Convenção 138, que determina a idade mínima para o trabalho, havia sido aprovada em 1973, mas 25 anos depois, menos da metade dos países-membros a haviam ratificado. Essa campanha foi bem-sucedida e o número de ratificações das normas fundamentais ampliou-se significativamente. O Brasil, por exemplo, ratificou a Convenção 138 nessa época e definiu a idade de 16 anos como a mínima para o trabalho, permitindo o trabalho a partir dos 14 anos apenas como forma de aprendizagem.

O Conselho de Administração da OIT aprovou, nesse mesmo ano, a Declaração de Princípios e Direitos Fundamentais no Trabalho, que reforçava a importância das convenções e recomendações fundamentais cujo conteúdo fosse considerado normativo para todos os países-membros, independentemente das ratificações individuais das Normas Fundamentais no Trabalho.

Foi nomeada também uma comissão de especialistas da organização para produzir relatórios anuais de avaliação global sobre o grau de cumprimento e progresso de cada uma delas, consecutivamente. Tais relatórios, ao serem discutidos e aprovados nas conferências anuais da OIT, permitem avaliar o progresso conseguido, não apenas globalmente, mas também em cada país.

O passo seguinte foi a criação de uma Comissão sobre a Dimensão Social da Globalização, proposta pela OIT com a participação de uma série de personalidades notáveis[2] e financiada pela organização. Entretanto, a comissão tinha autonomia e seus trabalhos foram codirigidos pelos presidentes da Finlândia e Tanzânia. O relatório de seu trabalho foi depois aprovado pelo Conselho de Administração da OIT e, quanto ao fortalecimento do cumprimento das Normas Fundamentais de Trabalho, apresentou as seguintes propostas:

- As instituições internacionais pertinentes devem assumir suas responsabilidades na promoção da Declaração de Princípios e Direitos Fundamentais da OIT e assegurar que nenhuma de suas políticas ou nenhum de seus programas impeçam sua aplicação.
- Se as causas das violações se devem mais à falta de capacidade que de vontade política, devem ser colocados em prática programas de assistência técnica.
- Devem ser aumentados os recursos da OIT para reforçar sua capacidade supervisora e de controle da aplicação das normas.
- O artigo 33 da Constituição da OIT deve ser aplicado em caso de violações contumazes das convenções fundamentais.
- Será oferecido apoio da OIT às iniciativas das empresas de adoção de códigos de conduta, responsabilidade social empresarial, entre outras.[3]

Por fim, em 2003 foi dado início à introdução da chamada Agenda de Trabalho Decente, em que essa qualificação de trabalho era definida como um

> trabalho produtivo adequadamente remunerado, exercido em condições de liberdade, equidade e segurança, sem quaisquer formas de discriminação e capaz de garantir uma vida digna a todas as pessoas que vivem de seu trabalho.[4]

Essa definição incorpora cinco eixos, a saber: (1) emprego de qualidade, (2) extensão de proteção social a todos, (3) promoção do diálogo social, (4) respeito às normas fundamentais de trabalho e (5) trabalho exercido

---

[2] A professora Ruth Cardoso era a única participante do Brasil.

[3] OIT. 2009. Disponível em: <http://www.ilo.org>. Acesso em: 3 fev. 2011

[4] OIT. 2009. Disponível em: <http://www.ilo.org>. Acesso em: 3 fev. 2011.

sob condições de segurança – não apenas quanto à integridade física, mas também quanto ao aspecto psicológico de o trabalhador não ser demitido sem motivo ou assediado moralmente, entre outras medidas arbitrárias.

O aspecto prático dessa agenda é o compromisso firmado pelos países-membros da OIT de estabelecer agendas nacionais para promoção do Trabalho Decente, sobre as quais prestarão contas periodicamente a partir de indicadores de maior ou menor déficit de trabalho decente.

Tais iniciativas são contemporâneas e vigentes com o intuito de dinamizar o papel da OIT e obedecer à lógica *estado-centrada*, isto é, cabe aos estados nacionais introduzir as normas advindas do regime trabalhista internacional. Elas também oferecem algumas agendas que o movimento social e sindical, em tese, poderiam agarrar para mobilizar seus constituintes e desencadear campanhas de fortalecimento do regime trabalhista.

DIRETRIZES PARA EMPRESAS MULTINACIONAIS DA OCDE

Quando o Plano Marshall foi aceito pelos países europeus, em 1948, foi criada uma instituição para coordenar a aplicação de seus recursos, denominada Organização Europeia para a Cooperação Econômica (OECE). Em 1961, a instituição mudou suas funções, bem como seu nome para Organização para a Cooperação e Desenvolvimento Econômico (OCDE). A partir daí, os países considerados industrializados em todo o mundo, não apenas os da Europa e os Estados Unidos, passaram a fazer parte da organização com funções de reunir informações e desenvolver políticas nas áreas de comércio e investimentos a fim de promover o crescimento e desenvolvimento econômico.

Atualmente, há trinta países-membros da organização,[5] além de alguns, como o Brasil, que participam com o *status* de observador.

A OCDE possui várias diretorias e dois órgãos consultivos: a Trade Union Advisory Committee (Tuac), que representa os trabalhadores e que é composta e sustentada financeiramente pela maioria das centrais sindicais dos países-membros, e a Business and Industry Advisory Committe (Biac), que representa os empresários.

A organização elaborou sua primeira versão das Diretrizes para Empresas Multinacionais em 1976, com o intuito de oferecer algumas recomendações para uma conduta empresarial responsável e evitar que se alocassem

[5] Os países-membros são: Alemanha, Austrália, Áustria, Bélgica, Canadá, Coreia do Sul, Dinamarca, Eslováquia, Espanha, Estados Unidos, Finlândia, França, Grécia, Holanda, Hungria, Islândia, Irlanda, Itália, Japão, Luxemburgo, México, Noruega, Nova Zelândia, Polônia, Portugal, Suécia, Suíça, Reino Unido, República Tcheca e Turquia.

simplesmente para obter vantagens de regimes regulatórios menos restritos nos PED (Clapp; Utting, 2008).

Essas diretrizes foram revistas duas vezes: em 1992, para adaptá-las à nova conjuntura da globalização e, finalmente, entre 1999 e 2000, os países-membros aceitaram incluir também uma série de referências a normas trabalhistas e ambientais. Quanto às normas trabalhistas, o termo de referência foi a Declaração de Princípios e Direitos Fundamentais da OIT; quanto às normas ambientais, foi principalmente a Declaração do Rio sobre Meio Ambiente e Desenvolvimento (IOS, op. cit.).

Além dos países-membros da OCDE, outros quatro que não são membros – Argentina, Brasil, Chile e Eslováquia – também aderiram às Diretrizes. Embora o cumprimento pelas EMNs seja voluntário, a versão de 2000 apresentou como novidade a criação de um sistema de apresentação de queixas e conciliação, em caso de desrespeito às Diretrizes por parte das EMNs.

As reclamações devem ser dirigidas aos Pontos de Contato Nacionais (PCN) dos países que aderiram às Diretrizes ou ao PCN do país sede da empresa em questão ou, ainda, diretamente à OCDE. O papel dos pontos de contato é colocar as partes *em contato* para estimular a solução de pendências por meio do diálogo e da negociação (Tuac, 2002). O PCN pode ser um representante do governo ou uma comissão tri ou quadripartite.[6]

De acordo com o Instituto Observatório Social (IOS, op. cit.), as Diretrizes estão divididas em quatro partes: (1) os princípios gerais, (2) a divulgação de informações, (3) as normas de trabalho e (4) as questões específicas. A primeira delas, os princípios gerais, são os seguintes:

1) Colaborar com o progresso econômico, social e ambiental.
2) Respeitar os direitos humanos e os compromissos internacionais assumidos pelos países onde tenham unidades.
3) Estimular a criação de capacidade local em cooperação com a comunidade.
4) Criar oportunidades de emprego e estimular a formação profissional.
5) Abster-se de procurar ou aceitar exceções não previstas no quadro legal ou regulamentar, em domínios como o meio ambiente, a saúde, a segurança, o trabalho, a tributação, os incentivos financeiros ou outros.
6) Desenvolver e aplicar as boas práticas de gestão empresarial.
7) Estabelecer práticas que promovam uma relação de confiança mútua entre as empresas e as sociedades.
8) Divulgar para os trabalhadores as políticas da empresa e estimular que suas ações sejam adequadas a elas.

---

[6] Comissão quadripartite significa a presença também de ONGs e organizações sociais, além de governo, empresários e sindicatos.

9) Não perseguir trabalhadores que denunciem práticas que contrariem a lei, as Diretrizes ou as políticas da empresa.
10) Estimular fornecedores e terceirizados a ter também uma conduta empresarial adequada às Diretrizes.
11) Evitar qualquer ingerência indevida em atividades políticas locais.

Já as informações mencionadas pelas Diretrizes dizem respeito: em primeiro lugar, a atividades, estrutura, razão social e endereços, entre outras, das empresas; em segundo lugar, à contabilidade e aos aspectos financeiros; depois, à composição do controle acionário, do conselho administrativo e da diretoria; em quarto lugar, a informações sobre fatores e sistema de gestão de riscos relevantes e previsíveis; e, por último, à disseminação de informações sobre alterações no processo produtivo, como o encerramento de atividades e unidades, bem como sobre as políticas de gestão da empresa (ibid.).

Quanto à terceira parte, as normas de trabalho, as Diretrizes reafirmam os direitos fundamentais e os temas da Declaração Tripartite sobre EMNs e a Política Social da OIT, mencionada mais à frente. Além disso, assumem o compromisso de respeitar padrões de trabalho não menos favoráveis que os observados por outras empresas da mesma dimensão e setor; tomar medidas para garantir saúde e segurança no trabalho; empregar o maior número possível de pessoal local; informar os representantes dos trabalhadores sobre alterações que possam afetá-los e cooperar para atenuar os efeitos adversos; não influenciar de maneira desleal as negociações com os representantes dos trabalhadores nem prejudicar seu direito de associação mediante ameaças de transferência de unidades ou trabalhadores para outro local e permitir que os representantes dos trabalhadores negociem acordos coletivos de trabalho ou termos de relações entre trabalhadores e empregadores (ibid.).

Por fim, os itens específicos dizem respeito ao meio ambiente, ao combate à corrupção, aos interesses dos consumidores, à Ciência e Tecnologia, à concorrência e à tributação (ibid.).

O REGIME TRABALHISTA INTERNACIONAL NOS ACORDOS DE INTEGRAÇÃO REGIONAL

O advento de numerosos tratados regionais de integração econômica, a partir do fim dos anos 1980, foi visto pelo movimento sindical como mais um movimento para liberalizar a circulação de capitais e ampliar a competitividade empresarial, trazendo novas ameaças aos direitos e às condições de trabalho.

A reação quase unânime foi reivindicar a incorporação de padrões trabalhistas fundamentais, referenciados na OIT, nos tratados assinados pelos países participantes – na prática, mais um exemplo de regime trabalhista estado-centrado. Há vários casos em que isso ocorreu, de alguma maneira, como resultado à pressão. Serão descritas, a seguir, três importantes experiências por causa do peso de suas economias e das características do regime trabalhista que adotaram. Trata-se da União Europeia, do Acordo de Livre-Comércio da América do Norte (Nafta – *North American Free Trade Agreement*) e do Mercado Comum do Sul (Mercosul).

Com exceção da experiência pioneira e mais profunda da União Europeia, que já atingiu o estágio de união monetária e também admite a livre circulação de pessoas, o Mercosul ainda é uma união aduaneira incompleta[7] e o Nafta não tem a pretensão de ser mais que uma área de livre trânsito de capitais por meio do comércio e de investimentos entre Canadá, Estados Unidos e México.

O temor de que a padronização de procedimentos comerciais entre países com estágios de desenvolvimento muito diferenciados pudesse nivelar os padrões trabalhistas por baixo levou os sindicatos, nos três casos, a reivindicarem a introdução de cláusulas nos respectivos tratados comerciais ou a integração, que obrigassem os países participantes a respeitar um patamar mínimo de normas trabalhistas e sociais.

A União Europeia acelerou a introdução de políticas de cunho social a partir da aprovação da Ata Única Europeia, em 1985, bem como de políticas de emprego, quando seus países-membros adotaram as medidas previstas no *Livro Branco do Mercado Único*,[8] de Jacques Delors, e quando, a partir de 1993, principalmente, eliminaram barreiras comerciais não tarifárias, ampliando a circulação de capitais no interior do bloco que, a essa altura, contava com doze estados-membros.

Anteriormente, já haviam sido adotadas algumas medidas para facilitar a livre circulação de pessoas entre os países da União Europeia, como as autorizações para os cidadãos trabalharem e viverem em outro país-membro, o direito de votar e ser votado no país de residência, a apresentação de documento de identidade em algumas das fronteiras em vez de passaporte, a equiparação de currículos de profissionais liberais para efeito de trabalho em outro país, a formação universitária integrada possibilitando iniciar a graduação em um país e concluir/fazer parte do estudo em outro, as medidas de proteção aos consumidores e as regras ambientais.

No tocante ao regime trabalhista, também houve iniciativas visando estabelecer patamares mínimos de direitos trabalhistas a serem respeitados

[7] É uma *união aduaneira* porque possui Tarifa Externa Comum (TEC) em relação a países externos ao Mercosul e é incompleta porque cada país tem uma lista de produtos que não seguem a TEC.

[8] O *Livro Branco* foi um relatório encomendado em 1984 pelo presidente da Comissão Europeia, sobre o estado da integração europeia, e que descreveu os obstáculos físicos, técnicos e fiscais ainda remanescentes à livre circulação de bens e serviços.

pelas empresas em qualquer país da União Europeia onde se estabelecessem. Embora o fortalecimento desses direitos fosse de interesse dos sindicatos, seu objetivo também era o de impedir a competição desleal entre empresas de diferentes países por meio da prática de *dumping social*, isto é, a redução de padrões trabalhistas para diminuir custos e ganhar competitividade.

Embora houvesse uma proposta de Carta Social que data dos anos 1960, as tentativas mais eficientes de introduzir uma dimensão social à Comunidade Europeia somente ocorreram a partir da entrada em vigor da Ata Única, em 1987, que eliminou totalmente as restrições ainda vigentes à livre circulação de pessoas e propôs aprovar uma legislação trabalhista e social comum.

No entanto, não houve consenso governamental quanto ao último aspecto, mas ainda assim foram aprovadas algumas normas trabalhistas com alcance comunitário referentes à saúde e segurança no trabalho, além de uma diretriz para fixar os princípios gerais das eventuais reformas da legislação trabalhista promovidas pelos estados-membros.

A Ata Única também introduziu o conceito do *diálogo social* entre os *parceiros* do mercado de trabalho com o intuito que confederações de trabalhadores e associações empresariais pudessem se colocar de acordo sobre determinados direitos e procedimentos, uma vez que, no nível governamental, não se chegava a acordos sobre a proteção dos trabalhadores, principalmente, diante das novas formas *atípicas* de trabalho – como o subcontratado, a domicílio, a tempo parcial, entre outros –, além da promoção de formas avançadas de *democracia industrial*, embora o *diálogo* tampouco produzisse resultados em um primeiro momento (Santaniello, 1999).

Em 1989, foi aprovada uma Carta de Direitos Sociais Fundamentais pelo Conselho Europeu (CE), órgão máximo da então Comunidade Econômica Europeia (CEE).[9] O documento, no entanto, não obteve efeitos vinculantes ao Tratado de Roma, que o estabeleceu e se transformou em uma declaração de princípios sem qualquer efeito jurídico. Para superar o problema, onze membros da União Europeia, com exceção da Inglaterra, aprovaram um protocolo anexo ao Tratado de Maastrich, que permitia ao Conselho interferir nas políticas sociais do bloco exceto quanto a salário, direito de greve dos trabalhadores e *lockout* das empresas.

O conteúdo das eventuais interferências relacionadas a condições de trabalho e elementos concernentes à *democracia industrial*, como informação e consulta aos trabalhadores, seriam decididas no CE por maioria qualificada de votos. Outras questões relacionadas à proteção social e defesa de

[9] Em 1951, foi criada a Comunidade Europeia do Carvão e do Aço (Ceca) com seis países, que posteriormente se transformou em CEE, em 1957, e, em 1992, já com doze membros, se transformou em União Europeia, a partir da aprovação do Tratado de Maastrich.

interesses coletivos dos trabalhadores seguem dependentes de consenso dos membros do CE.

O protocolo também estabeleceu o direito de empresários e trabalhadores, por meio de suas organizações centrais, serem consultados e poderem interferir em propostas do CE sobre novas normas comunitárias relacionadas a questões sociais. Dessa forma, se estabeleceram, no âmbito comunitário, as diretrizes para licença maternidade, trabalho em tempo parcial e mecanismos de consulta entre empresários e dirigentes sindicais (ibid.).

Por fim, foi aprovada uma diretriz que permite estabelecer comitês de empresas europeus de três a trinta membros, em EMNs com mais de mil empregados atuando em mais de um estado-membro da União Europeia. Uma vez acordado que um comitê será estabelecido, as partes definem um estatuto para reger seu funcionamento e o apoio provido pela empresa por exemplo, o custeio da tradução. A obrigação legal da empresa se o comitê for estabelecido é o de informá-lo e consultá-lo, pelo menos uma vez ao ano, sobre suas estratégias empresariais, tais como investimentos, reestruturação, demissões e novos produtos.

Além dessas normas e regras, os representantes dos trabalhadores na Europa têm assento em diversas instituições comunitárias, em particular, no Conselho Econômico e Social, junto com os empresários e representantes do chamado *terceiro setor*, ou seja, de outras organizações da sociedade civil.

Podemos perceber que a normatização europeia no que tange ao regime trabalhista define princípios e mecanismos que privilegiam o entendimento direto entre trabalhadores e empresários sobre a forma mais adequada de contemplar determinadas demandas.

Porém, em outros processos, não é assim. A integração econômica na América do Norte, desde o início, teve um caráter muito diferente da experiência europeia, pois se limitou à livre circulação de capitais. O primeiro passo foi o *Canada United States Free Trade Agreement* (Cusfta), que entrou em vigor em janeiro de 1989, liberalizando ainda mais as relações comerciais entre o Canadá e os Estados Unidos. Em 1994, esse tratado foi substituído pelo Nafta ao incluir o México e reafirmar praticamente o mesmo conteúdo do Cusfta.

Trata-se de um Tratado de Livre-Comércio (TLC) muito detalhado, com mais de um milhar de itens e subitens, mas que basicamente trata de desgravação tarifária, regras de origem, unificação de padrões técnicos, compras governamentais, regras de investimentos, política de competitividade, comércio de serviços, direitos de propriedade intelectual e direitos de entrada temporária para comerciantes profissionais, entre outros.

Cabe destacar também que o Nafta não aborda políticas de migração nem o movimento de trabalhadores por fronteiras, exceto a entrada temporária de profissionais e executivos (Compa, 1998).

O anúncio do fim das negociações e a chegada a um acordo entre os três países em agosto de 1992 deu-se exatamente quando a disputa eleitoral entre George Bush e Bill Clinton se acirrava. O movimento sindical, organizações ambientais e grupos de defesa dos direitos humanos pressionavam Clinton a repudiar as negociações do Nafta, pois consideravam o tratado uma peça da agenda neoliberal que favorecia empresas transnacionais e investidores à custa dos trabalhadores e do meio ambiente. Porém, a candidatura democrata dependia muito do respaldo financeiro da comunidade empresarial e dos investidores, a quem o Nafta interessava e muito (ibid.).

A opção adotada por Clinton e anunciada em um discurso pronunciado na Universidade de Carolina do Norte, em 4 de outubro de 1992, foi a de apoiar o tratado negociado e trabalhar por sua aprovação no Congresso, desde que incluísse acordos complementares em matéria trabalhista e ambiental. Assim, nasceram e foram assinados, em setembro de 1993, dois *acordos paralelos*: o Acordo Norte-Americano de Cooperação sobre o Trabalho (Naalc – *North American Agreement on Labor Cooperation*) e o Acordo Norte-Americano de Cooperação sobre Meio Ambiente Naaec – *North American Agreement on Environment Cooperation*).

O Naalc é um instrumento detalhado e de complexa aplicação, mas sem caráter vinculante, o que significa que seu cumprimento depende da vontade dos governos de cada país. É enfático em suas declarações de respeito à soberania de cada um no tocante à aplicação da legislação trabalhista nacional e não cria qualquer tribunal ou órgão decisório de caráter supranacional para decidir sobre o mérito do respeito ou não às normas de trabalho. Podemos dividir os compromissos assumidos em quatro níveis:

1. A importância de novas oportunidades de emprego e de melhoria das condições de trabalho e níveis de vida, citadas no preâmbulo e nos objetivos.
2. Onze princípios mencionados no anexo 1 a serem observados pelos três países: liberdade de associação e proteção ao direito de organização, direito à negociação coletiva, direito à greve, proibição do trabalho forçado, restrições ao trabalho de menores, condições mínimas de trabalho, eliminação da discriminação no emprego, salário igual para homens e mulheres, prevenção de lesões e doenças ocupacionais e indenização em caso de ocorrências, proteção aos trabalhadores migrantes.
3. Obrigações nas áreas de legislação e aplicação no tocante a níveis de proteção, ações governamentais para aplicação da legislação trabalhista, ações individuais, garantias processuais, publicidade, informação e conhecimentos públicos.
4. Obrigação de aplicar efetivamente a legislação trabalhista no que tange a salário-mínimo, trabalho infantil e segurança e saúde ocupacional (os três compromissos fundamentais).

É no último parágrafo que reside a essência da aplicação do Naalc, pois nele se define a aceitação, pelos três países, de investigações – inclusive internacionais – sobre o cumprimento das respectivas leis nacionais referentes aos três compromissos, porém a partir de determinada estrutura e de certos procedimentos.

A estrutura do Naalc inclui uma Comissão para Cooperação Trabalhista, três Escritórios Administrativos Nacionais (NAO – *National Administrative Offices*), um comitê avaliador e a possibilidade de instalar painéis arbitrais.

A Comissão é composta por um Conselho Ministerial e um secretariado. Do Conselho participam os ministros ou secretários de trabalho do Canadá, dos Estados Unidos e do México, e o órgão é a instância máxima, inclusive para decidir sobre a instalação de painéis ou não, no caso de queixas analisadas em instâncias inferiores sobre a violação dos três compromissos fundamentais.

O secretariado tem sede em Dallas, no Texas, e é composto por quinze técnicos originários dos três países-membros, bem como um *staff* burocrático. É coordenado por um diretor executivo, com ajuda de um diretor para legislação trabalhista e análise econômica e um diretor para cooperação e avaliação, cargos preenchidos pelos três países e com mandatos rotativos a cada três anos. Sua responsabilidade é produzir informes comparativos sobre legislação e mercado de trabalho da região, além de estudos específicos. É o braço administrativo da Comissão Ministerial, bem como dos Comitês de Especialistas ou dos Painéis Arbitrais que eventualmente venham a ser instalados.

Há um NAO em cada país-membro com o papel de receber as queixas apresentadas, com a característica que o indivíduo, grupo ou entidade(s) reclamantes não pode apresentar queixas sobre a violação de direitos em seu país. Somente pode se referir a violações ocorridas nos outros dois. Um dos encaminhamentos adotados pelos NAOs é o de promover consultas junto a instituições do país acusado. Os NAOs do Canadá e dos Estados Unidos têm promovido audiências públicas no trato das queixas, mas o escritório do México não.

O Comitê Avaliador de Especialistas pode ser instalado, inclusive, em caráter internacional, sobre cada assunto incluído nos princípios do Naalc, desde que o tema esteja relacionado com comércio, que a(s) empresa(s) acusada(s) atue(m) no âmbito do Nafta em pelo menos dois países e que ambos tenham legislação sobre o assunto, podendo funcionar mais de um Comitê ao mesmo tempo.

Para um Painel Arbitral ser instalado, pelo menos dois ministros devem concordar, e ele tratará exclusivamente dos três compromissos fundamentais. Tem o poder de aplicar multas, se constatados descumprimentos, e os recursos delas provenientes serão destinados a promover a legislação do tema violado. Em caso de recusa de pagamento, será possível aplicar sanções comerciais. É permitido mais de um painel funcionar concomitantemente.

O movimento sindical dos três países tem tentado utilizar os procedimentos e instrumentos de avaliação do Naalc para enfrentar o comportamento de certas EMNs após a entrada em vigor do Nafta, mas afirmam que os resultados são pobres por causa do caráter voluntário do acordo e a complexidade de seu funcionamento.

O Mercosul, entretanto, sofreu inspirações de processos anteriores de integração econômica ocorridas na América Latina durante a vigência dos modelos econômicos de substituição de importações e da própria União Europeia, mas começou a vigorar de fato já sob os auspícios do paradigma neoliberal quando Argentina, Brasil, Paraguai e Uruguai assinaram o Tratado de Assunção em 1991.

Hoje, além desses quatro países, associaram-se ao Mercosul, por meio de acordos especiais, o Chile, a Bolívia e o Peru. A Venezuela solicitou ingresso como membro pleno, o que, no entanto, ainda está pendente.

O Mercosul é um acordo que almeja chegar a uma integração mais ampla do que a existente, mas sua institucionalidade é pequena e centralizada. Suas resoluções são tratadas desde o início, supranacionalmente, pelo Conselho do Mercado Comum (CMC) composto pelos chefes de estado – presidentes – dos países-membros plenos e pelo Grupo Mercado Comum (GMC), um organismo executivo que responde ao CMC, composto por quatro membros por país, incluindo, obrigatoriamente, os ministros da Economia e das Relações Exteriores (Oliveira, 2003).

Como as negociações estão a cargo dos ministérios de Relações Exteriores e, pelo menos no caso brasileiro, com alguma influência dos Ministérios da Fazenda e do Desenvolvimento, Indústria e Comércio, a arena decisória é praticamente limitada ao Poder Executivo, representado pela Presidência da República e pelo ministro das Relações Exteriores.

Foi exatamente nessa arena que as centrais sindicais dos quatro países iniciantes do Mercosul atuaram para tentar influenciar seus rumos, principalmente, no tocante aos aspectos sociais e trabalhistas. As referências para suas reivindicações provinham de resoluções adotadas nas reuniões da Coordenadora de Centrais Sindicais do Cone Sul (CCSCS), uma rede de centrais sindicais da Argentina, Bolívia, Brasil, Chile, Paraguai e Uruguai, criada em 1986, inicialmente, para fortalecer os laços sindicais de solidariedade na região e que, posteriormente, se dedicou intensivamente ao tema da integração regional.

Enquanto as centrais sindicais buscavam dialogar com seus respectivos governos, a Coordenadora buscava interlocução diretamente, por meio de audiências, com o CMC durante as Cúpulas Presidenciais do Mercosul realizadas semestralmente.

As principais reivindicações eram a adoção de uma Carta Social para proteger os trabalhadores e setores sociais mais vulneráveis de eventuais efeitos negativos da integração, a criação de fundos estruturais para financiar processos de reconversão produtiva e requalificação profissional dos setores econômicos prejudicados pela competição comercial entre os países-membros e, por fim, a democratização do processo assegurando maior participação social e mais poder para os parlamentos dos quatro países.

Os resultados foram: a conquista do direito das centrais sindicais de participarem dos subgrupos de trabalho setoriais do Mercosul, além da criação do Subgrupo de Trabalho 10 para tratar de assuntos trabalhistas e previdenciários; a criação do Fórum Consultivo Econômico e Social (FCES) e a aprovação de uma Declaração Sociolaboral do Mercosul, que incluiu uma série de direitos trabalhistas e sociais a serem respeitados pelas empresas e pelos governos na região, devidamente acompanhada por uma Comissão Regional Tripartite.

Essa *declaração* é composta por treze artigos que contemplam as Normas Fundamentais de Trabalho da OIT, bem como direitos relacionados à saúde e segurança no trabalho, previdência social e trabalhadores migrantes. O papel da Comissão Regional Tripartite é o de analisar e se pronunciar sobre as queixas de violações do conteúdo da Declaração.

Os atores não governamentais que buscaram incidir desde o início sobre as negociações do Mercosul foram basicamente as centrais sindicais dos quatro países, bem como as respectivas associações empresariais. Após a criação do FCES, em 1995, reunindo empresários, trabalhadores e ONGs, começou a haver também a participação de organizações de representação de consumidores como o Instituto de Defesa do Consumidor do Brasil (Idec).

Foi somente a partir de 2006 que, principalmente por incentivo dos quatro governos do Mercosul, começaram a se realizar as Cúpulas Sociais do Mercosul, reunindo uma multiplicidade de representações sociais e sindicais do campo e da cidade, trazendo nova dinâmica para o debate da sociedade, bem como novas reivindicações.

O movimento sindical, apesar de crítico desde o início com a priorização dos aspectos comerciais, a ausência de discussões sobre políticas industriais, livre circulação de mão de obra, entre outras, e a baixa institucionalidade do Mercosul, ainda assim, o considera uma oportunidade para o desenvolvimento da região no contexto da globalização e adotou uma estratégia proativa quanto a sua evolução, embora esta se apresente como um processo de avanços e paralisias.

Quanto à utilidade da Declaração Sociolaboral, a percepção dos sindicatos do Cone Sul do continente é semelhante à de seus colegas do movimento sindical norte-americano e, pelas mesmas razões, de que ela em si mesma é pouco eficaz.

AS INICIATIVAS PARA FORTALECER O ARRANJO ESTATAL DO REGIME TRABALHISTA INTERNACIONAL

Desde os anos 1960, algumas entidades sindicais com representação internacional tentaram incluir suas visões sobre desenvolvimento econômico e o respeito aos direitos trabalhistas em decisões adotadas por organizações internacionais como o Banco Mundial, o Fundo Monetário Internacional (FMI), o Acordo Geral de Tarifas e Comércio (Gatt – *General Agreement on Tariff and Trade*), entre outros, além de sua atuação rotineira junto à OIT (Kyloh; O'Neill; Whelton, 2001).

Duas razões motivavam essas iniciativas. Em primeiro lugar porque os ajustes estruturais que, particularmente, o FMI impunha como condições para conceder ou avalizar empréstimos implicavam equilíbrio na balança de pagamentos nacionais normalmente executados com políticas recessivas e profundos cortes no custeio de políticas sociais agravando o desemprego e a pobreza nos países tomadores de empréstimos. Imaginava-se que a menção aos direitos dos trabalhadores pudesse contribuir, de alguma maneira, para amenizar esses problemas.

A segunda razão era que as normas da OIT e seus mecanismos de cumprimento se revelavam insuficientes para lidar com a nova realidade da incorporação de PED na produção internacional, utilizando-se de sua mão de obra barata como vantagem comparativa, não só por causa do baixo custo de vida, como também, com frequência, por causa da inexistência de legislação trabalhista nacional eficiente. Isso gerava preocupações sobre o rebaixamento de padrões de trabalho que poderia até mesmo se estender aos países onde eram tradicionalmente elevados.

A preocupação com o custo do trabalho reduzido com o propósito de ampliar a competitividade esteve na origem da OIT, conforme já mencionado, mas também provocou debates em outros fóruns sobre o vínculo entre comércio e direitos trabalhistas diante da percepção das dificuldades dessa organização em garantir esse princípio.

A DISCUSSÃO SOBRE COMÉRCIO E DIREITOS TRABALHISTAS

Uma das primeiras medidas conhecidas sobre a relação entre comércio e direitos trabalhistas foi a Lei do Trabalho Infantil, do presidente Woodrow Wilson, aprovada pelo Congresso nos Estados Unidos já em 1916. Essa lei proibia o comércio interestadual de produtos manufaturados por crianças com menos de 14 anos; de minérios extraídos por menores de 16 anos ou ainda de qualquer produto fabricado com a participação de menores de 16 que trabalhassem mais de oito horas diárias. Ela acabou sendo invalidada pela Suprema Corte do país e o Congresso então aprovou outra legislação que aplicava multas de 10% sobre o valor dos produtos feitos com a participação de crianças (Link; Catton, 1965).

O artigo 7º do Capítulo II da Carta de Havana dizia que

> Os Estados reconhecem que a existência de condições de trabalho não equitativas, especialmente nos setores da produção destinados à exportação, cria dificuldades aos intercâmbios internacionais. (Martinez, 2002; p.80)

Essa Carta de 1948 constituiu a Organização Internacional de Comércio (OIC), que, no entanto, nunca entrou em vigor e foi substituída pelo Gatt cujo artigo XX, alínea *e*, proibia o comércio de bens produzidos em prisões (Martinez, 2002).

Os sistemas gerais de preferências dos Estados Unidos e da União Europeia também incluem o respeito pelas *normas de trabalho internacionalmente reconhecidas* como uma condição para acessá-lo, embora nenhum dos dois possua mecanismos de monitoramento sobre o tema. Porém, vez ou outra, e apesar da terminologia vaga, alguns países têm perdido seu acesso ao Sistema Geral de Preferência (SGP) por não haver ratificado alguma convenção fundamental da OIT.

Em 1987, durante as negociações da Rodada Uruguai do Gatt, o governo norte-americano propôs formalmente a criação de um grupo de trabalho "que estudasse a relação entre comércio e as normas de trabalho internacionalmente reconhecidas" (ibid. p.113). Na conferência final da rodada, em 1994, em Marrakesh, o representante norte-americano, com apoio de seu colega francês, insistiu no tema ao propor que a futura organização – OMC – deveria adotar medidas para preservar padrões mínimos de trabalho para coibir a concorrência desleal no comércio mundial por causa do *dumping social*.

Embora alguns países como o México e o Brasil se dispusessem a aceitar alguma proteção trabalhista nos respectivos acordos de integração regionais, a proposta dos Estados Unidos foi criticada pelos representantes desses dois e de outros PED sob a alegação de que a vinculação entre direitos trabalhistas e comércio no âmbito da OMC poderia criar novos instrumentos protecionistas e que o organismo adequado para tratar de normas de trabalho era a OIT. Porém, a intervenção norte-americana manteve informalmente o tema na agenda, pelo menos até a I Conferência Ministerial da OMC realizada em Cingapura dois anos depois.

A Confederação Internacional das Organizações Sindicais Livres (CIOSL), com o apoio de algumas centrais sindicais filiadas e aproveitando o discurso do representante dos Estados Unidos em Marrakesh, lançou uma campanha pela inclusão de uma Cláusula Social na OMC, na primeira Conferência Ministerial da nova organização que obrigasse seus países-membros a respeitarem as normas de trabalho fundamentais da OIT.

Embora nunca fosse explicitado, o objetivo era aproveitar o poder coercitivo da OMC para obrigar todos os países a cumprirem corretamente as normas, sob o risco de sofrerem sanções comerciais.

A campanha da CIOSL começou na Conferência da OIT em junho de 1994, onde todos os representantes do grupo dos trabalhadores que usariam a palavra no plenário foram incentivados a manifestar seu apoio à cláusula social. Em seguida foi iniciado um processo de lobby junto a diversos governos, principalmente, dos Países Desenvolvidos (PD). Entre eles, além do governo norte-americano, foi conquistado certo apoio dos países escandinavos, em particular da Noruega, que se tornou um importante advogado da Cláusula Social.

No ano seguinte, foi dado outro passo por meio da inclusão da necessidade do respeito às normas fundamentais de trabalho da OIT, entre as resoluções da Conferência Social da ONU em Copenhagen (Alves, 2001).

Em 1996, a CIOSL realizou seu XVI Congresso Mundial que aprovou a realização de uma campanha mundial em defesa das normas fundamentais de trabalho incluindo a introdução de uma cláusula social na OMC.

No mesmo ano, a Tuac convenceu a OCDE a realizar um estudo sobre possíveis benefícios no comércio mundial para os países que respeitavam as normas fundamentais de trabalho seguido de uma série de seminários e *workshops*. O estudo revelou que cumprir ou não as normas não fazia diferença para o desempenho econômico dos países analisados, e os sindicatos usaram isso como argumento que, se não importava, porque então não cumpri-las?

O lobby sindical foi feito também com os governos de alguns PED na América Latina, África e Ásia. O único que se dispôs a apoiar a proposta foi o governo da África do Sul, que buscava mecanismos de proteção contra a *invasão* de produtos têxteis extremamente baratos vindos dos países vizinhos e que competiam com a produção local. Porém, esse governo sugeriu que a reivindicação deveria mudar para algo mais palatável para quebrar a forte resistência dos países opositores.

Ressuscitou, então, a sugestão da criação de um grupo de trabalho[10] no âmbito da OMC que, em cooperação com a OIT, pudesse analisar o assunto e formular propostas. A mudança de tática não ajudou muito. A ampla maioria dos países-membros da OMC se opunha à proposta e tampouco havia consenso no próprio meio sindical. Nem todas as centrais dos

[10] A criação de grupos de trabalho para analisar temas sobre os quais não havia ainda um mínimo de consenso era usual no Gatt e foi utilizada para discutir a relação entre comércio e investimentos, comércio e meio ambiente, entre outros.

PED filiadas à CIOSL estavam de acordo, preocupadas com eventuais usos protecionistas da medida, e menos ainda as organizações independentes ou filiadas à Federação Sindical Mundial (FSM) e a Confederação Mundial do Trabalho (CMT). Também não havia consenso entre várias ONGs que acompanhavam as negociações de liberalização comercial.

De todo modo, o assunto polarizou a primeira conferência ministerial da OMC em Cingapura. Havia um pequeno grupo de países que apoiavam a instalação do grupo de trabalho e outro que radicalizou a posição que *trabalho* jamais deveria ser assunto de pauta da OMC, convencendo, inclusive, o governo anfitrião de Cingapura e que presidiria a conferência, a desconvidar o diretor-geral da OIT, Michel Hansenne, a participar.

No fim, prevaleceu uma resolução que sepultou o assunto e que se tornou o parágrafo 4 da Declaração da I Conferência Ministerial da OMC:

> Renovamos nosso compromisso de respeitar as normas fundamentais de trabalho internacionalmente reconhecidas. A Organização Internacional do Trabalho (OIT) é o órgão competente para estabelecer estas normas e ocupar-se delas, e afirmamos nosso apoio ao seu trabalho de promoção destas. Consideramos que o crescimento e desenvolvimento econômico impulsionados pelo crescimento do comércio e da maior liberalização comercial contribuirão para a promoção dessas normas. Rechaçamos a utilização destas normas com fins protecionistas e convimos que não se deve, em absoluto, questionar as vantagens comparativas, particularmente, dos países em desenvolvimento com baixos salários. A esse respeito tomamos nota que as secretarias da OMC e OIT prosseguirão com sua atual cooperação. (OMC, 1996)

Alguns sindicalistas, mais otimistas, avaliaram que a Resolução de Cingapura não era de toda má, pois ao afirmar que "as secretarias da OMC e OIT prosseguirão com sua atual cooperação" estaria indicando que os vínculos entre as regras de comércio coordenadas pela OMC e as normas de trabalho promovidas pela OIT haviam sido reconhecidos pela Conferência de forma que eventualmente se poderia pensar em promover alguma atividade conjunta daí em diante.

No entanto, nunca mais houve qualquer discussão no âmbito da OMC sobre esse assunto. A III Conferência Ministerial da OMC, realizada em 1999, em Seattle, nos Estados Unidos, não conseguiu aprovar sequer o início de uma nova rodada de negociações comerciais. Uma entrevista dada pelo presidente dos Estados Unidos, Bill Clinton, durante a conferência propondo a aplicação de sanções comerciais contra os países onde existia trabalho infantil aumentou a espécie sobre o tema.

A única medida adotada quanto à resolução de 1996 sobre o *prosseguimento* da cooperação ente OMC e OIT foi a realização de uma publicação conjunta, onze anos depois, denominada *Comércio e emprego: os desafios da investigação sobre políticas, um estudo conjunto OIT/OMC*, sobre trabalhos acadêmicos relacionados ao tema.

Ainda assim, apesar da oposição da maioria dos países-membros da OMC, mesmo à criação do Grupo de Trabalho na OMC e as divergências no interior do movimento sindical e social sobre a proposta, foi chamada a atenção para a contumaz violação de direitos humanos e trabalhistas na competição mundial no comércio, e o debate que ocorreu mundialmente contribuiu para colocar o tema dos padrões trabalhistas na agenda em outras negociações e instituições internacionais.

CONSIDERAÇÕES FINAIS

A modificação na divisão internacional do trabalho inerente à evolução do capitalismo estabeleceu diferentes resultados econômicos e sociais, mas é perceptível que a regulação empresarial que a acompanha adota padrões praticamente iguais em todo o mundo, em prazo relativamente curto, independentemente do papel que eventualmente caiba a cada nação nessa divisão.

Isso se torna mais evidente, por exemplo, a partir das grandes inovações tecnológicas representadas pelo desenvolvimento das ferrovias em 1840, a Segunda Revolução Industrial no final do século XIX, a era do jato em 1950 e a era da informação em 2000. As respectivas regulações empresariais adotaram certos procedimentos a partir do início de cada inovação tecnológica e produtiva que, uma vez testados pelas empresas líderes, rapidamente se padronizaram mundialmente e extrapolaram o marco meramente empresarial.

Foi assim também com os paradigmas produtivos como o taylorismo, o fordismo, a terceirização e a flexibilidade, bem como quanto a aspectos trabalhistas e sociais que implicaram o reconhecimento de certos direitos, como o trabalho livre, a jornada máxima de trabalho, o descanso semanal, a negociação coletiva, a proteção social, entre outros e, mais recentemente, a chamada Responsabilidade Social Empresarial (RSE) e outros arranjos privados que visam estabelecer padrões básicos de ética empresarial.

Os arranjos privados do regime internacional de trabalho evoluíram sobremaneira a partir da década de 1980 quando, sob a predominância do pensamento neoliberal, as empresas preferiam a adoção de iniciativas voluntárias e procedimentos autorregulados em vez de regras introduzidas pelo estado (Clapp; Utting, 2008). Quando muito elas adotaram algumas referências dos arranjos trabalhistas estado-centrados, como normas fundamentais de trabalho, padrões ambientais, direitos humanos, entre outros.

A iniciativa privada assumiu uma agenda ampla sob o termo SER, envolvendo temas como direitos trabalhistas, padrões ambientais, coibição de corrupção, parcerias público-privadas, monitoramento, certificações e outros. Em alguns casos, as empresas discutem o conteúdo da agenda com organizações sindicais ou com outras partes interessadas[11] para definir as políticas mas, na maioria das vezes, as adotam unilateralmente, particularmente, os chamados *códigos de conduta*.

Porém, os Acordos Marco Globais são negociados entre EMNs e Federações Sindicais Internacionais que representam trabalhadores de diferentes ramos econômicos, internacionalmente. Os primeiros foram negociados em 1995 e seu conteúdo a partir de então visa principalmente promover o respeito pelas Normas Fundamentais de Trabalho da OIT nessas empresas em qualquer parte do mundo e podem (ou não) incluir mecanismos de monitoramento.

Há quase duzentos deles assinados até o momento com EMNs originárias de quase vinte países, europeus em sua maioria, e que atuam em dezenas de setores da indústria, serviços e agricultura.

O arranjo privado, todavia, ainda é um processo em formação e sua cobertura frequentemente é mais restrita que o regime trabalhista internacional estado-centrado. Contudo, em alguns casos tem se monstrado eficaz por implicar convencimento e aceitação dos atores envolvidos, principalmente, as empresas que veem alguma vantagem em adotá-las. No entanto, apesar disso, não substituem o arranjo estado-centrado, mas podem complementá-lo como um mecanismo a mais para a efetivação de direitos em nível global.

Por fim, há um arranjo especial, o Pacto Global da ONU, que visa também promover maior respeito de EMNs por certas normas de direitos humanos, normas fundamentais de trabalho, padrões ambientais e procedimentos anticorrupção. O Pacto foi aprovado no bojo das reformas da ONU na passagem do milênio, em 2000. Porém, sem qualquer interferência de empresas ou trabalhadores e por não possuir qualquer mecanismo de verificação, é o arranjo com o menor *enforcement* de todos os mencionados anteriormente.

Quanto aos atores sindicais que participaram da negociação e definição dos componentes do regime trabalhista internacional podemos mencionar principalmente as confederações sindicais internacionais, as federações sindicais internacionais e várias centrais sindicais nacionais no que tange às normas emanadas da OIT; as federações sindicais internacionais em relação aos Acordos Marco Globais. As centrais sindicais nacionais e coalizões sindicais como a Confederação Europeia de Sindicatos (CES) e a CCSCS foram as que atuaram para incluir, de algum modo, direitos trabalhistas e sociais nos acordos de integração regional.

[11] As partes interessadas no caso de uma empresa podem ser acionistas, clientes, empregados, fornecedores, comunidades, governos e até futuras gerações quando o tema é ambiental (IOS, 2004, p.20).

15
FINANÇAS INTERNACIONAIS E REGIMES CAMBIAIS

Luiz Afonso Simoens da Silva

INTRODUÇÃO

Este capítulo abordará alguns dos principais desequilíbrios que levaram à crise financeira iniciada em 2007 e agravada um ano depois, com a quebra do Lehman Brothers. Há desequilíbrios de natureza financeira, como a tendência contemporânea de *financeirização* da riqueza e a ampla liberdade para os fluxos de capital, que aumentam a recorrência e a intensidade das crises na periferia do sistema capitalista. Há, também, aspectos no funcionamento do sistema monetário – volatilidade das moedas com relação ao dólar norte-americano e assimetrias nos ajustamentos dos balanços de pagamentos, por exemplo – que remontam aos anos 1970 e ajudam a explicar a forma como se estruturou um sistema financeiro paralelo, que, posteriormente, levou o mundo à crise atual.

Críticas se avolumam com relação ao dólar como moeda referência do sistema por sua tendência à desvalorização. Governos, academia e organismos financeiros se perguntam se está chegando a hora de substituí-lo como moeda de reserva global. As elevadas reservas internacionais que vários países emergentes acumularam nos anos 2000, como forma de proteção contra ataques especulativos a suas moedas, sofrem perdas significativas de poder de compra, por estarem majoritariamente referenciadas ao dólar.

Nessa linha também vão os empresários. Dobbs e Skilling (2010) defendem a ideia de que o mundo dos negócios necessita de estabilidade nas taxas de câmbio. Relatórios acerca da morte do dólar como moeda de reserva global lhes parecem exagerados, mas entendem que o sistema está mostrando sinais de estresse.

> Grandes fluxos de capitais internacionais, que apenas parcialmente refletem os fundamentos econômicos, estão resultando em taxas de câmbio desajustadas por períodos longos. Volatilidade e incerteza estão obstruindo a tomada de decisões. (Ibid., p.1-2)

Mais que isso, o futuro parece apontar para um aumento da volatilidade: dados os desafios que os Estados Unidos têm a enfrentar, é improvável que venham a priorizar o papel da moeda de reserva acima de sua agenda econômica doméstica.

> Em particular, parece provável que os Estados Unidos continuarão com suas políticas monetárias e fiscais frouxas, mesmo que isso seja feito a expensas de suas responsabilidades implícitas com a estabilidade da taxa global de câmbio. (Ibid., p.1-2)

Esse é, exatamente, o quadro atual de *relaxamento quantitativo* da política monetária norte-americana, que envolve a compra dos próprios títulos públicos em mercado. Isso está assustando inúmeras economias em desenvolvimento, como a brasileira, por seus possíveis impactos de aumento na liquidez internacional e pela consequente valorização adicional de suas moedas.

No fundo, não chega a haver diferenças perceptíveis entre os agentes econômicos públicos e privados. Quando governos, em geral por meio de seus bancos centrais, clamam pela introdução de uma moeda estável de reserva, não diferem das demandas privadas, que sofrem diretamente com as grandes variações de valor que o dólar vem mostrando nos últimos tempos. Perdas do poder de compra da moeda de reserva e volatilidade das taxas de câmbio são, portanto, aspectos complementares de um mesmo problema.

Pode-se, por isso, afirmar que há um desconforto generalizado com relação ao desempenho do dólar, mas não é certo que haja uma crise monetária, uma vez que a moeda norte-americana ainda é vista como último refúgio em momentos de aumento do pessimismo sobre os rumos da crise atual. De qualquer maneira, mesmo que a substituição do dólar soe como uma quimera, isso não significa que medidas não devam ser tomadas.

Este capítulo deve ser entendido, portanto, como uma primeira aproximação ao tema da eventual reforma do sistema financeiro internacional. Ele centra a análise em três tópicos: (1) a crise financeira internacional; (2) as tentativas de coordenação internacional para superação da crise; e (3) os impactos da crise no Brasil, que passa por questões cambiais e de disponibilidade de crédito.

A CRISE FINANCEIRA CONTEMPORÂNEA

É preciso fazer uma distinção conceitual básica entre *sistemas financeiros de crédito* e *sistemas financeiros de mercado* antes de analisar os fatores estruturais e conjunturais que explicam a crise contemporânea.

Sistemas financeiros de crédito e de mercado

A crise de 1929 teve início com um processo de sobreacumulação de capital, no sentido de que a forte expansão industrial norte-americana não podia mais ser mantida com as taxas de retorno produtivo esperadas pelo empresariado. A consequência natural, nesses casos, é a paralisação do investimento, que leva ao desemprego e à recessão.

A paralisação dos negócios se expandiu para o segmento bancário, que, até então, gozava de ampla liberdade para operações com depósitos à vista e a prazo e nos mercados de títulos. Sinteticamente, uma crise no *lado real* da economia causou uma crise no *lado financeiro* cujos impactos se fizeram sentir na quebra de muitos bancos e na diminuição da renda e dos postos de trabalho. Tão fortes foram esses impactos, que não puderam ser superados com as medidas de expansão do gasto público em obras de infraestrutura e na defesa do emprego. Os Estados Unidos só começaram a se recuperar com o esforço de guerra, a partir de 1937.

A reorganização do sistema financeiro norte-americano foi feita pelo *Glass-Steagal Act*, de 1933, durante o New Deal, a política econômica do presidente Roosevelt. Essa lei veio em resposta à especulação dos bancos universais, cujas operações levaram a descasamentos de prazos e liquidez. A nova lei impôs especialização das instituições financeiras e rígida segmentação ao mercado, seja por tipo de instituição, seja pela limitada amplitude geográfica de atuação.

Instituiu-se um *sistema financeiro de crédito*, no qual as necessidades de financiamento eram predominantemente baseadas nas relações de crédito. Nesse sistema, as relações jurídicas subjacentes aos atos de emprestar e tomar emprestado apontavam para os bancos, que assumiam riscos nas duas pontas do crédito: eram os responsáveis pela segurança dos recursos dos depositantes, bem como os tomadores de risco nos empréstimos concedidos.

O sistema financeiro foi segmentado para ser operado por instituições especializadas: bancos comerciais tomavam depósitos à vista para emprestar em prazos curtos (financiamento de capital de giro e empréstimos pessoais, por exemplo); bancos de investimento tomavam depósitos a prazo remunerados para emprestar em prazos médios e longos (como o crédito para investimento); e bancos hipotecários tomavam depósitos de poupança para financiamentos imobiliários. Além disso, a *Regulação Q* do Banco Central dos Estados Unidos (Fed – Federal Reserve) proibiu pagamento de juros sobre depósitos à vista, para impedir riscos derivados da concorrência.

A esse respeito, Krugman (2009) afirmou que, mesmo durante o mercado altista da década de 1960, finanças e seguros representavam menos de 4% do Produto Interno Bruto (PIB). "A relativa desimportância das finanças se refletia na lista de ações que formavam a Média Industrial Dow Jones, que até 1982 não continha uma única companhia financeira." O sistema financeiro era aborrecido e primitivo, porque era todo segmentado e só captava recursos para empréstimos. Mesmo assim, ele "serviu a uma economia que duplicou os índices de padrão de vida no período de uma geração".

A afirmação certamente vale até os anos 1960, mas não para os anos 1970, quando começou a se afirmar um novo tipo de sistema financeiro: o *sistema financeiro de mercado*. Os choques do petróleo fizeram surgir um novo conjunto de proprietários significativos do estoque de riqueza financeira no Oriente Médio. O desenvolvimento do mercado financeiro, que se internacionalizara na esteira da transnacionalização produtiva, levou a banca internacional a se adaptar ao estreitamento do tempo no prazo das aplicações desses novos investidores. A *crise da dívida* dos Países em Desenvolvimento (PED) levou os bancos a se transformarem em uma espécie de agenciadores de negócios ou consultores financeiros que aproximavam investidores e empresas, ganhando comissões e não mais assumindo os riscos das operações de crédito.

Um fato importante é que os *muros da segmentação* norte-americana começaram a receber os primeiros petardos atirados pelo neoliberalismo emergente.

> Naquela década foram criados os fundos de mercado monetário (*Money Market Funds*), que, livres da regulação que recaía sobre os bancos comerciais, puderam emitir substitutos dos depósitos, como as contas NOW (*Negotiable Order of Withdrawal*) que nada mais eram que depósitos à vista remunerados. (Cardim de Carvalho et al., 2007, p.258)

Sintetizando, até o início dos anos 1970, sob a égide de Bretton Woods, que se apoiava em taxas de juros e de câmbio fixas e controles dos fluxos internacionais de capitais, as instituições financeiras tendiam a ser muito conservadoras: predominava um *sistema financeiro de crédito*. A partir de então, em momentos distintos, começaram a aparecer tensões inflacionárias, taxas de câmbio flutuantes, taxas de juros voláteis e movimentos livres de capital, que levaram ao início de um período de grandes incertezas.

Nos anos 1980, o presidente Reagan deu sequência aos passos já tomados por Thatcher na Inglaterra, dando início a uma revisão da ação supervisora do Estado, com fortes tendências liberalizantes e desregulamentadoras. Ademais, o progresso tecnológico teve forte impacto no sistema financeiro por meio dos setores de comunicação e informática, que propiciaram o desenho de contratos complexos e o surgimento de instituições financeiras mundializadas, que passaram a funcionar 24 horas por dia.

Nesse ambiente liberalizado, houve uma tendência clara de universalização dos bancos e de aumento da importância da negociação bancária com notas promissórias (*commercial papers*) e bônus, ao mesmo tempo em que ocorria a emergência de companhias de investimento e de investidores institucionais: fundos de pensão e companhias de seguro. As instituições financeiras puderam, então, introduzir uma série de inovações para melhor enfrentar as flutuações de juros e câmbio, que havia tornado muito mais incerto o cálculo capitalista de gastar. Começou a se firmar um *sistema financeiro de mercado.*

Duas foram as principais inovações introduzidas: securitizações e derivativos. As securitizações se referem à transformação de uma obrigação financeira gerada em processo de oferta de crédito em um papel colocado diretamente no mercado, que equivale a um processo de desintermediação financeira. Para tornar isso possível, houve a necessidade de desenvolver contratos padronizados e sistemas de gerenciamento modernos e transparentes.

Uma securitização pode ser *primária*, como a colocação de uma nota promissória por uma empresa diretamente no mercado, em vez de ela tomar crédito de curto prazo em um banco. Ela também pode ser *secundária,* quando há a transformação de créditos concedidos anteriormente em títulos repassados a investidores (*empacotamento*), liberando os bancos para retomar o ciclo de concessão de crédito. Esse tipo de operação permitiu aos bancos norte-americanos resolverem uma crise habitacional, repassando aos aplicadores o risco de crédito e de juros, mas está aí a origem da crise contemporânea.

Os derivativos são ativos cujo valor é derivado de outros ativos. Eles oferecem a possibilidade de decompor e negociar em separado os riscos de uma transação financeira. Por exemplo, eles permitem separar riscos de juros de riscos de câmbio, riscos de produção de riscos de variação de preços. Não são instrumentos de captação ou alocação de poupança; são instrumentos de diversificação de riscos. Os derivativos são instrumentos de combate às incertezas econômicas, particularmente em juros e câmbio. Nos últimos anos, desenvolveram-se muito os derivativos de crédito, pois eles funcionam como uma espécie de seguro, e têm sido chamados *transferência de calote de crédito* (*credit default swap),* em que uma seguradora, por exemplo, se compromete a comprar o crédito em poder de um banco, se houver quebra, ao custo de um prêmio. Por conta dessas operações a crise bancária se alastrou para as companhias seguradoras.

Fatores estruturais ligados à crise

Feita essa diferenciação no modo de atuação dos sistemas financeiros de crédito e de mercado, é possível distinguir os fatores estruturais que influenciaram o advento da crise financeira de 2007. O primeiro fator desestruturador foi a relação de *equilíbrio instável* que foi sendo construída a partir dos anos 1980 entre os Estados Unidos e a Ásia, que implicou a internacionalização das empresas norte-americanas principalmente para a China. Ela significa a contraposição de elevados e crescentes déficits em conta-corrente dos Estados Unidos com elevados e crescentes superávits em conta-corrente na Ásia – particularmente, China e Japão –, mas também na Alemanha.

Isso se tornou possível porque as estratégias dos países superavitários eram as de sustentar seus modelos de crescimento com agressivas políticas comerciais. Para manter aberto o mercado norte-americano, era necessário se dispor a adquirir os títulos da dívida pública do país deficitário. Os Estados Unidos entendiam que essa relação podia ser perpetuada, por ser o emissor da moeda referência. Enquanto qualquer outro país gera um nível de poupança compatível, no longo prazo, com seus gastos em consumo e investimento, os Estados Unidos não parecem sofrer dessa restrição e mantém baixíssimo nível de poupança.

O segundo fator foi o desequilíbrio estrutural entre o crescimento da riqueza e da renda mundial. Desde 1980, o *McKinsey Global Institute*, um grupo norte-americano privado dedicado à pesquisa econômica, mede os ativos financeiros globais, representados por ações, depósitos bancários e títulos de dívida pública e privada. Essa riqueza financeira somava US$ 12 trilhões, em 1980. Relativamente ao PIB mundial de US$ 10,1 trilhões, equivalia a 119%. A essa relação percentual se dá o nome de *profundidade financeira*.

Em 2007, a profundidade financeira já havia evoluído para 358%, com um estoque de riqueza financeira de US$ 197 trilhões e um PIB mundial de US$ 55 trilhões. Por conta da crise financeira, em 2008 a profundidade financeira caiu para 293%: houve uma queima de US$ 17 trilhões em ativos financeiros, que trouxe o estoque para US$ 178 trilhões contra um PIB de US$ 61 trilhões. É inequívoco, portanto, que tenha havido um período de forte elevação e concentração de riqueza, particularmente acentuado após 1980.

O terceiro fator desestruturador foi a instabilidade financeira típica do capitalismo. Cintra e Farhi (2008) relembraram os escritos de Minsky, para quem, em uma releitura de Martin Wolf,

> um longo período de rápido crescimento, baixa inflação, taxas de juros baixas e estabilidade macroeconômica estimulou a complacência e maior disposição de assumir riscos. A estabilidade levou à instabilidade.

Dito de outra maneira, uma longa estabilidade econômica leva as instituições financeiras a se tornarem lenientes em suas operações de concessão de crédito, e suas carteiras, consequentemente, vão se tornando mais arriscadas. Além disso, essa instabilidade foi potenciada pela liberdade para os fluxos internacionais de capitais, que ocorreu na virada dos anos 1990, quando a crise da dívida dos PED já havia sido renegociada com a banca internacional.

O sistema pensado por Keynes incluía controle dos fluxos internacionais de capitais, um tópico que fez parte do Acordo de Bretton Woods. Keynes percebia que fluxos financeiros livres poderiam ser desestabilizadores, uma vez que os desequilíbrios externos podiam se perpetuar enquanto houvesse crédito disponível, transferindo dos governos para os banqueiros privados a capacidade de determinação do ajuste das economias. Não foi essa a percepção que fundamentou as ações liberalizantes dos agentes econômicos, a partir dos anos 1980. A corrente dominante de pensamento passou a alardear vários supostos benefícios da liberalização dos mercados de capitais: alocação mais eficiente da poupança, que favoreceria o crescimento; aumento das oportunidades financeiras para os investidores, possibilitando-lhes diversificar riscos entre países; e maior disciplina governamental. Daí a ênfase em abertura comercial e financeira (Blecker, 1999, p.XIV).

A crise dos países asiáticos e latino-americanos dos anos 1990 mudou a orientação das políticas macroeconômicas. Eichengreen (1999, p.20) foi ao ponto ao realçar que

> enquanto os sistemas financeiros domésticos e internacionais foram segmentados por controles de capital, os déficits de balanço de pagamentos tinham a ver, basicamente, com desequilíbrios da conta-corrente. A restauração do equilíbrio passava, consequentemente, por políticas monetárias e fiscais restritivas.

Quando se disseminaram fluxos livres de capitais, a estabilização do balanço de pagamentos passou a envolver a estabilização da conta de capital. Foi isso que aconteceu na segunda metade dos anos 1990 com os países emergentes que, após liberalizarem suas contas de capital, sofreram pesados ataques especulativos contra suas moedas. A crise mostrou uma característica nova, puramente financeira, porque não atingiu apenas aqueles que apresentavam fragilidade fiscal. Este foi o caso de inúmeros países latino-americanos e asiáticos, entre os quais se destaca a Coreia, que mantinha sólida posição fiscal.

A Tabela 15.1 mostra um forte crescimento dos fluxos privados líquidos até 1997, quando ocorreu o ápice dos financiamentos externos privados aos países emergentes: US$ 287 bilhões. Entre 1989 e 1997, os fluxos privados líquidos se multiplicaram por 9; os empréstimos bancários por 29; as operações de mercado de capitais com o exterior por 13; e os investimentos diretos estrangeiros por 6.

O México quebrou no início de 1995 e a Rússia, em 1996. A reversão de expectativas nos mercados financeiros, no entanto, se completou com a sucessão de quebras da Tailândia, Indonésia e Coreia, em 1997, e novamente da Indonésia, Brasil e Turquia, em 1998. Depois disso, até 2003, ainda ocorreram novos acordos com o FMI, envolvendo quebras com Argentina, Brasil e Uruguai. Em 2002, esses financiamentos já haviam caído US$ 174 bilhões (61%). Os mercados privados se fecharam aos emergentes.

Tabela 15.1 Financiamento externo dos países emergentes*

Unidade: US$ bilhões							
	1989	1997	2002	2003	2007	2008	2009p
Conta-corrente	–17,0	–74,0	74,2	126,4	434,0	591,0	351,6
Fluxos Privados e Oficiais Líquido	48,8	332,5	107,6	207,6	940,0	649,8	593,2
Fluxos privados líquidos	27,5	286,8	113,1	227,5	928,6	588,3	530,8
Investimento estrangeiro direto	19,3	141,2	129,5	102,9	304,1	5055	346,6
Investimento de portfólio	n/d	n/d	0,8	35,2	–8,0	–84,7	119,2
Empréstimos de bancos comerciais	1,7	51,1	–24,3	34,9	410,3	33 I	–319
Empréstimos não bancários	6,5	94,5	7,1	54,6	222,2	134,4	96,9
Fluxos oficiais líquidos	21,3	45,7	–5,5	–19,9	11,4	61,5	62,4
Instituições financeiras internacionais	4,4	30,7	5,5	–5,6	2,7	272	47,5
Credores bilaterais	16,9	15,0	–11,0	–14,3	8,7	34,3	14,9
Reservas internacionais	14,6	48,8	151,1	280,5	948,7	477,4	549,7
Fluxos privados/fluxos privados e oficiais %	56,4	86,3	105,1	109,6	98,8	90,5	895
Fluxos oficiais/fluxos privados e oficiais %	43,6	13,7	–5 1	–9,6	1,2	95	10,5

* São considerados, na atualidade, 30 países: 8 da Europa (Bul., Teh., Hun., Pol., Rom., Rus., Tur. e Ucr.); 7 da Ásia (Chi., Ind., Indo., Mal., Fil., Cor. e Tai.); 8 da América Latina (Arg., Bra., Chi., Col., Equa., Méx., Per. e Ven.); 7 da África/Or. Md. (Egi., Lib., Mar., Nig., Arab. Saud., Áfr. Sul e UAE).

Fonte: Institute of International Finance. *Capital Flows to Fmerging Market Economies*. Washington, 15 abr. 2010 e nºs anteriores.

Em 2003, quando já se equacionara a crise dos anos 1990 e o mundo vivia um período de forte crescimento com baixa inflação, os mercados privados foram reabertos aos emergentes. A pletora de capitais externos foi maior desta vez: entre 2002 e 2007, os fluxos privados líquidos aumentaram US$ 815 bilhões, multiplicando-se por sete vezes. A crise aconteceu de novo, quando o financiamento externo para os países emergentes caiu US$ 398 bilhões (43%), entre 2007 e 2009.

Os números do *World Economic Outlook* do FMI (2009), que englobam todos os PED e não apenas os países emergentes, são ainda mais dramáticos. Entre 2007 e as estimativas para o fim de 2010, os fluxos privados de capitais caíram US$ 668 bilhões ou 96%. Desta vez, foram principalmente os países do Leste Europeu que sofreram com a redução abrupta do financiamento, entrando em crise profunda. As consequências dessa queda se impactaram fortemente nos países da periferia da União Europeia: Portugal, Irlanda, Grécia e ameaçam até mesmo a Espanha.

Outro fator estrutural – muito ligado à liberdade dos fluxos internacionais de capitais – se tornou importante na virada dos anos 2000: a acumulação de reservas pelos PED. Essa questão, porém, não pode ser associada às raízes da crise. Ela foi, antes, propiciada pela forte demanda chinesa por produtos primários e serviu como uma antecipação defensiva a um mundo liberalizado, que não contava com uma autoridade monetária para atuar, senão muito limitadamente, como emprestadora-de-última-instância do sistema.

Segundo o relatório da ONU (2009, p.95), em 2007 a acumulação de reservas atingiu 11,7% do PIB mundial, contra 5,6% uma década antes, quando ocorreu a crise asiática. Esse fato é um reflexo das políticas de autoproteção que os PED tiveram de tomar após as crises generalizadas dos anos 1990. Apesar de o FMI ter mobilizado, à época, recursos para a superação das crises, o preço a ser pago foi elevado, sob a forma de condicionalidades macroeconômicas que aprofundaram a submissão dos PED a regimes de abertura de suas economias.

A Tabela 15.2 mostra o peso crescente das reservas dos PED em relação às economias avançadas: em 1999, as reservas dessas economias representavam cerca de 2/3 das reservas mundiais; em 2005, as reservas dos PED ultrapassam as dos Países Desenvolvidos (PD) e, em 2009, quem dispunha de 2/3 das reservas mundiais eram os PED. A maior parte desse movimento se deve ao crescimento das reservas de alguns grandes países emergentes, com ênfase para a China. Em 2008, os países Brics (Brasil, Rússia, Índia e China) já respondiam por 57% das reservas dos PED, enquanto não ultrapassavam 33%, em 2000. Em suma, as reservas internacionais crescem aceleradamente, se concentram nos PED e, mais ainda, nos grandes países emergentes.

Tabela 15.2 Total das reservas internacionais

Unidade: US$ bilhões											
	1999	2000	2001	2002	2003	2004	2005	2006	2007	2008	2009
Mundo	1.782	1.936	2.050	2.408	3.025	3.748	4.320	5.251	6.699	7.338	8.166
Economias avançadas	1.121	1.216	1.246	1.442	1.766	2.069	2.077	2.250	2.429	2.487	2.775
Economias emergentes e em desenvolvimento	661	720	804	966	1.259	1.679	2.243	3.001	4.270	4.850	5.391
Porcentagem do total											
Economias avançadas	63	63	61	60	58	55	48	43	36	34	34
Economias emergentes e em desenvolvimento	37	37	39	40	42	45	52	57	64	66	66

* Até 1998, inclusive, considera-se euro a soma do marco alemão, o franco francês, o franco holandês e o ECU.

Fonte: IMF Statistics Department COPER data base and Intemafunal Financial Statistics.

O relatório da ONU (2009, p.96) afirma que o sistema monetário atual é injusto, porque resulta na transferência de recursos dos PED para os industrializados, que são os emissores das divisas conversíveis. A construção das reservas representa um empréstimo aos Estados Unidos a taxas de juros muito baixas. Em 2007, essa transferência de reservas para os países industrializados teria atingido o montante de US$ 3,7 trilhões. Contrariamente, são bem mais elevadas as taxas de juros que os PED têm de pagar quando necessitam de recursos. Tão mais elevadas, que superam os recursos recebidos dos países ricos a título de assistência externa aos países mais pobres. Essa preocupação também se encontra no Relatório da Conferência das Nações Unidas para Comércio e Desenvolvimento (Unctad, 2009, p.X), que constata que inúmeros bancos centrais "motivados pelo desejo de reduzir o risco de variações cambiais num mundo de instabilidade monetária e financeira" têm diversificado crescentemente suas reservas em outras moedas que não o dólar: o euro, principalmente.

Afora o fato de a flutuação cambial, associada aos livres e crescentes fluxos de capital, não ter conseguido melhorar as expectativas de ajustamento dos balanços de pagamentos, a principal consequência da grande acumulação de reservas pelos PED tem a ver com custos. É por temerem perdas no valor de suas reservas que os países que as mantêm elevadas começaram a exigir restrições nas políticas domésticas norte-americanas. É também porque reservas elevadas, associadas a um ambiente econômico recessivo, servem como problema adicional para a demanda global, que a ONU propõe a discussão da introdução de uma nova moeda de reserva global. O momento seria propício, seja porque as crises sempre predispõem a alterações, seja porque os próprios Estados Unidos podem achar que o *status* de sua moeda de reserva é crescentemente dispendioso (ONU, op. cit., p.97).

Por isso, o quarto fator estrutural mencionado não é o menos importante: o uso de moeda nacional no papel de moeda referência mundial apresenta características desestabilizadoras. Quando houve a Conferência de Bretton Woods, em 1944, que reformulou o sistema monetário internacional, os Estados Unidos respondiam por mais de metade do produto bruto industrial mundial, pela quase totalidade das reservas em ouro, e eram o único país com capacidade para financiar a reconstrução e recuperação da economia mundial nos pós-guerra (Mosconi, 2009, p.3). Por isso, o dólar acabou sendo aceito como a moeda referência, em substituição à enfraquecida libra esterlina. Não obstante a força da economia norte-americana, nessa etapa histórica o dólar ainda manteve uma vinculação fixa com o ouro, isto é, um dólar seria conversível por 35 gramas de ouro. O vínculo com o ouro representou, portanto, uma concessão a um passado que acreditava que só esse metal poderia ser pensado como uma unidade invariável de valor.

A hegemonia indisputada do dólar durou o tempo necessário à recuperação econômica da Europa, particularmente da Alemanha, e do Japão. Ela não foi além dos anos 1950, porque, já na década seguinte, o quadro econômico começou a se inverter: a Europa já mostrava fortes sinais de uma reconstrução industrial feita nos níveis mais atualizados da tecnologia, enquanto os Estados Unidos começaram a tomar medidas de política externa, como a Guerra do Vietnã, que implicaram fortes desequilíbrios orçamentários. Na prática, o valor fixado para o dólar em Bretton Woods referia-se a uma economia muito maior que as demais, apenas porque tinha sido a única a preservar intocados seu território e aparato produtivo durante a guerra. O porte de sua economia na época era, no entanto, exceção histórica, que não podia se manter indefinidamente.

Por esse tempo, Triffin expôs, pela primeira vez, a grande contradição existente na ordem monetária vigente. A moeda de um país, quando tomada como moeda mundial, tem de buscar dois objetivos opostos: ela precisa ser um padrão monetário estável e, para tanto, o país emissor – no caso, os Estados Unidos – deve apresentar contas externas equilibradas. De outra parte, porém, ela precisa atender às demandas de liquidez dos mercados internacionais e, nesse caso, é preciso que as contas externas do país emissor sejam deficitárias, para que o dólar amplie sua circulação pelo mundo. Essa tese acabou sendo referida na literatura econômica como *dilema de Triffin*.

O dilema pode ser colocado com uma forma um pouco diferente, ainda que seu sentido seja o mesmo: a moeda mundial precisa atender às demandas domésticas do país emissor, que, às vezes, falam a favor de uma flutuação programada, e atender aos compromissos internacionais, que buscam a estabilidade do padrão monetário. Isso é, exatamente, o que está acontecendo hoje com a política monetária não usual de *relaxamento quantitativo* dos Estados Unidos, que tem despertado críticas por toda parte. Para tentar impedir que sua economia entre em recessão, o país começou a comprar os próprios títulos de dívida no mercado, buscando injetar liquidez a taxas muito baixas de juros.

Como há muito ceticismo quanto à viabilidade prática dessa política, no momento em que o consumidor norte-americano está buscando reduzir seu nível de endividamento, o temor é que essa liquidez se espalhe pelo mundo, em busca de ganhos fáceis em operações especulativas de arbitragem (*carry trade*) em taxas de juros. O Brasil, que paga taxas de juros reais elevadas em sua dívida, é um dos países mais visados por essas operações e corre o risco de ver a valorização do real se tornar ainda maior.

É difícil servir a dois senhores, de modo que o dólar sempre mostrou uma tendência de instabilidade, particularmente a partir do momento em que, nos anos 1970, abandonou seu vínculo com o ouro e teve seu valor definido em mercado. Apenas para exemplificar, em 2008, o PIB norte-americano já recuara para a casa dos 24%. Além da presença fortalecida de seus tradicionais rivais, de que são exemplos a Alemanha e o Japão, novos atores emergiram no palco mundial, com destaque para a China. Não se tem claro, por isso, que os Estados Unidos possam recompor sua hegemonia econômica. Em 2009, no entanto, 62% das reservas internacionais dos países ainda estavam denominadas em dólares, mas 27% já estavam denominados em euros e o restante, em libras esterlinas, ienes e outras moedas, segundo o Departamento de Estatísticas do FMI.

O professor Jan Kregel (2009, p.1-2) mencionou outra característica do sistema monetário. Ele citou Keynes para lembrar que o padrão-ouro e o padrão-dólar apresentavam problemas similares não tanto pela moeda utilizada, libra ou dólar, mas pelos mecanismos de ajustamento aos desequilíbrios globais. Em ambos os casos, o ajustamento externo das economias em crise passa pela redução do nível de atividade, particularmente do nível de emprego. Nesse sentido, o sistema está sempre abaixo de seu potencial. Esse processo costuma ser referido como viés deflacionário das políticas de ajustamento. Uma terceira característica é que o ajuste é assimétrico, pois afeta os países deficitários (menos o país emissor da moeda referência), mas não os superavitários, que podem continuar acumulando seus superávits, sem que isso afete suas políticas domésticas.

A tendência à instabilidade não foi superada com a introdução do regime de taxas flutuantes de câmbio, porque não resolveu o viés deflacionário associado ao ajustamento assimétrico imposto aos países deficitários, desde Bretton Woods. Compartilhando a visão de Keynes, para quem desequilibrados são tanto os países superavitários quanto os deficitários, o relatório da ONU (op. cit., p.109) afirma:

> os países deficitários enfrentam pressões mais fortes para reduzir seus desequilíbrios de pagamentos (a maior exceção sendo o país emissor da reserva) que os países superavitários para corrigir os seus.

O "caminhar" da crise

Desde junho de 2007, a crise já levou ao colapso financeiro uma série de instituições, países do Leste Europeu e da própria Zona Euro, se espraiou para o lado real da economia mundial, afetando grandes empresas do setor produtivo e promovendo forte queda no comércio mundial.

A Tabela 15.3 mostra o aumento das exportações mundiais, desde 1980: 71%, nos anos 80; 85%, nos anos 90; 63%, entre 2000 e 2005; e, depois, 15% ao ano até 2008. Em 2009, por conta do agravamento da crise, a queda nas exportações foi da ordem de 23%. Os números assustam: de uma queda total nas exportações de US$ 3,7 trilhões, US$ 2 trilhões afetaram os PD e US$ 1,4 trilhão os PED.

Tabela 15.3 Exportações mundiais

Unidade: US$ bilhões								
	1980	1990	2000	2005	2006	2007	2008	2009
Economias desenvolvidas	1.350	2.519	4.238	6.335	7.133	8.149	9.080	7.032
Economias em desenvolvimento (PED)	600	848	2.056	3.806	4.540	5.286	6.280	4.908
Economias em transição	85	119	155	363	456	551	740	479
Mundo	**2.036**	**3.486**	**6.448**	**10.505**	**12.129**	**13.986**	**16.100**	**12.419**
Variação percentual anual	**-**	**71**	**85**	**63**	**15**	**15**	**15**	**–23**
Porcentagem do total								
Economias desenvolvidas	66	72	66	60	59	58	56	57
Economias em desenvolvimento	29	24	32	36	37	38	39	40
Economias em transição	4	3	2	3	4	4	5	4
Mundo	100	100	100	100	100	100	100	100
Distribuição geográfica – Regiões/PED %								
Ásia	61	70	75	76	76	77	76	78
América	19	17	18	15	15	15	14	14
África	20	13	7	8	8	8	9	8
Oceania	0	0	0	0	0	0	0	0
Brasil	20	31	55	119	138	161	198	153
Brasil/Mundo %	**1,0**	**0,9**	**0,9**	**1,1**	**1,1**	**1,1**	**1,2**	**1,2**
China*	18	62	249	762	969	1.218	1.429	1.202
China/Mundo %	**0,9**	**1,8**	**3,9**	**7,3**	**8,0**	**8,7**	**8,9**	**9,7**

* Não considera Hong Kong, Macau e Taiwan.

Fonte: Trade and Development Report – Unctad, 2010.

Algumas outras informações também podem ser derivadas da Tabela 15.3: enquanto, em 1980, as economias desenvolvidas respondiam por 66% das exportações mundiais, e as economias em desenvolvimento por apenas 29%, o quadro mudou substancialmente em 2009: os primeiros caíram para 57% e os últimos subiram para 40%. O motivo principal para esse desempenho dos PED se deveu às exportações chinesas, que saíram de 0,9% para 9,7% do total. Isso também explica por que as exportações da Ásia em desenvolvimento já representam 78% do total dos PED, enquanto as dos países da América em desenvolvimento não vão além de 14%. O Brasil patina, historicamente, ao redor de 1% do total das exportações mundiais.

É consensual, porém, a percepção de que a porta de entrada da crise foi o mercado hipotecário dos Estados Unidos.[1] As securitizações secundárias começaram nos anos 1980. No mercado imobiliário, as hipotecas foram transformadas em *commodities*, o que permitiu seu empacotamento e consequente distribuição por inúmeros investidores, institucionais ou não. Tomadas em si mesmas, as securitizações são um processo válido para expandir o crédito. Em princípio, portanto, nada de errado na transformação de créditos em títulos e em seu empacotamento posterior, juntando hipotecas imobiliárias, créditos de cartões de crédito, empréstimos ao consumidor etc.

A questão central, que nos remete a Minsky, foi a crescente liberalidade na concessão de crédito, uma vez que o ambiente desregulamentado não impunha limites à capacidade de reempacotamento. Foi nesse sentido que as hipotecas de clientes *subprime* – aqueles que não apresentavam garantias de pagamento por falta de emprego, de renda ou de ativos – foram acolhidas pela *Fannie Mae e Freddie Mac*, instituições semipúblicas, que permitiram que os bancos as originassem e distribuíssem, em detrimento da qualidade dos papéis. Começou a construção de uma grande *corrente da felicidade* que, às vésperas da eclosão da crise, já mostrava algum tipo de fraude em cerca de 90% das operações de um mercado que girava em torno de US$ 1,3 trilhão.

Outro passo importante foi o da criação dos *CDO (Collateralized Debt Obligation)*. As hipotecas com risco ruim eram *reempacotadas* pelos bancos, junto com ativos melhores. Como elas representavam um percentual pequeno dos créditos recebíveis, melhorava a classificação da carteira como um todo e as *subprime*, o lixo tóxico, puderam se espalhar pelo mundo como títulos de primeira linha (*triple A*), com a conivência das agências de classificação de risco.

Em vários casos, porém, esse lixo tóxico era ruim demais para fazer parte de uma carteira de investimentos. Os bancos os apartavam da carteira e os realocavam nos *SIV* (*Structured Investment Vehicles*), sociedades de propósito específico, geralmente sediadas em paraísos fiscais. Elas buscavam manter à tona uma estrutura de capital cujos ativos – *subprimes* com retornos improváveis de 20 a 30 anos de prazo – seriam sustentados por passivos representados por *commercial papers* vendidos no mercado de curtíssimo prazo (noventa dias). Obviamente, passivos contratuais de curto prazo, juridicamente perfeitos, não tinham possibilidade de serem honrados com retornos incertos de longo prazo. Tais estruturas envolvem empresas insolventes, nos marcos da análise de Minsky, que certamente descartaria a legitimidade desse tipo de operação.

Não é difícil, portanto, imaginar que esse mercado de lixo tóxico entraria em colapso. Foi o que aconteceu entre junho e setembro de 2007. Quando

[1] Dentre os inúmeros textos que trataram da questão, enfatizo os elaborados por Marcos Antônio Macedo Cintra, singulares ou em dupla com Maryse Farhi.

começaram as inadimplências, não apenas as *subprime*, mas as carteiras como um todo que as continham, também derreteram. Um caso clássico de contágio.

Analistas resumiram o quadro geral da crise. Para alguns, como Nouriel Roubini e dois ganhadores do Prêmio Nobel de economia, Paul Krugman e Joseph Stiglitz, a questão não era de liquidez e sim de solvência. O verdadeiro problema estava no alto endividamento do sistema financeiro; isto é, no fato de que ele tinha baixíssimo grau de capitalização. Isso foi possível por causa de falhas na regulamentação norte-americana, que centrou sua atenção nos bancos comerciais e, com isso, permitiu que surgisse nos últimos vinte anos um *sistema financeiro paralelo,* sem regulação e altamente alavancado. Cintra e Farhi (2008) também mostraram como a crise explicitou o papel complexo e obscuro de instituições financeiras que funcionavam como bancos sem sê-lo.

Soros (2008) preferiu destacar a falta de responsabilidade do Fed. Alan Greenspan, então presidente do Banco Central norte-americano, não teria entendido que cabia aos bancos centrais monitorar o preço dos ativos. Ele teria mostrado incapacidade de perceber que o aquecimento econômico mundial não estava se refletindo em inflação corrente, como quer a ortodoxia monetarista, mas em inflação de ativos, que ora provocava e ora desinflava uma série de bolhas especulativas: ponto com, hipotecárias e *commodities*. Sua atuação se restringiu a reduzir e manter muito baixas as taxas de juros e a dar ampla liberdade para os promotores de inovações financeiras.

Um grave erro. Em um mundo dominado por ícones, que atuam muitas vezes como representações falsas da realidade, não há estágios intermediários na passagem do *status* de gênio das finanças para as sombras do esquecimento. Tal foi a sina de Greenspan. Agora, não há quem não defenda a existência de uma autoridade monetária mundial que expanda sua atividade para os mercados de ativos, pela simples e boa razão de que os mercados não respeitam mais fronteiras nacionais.

Por fim, como destacou Nakano (2009, p.A9), iniciada a crise começou um processo de deflação de ativos cujo final ainda é incerto porque é muito difícil, senão impossível, avaliar a extensão dos ativos que se tornaram tóxicos, podres, e que devem ser baixados dos balanços dos bancos. A prova dessa afirmação está em que a expectativa do Fundo, em abril de 2008, era de perdas totais de US$ 945 bilhões nos empréstimos e nas securitizações dos Estados Unidos, no período 2007-10. Seis meses depois, em outubro de 2008, as estimativas de cancelamentos resultantes dessas perdas subiram para U$ 1,4 trilhão. Depois de um ano, em outubro de 2009, alcançou US$ 2,8 trilhões. Na revisão de abril de 2010, porém, as estimativas de cancelamento recuaram para US$ 2,3 trilhões. Em termos percentuais, os maiores responsáveis pelos cancelamentos são os bancos dos Estados Unidos (39% do total, em abril de 2010), seguidos pelos bancos da Área do Euro (29%) e pelos bancos do Reino Unido (20%), segundo a Tabela 15.4.

Tabela 15.4 Estimativas de potenciais cancelamentos (empréstimos e títulos) – 2007-2010

Unidade: US$ bilhões							
	Em aberto	Estimativa/ cancelamento out. 09 (I)	% do total	Estimativa/ cancelamento abr. 10 (11)	% do total	Diferença (I)-(II)	% do total
Bancos dos Estados Unidos	12.561	1.025	36	885	39	140	26
Bancos do Reino Unido	8.369	604	22	455	20	149	28
Bancos da Área do Euro	22.901	813	29	666	29	147	28
Bancos de outros países da Europa*	3.970	201	7	156	7	45	8
Bancos da Ásia**	7.879	166	6	114	5	52	10
Total	55.680	2.809	100	2.276	100	533	100

* Dinamarca, Noruega, Islândia, Suécia e Suíça.
** Austrália. Hong Kong, Japão, Nova Zelândia e Cingapura.

Fonte: *Global Financial Stability Report*, FMI, maio 2010, p.12

Para solucionar esses problemas, duas grandes questões interconectadas foram levantadas: de um lado, obviamente, havia a necessidade de definir como *digerir* os ativos tóxicos do sistema, sem provocar quebradeira geral; do outro, como regular e supervisionar o sistema financeiro.

O enfrentamento dessas questões começou ainda no governo Bush. Em setembro de 2008, quando Henri Paulson dirigia o Tesouro norte-americano, a primeira reação de resgate foi típica. Refletindo os hábitos arraigados dos segmentos rentistas, a questão foi colocada em termos de liquidez e não de solvência, isto é, da necessidade de dar baixa dos ativos tóxicos na contabilidade dos bancos. Paulson pediu ao Congresso autorização para intervir discricionariamente no mercado, para comprar os ativos tóxicos que estariam atravancando os circuitos de crédito e estacioná-los em um fundo controlado pelo governo, de modo que não fossem despejados no mercado a preços cada vez menores.

Essa visão implica problemas sérios porque a ajuda governamental esbarrava em dois obstáculos. De um lado, como já vimos na Tabela 15.4, não se tem noção exata do montante dessas perdas potenciais. Só se sabe que uma hipoteca não foi paga quando de seus vencimentos e de seus reajustes contratuais periódicos, confrontados com os valores dos imóveis aos quais servem de colateral. Do outro, o valor desses ativos deixou de ser verificável, uma vez que os mercados pararam de negociá-los ou os negociavam a preços irrisórios.

Como então aportar recursos públicos para limpar as carteiras dos bancos e permitir o reinício de suas operações normais de crédito? Se os preços fossem os de mercado, o aporte seria mínimo, mas não solucionaria o problema dos bancos, que os rejeitariam; se fossem acima desse mínimo, representariam a socialização das perdas privadas. Para evitar esse impasse, analistas e acadêmicos sugeriram uma abordagem em dois estágios: no primeiro, o governo adquiriria os ativos sem liquidez a um preço determinado por ofertas privadas; no segundo, recapitalizaria os bancos.

Após intensa discussão junto ao Congresso, foi aprovado o Programa de Alívio a Ativos Problemáticos (Tarp – *Troubled Asset Relief Program*), no montante de US$ 700 bilhões, ao tempo em que se discutia a reorganização do sistema, fortalecendo a capacidade regulatória do Fed no sentido de abranger instituições do sistema financeiro paralelo. No início do governo Obama, inúmeros institutos de pesquisa ofereceram sugestões de reforma dos sistemas financeiros. O Grupo dos Trinta, uma organização privada presidida por Paul Volcker, ex-presidente do Fed e assessor do novo governo até o fim de 2010, pediu aprofundamento da regulação e da supervisão bancária, maior capitalização do sistema e a imposição de limites à concentração bancária (*Valor*, 20 jan. 2009). O Departamento do Tesouro anunciou, em março de 2009, o Programa de Investimento Público-Privado, para retirar até US$ 1 trilhão de ativos tóxicos do sistema bancário norte-americano, por meio de leilões entre investidores. O plano incluía a criação de uma agência reguladora para produtos financeiros e para proteção dos consumidores, além de ampliar as exigências para negociações que envolvessem securitizações e derivativos.

Ainda no primeiro semestre de 2010, o presidente Obama parecia determinado a impor severas restrições ao tamanho das instituições, para evitar o "grande demais para quebrar" *(too big to fail)*, e a proibição de os bancos fazerem operações de tesouraria e fundos internos de *hedge*. Essa tentativa ficou conhecida como a *regra Volcker* e representava, em alguma medida, uma volta à estrutura do *Glass-Steagal Act*. Em junho de 2010, finalmente, foram lançadas as bases para um programa de regulamentação financeira que, além de aprofundar o cerco à supervisão bancária, incluiu seguradoras, empresas do setor de crédito e grandes empresas comerciais e industriais.

As dificuldades para aprovar as alterações no Congresso norte-americano foram enormes. Os grupos de interesse atuaram intensamente, de modo que, enquanto as discussões prosseguiam no Congresso, os bancos continuaram a fazer as mesmas operações que levaram à crise. Em parte, a redução de US$ 500 bilhões nos cancelamentos em empréstimos e títulos, apurada na revisão de abril de 2010 do FMI, se deveu à volta da rentabilidade do sistema financeiro com operações especulativas.

Na Europa, os caminhos para a superação da crise foram diferentes. A Inglaterra partiu na frente porque entendeu que o problema era de capitalização, não de liquidez. Sem estar tão fortemente submetida aos entraves ideológicos do liberalismo norte-americano, ela tomou a iniciativa de capitalizar seus bancos e usou, para tanto, recursos para a compra de ações ordinárias, com direito a voto. Partiu, portanto, para a estatização temporária de parte de seu sistema financeiro. Os Estados Unidos resistiram a esse recurso, só admitindo uma capitalização pública por meio de ações preferenciais, sem direito a voto.

O maior aporte de recursos só ocorreu, porém, após as discussões acerca de como tratar a crise na periferia da Zona Euro. País mais importante da região e tradicionalmente alinhado a um pensamento ortodoxo, que enfatiza a disciplina fiscal, a Alemanha demorou a aceitar a aprovação de um Fundo Europeu de Estabilização Financeira (FEEF). Com o agravamento da crise grega, em junho de 2010, seu montante foi afinal fixado em € 750 bilhões, cerca de US$ 1 trilhão, sendo € 440 do novo Fundo, € 60 da Comissão Europeia e € 250 do FMI. Com a agudização da crise irlandesa, em novembro de 2010, com reflexos na situação de Portugal, já se fala em aumentar os recursos disponíveis para € 1,07 trilhão: € 750 do Fundo, € 110 de socorro à Grécia e € 65 de compra de bônus do Banco Central Europeu.

Esse volume de recursos é importante, mas não é suficiente para resolver o problema. O custo pelo uso dos empréstimos do FEEF é maior que a taxa de crescimento econômico dos países que os tomam. Disso resulta que suas dívidas crescem a taxas reais positivas. Os governos e os mercados, no início de 2011, enxergam isso como uma postergação inevitável de uma crise de dívida externa, que poderá levar a uma rodada de moratórias, que poria em xeque a própria existência do euro. Para evitá-la, é necessário reduzir os juros cobrados e encaminhar um processo de renegociação acordada do estoque dessas dívidas. Em termos mais diretos, é preciso começar a pensar em perdão parcial de dívidas.

TENTATIVAS DE COORDENAÇÃO INTERNACIONAL PARA SUPERAÇÃO DA CRISE

Uma consequência direta da recorrência das crises financeiras, desde a década de 1990, foi o surgimento do G-20, em 1999. Ele nasceu como um foro ampliado, composto pelos países avançados, reunidos no G-7, e por países emergentes que ganharam espaço político em decorrência de seu maior peso econômico. Apesar disso, só se tornou fundamental na Cúpula de Washington, em novembro de 2008, quando foi desenvolvido um plano de ação para introduzir princípios para a reforma do sistema financeiro internacional. Basicamente, é nele que têm sido discutidas todas as questões relevantes para uma *diplomacia comercial*.

Três temas sobressaíram, desde 2008: (1) a mobilização de recursos para enfrentamento da crise; (2) a regulação dos sistemas financeiros; e (3) a reforma do sistema monetário mundial, que inclui discussões acerca das taxas de câmbio e mudanças na governança dos organismos financeiros internacionais. A tão mencionada substituição da moeda mundial não passa de um tópico que gera mais fumaça que fogo.

No caso da definição de recursos, a cúpula mais importante foi indubitavelmente a de Londres, em abril de 2009. O texto do comunicado final abrangeu uma gama ambiciosa de temas, mas o primeiro e mais importante foi o aporte anunciado de US$ 750 bilhões ao FMI, distribuído em um aumento de US$ 500 bilhões em seus recursos disponíveis (que se juntarão aos US$ 250 bilhões já registrados no organismo) mais uma nova alocação de US$ 250 bilhões em Direitos Especiais de Saque (DES), a moeda escritural do FMI. Juntou-se a isso um montante adicional de US$ 250 bilhões, a ser destinado ao financiamento do comércio internacional, pelas agências de crédito à exportação dos países-membros e pelos bancos regionais e US$ 100 bilhões adicionais, a serem destinados aos bancos multilaterais de desenvolvimento: Banco Mundial e bancos regionais de desenvolvimento. No total, um aporte de US$ 1,1 trilhão.

O mero anúncio desse pacote financeiro serviu como forte sinalização do compromisso dos países do G-20, responsáveis por cerca de 80% do PIB e do comércio mundial, com a manutenção de estímulos ao crescimento e com a prática de baixas taxas de juros, sem pôr em risco o equilíbrio fiscal e de preços.

A questão da regulamentação do sistema financeiro ainda não avançou o suficiente. Há uma consciência clara de que é necessária maior cooperação entre os países, mas verifica-se uma tendência de que a aplicação de medidas se restringirá ao plano nacional, caso dos Estados Unidos, e regional, caso da Zona Euro. Consistente com a ideia de que um sistema financeiro internacionalizado só possa ser supervisionado por uma entidade supranacional, promoveu-se, em Londres, o fortalecimento do Fórum de Estabilização Financeira, composto pelos bancos centrais, que passou a constituir uma Diretoria de Estabilidade Financeira, integrada por G-20, Espanha e Comissão Europeia. Sua finalidade é a de colaborar com o FMI para desenvolver indicadores capazes de antecipar riscos financeiros e macroeconômicos e propor ações para sua superação.

Pela primeira vez, foi afirmado que a regulação e supervisão abrangerão todas as instituições financeiras *sistemicamente importantes*, todos os instrumentos e todos os mercados. Com isso, pretende-se lançar o manto da presença pública sobre o *shadow banking system*, mais particularmente sobre *hedge funds* e paraísos fiscais. Também as agências de classificação de risco deverão ser supervisionadas, depois que fugiram a suas funções ao dar certificados de boa conduta a instituições e instrumentos financeiros carregados de lixo tóxico. Com isso, o G-20 pareceu incorporar tópicos do grupo de Stiglitz na ONU e a Proposta de Reforma dos especialistas do G-30.

As duas reuniões de cúpula seguintes, Pittsburgh (setembro de 2009) e Toronto (junho de 2010), já ocorreram sob um novo estado de espírito: as preocupações financeiras estavam, rapidamente, se transformando em preocupações de sustentabilidade fiscal, particularmente na Europa. Após o gigantesco pacote financeiro de Londres, começaram a aparecer sinais de que os líderes da economia e finanças dos países-membros queriam começar a traçar *estratégias de saída* para seus governos, repassando aos setores privados as fontes de demanda necessárias à manutenção da recuperação econômica. Começaram a aparecer críticas, no meio financeiro, que o G-20 estaria *perdendo o rumo*. Tais críticas não refletem, necessariamente, a realidade dos fatos. Encontros internacionais nunca mostram linearidade em suas conclusões. Em certo sentido, era preciso digerir os fortes resultados de Londres, antes de avançar em novas questões.

A Cúpula de Seul, em novembro de 2010, pode ser um pouco mais associada à terceira questão: a reforma do sistema monetário internacional. Apesar das declarações de princípios de Londres, inúmeros países tomaram decisões unilaterais que trouxeram reflexos importantes para a distribuição do comércio internacional. Os Estados Unidos aceleraram a desvalorização do dólar, a China praticamente continuou administrando sua política cambial para manter o iuane atrelado ao dólar, a Zona Euro viu sua moeda sofrer fortes oscilações e vários países promoveram desvalorizações competitivas de suas moedas. Em reação a esse quadro, que o ministro brasileiro da Fazenda denominou *guerra cambial*, fortes reações protecionistas têm sido observadas em outros países, reações essas que passam por tributação e controle de capitais estrangeiros.

O comunicado final de Seul também não foi além de declarações genéricas acerca das vantagens do sistema de taxas de câmbio flutuantes, apesar de estimular as economias avançadas a ficarem atentas contra excessos de volatilidade e movimentos desordenados nas taxas de câmbio. O texto jogou para encontros futuros, a serem realizados em 2011, a definição de linhas de atuação e de indicadores externos dos países-membros do FMI.

Não se pode negar que houve avanços, porém. Desde 2008, o FMI começou a pôr em prática uma série de mudanças relevantes, que fortaleceram sua função de emprestador-de-última-instância e alteraram sua estrutura de governança. Na esfera financeira, houve aprovação e ampliação de linhas de crédito de resgate rápido em momentos de crise e de caráter preventivo e houve aumento de recursos no âmbito dos *New Arrangements to Borrow (NAB)*, uma reserva de segunda linha criada em 1998 para ser utilizada quando as cotas do Fundo forem insuficientes.

A governança foi alterada por meio de remanejamento e aumento nas quotas do FMI, que beneficiaram alguns dos mais relevantes países emergentes. A China, no novo formato, se tornou o segundo colocado em número de cotas, com 7,474% do total, atrás apenas dos Estados Unidos

(17,816%) e à frente do Japão (6.987%) e Alemanha (5,888%). A Rússia passou a ter 2,434% das cotas, a Índia 2,184% e o Brasil 1,969%, que representa a décima posição do organismo em número de cotas. A soma das cotas dos países Brics chega a 14,061% do total. Como as diretorias do FMI se estruturam em *constituencies* (grupos de países), o poder de voto que os Brics comandam supera 15%, dando-lhes poder veto nas decisões mais importantes, que exigem 85% de votos.

O papel do dólar como moeda referência tem sido contestado, por conta de suas características instáveis que têm se agravado nos anos 2000. A forte desvalorização do dólar tem levado organismos como a ONU a propor sua substituição pelos DES, a moeda do FMI.

A China também manifestou o desejo de, se não substituir o dólar pelo DES, ao menos diminuir sua importância como moeda reserva do sistema. Essa demanda é correta, mas não se pode esquecer que moeda é poder, e que os Estados Unidos não estão dispostos a abrir mão de serem os emissores da moeda referência. Por isso mesmo, as experiências passadas de transições monetárias não foram além de duas no capitalismo: tivemos o padrão-ouro, em um período em que predominou a libra esterlina, e o dólar. A libra cedeu passo ao dólar porque, em 1890, a Inglaterra já havia perdido sua hegemonia econômica, militar e monetária. Os Estados Unidos ainda estão longe de perder sua hegemonia.

O mundo atual aponta para um multilateralismo complexo, em que as tradicionais nações desenvolvidas terão de conviver com novos polos de poder regional. É de esperar que algumas outras moedas cresçam em importância: o euro já é a moeda referência da Zona Euro; o iuane já começa a se firmar como moeda forte na Ásia; e até mesmo o real poderá ampliar seu espaço na vizinhança sul-americana, se mantiver uma relativa estabilidade de poder de compra e a economia brasileira mantiver bom ritmo de crescimento. Tudo isso é possível; mas difícil é destronar o dólar, que ainda é a medida de valor e o meio de pagamento dominante nos mercados financeiros mais líquidos e que respondia por 62% das reservas internacionais identificadas, ao final de 2009.

IMPACTOS DA CRISE NO BRASIL

A seção anterior procurou mostrar que o G-20 tem sido foro adequado para discutir as questões monetárias e financeiras relevantes, e o Brasil tem sido uma voz respeitada em suas reuniões, porque tem buscado desenvolver uma estrutura de economia de mercado estável e aberta à concorrência internacional e porque atribui importância à coordenação internacional para superação da crise. Há um desconforto crescente no governo e no setor empresarial, porém, por conta de duas questões relevantes para entender o impacto da crise na economia brasileira: (1) a tendência de valorização do real ante a todas as moedas relevantes do mundo, assunto que reflete, em grande medida, na escolha dos instrumentos de política monetária do governo brasileiro, e (2) a disponibilidade do financiamento externo, que se reduziu drasticamente após a quebra do Lehman Brothers.

Instabilidade e câmbio

Uma das críticas feitas por países em desenvolvimento nos dias atuais envolve os efeitos decorrentes dos regimes de taxas de câmbio flutuantes. Grosso modo, esses países as adotaram na década de 1990, sob pressão do G-7. O tema é controverso, porque, para o pensamento liberal, não há mais qualquer condição de praticar taxas de câmbio fixas em regime de flutuação livre de capitais.

A Unctad tem, em seus relatórios anuais, advogado o abandono das taxas flutuantes de câmbio e um retorno às taxas fixas, nos termos que já prevaleceram no passado. Para ela, é possível pensar um sistema de taxas de câmbio reais estáveis, isto é, taxas de câmbio nominais corrigidas periodicamente pela inflação, sob a supervisão do FMI. A posição da Unctad ainda é minoritária, mas o que se observa é que os maiores conflitos atuais se passam entre os Estados Unidos e a China, e esta tem sido acusada de desvalorizar artificialmente sua moeda, o iuane, atrelando seus movimentos aos movimentos do dólar. O centro das acusações ocorre no *Peterson Institute for International Economics.* Os estudos desse instituto norte-americano privado se baseiam em metodologia de levantamento de taxas efetivas reais de câmbio, que são comparadas com metas para taxas de câmbio de equilíbrio. Essa abordagem não parece diferir daquela defendida pela Unctad.

Para os propósitos deste capítulo, o importante é que de trinta países pesquisados, com base em dados de 2010 do FMI, o *Peterson Institute* acusou seis de estarem com suas moedas fortemente desvalorizadas, sendo cinco da Ásia – China e seus *satélites* Hong Kong, Cingapura, Malásia e Taiwan – mais a Suíça. Dez países teriam apresentado variações limitadas com relação ao nível de equilíbrio, definido no intervalo de 2,5%, dentre os quais estariam o dólar, a libra, o dólar canadense e o won coreano. O real brasileiro se insere entre as moedas vistas como sobrevalorizadas, catorze ao todo, ao lado do euro, do iene, dos dólares australiano e neozelandês, do rand sul-africano, da lira turca e da rúpia indiana, entre outras.

Levantamento próprio mostra que o real brasileiro é uma das moedas que mais se valorizaram, em termos reais, na década atual. Nos anos 2000 até setembro de 2010, sua valorização real atingiu 38%, colocando-a entre as mais valorizadas, ao lado do euro (30%), do dólar neozelandês (76%) e do dólar da Austrália (32%). O fato de Brasil, Austrália e Nova Zelândia estarem nessa posição mostra como foram afetados os países que são grandes exportadores de produtos primários.

A tendência de valorização do real antecede a crise, porque entre 2000 e 2007, a moeda do País se fortaleceu 23% ante ao dólar. A tendência se manteve no período pós-crise, com valorização de 18%, de 2008 a setembro de 2010. Não é por outro motivo que as autoridades fazendárias brasileiras têm reclamado da falta de decisões concretas nos foros internacionais e têm tomado algumas decisões, na esfera tributária, em defesa da competitividade externa da moeda nacional.

Financiamento externo e crédito interno na crise

Até setembro de 2008, o País vinha crescendo forte, a uma taxa anual superior a 6%. Apesar da importância do setor externo, o motor desse dinamismo era o desempenho do mercado interno, com reflexos no nível de investimentos, na produção industrial, na renda e no emprego. O impacto da crise no último trimestre do ano provocou uma inversão nesse quadro. O pânico instaurado nos mercados afetou todos os indicadores econômicos relevantes: queda no investimento e na produção industrial, aumento na taxa de desemprego e estagnação do emprego e da renda. As contas externas já mostravam deterioração desde o início de 2008, e a arrecadação de tributos despencou.

É indiscutível que a crise financeira global tenha entrado no Brasil pela porta do crédito, com uma boa ajuda da política monetária, que ainda estava aumentando as taxas de juros poucos dias antes da quebra do *Lehman Brothers*. Apesar do aumento do grau de internacionalização do sistema financeiro nacional, foi mantida razoável regulamentação do Banco Central e da Comissão de Valores Mobiliários, que impediu a aplicação de recursos internos no exterior, por fundos de investimento e de pensão. Com isso, o sistema financeiro nacional não sofreu a crise do *subprime*. Seus problemas tiveram a ver com o fechamento de linhas de crédito ao comércio exterior, responsáveis por cerca de 20% do crédito que passa pelo sistema financeiro nacional.

A reação do governo foi rápida na definição de novas fontes de recursos, que permitiram a retomada do crescimento. Dados levantados por Amir Khair (2009a) mostram que, em 2009, houve disponibilização de US$ 45 bilhões para financiamento das exportações e para cobertura de compromissos externos das empresas; expansão do crédito do Banco do Brasil e da Caixa Econômica Federal, com redução de juros; liberação de R$ 100 bilhões de depósitos compulsórios pelo Banco Central para ampliar a liquidez do sistema bancário; e aporte de R$ 100 bilhões para o Banco Nacional do Desenvolvimento Econômico e Social (BNDES) com a finalidade de financiar investimentos com juros reduzidos.

Em 2010, houve um aporte adicional de R$ 80 bilhões ao BNDES. Ao longo do mês de outubro de 2009, a imprensa noticiou que alguns bancos brasileiros aumentaram seu patrimônio em R$ 24 bilhões, o que permitiria aumentar em até R$ 190 bilhões o volume das operações de crédito. Por fim, o governo anunciou a intenção de ampliar o volume de financiamentos aos exportadores a juros subsidiados e acabar com o prazo de doze meses para que as empresas utilizem seus créditos de Programa de Integração Social (PIS) e Cofins (Contribuição para o Financiamento da Seguridade Social) obtidos na compra de máquinas e equipamentos. Essa medida permitiria injetar cerca de R$ 6,5 bilhões por ano na economia.

O surgimento de recursos foi rápido, mas como o sistema financeiro nacional reagiu a essa nova situação, desde a deflagração da crise?

Em primeiro lugar, o crédito no Brasil é escasso, caro e de prazos curtos. Em 2005, quando o crédito não ia além de 31% do PIB, estava aquém dos níveis apresentados pela Índia e China, para não falar do Chile, em nossa região, e de países avançados, onde o crédito ultrapassa os 100%. Nos últimos anos, ele tem crescido consistentemente, tendo atingido 47% do PIB, em setembro de 2010. Ainda não é o suficiente, mas o caminho é correto. O nível dos *spreads* bancários praticados – a diferença entre as taxas de captação de recursos e as taxas de aplicação – continua em alturas incompatíveis com as necessidades de financiamento da produção e comercialização de produtos no País.

Em segundo lugar, há uma tendência de estatização do crédito, a partir de 2008. Até meados dos anos 1990, o sistema financeiro público era maior que o privado, de acordo com indicadores de ativos, depósitos, patrimônio líquido e crédito. Essa tendência mudou após a estabilização de preços decorrente do Plano Real, que levou à crise parte ponderável do sistema financeiro nacional. Tomando o indicador de volume das operações de crédito, os bancos públicos (estaduais, Banco do Brasil e Caixa Econômica Federal) respondiam por 58% do total do Sistema, ao final de 1996, enquanto os bancos privados (inclusive cooperativas de crédito) se responsabilizavam por 42%.

Em 2007, o quadro já revertera: 32% para os públicos e 68% para os privados. A tendência mudou, de novo, a partir de 2008, com a crise, de modo que a aceleração do crédito público o levou a subir para 41%, contra 59% do segmento privado. A conclusão é que está havendo uma nova tendência de estatização do crédito, ao longo dos dois últimos anos. Mais ainda: o segmento de bancos estrangeiros é o que tem mostrado menor apetite pelas operações de crédito: depois de ter atingido 31% do crédito total em 2006, não vai além de 19% atualmente.

Em terceiro lugar, o grau de concentração bancária tem crescido durante a crise. Em 2006, por exemplo, os dez maiores bancos detinham por volta de 73% dos ativos totais; em 2009, alcançou 80%. Só os cinco maiores tinham 54% e 70% dos ativos, em igual período. A concentração bancária também aumentou na participação no crédito. Os cinco maiores bancos têm crescido em detrimento das operações de bancos médios e estrangeiros. Só o Banco do Brasil, a Caixa Econômica Federal e o BNDES somavam 36% do crédito em dezembro de 2007 e 44% em 2009.

A concentração do crédito também pode ser vista em termos de sua destinação ser livre ou direcionada a operações obrigatórias por lei: financiamentos do BNDES, crédito rural e habitacional. As operações de crédito direcionado têm crescido a taxas maiores que as do crédito livre. Com isso, as operações direcionadas aumentaram cerca de quatro pontos percentuais, passando de 12% para 16% do PIB, enquanto o crédito livre aumentou relativamente menos: de 29% para 31% do PIB.

Essa atitude anticíclica do setor financeiro público – seja pela expansão do crédito, seja pela aquisição de carteiras de crédito de pequenos e médios bancos privados – mostra uma dimensão perversa dentro de sua atuação positiva. Rapidamente, o crédito alcançou os níveis pré-crise, mas isso se passou à custa da deterioração da carteira de crédito, em termos da concentração em grandes operações. Os créditos direcionados do BNDES, particularmente, são voltados a grandes empresas, enquanto as operações nos segmentos livres costumam ser mais pulverizadas. Empresas como a Petrobras, que antes tomavam recursos externos, foram obrigadas a se voltar para o mercado interno, *esmagando*, assim, o volume de crédito antes destinado às pequenas e médias empresas.

Inúmeras também têm sido as críticas à atuação do BNDES, que estaria sendo capitalizado com a emissão de dívida do governo federal, que paga taxa Selic (Sistema Especial de Liquidação e de Custódia) e repassa esses recursos a empresas com custo menor que o da dívida. Haveria um subsídio nesse tipo de operações, que, para alguns, não se sujeita à decisão democrática maior da sociedade, por não constar da peça orçamentária. Os defensores dessas operações, ao contrário, alegam que se não fosse a rápida e consistente atuação do governo no sentido de rápido crescimento do crédito público, o PIB de 2009 poderia ter caído 3% e o de 2010 não seria tão robusto como foi.

Em quarto lugar, o grau de endividamento dos bancos brasileiros, que serve como imagem de espelho dos Índices de Basileia, é muito baixo. Como a imprensa tem divulgado, uma das causas da crise financeira que vivemos foi a excessiva alavancagem dos bancos do sistema financeiro internacional. Não são poucas as menções a bancos que emprestavam quarenta ou mesmo cem vezes mais que sua base de capital. Grosso modo, se um banco alavanca quarenta vezes, isso equivale a dizer que seu Índice de Basileia estava por volta de 2,5 (100/40).

Os acordos de Basileia, que começaram a ser negociados em 1988, definiram que a taxa mínima de capital total deveria ser de 8%. Atualmente, quando se está discutindo a Basileia III, essa taxa pode chegar a 13%. Fica claro, portanto, que bancos com índice de 2,5 estão subcapitalizados. Os bancos brasileiros, ao contrário, se mostram supercapitalizados, diferentemente de seus coirmãos no exterior. Uma amostra de quatro grandes bancos mostrou Índices de Basileia entre 17% e 20%, por exemplo.

CONSIDERAÇÕES FINAIS

As mudanças na estrutura dos sistemas financeiros, por conta da crise de 1929, foram feitas para restringir a ampla liberdade com que a finança contava. No caso norte-americano, a compartimentalização imposta pelo *Glass-Steagal Act*, de 1933, criou um *sistema financeiro de crédito* subordinado à esfera produtiva: sua função era a de financiar o desenvolvimento industrial e comercial. Essa estrutura funcionou muito bem lado a lado com o Acordo de Bretton Woods, de 1944, que erigiu um sistema monetário internacional apoiado em taxas fixas de câmbio e de juros e no controle dos fluxos financeiros.

A passagem para um *sistema financeiro de mercado*, a partir dos anos 1970, obedeceu a outros condicionantes: o capitalismo foi se tornando mais especulativo, por conta do enfraquecimento relativo da economia norte-americana frente a seus rivais tradicionais, e foram sendo introduzidas características inquietantes que, paulatinamente, autonomizaram finanças da ótica produtiva. Juros e câmbio flutuantes e movimento livre para os fluxos de capital enterraram Bretton Woods.

As políticas neoliberais introduzidas no início dos anos 1980 abriram espaço a um discurso monocórdico de globalização produtiva e de internacionalização financeira. Diante dos desequilíbrios orçamentários derivados de intervenções armadas em conflitos mundiais, os Estados Unidos, a grande nação credora do fim da Segunda Guerra Mundial, transformaram-se no "Império da Dívida" (Mosconi, 2009, p.1-4). Um sistema financeiro novo se impunha, inclusive no plano internacional, para reciclar os papéis de dívida emitida pelo Tesouro norte-americano.

O caráter instável do capitalismo, no sentido que lhe atribuiu Minsky, ficou evidente nos anos 2000, quando o sistema financeiro internacional viveu um auge especulativo. Na crise de 2007, afloraram suas características desestabilizadoras. A liberalização na concessão de crédito foi potenciada por inovações financeiras que espalharam o lixo tóxico pelo mundo: a origem se deu no mercado hipotecário norte-americano dos *subprime*, mas sua expansão se alastrou para os mercados *prime*. Geograficamente, a crise atravessou os oceanos e atacou a Europa e a Ásia. Na Europa, começou pelo Leste, nos países em transição de economias socialistas para capitalistas, para, depois, atingir a periferia da Zona Euro. Uma história que ainda está longe de acabar.

A abertura dos balanços de pagamentos das economias em desenvolvimento aos fluxos financeiros internacionais lhes trouxe, nos anos 1990, instabilidade financeira, com a ocorrência de uma crise sem precedentes.

O encaminhamento da solução se deu caso a caso junto ao FMI, que impôs uma agenda adicional de condicionalidades macroeconômicas pesadas. Passada a tormenta, alguns países emergentes de maior porte se movimentaram para romper com a recorrência dessas crises e com a forma de encaminhamento dos desajustes macroeconômicos. Individualmente, a acumulação de reservas internacionais substantivas foi uma consequência dessa tomada de consciência; coletivamente, o G-20 nasceu em 1999, mas só ganhou força com a crise de 2007.

Os países emergentes também foram atingidos pela crise, mas sua recuperação tem sido mais rápida que a das nações avançadas. Esses países cumprem, atualmente, um papel novo, o de demanda efetiva para as velhas economias em recessão. Com isso, espaços se abrem para recuperar antigas demandas: mais recursos para crises, melhor regulação financeira e maior coordenação nas relações econômicas internacionais, particularmente quanto aos níveis e volatilidade das taxas de câmbio. Fica a pergunta, porém: o G-20 abriu um espaço mais igualitário de governança internacional ou está, apenas, aproveitando um momento de fragilidade das economias avançadas?

O ajuste brasileiro, finalmente, apresentou duas grandes características que se opuseram. O aspecto negativo foi que a instabilidade cambial atingiu o País em cheio: o real brasileiro é uma das moedas mais valorizadas em relação ao dólar, o que pôs em risco seu desenvolvimento futuro, e apresenta tendência de valorização em relação a todas as moedas relevantes – dólar, euro, iene e iuane.

O aspecto positivo foi que o Brasil soube enfrentar com rapidez e precisão a paralisação nos mercados de crédito no final de 2008. Historicamente, podemos afirmar que o crédito privado no Brasil continua escasso, caro e voltado a operações de curto prazo, o que se deve às mudanças estruturais ocorridas no sistema financeiro nacional, a partir dos anos 1990, terem levado o País a apresentar forte tendência de internacionalização, privatização e concentração em todos os indicadores relevantes. A concentração do crédito em grandes bancos joga contra a concorrência e explica o baixo grau de endividamento e a excessiva concentração por tamanho de operação.

A demora na reação do sistema financeiro privado à crise foi enfrentada pelo sistema financeiro público, que expandiu rapidamente suas linhas de crédito, baixando, inclusive, o custo das operações. O BNDES, o Banco do Brasil e a Caixa Econômica Federal contribuíram para inverter a tendência de privatização do sistema financeiro nacional cujos números já podem ser vistos no aumento de sua participação das operações de crédito. Houve, portanto, um esforço do sistema financeiro público para aumentar o fluxo de concessões de crédito com recursos domésticos.

Isso evidencia o retorno de uma participação mais efetiva do Estado na condução de seu destino nacional, que a fase do *pensamento único* acreditou ter enterrado, antes de levar o capitalismo aos limites da irresponsabilidade.

Terceira parte

ARTICULAÇÕES POLÍTICAS E PROMOÇÃO DE NEGÓCIOS

16
As mudanças na inserção brasileira na América Latina nos anos 1990 e no início do século XXI[1]

Tullo Vigevani

Introdução

O objetivo deste capítulo é analisar os aspectos políticos e econômicos internacionais que influenciam as posições brasileiras em relação aos processos de integração regional na América do Sul, principalmente o Mercado Comum do Sul (Mercosul), desde o fim dos anos 1980. Desde 1985, a integração no Cone Sul conviveu com diferentes ambientes externos, evoluindo de tentativas desenvolvimentistas para formas de regionalismo aberto, inseridas em um clima internacional de regimes liberais e, nos dias de hoje, para tentativas de desenvolvimento com algum grau de equidade, sem volta ao protecionismo.

Serão identificados aqui os elementos de continuidade e de mudança no comportamento brasileiro – governo, empresários e sociedade civil – em relação ao Mercosul e à integração, com base na hipótese de que as transformações do cenário mundial tenham influenciado as posturas desses atores. Portanto, partimos do pressuposto de que as atitudes das elites se combinaram com as mudanças objetivas ocorridas no cenário econômico e político mundial desde o período 1980-8 até os dias de hoje.

Referindo-se ao período Alfonsín-Sarney, particularmente aos anos 1985-8, Camargo (2000, p.160) afirma:

> já no que se refere aos empresários brasileiros, a atitude era de relativa indiferença, na medida em que os êxitos comerciais dos anos anteriores permitiam esperar

[1] Agradeço a colaboração dada por Haroldo Ramanzini Júnior à elaboração de uma versão inicial deste capítulo publicada na revista *Lua Nova*, n.78, 2010.

maior penetração de seus produtos nas economias desenvolvidas, sobretudo nos Estados Unidos.

Portanto, podemos identificar que temas da década de 2000 têm raízes longínquas.

As posições do Estado em relação ao processo de integração do Cone Sul foram e estão relacionadas a um real interesse pela integração, mas esse interesse não está desvinculado do objetivo de garantir melhores condições de inserção em outras arenas internacionais. Em certa medida, algumas das ambiguidades brasileiras em relação ao se Mercosul relacionam com os dilemas e as contradições do mundo pós-Guerra Fria, marcado por tensões entre tentativas de hegemonia e movimentos de descompressão sistêmica.

Ao contrário dos Países Desenvolvidos (PD) cujos recursos de poder econômico e militar lhes garantem influência internacional, ainda que com riscos potenciais de *over extension*, a projeção externa do Brasil é perseguida mediante intensa participação, ainda que com diferentes estratégias, nos foros políticos e econômicos, regionais e multilaterais. Essa participação se prende, de um lado, à busca de preservação do País diante dos riscos de vulnerabilidade e, do outro, à tentativa de aumentar o próprio poder, o que Pinheiro (2004) chama de *institucionalismo pragmático*. Sendo essa busca comum a qualquer estado, no caso brasileiro ela implica posicionar-se em diferentes tabuleiros, globais e/ou regionais, com diferentes posturas.

Argumentaremos que transformações ocorridas no sistema internacional, que não se apresentavam como cenários previsíveis antes dos anos 1990, influenciaram decisivamente a percepção que o Brasil atribui à integração regional. Dentre elas, cabe destacar: (1) o processo de intensificação do unilateralismo norte-americano na primeira década do século XXI; (2) o impacto da ascensão da China; (3) a valorização das *commodities* agrícolas a partir de 2003, ao menos até a crise financeira e econômica iniciada no segundo semestre de 2008; (4) a reestruturação dos eixos de desenvolvimento mundial, em particular o papel de Índia, Rússia e África do Sul; (5) o crescimento dos fluxos de comércio para países que até 1990 não eram relevantes para o Brasil; (6) o papel atribuído pelo Brasil às negociações econômicas multilaterais, inclusive na fase imediatamente posterior à crise de 2008, evidenciado pela participação ativa do país no G-20 financeiro.

No mundo pós-Guerra Fria, a atuação internacional do Brasil não se estrutura, como até então, no contexto de uma articulação polarizada do sistema internacional; ela ocorre a despeito da incerteza do cenário internacional contemporâneo, e visa atenuar as vulnerabilidades e fortalecer as oportunidades do País. Esses objetivos permitem compreender como se evoluiu, por exemplo, para a ideia de ampliação do Mercosul e para a União das Nações Sul-Americanas (Unasul).

Efetivando uma estratégia presente desde a segunda metade dos anos 1980, no início dos anos 1990 o Brasil redirecionou sua atuação internacional buscando fortalecer sua posição diante dos novos desafios, particularmente aqueles definidos pela tendência à formação de blocos regionais. Desde seu surgimento, o Mercosul foi considerado a base da estratégia de inserção internacional do Brasil. Apesar disso, conforme veremos, parece haver certa tensão entre as necessidades estruturais da integração e as atitudes e posições de importantes atores sociais e governamentais do Brasil. De outra parte, com o objetivo de evitar a adesão a arranjos que possam limitar as futuras opções do País, observa-se que há certa convergência, ainda que baseada em motivações diferentes, entre setores ligados à perspectiva nacional-desenvolvimentista e aqueles ligados à tradição liberal. Esse entendimento tem impacto direto nas posições brasileiras em relação à integração.

A estrutura do Mercosul, tal como construída de 1991 até hoje (2011), parece atender aos interesses das elites brasileiras. Esse formato de integração é adequado para dar a sustentação considerada possível, ou a liberdade desejada, às ações internacionais do País na Organização Mundial do Comércio (OMC), nas relações com os Estados Unidos e com a União Europeia (EU) e nos Gs-20 financeiro e comercial. Ele possibilita ao País ter relativa independência ante aos constrangimentos de uma união alfandegária ou de um mercado comum apoiados em maiores níveis de institucionalização. Uma variável importante que pauta o posicionamento brasileiro em relação à integração regional são as mudanças na geografia econômica internacional.

As dificuldades para o crescimento relativo do comércio e da integração regional, no Mercosul e na América do Sul – a despeito de alguns avanços ocorridos na integração energética, ainda que contrastados – mostram que persistem razões econômicas estruturais que vêm comprometendo esse processo. No entanto, há mudanças significativas no cenário externo, que o governo brasileiro e as elites parecem levar em consideração. Uma delas foi o crescimento da economia mundial, a partir de 2001 até 2008, com destaque para o papel da China, e que levou setores empresariais e grupos importantes no governo a reorientar o foco de seus interesses.

Ainda que mantida a ênfase política na integração, ela teve seu significado proporcionalmente reduzido. O aumento do preço das *commodities*, inclusive do petróleo e do gás, bem como a liquidez observada no sistema financeiro, nos primeiros anos do século XXI, colaboraram para o aumento das exportações não só do Brasil, mas também dos outros países da região. Ainda que não tenha contribuído para o esforço de complementaridade produtiva e comercial regional, o bom momento internacional foi importante para que os países mantivessem suas economias razoavelmente estáveis.

A recessão nos países centrais, iniciada em 2008, poderia sugerir um novo ciclo favorável à integração na América do Sul, exatamente pela contração dos mercados dos países centrais. No momento em que escrevemos, não é possível afirmar que esse caminho seja provável. O Brasil concentra energias nas negociações multilaterais em curso, visando à reorganização do sistema financeiro e econômico internacional. Assim, busca o fortalecimento do papel das grandes economias emergentes. Nesse processo, o Mercosul e os países da região não surgem como variáveis importantes. Na reunião entre os ministros da Economia e do Exterior, os presidentes dos Bancos Centrais e os países do Mercosul ampliado, realizada em Brasília em 27 de outubro de 2008, não se chegou a conclusões conjuntas.

> O chanceler brasileiro, Celso Amorim, esclareceu que do encontro se poderia esperar um comunicado conjunto, mas seguramente não se produziriam medidas coordenadas para enfrentar a crise. (*Clarín*, 27 out. 2008)

As relações Argentina-Brasil, que têm um papel central para os dois países, continuam importantes nos dias atuais, mas passam a ser vistas como de menor peso relativo. A estrutura produtiva não corresponde a economias que buscam complementaridade; o peso que os produtos primários têm nos dois países e o papel que as elites políticas nacionais projetam para a própria inserção internacional são elementos que colocam obstáculos significativos para a articulação bilateral. Entretanto, a necessidade objetiva de integração da infraestrutura, algum impulso pela integração produtiva e a tendência a convergências políticas poderiam recolocar a questão do crescimento compartilhado em um cenário de revigoramento das relações regionais.

No Cone Sul e na América do Sul, a desilusão com a crença fundamentalista de que o mercado seria o instrumento de superação da pobreza abriu caminho para a emergência ao governo dos países da região de dirigentes políticos que, ao criticarem aquela crença e o sistema internacional a ela relacionado, buscam revigorar o papel do Estado.

A crise sistêmica desencadeada a partir do colapso do Lehman Brothers fortalece um novo consenso: o reconhecimento de que cabe ao Estado projetar políticas de desenvolvimento. Um projeto de integração regional exige ações que o mercado não realiza. Como analisaremos a seguir, a história recente da integração, particularmente de Argentina e Brasil, mas também de Paraguai e Uruguai, indica que as ações dos estados ainda se voltam para soluções particulares, não integradas. Por exemplo, o uso dos recursos energéticos comuns e os contenciosos a ele relacionados, Itaipu e gás da Bolívia, e o conflito entre Argentina e Uruguai sobre a empresa de celulose Botnia, no qual aparecem como contrapostos interesses de preservação ambiental e de desenvolvimento. A crise financeira e econômica, a partir de 2008, parece oferecer oportunidades para o fortalecimento da integração; no entanto, não há qualquer certeza sobre esse caminho.

As ações visando à cooperação não parecem ser suficientes para neutralizar as debilidades estruturais dos países, ou para inserir a dinâmica regional nas agendas das políticas domésticas. Na integração regional entre países pobres, é difícil a construção de políticas compensatórias que facilitem a adesão social a um bloco regional. Em um contexto político internacional em mudança – e agora de crise econômica –, a existência de governos com afinidades genéricas não tem sido suficiente para aprofundar as políticas de integração.

A intensificação do unilateralismo norte-americano na administração W. Bush (2001-8) não teve como resultado o fortalecimento da integração no Cone Sul. No caso do Brasil, os governos FHC e Lula, particularmente esse último, buscaram reagir ao unilateralismo adotando políticas ativas de articulação internacional voltadas aos grandes países emergentes. No caso da China, como examinaremos, foram de grande significado as potencialidades comerciais existentes entre os dois países. Quanto a Rússia, Índia e África do Sul, juntamente com a busca de cooperação econômica e comercial, foram também relevantes os aspectos propriamente políticos. Do mesmo modo, foram dedicados grandes esforços em direção à União Europeia, ao Japão, ao Oriente Médio e à África.

O Mercosul, mesmo sendo considerado – até por se tratar de uma união alfandegária – o núcleo vital da ação do País, não foi adequadamente mobilizado para o objetivo de contribuir para o multilateralismo. Na percepção brasileira, evidenciada em foros internacionais como a ONU, a OMC e o G-20 comercial, a capacidade nacional é considerada mais decisiva e apta a produzir resultados debilitadores do unilateralismo.

MODIFICAÇÕES E PERMANÊNCIAS NAS POSIÇÕES BRASILEIRAS EM RELAÇÃO AO MERCOSUL

No século XXI, a inserção externa do Brasil ocorre em um contexto no qual não são claros os parâmetros, em razão das profundas mudanças em curso; esse movimento atinge todos os estados, e a reação a ele tem especificidades. A centralidade norte-americana está em questão (Unesp, Unicamp, PUC/SP, Cedec, 2006), e essa situação tem implicações para a política brasileira, em particular no que se refere às posições do Brasil no Mercosul. Nesta seção do capítulo, faremos um breve balanço do desenvolvimento do Mercosul e discutiremos as modificações e permanências nas posições do Brasil em relação ao bloco, considerando os fatores domésticos e internacionais que pautaram suas posições.

Durante boa parte do período das chamadas *polaridades definidas*, ou seja, da Guerra Fria (1946-89), as posições internacionais do Brasil foram, em geral, resistentes à consolidação de instituições e de regimes internacionais, por considerar que congelariam a hierarquia de poder existente. Um dos formuladores dessas posições foi Araújo Castro (1982). A partir da década de 1980, no bojo da crise da dívida externa, da alta inflação e da estagnação econômica, se acentuou o debate em parte das elites brasileiras no sentido de repensar o modelo de desenvolvimento econômico do País. No fim da década de 1980 e no início dos anos 1990, ganhou força a percepção de que o Brasil deveria ter uma postura mais participativa em relação às grandes questões internacionais. O caminho encontrado pelos formuladores da política externa brasileira para garantir maior inserção internacional no mundo pós-Guerra Fria foi a busca de maior participação em organizações e regimes internacionais e a adoção de iniciativas visando à integração regional.

Segundo formulação de alguns diplomatas e intelectuais, passa a vigorar o conceito de autonomia pela participação, em contraposição à noção de autonomia pela distância, operada pela diplomacia brasileira durante o período da bipolaridade (Fonseca Júnior, 1998). Com o fim da Guerra Fria – e, na verdade, até hoje –, a América do Sul passa a ser vista como de menor importância estratégica para as grandes potências, em particular para os Estados Unidos (Ayerbe, 2002). Na perspectiva brasileira, para parte de suas elites – algumas delas na burocracia do Estado, outras no ramo empresarial –, a integração com a Argentina projetava duplo significado: (1) a partir de 1988, para a burocracia econômica, essa integração deveria funcionar como mecanismo para a abertura comercial e para a liberalização; (2) para a esfera diplomática, vislumbrava-se o bloco como plataforma capaz de adicionar poder na barganha internacional. Havia um entendimento entre os países da região de que, no novo contexto internacional, atuando de modo conjunto, seria possível aumentar o peso relativo de cada país.

Na análise dos fundamentos da política externa brasileira, dois conceitos têm relevância: a autonomia e o universalismo, que servem para explicar parte dos rumos e das estratégias de diálogo do Brasil com o mundo. A tradição e a retórica visam buscar a reafirmação desses conceitos construídos social e historicamente e se inserem no conjunto de percepções subjetivas que informam, em alguma medida, as ações dos atores políticos. Estão nos quadros cognitivos que influenciam a diplomacia brasileira e corroboram sua retórica de tradição e continuidade.

Na percepção de alguns dos formuladores de política exterior, a ideia de universalismo está associada às próprias características geográficas, étnicas e culturais do País. Ela representaria, segundo Lafer (2004), a pluralidade dos interesses do Estado e da sociedade, as afinidades históricas e políticas. Simbolizaria a preocupação em diversificar ao máximo as relações externas do País e em pluralizar, ampliar e dilatar os canais de diálogo com o mundo. Da ótica comercial, a ideia de universalismo é sintetizada pelo termo *global trader*, já que o País tem intercâmbio com uma pluralidade considerável de países, não restringindo sua pauta mercantil a regiões específicas e limitadas (Barbosa; César, 1994).

Já o conceito de autonomia se refere à tentativa constante de manutenção da capacidade de influência e escolha no sistema internacional (Mariano, 2007). Na visão de Mello (2000), a continuidade dos paradigmas históricos da política externa brasileira – autonomia e universalismo – se expressaria, exatamente, na política regional. Parece correto considerar também que mudanças internacionais e/ou domésticas podem alterar o significado dos conceitos orientadores da ação externa.

No momento da aproximação Brasil-Argentina, em meados dos anos 1980, houve uma superposição entre a ideia da integração regional, a aliança com a Argentina e a preservação dos valores do universalismo e da autonomia. O regionalismo não diminuiria, mas reforçaria o paradigma universalista de inserção internacional do Brasil. Foi importante para o processo de integração Brasil-Argentina e, posteriormente, para a inclusão do Paraguai e do Uruguai, a percepção do risco de isolamento como consequência do fim da Guerra Fria (Moreira, 1989) e o reconhecimento de que as debilidades internas dos países enfraqueceriam suas posições externas. Onuki (1996) argumenta que a criação do Mercosul representou a tentativa de reformular os interesses estratégicos dos países do Cone Sul, em um contexto internacional em transformação.

O início da integração com a Argentina (Declaração de Iguaçu, novembro de 1985; Programa de Integração e Cooperação Econômica – Pice –, julho de 1986 e os 24 protocolos decorrentes; Tratado de Integração, Cooperação e Desenvolvimento, novembro de 1988) correspondeu a uma lógica desenvolvimentista que visava estimular a emulação empresarial, para a modernização e a inserção competitiva no sistema econômico internacional. Contudo, a partir dos governos Collor de Mello, no Brasil, e Carlos Menem, na Argentina, no bojo de um movimento internacional de reformas liberalizantes em diversos países da periferia, ocorre uma mudança no perfil da integração, com maior predomínio do tema da abertura dos mercados nacionais, em relativo detrimento da discussão de outros aspectos importantes, principalmente das questões institucionais.

Com o decorrer do tempo, observa-se a gradual perda de importância do tema do desenvolvimento no âmbito integracionista e, ao mesmo tempo, a crescente importância atribuída ao tema dos fluxos comerciais (Mariano, 2000). Como veremos, por conta do enfraquecimento dos modelos econômicos neoliberais nos países da região, visível a partir de 2000, acentuando-se com a crise financeira e econômica de 2008, há sinais de modificação nessa tendência. Pode ressurgir, ainda que com dificuldades, a perspectiva de que o desenvolvimento é favorecido pela integração. Na VII Reunião Extraordinária do Conselho do Mercosul, à qual fizemos referência, e que não produziu resultados concretos ante à crise, o ministro Amorim declarou que "a solução para a crise é mais integração, mais comércio, menos subsídio e menos distorção" (*Gazeta Mercantil*, 28 out. 2008).

Com a desvalorização do real em 1999 e a posterior recessão Argentina em 2001, o Mercosul evidencia uma crise cujos desdobramentos não eram – e ainda não são – claros. Além dos elementos conjunturais, que se expressam por seguidos contenciosos comerciais e políticos, e da ausência de mecanismos institucionais regionais que busquem garantir a dinâmica da integração, questões estruturais, relativas às economias dos PD e a valores enraizados nos Estados e nas sociedades, devem também ser consideradas na busca de explicações consistentes.

A partir de 1996-7, período em que se conjugaram problemas comerciais específicos e significativos desentendimentos sobre a inserção internacional, ganham peso os setores que, na Federação das Indústrias do Estado de São Paulo (Fiesp), na Confederação Nacional da Indústria (CNI), nas entidades representativas do *agrobusiness*, entre altos funcionários e na imprensa, têm a percepção de que o Mercosul estreitaria a capacidade universalista do Brasil. Naquele momento, colaboraram para a inflexão do papel da integração o avanço das negociações para a criação da Área de Livre-Comércio das Américas (Alca), as negociações para o início de uma nova Rodada de negociações na OMC e o começo da discussão, que depois se fortaleceu, sobre o papel dos Brics (Brasil, Rússia, Índia e China). Essas negociações ou orientações não deveriam necessariamente enfraquecer o Mercosul, mas isso acabou acontecendo, pois a ideia da integração não chegou a ser assimilada com a devida profundidade pelas elites brasileiras.

Em parte da sociedade brasileira há um interesse reduzido e, em alguns casos, abertamente contrário ao Mercosul e a seu possível aprofundamento. Por exemplo, o encontro realizado em novembro de 2004, que reuniu empresários de diversos segmentos e entidades como Fiesp, Associação Brasileira dos Fabricantes de Calçados (Abicalçados), Associação Nacional dos Fabricantes de Produtos Eletroeletrônicos (Eletros) e Associação Brasileira de Comércio Exterior (AEB), revelou ser razoável a oposição ao bloco regional. As discussões giraram em torno da ideia da defesa de um passo atrás em relação ao Mercosul: no meio empresarial, discute-se a necessidade de retroceder de uma união alfandegária, considerada imperfeita, para uma área de livre-comércio. Segundo o grupo reunido, o Mercosul seria uma âncora que aprisionaria o Brasil nas negociações internacionais, dificultando acordos bilaterais com os Estados Unidos e a União Europeia (*Valor Econômico*, 16 nov. 2004).

As análises que resultam da preocupação de parcela dos empresários confirmam a tendência de redução do significado da integração para o Brasil e do papel que o Mercosul tem para a política exterior e como referência nas estratégias econômica e comercial internacionais. Em geral, essas análises reiteram o papel de freio que o Mercosul e a integração sul-americana exerceriam, dificultando maior dinamismo externo brasileiro. Ao menos até 2008, a preocupação com os países centrais, com economias diversificadas, com forte capacidade de importação de produtos sofisticados e mesmo de matérias-primas e bens agrícolas, da ótica do universalismo e do *global trader*, deveria prevalecer. Fonseca e Marconini (2006, p.87) afirmam:

> seria altamente recomendável que as autoridades brasileiras, em futuro próximo, tivessem a ousadia realista de converter o Mercosul, extinguindo o cada vez mais problemático regime de união alfandegária, para tornar-se uma área de livre-comércio.

A potencial perspectiva de ganhos de escala em termos econômicos, que alguns acreditam ser fortemente estimulada pelo acesso aos maiores mercados, levou à retomada dos temas da autonomia e do universalismo, que nunca foram abandonados, agora com um sentido restritivo em relação ao Mercosul. A superposição entre a ideia da integração regional, a aliança com a Argentina e a preservação dos valores do universalismo e da autonomia que, como dissemos, foi significativa na segunda metade dos anos 1980 e no início dos anos 1990 para atores importantes, não desaparece, mas se reduz.

A declaração definindo a parceria entre os dois estados como estratégica havia revelado interesse nessa superposição. Argumentos antigos ou novos foram ressuscitados, ao menos como justificativas: a pequena dimensão do mercado regional, a instabilidade dos países, o potencial de atração dos países ricos – particularmente dos Estados Unidos –, o sentimento difuso de desconfiança em relação ao Brasil. Mas o argumento mais forte, como estamos enfatizando, foi a necessidade de garantir ao governo liberdade para agir no sistema internacional. A relação com a União Europeia parece trabalhar em sentido oposto, vista sua decisão de negociar com o Mercosul como um bloco e não separadamente com cada país. Mesmo assim, nos últimos anos, particularmente a partir de julho de 2007, com a assinatura da Parceria Estratégica entre a União Europeia e o Brasil, sinaliza-se a possibilidade de avanços específicos do Brasil em relação a essa área.[2]

Portanto, na perspectiva brasileira, retrospectivamente, o Mercosul surge e se desenvolve de modo claramente ambíguo, o que não é essencialmente diferente no caso argentino (Onuki, op. cit.). Colocado no topo das prioridades internacionais, no caso brasileiro, em que a força do universalismo permanece, ele é apresentado como instrumento muito importante, mas sempre instrumento. Não haveria uma clara especificidade da integração, ela não seria um fim em si mesmo. Já no momento de constituição do Mercosul, os governos explicitavam isso:

> ao firmar o Tratado de Assunção, os quatro presidentes partem da percepção comum de que o aprofundamento do processo de integração pode ser a chave para uma inserção mais competitiva de seus países num mundo em que se consolidam grandes espaços econômicos e onde o avanço tecnológico-industrial se torna cada vez mais crucial para as economias nacionais. (Ministério das Relações Exteriores, 1991, p.279)

Isto é, o bloco visa à inserção internacional; desde o início, a questão da identidade não é central.

Um Mercosul mais institucionalizado parece não atender aos interesses de parte considerável das elites, de grupos sociais, econômicos e regionais, e de setores políticos; para estes, a atual estrutura do bloco atende a suas necessidades. Haas (1964) considera que, para que as elites burocráticas e

[2] Cf. <http://ultimahora.publico.clix.pt/noticia.aspx?id=1298528&idCanal=undefined>.

governamentais se empenhem efetivamente na construção e ampliação de instituições regionais, é preciso que estejam convencidas dos benefícios concretos e materiais resultantes dessas medidas.

Durante um período, sobretudo quando o comércio intrarregional se expandiu fortemente, passando de aproximadamente US$ 1,6 bilhão, em 1985, para US$ 19 bilhões em 1997, quando a participação desse mesmo comércio para o Brasil evoluiu de aproximadamente 5% para 15% em relação ao intercâmbio total do País (Cepal, 2003), o Mercosul atendeu interesses, que viam utilidade no bloco. No entanto, os sinais de desencantamento político e econômico já existiam, e as crises da desvalorização no Brasil, em 1999, e da paridade na Argentina, em 2001, potencializaram seu impacto negativo sobre as perspectivas da integração e contribuíram para acelerar sinais que vinham se acumulando, derivados dos limites da complementaridade e da dimensão dos mercados.

Podemos dizer que, nas relações do Brasil com o entorno mais próximo, o Mercosul e a América do Sul, a ideia de autonomia se manifesta, desde o início dos anos 1990, sob a forma de insistente revalorização da potencialidade de ação nacional específica, não sujeita às amarras que uma integração institucionalizada poderia acarretar. Almeida (1993, p.138) considera que

> o bom-senso recomendaria a implementação de uma supranacionalidade limitada ao estrito indispensável para o funcionamento de uma união alfandegária plena. Em qualquer hipótese, não há por que reproduzir no Mercosul a enorme burocracia comunitária constituída ao longo dos anos na Comunidade Europeia, uma verdadeira "eurocracia" intervencionista usurpando parte da competência nacional dos países-membros.

As aspirações protagônicas e universalistas das elites brasileiras, que variam de acordo com a dinâmica do sistema internacional em determinado momento, implicam a necessidade de estar livre para agir com desenvoltura no cenário externo, sem acordos restritivos ou condicionamentos, principalmente de matriz regional. As visões de mundo e as ações de uma parte das elites, assim como o peso dos conceitos de autonomia e universalismo, influenciam a dinâmica da integração. A percepção de que o maior aprofundamento do bloco implica redimensionamento de soberania e de autonomia, atingindo, portanto, ao menos parcialmente, a relação do Brasil com o mundo, sempre esteve presente e foi componente importante da ação do Estado e da sociedade. Colocando limites ao Mercosul, rejeitaram-se articulações que pudessem dificultar a movimentação internacional do Brasil ou que pudessem contrariar a desejada autonomia e a ação universalista.

Do começo dos anos 1990 até hoje, há um fortalecimento crescente do paradigma universalista da política externa brasileira, que se relaciona com o entendimento das permissibilidades do sistema internacional para a projeção internacional do País. No contexto do conceito de autonomia pela participação, evoluindo no governo Lula para a ideia de autonomia pela diversificação, intensifica-se a inserção do Brasil. Isso acontece mediante a intensa participação nas diversas organizações internacionais: nas missões de paz organizadas pelas Nações Unidas, como exemplifica o caso do Haiti; na busca pelo assento permanente no Conselho de Segurança da ONU; na articulação de coalizões multilaterais, como o G-20 comercial na Rodada Doha da OMC; no grupo Índia, Brasil e África do Sul (IBSA); e no grupo Brics. O Mercosul nunca deixou de ser considerado, mas foram poucas as políticas que buscaram fortalecer o bloco como base do que seria a inserção internacional brasileira conjuntamente com seus parceiros da união alfandegária.

De forma geral, um aspecto permanente da política externa brasileira, em um mundo que passa por transformações significativas, tem sido buscar garantir uma coesão mínima no Mercosul de modo a utilizar a integração como plataforma para sua inserção internacional (Mariano, 2007). Utilizar o Mercosul como a base da estratégia de integração sul-americana também tem sido um componente importante nas posições regionais do País, daí, inclusive, a necessidade de manutenção de um aparato institucional essencialmente intergovernamental, que garanta a possibilidade de entrada de novos membros.

O esforço de integração da América do Sul já estava entre os objetivos das administrações Itamar Franco (1992-4) e FHC (1995-2002), consolidando-se na gestão Lula. De um lado, isso demonstra haver uma dimensão sul-americana do Estado brasileiro; do outro, significa a busca de soluções alternativas, ainda que apresentadas como complementares, a uma integração em profundidade, a um mercado comum, no Cone Sul, com as consequências e os compromissos que ela implicaria. A posição dos diferentes governos brasileiros, buscando uma continuidade de baixa intensidade da integração, parece atender à média das expectativas das elites, dentro e fora do aparelho estatal brasileiro. Nisso ela coincide com as atitudes prevalecentes também na Argentina, no Paraguai e no Uruguai.

MUDANÇAS INTERNACIONAIS E SUAS CONSEQUÊNCIAS PARA O MERCOSUL

Desde o começo dos anos 1990, consolida-se, entre os formuladores e operadores de política externa brasileira, o entendimento de que a manutenção das margens de atuação do Brasil no sistema internacional depende, sobretudo, da capacidade de o país projetar-se e, ao mesmo tempo, ser reconhecido como ator influente no direcionamento dos principais temas da agenda internacional. Essa concepção abrange tanto setores liberais quanto nacional-desenvolvimentistas (Barbosa, 1996; Cervo, 2006).

Ao contrário dos PD, cujos recursos de poder econômico e militar já garantem influência internacional, a projeção externa do Brasil e a capacidade de projetar suas preferências nos foros de decisão internacional somente podem ser razoavelmente garantidas mediante a participação em diversos foros, políticos e econômicos, regionais e multilaterais (Narlikar, 2003). Nesse contexto, busca-se estabelecer coalizões que permitam o aumento da capacidade de influência do país no sistema internacional e que fortaleçam o caráter universalista da política externa brasileira. O ministro Amorim, ao fazer um balanço da atuação internacional do primeiro governo Lula (2003-6), avalia que essa influência foi efetiva.

> Diria sem falsa modéstia que o Brasil mudou a dinâmica das negociações da OMC. Não foi o Brasil sozinho. Mas o Brasil lidera o G-20 e é procurado – e diria que quase cortejado – por Estados Unidos, União Europeia e Japão, entre outros países. (*Gazeta Mercantil*, 19 out. 2006)

O peso atribuído às negociações multilaterais na esfera da OMC, bem como as movimentações dos Estados Unidos, ao menos desde o início dos anos 1990, no sentido de aprofundar as discussões sobre a integração hemisférica, ou de efetivar acordos bilaterais com países da região, em particular do Mercosul, foram fatores exógenos importantes que pautaram as posições brasileiras em relação ao bloco regional do Cone Sul. Como argumenta Mello (2000), na década de 1990, o objetivo norte-americano de avançar para a integração hemisférica resultou no fortalecimento do compromisso brasileiro com o Mercosul.

Esse compromisso, no entanto, não foi suficiente para sustentar o aprofundamento da integração. Depois da Conferência de chefes de estado e de governo das Américas em Mar del Plata, em 2005, quando houve coincidência na ação visando ao adiamento *sine die* das negociações da Alca, o Mercosul teve reduzido seu significado como instrumento de barganha em relação aos Estados Unidos. Isso pode ser comprovado pelas dificuldades de coordenação de políticas nas negociações da OMC, inclusive na importante reunião de Genebra de julho de 2008. Referindo-se a esse fato, o presidente Lula afirma que "não houve divergência de conceitos" (*Clarín*, 7 set. 2008). Mas reconhece que, muitas vezes, em momentos críticos, prevalece nas decisões do governo o interesse nacional:

> Veja, por mais que você trabalhe para um processo de integração, seja da União Europeia ou da América do Sul ou do mundo asiático, em alguns momentos você tem de considerar a situação do seu estado nacional. Não devemos ver, em nossas diferenças, situações de conflito mas situações de diferença; diferenças econômicas e de potencial industrial. (Ibid.)

Para compreender a evolução da posição brasileira na integração regional e no Mercosul é preciso considerar as grandes mudanças internacionais que impactaram os estados. De um lado, como foi amplamente evidenciado pela crise financeira de 2008, houve redução da capacidade econômica norte-americana; do outro, cresceu a importância de outros países e regiões, constatação válida para todos os países, inclusive para os da América do Sul. Fator de grande impacto, cujas dimensões não eram previsíveis no início dos anos 1990, foi o extraordinário crescimento da China e da Ásia. Desde 1985, quando houve aproximação Argentina-Brasil, ou desde 1991, com a criação do Mercosul, a geografia política e econômica internacional modificou-se profundamente. Waltz (2000, p.30, 32) afirma que

> a teoria nos permite dizer que uma nova balança de poder será constituída, mas não nos diz quanto tempo esse processo levará para concretizar-se. [...] o inevitável movimento da unipolaridade para multipolaridade não está acontecendo na Europa, mas na Ásia.

A reestruturação do poder mundial (Velasco e Cruz, 2007) nos anos 2000, com o desenvolvimento focado em países não centrais, como demonstram o papel de Índia, Rússia e África do Sul, além da China, bem como as relativas mudanças na distribuição do comércio exterior brasileiro, foram acontecimentos que contribuíram para que a integração regional passasse a ter menor peso relativo nos projetos de inserção externa das elites brasileiras e do Estado. Tanto na perspectiva liberal quanto na nacional-desenvolvimentista, o Mercosul continua importante como base da política brasileira, mas o foco de interesses vem sendo reorientado e a ação empresarial e governamental passa a concentrar-se em outras direções. Segundo Guimarães (2006, p.275)

> é indispensável trabalhar de forma consistente e persistente em favor da emergência de um sistema mundial multipolar no qual a América do Sul venha a constituir um dos polos e não ser apenas uma sub-região de qualquer outro polo econômico ou político.

Um dos fatores importantes que explicam essa reorientação pode ser dimensionado de forma precisa. Trata-se das mudanças ocorridas no comércio exterior do País. No período de 1985 a 1998, como dissemos, a evolução intrabloco foi altamente significativa. As exportações do Brasil para os países que viriam a constituir o Mercosul, que em 1985 representavam 3,86% do total, passam a representar 17,37% em 1998. No mesmo período, as importações evoluem de 4,88% para 15,19% (Cepal, 2003). Além da evidente importância dessa evolução, a qualidade do comércio brasileiro intrazona é favorável, por ser relevante a presença de produtos e serviços de maior valor agregado.

Os gráficos da Figura 16.1 mostram as mudanças ocorridas na estrutura do comércio exterior do Brasil, a partir de 1989 até 2007. Neles, apresentamos a evolução das importações e exportações e os saldos alcançados no mesmo período.

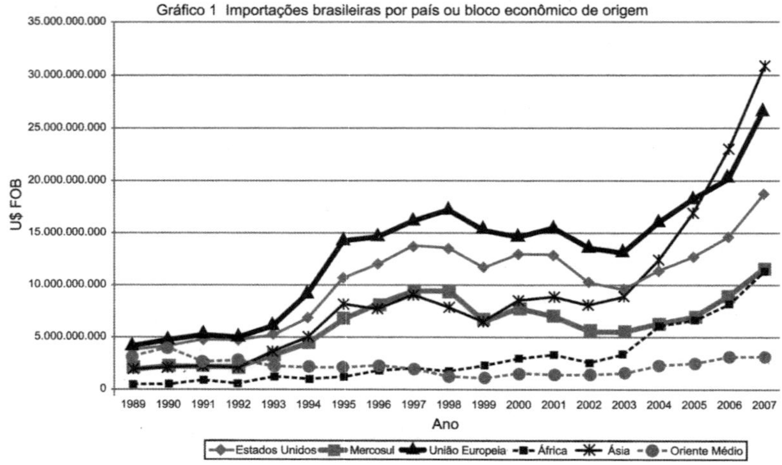

(a)

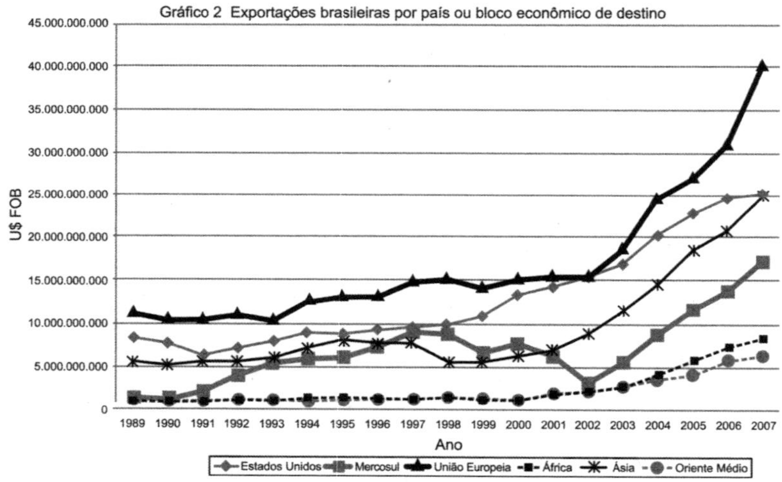

(b)

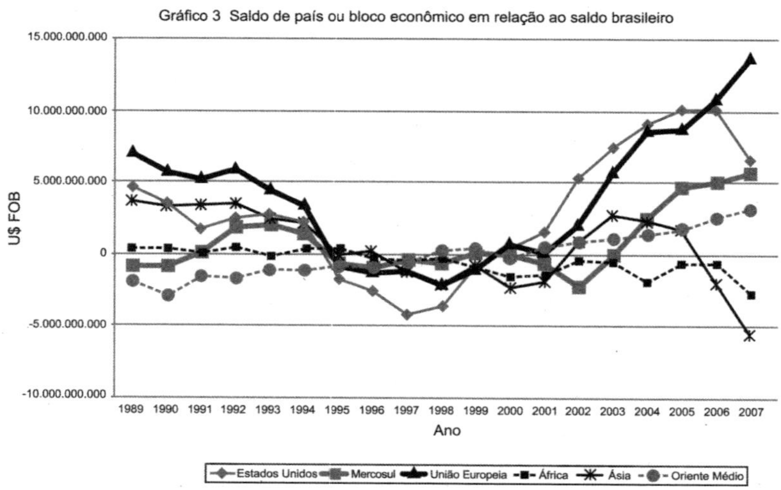

(c)

Figura 16.1 Mudanças na estrutura do comércio exterior do Brasil (1989-2007)

Fonte: Banco Central do Brasil. Indicadores Econômicos consolidados, 2008.

É interessante analisar os dados de forma desagregada, observando a evolução percentual das importações e das exportações brasileiras para cada um dos países do Mercosul, bem como em relação à China e Índia, conforme veremos nas tabelas 16.1 e 16.2, a seguir. No caso da Índia, apesar dos esforços para a intensificação das relações entre os dois países e da atuação conjunta no G-20 e no IBSA, a evolução do comércio bilateral foi pouco significativa, ao contrário da China, com a qual o comércio brasileiro teve um grande salto, contribuindo para mudar o perfil das relações econômicas internacionais do país.

Os fatores de inserção internacional são muitos, com destaque para: fluxos de capitais, de tecnologia, de valores, de cultura e relações de poder. O comércio é um dos fatores de grande importância, e o destino e a origem razoavelmente diversificados do comércio exterior brasileiro tendem a dar base aos argumentos universalistas de sua política externa. Essa diversificação ocorre também na Argentina, onde os produtos primários têm ainda maior importância.

Tabela 16.1 Exportações brasileiras (% do total)

Ano (1989-2007)	Argentina	Paraguai	Uruguai	China	Índia
1989	2,10%	0,94%	0,97%	1,83%	0,58%
1990	2,05%	1,21%	0,94%	1,22%	0,53%
1991	4,67%	1,57%	1,07%	0,72%	0,52%
1992	8,49%	1,52%	1,44%	1,29%	0,42%
1993	9,49%	2,47%	2,01%	2,02%	0,32%
1994	9,50%	2,42%	1,68%	1,89%	1,43%
1995	8,69%	2,80%	1,75%	2,59%	0,69%
1996	10,83%	2,77%	1,70%	2,33%	0,39%
1997	12,77%	2,65%	1,64%	2,05%	0,31%
1998	13,20%	2,44%	1,72%	1,77%	0,28%
1999	11,17%	1,55%	1,39%	1,41%	0,65%
2000	11,32%	1,51%	1,22%	1,97%	0,39%
2001	8,60%	1,24%	1,11%	3,27%	0,49%
2002	3,89%	0,93%	0,68%	4,18%	1,08%
2003	6,25%	0,97%	0,56%	6,20%	0,76%
2004	7,66%	0,91%	0,70%	5,64%	0,68%
2005	8,39%	0,81%	0,72%	5,78%	096%
2006	8,52%	0,90%	0,73%	6,10%	0,68%
2007	8.97%	1,03%	0,80%	6,69%	0,60%

Fonte: Banco Central, 2008.

Tabela 16.2 Importações brasileiras (% do total)

Ano (1989-2007)	Argentina	Paraguai	Uruguai	China	Índia
1989	6,78%	1,96%	3,25%	0,70%	0,19%
1990	6,62%	1,56%	2,83%	0,83%	0,08%
1991	13,88%	2,54%	4,57%	1,40%	0,23%
1992	8,42%	0,95%	1,47%	0,57%	0,14%
1993	10,76%	1,09%	1,53%	1,21%	0,36%
1994	11,07%	1,07%	1,72%	1,40%	0,27%
1995	11,19%	1,03%	1,48%	2,08%	0,34%
1996	12,76%	1,04%	1,77%	2,12%	0,35%
1997	13,29%	0,87%	1,62%	1,95%	0,36%
1998	13,90%	0,61%	1,81%	1,79%	0,37%
1999	11,81%	0,53%	1,31%	1,76%	0,35%
2000	12,27%	0,63%	1,08%	2,19%	0,49%
2001	11,17%	0,54%	0,91%	2,39%	0,98%
2002	10,04%	0,81%	1,03%	3,29%	1,21%
2003	9,68%	0,98%	1,11%	4,45%	1,01%
2004	8,86%	0,47%	0,83%	5,91%	0,88%
2005	8,48%	0,43%	0,67%	7,27%	1,63%
2006	8,82%	0,32%	0,68%	8,75%	1,61%
2007	8,63%	0,36%	0,65%	10,46%	1,79%

Fonte: Banco Central, 2008.

Em 2007, o total do intercâmbio comercial brasileiro alcançou US$ 281 bilhões. O principal parceiro individual do país são os Estados Unidos; com eles, o comércio alcançou aproximadamente US$ 44 bilhões, isto é, 16% do total brasileiro. O segundo parceiro foi a Argentina, com números que atingem US$ 24,8 bilhões, quase 9%. Com a China, o fluxo de comércio total do Brasil foi de US$ 23,3, o equivalente a mais de 8%. O argumento, nesse caso, é que, de fato, há forte diversificação de parceiros, sem concentração em qualquer um deles.

Verificando os fluxos no longo prazo, percebe-se no gráfico 1 da Figura 16.1(a) que, no tocante às importações, a evolução mais notável se deu com aquelas provenientes da Ásia. Como podemos ver na Tabela 16.2, de 1989 a 2007, a China evoluiu no total das importações brasileiras de 0,70% para 10,46%. No tocante às exportações, o crescimento foi de 1,83%

a 6,69%. O impacto político estratégico dessa evolução não poderia ser pequeno. No gráfico 3 da Figura 16.1(c) verificamos que o Brasil consegue *superávit* comercial sobretudo por seu intercâmbio com União Europeia, Estados Unidos e Mercosul, nessa ordem. O comércio com a Argentina, que se recupera depois da crise aguda ocorrida entre 1999 e 2002, não mais alcança, em termos relativos, o auge de 1998. Como pode ver nos gráficos 1 e 2 da Figura 16.1(a, b), crescem as relações comerciais com o Mercosul. É importante notar, como já ressaltamos, que a contribuição da região ao *superávit* é significativa, sobretudo se lembrarmos que se trata de produtos de maior valor agregado. Ainda assim, há uma diminuição do *market share* do bloco regional nas relações comerciais brasileiras.

O crescimento da economia mundial a partir de 2001 – com destaque para o papel da China e da Ásia –; a ênfase atribuída pelo Brasil às negociações na OMC e a utilização da organização para fortalecer suas posições, e a alta do preço das *commodities* desde 2003 (Prates, 2006), todos esses fatores contribuíram para que setores empresariais e grupos importantes do governo buscassem reorientar o foco de seus interesses. O comportamento brasileiro perante a crise financeira e econômica de 2008 sugere que a ênfase na busca de um sistema mundial multipolar e do fim do unilateralismo se apoia na percepção de que a maximização de capacidades ocorre pela participação em diversos foros, políticos e econômicos, regionais e multilaterais. O dinamismo da atuação brasileira no G-20 financeiro e, ao mesmo tempo, as dificuldades para a coordenação regional de políticas, evidenciam isso. O presidente Lula, ao fim Cúpula do G-20 financeiro sobre Economia Mundial e Mercados Financeiros, realizada em Washington em novembro de 2008, concluía:

> o dado concreto é que, pela força política, pela representação dos países que foram inseridos no G-20, penso que não tem mais nenhuma lógica tomar decisões sobre economia, sobre política, sem levar em conta esse fórum de hoje. (*Gazeta Mercantil*, 17 nov. 2008)

Fica clara a expectativa do governo brasileiro ante às negociações globais. A expectativa é que a ênfase universalista possa gerar externalidades positivas em termos de convergência de posições, tanto nos fóruns multilaterais quanto nos regionais, mas ela vem sendo atendida apenas parcialmente. Albuquerque (2007) observa que, na transição da Guerra Fria para uma ordem mundial emergente, a dissociação entre supremacia política e militar e competitividade econômica transforma as opções de política externa em cálculos complexos, uma vez que as alianças comerciais e financeiras não são, necessariamente, coincidentes com as convergências políticas. O Mercosul, a Unasul e as relações com os países associados seriam fortalecidos como consequência do fim do unilateralismo e pela afirmação do multilateralismo. A política brasileira mantém forte interesse regional, mas seu aprofundamento, em particular no que se refere ao Mercosul, se vincula ao cenário global, sendo este um importante fator para seu avanço.

Compreendidas as linhas gerais e as percepções que estruturam a política brasileira de integração regional, é importante explicar o significado político das relações com a China, pois elas são econômica e comercialmente importantes para toda a região. Segundo Vadell (2008), o peso daquele país nos investimentos e no comércio da América do Sul tem modificado as expectativas dos atores nacionais, o que pode ser constatado pela mudança de orientação que vem sendo praticada pelo comércio exterior do Brasil.

Fenômeno semelhante acontece com a Argentina e com os demais países. León-Manríquez (2006) considera que todos criaram expectativas elevadas e passaram a ver na China uma alternativa importante para o desenvolvimento nacional. O tipo de relação econômica que vêm sendo praticada também estimula certa perplexidade. Vadell (op. cit.) lembra a necessidade de se estar atento ao risco de consolidação de uma especialização da produção de tipo centro-periferia. Esses riscos podem surgir tanto em um quadro de crescimento da economia mundial, e chinesa em particular, por sua enorme necessidade de adquirir *commodities*, quanto em um quadro mundial recessivo, como o que se afigura a partir de 2008, com crescimento nulo ou negativo na União Europeia e nos Estados Unidos.

No caso norte-americano, importantes setores empresariais brasileiros, como as associações brasileiras das indústrias de calçados (Abicalçados), de mobiliário (Abimóvel) e de vestuário (Sindivestuário), temem um movimento asiático de busca de novos mercados para seus produtos em função da desaceleração da economia e da queda da demanda nos PD (*Gazeta Mercantil*, 21 nov. 2008). Situação semelhante ocorre na Argentina, estimulando fenômenos protecionistas, com potenciais desdobramentos para o próprio Mercosul.

Mesmo com esses riscos, as oportunidades oferecidas pelas relações com a China para grupos empresariais ou sociais consolidam uma dinâmica não diretamente convergente com a integração regional, pois seus benefícios independem da complementaridade produtiva regional. Em alguns casos, os excedentes no intercâmbio com a China, importantes para a Argentina, podem alimentar um fenômeno classificado como formas modernas de nacional-desenvolvimentismo (Godio, 2006). No caso brasileiro, a balança comercial tem apresentado alternâncias, favoráveis e desfavoráveis. Ao sustentar um crescimento que não se pode comparar ao de outros países, a China estimula reorientações estratégicas, seja no setor de tecnologia avançada (por exemplo, Embraer, lançamento de satélites), seja no setor de *commodities* (como a Vale do Rio Doce).

O SIGNIFICADO DA EMERGÊNCIA DE NOVAS FORÇAS NA AMÉRICA DO SUL PARA A POLÍTICA BRASILEIRA DE INTEGRAÇÃO

Em virtude de sua base social original, o governo Lula poderia representar maior abertura para a integração. Os partidos que lhe davam sustentação, em particular o Partido dos Trabalhadores, tradicionalmente são favoráveis a ela. A teoria clássica de integração regional, particularmente o funcionalismo (Haas, op. cit.), mostra que a motivação não exige a homogeneidade de valores. Embora valorizados, o interesse brasileiro pelo Mercosul e pela integração não foi suficiente para garantir o revigoramento do bloco nos anos 2000. Isto é, se os valores não foram suficientes, tampouco os interesses permitiram saltos para a frente.

A Argentina foi o primeiro país que Lula visitou depois de eleito; para ele, a ideia de fortalecimento do Mercosul e da aliança estratégica sempre esteve presente. Na primeira reunião do ex-presidente brasileiro com o então presidente da Argentina, Eduardo Duhalde, em novembro de 2002, mencionou-se a necessidade de se retomar o Programa de Integração Comercial e Econômica (Pice), assinado pelos presidentes Sarney e Alfonsín em 1986. Por diversas vezes, afirmou-se a importância de uma política industrial e de financiamento comum.

Com a eleição de Néstor Kirchner, em 2003, embora com uma política e um discurso favoráveis ao Mercosul e demonstrando compatibilidade ideológica com Luís Inácio Lula da Silva, as medidas efetivamente tomadas por eles foram escassas. Observam-se posições comuns, em casos específicos, como na Cúpula de chefes de Estado das Américas, em Mar del Plata, em 2005, quando houve coincidência na ação visando ao adiamento *sine die* das negociações da Alca. De modo geral, no entanto, não houve esforços mais amplos de coordenação e convergência. Dessa forma, parece ter-se diluído o impulso inicial pelo desenvolvimento comum, embora tenha subsistido a busca de possíveis vantagens econômicas proporcionadas pelo aprofundamento do intercâmbio e pela atuação internacional conjunta em situações específicas. Houve alguns esforços de Néstor e Cristina Kirchner e de Lula a fim de favorecer investimentos de empresas estatais ou com financiamento do Banco Interamericano de Desenvolvimento (BID) e do Banco Nacional de Desenvolvimento Econômico e Social (BNDES) que privilegiassem as cadeias produtivas.

Um passo concreto importante foi a efetivação do acordo para a criação do Sistema de Pagamentos em Moeda Local (SML), vigente a partir de outubro de 2008. No entanto, a crise financeira internacional, ao desvalorizar de forma desigual o peso e o real, colocou imediatamente dúvidas quanto à concretização desse sistema. Como vimos, estimulou-se, por várias razões, as lógicas protecionistas perante terceiros países, mas também houve reservas no tocante à liberalização intrabloco.

De acordo com Hirst (2006), atualmente a prioridade atribuída pelo Brasil à América do Sul pode ser uma forma de substituir a proposta anterior de máxima prioridade à aliança estratégica com a Argentina. As razões econômico-estruturais impeditivas para essa aliança estratégica tendem a prevalecer sobre as afinidades políticas, culturais e ideológicas. Entretanto, a redobrada atenção para a integração energética e para o desenvolvimento de tecnologias sensíveis – temas estes discutidos na viagem de Lula à Argentina, em fevereiro de 2008 – indica haver forças no Estado que continuam focadas em uma perspectiva de integração profunda.

A partir de 2003, o Brasil passa a reconhecer de forma explícita a existência de assimetrias estruturais no Mercosul. As tentativas de oferecer contrapartidas aos outros sócios não tiveram a densidade necessária. Diferentemente da interpretação de Burges (2005), a falta de densidade tem origem, sobretudo, nas próprias dificuldades nacionais; assim, ela não pode ser explicada pela visão *egoísta* a respeito dos benefícios da integração. Foi somente em 2006, quinze anos depois do Tratado de Assunção, que se pôs em prática o Fundo de Convergência Estrutural, com recursos de US$ 100 milhões, aumentados para US$ 225 milhões no fim de 2008, e que visavam atenuar as consequências desfavoráveis da integração nos estados menores do bloco – Paraguai e Uruguai.

No governo Lula, havia a preocupação quanto aos limites colocados pelo formato da integração do Mercosul, mas ela não parecia ser suficiente para superar as debilidades estruturais.

> O Mercosul tem diante de si o desafio de reinventar-se e atender às expectativas de todos seus membros. Temos de desenhar mecanismos que equacionem em definitivo as assimetrias, inclusive com o aporte de novos recursos. Precisamos encarar de frente as questões relativas ao fortalecimento institucional e à implementação, em cada um de nossos países, das decisões e acordos que tomamos no bloco. Essa nova etapa do Mercosul que estamos iniciando exigirá que suas instituições estejam à altura de nossas ambições (...) Mais Mercosul significa, necessariamente, mais institucionalidade. (Lula da Silva, 2006)

Vimos que, na sociedade brasileira, essa perspectiva não apenas não é consensual, como também enfrenta resistências, o que explica os parâmetros reais da ação do Estado.

Como notou Lima (2006), é importante considerar que a chegada ao poder de governos de esquerda na América do Sul não gerou necessariamente alinhamentos automáticos, pois esses governos tendem a ser mais sensíveis ao atendimento das demandas de suas respectivas sociedades, independentemente do efeito que suas ações possam ter para os processos de integração regional. Um exemplo emblemático nesse sentido foi o da nacionalização dos hidrocarbonetos, na Bolívia, promovida por Evo Morales em maio de 2006, e que afetou interesses da Petrobras na Bolívia. Esse episódio constitui-se em caso exemplar, pois permite avaliar as possibilidades e os limites de uma cooperação que tenha como pressupostos concepções de mundo e valores com alguma semelhança: crítica das desigualdades sociais, distância dos centros de poder mundial e ideias genericamente socialistas. No caso da Bolívia, tal como nos anos 1940-50 ocorreu com o estanho, o gás é agora visto simbolicamente como valor a ser preservado para garantir a emancipação das populações pobres e historicamente marginalizadas.

O mesmo ocorre no Paraguai onde, segundo Canese (2008, p.25), a política do Estado visa à "recuperação da soberania hidrelétrica nacional". Como foi apontado, a percepção brasileira de que as afinidades abrem alguns caminhos e promovem a compreensão entre parceiros comerciais não deve impedir que se reconheça o fato de que as políticas regional e exterior se relacionam, sobretudo, com aquilo que considera como seus interesses. Se os interesses são inerentes ao Estado (Deutsch, 1978) e de importância estrutural na integração regional, é ainda a teoria que mostra em que condições eles podem coincidir com a ação integracionista. Não basta vontade política, é necessária a capacidade de produzir o fenômeno de *spill over* ou o desencadeamento de interesses que confluam na integração; caso contrário, prevalece a busca de soluções não cooperativas. Lima (op. cit.) argumenta que há riscos de uma erosão da coalizão doméstica responsável por um dos patrimônios da política externa brasileira contemporânea: a aproximação com a Argentina.

A expectativa gerada inicialmente pela emergência de forças políticas inovadoras e com bandeiras integracionistas fez vislumbrar a possibilidade de uma nova fase nas tentativas de avanço do Mercosul e da América do Sul. Como argumentam Oliveira e Onuki (2006), é necessário qualificar a ideia do vínculo direto entre posicionamento político de esquerda e apoio à integração regional. Em outras palavras, haveria, em tese, algo que favorecesse a associação de objetivos, da qual nos fala Nardin (1987), se considerarmos algumas posturas ideológicas. As dificuldades próprias da integração na região, somadas aos diferentes níveis de compreensão de quais os caminhos para o desenvolvimento, causam problemas de difícil solução também no tocante a essa mesma integração.

CONSIDERAÇÕES FINAIS

Para a política externa brasileira, os desenvolvimentos do sistema político-econômico internacional, do início dos anos 1990 até os dias de hoje, tiveram vigoroso impacto para o fortalecimento do universalismo enquanto matriz conceitual fundamental da inserção. Além de projetar um lugar de destaque para o País nas discussões dos principais temas da agenda internacional, o ativismo externo brasileiro busca fortalecer o multipolarismo e as organizações internacionais como instâncias privilegiadas de ordenamento da estabilidade internacional. Do mesmo modo, o País tem buscado intensificar suas relações com os novos polos de poder, que tendem a se tornar crescentemente relevantes na configuração do sistema internacional. Por isso destacou-se a importância das mudanças e, particularmente, o novo e enorme papel representado pela Ásia, sobretudo pela China.

A situação de indefinição e as irregularidades do sistema internacional sugerem uma estratégia de inserção internacional flexível a mudanças. Essa noção esteve presente nas formulações brasileiras em relação ao Mercosul, principalmente na defesa do intergovernamentalismo como princípio institucional da integração. Essa perspectiva, mantida constante de 1991 até hoje, recentemente tem sido revalorizada, pois na percepção das elites e do governo brasileiro, viabiliza a busca pelo multilateralismo – seu interesse maior.

Um aspecto permanente da política externa brasileira, em um mundo que passa por transformações significativas, tem sido buscar garantir uma coesão mínima no Mercosul de forma a utilizar a integração como plataforma para a inserção internacional do País. A oferta de benefícios pontuais aos parceiros – sempre vistos como insuficientes, e de modo geral considerados consequência do aumento de pressões recebidas – foi uma estratégia importante que pautou o gerenciamento dessa coesão. Mas a posição brasileira parece ter atingido seu limite; as necessidades da integração são bem maiores que a capacidade do Brasil de oferecer as contrapartidas exigidas pelos sócios (Mariano, op. cit.). Parece faltar ao País capacidade de *paymaster* (Mattli, 1999).

Para o Brasil e para o Mercosul, como argumentamos, as dificuldades para a afirmação da integração não estão vinculadas à vontade política: derivam de mudanças profundas no sistema internacional. Mudanças relacionadas à estrutura econômica, aos fluxos de comércio, de investimentos, de tecnologia, e ao poder político, militar e cultural. Na sociedade e no Estado brasileiro, os interesses e as concepções de autonomia, de universalismo, a busca pelo fim do unilateralismo e o fortalecimento do multilateralismo – objetivos estes que, em algumas fases, se superpuseram e coincidiram com o projeto de integração regional, particularmente na relação com a Argentina e com o Mercosul – nos anos 2000 parecem encontrar dificuldades para se compatibilizarem.

Mesmo com a emergência de governos considerados de esquerda, com bases de apoio mais ou menos similares e com afinidades políticas genéricas, não houve maior impulso aos processos de integração da região, particularmente do Mercosul; pelo contrário, na verdade, parece haver um círculo de desengajamento em relação à integração. Os contenciosos, muitas vezes importantes, sucedem-se (gás da Bolívia, Itaipu, Botnia, Odebretch-Equador) e atingem o próprio núcleo da integração. Quando nas sociedades se desenvolveram interesses e posições contrários à integração, eles se apresentaram não sob a forma de propostas de políticas que buscassem expandir ou readaptar o processo, mas como resistências. As crises nacionais não propiciaram ajustes no processo de integração, mas redundaram em seu debilitamento e na redução do esforço de complementaridade.

Cabe afirmar que a debilidade dos grupos epistêmicos pró-integração, que no caso brasileiro se acentuou a partir de 1998, viabilizou o fortalecimento de outros que, mesmo não sendo contrários a ela, no bojo de um sistema internacional em transformação passam a valorizar ideias, projetos e interesses que nela não confluíam nem a fortaleciam. A percepção – verdadeira – de que na medida em que se projeta maior aprofundamento do bloco haveria perda de soberania e de autonomia na relação do Brasil com o mundo nunca desapareceu completamente e acabou sendo um componente importante da ação do Estado e da sociedade. Inversamente, a percepção de que a integração fortaleceria a própria posição do País no mundo não prosperou. Consequentemente, rejeitou-se uma opção que poderia limitar a movimentação internacional do Brasil e que seria contrária ao universalismo.

Vimos que os princípios brasileiros – autonomia e universalismo –, bem como o papel que as elites atribuem à integração, confluem para a manutenção de um processo no Cone Sul, limitado ao nível de uma união alfandegária, essencialmente intergovernamental, compatível com o alargamento do bloco e com as aspirações do Brasil. O modo como a elite e o Estado foram processando o tema Mercosul, a partir de 1991, explica o crescimento do significado para o Brasil do tema América do Sul. O alargamento geográfico dos objetivos de integração se vincula à mesma percepção que o País tem de si próprio em relação ao mundo exterior.

Apesar das dificuldades, a integração pode ser a chave para definir o rumo a ser tomado pelo Brasil em um sistema internacional em forte mudança e em gravíssima crise econômica e financeira a partir de 2008. Pode também ser a base para se projetar a possibilidade de criação de um modelo de desenvolvimento menos vulnerável, que pode ser importante para garantir maior expressão internacional para o País, para o Cone Sul e para a América do Sul no atual cenário internacional. Na análise que fizemos, discutimos e acreditamos termos demonstrado que, até aqui, o Brasil vem seguindo caminhos diferentes, priorizando o multilateralismo e buscando enfraquecer o unilateralismo.

17
NEGOCIANDO COM OS ESTADOS UNIDOS[1]

Diego Zancan Bonomo[2]

INTRODUÇÃO

Os Estados Unidos são o principal parceiro do Brasil em matéria de comércio e investimento. Embora a China tenha, em anos recentes, ultrapassado os norte-americanos como principal mercado de exportação para o País e como maior fornecedor de importações para a economia brasileira, os Estados Unidos ainda assumem posição de liderança quando se considera, de forma agregada, os fluxos comerciais de bens e de serviços. Além disso, os norte-americanos são os principais investidores no Brasil, detendo a maior parcela do estoque de capital estrangeiro no País apesar das flutuações anuais na entrada de investimento direito, em que se alternam na primeira posição com países europeus, paraísos fiscais e, recentemente, com a própria China.

Talvez o principal indicador da importância desse país nas relações econômicas internacionais do Brasil seja a recente onda de investimento nos Estados Unidos conduzida pelas novas multinacionais brasileiras. No passado, empresas do País já haviam feito movimento semelhante, embora em menor escala e impulsionado, sobretudo, pela existência de barreiras proibitivas a suas exportações. O investimento direto no mercado norte-americano, portanto, era visto como forma de "saltar" as barreiras, particularmente as de natureza tarifária (*tariff jumping*). Dois exemplos estão, respectivamente, na siderurgia e na citricultura. Diante da permanente

[1] Agradeço os comentários feitos a este capítulo por Alinne Oliveira, Christian Lohbauer, Christiane Aquino Bonomo, Letícia Phillips e Steven Bipes.

[2] As opiniões do autor são pessoais e não representam as posições oficiais de sua entidade.

aplicação de direitos *antidumping* contra as exportações de aço e de suco de laranja do Brasil, empresas como Gerdau e Cutrale decidiram investir nos Estados Unidos para, no curto prazo, assegurar acesso ao mercado local e, no longo prazo, influenciar os rumos da posição da indústria doméstica – e, por consequência, da própria formulação da política comercial norte-americana.[3]

Durante a recente onda de investimento brasileiro, essa motivação continuou presente, mas foi acompanhada de outros objetivos, como a utilização do mercado dos Estados Unidos como plataforma de internacionalização da empresa, assim como de exportações para outros mercados. Os exemplos estão em diversos setores, incluindo aviação (Embraer), carne bovina (JBS), petróleo e gás (Petrobras), produtos químicos (Braskem) e vestuário (Coteminas). Todas essas empresas, ao estabelecerem sua presença local na forma de *U.S. person* (isto é, pessoa jurídica constituída nos termos da lei norte-americana), passaram a se sujeitar à regulamentação de suas atividades, tanto pelo governo federal quanto pelos governos estaduais e locais. O acompanhamento e a influência sobre a forma e a substância de leis e atos regulatórios se tornaram, então, centrais às estratégias de negócios. Do mesmo modo, com o incremento do volume e da complexidade das exportações brasileiras para os Estados Unidos, assim como das importações do Brasil oriundas do mercado norte-americano, empresas cuja atividade está limitada ao comércio exterior passaram, também, a enfrentar o desafio de acompanhar e influenciar a formulação de legislação e regulação que afetam suas operações.

Nos Estados Unidos, a atividade de defesa de interesses particulares, denominada *lobbying*,[4] é prática comum e amplamente adotada por diversos grupos da sociedade, em particular pelo setor privado. A atividade de lobby, como é costume referir-se a ela no Brasil, é, justamente, a zona de interação entre os agentes privados e o poder público. No caso das empresas norte-americanas e das multinacionais brasileiras, a atividade é geralmente realizada pelas áreas de Relações Governamentais, Relações Institucionais ou Relações Internacionais – que, nos Estados Unidos, são conhecidas de

---

[3] De forma curiosa, mas natural, diante da acirrada concorrência no mercado norte-americano, a própria Gerdau passou a fazer uso dos instrumentos de defesa comercial dos Estados Unidos. Em 10 de julho de 2007, o Departamento de Comércio (DOC – U.S. Department of Commerce) anunciou a decisão de iniciar investigação *antidumping* sobre pregos de aço importados da China e dos Emirados Árabes Unidos (EAU). Um dos seis peticionários da indústria doméstica norte-americana foi a Gerdau Ameristeel Corporation. Ao fim da investigação, o DOC impôs direitos *antidumping* variando entre cerca de 55% e 118% sobre o valor do produto importado dos dois países envolvidos no processo. Para os detalhes da investigação, ver o site na internet da Administração de Comércio Internacional (ITA) do DOC em: <http://ia.ita.doc.gov/ia-news-2007.html>.

[4] A origem normalmente atribuída à expressão está no fato de que, durante a Administração Grant (1869-77), o presidente norte-americano costumava frequentar o Hotel Willard, em Washington, local em que recebia pedidos diversos de sua base eleitoral. Ao ato de ir ao lobby do hotel peticionar – em sentido amplo – o presidente, deu-se o nome de *lobbying*.

forma genérica como *Government Affairs*. Hoje, qualquer empresa – exportadora, importadora ou investidora – ou entidade empresarial brasileira que deseje estabelecer relação econômica de longo prazo com o mercado norte-americano precisa estar apta a realizar atividades de lobby junto ao governo dos Estados Unidos para defender seus interesses em condições de igualdade com seus concorrentes, locais e estrangeiros.

O objetivo deste capítulo, portanto, é apresentar a forma como se "negocia" com os Estados Unidos – ou seja, como se faz lobby. Há ampla literatura acadêmica sobre o assunto, que se encontra no campo de estudo de disciplinas diversas como Ciência Política, Direito, Economia, História e Relações Internacionais. Este capítulo, contudo, não pretende resenhar tal literatura nem mesmo esmiuçar o debate acadêmico sobre a matéria. Seu propósito é apenas familiarizar o leitor com o "mundo do lobby" existente nos Estados Unidos, tendo como ponto de referência a experiência recente de empresas e entidades empresariais brasileiras.

Para tanto, o capítulo divide-se em cinco partes. A primeira e a segunda fazem, respectivamente, breve apresentação sobre o sistema político norte-americano, com destaque para o papel do Congresso, e sobre a lógica, o lugar e a forma da defesa de interesses particulares nesse sistema. A terceira parte apresenta o processo e os principais atores da política comercial dos Estados Unidos – o *locus* das atividades de lobby do setor privado brasileiro. A quarta discute a experiência recente das empresas e entidades empresariais do Brasil e a quinta encerra o capítulo com breve análise sobre a forma como o governo e o setor privado do País "negociam" com os norte-americanos.

SISTEMA POLÍTICO E O PAPEL DO CONGRESSO

À primeira vista, Brasil e Estados Unidos apresentam estrutura institucional semelhante em matéria de organização do sistema político e administrativo. Os dois países são repúblicas federativas democráticas, organizadas de acordo com o modelo clássico da divisão dos Poderes: Legislativo, Executivo e Judiciário. Os dois países possuem, também, o mesmo regime de governo: democracia presidencialista bicameral, isto é, regime organizado em torno de um presidente da República eleito por votação independente (direta, no caso do Brasil, e indireta, no caso dos Estados Unidos) e de um Congresso – composto por uma Câmara dos Deputados (ou dos Representantes), que representa a população, e por um Senado, que representa os estados que integram a federação. No entanto, o *modus operandi* da organização política e administrativa difere de forma acentuada entre os dois países. Talvez a principal distinção esteja na natureza de duas relações: aquela entre o governo central e os estados, de um lado; e a relação entre o Poder Executivo e o Poder Legislativo, do outro.

No Brasil, a experiência federativa se deu pela progressiva descentralização do poder federal. Durante o período colonial, os centros econômicos e políticos eram relativamente autônomos, embora desde o início da colonização, especialmente após o fracasso da adoção do sistema de capitanias hereditárias, Portugal tenha optado pela centralização política e administrativa que resultou no estabelecimento do Governo Geral. Em todo esse período, a metrópole portuguesa interviu ativamente na organização colonial, sobretudo após a perda relativa de importância de suas colônias africanas e asiáticas, acentuada pelo início do ciclo do ouro no Brasil.Com a vinda da Corte para o País, em 1808, aprofundou-se o modelo de centralização política e administrativa, que seria contestado durante o I Reinado e a Regência em numerosas revoltas provinciais, todas sem sucesso. Desde o II Reinado, com a instauração do Poder Moderador, o Brasil consolidou tal lógica política. Mesmo a descentralização vigente durante a Primeira República não foi suficiente para reverter o modelo centralizador, que foi aprofundado no século XX tanto por meio do Estado Novo quanto durante o Regime Militar. A Constituição Federal de 1988 consagrou o federalismo pela descentralização e, embora haja uma visível "política dos governadores" no País, é inegável a predominância do governo federal – a União – sobre os governos locais – estados e municípios.[5]

A experiência federativa norte-americana foi diversa. Desde o início do período colonial, os centros econômicos e políticos desenvolveram grande autonomia – tanto aqueles ligados ao empreendimento comercial com a metrópole, como as colônias agroexportadoras da Virgínia e de Maryland, quanto aqueles resultantes das perseguições religiosas na Inglaterra, como a colônia de Massachusetts Bay. Tal autonomia refletiu-se, já nas primeiras décadas da colonização, na baixa intervenção, por parte da metrópole, nos assuntos políticos e administrativos da colônia e na organização de instituições representativas dos próprios colonos, seguindo a tradição constitucionalista inglesa. Como resultado, desenvolveu-se sólido modelo de descentralização política, que se manifestou tanto na organização do Congresso Continental, no período pré-independência, quanto na federação organizada via progressiva – mas limitada – delegação de poderes ao governo federal por parte dos estados. Após a Guerra Civil, o modelo se consolidou.[6]

Se no Brasil, portanto, o poder central predomina em sua relação com os estados e com os governos locais, nos Estados Unidos os estados e governos locais impõem restrições significativas a ele. Dito de outra forma, os brasileiros desenvolveram seu federalismo por descentralização e os norte-

[5] Para um panorama amplo da história do Brasil e uma visão geral do estabelecimento do modelo de centralização política, ver Fausto (2006).

[6] Para um panorama amplo da história dos Estados Unidos e uma visão geral do estabelecimento do modelo de descentralização política, ver Johnson (1997).

-americanos desenvolveram o seu por centralização – na prática, criaram a federação tendo como ponto de partida a confederação, ao passo que no primeiro caso foi o governo unitário brasileiro quem, em larga medida, estabeleceu os entes federativos.

Essa lógica cruzada de formação da organização política e administrativa dos dois países traduz-se na forma como se opera a divisão dos Poderes em cada república. No caso do Brasil, há clara predominância do Poder Executivo em detrimento do Poder Legislativo, que é o Poder pelo qual se manifestam os interesses não só da população (via Câmara dos Deputados), como dos próprios estados (via Senado Federal). Há diversos exemplos dessa relação política assimétrica, mas dois dos mais significativos estão codificados em provisões constitucionais que permitem ao Poder Executivo legislar ou interferir, de modo formal, no processo legislativo: a possibilidade de adoção de medidas provisórias pelo presidente da República; e a competência compartilhada ou privativa do presidente da República no que diz respeito à apresentação de propostas de emendas constitucionais e leis.

Ao tratar do processo legislativo, a Constituição Federal de 1988 afirma:

> Art. 59. O processo legislativo compreende a elaboração de:
> [...]
> V – medidas provisórias;
> [...]
> Art. 62. Em caso de relevância e urgência, o Presidente da República poderá adotar medidas provisórias, com força de lei, devendo submetê-las de imediato ao Congresso Nacional. (Grifos do autor)

Do mesmo modo, a Constituição afirma:

> Art. 61. A iniciativa das leis complementares e ordinárias cabe a qualquer membro ou Comissão da Câmara dos Deputados, do Senado Federal ou do Congresso Nacional, ao Presidente da República, ao Supremo Tribunal Federal, aos Tribunais Superiores, ao Procurador-Geral da República e aos cidadãos, na forma e nos casos previstos nesta Constituição.
> § 1º – São de iniciativa privativa do Presidente da República as leis que:
> [...]
> II – disponham sobre:
> [...]
> e) criação e extinção de Ministérios e órgãos da administração pública, observado o disposto no art. 84, VI.[7] (Ibid., grifos do autor)

[7] Para a íntegra da Constituição Federal de 1988, atualizada com todas as emendas constitucionais, ver o site da Presidência da República, disponível em: <www.planalto.gov.br>. Acesso em: 16 abr. 2011.

Nos Estados Unidos, tais prerrogativas são exclusivas do Congresso. A Constituição norte-americana de 1787, logo em seu primeiro artigo, afirma:

> Artigo I
> Seção I
> Todos os poderes legislativos aqui conferidos devem ser investidos a um Congresso dos Estados Unidos, que deve consistir em um Senado e uma Câmara de Representantes. (Grifo do autor)

Em seguida, a Constituição afirma:

> Artigo I
> [...]
> Seção 8
> O Congresso deve ter poder [...] Para fazer todas as leis que devam ser necessárias e apropriadas para levar à execução os poderes precedentes, e todos os outros poderes investidos por essa Constituição ao Governo dos Estados Unidos, ou em qualquer de seus Departamento ou Escritório.[8] (Ibid., grifos do autor)

Como é possível se depreender dos trechos citados, não só a Constituição dos Estados Unidos confere ao Congresso, de forma exclusiva, o poder de legislar, como também afirma caber ao Poder Legislativo a organização dos demais Poderes da República, em particular do Poder Executivo. Essa provisão constitucional, conhecida como *Necessary and Proper Clause* ou como *Elastic Clause*, é considerada um dos pilares da criação do governo central – e a principal justificativa para a intervenção do Congresso em matérias (e até no próprio funcionamento) do Poder Executivo e do Poder Judiciário.

Tais diferenças em relação ao Brasil apontam para a questão mais fundamental de que, no sistema político norte-americano, é o Congresso quem predomina. Embora haja uma tendência histórica de concentração de poder no Executivo, inclusive pela ampliação das funções do Estado, e que foi particularmente visível na administração Nixon (1969-74) e na administração Bush (2001-8), quando comparada ao modelo brasileiro fica claro o lugar central do Poder Legislativo.[9] Em matéria de formulação da política comercial dos Estados Unidos, o papel do Congresso é ainda mais destacado, como se verá em seguida.

A diferente relação entre o Poder Executivo e o Congresso nos dois países, resultante de suas formações peculiares como repúblicas federativas

---

[8] Para a íntegra da Constituição norte-americana de 1787, assim como comentários sobre cada artigo, ver Beeman (2010).

[9] Nos Estados Unidos, o debate sobre a progressiva concentração de poder no Executivo está amplamente relacionado à ideia de uma "Presidência Imperial" (*Imperial Presidency*). Para um trabalho fundador desse debate, ver Schlesinger Jr. (2004).

democráticas, também é mediada pelo modo como seus sistemas eleitorais estão organizados.

No Brasil, há dois ciclos eleitorais. No primeiro, são eleitos o presidente da República, o Congresso Nacional (deputados federais e senadores, estes fracionados, de forma alternada, em dois terços e um terço), os governadores e os deputados estaduais. Os mandatos são de quatro anos (oito no caso dos senadores) e as eleições são organizadas em torno dos princípios da proporcionalidade (deputados federais e estaduais) e do voto majoritário (presidente da República, senadores e governadores). No segundo ciclo, são eleitos os prefeitos e vereadores, ambos para cumprirem mandatos de quatro anos e com eleições organizadas, respectivamente, em torno dos princípios do voto majoritário e da proporcionalidade.

Já nos Estados Unidos, há uma sucessão de ciclos eleitorais intercalados: representantes (equivalentes aos deputados federais brasileiros) são eleitos a cada dois anos por meio de voto distrital; o presidente da República é eleito a cada quatro anos pelo colégio eleitoral formado por delegados dos estados, escolhidos de acordo com a divisão de votos populares para os candidatos à Presidência; os senadores são eleitos a cada dois anos, fracionados em terços, para mandatos de seis anos; e os governadores e representantes locais eleitos em ciclos independentes, organizados por estado.

Pela forma como está estruturado, o sistema eleitoral norte-americano reforça a ascendência do Congresso. Primeiro porque os sucessivos ciclos eleitorais foram criados para dificultar o alinhamento do Poder Executivo e do Legislativo nas mãos de um único partido, o que força o presidente da República a posições centristas e a compromissos bipartidários, ambos expressos na relação com o Congresso.[10] Segundo porque a própria eleição do presidente da República não se faz por voto popular direto, mas pelo colégio eleitoral, ou seja, por meio da mediação indireta dos estados.

O papel de destaque do Congresso no sistema político dos Estados Unidos *vis-à-vis* o modelo brasileiro é central para o entendimento da forma pela qual se dá a defesa de interesses particulares no país, isto é, como são organizadas as atividades de lobby.

LÓGICA, LUGAR E FORMA DA DEFESA DE INTERESSES PARTICULARES

No Brasil, é comum se referir ao contraste entre o modo informal (ou ilegal) como se dá a defesa de interesses particulares no País e aquele existente

[10] Cabe notar que o objetivo de impedir o alinhamento entre o Poder Executivo e o Poder Legislativo tem raiz na filosofia política clássica, em particular nas teses sobre o surgimento das tiranias, posteriormente aplicadas à experiência monárquica inglesa, que os norte-americanos buscavam evitar.

nos Estados Unidos, onde, afirmam os brasileiros, a atividade de lobby é "regulamentada". Embora a afirmação seja verdadeira, a defesa de interesses particulares é, no entanto, mais que uma atividade regulada pelo governo federal – trata-se de um direito constitucional.

A Primeira Emenda (*First Amendment*) à Constituição norte-americana de 1784 afirma:

> Emenda I
>
> O Congresso não deve fazer qualquer lei que diga respeito ao estabelecimento de uma religião ou proibindo seu livre exercício; ou abreviando a liberdade de expressão ou de imprensa; ou o direito do povo de se reunir pacificamente e de peticionar o Governo para a correção de agravos.[11] (Grifos do autor)

Além de consagrar quatro das liberdades fundamentais da sociedade norte-americana – a religiosa, a de expressão, a de imprensa e a de associação –, a Primeira Emenda também assegura ao cidadão o direito de "peticionar" o governo, ou seja, de defender junto ao poder público seus interesses particulares.

O direito de peticionar o governo codificado na Primeira Emenda, que, por sua vez, compõe com outras nove emendas a Carta de Direitos (*Bill of Rights*) de 1791, é uma herança da tradição inglesa. A Carta Inglesa de Direitos (*English Bill of Rights*) de 1689 afirma:

> [...]
>
> E por isso os ditos Senhores Espirituais e Temporais, e Comuns, de acordo com suas respectivas cartas e eleições, estando agora reunidos em total e livre representação dessa nação, levando em sua mais séria consideração os melhores meios para atingir os fins supracitados, fazem em primeiro lugar (como seus ancestrais em caso semelhante geralmente o fizeram) para a vindicação e afirmação de seus antigos direitos e liberdades, declaram
>
> [...]
>
> *Que é direito dos súditos peticionar o rei, e que todos os compromissos e perseguições por tal peticionamento são ilegais*.[12] (Grifos do autor)

Na Inglaterra, o direito de peticionar o rei era, essencialmente, a garantia que o súdito possuía para apresentar ou defender seu interesse particular sem ser punido por tal ato. Em grande medida, o direito de peticionar o

[11] Para a íntegra da Carta de Direitos (*Bill of Rights*) de 1791, assim como comentários sobre cada emenda, ver Beeman (op. cit.).

[12] Para a íntegra da Carta Inglesa de Direitos (*English Bill of Rights*) de 1689, ver o site do *The Avalon Project*, da Escola de Direito da Universidade de Yale, em: <http://avalon.law.yale.edu/17th_century/england.asp>. Acesso em 17 abr. 2011.

governo, assegurado pela Primeira Emenda, é mais assertivo, pois ao tratar da apresentação ou defesa de interesse particular parece estar amparado nas ideias emergentes – e revolucionárias – do contratualismo inglês do século XVII, segundo as quais seria direito dos cidadãos a reforma ou dissolução do governo caso este não correspondesse a seus anseios, representados pelo conceito de "bem público" ou "bem comum".

De fato, a Declaração de Direitos da Virgínia de 1776, elaborada por George Mason e considerada a base da posterior Declaração de Independência dos Estados Unidos, já continha esse princípio fundamental que se integraria ao constitucionalismo norte-americano.

A Declaração de Direitos da Virgínia afirma:

> [...]
> III Que o governo é, ou deve ser, instituído para o benefício comum, proteção e segurança do povo, nação ou comunidade; que de todos os variados modos e formas de governo o que é melhor é aquele capaz de produzir o maior grau de felicidade e segurança, e que é mais efetivamente seguro contra o perigo da má administração; e que quando qualquer governo for considerado inadequado ou contrário a esses propósitos, a maioria da comunidade tem o direito indubitável, inalienável e indefensável de reformá-lo, alterá-lo ou aboli-lo de tal modo que for julgado mais favorável ao bem público.[13] (Grifo do autor)

Assim, é possível afirmar que, nos Estados Unidos, o direito assegurado ao cidadão de defender seus interesses particulares não foi uma invenção da Revolução Americana, mas consolidado por ela. Chega a ser esclarecedor notar que, mesmo durante o período colonial, o direito inglês de peticionar o rei já era largamente utilizado pelos colonos norte-americanos. Benjamin Franklin, por exemplo, atuou como representante da colônia da Pensilvânia junto ao governo da Inglaterra. Na prática, Franklin era o lobbista da colônia em Londres, cuidando da defesa de seus interesses na própria metrópole.[14]

Contudo, a forma como a atividade de lobby é realizada desperta significativa controvérsia nos Estados Unidos, embora o direito seja assegurado pela Constituição norte-americana. O tema é matéria de debate público desde os primeiros anos após a independência. Dentre as várias críticas, duas parecem se destacam. A primeira é a moral, que identifica a defesa do interesse particular como ilegítima, pois é contrária ao que seria o in-

[13] Para a íntegra da Declaração de Direitos da Virgínia de 1776, ver o site do *The Avalon Project*, da Escola de Direito da Universidade de Yale, em: <http://avalon.law.yale.edu/18th_century/virginia.asp>. Acesso em 17 abr. 2011.

[14] Para uma breve história do direito de peticionar o governo, ver Michael Barone, *In Defense of Lobbyists*, no site do U.S. News, em: <http://www.usnews.com/opinion/blogs/barone/2008/06/12/in-defense-of-lobbyists>. Acesso em 17 abr. 2011.

teresse ou o bem comum. A segunda é a crítica política, que identifica a defesa do interesse particular como legítima, mas potencialmente danosa ao sistema político. A versão contemporânea dessa crítica afirma que os grupos econômicos possuem poder de influência desproporcional *vis-à-vis* os demais grupos da sociedade civil, resultando, assim, em distorções no sistema político, sobretudo na forma como os cidadãos são representados no Congresso.

Durante os debates sobre a Constituição, James Madison, principal autor do texto constitucional, argumentou que embora a "facção" (isto é, o interesse particular representado por um grupo de cidadãos) seja potencialmente violenta ou danosa ao governo republicano, já que esta tende a buscar a imposição de suas vontades em detrimento daquela das demais facções e cidadãos, sua abolição significaria o próprio fim da democracia.[15] Em outros termos, a facção seria um mal necessário. Ao permitir que os cidadãos se organizem de acordo com seus interesses particulares e busquem sua defesa, o governo republicano preserva a essência da democracia – e as liberdades subjacentes a ela, como a de expressão e a de associação.

No Escrito Federalista n.10, Madison afirma:

> [...]
>
> Há <u>dois métodos para a cura dos malefícios da facção</u>: um, pela <u>remoção de suas causas</u>; outro, pelo <u>controle de seus efeitos</u>.
>
> Há, novamente, dois métodos para a remoção das causas da facção: um, <u>pela destruição da liberdade que é essencial a sua existência</u> [...].
>
> Não poderia ser mais verdadeiro do primeiro remédio que ele é pior do que a própria doença. <u>A liberdade é para a facção o que o ar é para o fogo</u>, um alimento sem o qual ele instantaneamente se esvai. Mas não poderia ser menos tolo abolir a liberdade, que é essencial à vida política, porque ela nutre a facção, do que seria a aniquilição do ar, que é essencial à vida animal, porque ele comunica ao fogo seu agente destrutivo.[16] (Grifos do autor)

[15] Alexander Hamilton, no Escrito Federalista n.9, faz uma descrição apaixonada do perigo representado pelas facções: "Uma União firme será da maior importância para a paz e a liberdade dos Estados e uma barreira contra a facção e a insurreição doméstica. É impossível ler a história das pequenas repúblicas da Grécia e da Itália sem sentir a sensação de horror e desgosto com as distrações em que elas se viam continuamente envolvidas, e à rápida sucessão de revoluções por meio das quais elas eram mantidas em estado perpétuo de vibração entre os extremos da tirania e da anarquia. Se elas exibiam calmas ocasionais, estas serviam apenas como contrastes de curta duração às ferozes tempestades que as sucediam. Se de vez em quando intervalos de felicidade abriam-se à vista, nós os consideramos uma mistura de arrependimento surgido da reflexão de que essas cenas de prazer a nossa vista serão, em breve, esmagadas pelas ondas tempestivas da sedição e da fúria partidária". Para a íntegra do Escrito Federalista n.9, ver Madison, Hamilton, Jay (1987).

[16] Para a íntegra do Escrito Federalista n.10, ver Madison, Hamilton, Jay (1987).

Assim, argumentava Madison, o melhor remédio é controlar os efeitos da facção – e não tentar impedir sua existência. De fato, esta é a razão pela qual se diz que a atividade de lobby nos Estados Unidos é "regulamentada". A defesa de interesses particulares é um direito constitucional e, como tal, tem de ser protegido pelos três Poderes. No entanto, o exercício desse direito pode – e deve, de uma perspectiva política e moral – ser regulado, de modo a evitar que seus potenciais efeitos nocivos afetem negativamente o sistema político.

Com base nessa premissa, o Congresso, o Poder Executivo e o Poder Judiciário desenvolveram, ao longo de décadas, extenso arcabouço legislativo e regulatório relacionado à atividade de lobby.

O Congresso é o *locus* principal desse tipo de atividade. Além do papel de destaque no sistema político norte-americano, é importante ressaltar que a existência do voto distrital para a eleição de representantes cria incentivo adicional para a atuação dos grupos de interesse junto ao Poder Legislativo. Embora o voto distrital tenha, nas últimas décadas, perdido certa importância como instrumento "regulador" da relação entre a Câmara dos Representantes e o Senado em função do enrijecimento dos distritos eleitorais de acordo com as preferências partidárias da população local em detrimento de critérios geográficos – processo conhecido pela expressão *gerrymandering* –, ele confere enorme controle social ao eleitor (*constituency*) e assegura acentuada "responsividade" (*accountability*) por parte do representante. Nesse contexto, é natural que o Congresso tenha aprovado diversos projetos de lei para regular o exercício do direito de defesa de interesses particulares.

São três os principais instrumentos de regulamentação utilizados pelo Poder Legislativo. Os dois primeiros são leis que regulam a atividade de lobby realizada tanto por governos estrangeiros (Fara – *Foreign Agents Registration Act*) quanto pelo setor privado, independentemente da nacionalidade das empresas ou entidades empresariais envolvidas (LDA – *Lobbying Disclosure Act*). Além dessas leis, a relação de congressistas e funcionários do Congresso com lobbistas é regulada por regras de ética (*ethics rules*) aprovadas pela Câmara dos Representantes e pelo Senado.[17]

Em complemento aos dispositivos utilizados pelo Congresso, o Poder Executivo também regula a atividade de lobby por meio de Ordens Executivas (*Executive Orders*), medidas de uso privativo do presidente da República. Tais regras aplicam-se, em geral, à relação entre funcionários e lobbistas, à conduta de ex-funcionários da Administração que trabalham no setor privado e à utilização de recursos financeiros pelo Poder Executivo.[18]

---

[17] Para a descrição detalhada dos instrumentos utilizados pelo Congresso, ver Maskell (2007).

[18] Para a descrição detalhada dos instrumentos utilizados pelo Poder Executivo, inclusive quarentenas, ver Straus (2010).

Por fim, o Poder Judiciário exerce controle em relação à atividade de lobby, sobretudo por meio de exigências de cumprimento de contratos (*enforcement*) entre lobbistas e clientes. Cabe notar que há longa jurisprudência sobre o assunto no que diz respeito à realização de contratos baseados em "taxa de sucesso" (*success fee* ou *contingency fee*). De acordo com ela, não cabe às cortes exigir cumprimento de contratos dessa natureza já que a interpretação corrente é de que a "taxa de sucesso" induz à corrupção. Em outros termos, induz à distorção do exercício do direito de defesa de interesses particulares, já que o lobbista poderia utilizar todos os meios – inclusive ilícitos – para alcançar seu objetivo contratual.

Todo esse arcabouço legislativo e regulatório afeta as duas principais formas pelas quais os grupos de interesses fazem lobby junto ao governo dos Estados Unidos: o financiamento de campanha e a influência no processo de formulação de leis e de atos regulatórios.

O financiamento de campanha é a atividade de lobby intensiva em recursos financeiros. Em grande medida, seu sucesso depende da capacidade financeira do grupo de interesse e de sua estratégia de apoio aos candidatos aos diversos cargos eletivos. Já a influência sobre legislação e regulação depende, sobretudo, da capacidade de comunicação do grupo de interesse, isto é, de sua habilidade em veicular, de forma bem-sucedida, sua mensagem. Há, certamente, grande interação entre esses dois tipos de atividade. No entanto, a segunda é a mais comumente realizada, pois é o principal instrumento à disposição tanto dos grupos de interesse domésticos, que não possuem capacidade financeira, quanto da maior parte dos grupos de interesse estrangeiros. De fato, o envolvimento de estrangeiros com o financiamento de campanha pode ser danoso aos objetivos de *lobbying* do próprio grupo de interesse, uma vez que a estratégia é vulnerável à retórica da "manipulação estrangeira", que pode ser adotada por seus rivais.[19]

No que diz respeito à influência no processo de formulação de leis e atos regulatórios, há três principais métodos à disposição de lobbistas e grupos de interesse. O primeiro é o chamado *grassroots* cujo foco da atividade de lobby está no eleitor e não no congressista. Esse método tende a ser financeiramente mais custoso, pois é amparado em grandes campanhas de propaganda.

O segundo é o *education* cujo foco é o próprio congressista e seus assessores – ou funcionário do Poder Executivo. Este é o método mais utilizado, pois é financeiramente menos custoso e depende apenas da capacidade do lobbista ou grupo de interesse em convencer os formuladores de políticas

[19] Cabe, no entanto, distinguir-se a atividade de lobby realizada por estrangeiros daquela realizada pelas diásporas nacionais e étnicas nos Estados Unidos, como o lobby armênio, o lobby cubano e o lobby judeu. Para um panorama amplo sobre o famoso "lobby de Israel", ver Mearsheimer, Walt (2006).

públicas da legitimidade de seus interesses, sobretudo pela tentativa de convergência com os do próprio formulador.

O terceiro e último é o *revolving door* cujo foco é a contratação, pelo grupo de interesse, de lobbista que seja ex-funcionário do Poder Executivo ou do Congresso ou, ainda, ex-congressista. Seu valor está em ter acesso privilegiado a informações ou formuladores de políticas públicas. Este é o tipo de serviço oferecido pelos grandes escritórios de lobby de Washington, em geral localizados na Rua K da capital norte-americana – fato que conferiu à atividade de lobby o reconhecimento pela expressão *K Street*.

Todas essas formas e métodos estão à disposição dos diversos grupos de interesse – domésticos e estrangeiros – que buscam influenciar a elaboração de leis e de atos regulatórios pelos vários atores envolvidos no processo de formulação da política comercial dos Estados Unidos.

PROCESSO E ATORES DA POLÍTICA COMERCIAL[20]

A Constituição norte-americana atribui ao Congresso papel central no processo de formulação da política comercial dos Estados Unidos ao afirmar:

> Artigo I
> [...]
> Seção 8
> O Congresso deve ter Poderes para baixar e coletar Taxas, Direitos, Impostos e Taxas Especiais, [...]
> [E] Para regular o Comércio com Nações estrangeiras, e entre os diversos Estados, e com as Tribos Indígenas; [...]. (Grifos do autor)

Além disso, a Constituição também afirma:

> Artigo I
> [...]
> Seção 7
> Todos os projetos de lei para elevação de Receita devem ter origem na Câmara de Representantes; mas o Senado pode propor ou contribuir com Emendas e com outros Projetos de Lei.[21] (Grifos do autor)

Assim, não só o Congresso detém a prerrogativa constitucional de formular a política comercial dos Estados Unidos, como a Câmara dos Repre-

[20] Para um panorama amplo sobre a história e o processo de formulação da política comercial norte-americana, ver Baldwin (2009); Cohen, (2000); Destler (2005).

[21] Para a íntegra da Constituição norte-americana de 1787, assim como comentários sobre cada artigo, ver Beeman (2010).

sentantes possui maior preponderância no processo legislativo relacionado à matéria já que, em geral, projetos de lei envolvendo temas de comércio exterior possuem elementos de natureza tributária.

No entanto, as duas casas legislativas possuem estruturas específicas para o tratamento desses temas. Na Câmara dos Representates, assuntos de comércio internacional são de jurisdição do Comitê de *Ways & Means* (ou de Meios e Procedimentos, em uma tradução livre). No Senado, sua contraparte é o Comitê de Finanças. Além desses comitês, diversos outros estão envolvidos no processo de formulação da política comercial norte-americana, já que muitos dos temas dizem respeito a outras áreas de políticas públicas como agricultura, energia e propriedade intelectual.

No Poder Executivo, há, grosso modo, três níveis de formulação. O primeiro é o de formulação da política econômica internacional dos Estados Unidos, que incorpora tanto a dimensão comercial, como a monetária, a financeira e a cambial. Os dois principais órgãos envolvidos em seu processo são o Departamento do Tesouro (Treas – U.S. Department of the Treasury) e o Departamento de Estado (DOS – U.S. Department of State).[22] O segundo diz respeito, especificamente, aos temas de política comercial, em especial às negociações comerciais (abertura de mercados) e à administração de importações (concessão de proteção). Os dois principais órgãos nesse nível são, respectivamente, o Representante Comercial dos Estados Unidos (USTR – Office of the United States Trade Representative) e o Departamento de Comércio (DOC – U.S. Department of Commerce). O terceiro é o dos demais Departamentos temáticos e das outras agências federais.

O USTR é uma estrutura peculiar do sistema norte-americano. Diferentemente dos demais Departamentos, o órgão faz parte da estrutura da Casa Branca, mas detém "status" de ministério. O USTR possui uma equipe pequena, pouco hierarquizada, mas altamente qualificada, já que sua prática de formação de quadros envolve o recrutamento de funcionários que se destacam em outros órgãos da Administração e do próprio Congresso.

No Brasil, o órgão é percebido como o "Ministério do Comércio Exterior" dos Estados Unidos. Na prática, no entanto, o USTR tem jurisdição limitada: suas duas principais áreas de atuação são as negociações comerciais – bilaterais, regionais e multilaterais – e a participação em processos e sistemas de solução de controvérsias.

O dia a dia do comércio exterior não é administrado pelo órgão, mas pelo DOC, que detém jurisdição sobre o uso de todos os instrumentos de controle de importações – inclusive de defesa comercial – e de promoção comercial para o setor industrial; pelo Departamento de Agricultura (USDA – U.S. Department of Agriculture), que detém jurisdição sobre assuntos afetos a bens agrícolas; e pelo Departamento de Segurança Doméstica (DHS – U.S.

[22] Nos Estados Unidos, os Ministérios são designados como "Departamentos".

Department of Homeland Security), que controla a aduana norte-americana (CBP – Customs and Border Protection). Na prática, portanto, o USTR canaliza as demandas da "coalizão exportadora", isto é, dos grupos que têm interesse na abertura de mercados tanto via negociações comerciais, quanto via solução de controvérsias. Já o DOC absorve as demandas da indústria doméstica, sobretudo aquelas relativas a pedidos de proteção via instrumentos de defesa comercial – direitos *antidumping*, medidas compensatórias e salvaguardas, entre outros.[23]

Contudo, o USTR é percebido, também, como "intermediário" entre o Congresso – especialmente o Senado – e o Poder Executivo, servindo mais como representante do primeiro junto ao segundo do que o contrário. Durante os primeiros 150 anos após a independência, o Poder Legislativo exerceu, de forma quase exclusiva, sua prerrogativa constitucional de formular a política comercial dos Estados Unidos, que, nesse período, limitava-se à aprovação de leis tarifárias e à concessão de subsídios (*bounties*). Nos últimos anos do século XIX, o Congresso iniciou lento e tortuoso processo de progressiva delegação de poderes e funções ao Poder Executivo, culminando no *Reciprocal Trade Agreements Act* (RTAA) de 1934, que concedeu ao presidente da República autoridade para negociar acordos comerciais bilaterais com outros países.[24]

Após a Segunda Guerra Mundial, contudo, desenvolveu-se no Congresso a percepção de que o presidente havia excedido o mandato concedido pelo Poder Legislativo. Assim, em 1962, foi criado o USTR, sob a alegação de que era necessário preservar a delegação de poderes e funções ao Poder Executivo, mas, ao mesmo tempo, ampliar o controle do Congresso sobre esse processo.[25] Nesse sentido, o órgão vive certo dilema organizacional, pois

---

[23] No Brasil, essa estrutura é menos clara. Em princípio, o órgão central no processo de formulação da política comercial do País é a Câmara de Comércio Exterior (Camex). No entanto, o Ministério das Relações Exteriores (MRE) e o Ministério do Desenvolvimento, Indústria e Comércio Exterior (MDIC) disputam a prerrogativa de formular diversos de seus elementos, como a estratégia de negociações comerciais do País ou a política de promoção comercial brasileira. Além disso, a Receita Federal do Brasil (RFB), vinculada ao Ministério da Fazenda (MFAZ), exerce grande influência no processo de formulação no âmbito da Camex, que, por sua vez, é vista como pouco "neutra", por ser vinculada ao MDIC. Para um panorama amplo sobre a história e o processo de formulação da política comercial brasileira, ver Marconini (2005) e Veiga; Iglesias (2002).

[24] O RTAA é a base da construção do moderno sistema multilateral de comércio, inicialmente estabelecido por meio da negociação do Acordo Geral de Tarifas e Comércio (Gatt – General Agreement on Tariffs and Trade) de 1947. Para um panorama amplo sobre o RTAA e seu papel na criação do Gatt, ver Aaronson (2006).

[25] A mesma lógica aplica-se à criação, em 1974, do mecanismo conhecido como *fast-track* cuja função é regular a delegação de poderes do Congresso para o presidente da República no que diz respeito à negociação e à aprovação de acordos comerciais que envolvam compromissos em áreas não tarifárias. Para um panorama amplo sobre a história e o funcionamento do *fast-track*, ver Hornbeck; Cooper (2011); Smith (2011); e Tucker; Wallach (2009).

é parte do Poder Executivo e canaliza demandas da coalizão exportadora, mas, ao mesmo tempo, "serve" ao Congresso, que é o *locus* da atividade de lobby e da manifestação das pressões por parte da indústria doméstica protecionista.[26]

Além do USTR, há duas outras instituições que fazem parte do processo de formulação da política comercial dos Estados Unidos e que não encontram paralelo no Brasil. A primeira é a Corte de Comércio Internacional (CIT – Court of International Trade), órgão do Poder Judiciário especializado em julgar ações relacionadas ao comércio exterior, em particular à imposição de medidas de defesa comercial e à classificação aduaneira de produtos. No Brasil, ainda não há sequer Vara Federal especializada na matéria, fato que resulta em menor segurança jurídica para as empresas e entidades empresariais brasileiras e estrangeiras.[27] A segunda instituição é a Comissão de Comércio Internacional (USITC – U.S. International Trade Commission) cuja função é tanto administrar parte dos instrumentos de defesa comercial (investigações de dano), quanto realizar pesquisas relacionadas a temas de comércio exterior. A USITC é um órgão independente e cuja motivação original era dar tratamento técnico – e neutro – às decisões que envolvem a política comercial dos Estados Unidos.

Este é, em linhas gerais, o cenário em que navegam os principais grupos de interesse, domésticos e estrangeiros, que buscam influenciar o processo de formulação da política comercial norte-americana. No que diz respeito especificamente a essa área, tais grupos podem ser abrigados em quatro categorias principais.

A primeira é a da iniciativa privada. As atividades de lobby são realizadas pelas próprias empresas, em geral via equipe de *Government Affairs*, ou pelas entidades empresariais. As entidades, por sua vez, dividem-se em três

[26] Para uma breve reflexão sobre o papel do USTR, ver Bonomo (9 jan. 2009).

[27] Na prática, o Brasil parece estar, em certa medida, em descumprimento com as regras multilaterais de comércio no âmbito da Organização Mundial do Comércio (OMC), já que o Gatt de 1947, incorporado pela organização, afirma em seu artigo X:3(b): "cada parte contratante manterá ou instituirá, logo que possível, tribunais judiciários, administrativos ou de arbitragem, ou instâncias que tenham por fim especialmente reexaminar e retificar prontamente as medidas administrativas relacionadas com as questões aduaneiras. Esses tribunais ou instâncias serão independentes dos organismos encarregados de aplicação das medidas administrativas e suas decisões serão executadas por esses organismos cuja prática administrativa dirigirão igualmente, a menos que seja interposta apelação junto a uma jurisdição superior nos prazos previstos para as apelações interpostas pelos importadores, ressalvada a possibilidade da administração central de tal organismo tomar medidas com o fim de obter uma revisão da questão em outra ação, se houver base para supor que a decisão é incompatível com os princípios fixados pela lei ou com a realidade dos fatos" (grifos do autor). O Brasil possui procedimentos de revisão e correção de medidas dessa natureza, porém insuficientes. Para a íntegra do Gatt, ver site da OMC, em: <http://www.wto.org/english/docs_e/legal_e/gatt47_01_e.htm>.

grupos. O primeiro é o das entidades setoriais, que representam segmentos específicos do agronegócio, da indústria e dos serviços. O segundo é o das entidades multissetorais, mas limitadas em seu escopo ou composição. Há, por exemplo, entidades dedicadas exclusivamente à promoção e proteção dos interesses exportadores dos Estados Unidos, como o National Foreign Trade Council (NFTC), ou compostas apenas por CEOs de grandes multinacionais norte-americanas, como a Business Roundtable (BR). O terceiro grupo é o das entidades de cúpula (*peak organizations*), em que se destacam a National Association of Manufacturers (NAM),[28] com foco no setor industrial, e a U.S. Chamber of Commerce (USCC), maior entidade empresarial dos Estados Unidos e com perfil pró-livre-comércio e internacionalista, pois tem entre seus associados as principais multinacionais do país.

A segunda categoria é a dos trabalhadores. Em geral, estes são representados por sindicatos setorais ou multissetorais, dos quais se destacam a American Federation of Labor and Congress of Industrial Organizations (AFL-CIO), maior deles, e o United Steelworkers (USW), um dos mais ativos da indústria.

A terceira categoria é a das Organizações Não Governamentais (ONGs), com destaque para as de defesa dos direitos do consumidor, as ambientalistas e as de proteção e promoção dos direitos humanos.

A quarta e última categoria é a das coalizões temáticas, isto é, dos agrupamentos que reúnem empresas, entidades empresariais, sindicatos e ONGs com interesses convergentes. A formação de coalizões é uma das estratégias mais comuns dos grupos de interesse, que cooperam – e competem – a depender do tema em debate. Exemplos de coalizões estão em diversas áreas relativas à política comercial dos Estados Unidos, desde a defesa da aprovação, pelo Congresso, de suspensões tarifárias para produtos não fabricados no país (*MTB Coalition*), passando pela imposição de barreiras para coibir a manipulação do câmbio pela China (FCC – Fair Currency Coalition), incluindo, até mesmo, a revogação de medidas de defesa comercial aplicadas contra produtos importados (Citac – Consuming Industries Trade Action Coalition).

Todos esses atores conduzem atividades de lobby que incluem tanto financiamento de campanha, quanto influência de legislação e regulação. Todos utilizam, também, os diversos métodos descritos na seção anterior e nesta – *grassroots*, *education*, *revolving door* e formação de coalizões (*coalition building*). Além disso, esses atores conduzem tais atividades fazendo uso

[28] A NAM, juntamente com a American Farm Bureau Federation (AFBF) e a Coalition of Service Industries (CSI), faz parte do grupo autodenominado *pillar organizations* (organizações--pilares), pois representam os três setores da economia dos Estados Unidos: respectivamente indústria, agricultura e serviços. A denominação parece ter surgido em 2008, no contexto das ações de lobby envolvendo as negociações multilaterais da Rodada Doha da OMC.

tanto de seus próprios funcionários e equipes (*in-house lobbying*) quanto de escritórios de lobby.

Cabe destacar, por fim, que além desse universo de atores, existem outros, mas com menor peso no processo de formulação da política comercial dos Estados Unidos. Entre eles destacam-se os estados, as autoridades portuárias e os representantes de comunidades locais. Muitos governos estrangeiros, como os do México e da China, costumam participar ativamente do "mundo do lobby" de Washington. Essa prática, contudo, não é seguida pelo governo brasileiro, em particular por conta de resistências existentes no Ministério das Relações Exteriores (MRE).[29]

EXPERIÊNCIA BRASILEIRA

A experiência brasileira é relativamente recente, sobretudo para o setor privado do País. O primeiro período de maior engajamento das empresas e entidades empresariais do Brasil com atividades de lobby em Washington – com o objetivo explícito de influenciar a política comercial dos Estados Unidos – parece datar dos anos 1970 e ter se estendido até o fim dos anos 1980.[30] Nessa fase, o governo norte-americano, tanto via Poder Executivo, quanto via Congresso, impôs sucessivas barreiras às exportações brasileiras para o país. Exemplos são os diversos casos de medidas de defesa comercial aplicadas contra calçados, produtos siderúrgicos, têxteis e vestuário do Brasil. Nesses casos, o procedimento padrão das empresas e entidades empresariais era contratar escritórios de lobby para representá-las junto ao governo e ao setor privado dos Estados Unidos, assim como para assessorá-las – e ao governo brasileiro – em negociações que envolvem, por exemplo, a imposição de acordos de restrição voluntária às exportações (VRAs) do País.[31]

[29] Em geral, a corporação diplomática brasileira justifica sua resistência *vis-à-vis* às atividades de lobby realizadas por outros países alegando que muitos deles são "menores" que o Brasil, em termos de importância política, e que, portanto, precisariam fazer uso de todos os instrumentos a sua disposição. Em outros momentos, a justificativa é de que tais governos seriam "reféns" dos próprios grupos de interesse. Com a entrada da China e de outras potências emergentes no "mundo do lobby" norte-americano, tal justificativa apresenta rápida deterioração. Os chineses contrataram, em 2009, a maior empresa de lobby de Washington, a Patton Boggs LLP.

[30] Os anos 1970 são, justamente, o período: da consolidação do Japão e das Comunidades Econômicas Europeias (CEE) como concorrentes dos Estados Unidos; do surgimento de um déficit persistente na balança comercial do país; e da aceleração do uso de medidas protecionistas pela indústria doméstica norte-americana, sobretudo instrumentos de defesa comercial e acordos de restrição voluntária às exportações (VRAs). Para um panorama do período, ver Destler (2005).

[31] Após a conclusão da Rodada Uruguai do Gatt, os VRAs foram proibidos. O artigo 11:1(b) do Acordo de Salvaguardas da OMC afirma: "[...] nenhum Membro procurará adotar nem

Já nesse período, o governo brasileiro passou a contratar escritórios norte-americanos para representá-lo em disputas no âmbito do sistema de solução de controvérsias do antigo Gatt, prática mantida e formalizada após a criação da Organização Mundial do Comércio (OMC), em particular após a experiência das disputas comerciais envolvendo a Embraer e sua concorrente canadense, Bombardier.[32] No entanto, há pouco registro sobre a forma de atuação desses escritórios, ou seja, se a prestação de serviços limitava-se ao aconselhamento legal ou incluía, também, atividades de lobby junto aos formuladores da política comercial dos Estados Unidos.

A primeira – e ainda mais importante – entidade bilateral do setores privados brasileiro e norte-americano foi criada também nesse período. Em 1976, foi estabelecido o Conselho Empresarial Brasil-Estados Unidos (Cebeu), conhecido nos Estados Unidos como Brazil-U.S. Business Council (BUSBC). O Conselho foi criado pouco antes das crescentes tensões na relação bilateral surgidas no período em que o governo do presidente Ernesto Geisel (1974-9) coincidiu com a administração Carter (1977-81) – tensões essas que atingiriam seu ápice na denúncia, pelo governo brasileiro, do antigo Acordo Militar Brasil-Estados Unidos, em 1977.[33] Inicialmente coordenada pelo próprio governo brasileiro, a Seção Brasileira do Conselho foi, em momento posterior, vinculada à Confederação Nacional da Indústria (CNI), ao passo que a Seção Americana foi, desde o princípio, ligada a USCC.

Ao vincular, de modo formal, as principais entidades empresariais do Brasil e dos Estados Unidos, o Conselho passou a servir de ferramenta de lobby para ambas, tanto em relação ao governo do outro país quanto

adotará nem manterá restrições voluntárias às exportações, acordos de organização de mercado ou quaisquer outras medidas similares no que diz respeito tanto às exportações quanto às importações. Estas compreendem medidas adotadas por um Membro individualmente ou mediante acordos, arranjos e entendimentos firmados por dois ou mais Membros [...]" (grifo meu). Para a íntegra do Acordo de Salvaguardas, ver site da OMC, em: <http://www.wto.org/english/docs_e/legal_e/25-safeg_e.htm>. Para um panorama amplo da história dos VRAs, ver Maruyama (2007).

32 Em 1987, por exemplo, o Brasil solicitou consultas com os Estados Unidos no âmbito do sistema de solução de controvérsias do antigo Gatt para contestar o uso, por esse país, de instrumento de imposição unilateral de retaliação comercial – a chamada Seção 301 (*Section* 301). A consulta foi feita no contexto da disputa entre os dois países envolvendo a aprovação e a introdução, pelo Brasil, da Lei de Informática. Na ocasião, o governo brasileiro contratou o escritório norte-americano Arnold & Porter LLP. Em 2005, o governo brasileiro publicou edital para a contratação de um escritório para atuar em seu assessoramento e defesa em disputas levadas ao sistema de solução de controvérsias da OMC. A licitação foi vencida pelo escritório norte-americano Sidley Austin LLP. Em 2010, nova licitação foi realizada. Os vencedores foram os escritórios Greenberg Traurig (Estados Unidos), L.O. Baptista Advogados (Brasil) e Hammonds LLP (União Europeia). Para uma breve história da "criação de capacidades" por parte do governo e do setor privado brasileiros para atuar no âmbito do sistema multilateral de comércio, ver Aquino; Bonomo (2008); e Thorstensen; Jank (2005).

33 Um novo Acordo sobre Cooperação em Matéria de Defesa só seria firmado pelos dois países mais de trinta anos depois da denúncia, em 12 de abril de 2010.

em relação ao seu próprio governo. Essas atividades foram desenvolvidas desde o início e seriam aceleradas a partir da década de 2000, quando as duas seções passaram a organizar missões regulares de lobby. Em 2010, a sofisticação dessas atividades parece ter atingido seu ápice, após a criação, pela Seção Americana, de uma coalizão específica para lidar com temas comerciais envolvendo o Brasil junto ao Congresso dos Estados Unidos – a Brazil Trade Action Coalition (Braztac).[34]

No fim dos anos 1990, um grupo de congressistas norte-americanos criou a Frente Parlamentar do Brasil (Brazil Caucus), reunindo membros interessados tanto em expandir o escopo e a profundidade da relação bilateral quanto em temas em que seus eleitores eram defensivos – em geral, produtores agrícolas e indústrias concorrentes do País no mercado dos Estados Unidos e em terceiros mercados. O objetivo central da Frente era oferecer uma plataforma para que os grupos de interesse e outros congressistas pudessem "educar" seus membros sobre temas relacionados ao Brasil. Além disso, a Frente passou a ter algum destaque na promoção de interesses relacionados ao País, inclusive na área comercial. Durante o 106º Congresso (1999-2000), por exemplo, alguns dos membros da Frente trabalharam para evitar a aprovação do *Fair Steel Trade Act*, projeto de lei que imporia proibição total à importação de aço proveniente do Brasil e de outros três países durante o período de três meses. Já durante o 110º Congresso (2007-8), a Frente aprovou uma Resolução da Câmara dos Representantes apoiando a assinatura e implementação do Memorando de Entendimento para Avançar a Cooperação em Biocombustíveis, acordado pelos dois países em 2007. Em complemento a essa ação, alguns de seus membros tornaram-se patrocinadores de projetos de lei favoráveis à eliminação de barreiras comerciais existentes no mercado norte-americano para a importação do etanol brasileiro de cana-de-açúcar.

Em 2000, mais um passo importante foi dado: um grupo de empresas brasileiras reunidas pela Patri, consultoria em relações governamentais, e apoiado pela Embaixada do Brasil em Washington, estabeleceu o primeiro escritório permanente mantido pelo setor privado brasileiro para realizar sua representação junto ao governo dos Estados Unidos. A entidade, então

[34] Na prática, o principal incentivo para a criação da Braztac foi a possibilidade de o governo brasileiro impor retaliação comercial contra bens e direitos de propriedade intelectual dos Estados Unidos no contexto da disputa entre os dois países, no âmbito da OMC, envolvendo subsídios norte-americanos aos produtores domésticos de algodão. A coalizão realizou significativo esforço de lobby junto ao Congresso e ao Poder Executivo norte-americanos cujo resultado foi a proposta e a negociação de acordo temporário com o Brasil na forma de um Memorando de Entendimento e de um Acordo-Quadro para uma Solução Mutuamente Acordada, ambos assinados em 2010. Cabe notar, no entanto, que a Seção Americana sempre dispôs de diversas forças-tarefa (*task forces*), grupos de trabalho (*working groups*) e coalizões relacionadas a temas que dependem de atividade de lobby no Brasil.

denominada Brazil Information Center (BIC), tornar-se-ia um dos principais instrumentos de lobby das empresas e, sobretudo, das entidades empresariais brasileiras junto ao governo norte-americano.

O BIC foi, em seu início, criado como ferramenta para promover a imagem do Brasil junto aos formuladores de políticas públicas e formadores de opinião dos Estados Unidos. Durante a primeira metade da década de 2000, portanto, sua agenda limitou-se a um esforço de comunicação institucional com funcionários do Poder Executivo, assessores do Congresso e congressistas. Em razão de seu vínculo formal com o governo brasileiro, via Embaixada do Brasil em Washington, o BIC incorporou, também, a promoção comercial e a promoção turística como temas de trabalho, ambas amparadas por convênios, respectivamente, com a Agência Brasileira de Promoção de Exportações e Investimentos (Apex-Brasil) e com a Empresa Brasileira de Turismo (Embratur).

No entanto, a entidade passou por rápida transformação durante a segunda metade da década de 2000. Em 2006, o então presidente do Comitê de Finanças do Senado dos Estados Unidos, senador Charles Grassley (Republicano – Iowa), solicitou ao USTR que excluísse o País do Sistema Geral de Preferências (SGP) norte-americano. O SGP assegura a isenção de imposto de importação para cerca de 3.500 produtos brasileiros de exportação, assim como de outros países em desenvolvimento. No entanto, o programa precisa ser renovado periodicamente pelo Congresso dos Estados Unidos por meio de ação legislativa. Ao politizar a renovação do SGP naquele ano, o Senador procurava punir a pressão exercida pelo Brasil no âmbito das negociações da Rodada Doha da OMC, em que o País liderou a formação do G-20 agrícola e a contestação das medidas de apoio doméstico e dos subsídios à exportação dos Estados Unidos e de outros países desenvolvidos.[35]

Diante da possibilidade de o Brasil ser excluído do SGP, que então representava cerca de 15% das exportações brasileiras para o mercado norte-americano, a Câmara Americana de Comércio (Amcham – American Chamber of Commerce) e a Federação das Indústrias do Estado de São Paulo (Fiesp) iniciaram amplo esforço de lobby junto ao governo norte-americano e, em especial, ao Congresso. Além da contratação de escritório de lobby, a Fiesp associou-se ao BIC, que passou a direcionar sua agenda para esse tipo de atividade – à época, inclusive com apoio da Embaixada do Brasil em

[35] Para um panorama amplo sobre o processo de renovação e reforma do SGP dos Estados Unidos de uma perspectiva brasileira, ver Bonomo, Meira Schmitt (2007); e Bonomo (ago./dez. 2009). Para um panorama geral sobre o funcionamento do SGP, ver o site da Coalition for GSP, em: <http://www.tradepartnership.com/site/gsp.html>. Para estatísticas referentes à importância do SGP para o Brasil, ver Fiesp (2008) e Fiesp; Amcham (2009, 2010).

Washington.[36] No entanto, o governo brasileiro desligou-se da entidade em 2007, decisão que foi seguida por longo processo de reestruturação de seu funcionamento, encerrado em 2008 com a transformação do BIC em um braço de lobby do setor privado brasileiro nos Estados Unidos. Em 2009, a entidade alterou sua denominação para Brazil Industries Coalition (BIC), incorporando o tipo de marca utilizada pelos demais grupos de interesse que atuam nos Estados Unidos.[37]

Em paralelo à reestruturação do BIC, duas outras iniciativas foram realizadas nesse período. De um lado, a União da Indústria de Cana-de-Açúcar (Unica) iniciou ambicioso projeto de abertura de mercados para o etanol brasileiro, inclusive com a criação de uma representação própria nos Estados Unidos cuja função é remover barreiras tarifárias e não tarifárias ao produto, em especial a tarifa adicional aplicada ao etanol importado, assim como os subsídios aos produtores e misturadores de etanol doméstico (de milho) com gasolina. Do outro lado, os governos dos dois países estabeleceram, em 2007, um Fórum de Altos Executivos (CEO Forum), reunindo vinte CEOs das principais empresas brasileiras e norte-americanas interessadas na relação Brasil-Estados Unidos, além da Casa Civil e do Ministério do Desenvolvimento, Indústria e Comércio Exterior (MDIC), do lado brasileiro, e do Conselho de Segurança Nacional (NSC – National Security Council) e do DOC, do lado norte-americano.

A representação da Unica tem adotado ampla e agressiva estratégia de lobby, que resultou, no início de 2010, em vitória importante para o setor sucroalcoleiro brasileiro:[38] a Agência de Proteção Ambiental dos Estados Unidos (EPA – Environmental Protection Agency) reconheceu o etanol brasileiro de cana-de-açúcar como "biocombustível avançado", categoria que não foi alcançada pelo etanol norte-americano de milho. Embora não seja suficiente para abrir totalmente o mercado para a importação do biocombustível do Brasil, a medida, junto com a existência do mandato federal dos

---

[36] Em grande medida, o esforço de lobby da Fiesp foi resultado de um "transbordamento" (*spill over*) da capacidade técnica e política acumulada pela entidade desde 2003, quando optou por reforçar sua atuação em temas de política comercial por meio da criação de uma Área de Negociações Internacionais para formular as posições da Federação em negociações bilaterais, regionais e multilaterais no período pós-Plano Real e pós-maxidesvalorização cambial – e que seria utilizada, posteriormente, como plataforma para a realização das atividades de defesa de interesses nos Estados Unidos.

[37] No fim de 2010, havia, como o Brasil em relação ao BIC, pelo menos outros seis países desenvolvidos e em desenvolvimento com escritórios próprios de lobby para representação de seu setor privado em Washington: Alemanha, Canadá, Coreia do Sul, Índia, Reino Unido e Turquia.

[38] A vitória da Unica foi, em grande medida, resultado do amplo trabalho técnico desenvolvido pelo Instituto de Estudos do Comércio e Negociações Internacionais (Icone). Para uma breve explicação sobre a criação e o papel do Icone no contexto das ações do setor privado brasileiro envolvendo negociações comerciais, ver Bonomo (2006).

Estados Unidos, estabelece clara distinção entre os dois produtos a favor do brasileiro, contribuindo, assim, para a estratégia de comunicação da Unica. Já o CEO Forum tem demonstrado resultados modestos, mas incrementais, em temas como aviação civil e vistos.[39]

Há, portanto, cada vez maior interesse por parte das empresas e entidades empresariais brasileiras em participar ativamente do "mundo do lobby" de Washington. No entanto, os esforços do setor privado do Brasil ainda são modestos à luz das atividades de lobby desenvolvidas por outros países – e, inclusive, pelos próprios governos –, assim como da quantidade e da complexidade dos temas de política comercial de interesse do País.[40]

VÍCIOS, VISÕES E CONCLUSÕES

O governo brasileiro, diferentemente dos governos de outros países, possui resistências políticas às atividades de lobby, tanto quando realizadas pelo próprio setor privado brasileiro quanto quando propostas por este para que seja feita por seus funcionários. Além disso, o governo brasileiro costuma incorrer em três "vícios" quando se dispõe a influenciar o processo de formulação da política comercial dos Estados Unidos. Esses vícios são, em geral, resultado de um "jogo de espelhos": o governo e, em especial, o MRE, "espelham" em sua atuação nos Estados Unidos a dinâmica existente no Brasil. Esse espelhamento se manifesta de três formas.

A primeira é a excessiva prioridade que o MRE confere ao DOS. Por definição, as duas chancelarias devem manter relações próximas. No entanto, há uma percepção difundida na corporação diplomática brasileira de que o DOS possui, no processo de formulação da política comercial dos Estados Unidos, a mesma influência que o MRE possui no processo de formulação da política comercial do Brasil. De fato, a chancelaria norte-americana sequer possui jurisdição sobre o tema, ao passo que a brasileira não só possui jurisdição formal, como disputa espaço com o MDIC e a própria Camex.[41] Assim, não é incomum o governo brasileiro tentar realizar barganhas em temas comerciais – incluindo, também, temas não comerciais – com o DOS. Basta notar que, em 2007, ambos estabeleceram um Diálogo de Parceria Econômica (DPE) para tratar da agenda de política comercial sem

[39] Para uma breve reflexão sobre a atuação dos setores privados dos dois países, inclusive do CEO Forum, ver Bonomo (7 mar. 2011).

[40] Para um argumento a favor de maior engajamento por parte do setor privado brasileiro, ver Bonomo (2010). Para um panorama amplo dos interesses empresariais brasileiros nos Estados Unidos, ver Rzezinski (2008).

[41] A principal exceção é a negociação de Acordos de Promoção e Proteção de Investimentos (BITs – Bilateral Investment Treaties). Nesse caso, o DOS detém jurisdição formal, embora, na prática, a negociação desses instrumentos seja feita em parceria com o USTR.

a participação do MDIC, do lado brasileiro, e do USTR e do DOC, do lado norte-americano. Pouco se avançou nesse diálogo, à exceção da negociação do Acordo sobre Transporte Aéreo, também conhecido como Acordo de Céus Abertos (Open Skies Agreement), assinado em 2011 e cuja jurisdição formal – nesse caso específico – é do DOS.[42]

Esse "vício de interlocução" com o DOS parece ainda exarcebado por outros elementos presentes no lado brasileiro, incluindo-se: um modelo de escola diplomática amparada nos princípios clássicos da *realpolitik* do século XIX, portanto, de inspiração centralizadora, por vezes autoritária, e propensa a visões monolíticas e personificadoras do Estado;[43] a tentativa de controle das disputas burocráticas dentro de cada governo por meio da solidificação da aliança entre as duas chancelarias, expressa no DPE de 2007 e, posteriormente, na criação do Diálogo de Parceria Global (DPG), em 2010, e em sua elevação para o nível presidencial, em 2011;[44] e a propensão a considerar os temas de promoção e política comercial como de menor importância (*low politics*) em matéria de política internacional, quando comparados a temas de paz e segurança (*high politics*).[45]

---

[42] Esse *vício* não é novo, tendo manifestado-se em diversos outros momentos da história da diplomacia comercial Brasil-Estados Unidos. Para uma narrativa esclarecedora envolvendo barreiras comerciais às exportações brasileiras de calçados, café e outros produtos durante a segunda metade dos anos 1970, ver Spektor (2009). De acordo com Spektor: "Oriundo de uma cultura diplomática em que fluxos de comércio são vistos como produtos de decisões políticas mais do que de forças de mercado, [o então ministro das Relações Exteriores, Antonio Francisco Azeredo da] Silveira esperava que a parceria [com o então secretário de Estado, Henry Kissinger,] resultasse em acesso privilegiado ao mercado americano" (grifo do autor).

[43] Para uma análise clássica sobre os riscos da visão amparada na personificação dos Estados à luz da Teoria das Relações Internacionais, ver Bull (2002).

[44] Esse mecanismo foi criado como uma tentativa de "encapsular" todos os demais diálogos bilaterais entre os diversos órgãos de governo dos dois países, em nível ministerial e de agências regulatórias, estabelecidos desde os anos 1980, mas que se proliferaram após 2003 e durante todo o governo do presidente Luiz Inácio Lula da Silva (2003-10). Para um breve panorama, ver Bonomo (mar./abr./maio 2011).

[45] O ex-ministro das Relações Exteriores, Luiz Felipe Lampreia, narra em seu livro de memórias a percepção que, alega ele, fez parte do passado do Ministério: "Ao ingressar na carreira diplomática em novembro de 1963, fui designado para a Divisão de Política Comercial. Era uma designação prestigiosa, pois o setor representava a vanguarda. Fui logo comentar a nomeação com meu tio-avô, Samuel de Souza Leão Gracie, que havia sido secretário-geral do Itamaraty. Dele ouvi, com desapontamento, a seguinte frase: 'Isso não é coisa de diplomata, não fomos feitos para cuidar de secos e molhados'. O tempo em que os diplomatas tinham preconceito com relação à promoção de negócios já havia passado, felizmente, e a maior parte de minha carreira seria dedicada a essa área" (grifo do autor). Para a íntegra das memórias, ver Lampreia (2010). A afirmação do ex-ministro parece otimista, já que esse tipo de percepção ainda é difundida na corporação diplomática brasileira. Cerca de vinte anos após a ocorrência da conversa, o jornalista Gilberto Dimenstein narrou a utilização da mesma expressão por parte dos inimigos do então secretário-geral do MRE, embaixador Paulo Tarso Flecha de Lima, para atacar seus laços com o setor privado: "Paulo Tarso era um

A segunda manifestação está na relativa desimportância conferida pelo governo brasileiro e, em especial, pelo MRE, ao Congresso dos Estados Unidos como *locus* da formulação da política comercial norte-americana. De um lado, o Ministério parece espelhar em sua relação com o Poder Legislativo dos Estados Unidos aquela que tem com o Congresso Nacional, quase protocolar. Diferentemente da Comissão de Relações Exteriores do Senado norte-americano, que exerce grande influência sobre o DOS, inclusive por meio de ameaças de corte de orçamento[46] e bloqueio de nomeações para cargos e postos-chave, a Comissão de Relações Exteriores e Defesa Nacional do Senado Federal pouco controle exerce sobre os objetivos e as ações do MRE. São raros os momentos de maior ativismo dos parlamentares brasileiros. Nos últimos anos, apenas temas polêmicos como a adesão da Venezuela ao Mercado Comum do Sul (Mercosul) e o reconhecimento da China, pelo Brasil, como "economia de mercado", geraram alguma movimentação significativa no âmbito do Congresso Nacional.[47]

Do outro lado, a corporação diplomática brasileira parece frustrar-se com a ainda relativamente pequena importância do Brasil no dia a dia dos debates no Congresso dos Estados Unidos, fato que é compensado pelo excessivo protagonismo anunciado pelo DOS e, até mesmo, pela Casa Branca, como instrumento de engajamento do MRE e do governo brasileiro. A corporação diplomática brasileira enfrenta, portanto, o duplo desafio de ampliar o espaço do Brasil na agenda do governo norte-americano, em particular do Congresso, e, ao mesmo tempo, atuar, com eficiência e eficácia em um

---

líder carismático no Itamaraty, onde implementou, com sucesso, uma política classificada por seus rivais de 'secos e molhados' – um balcão de negócios. Ele é um dos responsáveis pela transformação do Ministério em centro de captação de oportunidades aos exportadores brasileiros, abrindo mercados. [...] [S]ua carreira sempre esteve voltada para dentro do Ministério, onde criou o Departamento de Promoção Comercial durante o regime militar, uma repartição que, a rigor, não teria maior importância – os diplomatas tradicionais sempre cultivaram uma espécie de ojeriza a assuntos comerciais, mais preocupados com estratégias políticas" (grifo do autor). Para a íntegra da descrição, ver Dimenstein (1989).

[46] Um dos mais eficazes instrumentos de pressão do Congresso dos Estados Unidos sobre o Poder Executivo é o que costuma-se chamar de "o poder da bolsa" ou "o poder do dinheiro" (*the power of the purse*), isto é, a capacidade de imposição de limites à atuação dos Departamentos e agências federais por meio de restrições embutidas em leis orçamentárias (*appropriations bills*), tanto em relação ao volume de recursos alocado quanto em relação a sua utilização. A Constituição norte-americana, ao tratar das prerrogativas e limitações do Congresso, afirma: "Artigo I [...] Seção 9 [...]Nenhum dinheiro será retirado do Tesouro, mas apenas em Consequência de Destinação Orçamentária feita por Lei; e deverá ser publicado, de tempos em tempos, um Atestado e a Contabilidade dos Recebidos e Gastos de todo o Dinheiro Publico". Para a íntegra da Constituição norte-americana de 1787, assim como comentários sobre cada artigo, ver Beeman (2010). Para um panorama amplo sobre a prática do Congresso, ver Tollestrup (2011).

[47] Para uma discussão inicial sobre as atividades de lobby do setor privado brasileiro junto ao Congresso Nacional em temas de política comercial, ver Oliveira; Onuki (2007).

dos mais descentralizados e complexos regimes democráticos existentes, em que há uma multiplicidade de pontos de veto ao longo do processo de formulação da política comercial do país.[48]

Por fim, a terceira manifestação se dá na forma como o governo brasileiro e, em especial, o MRE, enxerga o papel da política comercial nos Estados Unidos. Para a corporação diplomática brasileira, a política comercial do Brasil é parte – ou "subproduto" – da política externa, com seus objetivos sendo perseguidos em função desta. Para os norte-americanos, contudo, a política comercial é parte de uma política econômica internacional mais geral, que nem é apenas a vertente econômica da política externa nem o aspecto internacional da política econômica doméstica. Para o setor privado e o governo dos Estados Unidos, a política econômica internacional é uma política pública cujo objetivo é organizar a forma como o país relaciona-se com os demais, do ponto de vista econômico, de modo a gerar prosperidade por meio da atividade de suas empresas facilitada pelo governo. No jargão do mundo dos negócios dos Estados Unidos, é o direito das empresas, defendido por seu governo, de *make money* – expressão que causa surpresa e, até mesmo, reprimendas por parte de membros da corporação diplomática brasileira.[49]

Muitas vezes, as ações concretas da corporação diplomática norte-americana e dos demais órgãos de governo dos Estados Unidos em defesa da criação – e da manutenção – de oportunidades de negócios para suas empresas é percebida pelo MRE como "sujeição" do interesse nacional aos "interesses comerciais" (e particulares) do setor privado. Em alguns casos, a percepção é de que o governo norte-americano seria refém das empresas, seja por recrutar no próprio setor privado funcionários para postos-chave da Administração, seja pela própria aceitação da existência do "mundo do lobby".

---

[48] Para um breve panorama sobre a importância da relação com o Congresso dos Estados Unidos e sobre ações bem-sucedidas do MRE, ver Bonomo (2 fev. 2009).

[49] Muitas vezes, membros da corporação diplomática brasileira enxergam com ressalvas a tentativa de uma empresa ou de um setor empresarial em ampliar oportunidades de negócio mesmo já fazendo bom uso das existentes, isto é, já obtendo lucro. Para muitos diplomatas, o fato de uma empresa ou setor já possuir exportação, faturamento ou lucro expressivos é sinal de que o esforço adicional exigido do MRE em matéria de política comercial tratar-se-ia apenas de mera ganância empresarial. Esse tipo de conduta demonstra tanto as raízes profundas da desconfiança em relação ao lucro (e à atividade comercial, de modo geral), quanto um fundamental desconhecimento da natureza dos processos econômicos, que precisam ser medidos e entendidos sempre em termos relativos, não absolutos. O faturamento de um grupo empresarial de grande porte *vis-à-vis* uma pequena empresa diz pouco sobre as condições de concorrência em seus respectivos mercados, sobre as exigências de investimento para manter crescentes ganhos de escala e escopo ou sobre o nível de ganância de seus executivos, empresários e acionistas. Grosso modo, esse tipo de crítica é mais visível entre os membros da corporação diplomática brasileira que não têm educação formal em Economia, Administração ou disciplinas correlatas.

Na prática, contudo, a visão do MRE parece apenas refletir a própria relação com o setor privado brasileiro – de desconfiança, por vezes distanciamento ou repreensão, alimentada, em geral, por desinformação sobre a natureza das atividades econônomicas e por preconceito em relação ao lucro e à atividade comercial, postura largamente associada à tradição católica do Brasil. Com a abertura econômica realizada pelo País na primeira metade dos anos 1990 e a progressiva integração da economia brasileira à economia mundial, sobretudo após o início do *boom* exportador do começo da década de 2000, a percepção da corporação diplomática brasileira sobre os empresários do Brasil – e destes em relaçao ao MRE – parece ter se deteriorado de forma acentuada. Dois fatos que podem explicar esse fenômeno são a possível resistência do Ministério à progressiva democratização do processo de formulação da política externa, que o colocou em posição defensiva *vis-à-vis* outros órgãos de governo e o próprio setor privado, e o crescente ativismo internacional das empresas e entidades empresariais brasileiras na defesa de seus interesses, que se reflete em permanente pressão – e insatisfação – em relação à corporação diplomática.

Todos esses elementos tornam a negociação com os Estados Unidos mais complexa, tanto do lado do governo brasileiro quanto do lado do setor privado, que depende, muitas vezes, do apoio do MRE e de outros órgãos para atingir seus objetivos.

No que diz respeito à atuação das empresas e entidades empresariais nos Estados Unidos, tais vícios persistem, porém em menor intensidade. Há, contudo, pelo menos dois obstáculos adicionais. Em primeiro lugar, há enorme fragmentação na atuação do setor privado brasileiro, já que os principais atores envolvidos na relação Brasil-Estados Unidos parecem demonstrar pouca capacidade de construir coalizões que tenham força suficiente para alterar a composição da agenda e conferir maior prioridade aos temas de política comercial. Em segundo lugar, e de forma relacionada ao primeiro obstáculo, há notória incapacidade, por parte do setor privado brasileiro, de desenvolver uma visão de futuro sobre a agenda de política comercial envolvendo o Brasil e os Estados Unidos. Sem essa visão unificadora, as empresas e entidades empresariais dispendem significativo capital político, além de recursos humanos e financeiros, em ações específicas de defesa de interesses junto ao governo norte-americano, sem, no entanto, assegurarem complementariedade em sua atuação. Em 2006, por exemplo, o Congresso dos Estados Unidos incluiu a renovação do SGP no mesmo projeto de lei em que renovou a tarifa adicional aplicada ao etanol brasileiro. Diante da possibilidade de repetição desse cenário, a representação da Unica afirmou, diversas vezes, que faria lobby contra a renovação do SGP (e, portanto, contra as atividades de lobby da própria Amcham e da Fiesp).

Tais obstáculos são amplificados por uma característia particular, mas fundamental, do setor privado brasileiro: a existência de uma estrutura de representação empresarial semicorporativista, de perfil autoritário e clientelista.[50] Essa estrutura alimenta a cultura de baixo associativismo já existente na comunidade empresarial do Brasil e exarceba posturas que privilegiam o ganho temporário de curto prazo em detrimento de mudanças estruturais de médio e longo prazos. Exemplos da manifestação dessa característica estão tanto na falta de áreas estruturadas de *Government Affairs* nas principais empresas brasileiras, quanto na descontinuidade do comprometimento de recursos humanos e financeiros com atividades de *lobby* nos Estados Unidos e em outros países.[51]

Em conclusão, é possível afirmar que, embora em curto período de tempo, o setor privado brasileiro parece ter avançado mais do que o governo no processo de aprendizagem sobre como "negociar com os Estados Unidos" em temas comerciais. Cabe, nos próximos anos, maior cooperação entre ambos, assim como ações mais ambiciosas, tanto em matéria de objetivos quanto de recursos dispendidos para sua consecução, sobretudo financeiros e humanos.

---

[50] Para ampla história da formação do sistema semicorporativista no Brasil, ver Leopoldi (2000).

[51] Desde 2007, o BIC enfrentou permanente instabilidade financeira causada pelo desligamento da Embaixada do Brasil em Washington (e seu efeito-demonstração sobre outros associados), pela crise econômica de 2008-2009 e, em particular, pela falta de comprometimento de recursos financeiros por parte de seus membros que fossem suficientes para a manutenção de representação permanente – e eficaz – de lobby nos Estados Unidos. Do mesmo modo, após ampla campanha de lobby realizada pela Unica, em 2010, houve importante pressão por parte dos associados da entidade para diminuir os gastos com sua representação em Washington diante da renovação, pelo Congresso dos Estados Unidos, da tarifa adicional aplicada ao etanol brasileiro. Essas posturas demonstram claro desconhecimento do sistema político e do processo de formulação da política comercial norte-americana, deixando em evidência a preocupação do setor privado brasileiro com ganhos de curto prazo em detrimento de ações estruturantes com efeitos de longo prazo, mas que dependem de maiores recursos humanos e financeiros.

18
NEGOCIANDO COM A UNIÃO EUROPEIA

Christian Lohbauer e Marília Rangel Ribas Martins

ASPECTOS INSTITUCIONAIS DA UNIÃO EUROPEIA E DAS COMISSÕES

A União Europeia é o maior mercado exportador e o segundo importador do mundo. Em 2007, a ampliação do pioneiro processo de integração regional incorporou Romênia e Bulgária, agregando, assim, 27 países e quase 500 milhões de pessoas ao Mercado Comum Europeu. Um imenso mercado unificado sob a união econômica estabelecida desde o Tratado de Maastricht em 1992. Enquanto instituição, a União Europeia passou a dispor de personalidade jurídica também em 2007, após o Tratado de Lisboa.

Cerca de 20% do comércio mundial é realizado com a União Europeia, sendo 17% do comércio de bens e 27% do comércio de serviços.[1] Praticamente todos os países comercializam mercadorias e/ou serviços com a União Europeia, mas os maiores parceiros comerciais do bloco, receptadores de suas exportações, são: Estados Unidos (19%), Rússia (8%), Suíça (8%), China (6%), Turquia (4%), Noruega (3%), Japão (3%), Emirados Árabes (2%), Índia (2%) e Brasil (2%). Seus maiores fornecedores de produtos e serviços são: China (16%), Estados Unidos (12%), Rússia (11%), Noruega (6%), Suíça (5%), Japão (5%), Turquia (3%), Coreia do Sul (3%), Brasil (2%) e Líbia (2%).[2]

Sua política comercial é uma política comunitária, o que significa que está sob a responsabilidade da Comissão Europeia, braço executivo da

[1] Disponível em: <http://europa.eu/pol/comm/index_pt.htm>.
[2] Disponível em: <http://ec.europa.eu/trade/about/eu-trade-profile/>.

União Europeia. A Comissão Europeia está dividida em 27 Diretórios Gerais (DGs) relacionados às políticas específicas que desempenham, além dos serviços específicos de caráter administrativo ou com mandato de tempo determinado para temas especiais. O DG para o comércio e o DG para a agricultura são os principais órgãos relacionados aos interesses comerciais dos 27 membros.

As decisões das comissões são sistematicamente reportadas ao Conselho Europeu e ao Parlamento Europeu. Ao Conselho cabe definir as diretivas das negociações, acompanhar o processo negociador e aprovar os resultados da negociação, geralmente por maioria qualificada. O Parlamento, atualmente, deve ser informado sistematicamente do andamento das negociações comerciais e a ele cabe endossar as principais ratificações de tratados (que sejam mais extensos que os da área comercial). No futuro, caberá ao Parlamento codecidir sobre acordos comerciais, embora não venha a interferir nas orientações da negociação.

O trabalho da Comissão Europeia é representar o interesse comum de todos os seus membros. Ao propor atos legislativos a serem avaliados pelo Parlamento e eventualmente adotados pelo Conselho de Ministros, a Comissão acaba sendo responsável por colocar em prática as políticas comuns, além de administrar o orçamento também comum. Aspecto fundamental da atuação da Comissão é o respeito ao princípio da subsidiaridade (só legislar onde é mais efetiva que a legislação nacional, regional ou local). Como mencionado, a Comissão é dividida em vários departamentos e serviços, e os DGs atuam de acordo com a política com a qual lidam. A Comissão comanda os assuntos de caráter mais geral e administrativo, como produzir as estatísticas ou combater a fraude, enquanto a missão dos DGs é específica e abrange os debates técnicos. No DG de comércio e no de agricultura ocorrem as negociações específicas de cada setor.

No caso do DG de agricultura e desenvolvimento rural (DG Agri), a missão é promover o desenvolvimento sustentável da agricultura europeia e garantir o bem-estar de suas áreas rurais. A burocracia europeia define que isso deve ser feito por meio da promoção de uma agricultura competitiva que respeite altos padrões de produtividade (incluindo padrões ambientais), garantindo um padrão de vida justo (*fair standard*) à comunidade rural. Também define que deve contribuir para que o setor se adapte aos novos desafios universais, protegendo o meio ambiente, especialmente diante das mudanças climáticas, e melhorando a qualidade de vida das regiões rurais – garantindo crescimento e emprego, além de promover a agricultura europeia no comércio mundial.

Oficialmente, o DG se compromete a introduzir políticas de maneira efetiva e de acordo com os tratados e as obrigações internacionais. Admite a necessidade de simplificar a legislação, contribuir com as políticas comunitárias nas áreas da coesão, competitividade, emprego, pesquisa, meio ambiente, segurança alimentar e políticas externas (comércio e desenvolvimento). Tem também a responsabilidade de administrar o orçamento comunitário de forma transparente.

O DG de comércio é o que trata precisamente das negociações comerciais e dos interesses em acessar mercados, ao mesmo tempo que protege o próprio mercado europeu. O comércio é um tema de interesse universal e, sem ele, a vida dos indivíduos e das empresas estaria bastante comprometida. Os europeus encaram o desenvolvimento do comércio, quando *devidamente administrado*,[3] como uma oportunidade de promover o crescimento. Assim, consideram que o caminho apropriado à economia europeia é que ela se mantenha competitiva enquanto constrói regras comuns em conjunto com outras nações. Como apresentado, os 27 países são representados pela Comissão Europeia de forma unitária. O DG para comércio tem a responsabilidade de assegurar a prosperidade e a solidariedade, sempre sublinhando seu comprometimento com o desenvolvimento.

Assim como ocorre com as agendas comerciais dos principais atores comerciais do mundo, a agenda comercial europeia se ocupa das negociações comerciais em todos os níveis, enfrentando os desafios colocados pela globalização e idealizando a maior adesão possível de pessoas e empresas às oportunidades que ela oferece. Oficialmente, o DG de comércio se compromete a definir os interesses ofensivos e defensivos da política comercial seguindo as orientações da Comissão adotadas pelo Conselho e monitorando a introdução de acordos internacionais.

Na prática, utiliza com habilidade todos os instrumentos de contenção e defesa comercial, seja levando ao Órgão de solução de controvérsias (OSC) da OMC os instrumentos de promoção e defesa comercial adotados pela Comunidade, seja participando e monitorando políticas que tenham efeito sobre os investimentos externos das empresas europeias. O DG procura garantir que a política comercial seja consistente com a política externa e de acordo com a contribuição da União Europeia com a governança global e fornece à indústria e à sociedade civil informação atualizada para que possam se adequar às regras estabelecidas pelo código de conduta da Comissão. Trata-se de um trabalho eficiente de discurso liberalizante, mas prática bastante defensiva.

As negociações comerciais com a União Europeia acontecem em três dimensões: multilateral, bilateral e unilateral (a exemplo do Sistema Geral de Preferências – SGP ou de programas como o EBA – Everything but Arms). A agenda comercial europeia é marcada por negociações comerciais simultâneas entre as negociações globais, a chamada Rodada Doha no âmbito da Organização Mundial do Comércio (OMC), negociações bilaterais com o Mercado Comum do Sul (Mercosul), a Associação de Nações do Sudeste

[3] Disponível em: <http://ec.europa.eu/trade/about/eu-trade-profile/>.

Asiático (Asean), a Comunidade Andina, os países do Mediterrâneo, com a América Central, os países do Golfo Pérsico, a Ucrânia, a Coreia do Sul, a China, a Índia e a Líbia, e negociações com Países Em Desenvolvimento (PED) – particularmente países da África, Caribe e Pacífico.

As estratégias de negociação da União Europeia seguem a tradicional combinação entre os interesses de acesso a mercados para bens e serviços europeus e a defesa de seu mercado (muitas vezes entendido como um rígido protecionismo) e promoção de determinados valores. É curiosa a visão europeia sobre o comércio mundial: toma o fato de ser o mais sofisticado mercado importador do mundo e de ter desenvolvido estruturas de comércio preferenciais para cerca de cinquenta países pobres e em desenvolvimento como escudo para práticas de protecionismo explícito. Os burocratas europeus se ofendem quando recebem críticas de parceiros estrangeiros que explicitam práticas defensivas que oneram sobremaneira o contribuinte e o consumidor europeu. Como em qualquer esforço legítimo de nação que procura enriquecer com o comércio, os europeus buscam acessar mercados e remover barreiras a suas empresas, esforçam-se por criar novas oportunidades para os exportadores e detêm uma sofisticada parceria entre a Comissão, os estados-membros e as entidades empresariais para identificar barreiras comerciais, contando, inclusive, com um extenso e completo banco de dados que auxilia a definir os caminhos para combater barreiras.

A existência de vários acordos de livre-comércio concluídos ou em andamento demonstra a forte orientação da União Europeia ao comércio ao mesmo tempo que segue a negociação da OMC a qual, a seu ritmo lento, acaba impulsionando o regionalismo expandido. Os europeus fazem parte dos mais ativos promotores de acordos de livre-comércio, cientes dos impactos que estes têm na dinâmica das negociações multilaterais e dos efeitos perversos do *spaguetti bowl*, isto é, o *overlapping* de múltiplos acordos comerciais bilaterais.

Um dos aspectos mais controversos da visão e atuação dos europeus, quando se trata da defesa de seus interesses comerciais, é a diferença entre a maneira como eles expressam tais interesses e como os põem em prática. Oficialmente, instrumentos defensivos são utilizados para garantir o *fair trade* e defender os interesses das empresas europeias – foram definidos respeitando os acordos específicos da OMC, que reconhecem o direito de seus membros a reagir contra práticas desleais utilizando regras *antidumping*, antissubsídios e salvaguardas.

No campo diário dos conflitos comerciais, os europeus são *experts* em utilizar instrumentos burocráticos que garantam suas margens, o desenvolvimento de Barreiras Não Tarifárias (BNT) como novos índices sanitários ou regras de padrão social e ambiental que se transformam em barreira a produtos e serviços. São também os maiores aplicadores de direitos de *revisão*, com a aplicação do artigo XXVIII do General Agreement on Tariff and Trade (Gatt), o qual permite a renegociação de uma tarifa de importação consolidada sob a condição da compensação das perdas dos parceiros envolvidos. A maior causa desse comportamento contido em relação ao comércio tem sua origem na Política Agrícola Comum (PAC) – quando se trata de comércio, as sensibilidades europeias estão majoritariamente relacionadas aos produtos agrícolas –, na qual se estrutura a base de toda a resistência e do protecionismo comercial europeu.

A PAC é uma área cuja competência é dividida entre a União Europeia e os estados-membros. Sob o artigo 33 do Tratado que consolidou a Comunidade Europeia (CE), fica estabelecido o objetivo de assegurar preços razoáveis (*reasonable*)[4] para os consumidores europeus e receitas justas para seus agricultores. Em particular esse objetivo pôde ser alcançado pela organização dos mercados agrícolas de acordo com os princípios adotados na Conferência de Stresa de 1958, na Itália, garantindo preços únicos, solidariedade financeira e preferência aos produtos comunitários.

Essa política, com mais de meio século de existência, é, sem dúvida, a mais importante política comum europeia, considerando que demanda cerca de 50% do orçamento comunitário (algo em torno de 50 bilhões por ano). Seu objetivo original, alcançar a autossuficiência alimentar comunitária, foi cumprido ainda na década de 1980. Embora mudanças tenham sido realizadas nos últimos anos, precisamente em 1992 (*McSharry Reform*), em 1999 (Agenda 2000) e em 2003, com o objetivo de corrigir desequilíbrios e evitar superprodução de alimentos, a PAC ainda é vista por boa parte dos países exportadores de alimentos e produtos agrícolas como uma política que provoca distorções no comércio mundial.

A reforma de 2003, motivada principalmente pela crise fiscal e orçamentária europeia e também causada pela futura adesão de dez novos membros em 2004, trouxe algumas inovações. Entre elas o pagamento único aos agricultores independentemente da produção (*decoupling*); a vinculação dos pagamentos ao cumprimento de padrões ambientais, saúde animal e segurança alimentar; a redução dos pagamentos diretos a grandes propriedades para financiar a nova política; e um mecanismo de disciplina fiscal com limitações aos gastos de apoio ao mercado e ajuda direta até 2013. Com a reforma, mercados regulados de setores agrícolas como tabaco, algodão, óleo de oliva e açúcar acabaram passando por reformulação.

Os burocratas europeus têm consciência de que o comércio é sinônimo de criação de riqueza. Os consumidores podem ter a sua disposição uma quantidade maior de produtos, e a concorrência com produtos importados viabiliza a queda de preços e o aumento da qualidade. A liberalização comercial garantiria que as empresas europeias atuassem em condições isonômicas com empresas estrangeiras concorrentes no mercado global, e

[4] Disponível em: <http://europa.eu/agriculture/index_en.htm>.

a redução ou eliminação de barreiras comerciais no continente contribuiria, assim, para o aumento de sua prosperidade. A convergência de direitos aduaneiros entre todos os 27 membros reduzidos a um nível médio de menos de 4% é uma prova desse compromisso. No entanto, não se pode esquecer dos picos tarifários e da aplicação da escalada tarifária que atingem centenas de produtos de exportação importantes para países emergentes.

Outro aspecto que ilustra a dicotomia da atuação comercial europeia é o discurso do desenvolvimento sustentável e sua conexão com o protecionismo. É louvável o compromisso europeu com o desenvolvimento sustentável e com práticas sociais. Mas é muitas vezes repulsiva a prática acusatória e superficial com que identifica práticas consideradas prejudiciais ao aquecimento global, à destruição do meio ambiente, saúde animal ou às condições de trabalho em países emergentes para conter a entrada de suas mercadorias no mercado europeu.

AS RELAÇÕES COMERCIAIS DA UNIÃO EUROPEIA COM O BRASIL

O Brasil está entre os dez mais importantes parceiros comerciais da União Europeia. Na última década, o comércio bilateral com os países da União Europeia esteve concentrado em pouco mais de uma dezena de produtos, na maior parte primários e semimanufaturados. O complexo da soja (em grão, farelo e óleo), minério de ferro, petróleo, café, milho, etanol e fumo compõem os principais produtos primários. Pasta de madeira e celulose, suco de laranja concentrado e refrigerado e carne bovina e de aves compõem produtos do agronegócio que passaram por alguma sofisticação manufatureira. Por fim, aeronaves, caminhões, tratores e automóveis, além de carrocerias e peças de reposição, compõem os principais produtos de maior valor agregado. A concentração também é verdadeira nos países-membros que consomem os produtos brasileiros: Alemanha, França, Reino Unido, Itália e Espanha são os maiores parceiros econômicos do Brasil entre os 27 membros, considerando que os Países Baixos servem apenas como receptores dos principais produtos brasileiros que utilizam o porto de Roterdã para desembarque.

Sempre que questionada sobre suas práticas comerciais protecionistas em relação a produtos agrícolas, a União Europeia apresenta o fato realmente notável de que cerca de 70% de tais produtos podem entrar na União Europeia sem barreira tarifária. É evidente que na parcela dos outros 30% estão os produtos de interesse dos exportadores mundiais, e é aí que a defesa de produtos considerados sensíveis gera distorções no comércio.

O debate apresentado tem sido a base dos permanentes impasses nas negociações entre o Brasil e a União Europeia, no âmbito da mais ampla negociação de integração comercial entre as duas regiões: as negociações entre o Mercosul e a União Europeia. As tentativas de integração birregional têm sua origem no Tratado de Madri, de 1994. A caminho de completar vinte anos, as negociações de caráter técnico para troca de posições de acesso a mercado para bens agrícolas e não agrícolas, investimentos e comércio de serviços entre as duas partes só começou em 2002 e vem, a partir de então, lidando com um impasse.

Os sul-americanos alegam que as posições de interesse de acesso para bens agrícolas enfrentam subsídios, tarifas, cotas e barreiras técnicas que inviabilizam qualquer criação de fluxo de comércio relevante entre as duas regiões. Por outro lado, os europeus insistem que sua política agrícola é liberal, alegam que têm compromissos que devem seguir a política da PAC, oferecem modificações na PAC com datas para acontecer no médio prazo e barganham com aumentos de cotas para produtos sensíveis. Demandam uma oferta ambiciosa dos sul-americanos com redução de tarifas para bens industriais e uma agressiva mudança na legislação dos países do Mercosul para a abertura do setor de serviços.

O que se observou desde 2002 é que existe grande resistência interna de países-membros e de grupos econômicos europeus que não poderiam jamais lidar com a abertura comercial de alguns produtos agrícolas. Preferem manter seus privilégios, baseando-se em argumentação questionável sobre a eventual redução de empregos europeus no campo a garantir produtos mais baratos ao consumidor nas zonas urbanas da Europa. Os anos se passaram desde 2002 e, paralelamente, acompanha as negociações comerciais um sistemático processo de criação de novos conceitos de defesa comercial que certamente não contribuirá para o incremento comercial, caso o acordo de livre-comércio seja um dia assinado. Conceitos como a *multifuncionalidade* da agricultura ou as novas regras para o bem-estar animal, ou medidas de caráter ambiental ou social, além das novas normas de cunho fitossanitário, criam uma nuvem de fumaça nas perspectivas de real abertura comercial entre as duas regiões.

Como se não fosse o suficiente, o mundo também mudou muito na última década. Em especial, a crise causada pelo estouro da bolha imobiliária nos Estados Unidos, em 2008, contaminou todo o sistema financeiro internacional e não deixou a Europa de fora: os impactos no equilíbrio econômico e financeiro da União Europeia desde a crise têm sido dramáticos. Países periféricos – como Grécia, Irlanda e Portugal – e outros mais centrais – como Espanha e Itália – passaram a lidar com déficits públicos gigantescos e de difícil administração dentro da zona do Euro e cumprindo o Pacto de Estabilidade da União Europeia.

Com produtividade mais baixa que a média norte-americana e muito mais baixa que a asiática, a Europa se encontra em uma encruzilhada. A população envelhece, são baixas as taxas de crescimento vegetativo. Em

2010, pela primeira vez a União Europeia recorreu ao FMI em busca de recursos para saldar contas, e continuam os rumores sobre a capacidade da União Europeia de retomar a estabilidade de seu sistema financeiro. Diante de tal quadro, fica mais difícil crer que possa haver algum tipo de movimento genuíno de abertura comercial, pois uma das fontes mais relevantes de receita orçamentária da União Europeia são justamente as tarifas de importação, a TEC europeia e as tarifas especiais de importação. A Europa estaria disposta a eliminá-las ou reduzi-las parcialmente diante de tal quadro de crise de solvência?

As negociações com a União Europeia demandarão, provavelmente, mais alguns anos para atingirem um grau de abertura que realmente cause impacto no comércio birregional. Mesmo que no futuro algum avanço seja alcançado, será apenas para criar uma imagem positiva ao combalido ambiente do livre-comércio mundial. De fato, os interesses de redução tarifária e eliminação de barreiras deverão seguir paralelamente, movidos pelos setores organizados dos dois lados da mesa, como um setor exportador brasileiro e um grupo de importadores europeus juntos, em Bruxelas, pleiteando benefício comum aos dois lados com eventual medida de redução ou eliminação tarifária de determinado produto ou serviço. Ainda assim, vale à pena conhecer dois casos emblemáticos do que tem sido enfrentar a União Europeia e sua política comercial por meio do OSC da OMC.

O primeiro deles é o caso do açúcar e do pagamento de subsídios para a exportação desse produto proveniente da Índia e dos países da África, Caribe e Pacífico. O segundo caso, ainda mais complexo, é o das carnes de aves (frango e peru), no qual fica explícito que o produto sofre com todos os tipos de barreiras comerciais no mercado europeu: subsídios, tarifas *ad valorem*, tarifas específicas, salvaguardas agrícolas reminiscentes da Rodada Uruguai do Gatt e cotas para todos os produtos de carnes de aves brasileiros.

O caso do açúcar[5]

Brasil e Austrália pediram consultas à União Europeia em setembro de 2002 para discutir a conformidade do regime açucareiro europeu com as normas da OMC; em 2003, foi a vez da Tailândia. Em nenhuma das consultas chegou-se a esclarecimento satisfatório para os envolvidos. Os três países então apresentaram ao OSC da OMC, em meados de 2003, o pedido de abertura de um painel.

Após duas reuniões, o relatório deu ganho de causa ao Brasil em relação a dois procedimentos do regime açucareiro europeu questionados no âmbito

[5] Caso apresentado com base em informações da Nota n. 207, de 28 abr. 2005, do Ministério das Relações Exteriores (MRE, 2005).

do contencioso. No início de 2005, a União Europeia apelou; o regime de administração do comércio de açúcar sempre foi uma das partes importantes da PAC. A Organização Comum de Mercado, vigente desde 1968, permanece a mesma até hoje e está fundamentada pelo regulamento (CE) 1260/2001. O regime açucareiro europeu possuía vários dispositivos que criavam distorções de mercado – como a proteção do mercado doméstico (tarifas elevadas, em torno de US$ 500 a tonelada, salvaguardas especiais com preços mínimos de entrada); os incentivos à produção (subsídios à produção para consumo interno com cotas preestabelecidas, mecanismos de compra do açúcar interno, exportação dos excedentes de produção conhecido como açúcar *C*); e os incentivos à exportação (subsídios diretos à exportação de quantidade preestabelecida de açúcar, além subsídios diretos à exportação de volume equivalente ao açúcar importado em condições preferenciais dos países da ACP em valor não coberto pelos compromissos de redução de subsídios à exportação assumidos na OMC). É também importante esclarecer que a União Europeia se beneficiou da Organização Comum de Mercado para se tornar, a partir de 1976, exportadora líquida de açúcar.

As exportações subsidiadas de açúcar da União Europeia violavam seus compromissos na OMC, reduziam o mercado internacional e prejudicavam produtores competitivos no Brasil e em outros países. O Brasil então questionou o regime açucareiro europeu em dois aspectos: o açúcar *C* e o *açúcar ACP/Índia*. Nos dois casos, eram concedidos subsídios à exportação acima dos níveis indicados em seus compromissos de redução; e a regra da OMC é clara: só se pode conceder subsídios à exportação a determinado produto agrícola se o país tiver assumido o compromisso formal de reduzir tais subsídios de acordo com cronograma negociado na Rodada Uruguai.

Para o açúcar, desde janeiro de 2001, a União Europeia está sujeita a limites há muito superados e questionados pelo Brasil. No caso do açúcar *C*, o regime açucareiro da União Europeia determina o estabelecimento de cotas de produção (cotas *A* e *B*) de açúcar para cada país-membro. As cotas A e B compõem a *cota máxima*, que se beneficia de subsídios à produção e exportação. Se o preço de mercado interno cair abaixo de determinado patamar, as autoridades se comprometem a comprar todo o açúcar estocado dentro do limite da cota máxima pelo *preço de intervenção*. Qualquer volume de produção acima da cota máxima constitui o chamado açúcar *C*, que não pode ser vendido dentro da União Europeia.

O custo de produção do açúcar europeu, próximo a US$ 800 por tonelada, é mais de três vezes o preço internacional do produto (cerca de US$ 250 por tonelada). A produção dos excedentes de açúcar *C* é viabilizada pela combinação dos vários componentes do regime açucareiro europeu: alta proteção tarifária, administração de cotas *A* e *B*, elevado preço de intervenção, e subsídios diretos à exportação. Em função desses componentes, o Brasil alegou que o regime açucareiro europeu subsidia indiretamente a exportação de açúcar *C*, descumprindo as regras da OMC.

No caso do açúcar *ACP/Índia*, a União Europeia concede cota anual de importação de 1,6 milhão de toneladas, livre de tarifas ou a tarifas muito reduzidas, de açúcar bruto proveniente da Índia (cerca de 10 mil toneladas) e países ACP (todo o restante). O açúcar é processado em refinarias europeias e quantidade equivalente do produto, na forma refinada, é reexportada com o pagamento de subsídios diretos. Os compromissos de redução assumidos pela União Europeia previam que, a partir de 2001, a União Europeia não concederia subsídios ao açúcar acima de € 499,1 milhões e para qualquer quantidade acima de 1,2 milhão de toneladas do produto. Os subsídios pagos para a viabilização da exportação de açúcar ACP/Índia não são contabilizados pela União Europeia em seus compromissos de redução. O Brasil também condenou essa prática na OMC deixando claro que não questionava o acesso preferencial de alguns países ACP e da Índia. A preocupação estava com a redução e eliminação da própria produção ineficiente de açúcar subsidiado europeu.

O resultado vitorioso do Brasil após a decisão do Órgão de Apelação demonstrou que a retirada dos subsídios ilegais amplia imediatamente o mercado internacional de açúcar para o Brasil e outros países com produção competitiva.

O caso do contencioso do peito de frango salgado

A avicultura é uma atividade intensiva e presente em todo o mundo, seja pela produção industrial ou de subsistência. A produção mundial de carne de frango deve atingir 76,2 milhões de toneladas[6] e exportações de 8,3 milhões de toneladas em 2011, números impulsionados, principalmente, pelo aumento dos preços de outras carnes, como a bovina e a suína, e pela a expansão do consumo em países de menor desenvolvimento relativo, cuja população tende a utilizar o incremento de renda para melhora da alimentação por meio da inclusão de uma proteína animal de baixo custo – a carne de frango.

Brasil e União Europeia desempenham papéis importantes na indústria avícola mundial e, por isso, para compreender a complexidade das relações entre Brasil e União Europeia no que diz respeito às questões do setor avícola, é importante conhecer um pouco sobre os setores de ambas as partes.

A União Europeia sempre desempenhou importante papel no mercado mundial de carne de aves, sendo um dos principais produtores e exportado-

---

[6] USDA. Livestock and Poultry World Markets and Trade. 2010. Disponível em: <http://www.fas.usda.gov/dlp/circular/2010/livestock_poultryfull101510.pdf>. Acesso em: 28 jan. 2011.

res do produto. A produção de carne de aves de seus 27 membros atingiu, em 2009, 11,5 milhões de toneladas, sendo 8,8 milhões de toneladas somente de carne de frango. Os principais produtores são Reino Unido, Espanha, França, Polônia e Alemanha, como ilustrado na Tabela 18.1.

Tabela 18.1 Produção de carne de frango na União Europeia

Produção de carne de frango (União Europeia 27 – 5 maiores) (mil toneladas)			
País	2007	2008	2009
Reino Unido	1.268	1.259	1.269
Espanha	1.034	1.059	1.063
França	933	1.009	990
Polônia	882	882	890
Alemanha	826	883	930
Outros	3.609	3.588	3.660
Total EU-27	**8.552**	**8.680**	**8.802**

Fonte: AVEC, Relatório Anual. Disponível em: <http://www.avec-poultry.eu/Files/Filer/archive/Annual_reports/2010/AVEC__10_(31-08)c.pdf>. Acesso em: 28 jan. 2011.

Do total de carne de frango produzido pelo bloco em 2009, cerca de 840 mil toneladas foram exportadas, entre as quais aproximadamente 182 mil[7] de frango inteiro congelado, que recebem um subsídio de € 40/100 kg, o que equivale a € 400 por tonelada (Comission Regulation (EC) 632010). A lacuna de consumo é preenchida com as importações provenientes de Brasil, Tailândia, Chile e Argentina, as quais somaram 719 mil toneladas em 2009, como podemos ver na Tabela 18.2.

Tabela 18.2 Importações de carne de frango da União Europeia

Importações de carne de frango da União Europeia (toneladas)					
País	2005	2006	2007	2008	2009
Argentina	15.010	13.673	22.470	17.466	18.116
Brasil	374.517	382.919	483.434	492.549	494.766
Chile	10.404	10.523	9.714	17.648	21.800
Tailândia	109.168	131.628	151.751	179.218	175.254
Outros	100.171	66.498	5.693	4.605	9.430
Total	**609.270**	**605.241**	**673.062**	**711.486**	**719.366**

Fonte: Disponível em: <http://epp.eurostat.ec.europa.eu/newxtweb/mainxtnet.do>.

[7] Dados extraídos de Eurostat Comext, disponíveis em: <http://epp.eurostat.ec.europa.eu/newxtweb/mainxtnet.do>.

A produção europeia tem apresentado crescimento muito menor que o de países como Brasil, China e Tailândia. Nos últimos trinta anos, o Brasil ampliou sua produção de carne de frango em mais de 800%, enquanto a União Europeia, mesmo com a entrada de novos membros, pouco mais que dobrou sua produção, conforme se pode observar pelo gráfico da Figura 18.1, a seguir. Essa situação tem levado ao aumento das importações do produto, o que é visto como uma ameaça à indústria avícola local. Alegações infundadas de falta de higiene na manipulação dos produtos, presença de substâncias proibidas, além de acusações relacionadas à força de trabalho da indústria brasileira são frequentes e, na maioria das vezes, impulsionadas por interesses protecionistas.

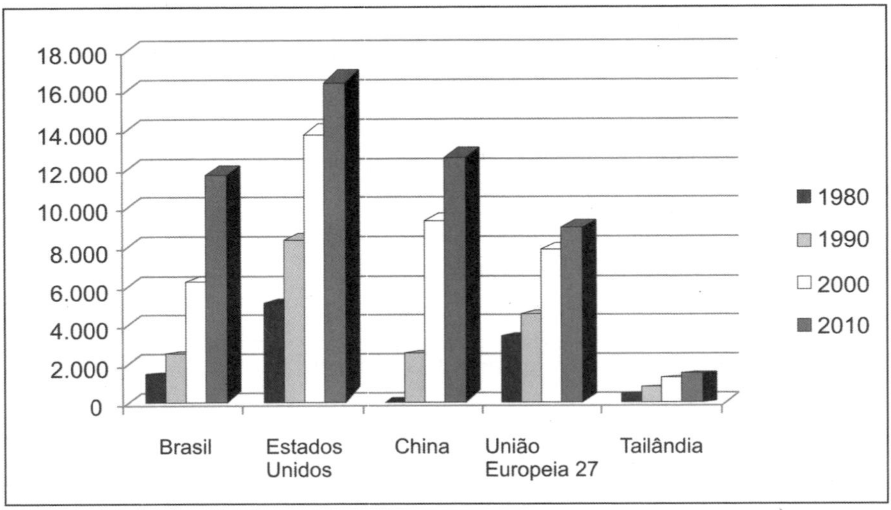

Figura 18.1: Produção de carne de frango (mil toneladas)

Fonte: Elaborado com base nas informações de PSD on-line, USDA. Disponível em: <http://www.fas.usda.gov/psdonline/psdHome.aspx>. Acesso em: 4 fev. 2011.

Apesar disso, o Brasil continua sendo o maior exportador de carne de frango para a União Europeia, ainda que isso signifique menos de 5% do consumo total dos países do bloco. O mercado europeu é extremamente importante para os principais fornecedores de carne de frango, pois consome produtos de maior valor agregado, tais como cortes desossados e produtos cozidos (*nuggets*, hambúrgueres). Além disso, o valor pago pelos cortes é mais alto, em função, principalmente, do preço do produto fresco produzido localmente.

O Brasil é, desde 2004, o maior exportador de carne de frango do mundo. Tal liderança se consolidou após décadas de desenvolvimento de uma indústria dinâmica, eficiente e que buscou aperfeiçoamento constante para suprir mais de 150 países. A indústria avícola brasileira baseia-se em um sistema integrado de produtores e agroindústrias, na qual pequenos avicultores recebem da indústria a ração, os medicamentos, os pintos de um dia e toda a orientação técnica para a criação das aves. Esse modelo, trazido dos Estados Unidos na década de 1960, foi perfeitamente adaptado à realidade brasileira e se mostrou muito eficaz, tornando-se uma das principais razões para o sucesso dessa indústria no país. Aliado a esse modelo integrado, as condições naturais do Brasil de abundância de água, disponibilidade de terras aráveis e grande produção de grãos tornaram o Brasil o terceiro maior produtor de carne de frango e um potencial exportador do produto.

A primeira experiência da indústria avícola no comércio exterior foi nos anos 1960, com o embarque de um contêiner com destino ao Oriente Médio. A partir de então, o País se consolidou como o maior exportador de carne de frango do mundo cuja receita, que em 2010 atingiu US$ 6,8 bilhões, já ocupa o 5º lugar na pauta de exportação do país. Com preços competitivos e alta qualidade, a carne de frango produzida no Brasil passou a ser consumida também em mercados exigentes do ponto de vista sanitário, tais como Japão e União Europeia. Hoje, cerca de 90% do frango *in natura* importado pelo Japão e aproximadamente 70% do frango importado pelos países do bloco europeu é de origem brasileira. Foi nesse contexto de dois grandes atores no mercado de carne de aves que vem se travando algumas das maiores batalhas comerciais já vistas na OMC.

Em 2002, a União Europeia decidiu mudar a classificação do peito salgado de 0210.99.39 – cuja tarifa era de 15,4% – para 0207.14.10 (Council Regulation, 2002) que tinha uma cota de 7.100[8] toneladas, tarifa extracota de 1.024 euros/toneladas, além de pagamento de salvaguarda especial (Comission Regulation, 2011). A adição de sal no peito de frango foi um artifício legítimo utilizado pela indústria para evitar o pagamento de uma tarifa altíssima, mas que foi vista pelos europeus como uma ameaça à indústria avícola local.

O Brasil solicitou consulta às CEs junto ao OSC em outubro de 2002, alegando que a reclassificação do peito com adição de sal acarretava em tratamento menos favorável que o previsto no cronograma da CE, o que contrariava o artigo II do Gatt-94. Sem sucesso nos três meses de consultas, o Brasil, assim como a Tailândia, outro importante exportador de carne de frango para a União Europeia, solicitou a formação de um *painel* em setembro de 2003, que teve Estados Unidos e China como terceiras partes. Durante o processo, as CEs insistiam na argumentação de que o produto em questão, cortes desossados de frango congelados com adição de sal de

---

[8] Essa cota foi resultado do painel de Pagamentos e Subsídios a Produtores e Processadores de Oleaginosas, em 1993, e que foi seguida de modificação de concessões, com aplicação do artigo XXVIII em três produtos de aves, entre os quais estava o peito desossado congelado.

1,2% a 3%, deveriam estar cobertos pelas concessões contidas na posição 0207 do Sistema Harmonizado (SH) e que, por se tratar de uma controvérsia relativa à classificação de mercadorias, deveria ser também levada para o âmbito da Organização Mundial de Aduanas (OMA).

A Organização analisou as diferentes classificações para determinar qual seria a mais adequada para o produto objeto do contencioso, mas a discordância entre as partes contratantes evitou uma decisão, fazendo o painel deixar de considerar as comunicações da OMA sobre o caso. Após a análise dos argumentos das partes pelos membros do painel e a interpretação do termo *salgado* à luz das regras de interpretação codificadas no artigo 31 da Convenção de Viena sobre o Direito dos Tratados, a conclusão foi de que essa palavra tem como significado ordinário: temperar, adicionar sal, curar ou preservar e que, portanto, não há nada no escopo do significado da palavra que indique que o frango que tenha tido adição de sal não esteja coberto pela concessão contida no capítulo 0210 do cronograma da CE. Por isso, a recomendação do painel foi de que o OSC solicitasse às CEs que seus regulamentos estivessem em conformidade com os compromissos assumidos no Gatt-94.[9]

Em junho de 2005, as CEs recorreram ao Órgão de Apelação[10] para apontar possíveis erros nas conclusões apresentadas pelo painel, especialmente no que dizia respeito ao significado do termo *salgado*. Entretanto, após a análise dos argumentos, o Órgão de Apelação concluiu que as medidas adotadas pela CE eram inconsistentes com o Gatt-94 e também recomendou que o OSC solicitasse ao bloco que fizesse as modificações necessárias para deixar suas regras em conformidade com seus compromissos, o que significaria retornar o produto à posição 0210 e, consequentemente, aplicar a tarifa *ad valorem* de 15,4%.

A CE, porém, utilizou o artigo do antigo Gatt, o qual foi mantido no acordo de 1994, para aumentar a tarifa, já consolidada, dos produtos classificados na posição 0210.99.39, ou seja, o produto que havia sido objeto do contencioso e que agora voltaria a pagar uma tarifa baixa quando importado. O artigo XXVIII do Gatt-94, utilizado pela CE, é um exemplo clássico de mecanismo de escape (Milner; Rosendorff, 2001), pois permite que uma parte contratante, a qualquer momento, possa modificar ou retirar uma concessão, desde que sejam negociadas compensações com aquelas partes que têm interesse de fornecedor principal e que nessas negociações seja mantido um nível geral de concessões recíprocas e mutuamente vantajosas e não menos favoráveis ao comércio que aquela existente antes das negociações.

---

[9] WT/DS286/R.

[10] WT DS/269/AB/R.

Em caso de não se alcançar um consenso entre as partes negociadoras, a parte que estiver modificando/retirando suas concessões pode proceder com a introdução das novas tarifas, porém, as outras partes podem também retirar concessões substancialmente equivalentes. As negociações do artigo XXVIII entre CE, Brasil e Tailândia duraram quase um ano e resultaram em cotas tarifárias para três produtos avícolas: cortes de frango salgados (CN 0210.99.39), preparações de frango cozido (CN 1602.32.19) e preparações de peru (CN 1602.31). Os volumes negociados, apesar de serem a maior cota já concedida pela CE, por serem baseados em volumes já exportados, não levam em conta o crescimento futuro das exportações desses produtos, e com as altas tarifas extracota estabelecidas, dificilmente poderão expandir. A Tabela 18.3 mostra o comparativo das tarifas e cotas antes e depois da compensação.

Tabela 18.3 Comparativo de tarifas e cotas antes e depois da compensação pela aplicação do artigo XXVIII

	Antes da compensação			Situação atual		
	Intracota	Extracota	Cota	Intracota	Extracota	Cota (t)
0210.99.39	15,4%	Zero	Zero	15,4%	€ 1300t	170.807
1602.32.00	10,9%	Zero	Zero	8,0%	€ 1024t	79.477
1602.31	8,5%	Zero	Zero	8,5%	€ 1024t	92.300

Fonte: Commission Regulation (EC) n.616/2007.

As cotas concedidas seriam administradas por meio de licenças de importação emitidas pela União Europeia com base nos princípios de não discriminação, ou seja, qualquer importador poderia ter acesso a uma licença e importar do Brasil. Entretanto, o controle somente por parte da União Europeia poderia gerar dois problemas: sem o controle vinculado pelo exportador, um importador com uma licença, ou seja, cuja importação seria feita dentro da cota, poderia ocultar essa informação e exigir do exportador um desconto em função da tarifa extracota que ele supostamente teria de pagar; além disso, havia o risco de uma pulverização das licenças.

Com relação ao controle vinculado, a solução negociada foi a de um certificado de origem emitido por uma autoridade brasileira (que, nesse caso, é o Banco do Brasil), o qual contivesse, entre outras informações, o número da licença de importação. Sem o certificado de origem, o importador fica impossibilitado de gozar dos benefícios da tarifa intracota e nenhum certificado pode ser emitido sem um número válido de licença de importação. Já para a emissão não discriminatória de licenças, a União Europeia, com base no Regulamento n.1301/2006 que estabelece as regras comuns para a administração de cotas tarifárias agrícolas administrada por licenças de importação, limitou a 5% o volume de licenças a serem solicitadas por importador, o qual deveria, no momento da aplicação, provar que havia importado ou exportado pelo menos 50 toneladas de produtos avícolas (fosse carne de aves *in natura*, preparações de carne de aves ou aves vivas) nos doze meses anteriores à aplicação. Além disso, o importador deveria pagar um seguro de € 500 por tonelada de acordo com o volume refletido na licença, com o objetivo de evitar a não utilização.

Isso tudo, no entanto, não foi suficiente. O que se viu nos dez meses posteriores foi exatamente aquilo que se temia – inúmeras empresas europeias de importação que não tinham qualquer experiência ou relacionamento no setor avícola e que passaram a *negociar* suas licenças de importação com aquelas empresas tradicionais na importação de carne de aves. O resultado foi um grande prejuízo para os exportadores, que se viram obrigados a dar descontos em seus preços em razão da alegação dos importadores de que teriam pagado mais de € 500 por uma licença.

Havia necessidade de maior controle por parte dos exportadores, e foi solicitada uma consulta à União Europeia, em 2008, a respeito da possibilidade de distribuição de parte das cotas com base no desempenho histórico das empresas brasileiras habilitadas a exportar para aquele mercado. Em princípio, a ideia foi rechaçada tanto por importadores como por processadores europeus, além, é claro, da CE, que via nesse pedido um instrumento discriminatório. Contudo, após o governo brasileiro apresentar suas razões, que argumentavam que a medida era necessária para manter o equilíbrio das exportações e salvaguardar os direitos das empresas exportadoras, evitando especulações por parte dos importadores, a Comissão aceitou que o Brasil introduzisse um sistema de controle de cotas com base no desempenho histórico.

Do total das cotas de carne de aves destinadas à União Europeia, 60% são distribuídas de acordo com o desempenho histórico da empresa nos três anos anteriores ao ano da cota, 30% são distribuídos pelo *first in, first out* (Fifo) e 10% são reservados aos entrantes do sistema, empresas que nunca tenham exportado para a União Europeia ou cujo desempenho não ultrapasse 50 toneladas. Ainda como resultado dessa consulta, a União Europeia informou o Brasil de que iria aumentar o limite de licenças por aplicante de 5% para 10%, o que ajudaria a reduzir a especulação e o comércio de licenças.

Após quase seis anos das mais diversas negociações para resolver os impasses relativos à importação de frango salgado, cozido e carne de peru, o Brasil foi surpreendido, em junho de 2009, somente sete meses após o acordo supracitado, pela notificação, na OMC, de um novo pedido de aplicação do artigo XXVIII, desta vez para modificação de concessões de oito linhas tarifárias de carne de aves, entre as quais estão produtos cuja importação total média de 2006-8 foi de apenas uma tonelada (WTO, 2009).

O Brasil reivindicou seus direitos negociadores e está em processo de negociação de volumes de compensação desde o fim de 2009, ainda sem conclusão (até fevereiro de 2011). Como se não fosse o suficiente, também em 2009, a União Europeia notificou a OMC de sua intenção de alterar o Regulamento (CE) n.1234/2007, que estabelece uma organização comum dos mercados agrícolas no que diz respeito aos padrões de comercialização para carne de aves.[11]

A referida proposta estabelecia que a carne de aves congelada deveria ser vendida nesse estado ou utilizada em preparações vendidas congeladas. Ademais, incluía as definições de carne de aves frescas, ou seja, aquela que nunca tivesse sido endurecida em qualquer momento por um processo de resfriamento antes de ser mantida a uma temperatura não abaixo de –2 °C e acima de +4 °C (*fresh poultry meat*) e preparações de carne de aves frescas as quais tenham sido feitas a partir da carne de aves fresca (*fresh poultry meat preparations*). A referida proposta, que entrou em vigor em maio de 2010, passaria a proibir a venda de carne de aves resfriada previamente congelada. Ocorre que na União Europeia, processadores e atacadistas lançam mão desse artifício com frequência, isso porque em períodos festivos e durante o verão a demanda por carne de aves aumenta consideravelmente e os estoques congelados acabam sendo resfriados para serem vendidos nas gôndolas dos supermercados para a conveniência dos consumidores.

Seguindo os procedimentos da OMC, o Brasil manifestou sua preocupação com relação ao novo regulamento, uma vez que entendia que isso restringiria o acesso do produto brasileiro ao mercado europeu. O questionamento foi no sentido de que não há evidências científicas que justifiquem a proibição de se utilizar carne descongelada para utilização em preparações resfriadas, bem como não haveria restrição para a venda de carne de ave descongelada, desde que se seguissem as regras de higiene para um descongelamento seguro. O Brasil chegou a propor uma rotulagem para tais situações, nas quais se encontrariam produtos com a etiqueta: previamente congelado (*previously frozen*), mas a União Europeia rejeitou a proposta. De acordo com a réplica das autoridades europeias, a grande preocupação impulsionadora da elaboração dessa regra seriam as expectativas dos consumidores, que estariam comprando carne descongelada como se fosse fresca. Ora, se o objetivo era o que o consumidor esperaria do produto, o nível de informação, a rotulagem informativa seria mais que suficiente para resolver o impasse. Mas a União Europeia insistiu na aplicação da regra e, desde maio de 2010, ela vigora.

Quando da sua aprovação no Parlamento Europeu, o Reino Unido se opôs ao regulamento e manifestou publicamente seu descontentamento, haja vista os problemas que seriam causados pela proibição de uma prática

[11] G/TBT/N/EEC/267.

tão comum em território europeu e cujo impacto sequer havia sido medido pela Comissão. Além do impacto causado na indústria de processamento local, que teria de passar a utilizar somente carne fresca nas preparações resfriadas, e nos supermercados, que não poderiam mais utilizar seus estoques para vendas resfriadas, a consequência para a indústria avícola brasileira seria imensa, isso porque 99,99% da carne de aves exportada para a União Europeia é congelada.

O tratamento diferenciado é claro: como ambos os produtos podem ser utilizados para a mesma finalidade, ao estabelecer uma regra tão restritiva para o uso do produto congelado, está sendo dado tratamento preferencial para o produto nacional em detrimento do importado. Também é importante ressaltar que, fosse essa medida de fato uma proteção para o consumidor e suas expectativas, ela deveria se estender a todos os tipos de carne e não somente à carne de frango. Por isso, o Brasil estuda a possibilidade de iniciar consultas com a União Europeia, haja vista que discorda das medidas adotadas, as quais ferem não só artigos do Gatt-94, como também do Acordo de Barreiras Técnicas.

CONSIDERAÇÕES FINAIS

A análise dos casos apresentados nos remete a algumas importantes discussões no âmbito da Economia Política Internacional a respeito de cooperação, acordos internacionais e mecanismos de escape. Para alguns autores, as cláusulas escapatórias são responsáveis por trazer efetividade aos acordos internacionais e podem otimizar o desenho das instituições, pois diminuem a pressão de grupos de interesse domésticos sobre as decisões tomadas no âmbito internacional. Com cláusulas escapatórias, seria mais fácil ter um acordo internacional aprovado internamente.

Há, porém, o problema do custo de utilização dessas cláusulas, isso porque ele não deve ser tão alto a ponto de inviabilizar sua utilização nem tão baixo para ser usado sem critério. Com um custo do uso adequado, a cláusula pode determinar a cooperação futura do país, mas isso não é o que ocorre com a utilização do artigo XXVIII de modificação de concessões. Uma vez modificada a concessão, o país que usou esse artifício não precisa retornar aos níveis anteriores após determinado período, em oposição ao que ocorre com uma salvaguarda ou *antidumping*. A utilização indiscriminada desse artigo pode corroer as relações de alguns países, que podem passar à descrença no sistema da OMC e sua busca por abertura comercial e desenvolvimento.

Quando se trata de comércio internacional, há uma grande diferença entre aquilo que se encontra nos discursos oficiais e aquilo que se pratica no cotidiano das exportações e importações. O mundo contemporâneo aceita com facilidade a ideia de que quanto mais livre e quanto menos barreiras houver nas trocas de mercadorias e serviços, mais riqueza será criada e mais desenvolvimento será proporcionado a todos os atores do universo comercial.

A União Europeia é um dos mais importantes mercados do mundo ao lado de Estados Unidos, Japão e China. Juntos, são responsáveis por cerca de 40% do comércio mundial. No entanto, é evidente que o interesse das nações no livre-comércio enfrenta sempre o obstáculo da defesa de interesses protecionistas e da necessidade do comércio *administrado*. Os europeus são pioneiros no mais ambicioso processo de integração regional da terra que envolveu medidas sistemáticas de abertura comercial e derrubada de barreiras entre seus membros.

Entretanto, as relações comerciais com outros parceiros seguem um duro processo de busca de convergência e desmantelamento de fortes interesses regionais, que estão um tanto distantes do interesse do consumidor, aquele que deveria ser o mais beneficiado pelo livre-comércio, com mais opções de produtos e serviços a preços mais baixos e qualidade superior.

Os casos descritos neste capítulo, tanto o do açúcar quanto o da carne de aves, ajudam a ilustrar dois aspectos principais dentro do desafio de negociar com os europeus: a existência de interesses internos poderosos distantes do alcance de seu consumidor e, mais importante, a enorme capacidade burocrática que os europeus têm para utilizar as regras vigentes, além de criar novas, e interpretações que geram um ambiente de permanente contenção de seus mercados considerados mais *sensíveis*.

19
NEGÓCIOS NA CHINA

Luís Antonio Paulino e Marcos Cordeiro Pires

INTRODUÇÃO

Segundo Spinoza, nossa capacidade de entender o que nos rodeia não depende apenas de um processo abstratamente intelectualista, mas também de cargas emocionais que explicam a pertinácia de juízos equivocados e preconceitos. Tratando-se de China, o risco de se deixar levar por visões preconcebidas que guardam pouca ou nenhuma relação com a realidade é altíssimo, mesmo porque, além das profundas diferenças culturais e desconhecimento histórico, o processo de transformação da sociedade chinesa é tão intenso e exuberante que muito do que dissermos hoje, particularmente sobre um tema tão dinâmico como o ambiente de negócios no país, poderá ter mudado em pouco tempo.

Como assinalou Martin Jacques (2009, p.8), nós estamos tão acostumados com a idéia de o mundo ser ocidental, na verdade, americano, que não temos a menor ideia sobre o que ele seria, caso assim não o fosse. Entretanto, a recente ressurgimento da China como potência econômica global e a consequente mudança do centro de gravidade da economia mundial em direção à Ásia nos obrigam a abandonar a presunção consolidada no pensamento ocidental de que há uma só forma de ser moderno: a adoção de instituições, valores, costumes e crenças do Ocidente, tais como o estado de direito, a democracia liberal burguesa e a economia de livre-mercado. Conforme destaca o autor, esta é uma atitude tomada por pessoas e culturas que veem a si mesmas como mais desenvolvidas e "civilizadas" que as outras e para os quais o progresso para os que os estão em escalas inferiores de desenvolvimento significa necessariamente tornarem-se mais iguais aos que estão acima.

Quando voltamos ao passado, notamos a grande relevância da China para a construção do mundo atual: o papel, o papel-moeda, a imprensa, a bússola, a pólvora, a tecelagem da seda, entre outros. Ademais, no século XV, período em que ocorreu a expansão marítima europeia, a economia da China representava mais que o dobro a economia do que hoje se conhece como Europa Ocidental, conforme as estatísticas do historiador britânico Angus Maddison (2007). Naquela época, as economias da China e da Índia representavam cerca de 60% do Produto Interno Bruto (PIB) mundial. Depois dos sucessivos ataques das potências imperialistas à China – a Guerra do Ópio, em 1842 e a Guerra Sino-Japonesa (1939-46) – e das constantes guerras civis que abalaram o país, nomeadamente a de 1946-9, que devastou o país, a importância da China declinou, até representar apenas 5% do PIB mundial, em meados do século XX. Somente com a Revolução de 1949, que deu início à República Popular da China, o país começou a inverter a trajetória de mais de um século de declínio, a princípio lentamente e, após o início do processo de reforma e abertura, em 1978, a um ritmo cada vez mais acelerado.

Atualmente, o crescimento sustentado da China por mais de três décadas, em média próxima a 10% ao ano, traz de novo para o centro do palco e das atenções mundiais a grande economia asiática. Hoje, assim como fora a Inglaterra no século XIX, o país se transformou na *Fábrica do mundo* e no mercado consumidor que mais cresce cujas implicações não são suficientemente avaliadas. Afinal, como nos lembra Benjamin Schwartz: "Quando o império era frágil, a percepção chinesa de uma ordem mundial tinha pouco impacto sobre o curso dos acontecimentos. O fato supremo é o fato do poder" (apud Evans, 2011, p.85).

O objetivo deste capítulo é tentar oferecer uma visão básica da estrutura política e econômica da China, além de prover informações úteis para aqueles que, de alguma maneira, poderão ser afetados por essa nova condição do país, tanto pelas oportunidades que se abrem como pelos riscos que dela possam surgir.

CONHECENDO A CHINA

A civilização chinesa conta com aproximadamente quatro mil anos ininterruptos de história. Como estrutura política, as dinastias imperiais se sucederam desde o século XXI a.C., quando se teve notícia da Dinastia Xia, que perdurou de aproximadamente 2060 a 1600 a.C., até a criação da República, em 1911, quando pereceu a dinastia Qing, com a renúncia do Imperador Pu Yi. Já na primeira metade do século XX, o país assistiu a um período de forte instabilidade decorrente da fragmentação do poder, imediatamente após a instauração da República.

A situação parecia se reverter em 1924, quando Sun Yat-sen criou o Partido Kuomintang (KMT) e se aliou ao Partido Comunista em uma frente de libertação nacional antifeudal e anti-imperialista. Um ano depois, com a morte de Sun Yat-sen, seu genro, Chiang Kai-chek, assumiu a liderança do KMT. Em 1927, o líder do KMT começou a perseguição aos comunistas, iniciando a primeira fase de uma longa guerra civil, que perdurou até 1949. Entre 1937 e 1945, houve uma trégua, quando as forças beligerantes se juntaram para combater as tropas japonesas que invadiram o país.

A guerra civil foi vencida pelo Partido Comunista da China, liderado por Mao Tsé-Tung. Em 1º de outubro de 1949, tinha início a República Popular da China, de orientação socialista, que seguiu o sistema político adotado pela União Soviética, o qual previa a predominância do Partido Comunista sobre os demais *partidos democráticos*. Apesar de diferenças, o modelo econômico do país seguiu o rumo soviético de uma *economia centralmente planificada*, particularmente no que tange à economia urbana e à indústria, que se tornaram prioridade no processo chinês de modernização. Eventos como o Grande Salto Adiante (1958-60) e a Grande Revolução Cultural Proletária (1966-76), apesar de buscarem caminhos alternativos rumo ao socialismo, não tiraram a China daquele rumo.

Uma guinada importante na trajetória do país ocorreu em 1978, dois anos após a morte de Mao, quando foram adotadas políticas de Reforma e Abertura, que buscavam a aceleração do desenvolvimento econômico por meio da descentralização econômica e política, da parcelização das comunas de produção, pela abertura ao comércio exterior, pelo incentivo ao desenvolvimento científico e tecnológico e pela mercantilização da economia, o que, nos anos que se seguiram, passou a ser conhecido como *socialismo com características chinesas* ou *economia socialista de mercado*.

Características geográficas, demográficas e educacionais

O território da China atual é de aproximadamente 9,6 milhões de km^2, atrás da Rússia, do Canadá e dos Estados Unidos. O país se divide em 23 províncias, cinco regiões autônomas e quatro municipalidades subordinadas diretamente ao Governo Central (Pequim, Xangai, Chongqing e Tianjin). Na Figura 19.1 temos o mapa do país.

Comparando o mapa com a Tabela 19.1, apresentada a seguir, podemos observar uma questão interessante: os territórios das regiões autônomas de Tibete, Xinjiang e Mongólia Interior somados ao da província de Qinghai, perfazem 4.723 mil km^2 (49% do total), mas abrigam uma população de 51 milhões de pessoas, ou seja, apenas 4% da população. A maior parte da população, 96% dela, se concentra em pouco mais de 50% do território, algo que potencializa a concentração demográfica do país. Adicionalmente, apenas 16% do território são propícios às atividades agropastoris, fato que preocupa as autoridades chinesas.

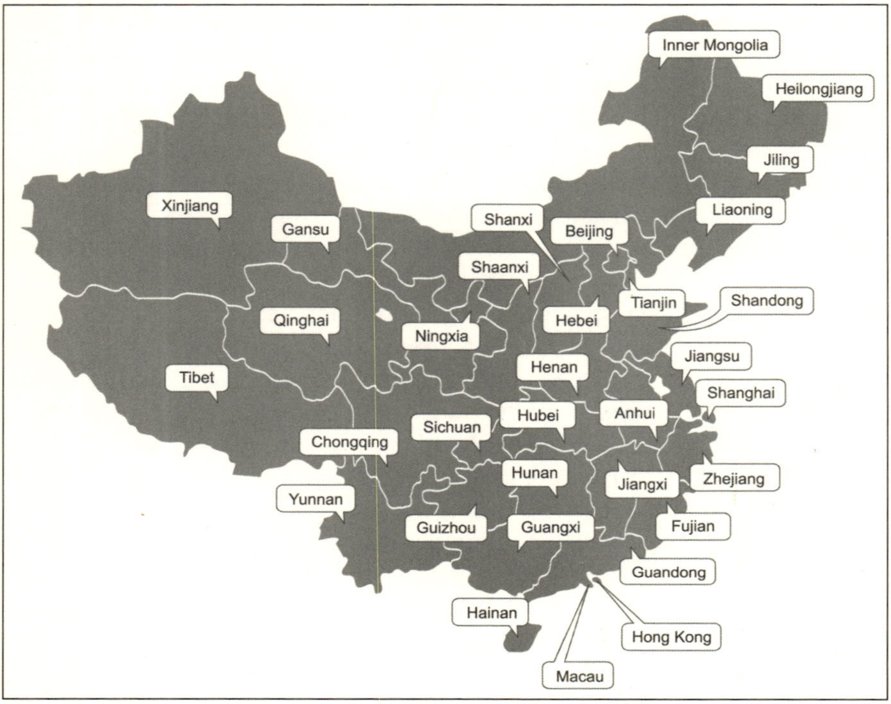

Figura 19.1 Mapa da China – divisões administrativas, exceto Taiwan

Tabela 19.1 Divisão política, território e população da China

Nome	Capital	Superfície (km²)	População (milhões)	Nome	Capital	Superfície (km²)	População (milhões)
Região Autônoma de Xinjiane	Ürümqi	1.600.000	19,25	Província de Jiangxi	Nanchang	166.600	41,4
Região Autônoma do Tibete	Lhasa	1.220.000	2,62	Província de Shanxi	Taiyuan	156.000	32,97
Região Autônoma de Mongólia Interior	Hohhot	1.183.000	23,76	Província de Shandong	Jinan	153.000	90,79
Província de Qinghai	Xining	720.000	5,18	Província de Uaoning	Shenyang	145.700	42,38
Província de Sichuan	Chengdu	488.000	83,29	Província de Anhui	Hefei	139.000	59,86
Província de Heilongilang	Harbin	469.000	36,89	Província de Fujian	Fuzhou	120.000	34,71

Continua

Tabela 19.1 *Continuação*

Nome	Capital	Superfície (km²)	População (milhões)	Nome	Capital	Superfície (Km²)	População (milhões)
Província de Gansu	Lanzhou	450.000	25,62	Província deJiangsu	Nanjing	102.600	74,38
Província de Yunnan	Kunming	394.000	42,88	Província de Zhejiang	Hangzhou	101.800	46,77
Região Autônoma de Guangxi	Nanning	236.300	44,89	Município de Chongqine:	Chongqing	82.000	30,90
Província de Hunan	Changsha	210.000	64,4	Região Autônoma de Ningxia	Yinchuan	66.400	5,18
Província de Shaanxi	Xi'an	205.000	36,05	Província de Taiwan		36.000	22,28
Província de Hebei	Shijiazhuang	190.000	67,44	Província de Hainan	Haikou	34.000	7,87
Província de Hubei	Wuhan	187.400	60,28	Município de Pequim	Beijing	16.800	13,82
Província de Jilin	Changchun	187.000	27,28	Município de Tianjin	Tianjin	11.300	10,01
Província de Guangdong	Guangzhou	186.000	86,42	Município de Xangai	Xanghai	6.200	16,74
Província de Guizhou	Guiyang	170.000	35,25	Hong Kong	Hong Kong	1.092	6,78
Província de Henan	Zhengzhou	167.000	92,56	Macau	Macau	23,6	0,44
				TOTAL		**9.601.216**	**1.291**

Fonte: National Bureau of Statistics of China (2001).

Outro aspecto que merece destaque na geografia é o fato de a China ser o país que faz fronteira com mais países, catorze ao todo: Afeganistão, Butão, Birmânia, Índia, Cazaquistão, Coreia do Norte, Quirguistão, Laos, Mongólia, Nepal, Paquistão, Rússia, Tadjiquistão e Vietnã. Essa característica é preocupante do ponto de vista geopolítico, por conta de possíveis conflitos sobre demarcação de fronteiras, mas também é uma importante vantagem no que diz respeito a sua integração econômica com os vizinhos, particularmente com os países da Associação das Nações do Sudeste Asiático (Asean), importante parceiro comercial e fornecedor de matérias-primas ao país, e Coreia do Sul e Japão, fornecedores de bens com maior conteúdo tecnológico.

Do ponto de vista da distribuição da população, tal como mostra a Tabela 19.2, a seguir, 53,4% da população chinesa estão registrados no campo, enquanto 46,6% das pessoas se encontram registradas nas cidades. Este é um dado que merece ser visto com atenção: há trinta anos, o percentual de população no campo atingia 80%. Além disso, cerca de 150 milhões de chineses formalmente registrados nas zonas rurais compõem enorme massa de migrantes que trabalham nas maiores cidades da China, particularmente naquelas de industrialização recente cuja produção é majoritariamente destinada ao exterior.

Tabela 19.2 Composição da população chinesa em 2009

	Unidade: milhões de pessoas	
Item	População	Percentual (%)
Total	1.334,74	100,0
Dos quais: Urbana	621,86	46,6
Rural	712,88	53,4
Dos quais: Masculino	686,52	51,4
Feminino	648,22	48,6
Dos quais: 0-14 anos	246,63	18,5
15-59 anos	920,97	69,0
60 anos ou mais	167,14	12,5
Dos quais: mais de 65 anos	113,09	8,5

Fonte: NBS, 2010.

Outro aspecto que merece destaque sobre a composição da população chinesa é que ainda há um grande estoque de mão de obra a ser aproveitado nos trabalhos urbanos. Considerando que a renda média no campo é de apenas 30% da renda urbana, a tendência é que, em médio prazo, a população queira migrar em busca de vida melhor, refreando, assim, possíveis pressões salariais. Isso só não acontece em larga escala por conta de controles administrativos que impedem a China de ter os cinturões de miséria que caracterizam as grandes cidades da África e da América Latina.

Quanto à divisão de gênero, constatamos maior quantidade de homens (51,4%) que de mulheres. A título de comparação, no Brasil, a população se divide em 50,77% de mulheres e 49,23% de homens.

Quando consideramos a distribuição etária, notamos forte concentração na população adulta, com capacidade de trabalho, em comparação com as crianças e os idosos. Em poucas décadas, a população ativa terá de sustentar uma população em processo de envelhecimento. A política de *filho único*, muito bem-sucedida na contenção do tamanho da população, vem criando, para o futuro, forte contração relativa da população economicamente ativa. De alguma maneira, o país terá de aumentar a produtividade com vistas a prover gastos crescentes com a população idosa, já que o atual sistema de previdência social não consegue ainda abarcar a maior parte dessas pessoas, necessitando elas do suporte da família.

Educação e ciência e tecnologia

Os grandiosos números da China também se expressam na capacidade do país em formar mão de obra qualificada. A Tabela 19.3, a seguir, descreve a distribuição dos estudantes chineses por nível de escolaridade.

Tabela 19.3 Dados sobre a educação chinesa (milhares) em 2009

Nível	Fundamental I	Fundamental II	Secundário	Secundário Técnico	Graduação	Pós-Graduação
Total	100.715	54.409	24.343	21.787	21.447	1.405
Novos	16.378	17.885	8.303	8.736	6.395	511
Formados	18.052	17.977	8.237	6.192	5.311	371

Fonte: NBS, 2010.

Mesmo considerando a condição de País Em Desenvolvimento (PED), com renda *per capita* em torno de 15% da renda média de um cidadão norte-americano, a China tem mostrado um bom desempenho na formação de quadros técnicos e científicos. De acordo com o National Bureau of Statistics (2010) – Tabela 19.3 –, a cada ano a China forma aproximadamente 5,3 milhões de universitários, dos quais aproximadamente 500 mil são ligados à área de engenharia (Colvin, 2010). Em 2009, 371 mil estudantes concluíram a pós-graduação e uma quantidade expressiva de estudantes chineses se desloca todos os anos para os Estados Unidos e para a Europa em busca de formação mais qualificada. Enquanto os Estados Unidos formam 8 mil doutores em engenharia por ano, a China já está formando 10 mil. Tal situação aponta para um futuro em que as vantagens da China se estenderão da manufatura para o segmento de Pesquisa e Desenvolvimento (P&D), sem que implique a *desindustrialização* do país, como ocorre nos atuais Países Desenvolvidos (PD).

Para ilustrar o que isso significa, em 2009, a China despendeu aproximadamente 1,6% de seu PIB em gastos com P&D, em um montante de ¥ 543,3 bilhões. Desse total, ¥ 27,2 bilhões foram direcionados para programas de pesquisa básica. Nesse ano, estavam em funcionamento 127 centros nacionais de pesquisa e 85 laboratórios nacionais de engenharia. No fim de 2009, o número de patentes em vigor na China foi de 1,520 milhão, dos quais 1,193 milhão eram patentes domésticas, representando 78,5% do total. Já o montante de patentes em vigor para as invenções foi de 438 mil, das quais 180 mil eram chinesas, representando 41,1%. Também foram firmados 214 mil contratos de transferência de tecnologia, que representou o dispêndio de ¥ 303,9 bilhões, um aumento de 14% em relação a 2008. O ano de 2009 assistiu ao lançamento exitoso de seis satélites e também da sonda Chang'e I, inteiramente desenvolvida na China, que posou no solo lunar com tecnologia própria. Outra conquista foi o desenvolvimento do supercomputador petaflop Galaxy 1, que foi desenvolvido inteiramente com tecnologia chinesa, útil para pesquisas de ponta nas áreas civil e militar.

Estrutura do Estado

A China se define como uma República Socialista. De acordo com sua Constituição:[1]

> Na República Popular da China todo o poder pertence ao povo... Os órgãos através dos quais o povo exerce o poder político são o Congresso Nacional do Povo e os congressos populares locais dos vários níveis.

Decorrente desse fato, o Congresso Nacional Popular (CNP) é a instância máxima de poder ao nível nacional (ver Figura 19.2), bem como os congressos populares locais dos vários níveis o são nas instâncias subnacionais.

Figura 19.2 Estrutura do Estado da República Popular da China

Tanto para o CNP quanto para os legislativos regionais e locais, a escolha dos candidatos se dá por meio de eleições democráticas. Os deputados são responsáveis perante o povo e estão sujeitos a sua fiscalização. Todos os demais órgãos administrativos, judiciais e de procuradoria do Estado são constituídos pelos congressos populares, respondem perante eles e estão sujeitos a sua fiscalização. A divisão de funções e poderes entre os órgãos

[1] Disponível em: <http://english.peopledaily.com.cn/constitution/constitution.html>. Acesso em: 2 fev. 2011.

centrais e os órgãos locais do Estado busca ampliar o grau de autonomia e de iniciativa das autoridades locais sob a direção unificada das autoridades centrais. São oito as instâncias de poder da China, quais sejam:

a) Congresso Nacional do Povo (CNP) – escolhido pela população, de onde emana todo o poder na China.
b) Comitê Permanente do CNP – órgão executivo do CNP que administra suas atividades entre as seções ordinárias.
c) Presidente da República – chefe de estado.
d) Conselho de Estado – Governo Central Popular da República Popular da China, corpo executivo do órgão supremo do poder político e órgão supremo da administração pública. O Conselho de Estado é composto por primeiro-ministro, vice-primeiro-ministro, conselheiros, ministros, diretor, chefe de Contas e secretário-geral de todas as comissões.
e) Comissão Militar Central – dirigente do Exército Popular de Libertação, as forças armadas do país.
f) Conferência Consultiva Política do Povo Chinês – órgão de cooperação multipartidária e consulta política, dirigido pelo Partido Comunista da China e também composto por partidos democratas, personalidades sem partido, delegações populares, representantes de todas as etnias, representantes de Hong Kong, de Macau e de Taiwan, bem como pelas personalidades especiais convidadas. O mandato de cada conferência é cinco anos.
g) Supremo Tribunal do Povo – órgão máximo da justiça chinesa e dirigente das demais instâncias regionais e locais, além de ser a corte de revisão dos atos dos tribunais populares locais.
h) Suprema Procuradoria do Povo – o órgão de supervisão legislativa do país, exercendo o direito procurador para processo de traição contra país, separação do país e outros crimes graves, e supervisionando operações dos órgãos de segurança pública, os tribunais populares e as prisões.

É importante ressaltar que em províncias, regiões autônomas e municípios, a organização do Estado espelha as instituições centrais. Dentro dos limites de sua autoridade definidos por lei, os Congressos locais aprovam e emitem resoluções e apreciam e deliberam sobre os planos locais de desenvolvimento econômico e cultural e de desenvolvimento de serviços públicos.

O estado chinês é dirigido pelo Partido Comunista da China, nos moldes da estrutura política marxista-leninista. No entanto, por conta da frente comum contra a ocupação japonesa e também contra o Partido Kuomintang, outros oito partidos fazem parte do sistema político chinês. De acordo com fontes oficiais, "os oito partidos democratas da China não são o partido no poder nem partido oposicionista, mas sim partido que participa nos assuntos políticos".[2] Entre as funções básicas desses partidos está a participação na consulta política sobre os principais assuntos do Estado.

Nas últimas décadas, o Partido Comunista deixou de lado seu aspecto classista e alterou seus estatutos, de modo a ampliar sua abrangência social, não representando apenas a classe trabalhadora, mas também de todo o povo chinês, o que implicou a admissão de empresários nas fileiras do Partido Comunista. Decorrente disso, uma importante modificação constitucional foi a instituição do direito à propriedade privada, aprovado em 2003 pelo Congresso Nacional do Povo.

FÁBRICA DO MUNDO

Desde o início do processo de Reforma e Abertura, em 1978, a economia chinesa vem crescendo a fortes taxas de crescimento, em torno de 10% ao ano. Em 1979, quando as reformas começaram a ser introduzidas, a renda *per capita* da China era equivalente a 23% da renda média mundial. À época, a renda *per capita* do Brasil era de 108%. Em 1989, a relação passou a ser de 35% para a China e 101% para o Brasil. Dez anos depois, enquanto a renda média dos brasileiros caía em relação à média mundial (92%), a renda dos chineses ascendia a 54% (Maddison, 2010). Já em 2009, de acordo com as estimativas da CIA,[3] a renda dos chineses alcançava 63% da renda mundial e a dos brasileiros não retornava ao nível de vinte anos antes, chegando a 95%. Em 1979, a renda dos chineses representava 21,2% da renda brasileira e em 2009, o intervalo diminuiu para 66,3% (ver gráfico da Figura 19.3).

Também em relação ao volume do PIB, o desempenho foi surpreendente. Somente no período de 1999-2009, o PIB chinês foi multiplicado por 5, medido em dólares correntes, fazendo o país superar o Japão, já em 2010, como o segundo maior PIB mundial. Como depreendemos da leitura da Tabela 19.4, o crescimento chinês provocou uma expressiva modificação na distribuição setorial da economia, marcada pela forte diminuição do peso das atividades primárias, pequena redução no peso da indústria e um aumento de 30% na participação do setor de serviços. A título de comparação, o peso das atividades primárias no PIB dos Estados Unidos é de apenas 1,2%; a indústria, de 22,2%; e dos serviços, 76,7%. Logo, há uma margem muito grande para o crescimento das atividades terciárias na China, como serviços pessoais, telecomunicações, transportes, serviços bancários, lazer, cultura e comércio varejista.

---

[2] CRI – China Radio International (2011). ABC da China. Disponível em: <http://portuguese.cri.cn/chinaabc/chapter2/chapter20101.htm>. Acesso em: 20 jan. 2011.

[3] CIA. The World Factbook. 2011. Disponível em: <https://www.cia.gov/library/publications/the-world-factbook/index.html> . Acesso em: 5 jan. 2011.

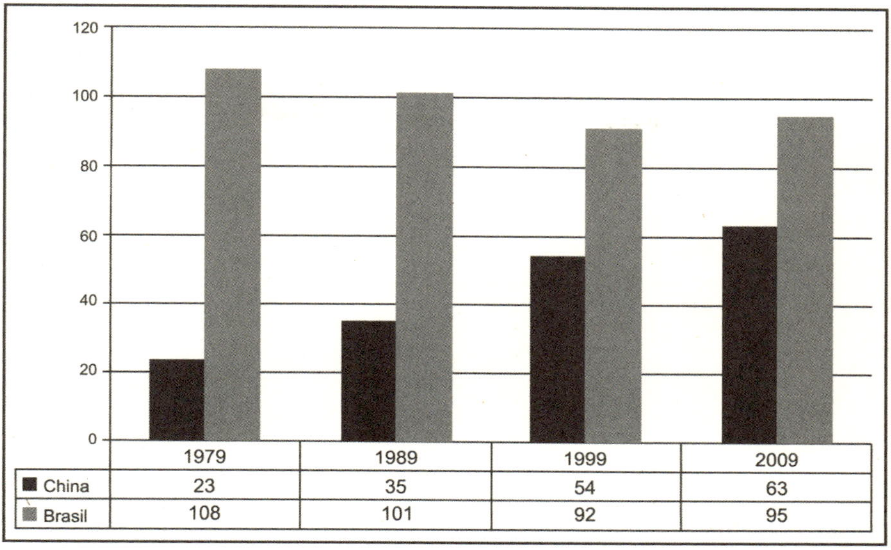

Figura 19.3 Renda *per capita* de China e Brasil como percentual da renda média mundial (1979-2009) (%)

Fonte: Angus Maddison, 2010; CIA World Factbook, 2011.

Tabela 19.4 Comparação entre os PIBs chineses de 1999 e 2009

1999				2009			
Setor	RMB	US$	Part.	Setor	RMB	US$	Part.
Total	8.205,4	991,1	Setor (%)	Total	33.535,3	4.911,3	Setor (%)
Primário	1.421,2	171,7	17,3	Primário	3.547,7	519,6	10,6
Secundário	4.080,6	492,9	49,7	Secundário	15.695,8	2.298,7	46,8
Terciário	2.703,6	326,5	33,0	Terciário	14.291,8	2.093,1	42,6
Dólar = 8,2793				Dólar = 6,8282			

Fonte: NBS, 2010.

Quando se trata especificamente do setor industrial (46,8% do PIB), as informações da Tabela 19.5 dão a devida dimensão da grande capacidade de produção do país, justificando o título de nova *Fábrica do mundo*. A produção de bens de consumo duráveis, como automóveis, geladeiras, condicionadores de ar, microcomputadores, telefones celulares, aço, cimento etc. é feita em uma escala invejável. Um único indicador já é suficiente para chamar a atenção: a China ultrapassou os Estados Unidos como maior produtor de veículos automotores. A grande escala de produção, somada à taxa de câmbio atrelada ao dólar e ainda os baixos custos relativos da mão de obra fazem da China um poderoso concorrente industrial no mercado internacional. Não apenas por empresas chinesas, em forte processo de internacionalização, mas principalmente por empresas multinacionais que utilizam a China como base de operações dentro de uma estratégia mundial de negócios.

Tabela 19.5 Produção industrial e principais produtos chineses de 2009

Produto	Quantidade	Produto	Quantidade
Fios	23,9 milhões de t	Dez tipos de metais não ferrosos	26,5 milhões de t
Tecidos	74 bilhões de metros	Dos quais: cobre refinado	4,1 milhões de t
Fibras químicas	27,3 milhões de t	Alumínio	13 milhões de t
Açúcar	13,2 milhões de t	Óxido de alumínio	23,8 milhões de t
Cigarros	2,29 trilhões de unidades	Cimento	1,65 bilhão de t
Televisores	99 milhões de unidades	Ácido sulfúrico	59,6 milhões de t
Dos quais: TVs de LCD	67,6 milhões de unidades	Carbonato de sódio	19,3 milhões de t
Geladeiras	59,3 milhões de unidades	Soda cáustica	18,3 milhões de t
Ares-condicionados	80,7 milhões de unidades	Etileno	10,6 milhões de t
prod. total de energia primária	2,8 bilhões de t eq. Carvão	Fertilizantes químicos	66 milhões de t
Carvão	3,0 bilhões de t eq. Carvão	Equip. de geração de energia	117,2 mil gigawatts
Petróleo bruto	189 milhões de t	Veículos a motor	13,8 milhões
Gás natural	85,2 bilhões de metros cúbicos	Dos quais: Veículos de passeio	7,48 milhões
Eletricidade	3,7 milhões de gigawatts/ hora	Tratores	371 mil
Dos quais: Energia térmica	3,0 milhões de gigawatts/ hora	Circuitos integrados	41,4 bilhões de peças
Energia hidrelétrica	0,6 milhão de gigawatts/ hora	Microcomputadores	182,1 milhões
Energia nuclear	70,1 milhões de kilowatts-hora	Centrais telefônicas	41,4 milhões de linhas
Aço bruto	568 milhões de t	Telefones celulares	619,2 milhões
Laminados de aço	696 milhões de t		

Fonte: NBS, 2010.

Além disso, o forte processo de urbanização faz o país demandar uma grande quantidade de matérias-primas, não apenas para a construção de edificações e moradias, mas também para a criação de infraestrutura urbana, como *highways*, trens de alta velocidade, terminais ferroviários, redes de metrô, escolas, hospitais, grandes avenidas, aeroportos etc. Daí a enorme quantidade de aço e cimento produzidos no país, que demanda, no caso do aço, a importação de quantidades crescentes de minério de ferro. Tal como a Inglaterra, no século XIX, o impacto da demanda chinesa nos mercados mundiais faz os preços das matérias-primas e dos alimentos permanecerem em níveis elevados, o que cria oportunidades para os países exportadores desses bens, como os da América Latina, África, Ásia e Oceania.

Para uma pessoa pouco familiarizada com a matéria, é muito difícil imaginar o que significa um crescimento sustentado por mais de trinta anos a médias próximas de 10% ao ano. Em 2009, sob forte impacto da crise financeira internacional, o PIB da China cresceu 8,7%. De certo modo, a Tabela 19.6 dá uma ideia clara do que isso significa. Somente na rubrica *vias expressas*, ou seja, rodovias duplicadas com duas ou mais faixas de rodagem, apenas em 2009, a China construiu uma quantidade quase similar à totalidade das rodovias duplicadas do Brasil! As novas linhas de celulares, 275,8 milhões, superam o estoque brasileiro, em torno de 200 milhões de linhas ativas. A movimentação total de cargas marítimas do Brasil, em 2008, foi de 754 milhões de toneladas. Pois bem, somente a nova capacidade criada em 2009 na China foi de 313 milhões, contribuindo para um total de 6,9 bilhões de toneladas transportadas naquele ano!

Tabela 19.6 Ampliação da capacidade chinesa instalada em 2009

Item	Quantidade
Aumento da capacidade de geração de energia	89,7 mil gigawatts
Novos transformadores de alimentação, com capacidade para mais de 220 quilovolts	271,6 mil gigavolts-ampères
Novas ferrovias em funcionamento	5,5 mil quilômetros
Duplicação de ferrovias	4,1 mil quilômetros
Eletrificação de ferrovias	8,5 mil quilômetros
Novas rodovias	121 mil quilômetros
Dos quais: Vias expressas	4,4 mil quilômetros
Nova capacidade de movimentação de carga dos cais de acostagem para navios com mais de 10 mil toneladas,	313 milhões de t
Novas linhas de cabos de fibra óptica	149 mil quilômetros
Linhas de telefones celulares	275,8 milhões de assinantes

Fonte: NBS, 2010.

Outro segmento da economia chinesa que chama atenção é o comércio exterior. Em 1980, o país representava menos de 1% do comércio internacional, sendo superado até mesmo pelo Brasil. Em 2009, quando atingia 10% do comércio mundial, havia superado a Alemanha como maior exportador e se tornado o segundo maior *trader*, atrás dos Estados Unidos, uma vez que este é o maior importador mundial. Particularmente no caso brasileiro, em 2009, a China suplantou os Estados Unidos como principal seu parceiro comercial. Em 2010, essa situação se repetiu, com um fluxo de US$ 54,6 bilhões, e o Brasil teve um superávit de US$ 5,2 bilhões. A Tabela 19.7 descreve o comércio exterior da China por algumas agregações, como o tipo de mercadorias, o nível de intensidade tecnológica e ainda o tipo das empresas que atuam no setor.

Um primeiro comentário diz respeito ao peso dos produtos montados a partir do ingresso de componentes importados, o caso do *comércio de processamento*, cuja participação chega a 48,9% do total. Esse ponto revela a importância da China em cadeias produtivas globais, o que também

Tabela 19.7 Valor total das importações e exportações chinesas em 2009

Unidade: US$ bilhões	
Item	Valor
Fluxo Comercial (x + m)	**2.207,2**
Exportações (x)	**1.201,7**
Das quais: Comércio em geral	529,8
Comércio de processamento	587,0
Das quais: Produtos mecânicos e eletrônicos	713,1
Produtos de alta tecnologia	376,9
Das quais: Estatais	191,0
De capital estrangeiro	672,2
Outros	338,4
Importações (m)	**1.005,6**
Das quais: Comércio geral	533,9
Comércio de processamento	322,3
Das quais: Produtos mecânicos e eletrônicos	491,4
Produtos de alta tecnologia	309,8
Das quais: Estatais	288,5
De capital estrangeiro	545,2
Outros	171,9
O superávit comercial (x – m)	**196,1**

Fonte: NBS, 2010.

se reflete no grande peso dos produtos mecânicos e eletrônicos na pauta chinesa – quase 60%, dos quais a metade são bens de alta tecnologia. Por fim, a forte participação de empresas de capital estrangeiro no valor total das exportações, 55,9%. Quando comparamos com as importações, notamos um padrão similar ao das exportações. Também chama atenção o superávit relativamente pequeno ante ao grande volume negociado, 8,8%, muito distante das antigas *máquinas exportadoras* asiáticas, como Japão e Coreia do Sul.

Ao considerar a relação dos principais parceiros comerciais da China, a primeira observação a ser feita é que o Brasil não se encontra nessa lista (ver Tabela 19.8). Outra questão é o fato de os países ocidentais (Estados Unidos + União Europeia) representarem 38,1%, enquanto os parceiros asiáticos representam quase 41% das exportações. No que diz respeito às importações, os ocidentais respondem por apenas 20,4%, ao passo que os vizinhos asiáticos respondem por 46,7%. Um alerta deve ser feito: os dados sobre Hong Kong mais ocultam que esclarecem, pois, aparentemente, a pequena região não passa de um entreposto. Talvez se fossem desagregadas as informações pertinentes a Hong Kong, as conclusões poderiam ser diferentes.

Tabela 19.8 Dez principais parceiros comerciais chineses em 2009

Unidade: US$ bilhões						
País ou região	Exportações	%	Importações	%	Saldo	%
TOTAL	1.201,7		1.005,6		196,1	
União Europeia	236,3	19,7%	127,8	12,7%	108,5	55,3%
Estados Unidos	220,8	18,4%	77,4	7,7%	143,4	73,1%
Hong Kong, China	166,2	13,8%	8,7	0,9%	157,5	80,3%
ASEAN	106,3	8,8%	106,7	10,6%	−0,4	−0,2%
Japão	97,9	8,1%	130,9	13,0%	−33,0	−16,8%
República de Coreia	53,7	4,5%	102,6	10,2%	−48,9	−24,9%
índia	29,7	2,5%	13,7	1,4%	16,0	8,2%
Taiwan, China	20,S	1,7%	85,7	8,5%	−65,2	−33,2%
Rússia	17,5	1,5%	21,3	2,1%	−3,8	−1,9%

Fonte: NBS, 2010.

Não obstante, os dados do comércio exterior da China revelam sua importância na Ásia, tornando o país um fator de dinamismo da região, compensando as eventuais quedas nos mercados dos PD, particularmente com matérias-primas (Ásia, Rússia e Índia) e bens de maior valor agregado (Japão, Taiwan e Coreia do Sul).

NEGÓCIOS NA CHINA

A China não é apenas a *fábrica do mundo* – é também o mercado que mais cresce. Graças ao aumento da renda *per capita* dos chineses, que atualmente já ultrapassa os US$ 4 mil, e particularmente à emergência de uma classe média afluente, com hábitos de consumo cada vez mais sofisticados, que já é maior que a população de toda a Europa, nenhuma empresa que tenha a perspectiva de internacionalizar suas atividades pode ignorar a China. Seja como fornecedora de insumos, equipamentos, bens de consumo ou serviços, seja como mercado para venda desses mesmos bens, a China está hoje cada vez mais presente no dia a dia de todas as empresas no mundo. Para muitas delas, o país já representa o mercado mais importante em sua estratégia global de negócios.

Fazer negócios na China, como ademais, em qualquer lugar do mundo, é uma tarefa cada vez mais desafiadora. A abertura crescente de todos os países ao comércio internacional, a redução nos custos de transporte, a emergência de conglomerados globais com atuação em todos os países e o surgimento dessa figura do consumidor global, cada vez exigente e bem informado, elevaram a concorrência a níveis inéditos em todas as dimensões: do local para o global, da concorrência em preços para concorrência baseada em inovações tecnológicas. Para a grande maioria das empresas, internacionalizar suas atividades deixou de ser uma opção e tornou-se a única alternativa para sobreviver, inclusive em seus mercados domésticos, dado que a velocidade das inovações tende a deixar fora do jogo quem não tem escala para produzir com a melhor e mais atual tecnologia, a melhor relação custo-benefício e o preço mais competitivo.

Dada essa combinação singular de *fábrica do mundo* e *mercado que mais cresce no planeta*, é inevitável que qualquer empresa ou país, em algum momento, se veja diante da necessidade ou da contingência de negociar com alguma empresa ou órgão de governo na China, na condição de fornecedor ou de cliente, por meio do comércio ou de investimentos diretos.

Nas duas seções anteriores descrevemos as principais características macroeconômicas e políticas da China atual. Agora vamos abordar alguns aspectos mais diretamente relacionados ao ambiente cultural que permeia o mundo dos negócios na China.

As diversas escolas e teorias de negócios internacionais, particularmente aquelas que enfocam o comportamento organizacional e dos tomadores de decisões, destacam os fatores culturais como fundamentais para se enfrentar com sucesso os desafios dos mercados internacionais. A chamada *Escola de Upsala*, por exemplo, preconiza que as empresas tendem a se internacionalizar para países psiquicamente próximos a seu país de origem e a adotar uma sequência de estágios em que vão aumentando gradualmente o comprometimento de recursos em suas atividades no exterior.

Segundo essa abordagem, quanto mais longe da matriz, maior a incerteza enfrentada por uma unidade de negócios da empresa. Essa distância, entretanto, não se mede somente em quilômetros, mas também pelas diferenças culturais, econômicas, tecnológicas e educacionais entre os países de origem e os de operação. Essa diferença é chamada de distância psíquica e quanto maior ela for, maior a incerteza e os riscos envolvidos.

Tratando-se de China, não só a distância geográfica em relação ao Brasil é muito grande, mas algumas diferenças culturais, a começar pela língua, são também importantes. Tais diferenças, entretanto, não têm impedido que o interesse de empresas brasileiras pelo mercado chinês, seja como fornecedor de bens e serviços, seja como potencial destino das exportações, aumente a cada dia, dadas as excepcionais condições econômicas daquele país. Segundo dados do Ministério do Desenvolvimento, Indústria e Comércio Exterior (MDIC), entre 2004 e 2009 o número de empresas brasileiras que importam da China aumentou de pouco menos de 5 mil para 16.853 (Landim, 2010). Em 2005, apenas doze empresas brasileiras compravam mais de US$ 50 milhões por ano dos chineses e, em 2010, o número de compradores nessa faixa subiu para 41 empresas (Watanabe, 2010).

Algumas localidades na China, como a cidade de Yiwu, no sudeste do país, recebem anualmente milhares de pequenos e médios empresários brasileiros interessados em importar produtos de consumo popular da China. Só em 2008, o governo local registrou a visita de 1.802 brasileiros aos centros de compras da cidade, em busca de produtos de consumo populares, de utensílios domésticos, objetos de decoração a imagens de Nossa Senhora Aparecida (Trevisan, 2010). Mas já se foi o tempo em que os principais itens importados da China eram apenas produtos de consumo popular de baixo preço, que faziam o sucesso das lojas de R$ 1,99. Atualmente, a parte mais expressiva dos negócios de empresas brasileiras na China está relacionada com a importação de insumos industriais, máquinas e equipamentos e bens de consumo de alto valor agregado.

Os principais produtos importados da China em 2009 foram peças e partes de computador, circuitos eletrônicos integrados, partes e peças de celular, computadores, circuitos impressos, motores, geradores e transformadores elétricos e dispositivos de cristal líquido. Um número cada vez maior de empresas brasileiras depende do fornecimento de insumos e equipamentos chineses para se manterem competitivas no mercado brasileiro e externo.

As exportações do Brasil para a China aumentam a cada ano, em volume e valor, e já representam 15% das exportações brasileiras, o que coloca a China como principal parceiro comercial do Brasil. A corrente de comércio entre o Brasil e a China alcançou US$ 36 bilhões em 2010. Entretanto, diferentemente das importações brasileiras da China, as exportações são realizadas por poucas empresas e envolvem poucos setores e produtos, em geral *commodities*. Segundo dados do MDIC, nos primeiros sete meses de 2010, as vendas de produtos para a China foram compostas de 83,5% de produtos básicos e 16,2% de industrializados. Entre janeiro e junho de 2010, só três produtos – grãos de soja (mesmo triturados), minérios de ferro e petróleo – e representavam 79% das vendas totais para a China. Se acrescentarmos pasta química de madeira, ferro nióbio e minério de ferro aglomerado, chegaremos a mais de 83,5% do total. Já as importações de produtos chineses no mesmo período foram compostas por 2,1% de produtos básicos e 97,9% de produtos industrializados (Tamer, 2010).

Tal fato tem gerado um desconforto crescente não apenas no setor industrial brasileiro, mas inclusive no próprio governo, que, além de impor medidas de proteção à indústria local, como a recente sobretaxa sobre à importação de calçados chineses de US$ 13,85 por par, que terá validade de cinco anos (Veríssimo; Landim, 2010), também procura estabelecer conversações de alto nível com o governo chinês, por meio da Comissão de Alto Nível Brasil-China (Cosban), para fortalecer e diversificar o comércio do Brasil para a China e aumentar os investimentos chineses no Brasil (Leo, 2011 e Trevisan, op. cit.).

O fato, contudo, é que tais medidas e ações tendem a ser pouco efetivas, se não houver uma mudança de postura do empresariado brasileiro no sentido de se interessar mais pelo mercado chinês não apenas como fornecedor de insumos e equipamentos, mas como destino potencial de suas exportações.

Entrar no mercado chinês, como de resto, em qualquer mercado externo, exige, contudo, um mínimo de conhecimento e familiaridade com as regras e com a cultura local de negócios. Destacamos, a seguir, alguns aspectos que nos parecem mais relevantes na cultura de negócios na China.

Cultura de negócios na China

Stuart Hall, ao comparar os diversos contextos culturais em que os negócios são realizados, definiu dois tipos ideais: culturas de baixo e de alto contexto. O contexto é o conjunto de informações que circundam determinado evento. Uma comunicação ou mensagem de alto contexto é aquela na qual grande parte da informação é de natureza subjetiva, muito pouco é codificado e explicitamente transmitido como parte da mensagem. Em uma comunicação de baixo contexto ocorre exatamente o oposto.

As culturas de baixo contexto se distinguem pelas seguintes características:

- tendência a preferir a interação verbal completa;
- tendência a entender significados em apenas um nível;
- geralmente, menor habilidade na percepção de pistas não verbais;

- valorização do individualismo;
- maior confiança na lógica;
- emprego da lógica linear;
- recusas e negações diretas;
- comunicação por mensagens altamente estruturadas, fornecimento de detalhes, destaque a significados literais, valorização da mensagem escrita.

Já as culturas de alto contexto são caracterizadas pelos seguintes aspectos:

- tendência a preferir a interação verbal indireta;
- tendência a entender significados inerentes a todos os níveis socioculturais;
- geralmente, maior habilidade na percepção de pistas não verbais;
- valorização da mentalidade em grupo;
- confiança no contexto e na percepção;
- negações indiretas (usa de rodeios, evita dizer não);
- comunicação por mensagens simples, ambíguas, fora de contexto: pronto entendimento de mensagens visuais.

Considerando esses dois tipos ideais com situações extremas, o autor ordena os países em forma de gradiente, no qual a Alemanha representa o tipo ideal da cultura de baixo contexto e a China, no extremo oposto, o tipo ideal da cultura de alto contexto. A ordem proposta pelo autor é a seguinte: Alemanha, Suíça, Estados Unidos, Inglaterra, França, Espanha, Itália, Grécia, América Latina, Países Árabes, Japão e China.

Em que pese o Brasil, segundo essa classificação, ser também uma cultura de alto contexto, diferenças culturais entre Brasil e China são muito importantes. Compreender, portanto, certas particularidades da cultura e suas implicações para o dia a dia dos negócios é essencial e pode significar a diferença entre o fracasso e o sucesso em qualquer negociação.

A acentuada valorização do contexto no qual a comunicação formal ocorre tem implicações importantes nos processos de negociação na China. A valorização de conceitos como *guanxi* e *perder a face* pela sociedade chinesa se explica pela elevada importância do contexto que circunscreve a comunicação formal. Aspecto importante associado ao contexto é a valorização das relações interpessoais de confiança e dos compromissos de longo prazo em qualquer processo de negociação.

O empresário chinês, em geral, parte do pressuposto de que uma vez estabelecidas essas relações de confiança e firmados os compromissos de longo prazo, tudo o mais se subordina a isso e pode ser negociado. Nessa lógica, um não nunca é um não e um sim nunca é um sim. Se existem relações de confiança e compromissos de longo prazo, tudo o mais pode, eventualmente, ser negociado – inclusive o que foi contratado formalmente.

Para uma empresa ocidental, a assinatura de um contrato geralmente representa o fim de um processo que amarra definitivamente as partes em torno das obrigações ali estabelecidas; para uma empresa chinesa, entretanto, a assinatura de um contrato pode representar apenas o início de um processo de negociação, uma vez que as relações de longo prazo e interpessoais situam-se em um nível acima das relações formais e de curto prazo. Ter a necessária flexibilidade e abertura de espírito para entender essas diferenças é uma chave importante para quem quiser negociar com empresas chinesas.

Essa tendência de valorizar os compromissos de longo prazo e basear-se em relações de confiança e interpessoais faz a construção das redes de relacionamento, o chamado *guanxi,* ser tão importante no mundo dos negócios na China.

Do mesmo modo, em uma sociedade em que o contexto que envolve o processo de comunicação tem tanta importância, deixar o interlocutor *perder a face*, ou seja, sem saída ou em situação embaraçosa, é algo muito grave.

Estar atento a essa extrema sensibilidade dos chineses é, portanto, uma questão importante para qualquer negociação. Isso não quer dizer, contudo, que não se deva ser claro e firme a respeito das suas intenções e demandas. Deixar sempre claro o que se deseja é importante, até porque, em um contexto no qual as relações de confiança são tão valorizadas, qualquer atitude que possa representar uma tentativa de enganar ou trapacear será fatal para qualquer negociação ou relacionamento.

Como mencionamos há pouco, um tema sempre presente quando se trata de ambiente de negócios na China é o *guanxi*, que, na língua chinesa, resulta da junção de duas palavras: *guan*, que quer dizer portão ou entrada, e *xi*, que significa ligação. A tradução literal do termo para o português seria, então, "porta de ligação". Assim, *guanxi* representa o que, para nós, seriam as redes de relacionamento. Tais redes existem em todos os níveis – a família, entre amigos e na empresa – e, no caso da China, têm uma importância muito maior e um sentido peculiar.

Como afirmam Fernandez e Underwood (2006, p.22), "o conceito pode ser definido como a conexão entre duas pessoas criada por um nexo de obrigações mútuas". O *guanxi* existe entre as famílias por causa dos laços de sangue, entre amigos por causa de sua história de vida comum ou entre conhecidos de negócios depois de se construir um relacionamento por meio da assistência mútua. Na verdade, isso não é muito diferente do que acontece em outros lugares do mundo. A diferença é que, na China, essas redes são usadas com mais frequência, com maior escopo, e se atribui a elas maior importância.

Outro detalhe importante é que, enquanto no Ocidente os homens de negócios são pressionados a manter sua vida pessoal e sua vida profissional separadas, as linhas que separam família, amigos e trabalho na China não são tão claras. Enquanto no Ocidente a empresa é considerada importante apenas como fonte de emprego e renda, na China a empresa é mais parecida com uma família.

Fernandez e Underwood (ibid, p.22) assim explicam como funciona o *guanxi*:

> Quando a pessoa A constrói guanxi com a pessoa B (por meio de um favor ou ajuda), A ganha um crédito em relação a B que pode ser realizado mais tarde. Desse modo, o *guanxi* constitui uma espécie de "moeda social" com os lados controlando (frouxamente) os favores feitos e recebidos.

Embora isso também ocorra no Ocidente, esse conceito de favores feitos e recebidos é mais forte na China. É importante destacar que este é um traço cultural que não tem nada a ver com corrupção ou falta de ética, como às vezes se afirma. Ele apenas significa que parceiros de negócios frequentemente desenvolvem relações mais profundas e próximas que o usual no Ocidente. Essa característica decorre exatamente da importância atribuída às relações interpessoais e de confiança no mundo dos negócios.

A importância das relações de confiança interpessoais se reflete em diversas dimensões do mundo corporativo na China. Diz-se, por exemplo, que na China as pessoas não trabalham para as instituições, mas para as pessoas. Outra decorrência importante dessa forma peculiar de relacionamento é o fato que de que o recurso à Justiça para resolver pendências é visto pelos chineses como algo que cobre de vergonha as partes envolvidas, pois representa a falência do aspecto que eles mais prezam: as relações de confiança e os compromissos de longo prazo. Apesar de ser verdade que o sistema judiciário chinês é ainda pouco desenvolvido se comparado aos padrões do Ocidente, além de não ter independência formal, uma vez que é subordinado ao governo central, é essa característica cultural que faz que o recurso mais comum para resolver pendências entre as partes sejam as câmaras de arbitragem. A China abriga a mais importante câmara de arbitragem do mundo: a China International Economic and Trade Arbitration Comission (Cietac).

Uma última questão que vale destacar para quem pretenda fazer negócios na China diz respeito às características do mercado de consumo.

Como destacam Fernandez e Underwood (ibid.), a combinação de um vasto mercado com uma tendência ao aumento e à diversificação dos hábitos de consumo fizeram da China um importante ponto focal – senão o principal – da estratégia global, de um número cada vez maior de empresas.

A logística de distribuição é comumente apontada como o principal desafio para quem queira vender (e vencer) na China. A rápida modernização da infraestrutura de transportes associada às mudanças ocorridas na estrutura do comércio varejista – atualmente 50% das vendas ao consumidor nas grandes cidades chinesas são realizadas em supermercados, hipermercados, redes de lojas e lojas de departamento – tem diminuído essas dificuldades, o que não quer dizer que se constitua, ainda, em importante problema. O sistema de distribuição na China se baseia em uma estrutura de camadas por meio da qual os atacadistas de primeiro nível distribuem as mercadorias para os atacadistas de segundo nível, que distribuem para vendedores de terceiro nível, e estes, para os varejistas. Em uma estrutura tão complexa, operar com distribuidores locais é importante para chegar ao consumidor final.

Segundo Fernandez e Undewoord (ibid.), os principais desafios enfrentados por empresas estrangeiras para atrair e manter os consumidores chineses são:

- elevado padrão de exigência;
- constrangimento de preço;
- inadequação de produtos;
- diversidade (uma China, muitos mercados);
- baixa lealdade a marcas; e
- falta de informação confiável sobre o mercado consumidor.

Resumimos, a seguir, as principais observações dos mencionados autores sobre cada um desses itens:

Elevado padrão de exigência. É impossível vender na China qualquer produto com tecnologia inferior: o consumidor chinês quer o melhor. Esse desejo de alta qualidade, entretanto, não é acompanhado pelo poder de compra, que ainda é limitado, o que coloca grande pressão sobre os preços.

Constrangimento de preços. Os chineses são hábeis negociadores de preços. Qualquer empresa que queira operar na China pode se preparar para trabalhar com baixíssimas margens de lucro e tentar ganhar em volume de vendas.

Inadequação de produtos. Um dos erros mais comuns é tentar vender no mercado chinês produtos não adequados a ele. O chinês não compra o que não precisa. Introduzir, portanto, produtos mais sofisticados, mesmo em itens de baixo valor, não dará certo se o consumidor chinês não perceber a necessidade de pagar mais por isso.

Diversidade (uma China, muitos mercados). A China não é um país homogêneo. Em função das diferenças culturais, climáticas e de renda entre as várias regiões da China, produtos adequados para determinada região do país pode não ser para outra.

Baixa lealdade a marcas. O conceito de marca é ainda jovem e pouco desenvolvido na China. Os consumidores chineses dão prioridade à marca em suas decisões de compra. A maior parte dos consumidores chineses não está acostumada a produtos de marca, o que impede de desenvolver alguma ligação emocional a elas. Tal fato constitui-se, simultaneamente, uma oportunidade e uma ameaça: uma oportunidade porque uma marca nova pode concorrer no mercado chinês em pé de igualdade como uma marca mundialmente consolidada; uma ameaça porque marcas consolidadas podem perder espaço para marcas sem grande expressão no mercado mundial. Uma consequência importante da baixa lealdade a marcas é a grande ênfase nos preços. Esse quadro tende a mudar, na medida em que a atividade de *branding* vai ganhando espaço na China, mas, atualmente, o mercado chinês para qualquer produto é mais contestável que seus equivalentes na Europa ou nos Estados Unidos.

Falta de informação confiável sobre o mercado consumidor. Apesar do acesso às informações estar melhorando, obter pesquisas de mercado confiáveis na China ainda é difícil. A língua é uma questão importante, uma vez que muitas informações úteis podem não ser encontradas em inglês ou outra língua estrangeira.

Entre as principais recomendações para se chegar com sucesso ao consumidor chinês está adaptar os produtos e o marketing às características do mercado local. Na medida em que a China deixa de ser apenas uma plataforma de produção para exportação e ganha importância como mercado consumidor, apenas produzir nesse país pode não ser suficiente. Com o mercado chinês ganhando cada vez mais importância na estratégia empresarial, muitas empresas não apenas produzem na China, mas também passam a pesquisar e desenvolver os produtos no país, para melhor adaptá-los ao mercado.

CONSIDERAÇÕES FINAIS

A presença da China na economia mundial se tornou um fator muito importante a ser considerado nas estratégias de mercado das empresas brasileiras, seja como um forte competidor no mercado mundial, seja como um atraente mercado consumidor cada vez mais ávido por bens e serviços diversificados e sofisticados, seja como fornecedor de insumos industriais, equipamentos e bens de consumo.

Mesmo que uma empresa não esteja diretamente ligada aos mercados internacionais, as transformações nos mercados de matérias-primas, componentes ou bens de consumo podem influenciar significativamente as estratégias de negócios de cada uma. Isso pode ocorrer perante a uma demanda excessiva de petróleo ou cobre, influenciando os preços mundiais das *commodities*; empresas multinacionais podem substituir fornecedores locais por empresas chinesas dispostas a fornecer com grande escala em qualquer lugar do mundo; empresas que atuam em um nicho de negócio aparentemente pouco lucrativo, com pouca produção e baixa produtividade, podem ser ameaçadas por um concorrente chinês que opera com baixos custos e grande escala. Em contrapartida, a pequena e média empresa que conseguir entrar no mercado chinês e compreender suas especificidades e oportunidades pode mudar rapidamente de dimensão.

Conforme mencionamos no início deste capítulo, quanto mais se estuda a China, mais se percebe quão pouco conhecemos dessa complexa e milenar sociedade. É um verdadeiro quebra-cabeça que, tal como a esfinge da tragédia grega, nos desafia: decifra-me ou te devoro.

Decifrar o enigma chinês certamente não é tarefa simples; muitos serão devorados. Mas se vale alguma *dica* para quem queira enfrentar o desafio, o melhor é se revestir das qualidades que os chineses mais prezam quando fazem negócios: humildade e força, paciência e rapidez e boa rede de relacionamento (*guanxi*).

Sobre os autores

Amâncio Jorge Silva Nunes de Oliveira é doutor em Ciência Política, professor livre-docente do Departamento de Ciência Política da USP, coordenador científico do Centro de Estudos das Negociações Internacionais (Caeni), coordenador do Programa de Pós-Graduação do Instituto de Relações Internacionais da USP e secretário executivo da Associação Brasileira de Ciência Política (ABCP). Foi pesquisador visitante no Woodrow Wilson Center e pós-doutorado na New York University.

Christian Lohbauer é mestre e doutor em Ciência Política pela Universidade de São Paulo (USP). Foi bolsista da Fundação Konrad Adenauer na Universidade de Bonn, Alemanha, entre 1994 e 1997. Membro do Grupo de Análise da Conjuntura Internacional Gacint-USP e do Instituto de Estudos Econômicos e Internacionais (IEEI-Unesp). Foi gerente de Relações Internacionais da Fiesp (2002-4), secretário adjunto de Relações Internacionais do Município de São Paulo (2005), diretor executivo da Associação Brasileira dos Produtores e Exportadores de Frangos (Abef) – 2006-2009. É presidente executivo da Associação Nacional dos Exportadores de Sucos Cítricos (CitrusBR).

Diego Zancan Bonomo é diretor para Políticas Públicas do Brazil-U.S. Business Council da U.S. Chamber of Commerce, em Washington. Foi diretor executivo da Brazil Industries Coalition (BIC), assessor do ministro de Estado, chefe da Secretaria de Assuntos Estratégicos da Presidência da República (SAE-PR) e coordenador-geral de Relações Internacionais e Comércio Exterior da Fiesp. Bacharel em Relações Internacionais pela Pontifícia Universidade Católica de São Paulo (PUC-SP) e mestre em Relações Internacionais pelo Programa San Tiago Dantas da Unesp, Unicamp e PUC/SP, com treinamento em política comercial em Genebra, Bruxelas e Washington.

Fátima Cristina Bonassa Bucker é doutora em Direito Internacional e mestre em Direito Econômico-Financeiro pela Faculdade de Direito da USP.

Sócia do escritório Bonassa Bucker Advogados, em São Paulo, professora do Curso de Especialização em Negociações Econômicas Internacionais da Unesp e do Curso de Graduação em Relações Internacionais da Escola Superior de Propaganda e Marketing (ESPM).

Frederico Arana Meira é Gerente do Departamento de Relações Internacionais e Comércio Exterior (Derex) da Fiesp. Bacharel em Relações Internacionais pela Universidade de Brasília (UnB) e pós-graduado em Administração de Empresas pela Fundação Getulio Vargas de São Paulo (FGV-SP).

Gabriel Kohlmann é consultor da Prospectiva Consultoria, bacharel em Relações Internacionais pela Trevisan Escola de Negócios e mestrando em Economia Internacional e Desenvolvimento pela University of Applied Sciences Berlin, HTW, Berlim. Trabalha com projetos nas áreas de políticas de inovação e propriedade intelectual, comércio internacional, políticas públicas e política industrial.

Haroldo Ramanzini Júnior é professor do Instituto de Economia da Universidade Federal de Uberlândia (UFU); doutorando em Ciência Política na USP; pesquisador do Centro de Estudos de Cultura Contemporânea (Cedec) e do Instituto Nacional de Ciência e Tecnologia para Estudos sobre os Estados Unidos (INCT/Ineu).

Janina Onuki é doutora em Ciência Política, professora do Instituto de Relações Internacionais da USP e coordenadora acadêmica do Centro de Estudos das Negociações Internacionais (Caeni). Foi pesquisadora visitante na Universidade de Georgetown e editora da *Carta Internacional*.

Kjeld Aagaard Jakobsen é mestre em Ciência Política pela USP e consultor em Relações Internacionais. Ex-secretário de Relações Internacionais da CUT e da Prefeitura de São Paulo.

Kelly Ribeiro França é mestre em Relações Internacionais pela PUC/Rio de Janeiro e bacharel em Relações Internacionais pela PUC/SP. É *managing partner* da Differänce Intercultural Consultants e embaixadora InterNations São Paulo.

Luciana Togeiro de Almeida é doutora em Economia pela Universidade Estadual de Campinas (Unicamp), professora do Departamento de Economia da Universidade Estadual Paulista (Unesp) e membro efetivo do Instituto de Estudos Econômicos e Internacionais (IEEI-Unesp). Foi presidente da Sociedade Brasileira de Economia Ecológica (Ecoeco) e membro do conselho diretor da *International Society for Ecological Economics* (Isee). Atualmente, é membro da diretoria sudeste da Ecoeco.

Luís Antonio Paulino é doutor em Teoria Econômica pelo IE/Unicamp, professor de Economia e Comércio Internacional no Curso de Relações Internacionais na Unesp de Marília, diretor titular brasileiro do Instituto

Confúcio na Unesp e membro efetivo do IEEI-Unesp. É *short term consultant* do Banco Mundial e membro do Conselho Superior de Comércio Exterior (Coscex) da Fiesp.

Luis Fernando Ayerbe é professor titular da Unesp, atua no Departamento de Economia do *campus* de Araraquara e no Programa San Tiago Dantas de Pós-Graduação em Relações Internacionais da Unesp, Unicamp e Puc/SP. Coordena o IEEI-Unesp, é membro da Coordinadora Regional de Investigaciones Económicas y Sociales (Cries), do Instituto Nacional de Estudos sobre os Estados Unidos (Ineu) e do Centro de Estudos de Cultura Contemporânea (Cedec).

Luiz Afonso Simoens da Silva é doutor em Economia pelo Instituto de Economia da Unicamp, mestre em Finanças pela Escola de Administração de Empresas de São Paulo da Fundação Getulio Vargas. Membro do Grupo de Conjuntura Internacional da Universidade de São Paulo (Gacint/USP). Professor do Curso de Especialização em Negociações Econômicas Internacionais e membro efetivo do Instituto de Estudos Econômicos e Internacionais (IEEI/Unesp). Bolsista pesquisador do Instituto de Pesquisa Econômica Aplicada (Ipea).

Marcos Cordeiro Pires é doutor em História Econômica na USP e professor de Economia Política Internacional nos cursos de Relações Internacionais e Ciências Sociais na Unesp de Marília. Pesquisa as transformações econômicas e políticas recentes da China. É membro do Núcleo de Economia Política e História Econômica da USP e do Grupo de Pesquisa dos Brics. Participa da diretoria do Instituto Confúcio na Unesp e do Instituto de Estudos Econômicos e Internacionais (IEEI-Unesp).

Mariana de Oliveira Barros é mestrado em Relações Internacionais pelo Programa San Tiago Dantas da Unesp, Unicamp e PUC/SP e bacharel em Relações Internacionais pela PUC/SP. É *managing partner* da Differänce Intecultural Consultants, consultora intercultural, embaixadora InterNations São Paulo, professora convidada do Curso de Especialização em Negociações Econômicas Internacionais da Unesp, professora de Relações Internacionais na Universidade Belas Artes e VP de comunicação (Sietar Brasil).

Marília Rangel Ribas Martins é bacharel em Relações Internacionais pela Universidade de São Paulo e mestranda do mesmo instituto. Entre 2005 e 2008, foi tradutora voluntária do Banco Interamericano de Desenvolvimento de boletins semanais da Iniciativa para Ética e Desenvolvimento Sustentável. Em 2007, passou a fazer parte da equipe da Associação Brasileira dos Produtores e Exportadores de Frangos (Abef) e desde 2009 é coordenadora de Relações de Mercado da União Brasileira de Avicultura (Ubabef).

Moisés da Silva Marques é engenheiro e cientista social, MBA *controller* e mestre e doutor em Política Internacional. Atuou por mais de 25 anos no mercado financeiro e atualmente é consultor de empresas e coordenador do Bacharelado em Relações Internacionais da Fasm, além de pesquisador, professor e palestrante.

Monica Simionato é antropóloga pela universidade de Turim (Itália) e mestre em Jornalismo pela Universidade Schumann de Estrasburgo (França). Trabalha como *executive coach* e consultora em Liderança e desenvolvimento de equipes de alta *performance*. É professora convidada do Curso de Especialização em Negociações Econômicas Internacionais da Unesp e coordenadora de curso na FGV Law.

Neusa Maria Pereira Bojikian é sócia da Bojikian Consultoria e Treinamento, coordena e ministra treinamentos de negociações locais e internacionais. É professora de Relações Internacionais da Fasm e professora convidada do curso de Especialização em Negociações Econômicas Internacionais da Unesp. Mestre em Relações Internacionais pelo Programa San Tiago Dantas da Unesp, Unicamp e PUC/SP. Estudou negociação na Kellogg Schooll of Management. É autora do livro *Acordos comerciais internacionais: o Brasil nas negociações do setor de serviços financeiros*.

Ricardo Camargo Mendes é sócio da Prospectiva Consultoria. Bacharel e mestre em Relações Internacionais (PUC-SP e Universidade de Cambridge). Coordena diversos projetos de planejamento estratégico e análises, tendo em conta as variáveis risco político, comércio internacional, propriedade intelectual e inovação tecnológica. É professor de relações internacionais na Trevisan Escola de Negócios e em cursos de MBA da FGV-SP e FIA. Tem diversos artigos publicados em revistas especializadas.

Saulo P. L. Nogueira é professor e consultor de comércio internacional. Trabalha na Prosper Consultoria Internacional. Atuou na Federação das Indústrias do Estado do Rio de Janeiro (Firjan), no Instituto de Estudos do Comércio e Negociações Internacionais (Icone), na Associação Brasileira de Máquinas e Equipamentos (Abimaq) e no exterior no Institute for Trade and Commercial Diplomacy (ITCD), na Embaixada do Brasil em Washington. É mestre em Diplomacia Comercial no Monterey Institute of International Studies (Califórnia) e bacharel em Administração de Empresas na Cardiff University (GB).

Thiago Lima é mestre pelo Programa San Tiago Dantas de Pós-Graduação em Relações Internacionais da Unesp, Unicamp e PUC-SP e doutorando em Ciência Política pela Unicamp. É bolsista de doutorado do Ipea no projeto Economia Americana e Política Externa. Professor de Relações Internacionais da UFPB. Pesquisador do Centro de Estudos de Cultura Contemporânea (Cedec) e do Instituto Nacional de Ciência e Tecnologia para Estudos sobre os Estados Unidos (INCT-Ineu).

Tullo Vigevani é professor titular do Departamento de Ciências Política e Econômicas na Faculdade de Filosofia e Ciências da Unesp, Campus de Marília. É pesquisador do Centro de Estudos de Cultura Contemporânea (Cedec), coordenador do Instituto Nacional de Ciência e Tecnologia de Estudos dos Estados Unidos (INCT-Ineu) e membro efetivo do Instituto de Estudos Econômicos e Internacionais (IEEI-Unesp).

Umberto Celli Junior é professor associado da Faculdade de Direito da USP e mestre, doutor e livre-docente pela mesma faculdade. *Master of Philosophy* em Direito Internacional pela Universidade de Nottingham, Inglaterra, professor visitante da Universidade de Paris I (Panthéon-Sorbonne) (2009) e representante na USP do Unctad Virtual Institute. Foi diretor do Instituto de Direito do Comércio Internacional e Desenvolvimento (IDCID).

REFERÊNCIAS

AARONSON, S. A. *Trade and the American Dream* – A Social History of Postwar Trade Policy. Kentucky: The University Press of Kentucky, 2006.

ABPI. Licenciamento compulsório: fatos e mitos. *Boletim da Associação Brasileira da Propriedade Intelectual*, n.85, maio 2007.

ADAMS, J. *Risco*. Lenita Rimoli Esteves (Trad.). São Paulo: Editora Senac, 2009.

AGÊNCIA CÂMARA. Brasil precisa colaborar com a Bolívia, diz embaixador. 6 dez. 2006. Disponível em: <http://www2.camara.gov.br>. Acesso em: 7 mar. 2007.

ALBRIGHT, M. *State Department of the United States Strategic Plan*. 2000. Disponível em: <www.state.gov/www/budget/stratplan_index.html>. Acesso em: 3 mar. 2011.

ALBUQUERQUE, J. A. G. O governo Lula em face dos desafios sistêmicos de uma ordem internacional em transição – 2003-2006. *Política Externa*, Paz e Terra, v.16, n.1, 2007.

ALFORD, D. *A Guide on the Harmonization of International Commercial Law*, (formerly Head of Reference at the Georgetown University Law Library, Georgetown University Law Center, Washington, D.C.). [s.d.]. Disponível em: <http://www.nyulawglobal.org/globalex/Unification_Harmonization.htm>. Acesso em: 11 mar. 2011.

ALLISON, G. T.; ZELIKOW, P. *Essence of Decision*: Explaining the Cuban Missile Crises. Nova Iorque: Longman, 1999.

ALMEIDA, L. T. de. Comércio e meio ambiente nas negociações multilaterais. In: BRAGA, A. S.; MIRANDA, L. C. de. (Orgs.). *Comércio & meio ambiente:* uma agenda para a América Latina e Caribe. Brasília: MMA/SDS, 2002. p.97-133.

ALMEIDA, L. T. de; PRESSER, M. F. Bens e serviços ambientais e as negociações na OMC. *Revista Iberoamericana de Economia Ecológica*, Barcelona, v.5, p.1-11, 2006a.

______. Comércio e meio ambiente nas negociações da Rodada Doha. *Anais do III Encontro da ANPPAS*. Brasília: ANPPAS, 2006b.

______. Bens e serviços ambientais e as negociações na OMC. *Anais do VI Encontro da sociedade brasileira de Economia Ecológica*. Brasília, 23-25 nov. 2005.

ALMEIDA, L. T.; FEIX, R.; MIRANDA, S. H. G. de. Comércio e meio ambiente: evidências do setor agroexportador brasileiro. In: MAY, P. H. (Org.). *Economia do meio ambiente*: teoria e prática. Rio de Janeiro: Elsevier, 2010. p.245-62.

ALMEIDA, P. R. de. *O Mercosul*: no contexto regional e internacional. São Paulo: Edições Aduaneiras, 1993.

ALVES, J. A. L. *Relações internacionais e temas sociais*: a década das conferências. Brasília: IBRI, 2001.

ANDERSON, K., BLACKHURST, R. (Ed.). *The Greening of World Trade Issues*. Ann Arbor: The University of Michigan Press, 1992.

AQUINO, C. S.; BONOMO, D. Z. O Brasil e o Sistema Multilateral de Comércio: Criação de Capacidades, *Pontes*, v.4, n.3, ago./dez. 2008.

ARAÚJO CASTRO, J. A. de. *Araújo Castro*. Brasília: Editora UnB, 1982.

ARON, R. *Paz e guerra entre as nações*. São Paulo: Imprensa Oficial do Estado: Editora UnB, 2002.

ARSLANIAN NETO, M. *A liberalização do comércio de serviços no Mercosul*. Brasília: Fundação Alexandre de Gusmão, 2010.

ASSAF NETO, A. *Mercado financeiro*. São Paulo: Atlas, 1999.

AVENHAUS, R.; SJÖSTEDT, G. (Eds.). *Negotiated Risks*: International Talks and Hazardous Issues. Nova Iorque: Springer, 2009.

AVENHAUS, R.; ZARTMAN, W. (Eds.). *Diplomacy Games*: Formal Models and International Negotiations. Nova Iorque: Springer, 2007.

AXELROD, R. *La complejidad de la cooperación*: modelos de cooperación y colaboración basados en los agentes. Buenos Aires: Fondo de Cultura Econômica de Argentina, 2004.

AYERBE, L. Novos atores políticos e alternativas de governo: os casos de Argentina, Bolívia, Brasil e Venezuela. In: ______ (Org.). *Novas lideranças políticas e alternativas de governo na América do Sul*. São Paulo: Unesp, 2008.

______. *Ordem, poder e conflito no século XXI*. São Paulo: Unesp, 2006.

______. *O Ocidente e o resto*: América latina e o Caribe na cultura do império. Buenos Aires: Clacso, 2003.

AYERBE, L. F. do. *Estados Unidos e América Latina*: a construção da hegemonia. São Paulo: Unesp, 2002.

BALDWIN, R. Regulatory protectionism, developing nations and a two-tier world trade system. *Brooking Trade Forums*, p.237-80, 2009.

BARBOSA, R. A. O lugar do Brasil no mundo. *Política Externa*, Paz e Terra, v.5, n.2, 1996.

BARBOSA, R. A.; CÉSAR, L. P. O Brasil como "global trader". In: FONSECA Jr., G.; CASTRO, S. H. N. de (Orgs.). *Temas de política externa brasileira II*. São Paulo: Paz e Terra, 1994. v.1.

BARTON, J. H. et al. *The Evolution of the Trade Regime*: Politics, Law, and Economics of the GATT and the WTO. Princeton: Princeton University Press, 2006.

BAZERMAN, M. H.; NEALE, M. A. *Negociando racionalmente*. São Paulo: Atlas, 2000.

BECK, U. *Sociedade de risco*: rumo a uma outra modernidade. Trad. Sebastião Nascimento. São Paulo: Editora 34, 2010.

BEEMAN, R. *The Penguin Guide to the United States Constitution*. [S.l.]: Penguin Books, 2010.

BENNETT; BENNETT; LANDIS. Introduction and Overview. In: LANIS; BENNETT; BENNTT (Eds.). *Handbook of Intercultural Training*. USA: Sage, 2004.

BETHLEHEN, D.; MCRAE, D. *The Oxford Handbook of International Trade Law*. Nova Iorque: Oxford University Press, 2009.

BHAGWATI, J. The Demands to Reduce Domestic Diversity Among Trading Nations. In: BHAGWATI, J., HUDEC, R. E. (Eds.) *Fair trade and harmonization*. 2v. Cambridge, Massachusetts: The MIT Press, 1996, p.9-40. v.1. (Economic analysis)

BHAGWATI, J., SRINIVASAN, T. N. Trade and the Environment: Does Environmental Diversity Detract from the Case for Free Trade? In: BHAGWATI, J., HUDEC, R. E. (Eds.). *Fair trade and harmonization*. 2v. Cambridge, Massachusetts: The MIT Press, 1996, p.159-223. v.1. (Economic analysis)

BLAKER, M. Japan negotiates with United States on Rice. In: BERTON, P.; KIMURA, H.; ZARTMAN, W. (Eds.). *International Negotiations*. Actors, structure/process and values. New York: St. Martin's Press, 1999.

BLECKER, R. *Taming Global Finance: a Better Architecture for Growth and Equity*. Washington: Economic Policy Institute, 1999.

BLUSTEIN, P. *O vexame*: os bastidores do fim da crise que abalou o sistema financeiro mundial. Rio de Janeiro: Record, 2005.

BOJIKIAN, N. M. P. Negociação nos negócios internacionais. In: SARFATI, G. *Manual de negociação*. São Paulo: Saraiva, 2010.

_______. *Acordos comerciais internacionais:* o Brasil nas negociações do setor de serviços financeiros. São Paulo: Unesp, 2009.

BONOMO, D. Z. As relações econômicas Brasil-EUA, *Revista Política Externa*, v.19, n.4, mar./abr./maio 2011.

_______. O diálogo Brasil-EUA. *Folha de S.Paulo*. 7 mar. 2011.

_______. Grupos brasileiros precisam fazer lobby nos EUA. *O Estado de S.Paulo*, 9 mar. 2010.

_______. Entendendo o USTR. *O Estado de S.Paulo*, 9 jan. 2009.

_______. O Congresso dos EUA e o Brasil. *Folha de S.Paulo*. 2 fev. 2009.

_______. SGP dos EUA: metamorfoses, *Pontes*, v.5, n.3, ago./dez. 2009.

_______. *A Mobilização Empresarial para a Tríplice Negociação Comercial: ALCA, MERCOSUL-União Europeia e OMC (1994-2004)*, Dissertação de Mestrado, Pontifícia Universidade Católica de São Paulo (PUC-SP), 2006.

BONOMO, D. Z.; MEIRA, F. A.; SCHMITT, S. T. SGP dos EUA: Economia e Política, *Pontes*, v.3, n.1, fev. 2007.

BORTOLOTTI, F. *Drafting and Negotiating International Commercial Contracts*. Paris: International Chamber of Commerce Publication, 2010.

BRASIL FROTA, M. S. P. *Proteção de patentes de produtos farmacêuticos*: o caso brasileiro. Brasília: FUNAG/IPRI, 1993

BREMMER, I.; KEAT, P. *The Fat Tail*: the Power of Political Knowledge for Strategic Investing. Nova Iorque: Oxford University Press, 2009.

BRETT, J. M. *Negotiating Globally*: How to Negotiate Deals, Resolve Disputes, and Make Decisions Across Cultural Boundaries. São Francisco: Jossey-Bass, 2001.

BRIDGES. Argentine Bridging Proposal Criticized. *BRIDGES Trade BioRes*, v.5, n.19, 28 out. 2005.

BRODT, S. E. Inside Information and Negotiator Decision Behavior. *Organizational Behavior and Human Decision Process*, v.58, Issue 2, maio 1994. p.172-202.

BUARQUE DE HOLLANDA, S. *Raízes do Brasil*. 26.ed. São Paulo: Companhia das Letras, 1995.

BULL, H. *A sociedade anárquica*. Brasília: Editora UnB, 2002.

BURGES, S. W. Bounded by the Reality of Trade: Practical Limits to a South American Region. *Cambridge Review of International Affairs*, Routledge, v.18, n.3, out. 2005.

BUZAN, B. *The United States and the Great Powers*: World Politcs in the Twenty-first Century. Cambridge: Polity Press, 2004.

BUZAN, T. *Mapas mentais no trabalho*. São Paulo: Cultrix, 2009.

CAMARGO, S. A integração do Cone Sul (1960-1990). In: ALBUQUERQUE, J. A. G. (Org.). *Sessenta anos de política externa brasileira* (1930-1990: O desafio geoestratégico). São Paulo: Annablume: Nupri/USP, 2000.

CAMPBELL, A. The Private Sector and Conflict Prevention Mainstreaming, Country indicators for Foreign Policy. 2002. Disponível em: <www.carleton.ca/cifp/docs/mncsriskassessmentreport12.pdf>. Acesso em: 5 mar. 2011.

CANESE, R. A recuperação da soberania hidrelétrica do Paraguai. In: CODAS, G. (Org.). *O direito do Paraguai à soberania*. São Paulo: Expressão Popular, 2008.

CANESIN, C. *UE, política agrícola comum e OMC*: a integração regional como restrição a negociações multilaterais. Mimeo. 2009.

CAPORASO, J. A. *International Relations Theory and Multilateralism*: the Search for Foundations, International Organization, v.46, n.3, 1992.

CARDIM DE CARVALHO, F. J. et al. *Economia monetária e financeira*: teoria e política. 2.ed. Rio de Janeiro: Campus, 2007.

CARNEIRO, P. E. A. *Gerenciamento de risco soberano*: fatores observados e erros praticados pelas agências de classificação de risco. Menção Honrosa no 10º Prêmio Tesouro Nacional – Gestão de Risco, 2005.

CARREAU, D.; JUILLARD, P. *Droit International Économique*, 4.ed. Paris: L.G.D.J, 1998.

CARVALHO, M. I. V. de. Condicionantes internacionais e domésticos: o Brasil e o G-20 nas negociações agrícolas da Rodada Doha. *Dados*, Rio de Janeiro, v.53, n.2, 2010.

CE. *Informe sobre la aplicación de la Estrategia Europea de Seguridad*. Bruxelas: CE, 2008. Disponível em: <http://www.consilium.europa.eu/ueDocs/cms_Data/docs/pressdata/ES/reports/104637.pdf>. Acesso em: 10 mar. 2011.

______. *Una Europa Segura en un Mundo Mejor*. Bruxelas: CE, 2003. Disponível em: < http://ue.eu.int/uedocs/cmsUpload/031208ESSIIES.pdf>. Acesso em: 10 mar. 2011.

CELLI JÚNIOR, U. *Comércio de serviços na OMC*: liberalização, condições e desafios. Curitiba: Juruá, 2009.

______. (Coord.). *Comércio de serviços na OMC*. Curitiba: Juruá, 2005.

CEPAL (Comisión Económica para América Latina y el Caribe). *Panorama de la inserción internacional de América Latina y el Caribe, 2000-2001*. Santiago: Cepal, 2003.

CEPALUNI, G. *Regime de patentes*: Brasil X EUA no tabuleiro internacional. São Paulo: Editora Aduaneiras: Lex Editora, 2006.

______. *Regime de patentes*: Brasil x Estados Unidos no tabuleiro internacional. São Paulo: Aduaneiras, 2005.

CERVO, A. L. A ação internacional do Brasil em um mundo em transformação: conceitos, objetivos e resultados (1990-2005). In: ALTEMANI, H.; LESSA, A. C. *Relações internacionais do Brasil*: temas e agendas. São Paulo: Saraiva, 2006.

CHARNOVITZ, S. Environmentalism Confronts Gatt Rules: Recent Developments and New Opportunities. *Journal of World Trade*, v.27, n.2, 1993, p.37-53.

CIFP. Carleton Country Information on Foreign Policy. 2011. Disponível em: <http://www.carleton.ca/cifp/about.htm>. Acesso em: 5 abr. 2011.

CINTRA, M. A. M. A exuberante liquidez global. *Revista Princípios*, n.79, jun./jul. 2006, São Paulo, p.23-9.

CINTRA, M. A. M.; FARHI, M. *A crise financeira e o Global Shadow Banking System*. Novos Estudos Cebrap. n.82, São Paulo, novembro 2008.

CLAPP, J.; UTTING, P. Corporate Responsibility, Accountability and Law: an Introduction. In: CLAPP, J.; UTTING, P. (Orgs.). *Corporate Accountability and Sustainable Development*. Oxford: University Press, 2008. p.1-33.

CLARÍN. Cumbre de ministros del Mercosur para adoptar medidas contra la crisis. 27 out. 2008.

______. Lula, en exclusiva con Clarín: "no existe ninguna hipótesis de que Brasil se juegue solo". 7 set. 2008.

COHEN, H. *Você pode negociar qualquer coisa*. Rio de Janeiro: Record, 2000.

COHEN, S. D. *The Making of the United States International Economic Policy* – Principles, Problems, and Proposals for Reform. [S.l.]: Praeger Publishers, 2000.

COLVIN, G. Desperately seeking math and science majors. 2010. *Fortune*. Disponível em: <http://money.cnn.com/2010/07/29/news/international/china_engineering_grads.fortune/index.htm>. Acesso em: 10 out. 2010.

COMPA, L. El acuerdo de cooperación laboral del TLCAN: dimensión social o decepción social? In: CASTRO, M. S. P.; WACHENDORFER, A. (Orgs.). *Sindicalismo y globalización*: la dolorosa inserción en un mundo incierto. Caracas: Editorial Nueva Sociedad, 1998. p.59-86.

CONVENÇÃO de Viena sobre o Direito dos Tratados. 26 de maio de 1969. Disponível em: <http://www2.mre.gov.br/dai/dtrat.htm>. Acesso em: 2 fev. 2011.

CORREA, C. The Push for Stronger Enforcement Rules: Implications for Developing Countries. In: ICTSD. The Global Debate on the Enforcement of Intellectual Property Rights and Developing Countries. *Issue Paper n.22*. Geneva: ICTSD, 2010.

CROSS, K. H. King Cotton, Developing Countries and the "Peace Clause": the WTO's *US Cotton subsidies* decision. *Journal of International Economic Law*. n.9, v.1, 2006.

DALAI LAMA. *Healing Emotions*. [S.l.]: Mind and Life Institute, 1997.

DANA, D. *Conflict Resolution*. Nova Iorque: McGraw-Hill, 2001.

DENIS, J-E. Taking International Marketing Decisions under WTO Rules. *The International Trade Journal*, [s.d.].

DESTLER, I. M. *American Trade Politics – Fourth Edition*. [S.l.]: Institute of International Economics, 2005.

______. *Making Foreign Economic Policy*. Washington D.C.: The Brookings Institution: 1980.

DEUTSCH, K. *Análise das relações internacionais*. Brasília: Editora UnB, 1978.

DILANIAN, K. Overall U.S. Intelligence Budget Tops $80 Billion. *Los Angeles Times*, 28 out. 2010. Disponível em: <http://articles.latimes.com/2010/oct/28/nation/la-na-intel-budget-20101029>. Acesso em: 6 abr. 2011.

DIMENSTEIN, G. *Conexão Cabo Frio* – Escândalo no Itamaraty. Rio de Janeiro: Editora Brasiliense, 1989.

DOBBS, R.; SKILLING, D. *Dollar as Reserve Currency: Mixed Signals*. Califórnia: McKinsey Global Institute, 2010.

DRAHOS, P. When the Weak Bargain with the Strong: Negotiations in the WTO. *International Negotiation*, v.8 (1), 2003.

DUPONT, C. Coalition Theory: Using Power to Build Cooperation. In: ZARTMAN, W. *International Multilateral Negotiation*: Approaches to the Management of Complexity. São Francisco: Jossey-Bass, 1994.

DUROSELLE, J. B. *Todo imperio perecerá*. Cidade do México: Fondo de Cultura Económica, 1998.

EICHENGREEN, B. *Toward a New International Financial Architecture.* Washington: Institute for International Economics, fev. 1999.

EKMAN, P. *Expression and Nature of Emotions*. Harper Collins, 1984.

EL SAID, M. K. *Public Health related TRIPS-Plus provisions in bilateral trade agreements*: ICTSD and WHO Regional Office for Eastern Mediterranean. Cairo: WHO, 2010.

EUROPEAN COMMISSION 2003. *How the European Union Works*: a citizen's guide to the EU institutions. Brussel, European Documentation, DG for Press and Communication.

EVANS, P. Os historiadores e a ordem mundial chinesa. *Revista de Política Externa*. v.19, n.3, dez./jan./fev. 2010-2011. São Paulo: Paz e Terra e IEEI.

FARIAS, R. de S. *O Brasil e o Gatt (1973-1993)*: unidades decisórias e política externa. Curitiba: Juruá, 2009.

FAUSTO, B. *História do Brasil*. São Paulo: Edusp, 2006.

FEKETEKUTY, G. Improving the Architecture of the General Agreement on Trade in Services. In: STEPHENSON, S. M. (Org.) *Services Trade in the Western Hemisphere:* Liberalization, Integration, and Reform. Washington: Organization of American States/Brookings Institution Press, 2000.

______. *Manual on Commercial Diplomacy*: Training modules of the Institute for Trade and Commercial Diplomacy. Arlington, 2004. Disponível em: <www.commercialdiplomacy.org>. Acesso em: 16 nov. 2005.

______. *Trade Strategies for a New Era*. Nova Iorque: Council on Foreign Relations, 1997.

FERNANDEZ, J. A.; UNDERWOOD, L. China CEO. *Voices of Experience*. Cingapura: John Wiley & Sons (Asia) PTE LTD, 2006.

FERRAZ JR., T. S. *Introdução ao estudo do Direito*: técnica, decisão, dominação. São Paulo: Atlas, 2003.

FEWER (Forum on Early Warning and Early Response). *Conflict and Peace Analysis and Response Manual*. 1999. Disponível em: <www.reliefweb.int/library/documents/studman2.pdf>. Acesso em: 2 mar. 2011.

FIESP. *U.S. GSP Handbook*: Brazil and the World, Fiesp, 2008.

FIESP; AMCHAM. *GSP Primer*: Boosting Brazilian and American Industries, Fiesp e Amcham, 2009 e 2010.

FIOCRUZ. Totalmente nacional. *Revista da Fundação Oswaldo Cruz*, mar. 2009.

FISHER, R.; ERTEL, D. *Getting Ready to Negotiate*. Nova Iorque: Penguin Books, 1995.

FISHER, R.; KUPFER, A.; BORGWARDT, E.; GANSON, B. *Coping with International Conflict* – A Systematic Approach to Influence in International Negotiation. New Jersey: Prentice Hall, 1997.

FISHER, R.; URY, W. *Como chegar ao sim*. Rio de Janeiro: Imago, 1994.

FISHER, R.; URY, W.; PATTON, B. *Como chegar ao sim*: a negociação de acordos sem concessões. Rio de Janeiro: Imago, 2005.

FONSECA JÚNIOR, G. *A legitimidade e outras questões internacionais.* São Paulo: Paz e Terra, 1998.

FONSECA, R. G. da; MARCONINI, M. Desempenho e política comercial: inserção internacional e o comércio exterior brasileiro. *Revista Brasileira de Comércio Exterior,* Rio de Janeiro, n.87, 2006.

FRIEDMAN, T. Don't mess with Moodys. *New York Times*, 22 fev. 1995.

FUNDO MONETÁRIO INTERNACIONAL (FMI). *World Economic Outlook*. Washington: abr./out. 2008 e jan. 2009.

GAAT 94. *Agreement establishing the World Trade Organization*. Annex 1C (Agreement on trade related aspects of intellectual property rights). Marrakesh, 1994.

GARDNER, H. *Inteligências múltiplas*: a teoria na prática. Porto Alegre: Artes Médicas, 1995

GATES, R. Helping Others Defend Themselves. *Foreign Affairs*, maio-jun. 2010.

GAZETA MERCANTIL. Brasil volta da reunião com trunfos nas mãos. 17 nov. 2008. .

_______. Crise põe o Brasil na mira da China. 21 nov. 2008.

_______. Mercosul responde à crise defendendo maior integração. 28 out. 2008.

_______. Brasil não perdeu prestígio. Ele nunca foi tão alto. 19 out. 2006.

GLADWELL, M. *Blink*: The Power of Thinking Without Thinking. Boston: Little, Brown, 2005.

GLOBAL RELOCATION TRENDS. *Survey report 2008*. GMAC – Global Relocation Services, 2008.

GODINHO, W. B.; MACIOSKI, J. M. K. Estilos de negociação: a maneira pessoal de realizar negócios internacionais. *Ciência & opinião*. Curitiba, v.2, n.1/2, jan./dez. 2005.

GODIO, J. *El tiempo de Kirchner*: el devenir de una revolución desde arriba. Buenos Aires: Ediciones Letra Grifa, 2006.

GOLEMAN, D. (Org.). *Healing Emotions*: Conversations With the Dalai Lama on Mindfulness Emotions & Health. Paperback, 1997.

_______. *Inteligência emocional*: a teoria revolucionária que redefine o que é ser inteligente. Rio de Janeiro: Objetiva, 1995.

_______. *Working with Emotional Intelligence*. Bantam Books, 1998.

GRIECO, J. Anarchy and the Limits of Cooperation: a Realist Critique of the Newest Liberal Institutionalism. In: BALDWIN, D. (Ed.). *Neoralism and Neoliberalism*: the Contemporary Debate. [S.l.: s.n.], 1993. p.129.

GROUP OF THIRTY. *Financial Reform*: a Framework for Financial Stability. Washington, jul. 2008.

GUIMARÃES, S. P. *Desafios brasileiros na era dos gigantes*. Rio de Janeiro: Contraponto, 2006.

HAAS, E. B. *Beyond the Nation State*. Stanford: Stanford University Press, 1964.

HASENCLEVER, A.; MAYER, P.; RITTBERGER, V. *Theories of international regimes*. Cambridge: Cambridge University Press, 2002.

HERMAN, C. *Understanding Gender and Negotiation*. Dispute Resolution Award Competition, jun., 2005. Documento não publicado.

HIRST, M. Los desafíos de la política sudamericana de Brasil. *Nueva Sociedad*, n.205, set. 2006.

HODA, A. *Tariff Negotiations and Renegotiations under the Gatt and the WTO*: Procedures and Practices. Nova York: Cambrigde University Press, 2001.

HOECKMAN, B.; HOUSE, R. European Community-Sugar: Cross-Subsidiation and the World Trade Organization. *Policy Research Working Paper*, 4336. The World Bank. Development Research Grou, Trade Team. 2007. Disponível em <http://www-wds.worldbank.org/servlet/WDSContentServer/WDSP/IB/2007/08/29/000158349_20070829093226/Rendered/PDF/wps4336.pdf>. Acesso em: 10 out. 2009.

HORNBECK, J. F.; COOPER, W. H. *Trade Promotion Authority (TPA) and the Role of Congress in Trade Policy*. Congressional Research Service (CRS), 7 abr. 2011.

HSC Human Security Report. *Shrinking Costs of War*. 2009. Disponível em: <http://www.hsrgroup.org/human-security-reports/human-security-report.aspx>. Acesso em: 10 mar. 2011.

HURRELL, A. *On Global Order*: Power, Values, and the Constitution of International Society. Nova Iorque: Oxford University Press, 2007.

IGLÉCIAS, W. O empresariado do agronegócio no Brasil: ação coletiva e formas de atuação política – as batalhas do açúcar e do algodão na OMC. *Revista de Sociologia e Política*, Curitiba, 28 jun. 2007.

INSTITUTE OF INTERNATIONAL FINANCE (IIF). *Capital Flows to Emerging Market Economies.* Washington, 15 abr. 2010 e números anteriores.

INSTITUTO DE ESTUDOS PARA O DESENVOLVIMENTO INDUSTRIAL (IEDI). *A crise internacional e a economia brasileira*: o efeito-contágio sobre o mercado de crédito em 2008. n.356, São Paulo, 27 mar. 2009.

IOS. *Responsabilidade social empresarial*: perspectivas para a atuação sindical. São Paulo: Revista, 2004.

IPEA. Política industrial: acompanhamento e análise. *Boletim de Política Industrial 26*. Brasília: IPEA, 2005.

IP-WATCH. *US Ambassador*: Over-focus on Development "Will Kill" WIPO. Intellectual Property Watch, 17 dez. 2010.

ISMAIL, F. An assessment of the WTO Doha Round July – December 2008 collapse. *World Trade Review*, v.8, n.4, 2009.

ISMAIL, F. The G-20 and Nama-11: the role of Developing Countries in the WTO and Doha Round. *Paper.* GEG's Seminar Series on Making Globalization Work for Developing Countries. Oxford, 23 nov. 2007.

ISMAIL, F. *The G20 and NAMA11*: The Role of Developing Countries in the WTO Doha Round. Oxford, 2007.

ISTO É DINHEIRO. Eles não gostam do jeitinho brasileiro. 30 ago. 2006. Disponível em: <http://www.istoedinheiro.com.br>. Acesso em: 28 jan. 2011.

JACKSON, J. H. *Sovereignty, the WTO, and changing fundamentals of International Law*. Cambridge: Cambridge University Press, 2006.

JACKSON, J. H. *The World Trading System*: Law and Policy of International Economic Relations. 2.ed. Cambridge: Massachusetts; Londres: The MIT Press, 1997.

JACQUES, M. *When China rules the World.* New York: The Penguin Press, 2009

JAITLEY, A. Discurso pronunciado por ocasião da Conferência Internacional sobre Comércio, Investimento e Desenvolvimento organizado pela Índia e Unctad. 18 a 20 maio 2003.

JALES, M. *Inserção do Brasil no comércio internacional agrícola e expansão dos fluxos comerciais Sul – Sul*. Mimeo. Disponível em: <www.iconebrasil.org.br>. Acesso em 21 mar. 2011.

JANK, M. S. Agronegócio *versus* agricultura familiar? *O Estado de São Paulo*, 5 jul. 2005. Espaço Aberto, p.A2

______. et al. Agricultura. In: THORSTENSEN, V.; JANK, M. S. (Coords.) *O Brasil e os grandes temas do comércio internacional*. São Paulo: Lex Editora: Aduaneiras, 2005.

JANK, M. S; ARAÚJO, L.; DIAZ, J. The WTO Dispute Settlement Mechanism in Perspective: Challenging Trade-Distorting Agricultural Subsidies. In: LACARTE, J.; GRAADOS, J. (Orgs.). *Inter-Governamental Trade Dispute Settlement:* Multilateral and Regional Approaches. v.1. Londres: Cameron May, 2004.

JERVIS, R. Perception and Misperception in International Politics. IN: VIOTTI, P.; KAUPPI, M. *International Relations Theory*. Nova Iorque: Macmillan, 1993.

JOHNSON, P. *A History of the American People*. [S.l.]: Harper Perennial, 1997.

JOSEPH, T. Early Warning Methods: Background Report and Methodological Notes. *Country Indicators for Foreign Policy*. 2000. Disponível em: <http://www.carleton.ca/cifp/app/cra_methodology.php?category=1&page=4>. Acesso em: 10 mar. 2011.

JÚNIOR, A. do A. *OMC e o comércio internacional*. São Paulo: Aduaneiras, 2002.

KAHNEMAN, D.; TVERSKY, A. Prospect Theory: An Analysis of Decision under Risk. *Econometrica*, v.47(2), p.263-92, 1979.

KEOHANE, R.; NYE, J. International Interdependence and Integration. IN: VIOTTI, P.; KAUPPI, M. *International Relations Theory*. Nova Iorque: Macmillan, 1993.

KHAIR, A. Consumo interno e ativação da economia. *O Estado de S.Paulo*, 30 mar. 2009a.

______. Boas novas. *O Estado de S.Paulo*, 13 mar. 2009b.

KIMMEL, M. et al. Effects of Trust, Aspiration, and Gender on Negotiation Tatics. Journal of Personality and Social Psychology 9. In: BABCOK, L.; LASHEVER, S. *Woman Don´t Ask*: Negotiation on the Gender. New Jersey, Princeton University Press, 2003.

KNUTSEN, T. L. *A History of International Relations Theory*. 2.ed. Manchester: Manchester University Press, 1997.

KOLB, D. M.; COOLIDGE, G. G. *Her Place at the Table*: a Consideration of Gender Issues in Negotiation. Working Paper, 1988.

KRAJEWSKI, M. *National Regulation and Trade Liberalization in Services*: the legal impact of the General Agreement on Trade in Services (GATS) on National Regulatory Autonomy. Nova York: Kluwer Law International, 2003

KREGEL, J. *Some Simple Observations on the Reform of the International Monetary System*. Policy Note 2009/8. The Levy Economics Institute of Bard College, 2009.

KRUGMAN, P. A mística do mercado. Caderno Dinheiro, *Folha de S.Paulo*, 28 mar. 2009.

KUPCHAN, C. A. Hollow hegemony or stable multipolarity? In: IKENBERRY, J. *American Unrivaled*: the future of the balance of power. Ithaca/Londres: Cornell University Press, 2002.

KYLOH, R.; O'NEILL, F.; WHELTON, C. *Los sindicatos y la economia global*: una historia inconclusa. Genebra: Educación Obrera 2001/3-4, n.124-5, OIT, 2001.

LAFER, C. *Comércio, desarmamento, direitos humanos, reflexões sobre uma experiência diplomática*. 2.ed. São Paulo: Paz e Terra; Brasília: Fundação Alexandre de Gusmão, 2006.

______. *A identidade internacional do Brasil e a política externa brasileira*: passado, presente e futuro. São Paulo: Perspectiva, 2004.

______. A OMC face à globalização e à regionalização. *Política externa*. São Paulo: Paz e Terra, v.6, n.2, p.87, set./nov. 1997.

______. O Gatt, a cláusula de nação mais favorecida e a América Latina. *Revista de Direito Mercantil, Industrial, Econômico e Financeiro*, São Paulo, v.X, n.3, p.42, 1971.

LAMPREIA, L. F. *O Brasil e os Ventos do Mundo* – Memórias de cinco décadas na cena internacional. Rio de Janeiro: Objetiva, 2010.

LANDIM, R. Ministério vê desindustrialização no Brasil. *O Estado de S.Paulo*, 17 nov. 2010, p.B10.

LARACH, M. A. *Comercio y medio ambiente en la Organización Mundial del Comercio*. Santiago do Chile: Cepal, 1998.

LATOUR, B. Por uma antropologia do centro. *Mana*, v.10, n.2, 2004, p.397-414.

LAX, D. A.; SEBENIUS, J. K. *3-D Negotiation*: Powerful Tools to Change the Game in Your Most Important Deals. Boston: Harvard Business School Publishing, 2006.

LEBOW, R. *The Art of Bargaining*. Baltimore: The Johns Hopkins University Press, 1996.

LEDERER; BURDICK. *The Ugly American*. 1958. [Reeditado em 1999]. p.145.

LEDOUX, J., *The Emotional Brain*: the Mysterious Underpinning of Emotional Life. Paperback, 1996.

LEO, S. O que Dilma quer da China. *Valor*, 24 jan. 2011, p.A2.

LEÓN-MANRÍQUEZ, J. L. China-América Latina: una relación económica diferenciada. *Nueva Sociedad*, n.203, maio/jun. 2006.

LEOPOLDI, M. A. P. *Política e Interesses na Industrialização Brasileira* – As associações industriais, a política econômica e o Estado. São Paulo: Paz e Terra, 2000.

LIMA, M. R. S. D. Decisões e indecisões: um balanço da política externa no primeiro governo do presidente Lula. *Carta Capital*, 27 dez. 2006. Disponível em: <http://observatorio.iuperj.br>. Acesso em: 30 nov. 2010

LIMA, T. *Desafios internacionais à política agrícola norte-americana*: o contencioso do algodão entre Brasil e EUA e o CAFTA-DR. São Paulo, 2008. Dissertação (de Mestrado) – Programa "San Tiago Dantas" de Pós-Graduação em Relações Internacionais da Unesp, Unicamp e PUC-SP.

______. O desafio de ganhar e levar: um estudo sobre a reação dos EUA em contestações agrícolas na OMC. *Caderno Cedec/INCT-Ineu*, v.84, 2009.

LINK, A. S.; CATTON, W. B. *História moderna dos Estados Unidos*. Rio de Janeiro: Zahar, 1965.

LULA DA SILVA, L. I. *Discurso do presidente da República, Luiz Inácio Lula da Silva, por ocasião do encerramento da XXX Cúpula dos Chefes de Estado do Mercosul*. Córdoba, jul. 2006. Disponível em: <http://www.mercosul.gov.br/discurso>. Acesso em: 2 dez. 2006.

MACK, C. S. *Business, Politics and the Practice of Government Relations*. Westport: Quorum, 1997.

MADDISON, A. *Historical Statistics for the World Economy*: 1-2003 AD. 2010. Disponível em: <www.ggdc.net/.../Historical_Statistics/horizontal-file_03-2007.xls>. Acesso em: 22 fev. 2010.

______. Chinese Economic. *Performance in Long Run*. Paris: OECD, 2007.

MADISON, J.; HAMILTON, A.; JAY, J. *The Federalist Papers*. [S.l.]: Penguin Books, 1987.

MALHOTRA, D.; BAZERMAN, M. *Negotiation Genius*: How to Overcome Obstacles and Achieve Brilliant Results at the Bargaining Table and Beyond. Nova Iorque: Batam Dell, 2007.

MARCONINI, M. *Trade Policy-Making Process in Brazil*, trabalho apresentado, em 2005, em projeto conjunto do Banco Inter-Americano de Desenvolvimento (BID), do Diálogo Inter-Americano (IAD) e da Universidade de Toronto.

MARIANO, M. P. *A política externa brasileira, o Itamaraty e o Mercosul*. Araraquara/SP, 2007. Tese (doutorado) – Programa de Pós-Graduação em Sociologia, Faculdade de Ciências e Letras – Unesp.

______. *A estrutura institucional do Mercosul*. São Paulo: Aduaneiras, 2000.

MARIN, D. C. EUA devem manter barreira ao etanol. *O Estado de S. Paulo*. 10 dez. 2010. Disponível em: <http://economia.estadao.com.br/noticias/not_47188.htm>. Acesso em: 28 fev. 2011.

MARQUES, M. S. *Reformas financeiras liberalizantes em democracias emergentes de mercado*: o caso do Brasil. São Paulo, 2005. Tese (de Doutorado) – Departamento de Ciência Política da USP.

MARTINEZ, L. M. H. *Comercio justo y derechos sociales*: la condicionalidad social en el comercio internacional. Madrid: Tecnos, 2002.

MARUYAMA, W. H. The Wonderful World of VRAs: Free Trade and the Goblet of Fire, *Arizona Journal of International and Comparative Law*, v.24, n.1, 2007.

MARVEEVA, A. *Early Warning and Early Response*: Conceptual and Empirical Dilemmas. Amsterdam: GPPAC/ECCP, 2006.

MARX, K. Prólogo a contribución crítica de la economía política. *Cuadernos de Pasado y Presente*, n.1, 1971, México.

MASKELL, J. Lobbying Congress: An Overview of Legal Provisions and Congressional Ethics Rules. *Congressional Research Service (CRS)*, 24 out. 2007.

MATSUSHITA, M. et al. *The World Trade Organization, Law, Practice, and Policy*. UK: the Oxford International Law Library, 2009.

MATTLI, W. *The logic of regional integration*: Europe and beyond. Cambridge: Cambridge University Press, 1999.

MATTOO, A.; STERN, R. Trade in Services: Introduction and Overview. *Trade in Services Handbook*. Washington: World Bank, p.5. [Material disponibilizado durante o Trade in Services Internet Course, realizado de 25 set. a 30 nov. 2006].

MEARSHEIMER, J. J.; WALT, S. M. The Israel Lobby and U.S. Foreign Policy, *Working Paper*. Harvard: Harvard University, 2006.

MELLO, F. de C. *Regionalismo e inserção internacional*: continuidade e transformação da política externa brasileira nos anos 90. São Paulo, 2000. Tese (doutorado) – Departamento de Ciência Política da Faculdade de Filosofia, Letras e Ciências Humanas da Universidade de São Paulo.

MINISTÉRIO DAS RELAÇÕES EXTERIORES. Brasil, Argentina, Uruguai e Paraguai criam Mercado Comum do Sul (Mercosul). *Resenha de Política Exterior do Brasil*, Brasília, n.68, 1991 (Nota à imprensa de 26 mar. 1991).

MONTGOMERY, L. Trade Wars Brewing In Economic Malaise. *The Washington Post*, 15 maio 2009.

MOORE, D. A. *The Unexpected Benefits of Negotiating Under Time Pressure*. Evanston, Illinois, Estados Unidos, jun. 2000. Dissertação (Doutorado em Filosofia) – Northwestern University.

MOREIRA, M. M. O Brasil no contexto internacional do final do século XX. *Lua Nova*, São Paulo, Cedec, n.18, 1989.

MOSCONI, A. *The World Supremacy of the Dollar at the Rendering (1917-2008)*. The Federalist Debate, 2009.

MRE. *Contencioso Brasil-União Europeia sobre subsídios à exportação de açúcar*: relatório do órgão de apelação da OMC. 2005. Disponível em: <http://www.itamaraty.gov.br/sala-de-imprensa/notas-a-imprensa/2005/04/28/123064738227-contencioso-brasil-uniao-europeia-sobre-subsidios>. Acesso em: 10 fev. 2011.

MRE; FUNAG. *O G-20 e a OMC*: textos, comunicados e documentos. Brasília, 2007.

MUSUNG, S. F.; DUTFIELD, G. Multilateral Agreements and a TRIPS-Plus world: the Wipo. *Trips Issues Paper 3*. Geneva: QUNO e QIAP, 2003

NAKANO, Y. A recessão da deflação de ativos, *Valor Econômico*, 10 fev. 2009.

NARDIN, T. *Lei, moralidade e as relações entre os Estados*. Rio de Janeiro: Forense--Universitária, 1987.

NARLIKAR, A. *International trade and developing countries*: coalitions in the Gatt and WTO. Londres: Routledge, 2003.

NARLIKAR, A.; TUSSIE, D. The G-20 at the Cancun Ministerial: Developing Countries and their Evolving Coalitions in the WTO. *World Economy*, n.27 (7), 2004.

NASSAR, A. M. Trade liberalization in cotton and sugar: Impacts on developing countries. In: KONING, N.; PINSTRUP-ANDERSEN, P. (Eds.). *Agricultural trade liberalization and the least developed countries*. v.III. Wageningen: Springer, 2007.

_______. *Produtos da agroindústria de exportação brasileira*: uma análise das barreiras tarifárias impostas por EUA e UE. São Paulo, 2004. Tese (de doutorado) – Faculdade de Economia, Administração e Contabilidade da Universidade de São Paulo.

NASSER, R. Ali. *A OMC e os países em desenvolvimento*. São Paulo: Aduaneiras, 2003.

NATIONAL BUREAU OF ECONOMIC RESEARCH. Robert E. Baldwin – U.S. Trade Policy Since 1934: An Uneven Path Toward Greater Trade Liberalization. *Working Paper* n.15397, out. 2009.

NATIONAL BUREAU OF STATISTICS (2001). Yearly Data. *Total Population and Sex Ratio by Region*. Disponível em: <http://www.stats.gov.cn/english/statisticaldata/yearlydata/YB2001e/ml/indexE.htm>. Acesso em: 20 de maio de 2010.

NATIONAL BUREAU OF STATISTICS. Statistical Communiqué of the People's Republic of China on the 2009. 2010. *National Economic and Social Development*. Disponível em: <http://www.stats.gov.cn/english/StatisticalCommuniques/>. Acesso em: 20 maio 2010.

NBS. *Statistical Communiqué of the People's Republic of China on the 2009:* National Economic and Social Development. Disponível em: <http://www.stats.gov.cn/english/newsandcomingevents/t20100226_402623115.htm>. Acesso em: 20 maio 2010.

NEVES, M. F. et al. Metodologias de análise de cadeias agroindustriais: aplicação para citros. *Revista Brasileira Frutic.*, Jaboticabal, São Paulo, v.26, n.3, p.468-73, dez. 2004.

NOGUEIRA, S. P. L. *Como derrubar as barreiras internacionais de comércio*: manual de diplomacia comercial. São Paulo: Aduaneiras, 2006.

NOTÍCIAS TERRA. Vale ratifica acordo que põe fim à greve no Canadá. 1 fev. 2011. Disponível em: <http: //noticias.terra.com.br>. Acesso em: 15 fev. 2011.

NYE, J. S. *O paradoxo do poder americano*. São Paulo: Unesp, 2002.

O'BRIEN, S. Crisis Early Warning and Decision Support: Contemporary Approaches and Thoughts on Future Research. *International Studies Review*, n.12, 2010.

OCDE; FAO. *Perspectivas sobre a agricultura 2010-2019*. [S.l.: s.n.], 2010.

ODELL, J. S. *Negotiating the World Economy*. Ithaca: Cornell University Press, 2000.

OCDE. Opening markets for environmental goods and services. *Policy Brief*. Paris, set. 2005.

O ESTADO DE S.PAULO. Efavirenz passa a ser feito no país. 27 jan. 2009.

________. Argentina não se dobra a Amorim. 27 jul. 2008.

OIT. *Las normas internacionales del trabajo*: manual de educación obrera. Genebra: Oficina Internacional del Trabajo, 1998.

OLIVEIRA, A. J. de; ONUKI, J. Grupos de interesses e a Política Comercial Brasileira: A Atuação na Arena Legislativa, *Observatório Político Sul-Americano (OPSA) e Núcleo de Estudos sobre o Congresso (NECON), Papéis Legislativos*, n.8, dez. 2007.

________. Eleições, política externa e integração regional. *Revista de Sociologia e Política*, v.27, 2006.

OLIVEIRA, M. F. *Mercosul*: atores políticos e grupos de interesse brasileiros. São Paulo: Unesp, 2003.

OMC. The Future of the WTO: adressing institutional challenges in the new millennium. *Report by the Consulative Board to the Director-General Supachai Panitchpakdi, Peter Sutherland, chairman*. 2004. Comitê de estudos com a participação do Prof. Celso Lafer. Disponível em: <www.wto.org>. Acesso em: 15 jan. 2006.

________. *WTO Analytical Index*: Marrakesh Agreement. Disponível em: <www.wto.org>. Acesso em: 15 jan. 2006.

ONU. *Recommendations by the Commission of Experts of the President of the General Assembly on Reforms of the international Monetary and Financial System*. Nova Iorque, 19 mar. 2009.

ONUKI, J. *O governo e o empresariado argentino*: a percepção política do Mercosul. São Paulo, 1996. Dissertação (Mestrado) – Departamento de Ciência Política da Faculdade de Filosofia, Letras e Ciências Humanas da Universidade de São Paulo.

OSTRY, S. The Domestic Domain: the New International Policy Arena. *Transnational Corporations*, v.1, n.1, 1992, p.7-26.

PAUWELYN, J. *New Trade Politics after the Doha Round*. Presentation, Les Conférences de HEI avec le parrainage du quotidian. Genebra: Le Temps, 5 dez. 2007

PERRONE-MOISÉS, C. *Direito ao desenvolvimento e investimentos estrangeiros*. São Paulo: Ed. Oliveira Mendes, 1998.

PFETSCH, F. R.; LANDAU, A. Symmetry and Asymmetry in International Negotiations. *International Negotiation Journal* 5, 2000, p.21-42.

PINHEIRO, L. *Política externa brasileira, 1889-2002*. Rio de Janeiro: Jorge Zahar, 2004.

PLUTCHIK, R. *Emotions*: a Psychoevolutionary Synthesis. Harper & Row, 1980.

POLANYI, K. *La gran transformación*. México: Juan Pablos Editor, 2009.

PONTES. OMC acata queixas brasileiras contra EUA em disputa envolvendo suco de laranja. *Pontes Quinzenal*, v.6, n.2, mar. 2011. Disponível em: <http://ictsd.org/i/news/pontesquinzenal/101683/>. Acesso em: 1º mar. 2011.

PRATES, D. M. A inserção externa da economia brasileira no governo Lula. *Política Econômica em Foco*, São Paulo, n.7, abr. 2006.

PRS GROUP. *Political & Country Risk Forecasts*. 2006. Disponível em: <http://www.prsgroup.com/commonhtml/methods.html#_International_Country_Risk>. Acesso em: 10 mar. 2011.

PRUITT, D.; RUBIN, J. *Social Conflict*. Nova Iorque: Random House, 1986.

PUPO, R. L. Acordo geral sobre o comércio de serviços – Gats. In: CELLI JÚNIOR, U. (Coord.). *Comércio de Serviços na OMC*. Curitiba: Juruá, 2005.

PUSCH, M. Intercultural Training in Historical Perspective. In: LANDIS; BENNETT; BENNETT. (Eds). *Handbook of Intercultural Training*. USA: Sage, 2004.

RABASA, A. et al. *Ungoverned Territories*: Understanding and Reducing Terrorism Risks. Santa Monica: Rand, 2007.

RAIFFA, H. *The Art and Science of Negotiation*: How to Resolve Conflicts and Get the Best Out of Bargaining. Cambridge: Harvard University, 2000.

_______. *Lectures on Negotiation Analysis*. PON Books. The Program on Negotiation at Harvard Law School. Cambridge, Massachusetts, 1996.

RAMANZINI JÚNIOR, H. *Processo decisório de política externa e coalizões internacionais*: as posições do Brasil na OMC. São Paulo, 2009. Dissertação (Mestrado) – Departamento de Ciência Política da Universidade de São Paulo.

RATHGEBER, T. UN Norms on the Responsabilities of Transnational Corporations. *Dialogue on Globalization, Friedrich Ebert Stiftung*, Genebra, n.22, 2006.

RIBEIRO, D. *O povo brasileiro*. Documentário, 10 programas de cerca de 30 min. Direção: Iza Ferraz. Brasil, 2000.

ROCHA, A.; ALMEIDA, V. Estratégias de entrada e operação em mercados internacionais. In: TANURE, B.; DUARTE, R. G. (Orgs.). *Gestão internacional*. São Paulo: Saraiva, 2006.

RODRIGUES, T. S. F.; DE PAULA, N. M. A agricultura nas negociações multilaterais da Rodada Doha e suas implicações para o Brasil. *Revista de Economia*, v.34, n.2 (ano 32), p.95-115, maio/ago. 2008.

RONEN, S.; SHENKAR, O. Clustering Countries on Attitudinal Dimensions: A Review and Synthesis. *Academy of Management Review*, v.10, n.3, 1985.

ROSENAU, W. et al. *Corporations and Counterinsurgency*. Santa Monica: Rand, 2009.

ROSENDORFF, P., MILNER, H. The Optimal Design of International Trade Institutions: Uncertainty and Escape. *International Organization*, v.55, n.4, p.829-57, 2001.

ROUBINI, N.; MIHM, S. *Crisis Economics*: a Crash Course in the Future of Finance. Nova Iorque: Penguin Press, 2010.

RUGGIERO, R. The Road Ahead: International Trade Policy in the era of WTO. *The Fourth Annual Sylvia Ostry Lecture*. Ottawa: World Trade Organization, Director-General, 1996.

RUGGIERO, R. The Global Challenge: Opportunities and Choices in the Multilateral Trading System. *The Fourteenth Paul-Henri Spaak Lecture*. Harvard University: World Trade Organization, Director-General, 1995.

RUIZ MARRERO, C. *The New Latin American*: "Progresismo" and the Extractivism of the 21st Century CIP Americas – The Americas Program. 2011. Disponível em: <http://www.cipamericas.org/archives/4025>. Acesso em: 5 abr. 2011.

RUSIÑOL, P. Jartum vive el mayor auge de su historia. *El País*, 05 nov. 2007. Disponível em: <http://www.elpais.com/articulo/internacional/Jartum/vive/mayor/auge/historia/elpepuint/20071105elpepiint_3/Tes>. Acesso em: 10 mar. 2011.

RYAN, J. President Obama Got Egypt Warning in 2010, CIA Official Says. *AbcNews*, 3 fev. 2011. Disponível em: <http://abcnews.go.com/News/egypt-unrest-president-obama-warning-2010-cia-official/story?id=12835550>. Acesso em: 10 mar. 2011.

RZEZINSKI, H. Interesses empresariais brasileiros nos EUA, *O Estado de S.Paulo*, 14 nov. 2008.

SAMPSON, G. P. *The WTO and Sustainable Development*. Paris: United Nations University Press, 2005.

SANTANIELLO, R. *El mercado único europeo*. Madri: Acento Editorial, 1999.

SCHELLING, T. C. *The Strategy of Conflict*. Cambridge: Harvard University, 1980.

SCHERRER, C.; GREVEN, T. *Global Rules for Trade*: Codes of Conduct, Social Labeling, Workers Rights Clauses. Münster: Westfälisches Dampfboat, 2001.

SCHLAGENHOF, M. Trade Measures Based on Environmental Processes and Production Methods. *Journal of World Trade*, v.29, n.6, 1995, p.123-55.

SCHLESINGER JR., A. M. *The Imperial Presidency*. [S.l.]: Mariner Books, 2004.

SCHUMPETER, J. *Os economistas*. São Paulo: Nova Cultural, 1997.

SCHWARCZ, L. K. M. *Neither black, nor white:* culture, race and national identity in Brazil. Working Papers, Oxford, 2003. p.34-43.

SENNES, R. *Inovação no Brasil*: Políticas Públicas e Estratégias Empresariais. Washington: Brazil Institute – Woodrow Wilson International Center for Scholars, 2009

SENNES, R.; MENDES, R. C. Brazil's Two-Faced Position. *American Quartely*, v.2, issue 3, 2008.

SHACHTMAN, N. Pentagon's Prediction Software didn't Spot Egypt Unrest. *Wired Danger Room*, 11 fev. 2011. Disponível em: <http://www.wired.com/danger-room/2011/02/pentagon-predict-egypt-unrest>. Acesso em: 3 abr. 2011.

SHELL, R. *Negociar é Preciso*. Estratégias de negociação para pessoas de bom-senso. São Paulo: Editora Negócio, 2001.

SILVA, L. A. S. *A proposta de reforma do sistema monetário internacional; perspectivas desde o Brasil*. Disponível em: <www.ieei-unesp.com.br/ publicações/ensaio>. Acesso em: maio 2010.

________. *A política de crédito brasileira na crise de 2008*. *Revista Oswaldo Cruz Conjuntura*. Disponível em: <www.oswaldocruz.br/graduação>. Acesso em: mar. 2009.

________. *Sistema Financeiro Internacional* – Quo Vadis? Disponível em: <www.ieei-unesp.com.br/publicações/ensaio>. Acesso em: set. 2009.

SIMIONATO, M. A. *O fator emocional nas negociações,* Qualitymark, 2011.

________. *Competências emocionais*. Qualitymark, 2006.

SIMMA, B.; PULKOWSKI, D. Of planets and the universe: self-contained regimes in international law. *European Journal of International Law*, v.17, n.3, p.483-529. Oxford: Oxford University Press, 2006.

SMITH, C. C. Trade Promotion Authority and Fast-Track Negotiating Authority for Trade Agreements: Major Votes, *Congressional Research Service* (CRS), 12 jan. 2011.

SNAPE, R. H. (1992). The Environment, International Trade and Competitiveness. In: ANDERSON, K., BLACKHURST, R. (Eds.). The Greening of World Trade Issues. Ann Arbor: The University of Michigan Press, 1992, p.73-92.

SOARES DE LIMA, M. R. Aspiração internacional e política externa. *Revista brasileira de Comércio Exterior*, v.82, 2005.

SOROS, G. Wall Street não está afundando, Wall Street está em crise. *Le Monde,* 20 set. 2008

SORSA, P. Gatt and the Environment. *The World Economy*, v.15, n.1, 1992, p.115-33.

SPEKTOR, M. *Kissinger e o Brasil*. Rio de Janeiro: Zahar, 2009.

STARKEY, B.; BOYER, M.; WILKENFELD, J. (Eds.) *Negotiating a Complex World*: an Introduction to International Negotiation. Boston: Rowman Littlefield Publishers, Inc., 1999.

STEINBERG, Richard. In the shadow of law or power? Consensus – based bargaining and outcomes in the GATT/WTO. *International Organization*, v.56, n.2, 2002.

STRAUS, J. R. Lobbying the Executive Branch: Current Practices and Options for Change. *Congressional Research Service (CRS)*, 6 dez. 2010.

SWAB, R. Social Identity and Social Influence in Small Groups: Communication, Consensualization and Socially Shared Cognition, *European Review of Social Psychology* v.15, p.1-42, jan. 2005

TACHINARDI, M. H. *A guerra das patentes*. São Paulo: Paz e Terra, 1993

TAMER, A. Abinee, há desindustrialização. *O Estado de S.Paulo*, 19 set. 2010, p.B17

TANURE, B.; DUARTE, R. G. (Orgs.). *Gestão internacional*. São Paulo: Saraiva, 2006.

THE ECONOMIST. *Land of Promise* – a survey of Brazil. Ed. Impressa. Abril, 2007a.

______. *The Economy of Heat* – Nature Has Been Almost Too Kind to Brazil – A Survey Of Brazil. Ed. Impressa. Abril, 2007b.

THOMPSON, G. Introducción, situar la globalización. Unesco. [s.d.]. Disponível em: <www.unesco.org/issj160/thomposonspa.html>. Acesso em: 30 maio 2006.

THOMPSON, L. L. *The Mind and Heart of the Negotiator*. Upper Saddle River: Pearson Prentice Hall, 2009.

THORSTENSEN, V. *OMC*: as regras do comércio internacional e a nova rodada de negociações multilaterais. São Paulo: Aduaneiras, 2003.

______. *OMC – Organização Mundial do Comércio*: as regras do comércio internacional e a Nova Rodada de Negociações Multilaterais. 2.ed. São Paulo: Aduaneiras, 2001.

THORSTENSEN, V.; JANK, M. (Coords.). *O Brasil e os grandes temas do comércio internacional*. São Paulo: Lex Editora: Aduaneiras, 2005.

THORSTENSEN,V.; JANK, M.; TACHINARDI, M. H. *Brasil e os grandes temas do comércio internacional*. São Paulo: Aduaneiras, 2005.

TOLLESTRUP, J. Limitations in Appropriations Measures: An Overview of Procedural Issues, *Congressional Research Service (CRS)*, 14 fev. 2011.

TOMKINS, S. *Affect, Imagery, Consciousness*. [S.l.]: Springer, 1962.

TORRE, J.; NECKAR, D. H. Forecasting political risks for international operations. *International Journal of Forecasting*, 1988.

TREVISAN, C. Comércio fez país emergir para o mundo. *O Estado de S.Paulo*, 10 fev. 2010, p.B11

TROMPENAARS, A.; HAMPDEN-TURNER, C. Riding the Waves of Culture, *Understanding Diversity in Global Business*. 2.ed. McGraw Hill, 1998.

TUAC. *Diretrizes da OCDE para empresas transnacionais*: guia do usuário. Paris: TUAC, 2002.

TUCKER, T.; WALLACH, L. *The Rise and Fall of Fast Track Trade Authority*. [S.l.]: Public Citizen, 2009.

TUSSIE, D. The Policy Harmonization Debate: What Can Developing Countries Gain from Multilateral Negociations? *Unctad Review 1994*, Geneva, 1994, p.1-8.

UGLY AMERICAN DEFINITION. *Encarta Dictionary*, 2011. Disponível em: <encarta.msn.com/dictionary_1861707375/ugly_American.html>. Acesso em: 28 jan. 2011.

UIMONEN, P. P. Trade Rules and Environmental Controversies During the Uruguay Round and Beyond. *The World Economy*, v.18, n.1, 1995, p.71-85.

UNCTAD. The Outcome of the Uruguay Round: an Initial Assessment. *Suporting Papers to the Trade and Development Report*, 1994. New York: United Nations, 1994.

UNCTAD-ICTSD. Intellectual Property Rights: Implications for Development. In: ______. *Project on IPRs and Sustainable Development*. Geneva, 2003

UNDERDAL, A. Leadership in International Environmental Negotiations: Designing Feasible Solutions. *The Politics of International Environmental Management*, Kluwer Academic Publishers, 1997.

UNESP, UNICAMP, PUC/SP, CEDEC. *Estados Unidos*: impactos de suas políticas para a reconfiguração do sistema internacional. Projeto de Pesquisa, 2006.

UNITED NATIONS CONFERENCE ON TRADE AND DEVELOPMENT (UNCTAD). *Trade and Development Report*. Genebra, 2009.

UOL ECONOMIA. Brasil vai pagar US$ 100 milhões a mais por ano pelo gás da Bolívia. [s.d.]. Disponível em: <http://noticias.uol.com.br>. Acesso em: 15 fev. 2007.

______. Para Vale, relatório do Canadá sobre greve é imperfeito. 7 jan. 2011. Disponível em: <http://economia.uol.com.br>. Acesso em: 28 jan. 2011.

URY, W. *The Power of a Positive No*: Save the Deal, Save the Relationship – and Still Say No. Nova Iorque: Bantam Book, 2008.

USAID. *Conducting a Conflict Assessment:* a Framework for Strategy and Program Development. Office of Conflict Management and Mitigation. Washington D.C.: Usaid, 2004.

USDS (U.S. Department of State) *Patterns of Global Terrorism 2003*. 2004. Office of the Coordinator of Counterterrorism. Disponível em: <http://www.state.gov/s/ct/rls/pgtrpt/2003/c12153.htm>. Acesso em: 10 mar. 2011.

USINIER, J. Cultural Aspects of International Business Negotiations. In: GHAURI, P. N.; USINIER, J. *International Business Negotiations*. Oxford: Elsevier, 2003.

USTR (United States Trade Representative). *2010 Special 301 Report*. Washington, 2010.

VADELL, J. *América do Sul recebe o dragão asiático* (Paper). San Francisco: International Studies Association (ISA), 2008.

VALOR ECONÔMICO. Brasil quebra patente de remédio contra AIDS e economiza R$ 130 mi, 24 jun. 2005

______. Empresários discutem o MERCOSUL, 16 nov. 2004.

VAN DEN BOSSCHE, P. *The Law and Policy of the World Trade Organization*: Text, Cases and Materials. 2.ed. Cambrige: Cambridge University Press, 2008.

VEIGA, P. M.; IGLESIAS, R. M. A Institucionalidade da Política Brasileira de Comércio Exterior. In: *O Desafio das Exportações*. Rio de Janeiro: Banco Nacional de Desenvolvimento Econômico e Social (BNDES), 2002.

VELASCO E CRUZ, S. C. *Trajetórias:* capitalismo neoliberal e reformas econômicas nos países da periferia. São Paulo: Unesp, 2007.

VERÍSSIMO, R.; LANDIM, R. Calçado chinês vai pagar mais imposto. *O Estado de S.Paulo,* 5 mar. 2010, p.B9.

VIGEVANI, T.; RAMANZINI JÚNIOR, H. The Changing Nature of Multilateralism and Brazilian Foreign Policy. *International spectator,* n.45(4), 2010.

WALTZ, K. N. Structural realism after the Cold War. *International Security*, v.25, n.1, 2000.

WATANABE, M. Quase 17 mil empresas já importam da China. *Valor,* 19 fev. 2010, p.A5.

WATKINS, M. *Breakthrough Business Negotiation*. San Francisco: Jossey-Bass, 2002.

WEBER, M. *Economia e sociedade,* v.1. Brasília: Editora UnB, 1991.

WILKINSON, R. *The WTO Crisis and the Governance of Global Trade*. Londres e Nova Iorque: Routledge, 2006.

WILLIAMSOM, J. *Understanding Special Drawing Rights (SDRs)*. Policy Brief number PB09-11. Peterson Institute for International Economics. Washington, jun. 2009.

WIPO. *World Intellectual Property Organization:* an Overview – 2010 Edition. Geneva: Wipo, 2010.

WOLF, M. *A reconstrução do sistema financeiro global*. Rio de Janeiro: Campus: Elsevier, 2010.

WORLD BANK. El marco de análisis del conflicto (CAF*). Social Development Notes, Conflict Prevention & Reconstruction*, Washington, D.C., n.5, out. 2002.

WTO. Committee on Trade and Environment – Special Session – *Matrix on trade measures Pursuant to Selected Multilateral Environmental Agreements* – Note by the Secretariat. Geneva: WTO, WT/CTE/W/160/Rev.2, 25 abr. 2003.

_______. Committee on Trade and Environment – Special Session. *Summary Report on the Twelfth Meeting of the Committee on Trade and Environment in Special Session 7-8 July* 2005 – Note by the Secretariat. Geneva: WTO, TN/TE/R/12, 14 set. 2005a.

_______. Committee on Trade and Environment – Special Session. *The Relationship between Existing WTO Rules and Specific Trade Obligations (STOs) Set Out in Multilateral Environmental Agreements (MEAS)*: A Swiss Perspective on National Experiences and Criteria Used in the Negotiation and Implementation of MEAs. Submission by Switzerland. Geneva: WTO, TN/TE/W/58, 6 jul. 2005b.

_______. Committee on Trade and Environment – Special Session. *Report by the Chairperson of the Special Session of the Committee on Trade and Environment to the Trade Negotiations Committee*. Geneva: WTO, TN/TE/14, 28 nov. 2005c.

_______. Committee on Trade and Environment Special Session. *An Alternative Approach for Negotiations Under Paragraph 31(iii)*. Submission by India. Geneva: WTO, TN/TE/W/51, 3 jun. 2005d.

_______. Committee on Trade and Environment Special Session. *Integrated proposal on Environmental Goods for Development*. Submission by Argentina. Paragraph 31. Geneva: WTO, TN/TE/W/62, 14 out. 2005e.

_______. Committee on Trade and Environment Special Session. *Environmental Goods for development*. Submission by Brazil. Paragraph 31 (iii). Geneva: WTO, TN/TE/W/598, jul. 2005f.

_______. *Ministerial Conference*. Sixth Session, Hong Kong, 13-18 December 2005. Geneva: WTO, WT/MIN(05)/DEC 2005g.

_______. *Trade and environment backgrounder*. Geneva: WTO, 2004.

_______. *Ministerial declaration*. Geneva: WTO, WT/MIN(01)/DEC/1, 20 nov. 2001.

_______. Trade and Environment – Decision of 14 Abril 1994. Geneva: WTO, 1994.

_______. *General Agreement on Tariffs and Trade*. 1947

YASUAKI, O. *A Transnational Perspective on International Law*. Leiden: Pocketbooks of the Hague Academy of International Law, Martinus Nijhoff Publishers, 2010.

_______. International Law in and with International Politics: the functions of International Law in International Society. *European Journal of International Law*, 2003, v.14, n1.

YOUNG, O. International Cooperation. Building Regimes for Natural Resources and the Environment. New York: Cornell University Press, 1989.

ZAMPETTI, A. B.; FREDRIKSSON, T. The Development Dimension of Investment Negotiations in the WTO: challenges and opportunities. *Journal of World Investment*, v.4, n.3, jun. 2003.

ZARTMAN, W. The Structure of Negotiation. In: KREMENYUK, V. A. *International Negotiation*. Analysis, Approaches, Issues. San Francisco: Jossey-Bass, 2002.

______. *International Multilateral Negotiation*: Approaches to the Management of Complexity. Nova Jersey: Jossey-Bass, 1994a.

______. *Introduction: Two's Company and More's a Crowd:* The Complexities of Multilateral Negotiations, 1994b. p.1-10.

ZARTMAN, W.; RUBIN, J. *Power and Negotiation*. An Arbor: The University of Michigan Press and International Institute for Applied Systems Analysis, 2000.

______. *Power and negotiation*. Michigan: University of Michigan, 2002.

ZHAOXING, Li. *La Paz, el desarrollo y la cooperación:* bandera de la diplomacía china en la nueva época. 2005. Ministerio de Relaciones Exteriores de la República Popular China. Disponível em: <http://www.fmprc.gov.cn/esp/zxxx/t208342.htm>. Acesso em: 10 mar. 2011.

ZOELLICK, R. B. Countering Terror With Trade. *Washington Post.* Washington, 20 set. 2001.

Documentos oficiais

Comission Regulation (EC), n.63/2010.

Comission Regulation (EU), n.47/2011.

Council Regulation 1223/2002, OJL 179, 9 jul. 2002.

Council Regulation 1223/2002, OJL 179, 9 jul. 2002.

G/TBT/N/EEC/267.

JOB(06)/200, *Towards NAMA Modalities.* 22 jun. 2006.

JOB(06)/200/Rev.1, *Towards NAMA Modalities.* 26 jun. 2006.

JOB(07)/126, *Draft NAMA Modalities.* 17 jul. 2007.

JOB(08)/96, *NAMA: Report by the Chairman.* 12 ago. 2008.

OMC. WT/MIN(96)/DEC, 18 dez. 1996.

TN/MA/W/103, *Draft Modalities for NAMA.* 8 fev. 2008.

TN/MA/W/103/Rev.1, *Draft Modalities for NAMA.* 19 maio 2008.

TN/MA/W/103/Rev.2, *Draft Modalities for NAMA.* 10 jul. 2008.

TN/MA/W/46/Add.17, *NTB Notification.* 15 maio 2006.

TN/MA/W/65, *Flexibilities for Developing Countries.* 8 nov. 2005.

UNCTAD. *Environmental goods:* Trade Statistics of Developing Countries. Geneva: UNCTAD, TD/B/COM.1/EM.21/CRP.1, 2003.

WT/L/579, *Doha Work Programme.* 2 ago. 2004.

WT/MIN(01)/DEC/1, *Doha Ministerial Declaration.* 20 e dez. 2001.

WT/MIN(05)/DEC, *Hong Kong Ministerial Declaration.* 22 dez. 2005.

WTO; ITC; UN. *World Tariff Profiles*, 2010.

WTO; ITC; UN. *World Tariff Profiles*, 2010.

Outros títulos da Coleção Estudos Internacionais

Acordos comerciais internacionais: o Brasil nas negociações do setor de serviços financeiros
Neusa Maria Pereira Bojikian

A política externa brasileira: a busca da autonomia, de Sarney a Lula
Tullo Vigevani e Gabriel Cepaluni

Brasil no mundo, o
Sebastião Carlos Velasco e Cruz

Conflitos internacionais em múltiplas dimensões, os
Reginaldo Mattar Nasser (org.)

Controle civil sobre os militares: e política de defesa na Argentina, no Brasil, no Chile e no Uruguai
Héctor Luis Saint-Pierre (org.)

De Clinton a Obama: políticas dos Estados Unidos para a América Latina
Luis Fernando Ayerbe

Novas lideranças políticas e alternativas de governo na América do Sul
Luis Fernando Ayerbe (org.)

Novas perspectivas sobre os conflitos internacionais
Reginaldo Mattar Nasser (org.)

Pensamento neoconservador em política externa nos Estados Unidos, o
Carlos Gustavo Poggio Teixeira

Petróleo e poder: o envolvimento militar dos Estados Unidos no Golfo Pérsico
Igor Fuser

Sob o Signo de Atena: gênero na diplomacia e nas Forças Armadas
Suzeley Kalil Mathias (org.)

Trajetórias: capitalismo neoliberal e reformas econômicas nos países da periferia
Sebastião Carlos Velasco e Cruz

SOBRE O LIVRO

Formato: 16 x 23
Mancha: 26 x 48,6 paicas
Tipologia: StempelSchneidler 10,5/12,6
Papel: Off-white 80g/m^2 (miolo)
Supremo 250 g/m^2 (capa)
1ª edição: 2011

EQUIPE DE REALIZAÇÃO

Assistência Editorial
Olivia Frade Zambone

Edição de Texto
Marina S. Lupinetti (Preparação de original)
Maria Alice da Costa (Revisão)

Capa
Andrea Yanaguita

Editoração Eletrônica
Eduardo Seiji Seki

ThonyPrint
EDITORA GRÁFICA LTDA